Dietrich v. Haeften
Harald Schultz

Sport see schiffer schein

Delius Klasing Verlag

Außerdem sind von den Autoren folgende Titel im Delius Klasing Verlag erschienen:

Dietrich v. Haeften
Sturm – was tun? (Yacht-Bücherei Band 100)
Übungen und Aufgaben zum Sportseeschifferschein (v. Haeften/Schultz)

Harald Schultz
Wetterkunde (Stein/Schultz)
Übungen und Aufgaben zum Sportseeschifferschein (v. Haeften/Schultz)
Übungen und Aufgaben Sporthochseeschifferschein (Kumm/Lübbers/Schultz)
Sporthochseeschifferschein (Kumm/Lübbers/Schultz)

Dieses Buch ist mit dem Titel „Sportseeschifferschein"
(ISBN 3-7688-0808-4), Autor: Dietrich v. Haeften,
mit drei Auflagen ebenfalls im Delius Klasing Verlag erschienen.

Autor der Teile I (Navigation), II (Schiffahrtsrecht) und IV (Seemannschaft):
Dietrich v. Haeften, Hamburg
Autor von Teil III (Wetterkunde):
Dipl.-Met. Harald Schultz, Schiffdorf
Autor des Kapitels 38, Maßnahmen bei Verletzungen und Unterkühlung:
Dr. med. Jürgen Hauert, Hamburg

Die Deutsche Bibliothek – CIP-Einheitsaufnahme

Sportseeschifferschein / Dietrich v. Haeften; Harald Schultz
[Autor des Kap. 38: Jürgen Hauert]. – 2. Aufl. – Bielefeld: Delius Klasing, 2002
ISBN 3-7688-1165-4

2. Auflage
ISBN 3-7688-1165-4
© by Delius, Klasing & Co. KG, Bielefeld

Graphische Gestaltung: Ekkehard Schonart
Zeichnungen im Kapitel 38, Maßnahmen bei Verletzungen und Unterkühlung:
Gerlind Bruhn, alle anderen von den Verfassern
Ausschnitte aus der amtlichen nautischen Literatur werden mit freundlicher Genehmigung
des Bundesamtes für Seeschiffahrt und Hydrographie (BSH), Hamburg/Rostock, wiedergegeben.
Gesamtherstellung: Kunst- und Werbedruck, Bad Oeynhausen
Printed in Germany 2002

Delius Klasing Verlag, Siekerwall 21, D-33602 Bielefeld
Tel.: 0521/559-0, Fax: 0521/559-113
e-mail: info@delius-klasing.de
www.delius-klasing.de

Inhalt

Vorwort

Bei den freiwilligen amtlichen Führerscheinen – Sportküstenschifferschein (SKS) für die Küstengewässer, Sportseeschifferschein (SSS) für küstennahe Seegewässer und der Sporthochseeschifferschein (SHS) für alle Meere – handelt es sich um Skipperqualifikationen, die auch im Ausland breite Anerkennung finden. Bieten sie doch die Möglichkeit, sich in einer staatlichen Prüfung den anspruchsvollen Erfahrungs- und Wissensstand bescheinigen zu lassen, den man für das sichere Führen einer Yacht auf See beziehungsweise auf hoher See benötigt. In der gewerblichen Sportschiffahrt, zum Beispiel zum Führen von Ausbildungsyachten, sind amtliche Führerscheine vorgeschrieben. Und Führer von Traditionsschiffen müssen einen SSS oder SHS mit einem entsprechenden Zusatzeintrag besitzen.

Der Lehrstoff für den Sportseeschifferschein ist in den Durchführungsrichtlinien des Bundesministeriums für Verkehr, Bau- und Wohnungswesen (BMVBW) nach Themen festgelegt. Die Ausarbeitung in diesem Lehrbuch erfolgte nach allgemein zugänglichen Quellen, anerkannten Standardwerken und nautischen Veröffentlichungen. Dennoch besteht keine Verbindlichkeit, die geeignet wäre, Widersprüche im Prüfungsverfahren zu begründen.

Zwei besondere Lernhilfen werden geboten: Zum ersten sind durchgehend Wörter oder Satzteile in Blau hervorgehoben, die ein studienerfahrener Leser mit seinem gelben Marker anstreichen würde. Zum zweiten findet der Leser am Ende eines jeden Kapitels einen Fragenkatalog, mit dem er den Lernerfolg kontrollieren kann. Kann er eine Frage nicht beantworten, blättert er zu dem jeweils hinter der Frage vermerkten Absatz zurück und vertieft sich noch einmal.

In den rechtskundlichen Teilen sind die Regeln und Paragraphen vielfach in freier Formulierung wiedergegeben. Auf diese Weise wird das Lesen und Verstehen erheblich erleichtert, ohne daß Wesentliches dabei auf der Strecke bleibt.

Um über das Lernen und Verstehen hinaus Sattelfestigkeit zu erlangen, wird das Lösen von Übungsaufgaben dringend empfohlen. Dazu liegt das Buch „Übungen und Aufgaben zum Sportseeschifferschein" vor, ebenfalls von Dietrich v. Haeften und Harald Schultz.

Ferner empfiehlt sich, die Broschüre „Sicherheit im See- und Küstenbereich" zum Studium heranzuziehen; sie wird jährlich vom Bundesamt für Seeschiffahrt und Hydrographie (BSH) herausgegeben.

Natürlich fängt das Lehrbuch nicht wieder bei Adam und Eva an. Ein gewisses Maß an nautischen Grundkenntnissen wird vorausgesetzt, wie es auch den Zulassungsbedingungen für die Theorieprüfung entspricht. Man sollte einige Törns mitgefahren sein und die Grundlagen der Navigation bereits praktiziert haben. Was im einzelnen für die Prüfung an Erfahrung nachzuweisen ist, steht im Anhang auf Seite 295.

Die Autoren bedanken sich bei Werner Kumm für die Durchsicht der Kapitel „Gezeitenkunde" und „Gezeitenrechnung" und bei Hans-Dieter Lübbers für die Durchsicht des Kapitels „Seeverkehrsrecht".

Teil I: Navigation

1. Nautische Veröffentlichungen

Ursprung und Vertrieb

1. Das **Bundesamt für Seeschifffahrt und Hydrographie** (BSH) ist Herausgeber der amtlichen Seekarten und Seebücher, die von autorisierten Vertriebsstellen und deren Auslieferungsstellen verkauft werden. Im „Verzeichnis der Nautischen Karten und Bücher" sind alle nautischen Veröffentlichungen des BSH aufgeführt. Das ebenfalls vom BSH herausgegebene „Handbuch für Brücke und Kartenhaus" beschreibt u. a. die Arbeit mit Seekarten und den anderen nautischen Veröffentlichungen.

2. Neben dem BSH, einer Bundesoberbehörde, geben speziell für die Sportschiffahrt auch Verlage **Seekartenwerke und Revierführer** heraus; ihr Angebot ist aus den Katalogen der BSH-Vertriebsstellen und des Fachhandels ersichtlich.

Seekarten

3. Seekarten sind **hierarchisch gegliedert.** Von Ausnahmen abgesehen, werden den verschiedenen Arten von Seekarten folgende Maßstäbe zugeordnet:

Ozeankarten   1 : 5 000 000 und kleiner
Übersichtskarten 1 : 1 600 000 bis 1 : 5 000 000
Segelkarten   1 : 300 000 bis 1 : 1 600 000
Küstenkarten   1 :   30 000 bis 1 : 300 000
Pläne   1 :   30 000 und größer

Es gilt der Grundsatz, stets **auf der Karte mit dem größten Maßstab** zu navigieren, denn nur auf der sind auch alle Schiffahrtszeichen und sonstigen für die Schiffahrt wichtigen Eintragungen vorhanden. Wenn für einen Kartenausschnitt eine weitere Detailkarte vorliegt, wird dies durch einen eingedruckten Indexrahmen angezeigt, der die neue Kartennummer in der Ecke trägt.

4. Seit 1982 gilt ein internationales System für die Zeichen, Abkürzungen und Begriffe in den Seekarten. Die Abkürzungen sind im wesentlichen der englischen Sprache entliehen. Sie sind ersichtlich aus der **Karte 1 (INT 1)**, die keine Karte, sondern ein Katalog aller in den Seekarten verwendeten Zeichen, Abkürzungen und Begriffe ist. Im hinteren Teil befindet sich ein alphabetisches Abkürzungs- und Stichwortverzeichnis. Die Seiten der Karte 1 sind schematisch aufgebaut: In Spalte 2 bei-spielsweise befindet sich die Darstellung nach internationalen Richtlinien, in Spalte 3 das Stichwort in deutscher und englischer Sprache, in Spalte 4 die von Spalte 2 abweichende nationale Darstellung († bedeutet: ältere Darstellung, die im Laufe der Zeit durch die internationale ersetzt wird). Abb. 1 und 2. Seekarten sind mit der Nummer im nationalen Kartenwerk (z. B. 44 „Elbmündung") und, wenn Bestandteil des Weltseekartenwerks, mit der Kartennummer der internationalen Kartenserie (INT 1452) gekennzeichnet.

5. Auf welches Niveau sich die **Tiefenangaben** (Kartennull) beziehen, steht unter „Bemerkungen" auf dem Kartenrand. Kartennull an der deutschen Nordseeküste ist gleich dem örtlichen mittleren Springniedrigwasser, an der deutschen Ostseeküste gleich dem mittleren Wasserstand. Die Tiefenzahlen bedeuten Meter

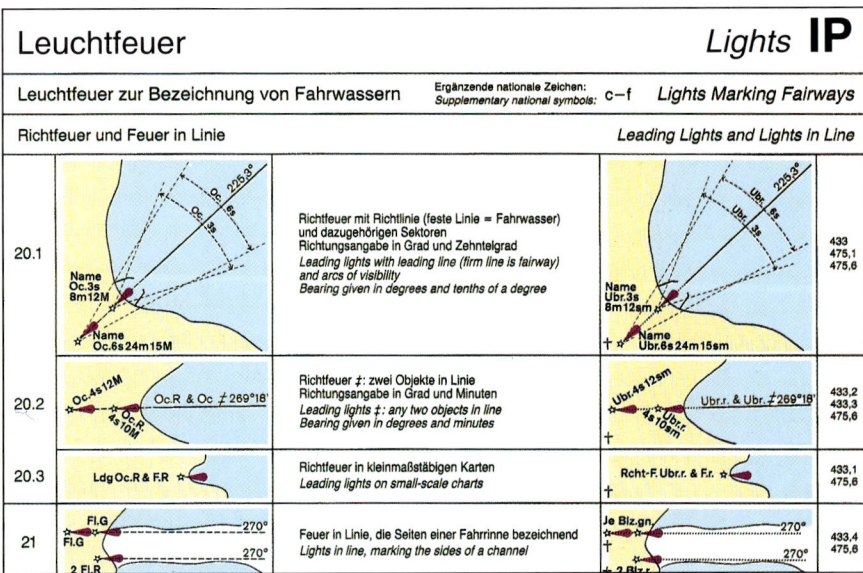

Abb. 1 *Internationale Abkürzungen u. Symbole findet man in der Karte 1 (INT 1) …*

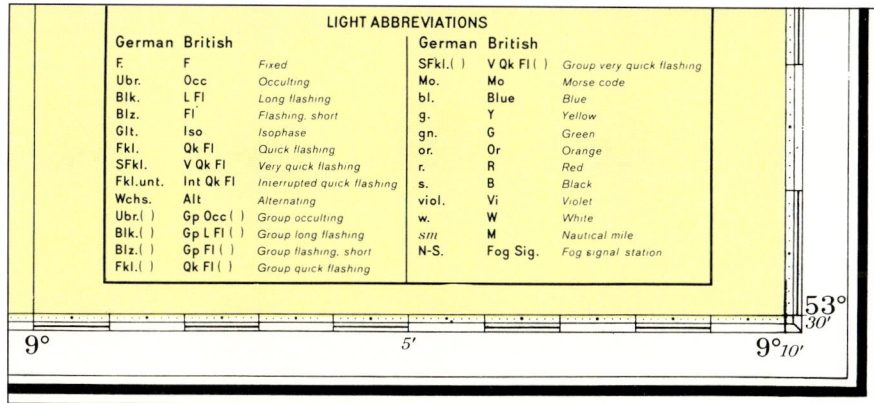

Abb. 2 *... oder in Kurzform auf Seekarten.*

und Dezimeter, in größeren Tiefen volle Meter. In britischen und amerikanischen Seekarten findet man noch Tiefenangaben in Faden (fathoms), wobei 1 Faden 6 Fuß oder 1,83 m entspricht.

Wenn „Wassertiefen" über Kartennull liegen (trockenfallende Gebiete), ist die Meterzahl unterstrichen.

In Deutschland sind die **Höhenangaben** der Landesvermessung auf Normalnull (NN) bezogen, die Durchfahrtshöhen von Brücken auf mittleres Hochwasser in Tidengewässern, sonst auf den mittleren Wasserstand. Die Betonnung in der Seekarte entspricht der **Sommerbetonnung.** Die Winterbetonnung wird in der BSH-Veröffentlichung „Winterbetonnung der deutschen Küstengewässer" bekanntgegeben.

6. Seekarten müssen laufend berichtigt werden. Bis zum Verkauf sind BSH und die Vertriebsstellen dafür verantwortlich. Beim Kauf ist deshalb auf die Aktualität des Berichtigungsstempels auf dem Kartenrand unten links zu achten. In der Berufsschiffahrt sind sodann der Reeder und der Kapitän für die Berichtigung verantwortlich (Schiffssicherheitsverordnung). Bei Sportbootkarten genügt es, wenn an Bord nichtamtliche Unterlagen mitgeführt werden; sie müssen aber aktuell sein. Die Berichtigung erfolgt über die **Nachrichten für Seefahrer** (Absatz 8); Karten für die Sportschiffahrt lassen sich auch u. a. mit Hilfe der viermal jährlich erscheinenden „Nautischen Nachrichten" der Kreuzer-Abteilung des DSV berichtigen, in denen die für die Sportschiffahrt relevanten Berichtigungen zusammengefaßt sind (Abb. 3).

Seebücher

7. Neben den Seekarten brauchen wir auch folgende Seebücher:
● Das **Leuchtfeuerverzeichnis** (Lfv) enthält Beschreibungen der Leuchtfeuer, Feuerschiffe und Großtonnen, ihre geographische Lage, die Kennung der Feuer, die Wiederkehr in Sekunden, die Nenntragweite und die Höhe des Feuers über Wasser. Ein deutsches Lfv wird vom BSH in drei Bänden für die östliche Nordsee und die Ostsee herausgegeben. Für den Atlantik und seine Nebenmeere sowie das Rote Meer gel-

Abb. 3 *„Die Nautischen Nachrichten" sind auch Berichtigungsdienst für die Sportschiffahrt.*

ten die entsprechenden Bände der britischen **Admiralty List of Lights and Fog Signals.**
Alle Lfv beschränken sich auf Feuer mit einer Höhe ab 8 m.
● Das jeweilige **Seehandbuch** für das befahrene Gewässer enthält folgendes: Teil A „Schiffahrtsangelegenheiten" (nationale und internationale Schiffahrtsvorschriften, Rettungs-, Signal- und Nachrichtendienst), Teil B „Naturverhältnisse" (klimatologische und hydrographische Angaben, z. B. Stromverhältnisse) und Teil C „Küstenkunde und Segelanweisungen" (Beschreibung der einzelnen Küsten, Durchfahrten und Häfen).
● Der **Jachtfunkdienst** (Nord- und Ostsee oder Mittelmeer) stellt einen für die Sportschiffahrt bestimmten Auszug aus dem „Handbuch Nautischer Funkdienst" dar. Er enthält u. a. die Küstenfunkstellen, den Revierfunkdienst, Zeit- und Warnfunk, die See- und Flugfunkfeuer, den Wetterfunk.
● Die **Gezeitentafeln** des betreffenden Jahres, sofern man Gezeitengewässer befährt (vom BSH herausgegeben für europäische Gewässer).
● Den **Atlas der Gezeitenströme in der Deutschen Bucht** oder den **Atlas der Gezeitenströme für die Nordsee, den Kanal und die britischen Gewässer.**
● Das **Nautische Jahrbuch** des betreffenden Jahres zur Bestimmung der Zeit, Länge und Breite auf See nach astronomischen Beobachtungen.
● Das **Handbuch für Brücke und Kartenhaus** als Ratgeber und Informationsquelle in Ergänzung der Seekarten und Seebücher mit Schiffahrtsvorschriften, Informationen über nautische Anlagen, Sicherheitsmaßnahmen u. a.

Der Nautische Warn- und Nachrichtendienst

8. Der Nautische Warn- und Nachrichtendienst der Bundesrepublik Deutschland faßt die drei Dienste zusammen, mit denen die Schiffahrt über aktuelle Veränderungen informiert wird, welche die Sicherheit und Leichtigkeit des Schiffsverkehrs beeinflussen.

- Die Nachrichten für Seefahrer (NfS) dienen der Berichtigung von Seekarten und -büchern. Sie werden vom BSH wöchentlich in Heftform herausgegeben und sind durch den Seekartenvertrieb zu beziehen. Durch sie werden für die Schiffahrt wichtige Maßnahmen, Ereignisse und Veränderungen auf den Seeschiffahrtsstraßen Deutschlands, auf der Hohen See oder in den Hoheitsgewässern anderer Staaten im europäischen und angrenzenden Bereich bekanntgegeben: Veränderungen in der Befeuerung und Betonnung der Küstengewässer, Schiffahrtshindernisse und Gefahren im Küstengebiet und auf See sowie Bekanntmachungen und Verordnungen, soweit sie für die Schiffsführung von Bedeutung sind. Unter der Adresse *www.bsh.de* können Auszüge aus den NfS abgerufen werden.

- Die Bekanntmachungen für Seefahrer (BfS) werden von den jeweils zuständigen Behörden der Wasser- und Schiffahrtsverwaltung des Bundes bzw. der Länder veröffentlicht. Sie enthalten wichtige Maßnahmen und Ereignisse kleineren Umfangs oder von örtlicher Bedeutung auf den Seeschiffahrtsstraßen und in der ausschließlichen Wirtschaftszone Deutschlands. Die BfS werden durch Aushang an den amtlichen Aushangstellen für das betreffende Seegebiet bekanntgemacht.

- Nautische Warnnachrichten (NWN) werden von den Verkehrszentralen für deren Zuständigkeitsbereiche und vom Seewarndienst Cuxhaven für das gesamte deutsche Warngebiet zur Verbreitung über Funk (NAVTEX, UKW und für die Sportschiffahrt über bestimmte Rundfunksender) herausgegeben. NWN dienen der kurzfristigen Warnung der Schiffahrt vor eingetretenen oder unmittelbar bevorstehenden Gefahren. Den Zusatz „vital" erhält eine NWN, wenn durch das Ereignis Menschenleben bedroht werden. Fahrzeugführer sind verpflichtet, festgestellte unmittelbare Gefahren für die Schiffahrt unverzüglich der zuständigen Verkehrszentrale oder dem Seewarndienst Cuxhaven zu melden.

9. Nachrichten in den BfS oder NfS, die eine bevorstehende Maßnahme ankündigen, werden durch ein P = Preliminary gekennzeichnet, solche, die über einen vorübergehenden (zeitweiligen) Zustand unterrichten, durch ein T = Temporary. P- und T-Berichtigungen werden vom BSH und von den Vertriebs- und Auslieferungsstellen nicht in die Karten eingearbeitet. Dies muß bei Übernahme mit Hilfe der „Liste der gültigen P- und T-Meldungen" nachgeholt werden.

10. Der deutsche Warn- und Nachrichtendienst ist Teil des weltweit koordinierten Warnfunksystems. Die Ozeane und Nebenmeere sind in 16 NAVAREAS (Warngebiete) eingeteilt. Für die NAVAREA I (Nordostatlantik) ist Großbritannien der Area Coordinator. Warnnachrichten werden von ihm über INMARSAT und NAVTEX (siehe Kapitel 20) verbreitet. Die Anliegerstaaten bleiben für die Warnnachrichten im Küstenbereich zuständig. Sie werden auf NAVTEX und UKW-Funk sowie auf Grenzwelle in englisch und in der Landessprache ausgestrahlt. Die Sendezeiten und -stationen sind im Jachtfunkdienst und im Handbuch Nautischer Funkdienst zu finden.

Lernkontrolle
1. Woher bezieht man seinen Bedarf an naut. Veröffentlichungen? (Abs. 1)
2. Wie stelle ich fest, welche Seekarten ich für einen bestimmten Törn benötige? (Absatz 1 und 3)
3. Wo finde ich die Bedeutung von Abkürzungen und Symbolen? (Abs. 4)
4. Worauf beziehen sich Tiefen- und worauf Höhenangaben in den Seekarten? (Absatz 5)
5. Wie werden Seekarten in der Berufsschiffahrt berichtigt? Wie in der Sportschiffahrt? (Absatz 6 und 8)
6. Wo findet man, welche Küstenfunkstelle wann Nautische Warnnachrichten sendet? (Absatz 10)
7. Wo findet man nationale Seeverkehrsvorschriften anderer Staaten? (Abs. 7)

2. Die Kursumwandlung

DIN 13312 Navigation
rechtweisender Kurs (rwK): Winkel zwischen rechtweisend Nord und der Rechtvorausrichtung des Fahrzeugs.
mißweisender Kurs (mwK): Winkel zwischen mißweisend Nord und der Rechtvorausrichtung des Fahrzeugs.
Magnetkompaßkurs (MgK): Winkel zwischen Magnetkompaß-Nord und der Rechtvorausrichtung des Fahrzeugs.

Begriffe und Zusammenhänge

1. Im Prinzip ist die Kursumwandlung vom Sportbootführerschein See her bekannt. Gleichwohl wird sie hier noch einmal zusammengefaßt. Durch die Kursumwandlung wird aus dem Steuerkurs der Kartenkurs oder, umgekehrt, aus dem Kartenkurs der Steuerkurs ermittelt. Analog werden Magnetkompaßpeilungen in rechtweisende Peilungen umgewandelt.
Kurse sind Winkel oder Richtungen. Der Strich auf der Karte ist die Kurslinie, nicht der Kurs. Die Richtung der Kurslinie ist der Kartenkurs.

2. Der **Steuerkompaßkurs** bei Segelyachten ist in aller Regel ein **Magnetkompaßkurs (MgK),** im Gegensatz zum Kreiselkompaßkurs auf großen Schiffen. Ein elektrischer Fluxgate-Kompaß, mit dem heute manche Yachten ausgerüstet sind, ist ebenfalls ein Magnetkompaß und wird in der Navigation auch so behandelt. Den MgK lesen wir auf dem Kompaß ab. Er ist der Winkel zwischen Magnetkompaß-Nord und der Rechtvorausrichtung des Fahrzeugs. Die Nordmarke zeigt in eine fiktive Richtung, Magnetkompaß-Nord (MgN) genannt, die wegen der möglichen Kompaßablenkung und wegen der Ortsmißweisung irgendwo neben der wirklichen Nordrichtung, dem rechtweisend Nord (rwN), liegt. Wird der MgK um die Ablenkung und um die Mißweisung berichtigt, erhält man den **recht-** weisenden Kurs (rwK), also den Winkel, den die Rechtvorausrichtung mit der wirklichen Nordrichtung, dem rechtweisend Nord (rwN), bildet. Würde der MgK nur um die Ablenkung korrigiert, ergäbe sich der **mißweisende Kurs (mwK),** der in der normalen Yachtnavigation allerdings ohne praktische Bedeutung ist (Abb. 1).

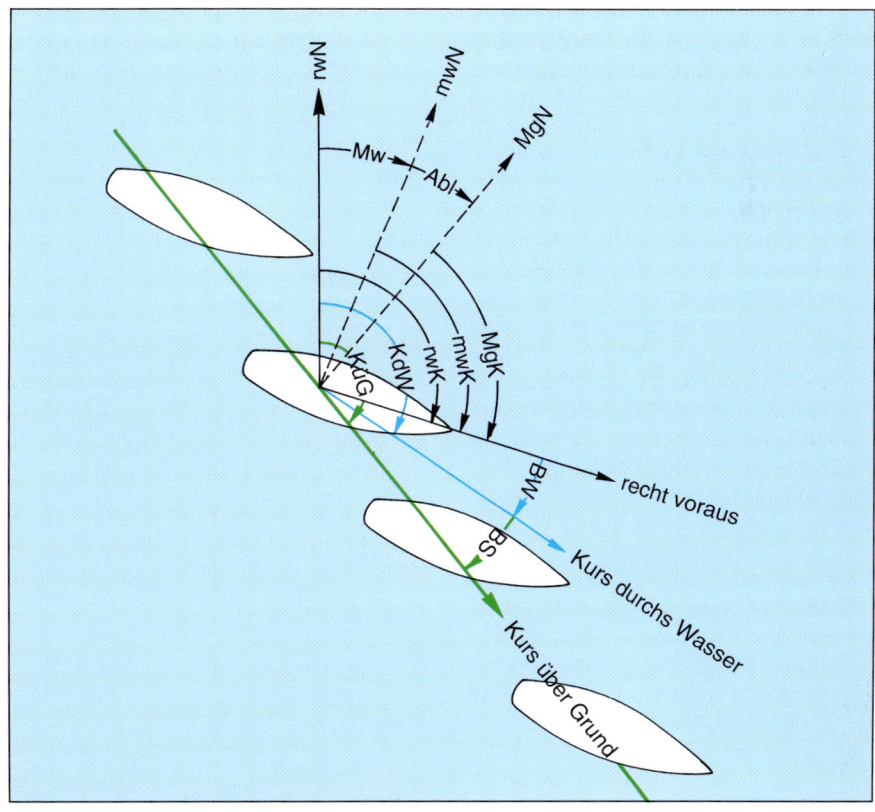

Abb. 1 *Begriffe der Kursumwandlung*

3. Die **Magnetkompaßablenkung (Abl)** entsteht durch das magnetische Feld, das auf dem Schiff in der Umgebung des Kompasses von fest installierten Metallteilen, Elektrik und vor allem Lautsprechern mit starken Permanentmagneten verursacht wird. Dieses Feld verstärkt das Erdmagnetfeld, wenn das Schiff so gedreht steht, daß beide Felder fluchten; sie subtrahieren sich, wenn das Schiff auf Gegenkurs steht. Sie bilden Zwischenwerte, wenn sich das Schiff zwischen diesen beiden Kursen bewegt. Deshalb muß die Größe der Ablenkung für alle Schiffskurse in 10-Grad-Schritten gemessen und in einer Tabelle festgehalten werden. Diese **Ablenkungstabelle** muß es für jeden Magnetkompaß auf einem Schiff geben, es sei denn, die Ablenkung konnte für alle Kurse völlig wegkompensiert werden.

4. Auf Yachten werden die Magnetkompasse in vereinfachter Form kompensiert, indem kleine Stellmagnete, die sich im Unterbau der Kompasse befinden, justiert werden. Mit diesen Kleinmagneten wird ein künstliches Magnetfeld erzeugt, das den ablenkenden Schiffsmagnetismus annulliert. **Achtung:** Auf einer scheinbar störfreien Kunststoffyacht entfällt die Ablenkung nicht automatisch, denn es besteht keine Gewähr, daß die Kompensiermagnete auch auf Null stehen.

5. Die **Ablenkungstabelle** hat im Prinzip **zwei Einstiegsspalten:** eine für die Korrektur des Magnetkompaßkurses (MgK), genannt **Ablenkungstafel,** die andere für die Berichtigung des mißweisenden Kur-

ses (mwK), **Steuertafel** genannt (Abb. 2). Wird die Ablenkung als Kurve dargestellt, ermöglicht man den getrennten Einstieg durch zwei

Koordinatensysteme: ein herkömmliches für die Korrektur des MgK und ein diagonales für den umgekehrten Weg (Abb. 3). Bei Tabellen mit

Ablenkungstafel		Steuertafel	
MgK	Abl	mwK	Abl
000	−01	000	−01
010	+02	010	+02
020	+06	020	+04
030	+08	030	+07
040	+11	040	+09
050	+13	050	+11
060	+14	060	+12
070	+15	070	+13
080	+15	080	+14
090	+14	090	+15
100	+13	100	+14
110	+12	110	+13
120	+10	120	+12
130	+08	130	+10
140	+07	140	+08
150	+05	150	+06
160	+03	160	+04
170	+02	170	+02
180	01	080	00
190	−02	190	−02
200	−03	200	−04
210	−05	210	−06
220	−06	220	−08
230	−08	230	−10
240	−10	240	−12
250	−11	250	−13
260	−13	260	−14
270	−14	270	−15
280	−15	280	−15
290	−15	290	−14
300	−15	300	−13
310	−14	310	−12
320	−12	320	−10
330	−10	330	−08
340	−07	340	−06
350	−04	350	−03
360	−01	360	−01

Abb. 2 *Ablenkungstafel und Steuertafel*

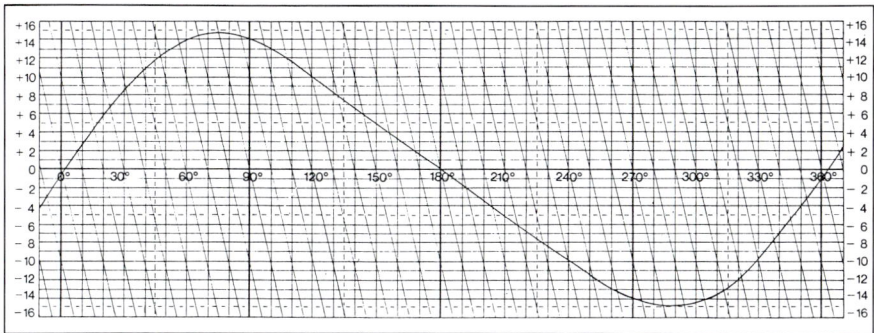

Abb. 3 *Ablenkungstabelle in Kurvendarstellung*

Abb. 4 *Kompaßrose mit Mißweisungsangabe in der Seekarte: 4°15'W 1995 bezieht sich auf das Jahr 1995, die jährliche Änderung beträgt 8'E. Für 2002 beträgt die Mißweisung 3°19'W.*

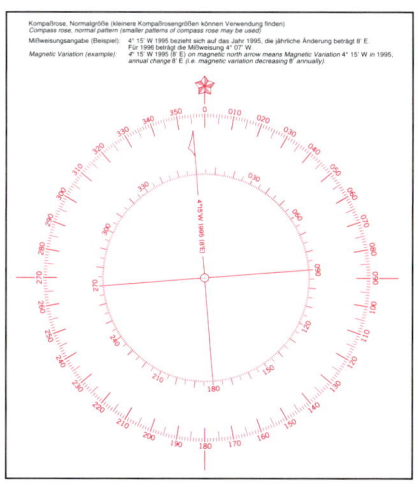

DIN 13312 Navigation

Magnetkompaßablenkung (Abl): Winkel zwischen mißweisend Nord und Magnetkompaß-Nord, ausgehend von mißweisend Nord nach Osten mit der Benennung E (Vorzeichen plus), nach Westen mit der Benennung W (Vorzeichen minus).

Mißweisung (Mw): Winkel zwischen rechtweisend Nord und mißweisend Nord, ausgehend von rechtweisend Nord nach Osten mit der Benennung E (Vorzeichen plus), nach Westen mit der Benennung W (Vorzeichen minus).

Fehlweisung (Fw): Winkel zwischen rechtweisend Nord und Magnetkompaß-Nord, ausgehend von rechtweisend Nord nach Osten mit Vorzeichen plus, nach Westen mit Vorzeichen minus.

Magnetkompaßfehlweisung (MgFw): Summe aus Magnetkompaßablenkung und Mißweisung.

Abweichungen unter 7° ergeben sich keine nennenswerten Unterschiede, weshalb in der Praxis die Trennung in Ablenkungs- und Steuertafel kaum anzutreffen ist. In diesem Buch wird sie zu Ausbildungszwecken angewendet. Kompasse mit über 7° Abweichung sollten schleunigst kompensiert werden.

6. Die **Mißweisung (Mw)** entnimmt man der Seekarte. Sie ist ortsgebunden und kursunabhängig. Man kann sie auf einem Globus rekonstruieren, indem man vom Schiffsort aus zwei Fäden spannt, einen zum geographischen Nordpol und den anderen zum magnetischen Nordpol, der ungefähr am Westende von Baffinland, Nordkanada (ca. 76°N 102°W), liegt. Der Winkel zwischen den beiden Fäden ist die Mißweisung. Probiert man das gleiche mit anderen Orten, sieht man schnell, wie sich die Mißweisung ortsbezogen verändert. Da sich auch die magnetischen Erdpole im Laufe der Jahre etwas bewegen, sind in der Seekarte die Eintragungen der Mißweisung mit der Jahreszahl und der voraussichtlichen **jährlichen Änderung** versehen (Abb. 4). Östliche Mißweisungen haben ein Plus, westliche ein Minus als Vorzeichen.

7. Nach der Berichtigung des Magnetkompaßkurses um Ablenkung und Mißweisung ergibt sich der rechtweisende Kurs. Ohne Wind und Strom wäre das auch der Kurs, den das Schiff über Grund beschreiben würde. Segelschiffe unterliegen jedoch der Windversetzung, die vom Schiffstyp, seiner Besegelung, vom Kurs zum Wind, von der Fahrt durchs Wasser und vom Seegang abhängt. Man benutzt Erfahrungswerte für das jeweilige Schiff, deren Größenordnung und Zusammenhänge aus Abb. 5 (Tabelle) erkennbar werden. Die Windversetzung wird **Beschickung für Wind (BW)** genannt. Bei Wind von Backbord ist ihr Vorzeichen positiv, weil das Schiff zum größeren Kurswert driftet, bei Wind

Yachttyp	Voll-zeug	2. Reff	Sturm-segel
moderne Rennyacht			
hoch am Wind	4°	8°	16°
voll und bei	2°	4°	8°
halber Wind	1°	2°	4°
moderne Fahrtenyacht			
hoch am Wind	5°	10°	20°
voll und bei	3°	6°	12°
halber Wind	1°	3°	6°
traditionelle Fahrtenyacht			
hoch am Wind	7°	14°	–
voll und bei	4°	8°	16°
halber Wind	2°	4°	8°

Abb. 5 *Anhaltswerte für Windversetzung*

von Steuerbord ist das Vorzeichen entsprechend negativ. Ein um die Beschickung für Wind berichtigter rechtweisender Kurs ist die Richtung, mit der das Schiff unter seitlichem Winddruck schräg durchs Wasser gleitet. Diese Richtung heißt **Kurs durchs Wasser (KdW).** Sie ist der Winkel zwischen rechtweisend Nord und dem Weg, den das Schiff durchs Wasser zurücklegt.

DIN 13312 Navigation

Beschickung für Wind (BW): Winkel zwischen der Rechtvorausrichtung des Fahrzeugs und der tatsächlichen oder beabsichtigten Bewegungsrichtung des Fahrzeugs durchs Wasser. Anmerkung: Kurs durchs Wasser ist die Summe aus rechtweisendem Kurs und Beschickung für Wind.

Kurs durchs Wasser (KdW): Winkel zwischen rechtweisend Nord und der Richtung des Weges durchs Wasser.

Abb. 6 *Ausschnitt eines Kartenblatts aus dem Atlas der Gezeitenströme in der Deutschen Bucht*

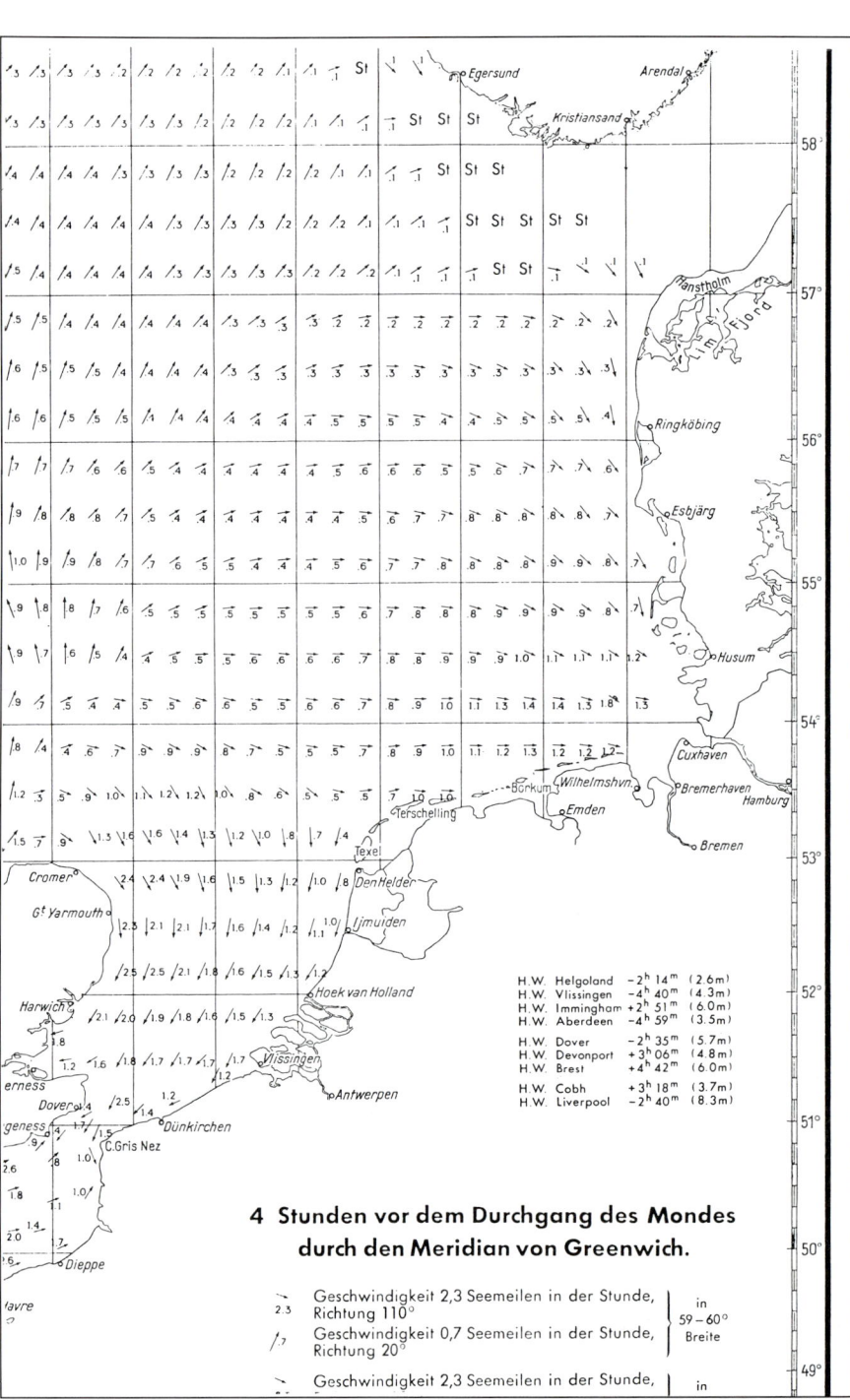

Tab. C 4.1.3 a   Gezeitenstromangaben für ausgewählte Positionen auf der Elbe (Zeiten bezogen auf HW Cuxhaven)

Ort	Position		Einlaufender Strom								Auslaufender Strom								
			max. Geschw.	Beginn		Stärkster Strom					max. Geschw.	Beginn		Stärkster Strom					
	° 'N	° 'E	sm/h	h min	von h min	Max. h min	bis h min				sm/h	h min	von h min	Max. h min	bis h min				
Feuerschiff Elbe	54 00,0	8 06,6	2,0	−6 20	−5 10	−4 20	−3 10				1,8	−0 30	+1 00	+2 10	+4 00				
Reede für große Schiffe	54 01,0	8 15,0	1,4	−5 50	−4 50	−4 00	−2 00				1,4	−0 10	+1 50	+2 50	+4 40				
N-lich Scharhörn	53 59,2	8 25,0	2,8	−5 10	−4 30	−3 40	−2 30				3,0	+0 20	+2 00	+3 10	+5 10				
Norderrinne	53 59,2	8 34,0	2,6	−5 00	−4 10	−3 30	−2 10				3,4	+0 30	+2 40	+4 10	+5 40				
Mittelrinne	53 58,2	8 34,0	2,2	−5 00	−4 10	−3 20	−2 10				2,0	+0 30	+2 10	+3 30	+5 30				
SW-lich Zehnerloch	53 57,2	8 39,1	2,2	−4 40	−3 50	−3 00	−1 40				3,3	+0 50	+2 40	+4 20	+5 40				
querab Alte Liebe (Cuxhaven)	53 52,5	8 43,0	3,6	−4 10	−3 30	−2 30	−1 10				4,2	+1 30	+3 10	+4 50	+6 10				
Medem-Reede	53 51,6	8 50,3	3,4	−4 00	−3 10	−2 00	−0 50				3,4	+1 40	+3 40	+5 20	+6 30				
querab Glameyer Stack	53 50,3	8 50,0	3,4	−4 00	−3 00	−2 00	−0 50				3,2	+1 50	+3 50	+5 20	+6 40				
Neufelde-Reede	53 51,5	8 58,5	2,4	−3 50	−2 40	−1 50	−0 20				3,2	+1 50	+4 00	+5 30	+6 50				
querab Ostemündung	53 51,0	8 58,5	2,8	−3 30							3,2	+2 30							
querab Einfahrt Nord-Ostsee-Kanal	53 52,0																		

Abb. 7 *Angaben über den Gezeitenstrom für die Küstenzone Nordsee findet man im Teil C des Nordsee-Handbuches*

8. Wenn **Strom** setzt, muß der KdW weiter korrigiert werden. Stärke und Richtung des Stroms können sich aus der zurückliegenden Navigation ergeben haben, in der Regel werden diese Angaben aber Seekarten, dem **Seehandbuch,** dem Atlas der Gezeitenströme oder auch anderen nautischen Veröffentlichungen entnommen. Es gibt Tidenstrom und Windstrom. Der Tidenstrom wird in Karten oder Tabellen in diesen Büchern in Stundenintervallen vor und nach der Hochwasserzeit eines Bezugsorts angegeben (Abb. 6 und 7). Die Hochwasserzeit wiederum findet man in den Gezeitentafeln oder dem Gezeitenkalender für dieses Jahr nach Datum und Tageszeit.

9. Im **Atlas der Gezeitenströme** (kurz: Stromatlas) beziehen sich die Stundendarstellungen jeweils auf die erste, zweite, dritte bis sechste Stunde vor oder nach dem **Durchgang des Mondes durch den Meridian von Greenwich.** Es gibt täglich zwei Durchgangszeiten, die durch den südlichen und die durch den nördlichen Meridian. Man findet die Zeiten im Teil III der **Gezeitentafeln.** Im übrigen steht auf jeder Stundendarstellung des Stromatlasses, für wie-

viel Stunden und Minuten nach oder vor **Hochwasser einiger Bezugsorte** diese Seite gilt. Obwohl die Zuordnung der Stromatlas-Seiten zu den Bezugsorten in den Gezeitentafeln als die zweitklassige erscheint, ist sie genauer als die Abhängigkeit von der Durchgangszeit des Mondes durch den Nullmeridian. Letztere vernachlässigt nämlich die astronomischen Abweichungen der Gezeiten, die in den Kalendarien der Bezugsorte sehr wohl berücksichtigt sind.

10. Im Falle des Windstroms gibt es Kartendarstellungen für die verschiedenen Hauptwindrichtungen in zwei bis drei unterschiedlichen Windstärken (Abb. 8).

11. Die Stromrichtungsangaben beziehen sich, anders als beim Wind, auf die **Richtung, in die der Strom setzt.**
Die **Beschickung für Strom (BS)** geschieht durch **Vektorenaddition.** Denn es handelt sich hier um zwei Bewegungen, die zusammengefaßt werden müssen: um die Bewegung der Yacht durchs Wasser und um die Bewegung der gesamten Wassermasse über Grund. Die Vereinigung beider Bewegungen ergibt die Bewe-

gung der Yacht über Grund. In der Praxis wird die Vektorenaddition zeichnerisch gelöst. Richtung und Geschwindigkeit der Bewegungen werden als Pfeile (Vektoren) dargestellt: Der **Wasservektor** drückt den Kurs und die Fahrt durchs Wasser (KdW und FdW) aus, der **Stromvektor** Richtung und Geschwindigkeit des Stroms und der **Grundvektor** den Kurs und die Fahrt über Grund (KüG und FüG). Bitte nie verwechseln!

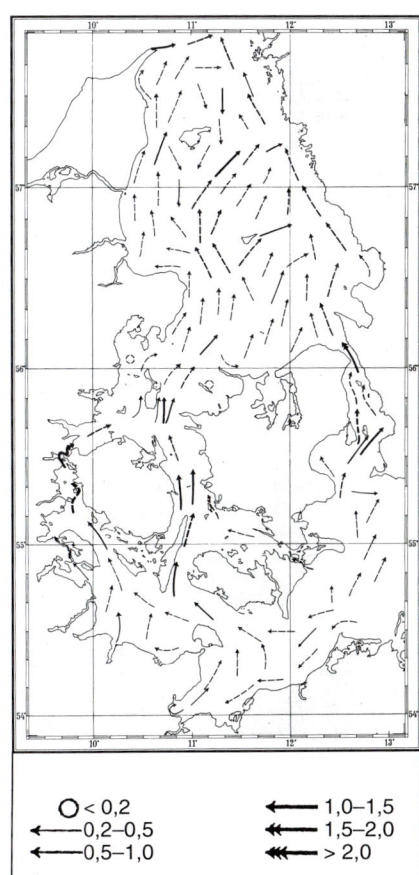

○ < 0,2	← 1,0–1,5
← 0,2–0,5	← 1,5–2,0
← 0,5–1,0	← > 2,0

Abb. 8 *Windstromkarte aus dem Teil B des Ostsee-Handbuches. Hier: Oberflächenströmung bei Südwind, Stärke 6*

DIN 13312 Navigation

Beschickung für Strom (BS):
Winkel zwischen der Bewegungs-richtung des Fahrzeugs durchs Wasser und der tatsächlichen oder beabsichtigten Bewegungs-richtung des Fahrzeugs über Grund. Anmerkung: Kurs über Grund ist Summe aus Kurs durchs Wasser und Beschickung für Strom.

Fahrt durchs Wasser (FdW):
Betrag der unter Berücksichti-gung des Windes, des Seegangs und des Schiffsantriebs ermittel-ten Geschwindigkeit des Schiffes relativ zum Wasser.

Kurs über Grund (KüG): Winkel zwischen rechtweisend Nord und der Richtung des Weges über Grund.

Fahrt über Grund (FüG): Im vor-aus bestimmter oder nach einer bestimmten Fahrzeit ermittelter Betrag der Geschwindigkeit des Schiffes bezüglich des Meeres-grundes.

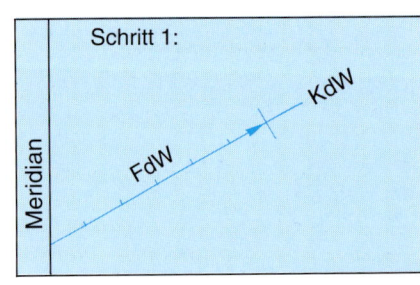

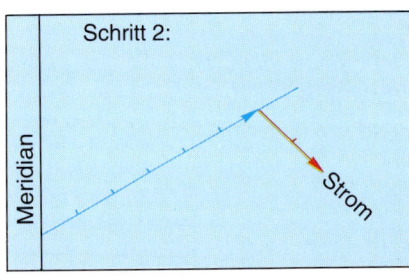

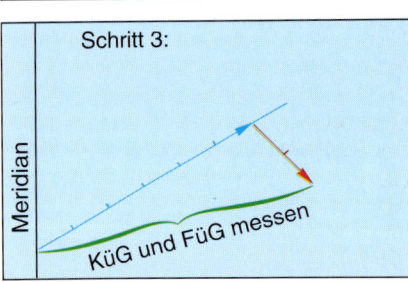

Abb. 9 *Die Vektorenaddition in Ein-zelschritten*

12. Das Ergebnis der Vektorenaddi-tion ist der Kurs über Grund (KüG). Weil die Geschwindigkeiten mit ein-bezogen werden, fällt als Nebenpro-dukt die Umrechnung der **Fahrt durchs Wasser (FdW),** die an Bord mit dem Log gemessen wird, in die stromberichtigte **Fahrt über Grund (FüG)** an.

13. Bei der Vektorenaddition werden die Vektoren einfach aneinanderge-zeichnet, und die Resultierende, also die Verbindung des Fußes des ersten mit der Spitze des zweiten

Vektors, wird nach Richtung und Länge gemessen. In der Praxis zeichnen wir eine **Skizze auf einem Nebenblatt,** wie in Abb. 9 in Einzel-schritten dargestellt.

● Schritt 1: Ein senkrechter Strich dient als Meridian. Der Kurs durchs Wasser (KdW), den wir in der Kursumwandlung bis hier berechnet haben, wird mit dem Kursdreieck an den Meridian gezeichnet. Die Knoten Fahrt durchs Wasser (FdW) werden mit dem Zentimetermaß der langen

Kante des Kursdreiecks (wie prak-tisch!) darauf abgestrichen.
Der Strich ist die Spitze des Was-servektors (blau).

● Schritt 2: Daran wird die Strom-richtung angetragen, mit Hilfe der Parallelverschiebung vom Meri-dian her, und wieder die Knoten-zahl in Zentimetern darauf mar-kiert. Es ergibt sich die Spitze des Stromvektors (rot).

● Schritt 3: Schließlich wird die Richtung der Resultierenden, also der Verbindung vom Ausgangs-punkt zur Stromvektorspitze, mit dem Kursdreieck gemessen. Sie entspricht dem Kurs über Grund (KüG) (grün) und ihre Länge in Zentimetern der Fahrt über Grund (FüG) in Knoten.

Rechenschema

14. In der Praxis bedient man sich für die Kursumwandlung eines einfa-chen Additionsschemas, das vom MgK bis zum KdW durchgängig mit logischer Anwendung der Vorzei-chen funktioniert. Das Ergebnis der Vektorenaddition wird lediglich ange-fügt.

gesteuerter Kurs	MgK
von Ablenkungstabelle	Abl
Zwischensumme	mwK
aus der Karte	Mw
Zwischensumme	rwK
Erfahrungswert	BW
Zwischensumme	KdW
Vektorenaddition ergibt	KüG/FüG

15. Ein Beispiel:

Gegeben seien:
Steuerkompaßkurs 090°
Ablenkung nach der Tabelle Abb. 2 oder 3
Mißweisung in dem Seegebiet −2°
6 Grad Windversetzung bei Wind von NE (von Backbord)
Strom setzt nach SW mit 2 kn
FdW 5 kn

Gesucht sind:
KüG? FüG?

● **Erster Schritt Additionsschema von oben nach unten:**

MgK	090°
Abl	+ 14°
mwK	104°
Mw	− 2°
rwK	102°
BW	+ 6°
KdW	108°
KüG	?

● **Zweiter Schritt Vektorenaddition:**

An die Senkrechte (Abb. 10) wird der KdW mit 108° angetragen. Dann werden 5 cm als FdW darauf abgestrichen. Daran wird der Stromvektor mit 225° und 2 cm gezeichnet. Die Verbindung dieses Punktes mit dem Ausgangspunkt ist der Grundvektor, dessen Richtung, KüG, mit 131° und dessen Länge, FüG, mit 4,5 cm = kn gemessen wird.

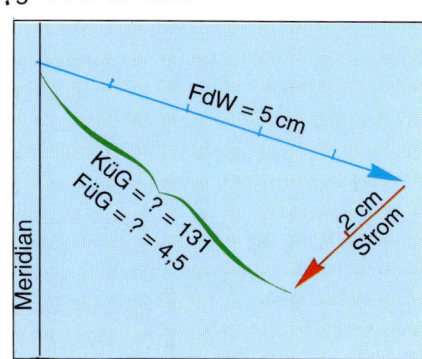

Abb. 10 *Stromdreieck*

16. Ist ein **Kartenkurs in den Steuerkurs** umzuwandeln, müßten die Vorzeichen aller Berichtigungen umgedreht werden. Praktischerweise erreicht man das, indem man nach dem gleichen Additionsschema verfährt, aber **von unten nach oben** rechnet, statt normal von oben nach unten. Die Vorzeichen bleiben unverändert. Man rechnet nach dem Verfahren:

Was plus 6 ist 060?
Antwort: 054°

MgK	
Abl	
mwK	
Mw	
rwK	←
BW	+ 6°
KdW	060°
KüG	076°

Was minus 2 ist 054?
Antwort: 056°

MgK	
Abl	
mwK	←
Mw	− 2°
rwK	054°
BW	+ 6°
KdW	060°
KüG	076°

Was plus 12 ist 056?
Antwort: 044°

MgK	←
Abl	+12°
mwK	056°
Mw	− 2°
rwK	054°
BW	+ 6°
KdW	060°
KüG	076°

17. Die **Vektorenaddition rückwärts** zu rechnen, bedarf eines besonderen Verfahrens, zumal bei

der typischen Umwandlungsaufgabe nicht KüG und FüG, also beide Größen des Einstiegsvektors bekannt sind, sondern KüG und FdW, Teile zweier verschiedener Vektoren. Gesucht sind KdW und FüG, auch Teile zweier Vektoren. In Abb. 11 ist das normale Stromdreieck mit durchgezogenen Linien gezeichnet. Zum blauen Wasservektor wird der rote Stromvektor addiert, was als Resultierende den grünen Grundvektor ergibt. Mit gestrichelten Linien ist ein kongruentes Hilfsdreieck gezeichnet mit den gleichen Vektoren als Seiten. Dieses Hilfsdreieck wird für die Konstruktionsaufgabe benutzt.

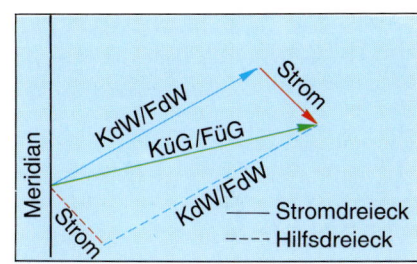

Abb. 11 *Stromdreieck mit Hilfsdreieck*

18. So geht man vor (Abb. 12):
● Schritt 1: Wieder dient ein senkrechter Strich als Meridian, an den wir den KüG mit offenem Ende und den Stromvektor mit seiner Stärke in Zentimetern zeichnen. Es handelt sich um das Hilfsdreieck, weshalb der Stromvektor an den Fuß des Grundvektors angetragen wird.
● Schritt 2: Da vom Wasservektor nur die Länge (Knoten in Zentimetern) bekannt ist, wird ausgehend von der Spitze des Stromvektors die Länge des Wasservektors auf dem KüG abgestrichen, und schon ist das Dreieck komplett.

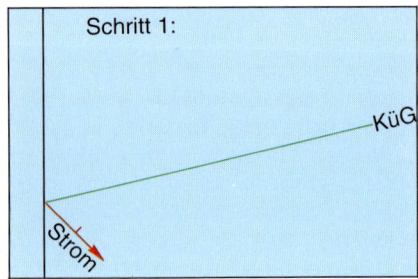

Schritt 1:

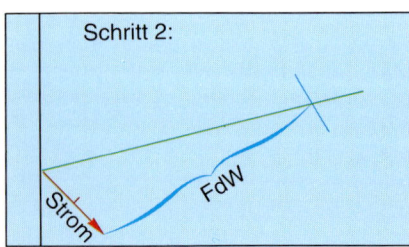

Schritt 2:

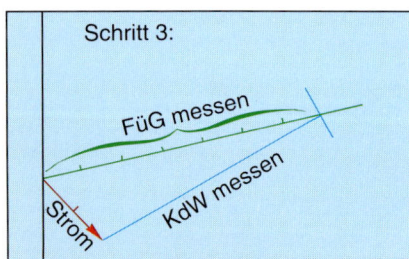

Schritt 3:

Abb. 12 *Vektorenaddition rück-wärts in Einzelschritten*

Auf dem KüG mit nun markierter Länge haben wir den Grundvektor; den Wasservektor können wir durch Ausziehen der Meßstrecke zeichnen, wir brauchen es aber nicht.

● Schritt 3: Die Richtung des Was-servektors wird gemessen. Sie ist der KdW. Und es wird die Länge des Grundvektors in Zentimetern gemessen. Sie entspricht der FüG.

19. Zum Merken noch einmal eine **Kurzfassung der Vektorenskizzen:**

KüG und FüG gefragt
beziehungsweise Oben-nach-unten-Rechnung:
zeichne KdW mit FdW,
daran den Strom

MgK und FüG gefragt
beziehungsweise Unten-nach-oben-Rechnung:
zeichne KüG, am Fuß den Strom,
daran FdW zum KüG

20. Ein Beispiel für die Unten-nach-oben-Rechnung:

Gegeben seien:
Kartenkurs (KüG) 260°
erwartete FdW 5 kn
Ablenkung nach der Tabelle Abb. 2 oder 3
Mißweisung in dem Seegebiet –2°
6 Grad BW bei Wind von NW (von Steuerbord)
Strom setzt nach SE mit 2 kn

Gesucht sind:
MgK? FüG?

● **Erster Schritt Vektorenaddition rückwärts:**
Vom Startpunkt (Abb. 13) wird der KüG mit 260° und der Strom mit 135° und 2 cm angetragen. Von der Stromspitze werden 5 cm (FdW) auf dem KüG abgestrichen, und es wird die Richtung gemessen: 280°. Auf dem KüG steht die Abstrichmarke bei 3,5 cm, FüG also 3,5 kn.

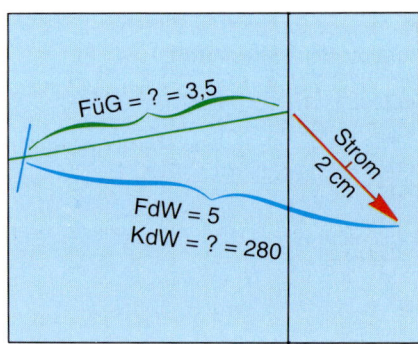

Abb. 13 *Beispiel: Vektorenaddition rückwärts*

● **Zweiter Schritt Additionsschema von unten nach oben:**

MgK	302°
Abl	–14°
mwK	288°
Mw	– 2°
rwK	286°
BW	– 6°
KdW	280°
KüG	260°

Lernkontrolle

1. Welchen Winkel beschreibt der MgK? (Absatz 2)

2. Welcher Kurs entspricht dem Winkel zwischen Rechtvorausrichtung und rechtweisend Nord? (Abb. 1)

3. Wodurch entsteht die Kompaßablenkung, und weshalb ist sie vom Kurs des Schiffes abhängig? (Absatz 3)

4. Weshalb unterscheidet man zwischen Steuertafel und Ablenkungstafel? (Absatz 5)

5. Ist die Mißweisung wie die Ablenkung kursabhängig? Ist sie ortsabhängig? Zeitabhängig? (Absatz 6)

6. Wovon hängt die Windversetzung ab? Woher erhält der Navigator den aktuellen Wert? (Absatz 7)

7. Welches Vorzeichen hat die Beschickung für Wind bei Wind von Stb? (Absatz 7)

8. Setzt der Strom in oder kommt er aus der angegebenen Richtung? (Absatz 11)

9. Woher erhält der Navigator die aktuellen Stromangaben? (Absatz 8–10)

Navi-Ecke auf der „Schlüssel von Bremen" während des Whitbread Round the World Race (Foto: F. Gunkel)

3. Koppelnavigation

Begriffe und Zusammenhänge

1. Unter Koppeln versteht man das Einzeichnen der seit dem letzten bekannten Standort zurückgelegten Richtungen und Distanzen in die Seekarte.

2. Der Koppelort stimmt nur, wenn die Koppeldaten stimmen, das heißt, wenn der Magnetkompaßkurs (MgK) auch wirklich im Mittel gesteuert wurde, wenn die Beschickung für Wind (BW) richtig eingeschätzt wurde, der Strom tatsächlich so setzte wie angenommen und auch die Meilenanzeige des Logs zuverlässig war. Da dies alles nicht so sicher ist, unterscheidet man **Koppelorte (O$_k$)**, denen man eine gewisse Toleranz zubilligt, von **beobachteten Orten (O$_b$)**, die direkt vermessen wurden und deshalb genauer sind. Koppelorte werden in der Karte durch einen Querstrich auf dem Kursstrich markiert, im Gegensatz zu einem kleinen Kreis, der einen O$_b$ kennzeichnet. Als O$_b$ werden heute auch die Standorte aus astronomischer Beobachtung oder elektronischer Ortung bezeichnet, obwohl es da auch noch Genauigkeitsunterschiede gibt. Orte werden in der Karte und auch im Logbuch **grundsätzlich mit Zeit und**

Logstand bezeichnet. Da ein Schiff in Bewegung ist, wäre ein Ort ohne diese Bezugswerte sinnlos.

DIN 13312

Koppelort (O$_k$): Von einem bekannten Ort ausgehend, durch Zeichnung oder Rechnung unter Berücksichtigung aller vorhersehbaren Einflüsse (den Strom eingeschlossen) ermittelter Ort des Fahrzeugs.

Loggeort (O$_l$): Von einem bekannten Ort ausgehend, durch Zeichnung oder Rechnung unter Berücksichtigung aller vorhersehbaren Einflüsse, jedoch den Strom ausgenommen, ermittelter Ort des Fahrzeugs.

beobachteter Ort (O$_b$): Mit Hilfe eines Ortsbestimmungsverfahrens ermittelter Ort des Fahrzeugs.

---

3. Der **Koppelkurs ist immer ein Kurs über Grund (KüG).** Wenn kein Strom setzt, ist der Kurs durchs Wasser (KdW) zugleich KüG, und wenn auch keine Windversetzung besteht, ist der rechtweisende Kurs (rwK), also die Rechtvorausrichtung, zugleich KüG.

DIN 13312

Kartenkurs (KaK): Winkel zwischen rechtweisend Nord und der der Navigationskarte entnehmbaren beabsichtigten Richtung des Weges über Grund.

Koppelkurs über Grund (KüG$_k$): Winkel zwischen rechtweisend Nord und der beabsichtigten Richtung des Weges über Grund.

beobachteter Kurs über Grund (KüG$_b$): Winkel zwischen rechtweisend Nord und der ermittelten Richtung des Weges über Grund.

Koppelpraxis

4. Beim **Absetzen der Segelroute** wird der Kartenkurs vom Schiffsort ausgehend vorausgezeichnet und dabei besonders auf Wassertiefen und Hindernisse geachtet. Es gilt der Grundsatz: **Kein Kursstrich ohne Kartenstudium!** Der Kartenkurs ist der beabsichtigte Kurs über Grund (KüG$_k$). Er wird in den MgK umgewandelt und dem Rudergänger als Steuerkompaßkurs zugerufen. Die Zeit bis zum nächsten Zwischenziel wird mit der Fahrt über Grund (FüG) errechnet, die bei der Kursumwandlung anfiel.

$$\text{Minuten} = \frac{\text{Seemeilen} \times 60}{\text{FüG (kn)}}$$

5. Anschließend dient der Kursstrich in der Karte als Koppelkurs, denn er ist bereits der KüG zum nun gefahrenen Steuerkurs. Dem Koppelkurs auf der Karte gilt der erste Blick, wenn man wissen möchte, wo sich die Yacht befindet. Wie weit sie schon ist, liest man, sofern kein Strom setzt, einfach vom Log ab (Loggeort, O_l). Ich empfehle, dazu die ausnullbare Nebenanzeige des Logs (Triplog) zu benutzen und sie zu Beginn jeder Koppelstrecke auf Null zu drücken. Die Meilenanzeige (Zehntelseemeilen) überträgt man am besten mit dem Zirkel vom Kartenrand (dem vertikalen!) auf den Koppelkurs.

6. Befindet man sich in einem Gewässer mit Strom, kann man die Loganzeige nicht benutzen. Sie würde die Strecke durchs Wasser, nicht aber die über Grund anzeigen. Die Strecke über Grund muß aus der Fahrt über Grund (FüG) mit dem Taschenrechner nach folgender Formel errechnet werden:

$$\text{Seemeilen} = \frac{\text{Minuten x Knoten}}{60}$$

Der Wert für die FüG entstammt dem Rechengang der Kursumwandlung. Da bei der Koppelnavigation mit Strom die Minuten seit dem letzten Standort (O_b) für den laufenden Koppelort maßgebend sind, empfiehlt es sich, zu Beginn der Koppelstrecke

anstelle des Logs eine Uhr auf Null zu stellen.

7. Kann der geplante Steuerkurs nicht gehalten werden, wird der O_k, an dem die Kursänderung stattfindet, auf der Karte markiert, das Log auf Null gedrückt und für den neuen MgK der KüG ermittelt. Der neue KüG wird als Koppelkurs in die Karte eingezeichnet, und die Meilen/Minuten werden von der Kursänderung an neu gezählt.

8. In angemessenen Zeitabständen versucht man, einen O_b zu machen. Er wird mit Uhrzeit und Logstand (laufendes Log) in die Karte eingezeichnet, und es wird zum gleichen Zeitpunkt der Koppelort fixiert. Den Sprung vom O_k dieses Zeitpunkts zum O_b, ausgedrückt in Richtung und Entfernung, nennt man Besteckversetzung. Sie dient als Plausibilitätskontrolle des neuen O_b. Plausibel ist er, wenn sich die Besteckversetzung durch unberücksichtigten Strom oder durch Steuerfehler erklären läßt. Hat sich der neue O_b als tauglich erwiesen, wird von ihm aus weitergekoppelt. Der alte Koppelkurs wird abgebrochen und ein neuer von diesem O_b ausgehend gezeichnet. (Abb. 1)

9. In Gewässern mit Gezeitenstrom, zum Beispiel in der Nordsee, koppelt man praktischerweise in den Stundenintervallen, für die die Seiten des Stromatlas gelten. Es ergibt sich für jede Stunde ein neuer Steuerkurs

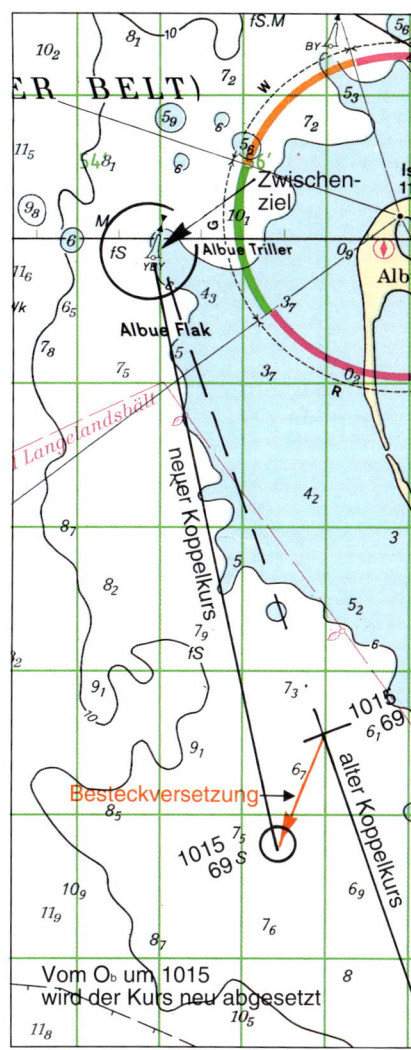

Abb. 1 *Besteckversetzung*

(MgK). In offenem Seeraum bietet sich eine Vereinfachung an: Man steuert einen MgK, der dem Sollkurs ohne Strom entspricht, und nimmt es hin, daß der KüG je nach Strom hin und her pendelt. Alle Stunde wird ein Koppelort gemacht, indem man den entsprechenden KdW als Vektor mit

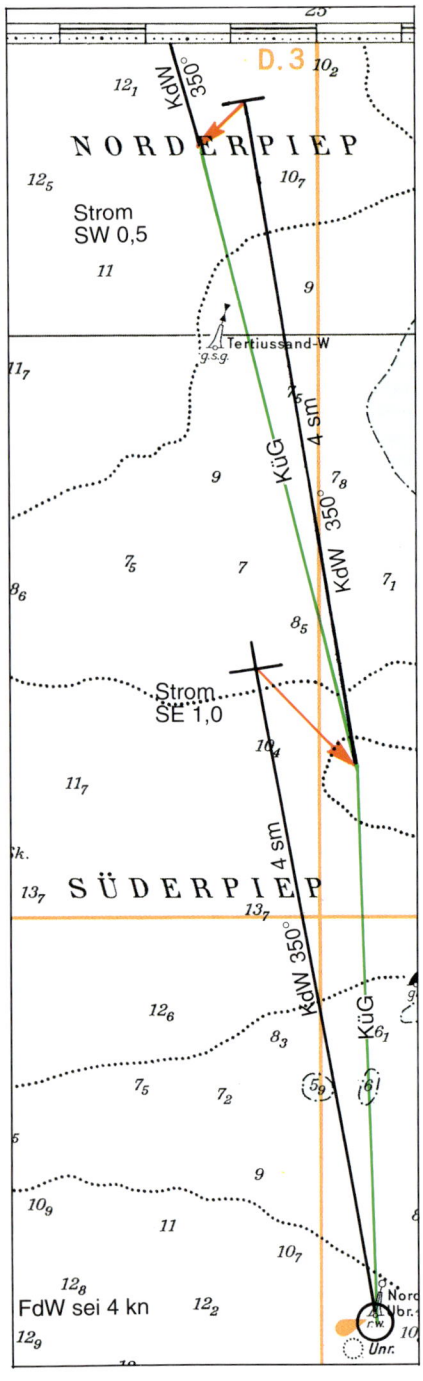

der Länge der gelaufenen Meilen in die Karte einträgt und den Stromvektor an dessen Ende anfügt. Es gilt der während der vergangenen Stun- de gemittelte Strom. Die Spitze des Stromvektors ist der Koppelort. Der KüG ist die Verbindungslinie von Koppelort zu Koppelort (Abb. 2).

Das Relingslog

Ein Gegenstand wird seitlich voraus ins Wasser geworfen und die Passier- zeit des Schiffes gestoppt. Wenn man die doppelte Schiffslänge in Metern durch die Sekundenzahl dividiert, erhält man annäherungsweise die Fahrt durchs Wasser in Knoten.

Lernkontrolle

1. Was ist der Unterschied zwischen Koppelort und beobachtetem Ort? (Absatz 2)

2. Normalerweise ist der Kartenkurs ein KüG. Unter welchen Umständen kann er auch ein KdW oder ein rwK sein? (Absatz 3 und Kapitel 2)

3. Wie errechnet sich die voraussichtliche Ankunftszeit an einem Zwi- schenziel? (Absatz 4)

4. Wie stellt der Navigator den augenblicklichen Koppelort fest, wie mit und wie ohne Strom? (Absatz 6)

5. Wie ist die Besteckversetzung definiert, und wozu dient sie? (Absatz 8)

6. Wie koppelt man praktischerweise in Gewässern mit Tidenstrom? (Absatz 9)

Abb. 2 *Stundenkoppeln bei Tidenstrom*

4. Terrestrische Schiffsorte

Peilen

1. Beim Peilen wird der Winkel zwischen rechtweisend Nord und der Richtung des Peilobjekts, zum Beispiel eines Leuchtturms, von Bord aus festgestellt. Dieser Winkel definiert eine Standlinie für das Schiff, denn von keinem anderen Ort außer

auf dieser Linie peilt man das Objekt unter diesem Winkel (Abb. 1). Eine Linie der gleichen Richtung in der Karte, die durch das Objekt gezogen ist, entspricht dieser Standlinie. Irgendwo auf dieser Linie muß sich das Schiff befinden. Der Schnittpunkt zweier Standlinien ergäbe den Schiffsort.

2. Heute peilt man meistens mit einem Handpeilkompaß (Abb. 2), obwohl dessen Ablesung wegen der unruhigen Hand und der unbekannten Ablenkung nicht sehr genau sein kann. Da der Handpeilkompaß auf dem Schiff keinen festen Standort hat, wäre es sinnlos, eine Ablenkungstabelle für ihn aufzustellen.

DIN 13312 Navigation
Standlinie: Geometrischer Ort für alle Punkte, auf denen eine für die Ortsbestimmung gemessene Größe gleich ist.
Magnetkompaßpeilung (MgP): Winkel zwischen Magnetkompaß-Nord und der in die Horizontalebene projizierten Richtung zum Objekt.
mißweisende Peilung (mwP): Winkel zwischen mißweisend Nord und der in die Horizontalebene projizierten Richtung zum Objekt.
rechtweisende Peilung (rwP): Winkel zwischen rechtweisend Nord und der in die Horizontalebene projizierten Richtung zum Objekt.
Seitenpeilung (SP): Winkel zwischen der Rechtvorausrichtung des Fahrzeugs und der in die Horizontalebene projizierten Richtung zum Objekt; mit dem Zusatz Steuerbord (Stb) oder Backbord (Bb) ist halbkreisige Zählung (000° bis 180°) zulässig.

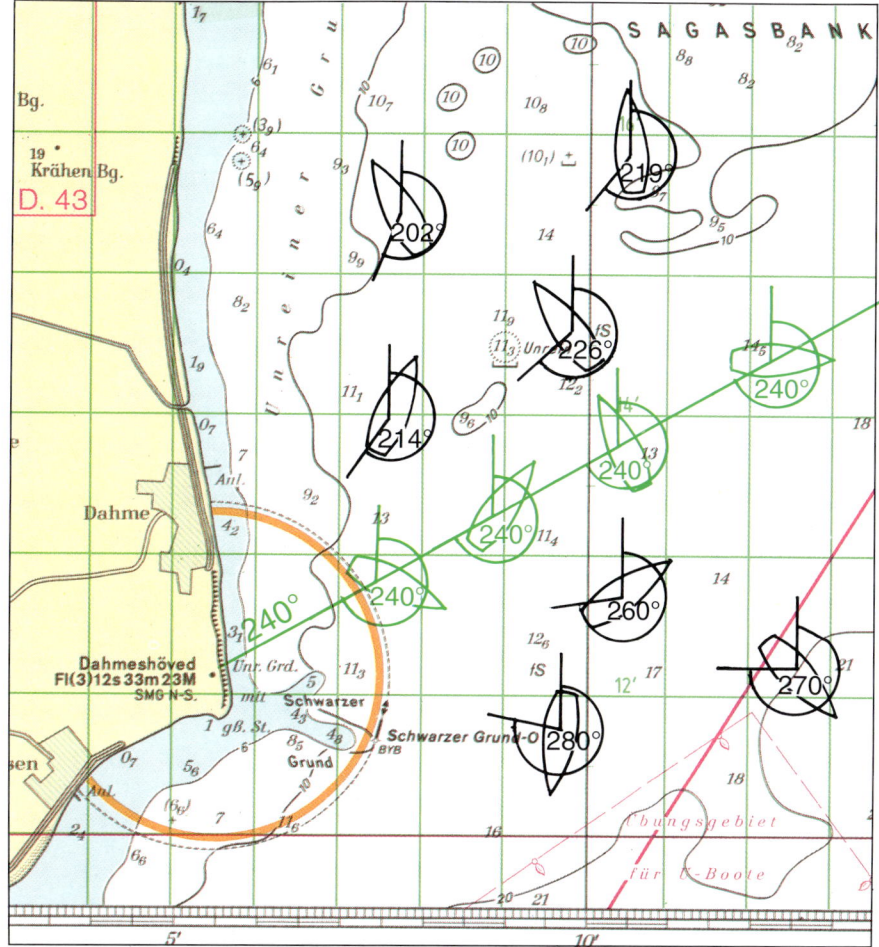

Abb. 1 *Prinzip der Peilung*

Abb. 2 *Handpeilkompaß (Foto: YACHT-Archiv)*

Und die des Steuerkompasses zu benutzen, wäre ein grober logischer Fehler. Man versucht deshalb, den Handpeilkompaß in möglichst großem Abstand von störenden Magnetfeldern zu benutzen. Schwere Störer sind zum Beispiel Lautsprecher und manche metallene Brillengestelle. Die Ablesung eines Handpeilkompasses ist also lediglich **um die Mißweisung zu beschicken.**

3. Besser geht es mit dem **Steuerkompaß in Verbindung mit einer Peilscheibe** (Abb. 3). Die Peilscheibe mißt den Seitenwinkel des Peilobjekts von der Rechtvorausrichtung des Schiffes aus, und zwar im Uhrzeigersinn von 0 bis 360 Grad. Da die Rechtvorausrichtung dem rechtweisenden Kurs (rwK) entspricht, ist die rechtweisende Peilung die **Summe aus rwK und Seitenpeilung (SP).** Beim Peilen braucht der Navigator die Hilfe des Rudergängers. Der Navigator ruft beim Richten des Diopters „Achtuuuuung Null", und bei „Null" liest der Rudergänger den gerade anliegenden Kompaßkurs ab. Dieser wird um Ablenkung und Mißweisung beschickt, damit sich der rechtweisende Kurs ergibt. Dazu die Seitenpeilung addiert, ergibt die rechtweisende Peilung.

4. Oder man peilt **direkt über den Steuerkompaß,** entweder mit Hilfe eines Peilaufsatzes oder durch Fluchten des Schattenstifts in der

Abb. 3 *Peilscheibe*

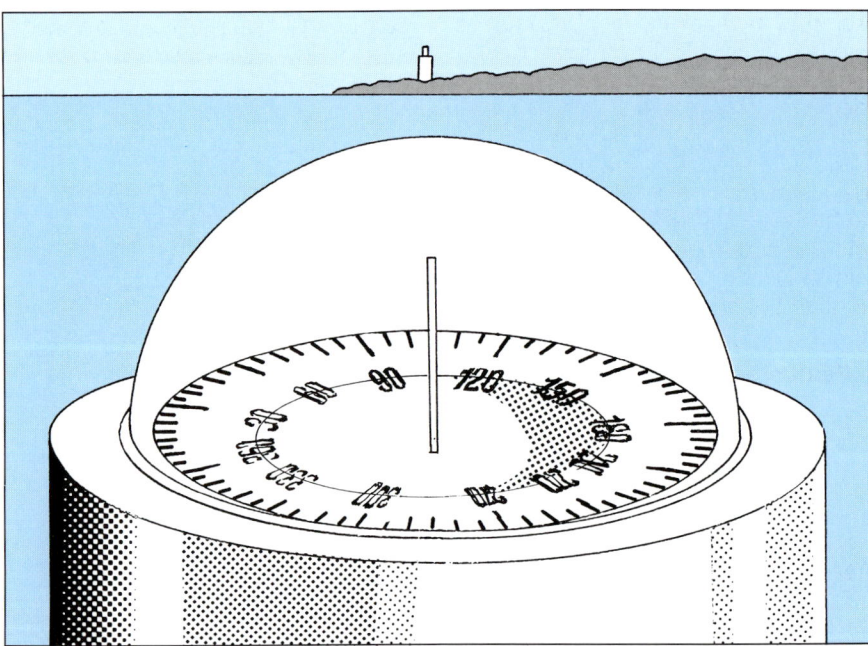

Abb. 4 *Peilen über einen Kalottenkompaß mit Schattenstift*

Abb. 5 *Toleranzflächen bei 2° Peilfehler: links bei schleifenden Schnitten, rechts im Normfall*

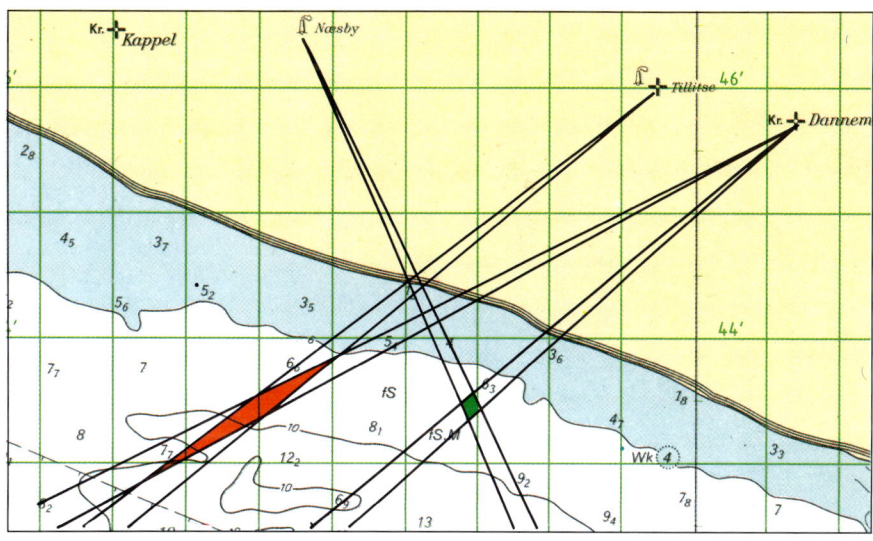

Mitte der Kompaßrose über die Gradteilung mit dem Peilobjekt (Abb. 4). Über den Steuerkompaß zu peilen hat den Vorteil, daß die Kompaßablenkung berücksichtigt werden kann. Die Ablesung ist eine Magnetkompaßpeilung (MgP), die um die Ablenkung und die Mißweisung berichtigt werden muß.

5. Jede Art von Peilung muß in **rechtweisende Peilung** (rwP) umgewandelt werden, damit man sie in die Karte einzeichnen kann. Immer wenn der Steuerkompaß zum Peilen verwendet wurde, mit Hilfe der Peilscheibe, mit einem Peilaufsatz oder auch mit dem Schattenstift allein, kann man auch die Ablenkung berücksichtigen. Mit dem Handpeilkompaß geht das nicht. Wichtig ist es hierbei, einen häufig vorkommenden Fehler zu vermeiden: Natürlich muß der **Ablenkungswert des Steuerkompaßkurses** der Ablenkungstabelle entnommen werden, nicht der der Peilung! Die Ablenkung ist abhängig vom Kurs. Die Richtung, mit der das Auge über den Kompaß hinwegvisiert, hat bestimmt keinen Einfluß auf dessen Ablenkung.

6. Die **Qualität einer Peilung** hängt nicht nur von der Ablesegenauigkeit ab. Oft wird das **Peilobjekt verwechselt,** oder der Abstand ist zu groß. Je weiter man vom Peilobjekt entfernt steht, desto größer ist die seitliche Ablage bei einer ungenauen Ablesung.

Seitliche Ablage bei 2° Peiltoleranz		
bei	1 sm Entfernung	62 m
bei	3 sm Entfernung	185 m
bei	6 sm Entfernung	390 m
bei	10 sm Entfernung	620 m

7. Mit **Kreuzpeilung** bezeichnet man die Bestimmung des Schiffsortes aus den Peilungen zweier Objekte. Beide Objekte sind so auszuwählen, daß sie möglichst einen rechten Winkel zueinander bilden, um bei den unvermeidbaren Peiltoleranzen eine möglichst kleine Schnittfläche zu erhalten (Abb. 5). Die quer zur Fahrtrichtung liegende Peilung ist die zeitkritische. Zu ihrem Zeitpunkt werden Logstand und Uhrzeit abgelesen, und für das Weiterkoppeln wird die Lognebenanzeige auf Null gestellt.

8. Zur Sicherheit bezieht man ein **drittes Peilobjekt** mit ein. Auf der Karte bildet diese dritte Peilung mit den ersten beiden ein **Fehlerdreieck,** dessen Größe die erwarteten Peiltoleranzen nicht übertreffen darf. Den Standort nimmt man allgemein im Flächenschwerpunkt an, es sei denn, die Qualität der einzelnen Peilungen war unterschiedlich. Dann verschiebt man den Standort entsprechend zu der Dreiecksseite hin, die die sicherere Peilung darstellt.

Peilungsumwandlung in rechtweisende Peilung		
Handpeilkompaß	Peilscheibe	Steuerkompaß
	MgK	MgP
	Abl	Abl
MgP	mwK	mwP
Mw	Mw	Mw
??P	rwK	rwP
	SP	
	rwP	

9. Unter **Deckpeilung** versteht man eine Standlinie, die sich daraus ergibt, daß zwei Peilobjekte, zum Beispiel ein Kap im Vordergrund und ein Leuchtturm auf einem ferneren Kap, für einen Augenblick in Flucht stehen. Man hält die Uhrzeit und den Logstand der Beobachtung fest und verbindet die entsprechenden Punkte in der Karte als Standlinie. Diese kann mit einer zweiten Peilung zum gleichen Zeitpunkt als Kreuzpeilung verwendet werden, oder man „versegelt" sie für spätere Zwecke, was am Ende dieses Kapitels noch beschrieben wird.

Loten

10. Wenn der Meeresboden **genügend Gefälle** (Gradient) hat, kann man sich die gelotete Wassertiefe zur Navigation zunutze machen. Vor einer Küste zum Beispiel ist die Wassertiefe ein willkommener Abstandsmesser. Im Zusammenhang mit einer Peilung an Land ergibt sie einen Standort. Im Gegensatz zu Peilungen ist man bei Lotungen nicht auf Sichtbedingungen angewiesen.

11. Die Lotung ist der Abstand von der Wasseroberfläche bis zum Meeresboden. Um sie mit der Kartentiefe vergleichen zu können, muß sie beschickt werden, wie dies im Kapitel 7 erläutert wird. Nur in gezeitenfreien Gewässern, und auch da nur mit Einschränkungen, kann man von der Lotung direkt auf die Kartentiefe schließen. Denn Wind und Jahreszeit können den Wasserstand auch dort verändern. Um in gezeitenfreien Gewässern die Lotung zuverlässig zu nutzen, testet man den Wasserstand zuvor an einem sicheren O_b bei möglichst flachem Gradienten.

12. Benutzt man das eingebaute Echolot, muß man berücksichtigen, von welcher Tiefe unter der Wasserlinie das Gerät mißt (Sensortiefe). Ältere Modelle messen grundsätzlich ab Sensor (Echolotwandler), modernere lassen sich entweder auf Wasser unterm Kiel oder auf Tiefe unter der Wasserlinie einstellen (Abb. 6). Letztere Einstellung ist für die Navigation vorteilhaft, erstere gegen das Auflaufen auf Grund in flachen Häfen und Buchten. Einen Standard gibt es nicht. Man muß die Einstellung nur deutlich am Echolot vermerken, damit auch jeder Gastnavigator Bescheid weiß.

13. Es ist nicht sehr sinnvoll, auf Grund der beschickten Lotung eine Tiefenlinie als Standlinie in die Seekarte zu zeichnen, um sie schließlich mit einer geraden anderweitigen Standlinie zu schneiden. Statt dessen zeichnet man die anderweitige Standline, zum Beispiel die Peilung eines Leuchtfeuers, in die Karte und benutzt die **Wassertiefe als Entfernungsmarke.** Vorsicht! Oft findet man die Wassertiefe mehrmals entlang der verlängerten Standlinie. In solchem Falle bedarf es einer weiteren Beobachtung oder notfalls des Rückgriffs auf die Koppelnavigation, um den richtigen Standort herauszufinden (Abb. 7).

14. Verlaufen bei ausreichendem Gradient die Tiefenlinien auf der Karte parallel zum gewünschten Kurs, kann das Lot auch zur **Steuerung bei unsichtigem Wetter** eingesetzt werden. Oft kann man auch die Tiefenlinie einer Ansteuerungstonne als Auffanglinie benutzen, um auf ihr entlang zu dieser Tonne zu finden (Abb. 8).

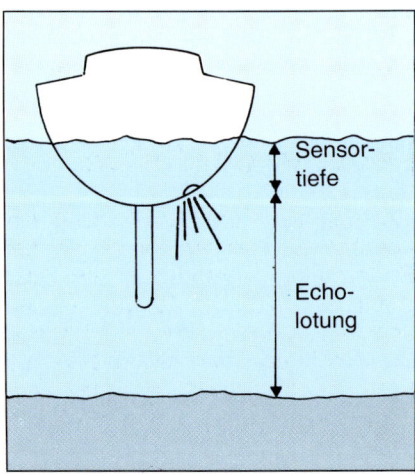

Abb. 6 *Echolotung + Sensortiefe = Lotung*

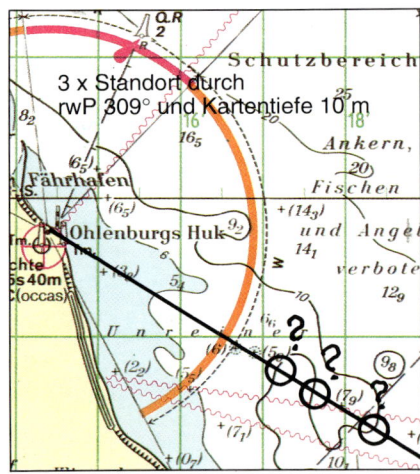

Abb. 7 *Wo sind wir?*

15. Mit einer Reihenlotung kann der Standort auch ohne zweite Standlinie bestimmt werden, was bei unsichtigem Wetter hilfreich sein kann. Der Meeresboden muß dazu allerdings ein unverwechselbares Profil haben. Man bereitet einen etwa fünf Kartenmeilen langen Papierstreifen mit Entfernungsmarken alle halbe Meile vor, auf dem, immer wenn auf der Logge eine halbe Meile durchläuft, die beschickte Lotung (= Kartentiefe) notiert wird. Setzt Strom, benutzt man statt der Halbmeilenschritte Sechsminutenintervalle mit Entfernungsabschnitten, die ein Zehntel der Fahrt über Grund (FüG) betragen. Die letzte Lotung wird mit Logstand und Uhrzeit notiert, denn sie soll den Standort ergeben.

16. Man findet ihn durch Probieren. Dazu markiert man den Koppelort zum Zeitpunkt der letzten Lotung und

legt den Streifen so an den Koppelkurs an, daß die Markierung der letzten Lotung auf dem Koppelort liegt. Wahrscheinlich stimmen die Tiefenangaben auf dem Lotstreifen nicht mit der Karte überein. Man verschiebt deshalb den Streifen vorsichtig seitwärts und in Längsrichtung so lange, bis die Lotungen den Kartentiefen entsprechen. Wo dann die Markierung der letzten Lotung liegt, ist der Standort zu deren Zeitpunkt und Logstand (Abb. 9).

Das Handlot ist eine mit einem Bleigewicht versehene geflochtene Nylonleine mit Metermarkierungen. Alle 10 m findet ein Wechsel der Farbe der Metermarkierungen statt. Die Nylonleine hat gewöhnlich 5 mm Durchmesser und ist 30 m lang. Man wirft das Handlot im Unterschwung möglichst weit voraus und holt die Lose aus der Leine, wenn sie auf und nieder kommt. Mit einiger Übung kann man auf diese Weise bei bis zu 3 kn Fahrt und 10 m Tiefe die Wassertiefe ablesen. Darüber hat das Handlot wenig Sinn.

Feuer in der Kimm

17. Erscheint bei Annäherung ein Leuchtfeuer zum erstenmal oder bei Entfernung letztmalig über der Kimm, läßt sich der Abstand zu diesem Feuer (Fachausdruck: Sichtweite) errechnen. Wird gleichzeitig das Feuer gepeilt, erhält man durch Peilung und Abstand einen Standort.

Die Abstandsbestimmung mit dieser Methode ist erstaunlich akkurat, bei klaren Sichtverhältnissen etwa ± 0,2 sm.

18. Aus der Geometrie, die Feuerhöhe, Augeshöhe und Erdkrümmung bilden (Abb. 10), ergibt sich die Formel für die Berechnung des Abstandes:

$$\text{Distanz} = 2{,}075 \ (\sqrt{\text{Feuerhöhe}} + \sqrt{\text{Augeshöhe}})$$

(Distanz in Seemeilen, Höhen in Metern)

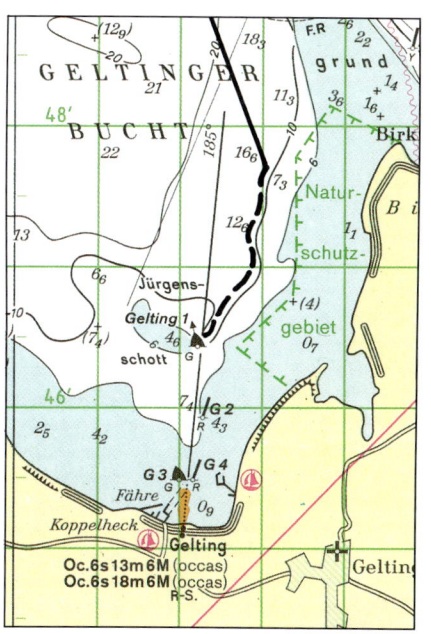

Abb. 8 *Ansteuerung von Gelting auf der 10-m-Tiefenlinie*

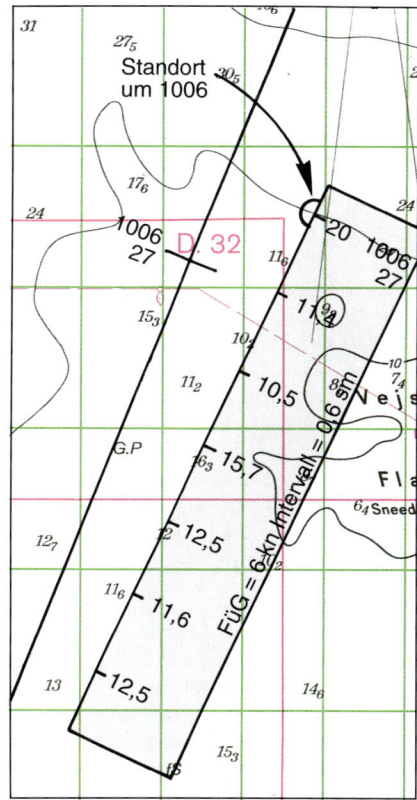

Abb. 9 *Lotreihe*

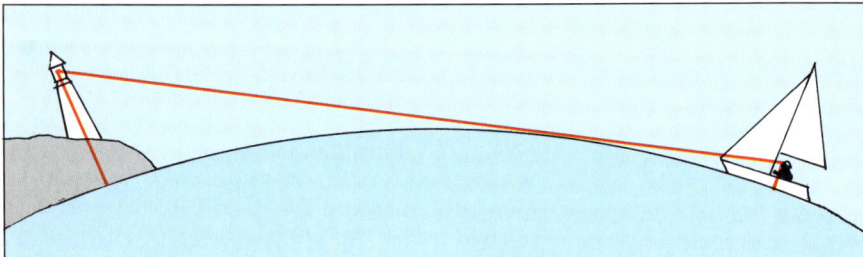

Abb. 10 *Sichtweite eines Feuers in der Kimm*

19. Während die **Augeshöhe** bei den meisten Yachten für den aus dem Niedergang herausschauenden Navigator 2 m beträgt, wird die Höhe des Leuchtfeuers dem Leuchtfeuerverzeichnis oder bei einigen Sportbootkarten auch der Karte entnommen. Im deutschen **Leuchtfeuerverzeichnis,** das nach dem Küstenverlauf gegliedert ist und am Ende eine alphabetisch geordnete Namensliste der Leuchtfeuer, Feuerschiffe und Großtonnen hat, sind zwei Höhen angegeben (Abb. 11): in der linken Spalte die **Höhe des Feuerträgers über dem Erdboden** (an der deutschen Küste ist das die Höhe des Dachfirstes, bei Leuchtbaken die Höhe des Toppzeichens) und in der rechten Spalte, fett gedruckt, die **Höhe des Feuers über Wasser** (in Gewässern mit Gezeiten über mittlerem Hochwasser, ansonsten über mittlerem Wasserstand). Für die Abstandsbestimmung mittels Feuer in der Kimm ist die Höhe des Feuers über Wasser maßgeblich.

20. Als Alternative zum Taschenrechner bietet das Leuchtfeuerverzeichnis in der Einführung eine Tabelle für die Ermittlung der Sichtweite eines Feuers in der Kimm (Abb. 12, Seite 33).

Tragweite: Entfernung, in der das Feuer gerade noch zu erkennen wäre; sie ist abhängig von der Lichtstärke des Feuers und dem Sichtigkeitsgrad der Luft.
Nenntragweite: die zur Beschreibung von Leuchtfeuern benutzte Entfernung, in der das Feuer bei einer Standardsichtigkeit der Luft von 10 sm gerade noch zu erkennen ist; sie ist abhängig von der Lichtstärke.
Sichtweite: Abstand eines Feuers in der Kimm; sie ist abhängig von der Höhe des Feuers und der Augeshöhe des Beobachters.

Versegelte Standlinien

21. Mindestens zwei Standlinien braucht man für einen Standort. Alle erdenklichen Standlinien kommen dafür in Frage: Kompaßpeilungen, Deckpeilungen, Tiefenlinien und Abstandskreise, um nur die bisher behandelten zu erwähnen. Bedingung für die Standortbildung ist allerdings, daß die Standlinien zum gleichen oder annähernd gleichen Zeitpunkt gemacht worden sind. Möchte man ausnahmsweise eine ältere Standlinie mitverwenden, muß ihre Lage um den inzwischen gelaufenen Weg aktualisiert, eben versegelt werden.

22. Das **Prinzip des Versegelns** erklärt sich so: Um 1000 Uhr möchte man eine Kreuzpeilung machen und dafür eine Standlinie verwenden, die schon 20 Minuten zuvor gemacht wurde. Sie muß auf den Stand von 1000 Uhr gebracht werden. In den 20 Minuten dazwischen ist die Yacht bei

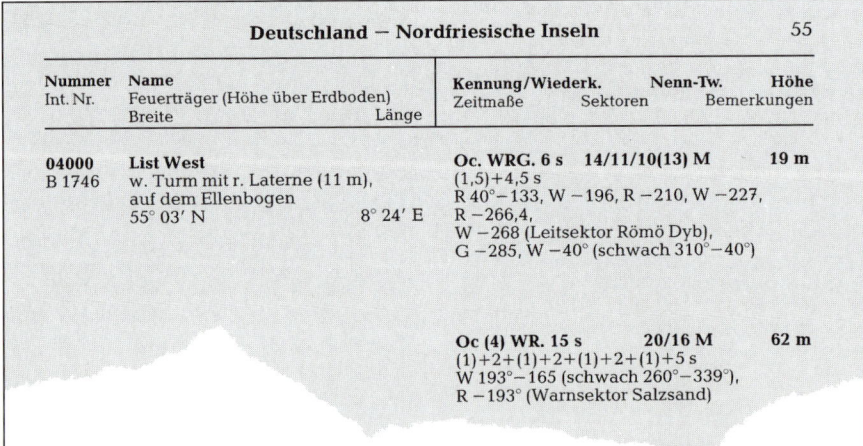

Deutschland — Nordfriesische Inseln		55
Nummer Int. Nr.	**Name** Feuerträger (Höhe über Erdboden) Breite	**Kennung/Wiederk.** **Nenn-Tw.** **Höhe** Zeitmaße Sektoren Bemerkungen
04000 B 1746	**List West** w. Turm mit r. Laterne (11 m), auf dem Ellenbogen 55° 03′ N 8° 24′ E	**Oc. WRG. 6 s 14/11/10(13) M 19 m** (1,5)+4,5 s R 40°—133, W —196, R —210, W —227, R —266,4, W —268 (Leitsektor Römö Dyb), G —285, W —40° (schwach 310°—40°)
		Oc (4) WR. 15 s 20/16 M 62 m (1)+2+(1)+2+(1)+2+(1)+5 s W 193°—165 (schwach 260°—339°), R —193° (Warnsektor Salzsand)

Abb. 11 *Auszug aus dem Leuchtfeuerverzeichnis*

Feuerhöhe in Metern	Augeshöhe in Metern											
	0	1	2	3	4	5	6	7	8	9	10	11
2	2,9	5,0	5,9	6,5	7,1	**7,6**	8,0	8,4	8,8	9,1	9,5	9,8
4	4,1	6,2	7,1	7,7	8,3	**8,8**	9,2	9,6	10,0	10,4	10,7	11,0
6	5,1	7,1	8,0	8,7	9,2	**9,7**	10,1	10,5	10,9	11,3	11,6	11,9
8	5,9	7,9	8,8	9,4	10,0	**10,5**	10,9	11,3	11,7	12,1	12,4	12,7
10	6,5	8,6	9,5	10,1	10,7	**11,2**	11,6	12,0	12,4	12,8	13,1	13,4
12	7,2	9,2	10,1	10,8	11,3	**11,8**	12,2	12,6	13,0	13,4	13,7	14,0
14	7,7	9,8	10,7	11,3	11,9	**12,4**	12,8	13,2	13,6	14,0	14,3	14,6
16	8,3	10,4	11,2	11,9	12,4	**12,9**	13,3	13,8	14,1	14,5	14,8	15,1
18	8,8	10,9	11,7	12,4	12,9	**13,4**	13,9	14,3	14,6	15,0	15,3	15,6
20	9,3	11,3	12,2	12,8	13,4	**13,9**	14,3	14,7	15,1	15,5	15,8	16,1
22	9,7	11,8	12,6	13,3	13,8	**14,3**	14,8	15,2	15,6	15,9	16,3	16,6
24	10,1	12,2	13,1	13,7	14,3	**14,8**	15,2	15,6	16,0	16,4	16,7	17,0
26	10,6	12,6	13,5	14,1	14,7	**15,2**	15,6	16,0	16,4	16,8	17,1	17,4
28	11,0	13,0	13,9	14,5	15,1	**15,6**	16,0	16,4	16,8	17,2	17,5	17,8
30	11,3	13,4	14,3	14,9	15,5	**16,0**	16,4	16,8	17,2	17,5	17,9	18,2
32	11,7	13,8	14,6	15,3	15,8	**16,3**	16,8	17,2	17,6	17,9	18,3	18,6
34	12,1	14,1	15,0	15,7	16,2	**16,7**	17,1	17,5	17,9	18,3	18,6	18,9
36	12,4	14,5	15,3	16,0	16,6	**17,0**	17,5	17,9	18,3	18,6	19,0	19,3
38	12,8	14,8	15,7	16,3	16,9	**17,4**	17,8	18,2	18,6	19,0	19,3	19,6
40	13,1	15,2	16,0	16,7	17,2	**17,7**	18,2	18,6	18,9	19,3	19,6	20,0
42	13,4	15,5	16,3	17,0	17,6	**18,0**	18,5	18,9	19,3	19,6	20,0	20,3
44	13,7	15,8	16,7	17,3	17,9	**18,4**	18,8	19,2	19,6	19,9	20,3	20,6
46	14,0	16,1	17,0	17,6	18,2	**18,7**	19,1	19,5	19,9	20,2	20,6	20,9
48	14,3	16,4	17,3	17,9	18,5	**19,0**	19,4	19,8	20,2	20,6	20,9	21,2
50	14,6	16,7	17,6	18,2	18,8	**19,3**	19,7	20,1	20,5	20,8	21,2	21,5
55	15,4	17,4	18,3	18,9	19,5	**20,0**	20,4	20,8	21,2	21,6	21,9	22,2
60	16,0	18,1	19,0	19,6	20,2	**20,7**	21,1	21,5	21,9	22,2	22,6	22,9
65	16,7	18,8	19,6	20,3	20,8	**21,3**	21,8	22,2	22,5	22,9	23,2	23,6
70	17,3	19,4	20,2	20,9	21,5	**21,9**	22,4	22,8	23,2	23,5	23,9	24,2
75	17,9	20,0	20,9	21,5	22,1	**22,6**	23,0	23,4	23,8	24,1	24,5	24,8
80	18,5	20,6	21,4	22,1	22,7	**23,1**	23,6	24,0	24,4	24,7	25,1	25,4
85	19,1	21,2	22,0	22,7	23,2	**23,7**	24,2	24,6	24,9	25,3	25,6	26,0
90	19,6	21,7	22,6	23,2	23,8	**24,3**	24,7	25,1	25,5	25,8	26,2	26,5
95	20,2	22,2	23,1	23,8	24,3	**24,8**	25,2	25,7	26,0	26,4	26,7	27,0
100	20,7	22,8	23,6	24,3	24,8	**25,3**	25,8	26,2	26,6	26,9	27,2	27,6
110	21,7	23,8	24,6	25,3	25,9	**26,3**	26,8	27,2	27,6	27,9	28,3	28,6
120	22,7	24,7	25,6	26,3	26,8	**27,3**	27,7	28,2	28,5	28,9	29,2	29,5
130	23,6	25,7	26,5	27,2	27,7	**28,2**	28,7	29,1	29,5	29,8	30,1	30,5
140	24,5	26,6	27,4	28,1	28,6	**29,1**	29,6	30,0	30,3	30,7	31,0	31,4
150	25,4	27,4	28,3	28,9	29,5	**30,0**	30,4	30,8	31,2	31,6	31,9	32,2
160	26,2	28,3	29,1	29,8	30,3	**30,8**	31,3	31,7	32,0	32,4	32,7	33,0
170	27,0	29,1	29,9	30,6	31,1	**31,6**	32,1	32,5	32,8	33,2	33,5	33,9
180	27,8	29,8	30,7	31,4	31,9	**32,4**	32,8	33,2	33,6	34,0	34,3	34,6
190	28,5	30,6	31,5	32,1	32,7	**33,2**	33,6	34,0	34,4	34,7	35,1	35,4
200	29,3	31,3	32,2	32,9	33,4	**33,9**	34,3	34,8	35,1	35,5	35,8	36,1

Abstand eines Feuers in der Kimm (Sichtweite) in Seemeilen

Abb. 12 *Tabelle aus dem Leuchtfeuerverzeichnis*

einer Fahrt über Grund (FüG) von 6 kn 2 sm auf dem Koppelkurs vorangekommen. Egal, wo sie sich auf der ersten Standlinie befunden hat: Jeder Ort darauf müßte nun um diese 2 sm verschoben werden, und zwar in Richtung des Koppelkurses. Betrachtet man alle Punkte auf dieser Standlinie gleichzeitig, muß die ganze Standlinie um 2 sm in Richtung des Koppelkurses verschoben oder, nautisch ausgedrückt, versegelt werden (Abb. 13).

23. In der Tat gilt dieses Prinzip für jede Standlinie, auch wenn es sich dabei um einen Abstandskreis oder um eine Tiefenlinie handelt. Die Standlinie wird in Richtung und Gestalt unverändert um die zwischenzeitlich versegelte Distanz in Richtung des Koppelkurses (also des KüG!) verschoben.

24. Für die Konstruktion auf der Karte benutzt man praktischerweise den bereits eingezeichneten Koppelkurs, trägt darauf die versegelte Entfernung ausgehend vom Schnittpunkt Koppelkurs und erster Standlinie ab und zieht durch den neuen Punkt die Parallele zur ersten Standlinie (Abb. 14). Gibt es keinen Strom, kann man den Entfernungswert gleich den Logständen entnehmen, andernfalls muß mit dem Zeitintervall gearbeitet werden: Versegelungsdistanz = FüG mal Minuten durch 60. Der Standort ist dann der Schnittpunkt zwischen versegelter und neuer Peilung. Bitte nie versehentlich den Schnittpunkt mit dem Koppelkurs nehmen! Es passiert immer wieder.

25. Einen Abstandskreisbogen versegelt man, indem man den Koppelkurs an den Mittelpunkt des Abstandskreises ansetzt. Man trägt

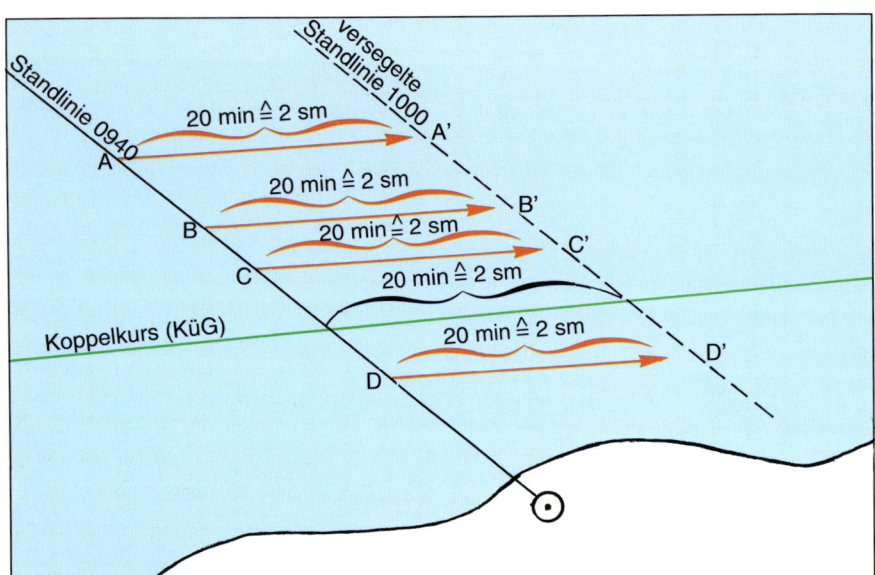

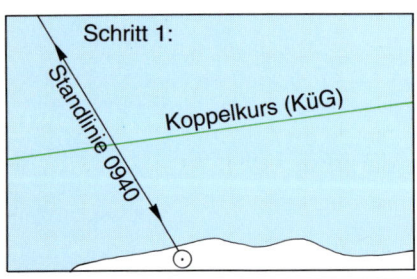

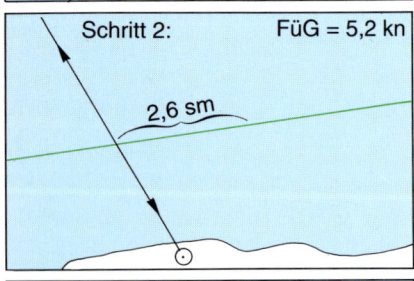

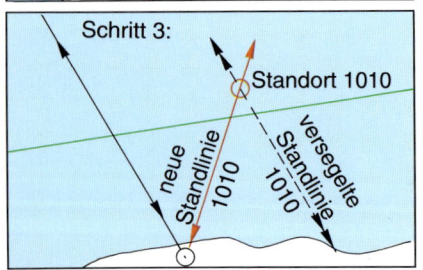

Abb. 13 *Prinzip der Parallelver-schiebung von Standlinien*

Abb. 14 *Versegelung einer Stand-linie in Einzelschritten*

die Versegelungsentfernung darauf ab und erhält den Mittelpunkt des versegelten Abstandskreises (Abb. 15).

Abb. 15 *Versegelung eines Abstandskreises*

26. Zum Versegeln von unregelmäßigen Linien benutzt man Transparentpapier. Man kopiert darauf einen Meridian als Referenzlinie und die Standlinie mit dem Punkt, an dem sie den Koppelkurs schneidet. Man trägt beginnend an diesem Punkt auf dem Koppelkurs die Versegelungsdistanz ab, verschiebt das Transparentpapier mit diesem Punkt auf das Ende der Distanzstrecke und richtet den Meridian wieder parallel zu Nord aus. Auf diese Weise läßt sich zum Beispiel eine Tiefenlinie verschieben.

27. In die Qualität eines Standortes, der mit einer versegelten Standlinie

konstruiert worden ist, gehen natürlich die Ungenauigkeiten der Koppelnavigation ein. Je länger die Versegelungsstrecke, desto größer der Ungenauigkeitsfaktor. Dessen bewußt, sollte man während einer Versegelung besonders gewissenhaft steuern und koppeln. Natürlich darf man nicht Wind- und Stromversatz vernachlässigen. Nimmt man bei einer vernünftig geführten Yacht 5 % Koppelgenauigkeit an, macht die versegelungsbedingte Ungenauigkeit bei 30 Minuten Versegelung keine zwei Kabellängen aus. Insofern ist die Qualität der Versegelungsstandorte doch besser als ihr Ruf.

28. Das Prinzip, Standlinien zu versegeln, wird bei vielen Navigationsaufgaben, unter anderem auch bei der Astronavigation, angewendet – am häufigsten aber bei den optischen Peilungen. Fehlt für die Kreuzpeilung ein zweites Peilobjekt, wird das gleiche Objekt zweimal gepeilt in einem zeitlichen Abstand, in dem die beiden Peilungen keinen schleifenden Schnitt mehr bilden. Man nennt diese Anwendung auch Doppelpeilung. Aktualisiert man die Peilung eines zurückliegenden Objektes, um sie mit der Peilung eines neuen Objektes für einen Standort zu schneiden, spricht man von einer abgestumpften Doppelpeilung. Es handelt sich um gebräuchliche, wenn auch nicht sehr sinnvolle Begriffe.

Lernkontrolle

1. Worin liegen die Fehlerquellen beim Handpeilkompaß? (Absatz 2)

2. Wie peilt man mit der Peilscheibe? (Absatz 3)

3. Wo steckt die Standardfehlerquelle bei der Peilungsumwandlung? (Absatz 5)

4. Gewährt ein entferntes oder ein näher liegendes Peilobjekt die bessere Genauigkeit? (Absatz 6)

5. Unter welchen Gesichtspunkten wählt man Peilobjekte aus? (Absatz 7 und 6)

6. Wo wählt man den Standort in einem Fehlerdreieck? (Absatz 8)

7. Kann man sich die gelotete Wassertiefe direkt für die Navigation zunutze machen? (Absatz 11)

8. Erläutere die drei Methoden, bei denen die Lotung zu Navigationszwecken benutzt wird! Bei welchen Umständen sind diese zweckmäßig? (Absatz 13, 14 und 15)

9. Wie gewinnt man mit dem Verfahren „Feuer in der Kimm" einen Standort? (Absatz 19 und 20)

10. Im deutschen Leuchtfeuerverzeichnis sind für jedes Leuchtfeuer zwei verschiedene Höhen angegeben. Welche der beiden benutzt man für die Abstandsmessung „Feuer in der Kimm"? (Absatz 19)

11. Welche besonderen Anforderungen sind während einer Versegelung an die Koppelnavigation zu stellen? (Absatz 27)

12. Wo steckt der Standardfehler bei der Konstruktion eines Standorts mit Hilfe einer versegelten Standlinie? (Absatz 24)

5. Terrestrische Kompaßkontrolle

1. Die **Kompaßablenkung kann sich ändern** durch bauliche Veränderungen, durch längere Standzeiten oder weil jemand an den Kompensierschrauben gedreht hat. Deshalb gehört es zur **Sicherheitsroutine,** den Kompaß zu Saisonbeginn und von Zeit zu Zeit auch unterwegs zu überprüfen. Besteht der Verdacht, daß die Ablenkungstabelle nicht mehr stimmt, muß sie in einem besonderen Verfahren neu aufgestellt werden.

Kompaßüberprüfung

2. Die **Unterwegsmethode** ist recht einfach: Wenn bei sicherem Standort weit voraus eine eindeutige Landmarke erkennbar ist, richtet man die Yacht genau darauf aus, liest den Kompaßkurs (MgK) ab und vergleicht ihn mit dem Soll-Kurs in der Karte. Der MgK muß zu diesem Zweck zum rwK umgewandelt werden:

abgelesener	MgK
plus nach Tabelle	Abl
ergibt	mwK
plus nach Seekarte	Mw
ergibt	rwK
muß gleich sein dem	rwK$_{Karte}$

3. Natürlich kann man die Rechnung auch umstellen, so daß sich als Ergebnis die aktuelle Ablenkung ergibt.

$$rwK_{Karte} - Mw = mwK_{Karte}$$
$$mwK_{Karte} - MgK = Abl$$

4. Diese einfache Unterwegsmethode bietet sich bei der Küstennavigation häufig an. Das Peilobjekt sollte allerdings nicht unter 6 sm entfernt und der eigene Standort auf eine Kabellänge genau sein. Ist die Entfernung 12 sm, kann auch der Standort bis zu zwei Kabellängen variieren. Und so weiter. Mit diesem Maßverhältnis ergibt sich rechnerisch eine Meßgenauigkeit von einem Grad. Zur Erleichterung der Rechtvorauspeilung empfiehlt es sich, am Bugkorb und am Kajütschott in gleichem Abstand von der Mittschiffslinie **Peilmarken** anzubringen. Einfach am Mast vorbeizupeilen, wäre zu ungenau.

5. Im Laufe eines Törns wird jede Gelegenheit zu solch einer Kompaßkontrolle wahrgenommen. Die Ergebnisse werden notiert und gesammelt, bis alle Azimute geprüft sind.

Aufstellen der Ablenkungstabelle

6. Muß ein Kompaß vor Antritt der Fahrt überprüft werden oder ist eine neue Ablenkungstabelle erforderlich, legt man die Yacht mit der Vorspring an einen **Kompensierdalben,** der in den meisten größeren Häfen extra

für diesen Zweck in der Mitte eines freien Beckens steht. Man dampft gut abgefendert ganz vorsichtig in die Vorspring ein und hält mit Gegenruder die Yacht stabil auf Kurs. So festgemacht, läßt sie sich beliebig in kleinen Winkeln schwenken, so wie es für das weitere Verfahren erforderlich ist. Mit festgestelltem Ruder und unveränderter Maschinendrehzahl bleiben die meisten Yachten auch brav auf ihrem Kurs liegen (Abb. 1).

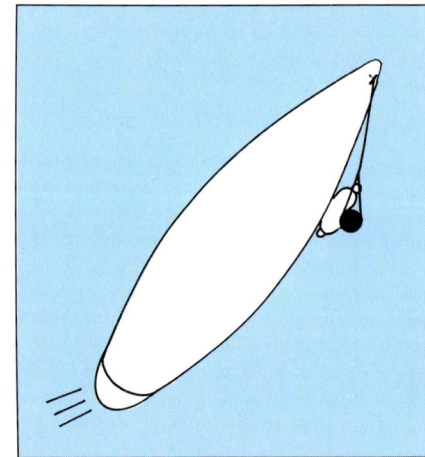

Abb. 1 *Yacht in stabiler Lage am Kompensierdalben*

7. Das **Testverfahren** sieht vor, daß von diesem fixierten Ort aus bei einem bestimmten Kurs die Kompaßpeilung von einem sicheren Peilobjekt genommen wird. Sodann wird die abgelesene Peilung mit der Peilung aus der Karte verglichen.

Bestünde keine Mißweisung, wäre der Unterschied der beiden gleich der Ablenkung. Da aber eine Mißweisung existiert, wird sie bei der Kartenpeilung mit verändertem Vorzeichen angerechnet. Es ergibt sich:

$$rwP_{Karte} - Mw = mwP_{Karte}$$
$$mwP_{Karte} - MgP = Abl_{Kurs}$$

8. Da sich bei der Kompaßpeilung die Ablenkung nicht auf den Betrag der Peilung, sondern auf den anliegenden Kompaßkurs bezieht, kann man die Yacht Stück für Stück drehen und über die gleiche Peilung die Ablenkung der jeweils anliegenden Kompaßkurse prüfen. Die einzelnen Peilwerte bewegen sich, lediglich durch die kleinen Unterschiede der Ablenkung variiert, immer um den gleichen Grundwert.

9. Für die Kompaßpeilung bedient man sich am besten der **Peilscheibe.** Deren Ablesung (Seitenpeilung) plus anliegendem Magnetkompaßkurs ergibt die Magnetkompaßpeilung. Praktischerweise bereitet man für das Verfahren eine Ablenkungstabelle wie in Abb. 2 vor. Man dreht das Schiff ganz langsam am Dalben. Ein Helfer stellt die Peilscheibe auf die nächste Zehngradmarke und wartet, bis das Peilobjekt in den Diopter einläuft. Mit „Achtuuung Null" signalisiert er diesen Zeitpunkt, und der Rudergänger liest den Kompaß ab. Die Werte werden eingetragen, die Peilscheibe wird zur nächsten Zehngradmarke gedreht und der Vorgang wiederholt. Sind alle Zehngradschritte geprüft, wird das Ganze noch einmal in Gegendrehrichtung vollzogen.

Auf diese Weise stellt man einen Schleppfehler des Kompasses fest, der bei zu schnellem Drehen durch die Flüssigkeitsdämpfung entsteht.

10. Ohne Kompensierdalben führt man die Ablenkungskontrolle nach dem gleichen Prinzip durch, obwohl die Yacht dann frei auf der Stelle gedreht werden muß. Damit der Standort auch wirklich dem Kartenort entspricht, stellt man die Yacht auf eine Deckpeillinie zweier dominierender Landmarken. Als Peilobjekt wird die fernere Landmarke benutzt, um den Parallaxenfehler zu minimieren.

Ablenkungstabelle

rwP_Karte		– Mw	= mwP_Karte ....
MgK +	SP	= MgP	mwP_Karte – MgP
...	070	...	...
...	060	...	...
...	050	...	...
...	040	...	...
...	030	...	...
...	020	...	...
...	010	...	...
...	360	...	...
...	350	...	...
...	340	...	...
...	330	...	...
...	320	...	...
...	310	...	...
...	300	...	...
...	290	...	...
...	280	...	...
...	270	...	...
...	260	...	...
...	250	...	...
...	240	...	...
...	230	...	...
...	220	...	...
...	210	...	...
...	200	...	...
...	usw.	...	...

Abb. 2 *Vorbereitete Ablenkungstabelle*

Lernkontrolle

1. Unter welchen Umständen sind Kompaßkontrollen durchzuführen? (Absatz 1)

2. Wie ermittelt man die Ablenkung für einen recht voraus auf ein Peilobjekt zielenden Kurs? (Absatz 2)

3. Wie wird bei einer Kompaßkontrolle unterwegs hinreichende Genauigkeit sichergestellt? (Absatz 4)

4. Wie manövriert man an einem Kompensierdalben? (Absatz 6)

5. Welches „Geheimnis" steckt hinter der Kompaßkontrolle mit Hilfe von Kompaßpeilungen? (Absatz 8)

6. Rekapituliere das praktische Prüfverfahren unter Einsatz der Peilscheibe! (Absatz 9)

7. Mit welcher Formel errechnet sich die Abl aus MgP, Mw und rwP_Karte? (Absatz 7)

6. Gezeitenkunde

Ursprung

1. Der Mond umläuft die Erde in durchschnittlich 29,5 Tagen. Dabei kreisen der Mond und die Erde um ihren gemeinsamen Schwerpunkt. Dieser liegt noch innerhalb der Erde, und zwar ³/₄ des Erdradius vom Erdmittelpunkt Richtung Mond entfernt. Beide Himmelskörper ziehen sich mit ihrer Gravitationskraft an. Der Gravitationskraft wirken Fliehkräfte entgegen, die durch den Umlauf von Erde und Mond auf ihren Kreisbahnen entstehen. **Anziehungskraft** und **Fliehkraft** halten sich die Waage, so daß sich Mond und Erde weder voneinander entfernen noch nähern. (Daß es sich bei diesen Kreisbahnen genaugenommen um Ellipsen handelt, wird hier vernachlässigt.)

2. In diesem Karussell gleitet die Erde im Kreis, ohne sich selbst zu drehen (Abb. 1). Ihre Tagesumdrehung wird hier außer acht gelassen.

Sie ist für jenes Karussell ohne Bedeutung. Daß die Erde in diesem System starr ausgerichtet gleitet, kann man beobachten, wenn man täglich nachts zu einer bestimmten Uhrzeit den Mond peilt. Er steht dann genau um den Winkel nach Osten versetzt, den er auf seiner Umlaufbahn pro Tag zurücklegt (etwa 12°). Die Erde hat sich indessen nicht gerührt.

3. Weil die Erde ohne Eigendrehung auf ihrer Kreisbahn zieht, ist die Fliehkraft, die aus dem Umlauf auf dieser Kreisbahn resultiert, an jedem Ort auf der Erde gleich. Die Anziehungskraft des Mondes hingegen ist nicht überall gleich, denn sie nimmt mit zunehmender Entfernung vom Mond ab. Während sie sich im Erdmittelpunkt mit der entgegengerichteten Fliehkraft im Gleichgewicht befindet, ist sie auf der mondabgewandten Seite der Erde geringer und auf der mondzugewandten Seite der Erde größer als die Fliehkraft. Es besteht also auf der mondzuge-

wandten Seite der Erde Überschuß an Anziehungskraft und auf der abgewandten Seite Überschuß an Fliehkraft. Dieser Überschuß wird **Differenzkraft** genannt. Sie erreicht ihren größten Wert im Bildpunkt des Mondes und in dessen Gegenpunkt (Punkte A und B in Abb. 2). Auf der Großkreisfläche, die die mondzugewandte von der mondabgewandten Hälfte trennt, beträgt die Differenzkraft null.

4. Die Differenzkraft ist absolut gesehen äußerst gering. Eine erkennbare Vertikalbewegung der Wassermasse leistet sie nicht, wohl aber eine Horizontalbewegung, bei der die Erdschwerkraft nicht überwunden werden muß. In Abb. 2 ist zu erkennen, daß im Punkt C durch Kräftezerlegung eine deutliche Horizontalkomponente anfällt, die **Horizontalkraft** genannt wird. Auf der Grenzfläche zwischen den beiden Erdhälften ist die Horizontalkraft mangels Differenzkraft gleich Null. Ebenso beträgt sie im Bildpunkt des Mondes

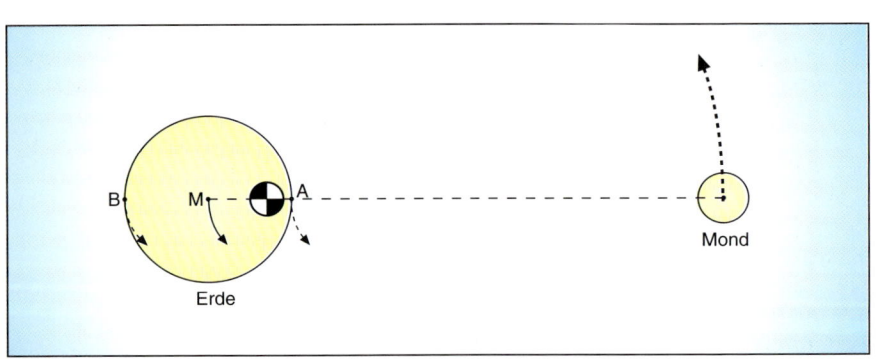

Abb. 1 *Das Erde-Mond-Karussell von oben gesehen. Die Erde gleitet um den gemeinsamen Schwerpunkt, ohne sich zu drehen. Zum besseren Verständnis versucht man, mit zwei Fingern auf A und B, M im Kreise um den gemeinsamen Schwerpunkt zu führen.*

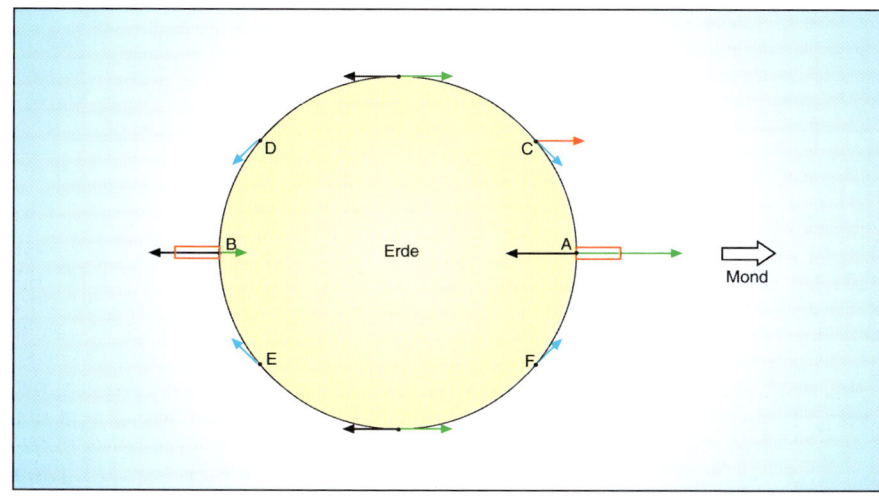

Abb. 2 *Schwarze Pfeile: Fliehkraft; grüne Pfeile: Anziehungskraft; rote Pfeile: Differenzkraft; blaue Pfeile: Horizontalkraft.*

unter diesem Strömungsgeschehen weiter, und wo eben noch das Wasser in eine Richtung floß, strömte es eine viertel Erdumdrehung später in die andere. Es bleibt ein Hin- und Herpendeln der Wassermassen, und zwar zweimal täglich.

6. Zweimal täglich ist nicht ganz korrekt ausgedrückt. Denn während die Erde sich einmal um sich selbst gedreht hat, ist der Mond auf seiner Bahn bereits etwa 12° weitergezogen. Es dauert (im Mittel) weitere 50 Minuten, bis die Erde wieder mit derselben Stelle unter dem Mond steht. Dieser verlängerte Tag (im Mittel

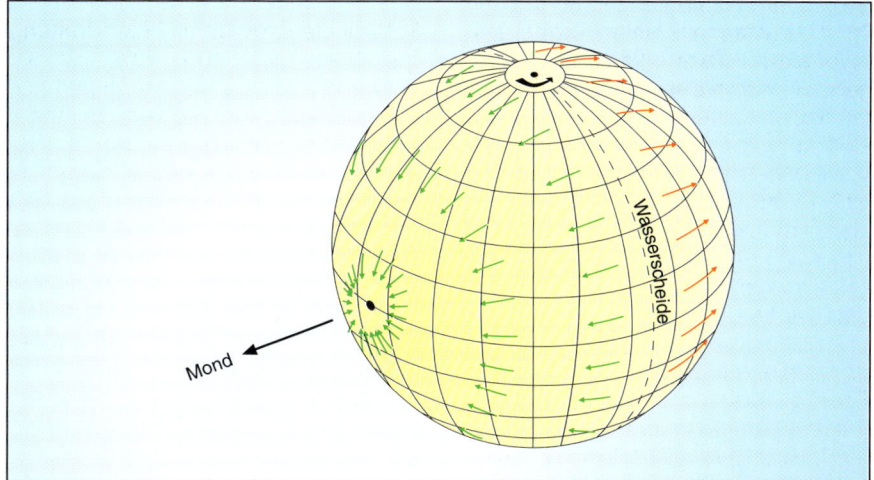

Abb. 3 *Die Horizontalkräfte bewirken zwei konzentrische Gezeitenströme von der Wasserscheide zum Bildpunkt des Mondes auf der einen Seite und zu dessen Gegenpunkt auf der anderen.*

und dessen Gegenpunkt null, denn dort steht die Differenzkraft zum Horizont senkrecht. Dazwischen (Punkte C, D, E und F) erreicht die Horizontalkraft ihr Maximum.
Auf der Erdkugel bewirken die Horizontalkräfte **zwei konzentrische Gezeitenströme.** Sie führen von der Wasserscheide (Großkreis, der die mondzugewandte von der mondabgewandten Erdhälfte trennt) zum

Bildpunkt des Mondes und zu dessen Gegenpunkt (Abb. 3).

5. Nun ist es höchste Zeit, die tägliche Erddrehung ins Spiel zu bringen, denn ohne sie wäre das Wasser an der Wasserscheide bald alle, und am Bildpunkt des Mondes sowie an dessen Gegenpunkt gäbe es Überschwemmungen. Bevor es so weit kommt, dreht sich die Erde jedoch

24 h 50 min) wird Mondtag genannt und die zweimal während eines Mondtags ablaufenden Gezeiten halbtägige Gezeiten.

7. Abweichend von den normalen **halbtägigen Gezeiten** gibt es weltweit auch andere Gezeitenformen: Bei **eintägigen Gezeiten** erstreckt sich eine Gezeit auf den ganzen Mondtag. Bei **gemischten Gezeitenformen** ist eine der beiden Tagesgezeiten erheblich schwächer ausgeprägt als die andere. Und bei geringfügigen Gezeiten schließlich tritt das Gezeitengeschehen nur in vernachlässigbarer Weise oder überhaupt nicht auf (z. B. in der Ostsee).

Die von den normalen halbtägigen Gezeiten abweichenden Formen haben ihren Ursprung im Zusammenwirken
– der Stellung Erde – Mond – Sonne zueinander,
– der Coriolisablenkung der Gezeitenströme auf der betreffenden Breite durch die Erddrehung,
– der Tiefwasserwirkung der Gezeitenkräfte,
– der Eigenschwingung der Wassermassen in dem betreffenden Meeresbecken,
– der Küsten- und Bodenformen (Strömungsbeschleunigung auf Schelfmeeren und in Buchten) und
– der Interaktion mit den einmündenden Ozeanen (z. B. im Falle der Nordsee).

8. Die Gezeitenströme werden als **primäres Gezeitengeschehen** bezeichnet. Wo sie sich stauen, steigt der Wasserstand. Das geschieht weniger durch die astronomisch bedingte Konvergenz der Ströme als vielmehr durch Einengungen der Meeresbecken und durch die Küstenstruktur. In trichter-

förmigen Buchten und Flußmündungen wird der Strom durch die zunehmende Enge beschleunigt. Beim Stau wird die kinetische Energie in potentielle Energie umgewandelt, und es treten Tidenhübe bis zu 12 m auf.

Man bezeichnet das Steigen und Fallen des Wasserstandes als sekundäres Gezeitengeschehen, denn es resultiert aus den Gezeitenströmen.

Ungleichheiten

9. Die Eintrittzeiten der Gezeiten sowie die Höhen der Wasserstände sind nicht ganz regelmäßig. Sie pendeln entsprechend der sich ständig ändernden Stellung von Sonne, Mond und Erde zueinander um ihre Mittelwerte. Man spricht von **Ungleichheiten**

10. Halbmonatliche Ungleichheit: Im Laufe eines synodischen Monats von Neumond bis Neumond (im Mittel 29,5 Tage) treten zweimal Springzeit und zweimal Nippzeit auf. Bei Neumond oder Vollmond (Abb. 4) ist **Springzeit.** Sonne, Erde und Mond stehen auf einer Linie. Die gezeitenerzeugenden Kräfte des Mondes

werden durch die der Sonne verstärkt. Die Gezeitenströme fallen dadurch stärker, das Hochwasser höher und das Niedrigwasser niedriger als im Mittelwert aus.

Bei Halbmond, bezogen auf den Mondumlauf auch erstes oder letztes Viertel genannt, ist **Nippzeit.** Die Sonne steht zur Verbindungsgeraden Erde – Mond um 90° versetzt und wirkt so den Gezeitenkräften des Mondes entgegen. Folglich fallen bei Nippzeit die Gezeitenströme schwächer, die Hochwasser niedriger und die Niedrigwasser höher als deren Mittelwerte aus. Die Übergangszeit zwischen Spring- und Nippzeit wird **Mittzeit** genannt.

Die Auswirkungen von Spring-, Mitt- und Nippzeit gehen ineinander über. Zur Vereinfachung nimmt man die Springzeitwerte 4 Tage lang, die Mittzeitwerte 3 Tage und die Nippzeitwerte 4 Tage lang an. Welche der drei Phasen gerade zutrifft, wird mit **Alter der Gezeit** bezeichnet.

Unter **Springverspätung** versteht man die zeitliche Verschiebung zwischen Neu- oder Vollmond und der tatsächlichen Springzeit. Sie ist von Ort zu Ort leicht verschieden und kann mehrere Tage betragen. Ihre Ursache liegt in der Trägheit der schwingenden Wassermassen.

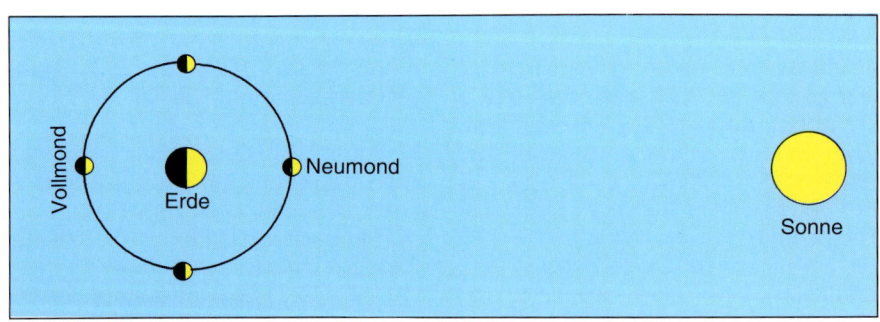

Abb. 4 *Die Mondphasen*

DIN 13312
Navigation

Kartennull, Seekartennull (KN):
Bezugsfläche für die Tiefenangaben einer Seekarte.

Springzeit (SpZ): Zeit (Tag und Uhrzeit), zu der die halbmonatliche Ungleichheit der Hochwasserhöhen ihren größten Wert annimmt.

Nippzeit (NpZ): Zeit (Tag und Uhrzeit), zu der die halbmonatliche Ungleichheit der Hochwasserhöhen ihren kleinsten Wert annimmt.

Mittzeit (MtZ): Eine zwischen Spring- und Nippzeit liegende Zeitspanne; sie beginnt zwei Tage nach Springzeit und dauert drei Tage.

Springverspätung (SpV): Zeitunterschied zwischen Voll- beziehungsweise Neumond und der nächsten Springzeit.

11. Monatliche Ungleichheit, auch paralaktische Ungleichheit genannt: Die Umlaufbahnen der Erde und des Mondes um den gemeinsamen Schwerpunkt sind genaugenommen **Ellipsen**. Folglich ändert sich der Abstand der Erde zum Mond und damit die Mondanziehungskraft auf der Erde. Es ändert sich auch die Umlaufgeschwindigkeit und mit ihr die Fliehkraft. Die Folge ist eine kontinuierliche Zu- und Abnahme der Gezeitenwerte im Laufe eines Monats.

12. Tägliche Ungleichheit oder auch Deklinationsungleichheit: Die **Neigung der Umlaufbahn** des Mondes gegenüber der Äquatorfläche verändert sich fortlaufend, wobei in knapp 19 Jahren Werte von $-28°$ bis $+28°$ durchlaufen werden. Dadurch wandern der Bildpunkt des Mondes und dessen Gegenpunkt auf entgegengesetzte Hemisphären. Passiert im Rahmen der Erddrehung ein Beobachter auf der Nordhalbkugel den Wasserberg am Bildpunkt des Mondes, wird er ihn nach weiterer 180° Drehung vermissen. Denn der Gegenwasserberg befindet sich dann auf der Südhalbkugel und zeigt dem Beobachter auf der Nordhalbkugel nur seine Randwirkung. In diesem Zustand weichen jeweils die Werte zweier aufeinanderfolgender Gezeiten deutlich voneinander ab.

Meteorologische Einflüsse

13. Unter Berücksichtigung der bisher beschriebenen astronomischen Einflüsse sowie der topographischen Umstände werden alljährlich Gezeitentafeln erstellt, nach denen sich die Wasserstände im voraus berechnen lassen. Die Ergebnisse liefern jedoch nur die halbe Wahrheit. Tatsächlich weichen die Wasserstände oft erheblich von den Tafelwerten ab, was auf die Dauer, Stärke und Richtung des vorherrschenden Windes (Windtide) und – in weit geringerem Maße – auch auf den **Luftdruck** zurückzuführen ist.
Luftdruckverursachte Wasserstandsabweichungen können bis zu 0,3 m betragen, während zum Beispiel auf der Elbe starker West- bis Nordwestwind 2 bis 3 m höhere Wasserstände hervorrufen kann. Auflandiger Wind bedingt Anstieg, ablandiger Abnahme des vorausberechneten Wasserstandes. Die **Seehandbücher** geben für die betreffenden Meeresbecken und deren Nebenarme recht gute Hinweise über die Höhe der zu erwartenden windbedingten Wasserstandsveränderungen in bezug auf Richtung, Stärke und Dauer des bestehenden Windes. Bei luftdruckbedingten Wasserstandsveränderungen bewirkt hoher Druck niedrigere Höhen und niedriger Druck höhere.

14. Die **Stromstärken** unterliegen in gleicher Weise solchen Abweichungen, die von anhaltenden starken Winden verursacht werden. Entsprechende Stromtafeln in Abhängigkeit von Windstärke, Richtung und Wirkdauer sind in den Seehandbüchern allerdings nur für gezeitenfreie Gewässer enthalten.

15. Das Bundesamt für Seeschiffahrt und Hydrographie (BSH) gibt täglich zweimal **Wasserstandsvorhersagen** für die deutsche Nordseeküste und deren Häfen heraus, die auch die meteorologischen Einflüsse berücksichtigen. In der Praxis empfiehlt sich darüber hinaus, die Höhe der Windtide selbst zu messen. Bevor man sich kritischen Flachwasserbereichen nähert, lotet man an einer Position mit bekannter Kartentiefe die aktuelle Wassertiefe. Dann berechnet man die Wassertiefe nach den Gezeitentafeln. Die Differenz beider Ergebnisse ergibt die Höhe der **Windtide.**
Die Wasserstandsvorhersagen findet man auch im Internet: (*www.bsh.de*).

Bezugsflächen

16. Alle Wassertiefen, in den Seekarten wie auch in den Gezeitentafeln, beziehen sich auf eine imaginäre Fläche, das Seekartennull oder kurz Kartennull (KN). Die Höhe von Kartennull wird örtlich festgelegt. In Gewässern, in denen keine oder nur geringe Gezeiten auftreten, nimmt man den am Ort beobachteten mittleren Wasserstand. In Gewässern mit Gezeiten wählt man dagegen ein Niveau, das auch bei Niedrigwasser nicht oder nur sehr selten unterschritten wird. Auf diese Weise findet man in aller Regel mindestens die in der Karte angegebene Wassertiefe auch tatsächlich vor.

Worauf sich das KN im einzelnen bezieht, kann man der Legende der Seekarten entnehmen. So entspricht das KN zum Beispiel

– an der deutschen Nordseeküste, auf der Ems und Jade dem örtlichen mittleren Springniedrigwasser,
– auf der Elbe ungefähr dem örtlichen mittleren Springniedrigwasser,
– auf der Weser ungefähr dem örtlichen mittleren Niedrigwasser,
– an der französischen Kanal- und Atlantikküste dem örtlich niedrigstmöglichen Niedrigwasser,
– an den Küsten von Großbritannien, Nordirland und Irland dem örtlichen niedrigstmöglichen Gezeitenwasserstand.

17. Da Kartennull (engl. *Chart Datum–CD*) jeweils örtlich festgelegt wird, bildet es keine Ebene. Insofern unterscheidet es sich von Normalnull (NN), der absolut waagerechten

Leuchtturm Westerheversand auf einer Warft im Watt vor der Halbinsel Eiderstedt (Foto: Bio-Info/Wernicke)

Bezugsfläche für die Landvermessung. Beide Bezugsflächen haben naturgemäß einen Abstand voneinander und sind nicht zwingend parallel. Entlang der Elbe zum Beispiel sinkt das Kartennull dem Flußgefälle folgend gegenüber dem Normalnull ab.

18. An verschiedenen Orten der deutschen Nordseeküste sind für die Zwecke der Schiffahrt besondere Pegel aufgestellt, deren Nullpunkt mit dem örtlichen Seekartennull übereinstimmt, so daß die abgelesenen Wasserstände als Höhen unmittelbar zu den Tiefenangaben der Seekarten hinzugefügt werden können. Diese Pegel sind durch ein Schild mit der Aufschrift Schiffahrts-pegel gekennzeichnet (Abb. 5). Alle übrigen Pegel sind unbezeichnet und heißen Betriebspegel; ihre Nullpunkte liegen gewöhnlich 5 m unter dem Normalnull, so daß also die Anzeige eines Betriebspegels zu den Tiefenangaben der Seekarten nicht unmittelbar in Beziehung gesetzt werden darf.

Abb. 5 *Das Hinweistäfelchen zeigt an, daß es sich um einen Schiffahrtspegel handelt*

Lernkontrolle
1. Beschreiben Sie das Umdrehungssystem Erde/Mond! (Absatz 1)
2. Wie erklärt es sich, daß im Umdrehungssystem Erde/Mond die Fliehkraft auf der Erde überall gleich groß ist? (Absatz 2 und Abb. 1)
3. Wie entsteht die Horizontalkraft, die letztlich die Antriebskraft des Gezeitenstroms darstellt? (Absatz 3 und 4)
4. Wo auf dem Globus ist die Horizontalkraft minimal, wo maximal ausgeprägt? (Absatz 4)
5. Beschreiben Sie die grundsätzlichen Gezeitenströme, die die Horizontalkraft verursacht! (Absatz 4)
6. Wie lange dauert im Mittel ein Mondtag und wie kommt diese Dauer zustande? (Absatz 6)
7. Was sind die Ursachen für eintägige, gemischte oder geringfügige Gezeiten? (Absatz 7)
8. Wie entsteht der Tidenhub im Rahmen der Gezeitenerscheinungen? (Absatz 8)
9. Bei welchen Konstellationen von Sonne, Mond und Erde entsteht Springzeit und bei welchen Nippzeit? (Absatz 10)
10. Was versteht man unter Springverspätung? Wie wird sie verursacht und wovon hängt ihre Größe ab? (Absatz 10)
11. Unter welchen Umständen treten die täglichen Ungleichheiten besonders stark auf, und wie ist dies zu erklären? (Absatz 12)
12. Weshalb weichen die tatsächlichen Wasserstände häufig von den aus den Gezeitentafeln entnommenen ab? (Absatz 13)
13. Wie wird das Seekartennull grundsätzlich festgelegt? Wie an der Außenelbe, an der Weser und an der englischen Kanalküste? (Absatz 16)
14. Worin unterscheiden sich Schiffahrtspegel von Betriebspegeln? (Absatz 18)

7. Gezeitenrechnung

Gezeitentafelwerke

1. Für jedes Jahr werden von den Hydrographischen Diensten der namhaften Schiffahrtsnationen Gezeitentafeln herausgegeben. Es sind kalenderbezogene Tabellenwerke, mit deren Hilfe man für zahlreiche Orte an den Küsten Wasserstände und deren Eintrittszeiten berechnen kann. Im Rahmen der Ausbildung für den Sportseeschifferschein werden hier die Gezeitentafeln des BSH sowie die britischen Admiralty Tide Tables (A.T.T.) Volume 1 vorgestellt. Will man einem der beiden Werke den Vorzug geben, sind die A.T.T. zu empfehlen. Die A.T.T. umfassen weltweit alle Gewässer, und ihre Rechenverfahren sind meines Erachtens weniger fehlerträchtig.

2. Bei beiden Werken sind der Aufbau und die Arbeitsverfahren ähnlich: Entlang den abzudeckenden Küstenstrichen werden in größeren Abständen *Bezugsorte (Standard Ports – StP)* und dazwischen *Anschlußorte (Secondary Ports – SecP)* benannt. Für die Bezugsorte sind im Teil I Kalendarien aufgestellt, die für jeden Tag die Hochwasser- und Niedrigwasserzeiten und -höhen angeben. Im Teil II beider Werke sind für jeden Bezugsort die Anschlußorte mit Höhen- und Zeitunterschieden zu den Gezeitenwerten des Bezugsorts aufgelistet. Addiert man diese Unterschiede zu den Kalenderwerten des Bezugsorts, erhält man die Hoch- und Niedrigwasserzeiten und -höhen am Anschluß-

ort. Die Unterschiede müssen vorher jedoch dem Alter der Gezeit angepaßt werden, wofür beide Werke verschiedene Verfahren benutzen.

3. Um Wasserstände auch zwischen den Hoch- und Niedrigwasserzeiten zu berechnen, bedient man sich der mittleren *Spring- und Nipptidenkurven (Mean Spring and Neap Curves)*, die für jeden Bezugsort abgedruckt sind. Diese übers Jahr gemittelten Kurven werden rechnerisch oder graphisch gestaucht oder gestreckt, so daß ihre Scheitelwerte den aktuellen Hoch- und Niedrigwasserzeiten und -höhen entsprechen.

Ihre charakteristische Form bleibt dabei erhalten. Auch dafür werden in beiden Werken unterschiedliche Verfahren verwendet.

Verfahren mit den Gezeitentafeln

4. Der Ort, an dem die Gezeitenwerte ermittelt werden sollen, ist dem Namensverzeichnis am Ende der Gezeitentafeln zu entnehmen. Handelt es sich um einen Anschlußort, geht man mit der entsprechenden Nummer in Teil II: Gezeitenunter-

Nr.	Ort	Geogr. Lage: Breite	Geogr. Lage: Länge	HW		NW		Mittlere Höhen des Bezugsortes			
		° ′	° ′	h	min	h	min	m	m	m	m
								SpHW 5,6	NpHW 4,4	SpNW 0,8	NpNW 2,2
1054	**Bezugsort: Plymouth**	**50 22**	**4 11**								
				Zeitunterschiede				Höhenunterschiede			
		N	W								
	GROSSBRITANNIEN England										
1040	Isles of Scilly, St. Mary's	49 55	6 19	−	0 50	−	0 40	+ 0,2	− 0,1	− 0,1	
1042	Penzance (Newlyn)	50 06	5 33	−	0 53	−	0 33				
1043	Lizard Point									+ 0,1	0,0
1044	Co...			0 05	−	0 03	+ 0,1	+ 0,1	+ 0,1	+ 0,1	
		50 18	4 04								
	...combe River, Salcombe	50 13	3 47	+	0 05	0 00		− 0,2	− 0,3	− 0,1	− 0,1
1064	Start Point	50 13	3 39	+	0 18	0 00		− 0,2	− 0,4	− 0,1	− 0,1
1066	River Dart, Dartmouth	50 21	3 34	+	0 20	−	0 03	− 0,6	− 0,6	− 0,2	− 0,2
1068	Tor Bay, Torquay	50 28	3 31	+	0 35	+	0 05	− 0,6	− 0,7	− 0,1	− 0,2
1069	Teignmouth	50 33	3 30	+	0 33	0 00		− 0,7	− 0,8	− 0,2	− 0,3
1070	River Exe, Exmouth Dock	50 37	3 25	+	0 50	+	0 35	− 1,5	− 1,6	− 0,6	− 0,9
1071	Lyme Regis	50 43	2 56	+	0 50	0 00		− 1,2	− 1,3	− 0,2	− 0,5
1072	Bridport (West Bay)	50 42	2 45	+	0 33	0 00		− 1,4	− 1,4	− 0,2	− 0,6
1074	Chesil Beach	50 37	2 33	+	0 48	+	0 03	− 1,6	− 1,5	0,0	− 1,5
1075	Portland . . . . 1), 6,GB	50 34	2 26	+	0 52	−	0 11	− 3,4	− 3,0	− 0,7	− 1,5
1121	**Bezugsort: Dover**	**51 07**	**1 19**					SpHW 6,7	NpHW 5,3	SpNW 0,8	NpNW 2,0
		N	E								
1114	Eastbourne	50 46	0 17	−	0 03	−	1 16	+ 0,7	+ 0,2	− 0,1	+ 0,1
1116	Hastings	50 51	0 35	−	0 05	−	0 30	+ 0,8	+ 0,5	− 0,1	+ 0,1
1119	Dungeness	50 54	0 58	−	0 13	−	0 15	+ 1,0	+ 0,6	+ 0,1	+ 0,4
1120	Folkestone	51 05	1 12	−	0 13	−	0 10	+ 0,4	+ 0,4	− 0,1	0,0
	NORDSEE										
1122	Deal	51 13	1 25	+	0 15	+	0 08	− 0,6	− 0,3	0,0	
1124	Ramsgate	51 20	1 25	+	0 30	+	0 12				
1054	**Bezugsort: Plymouth**	50 2...									

Abb. 1 *Gezeitentafeln Teil II – Gezeitenunterschiede für die europäischen Anschlußorte*

schiede **für die europäischen Anschlußorte** (Abb. 1). Ist der Ort selbst nicht aufgeführt, wählt man den nach den Koordinaten nächstliegenden Anschlußort.

5. Einige Zeilen über dem Anschlußort steht fettgedruckt der dazugehörige Bezugsort mit Seitenangabe des Kalendariums (Abb. 2). Ihm entnimmt man in horizontaler Schreibweise die Zeiten und Höhen (vgl. Beispiel in Absatz 6). Darunter fügt man die Zeitunterschiede **(ZUG)** und die Höhenunterschiede **(HUG)** des Anschlußortes an, wobei die HUG sich nach dem **Alter der Gezeit** richten. Dieses entnimmt man für den geltenden Tag der Tafel 2 im Teil III der Gezeitentafeln (Abb. 3, S. 46).
Die Tafel 2 gilt einheitlich für alle europäischen Küsten. Örtlich abweichende Springverspätung wird vernachlässigt. Bei Mittzeit muß zwischen den HUG für Spring- und für Nippzeit gemittelt werden. Es wird dabei jeweils auf Dezimeter abgerundet (abgerundet wegen der Sicherheit).
Bei der Entnahme der Hoch- und Niedrigwasserzeiten ist auf die Zeit (Zonen- oder Ortszeit) zu achten, in der sie ausgedrückt sind. Die Zeit ist am Fuß jeder Seite von Teil I angegeben und muß bei Bedarf umgerechnet werden. Die angegebenen Höhen der Hoch- und Niedrigwasser sind auf das Seekartennull an dem betreffenden Bezugsort bezogen.

Anmerkung: Manchmal steht hinter dem Namen des Anschlußorts im Teil II eine Zahl, z. B. 3 oder 5. In diesem Fall ist die ZUG vom Alter der Gezeit abhängig und erfordert eine Verbesserung nach **Tafel 5** (Abb. 4). Die Zahl (hier 3 oder 5) bedeutet die

---

DIN 13312

Gezeiten: Wasserstandsänderungen, die bei den Bahnbewegungen von Erde, Mond und Sonne durch das Zusammenwirken von Massenanziehung und Fliehkraft in Verbindung mit der Erdrotation entstehen. Die Gezeiten am Ort heißen Gezeit.

Tide: Teil der Gezeit, der sich aus der Flut und der nachfolgenden Ebbe zusammensetzt, der also von einem Niedrigwasser bis zum folgenden Niedrigwasser reicht.

Hochwasser: Eintritt des höchsten Wasserstandes beim Übergang vom Steigen zum Fallen.

Niedrigwasser: Eintritt des niedrigsten Wasserstandes beim Übergang vom Fallen zum Steigen.

Flut: Steigen des Wassers von einem Niedrigwasser bis zum folgenden Hochwasser.

Ebbe: Fallen des Wassers von einem Hochwasser bis zum folgenden Niedrigwasser.

Wasserstand: Abstand der Wasseroberfläche von einer festen Marke. Das Vorzeichen ist positiv, wenn die Wasseroberfläche oberhalb dieser Marke liegt.

Dover 1997
Breite: 51° 07′ N, Länge: 1° 19′ E
Zeiten und Höhen der Hoch- und Niedrigwasser

Januar				Februar				März				April			
Zeit	Höhe m	Zeit	Höhe m	Zeit	Höhe m	Zeit	Höhe m	Zeit	Höhe m	Zeit	Höhe m	Zeit	Höhe m	Zeit	Höhe m
1 0257	5,9	**16** 0407	6,2	**1** 0352	5,8	**16** 0019	2,0	**1** 0228	6,3	**16** 0404	5,8	**1** 0400	5,6	**16** 0020	2,2
1021	1,7	1134	1,3	1119	1,9	0542	5,5	0959	1,4	1120	1,8	1121	1,9	0547	5,1
Mi 1518	5,6	Do 1645	5,8	Sa 1621	5,5	So 1301	2,0	Sa 1449	6,1	So 1638	5,5	Di 1651	5,4	Mi 1303	2,3
2236	1,9			2342	2,1	1828	5,3	2216	1,6	2343	2,0			1824	5,2
2 0346	5,7	**17** 0510	5,9	**2** 0504	5,5	**17** 0132	2,2	**2** 0316	6,0	**17** 0509	5,4	**2** 0004	2,0	**17** 0137	2,2
1110	1,9	1232	1,6	1229	2,0	0706	5,3	1043	1,7	1225	2,2	0557	5,4	0712	5,2
Do 1619	5,4	Fr 1755	5,6	So 1803	5,3	Mo 1415	2,1	So 1544	5,7	Mo 1748	5,2	Mi 1256	2,0	Do 1416	2,2
2328	2,1					1955	5,4	2308	1,9			1843	5,4	1946	5,4
3 0453	5,5	**18** 0056	1,9	**3** 0110	2,2	**18** 0250	2,1	**3** 0420	5,6	**18** 0057	2,2	**3** 0141	1,9	**18** 0245	1,9
1214	2,0	0623	5,7	0642	5,5	0835	5,5	1145	2,0	0627	5,1	0725	5,6	0830	5,4
Fr 1749	5,3	Sa 1338	1,8	Mo 1400	1,9	Di 1532	1,9	Mo 1709	5,3	Di 1342	2,3	Do 1424	1,8	Fr 1519	1,9
		1913	5,5	1930	5,5	2104	5,6			1913	5,2	1956	5,8	2046	5,7
4 0043	2,2	**19** 0207	2,0	**4** 0236	1,9	**19** 0406	1,8	**4** 0026	2,1	**19** 0217	2,2	**4** 0257	1,5	**19** 0343	1,6
0613	5,5	0742	5,6	0756	5,8	0935	5,7	0555	5,4	0808	5,2	0831	6,0	0915	5,7
Sa 1331	2,0	So 1450	1,8	Di 1513	1,6	Mi 1640	1,6	Di 1322	2,0	Mi 1457	2,1	Fr 1533	1,4	Sa 1612	1,6
1901	5,4	2025	5,6	2032	5,9	2152	6,0	1906	5,4	2034	5,5	2055	6,2	2128	6,0
5 0205	2,1	**20** 0323	1,9	**5** 0343	1,5	**20** 0504	1,4	**5** 0205	1,9	**20** 0331	1,9	**5** 0406	1,1	**20** 0432	1,4
0722	5,7	0851	5,8	0855	6,1	1017	6,0	0740	5,6	0912	5,6	0926	6,3	0948	6,0
So 1441	1,8	Mo 1605	1,7	Mi 1615	1,3	Do 1730	1,4	Mi 1447	1,7	Do 1604	1,8	Sa 1638	1,0	So 1657	1,4
1959	5,7	2123	5,9	2125	6,3	2231	6,3	2016	5,8	2126	5,8	2145	6,6	2202	6,2
6 0311	1,8	**21** 0432	1,6	**6** 0445	1,1	**21** 0548	1,2	**6** 0319	1,5	**21** 0431	1,6	**6** 0512	0,7	**21** 0514	1,2
0818	6,0	0946	6,0	0947	6,5	1051	6,2	0844	6,0	0954	5,9	1014	6,7	1018	6,2
Mo 1542	1,5	Di 1705	1,5	Do 1715	1,0	Fr 1808	1,2	Do 1555	1,3	Fr 1657	1,5	So 1739	0,7	Mo 1735	1,2
2050	6,1	2209	6,1	2214	6,6	2306	6,4	2112	6,2	2206	6,1	2231	6,9	2232	6,3
7 0410	1,6	**22** 0526	1,4	**7** 0544	0,8	**22** 0623	1,1	**7** 0426	1,1	**22** 0517	1,2	**7** 0610	0,4	**22** 0552	
						1133	6,3								

Abb. 2 *Gezeitentafeln Teil I – Kalendarium des Bezugsorts Dover*

DIN 13312

Höhe der Gezeit (H): Auf das örtliche Kartennull bezogener Wasserstand.

Hochwasserhöhe (HWH): Höhe der Gezeit bei Hochwasser.

Hochwasserzeit (HWZ): Zeit (Tag und Uhrzeit), zu der das Hochwasser eintritt.

Zeilennummer für den Einstieg in Tafel 5. Es ist eine Doppelzeile. Die obere dient der Verbesserung der Hochwasser-ZUG und die untere der Niedrigwasser-ZUG. In der Kopfzeile stehen Uhrzeiten. Den Verbesserungswert (in Minuten) liest man in der Einstiegszeile unter der Uhrzeit des aktuellen Hoch- oder Niedrigwassers am Bezugsort ab.

6. Beispiel: Es seien für Dungeness an der englischen Kanalküste die Zeiten und Höhen des Hoch- und Niedrigwassers am Vormittag des 20.04.1997 zu entnehmen (Abb. 1, 2 und 3).

Mittzeit, UTC	NWZ	NWH	HWZ	HWH
Dover	0432	1,4	0948	6,0
ZUG/HUG	−015	+ 0,2	−013	+ 0,8
Dungeness	0417	1,6	0935	6,8

7. Soll nun ein Höhenwert H zu einer Stichzeit Z zwischen zwei benachbarten Hoch- und Niedrigwasserzeiten ermittelt werden, benutzt man die **mittleren Tidenkurven des Bezugsorts** (Abb. 5). Die Stichzeit wird als Zeitunterschied zum Hochwasser (ZU) ausgedrückt und dieser im Verhältnis mittlere Steig- bzw. Falldauer zu aktueller Steig- bzw. Falldauer

Tafel 2
Spring(S)-, Mitt(M)- und Nipp(N)-Zeiten. 1997

Tag	Jan	Feb	Mrz	Apr	Mai	Jun	Juli	Aug	Sep	Okt	Nov	Dez	Tag
1	M	N	M	N	N	N	M	M	M	S	S	S	1
2	N	N	N	N	N	M	M	M	S	S	S	S	2
3	N	N	N	N	N	M	M	S	S	S	S	S	3
4	N	M	N	M	M	M	S	S	S	S	M	M	4
5	N	M	N	M	M	S	S	S	S	M	M	M	5
6	M	M	M	M	S	S	S	S	M	M	M	M	6
7	M	S	M	S	S	S	S	M	M	M	N	N	7
8	M	S	M	S	S	S	M	M	M	M	N	N	8
9	S	S	S	S	S	M	M	M	M	N	N	N	9
10	S	S	S	M	M	M	M	M	N	N	N	N	10
11	S	M	S	M	M	M	M	N	N	N	N	M	11
12	S	M	S	M	M	M	N	N	N	N	M	M	12
13	M	M	M	M	M	N	N	N	N	M	M	M	13
14	M	N	M	N	N	N	N	M	M	S	S	S	14
15	N	N	N	N	N	N	N	M	M	S	S	S	15
16	N	N	N	N	N	N	M	M	S	S	S	S	16
17	N	N	N	N	N	M	M	S	S	S	S	S	17
18	N	M	N	M	M	M	S	S	S	M	M	M	18
19	M	M	N	M	M	M	S	S	S	M	M	M	19
20	M	M	M	M	M	S	S	S	M	M	M	M	20
21	M	M	M	M	S	S	S	M	M	M	M	N	21
22	M	S	M	S	S	S	S	M	M	M	N	N	22
23	S	S	M	S	S	S	S	M	N	N	N	N	23
24	S	S	S	S	S	M	M	M	N	N	N	N	24
25	S	S	S	S	S	M	M	N	N	N	N	M	25
26	S	M	S	M	M	M	N	N	N	N	M	M	26
27	M	M	S	M	M	M	N	N	N	M	M	M	27
28	M	M	M	M	M	N	N	N	M	M	M	M	28
29	M		M	M	N	N	M	M	M	M	S	S	29
30	M		M	M	N	N	M	M	M	M	S	S	30
31	N		N		N		M	M		S		S	31

Abb. 3 *Gezeitentafeln Teil III – Alter der Gezeit*

Tafel 5
Tafel zur Verbesserung der Hoch- und Niedrigwasserzeiten wegen halbmonatlicher Ungleichheit

Nr.		Zeit 0 und 12	Zeit 1 und 13	Zeit 2 und 14	Zeit 3 und 15	Zeit 4 und 16	Zeit 5 und 17	Zeit 6 und 18	Zeit 7 und 19	Zeit 8 und 20	Zeit 9 und 21	Zeit 10 und 22	Zeit 11 und 23
		min	min	min	min	min	min	min	min	min	min	min	min
1	HW	+20	+22	+19	+10	+01	−06	−11	−13	−11	−06	+02	+12
	NW	−09	−12	−11	−06	−02	+05	+14	+19	+19	+13	+05	−03
2	HW	−11	−10	−04	+03	+09	+08	+04	00	−01	−03	−05	−09
	NW	+09	+04	−04	−11	−13	−12	−10	−06	−01	+03	+06	+09
3	HW	−06	−04	00	+02	+04	+06	+06	+02	−03	−07	−09	−08
	NW	+09	+01	−07	−15	−18	−16	−11	−05	+01	+07	+11	+12
4	HW	−07	−05	−01	+02	+04	+05	+04	+02	00	−03	−06	−09
	NW	+11	+04	−03	−09	−12	−14	−12	−08	−03	+02	+07	+10
5	HW	−07	−06	−03	+02	+06	+08	+06	+03	−03	−08	−10	−09
	NW	+07	+03	−05	−15	−18	−13	−06	−01	+02	+04	+07	+0

Abb. 4 *Gezeitentafel Teil III, Tafel 5 – Verbesserung von ZUG nach Alter und Gezeit*

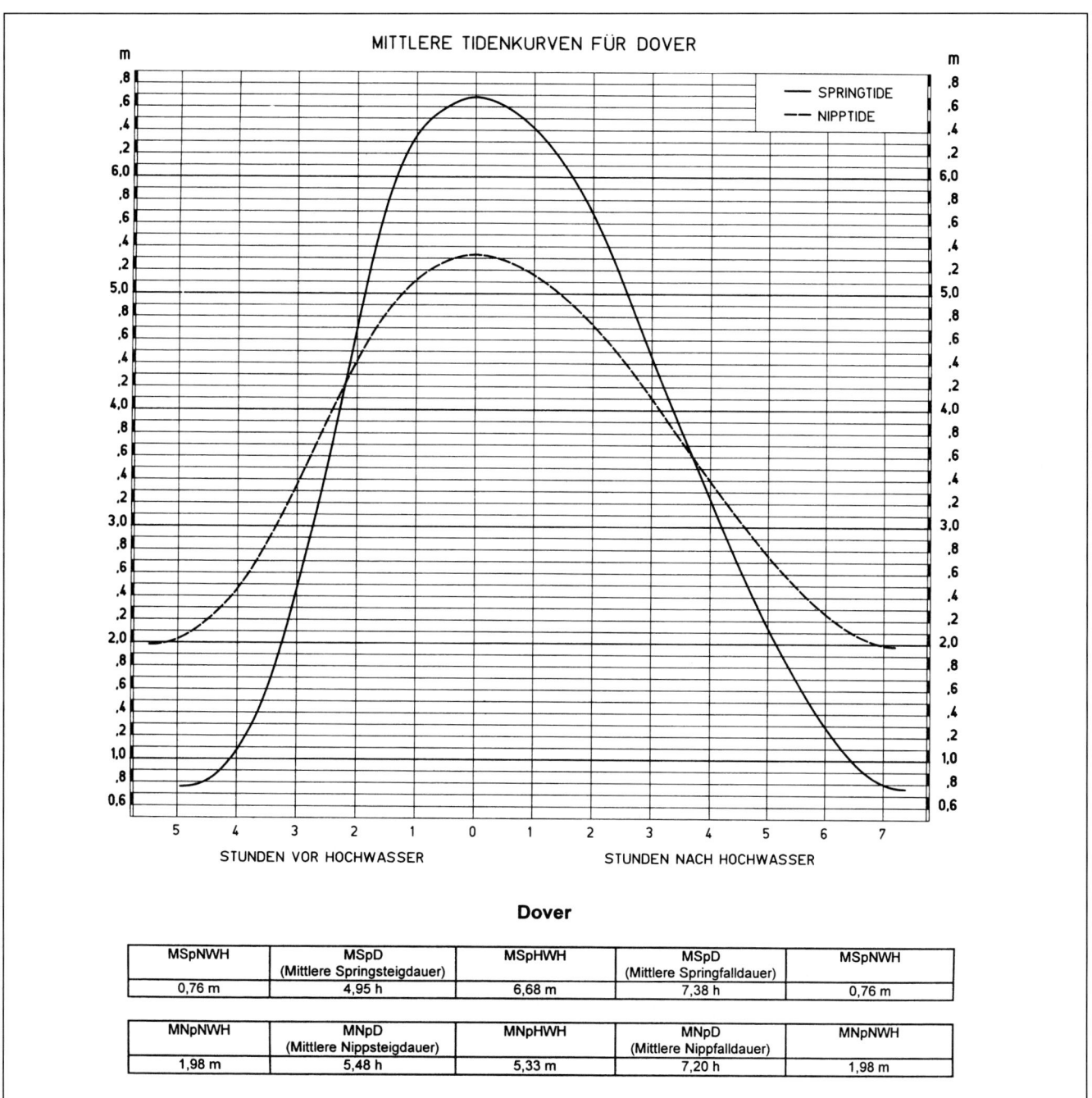

Abb. 5 *Gezeitentafeln Teil I – Mittlere Tidenkurven für Dover*

Dover

MSpNWH	MSpD (Mittlere Springsteigdauer)	MSpHWH	MSpD (Mittlere Springfalldauer)	MSpNWH
0,76 m	4,95 h	6,68 m	7,38 h	0,76 m

MNpNWH	MNpD (Mittlere Nippsteigdauer)	MNpHWH	MNpD (Mittlere Nippfalldauer)	MNpNWH
1,98 m	5,48 h	5,33 m	7,20 h	1,98 m

Niedrigwasserhöhe (NWH): Höhe der Gezeit bei Niedrigwasser.

Niedrigwasserzeit (NWZ): Zeit (Tag und Uhrzeit), zu der das Niedrigwasser eintritt.

Steigdauer (SD): Zeitspanne zwischen einer Niedrigwasserzeit und der folgenden Hochwasserzeit.

Falldauer (FD): Zeitspanne zwischen einer Hochwasserzeit und der folgenden Niedrigwasserzeit.

Tidenstieg (TS): Unterschied zwischen einer Niedrigwasserhöhe und der folgenden Hochwasserhöhe.

Tidenfall (TF): Unterschied zwischen einer Hochwasserhöhe und der folgenden Niedrigwasserhöhe.

Tidenhub (TH): Arithmetischer Mittelwert aus Tidenstieg und Tidenfall einer Tide.

Höhenunterschied der Gezeit (HUG): Unterschied zwischen Hochwasserhöhe beziehungsweise Niedrigwasserhöhe am Anschlußort und Hochwasserhöhe beziehungsweise Niedrigwasserhöhe am Bezugsort.

Zeitunterschied der Gezeit (ZUG): Unterschied zwischen Hochwasserzeit beziehungsweise Niedrigwasserzeit am Anschlußort und Hochwasserzeit beziehungsweise Niedrigwasserzeit am Bezugsort.

angepaßt. Mit der angepaßten ZU_K (κ für Kurve) geht man in die mittlere Tidenkurve und liest den dazugehörigen Höhenwert H_K ab. Der muß nun wieder im Verhältnis aktueller Tidenstieg/-fall zu mittlerem Tidenstieg/-fall auf aktuellen Maßstab gebracht werden.

8. Umgekehrt geht man vor, wenn der Zeitpunkt Z gefunden werden soll, zu dem eine gegebene Höhe der Gezeit H eintritt. Man paßt H im Verhältnis mittlerer Tidenstieg/-fall zu aktuellem Tidenstieg/-fall an. Mit dem angepaßten H_K geht man in die mittlere Tidenkurve und erhält ZU_K, das wiederum im Verhältnis aktuelle Steig- bzw. Falldauer zu mittlerer Steig- bzw. Falldauer auf aktuellen Maßstab nachgebessert wird.

9. Im folgenden werden die in den Proportionalrechnungen verwendeten Kürzel und deren Fundstellen aufgeführt:

In der Aufgabenstellung oder als Ergebnis:
H = Höhe der Gezeit zu einer gegebenen Stichzeit
Z = Eintrittszeit einer gegebenen Höhe der Gezeit
ZU = HWZ minus oder plus Z

Aus den ermittelten Gezeitenwerten des Anschlußorts:
NWZ = aktuelle Niedrigwasserzeit
HWZ = aktuelle Hochwasserzeit
NWH = aktuelle Niedrigwasserhöhe
HWH = aktuelle Hochwasserhöhe

Aus den Angaben unter den mittleren Tidenkurven in den Gezeitentafeln:
MNWH = mittlere Niedrigwasserhöhe (Spring- oder Nipptide)
MHWH = mittlere Hochwasserhöhe (Spring- oder Nipptide)

MD = mittlere Steig- bzw. Falldauer (Spring- oder Nipptide)

Aus den mittleren Tidenkurven (Spring- oder Nipptide):
ZU_K = ZU im Größensystem der mittleren Tidenkurve
H_K = H im Größensystem der mittleren Tidenkurve

10. Formeln für die **Proportionalrechnung:**

Bestimmen Sie die Höhe H zu einem Zeitpunkt Z:

1. Z wird in ZU_K umgewandelt:

$$ZU_K = (HWZ - Z)\ \frac{MD}{HWZ - NWZ}$$

2. Mit ZU_K in die mittlere Tidenkurve ergibt H_K.

3. H_K wird in H umgewandelt:

$$H = NWH + (H_K - MNWH)\ \frac{HWH - NWH}{MHWH - MNWH}$$

Bestimmen Sie den Zeitpunkt Z, an dem die Höhe H eintritt:

1. H wird in H_K umgewandelt:

$$H_K = MNWH + (H - NWH)\ \frac{MHWH - MNWH}{HWH - NWH}$$

2. Mit H_K in die mittlere Tidenkurve ergibt ZU_K.

3. ZU_K wird in Z umgewandelt:

$$Z = HWZ - ZU_K\ \frac{HWZ - NWZ}{MD}$$

Achtung: MHWH, MNWH und MD müssen in ihren Spring- oder Nippwerten eingesetzt werden. Bei Mittzeit ist H oder Z für Spring- und Nippzeit zu errechnen und aus beiden Ergebnissen das Mittel zu bilden.
Bei MD muß ferner zwischen den Werten für mittlere Steig- und mittlere Falldauer unterschieden werden. Zur Erleichterung des Rechengan-

ges bietet es sich an, alle Zeiten in Stunden mit Dezimalstellen einzusetzen und erst das Ergebnis wieder in Stunden und Minuten zurückzuverwandeln.

11. Beispiel: Es sei die Höhe der Gezeit im Vorhafen von Dover am 02.03.1997 um 1750 UTC festzustellen:

Aus Abb. 2 und 3:

Es ist Nippzeit.

UTC	HWZ	HWH	NWZ	NWH
Dover	1544	5,7	2308	1,9

In Dezimalstunden:

HWZ = 15,73 h
NWZ = 23,13 h
Z = 17,83 h

Aus dem Kasten unter den mittleren Tidenkurven (Abb. 5):

MNpHWH = 5,33 m
MNpD = 7,2 h
MNpNWH = 1,98 m

$$ZU_K = (15{,}73 - 17{,}83)\,\frac{7{,}2}{15{,}73 - 23{,}13} = 2{,}04\ h$$

Mit ZU_K = 2,04 in den absteigenden Ast der mittleren Nipptidenkurve (Abb. 5) ergibt H_K = 4,7 m.

$$H = 1{,}9 + (4{,}7 - 1{,}98)\,\frac{5{,}7 - 1{,}9}{5{,}33 - 1{,}98} = 4{,}98\ m$$

Ergebnis: Um 1750 UTC beträgt die Höhe der Gezeit 4,98 m.

12. Beispiel: Wann würde am gleichen Nachmittag und am gleichen Ort die Höhe der Gezeit auf H = 3,5 m fallen?

$$H_K = 1{,}98 + (3{,}5 - 1{,}9)\,\frac{5{,}33 - 1{,}98}{5{,}7 - 1{,}9} = 3{,}39\ m$$

Mit H_K = 3,39 m in den absteigenden Ast der mittleren Nipptidenkurve ergibt ZU_K = 4,0 h.

$$Z = 15{,}73 - 4{,}0\,\frac{15{,}73 - 23{,}13}{7{,}2} = 19{,}84\ h$$

In Stunden und Minuten:
19 + 0,84 x 60 = 1950 UTC

Ergebnis: Die Höhe der Gezeit wird um 1950 UTC auf 3,5 m gefallen sein.

Verfahren mit den Admiralty Tide Tables (A.T.T.)

13. Zur Erläuterung des Verfahrens werden die Hoch- und Niedrigwasserzeiten und -höhen am Vormittag und frühen Nachmittag des 05.04.1997 vor Barfleur an der französischen Kanalküste ermittelt.

14. Im *Geographical Index*, dem alphabetischen Namensverzeichnis hinten in den A.T.T., steht hinter Barfleur die laufende Nummer 1599, mit der man in den Part II: **Time and Hight Differences . . . at Secondary Ports** einsteigt (Abb. 6, S. 50). Er ist wie bei den Gezeitentafeln dem Küstenverlauf folgend gegliedert. Oberhalb der Zeile 1599 findet man fett gedruckt den dazugehörigen Standard Port (Bezugsort) Cherbourg mit dem Hinweis: „see page 226".

15. Auf dieser Seite 226 der A.T.T. (hier Abb. 7, S. 51) befindet man sich in **Part I: Tidal Predictions for Standard Ports** (Gezeitenvorhersagen für Bezugsorte). Daraus entnimmt man für Cherbourg die gewünschten Hoch- und Niedrigwasserzeiten und -höhen und trägt sie in das empfohlene Rechenschema ein, **Tidal Prediction Form** genannt (Abb. 8, 3. Zeile). Zu beachten ist die Zeitzone, die oben links vermerkt ist. Allerdings wird hier das Vorzeichen anders als gewohnt gesetzt: „Time Zone – 0100" entspricht UTC + 1 oder MEZ.

16. Die Hoch- und Niedrigwasserhöhen unterliegen bestimmten jahreszeitlichen Abweichungen, **Seasonal Changes.** Sie stehen in Part II am Ende der rechten Seiten (Abb. 6), und zwar nach zusammengefaßten Nummern der *Standard Ports* und *Secondary Ports.* In den *Standard Ports* sind die *Seasonal Changes* bereits berücksichtigt. Geht es also lediglich um deren Angaben, dürfen diese Berichtigungen nicht noch einmal angewendet werden.
Möchte man dagegen die Höhen an einem *Secondary Port* ermitteln, müssen aus den Höhen des *Standard Ports* die *Seasonal Changes* wieder herausgerechnet, also algebraisch abgezogen werden. Anschließend werden die *Seasonal Changes* des *Secondary Ports* addiert. Für Cherbourg betragen die *Seasonal Changes* im Monat April – 0,1 m.
In der 4. Zeile der *Tidal Prediction Form* (Abb. 8) wird unter Hight HW und Hight LW – 0,1 mit umgekehrtem Vorzeichen eingetragen und in der 5. Zeile das Zwischenergebnis gebildet.
Für Barfleur sind die *Seasonal Changes* im April ebenfalls – 0,1. Der Betrag wird mit unverändertem Vorzeichen in der vorletzten Zeile der *Tidal Prediction Form* eingetragen.

17. Als nächstes werden die Zeit- und Höhenunterschiede der Gezeit, englisch **Time Differences** und **Height Differences,** für den *Secondary Port*, hier Barfleur Nr. 1599 in Part II (Abb. 6), ermittelt. Das hier verwendete Verfahren berücksichtigt

FRANCE, NORTH COAST; CHANNEL ISLANDS 335

No.	PLACE	Lat. N.	Long. W.	TIME DIFFERENCES High Water Zone −0100		Low Water		HEIGHT DIFFERENCES (IN METRES) MHWS	MHWN	MLWN	MLWS	M.L. Z₀ m.
1600	**CHERBOURG** . . . (see page 226)			0300 and 1500	1000 and 2200	0400 and 1600	1000 and 2200	6·4	5·0	2·5	1·1	
1596	Rade de la Capelle	49 25	1 05	+0115	+0050	+0130	+0117	+0·8	+0·9	+0·1	+0·1	4·40
1597	Iles Saint Marcouf	49 30	1 08	+0118	+0052	+0125	+0110	+0·6	+0·7	+0·1	+0·1	4·28
1598	St. Vaast-la-Hougue	49 34	1 16	+0110	+0045	+0050	+0100	+0·2	+0·2	0·0	−0·1	3·95
1599	Barfleur	49 40	1 15	+0110	+0055	+0052	+0052	+0·1	+0·3	0·0	0·0	3·94
1600	**CHERBOURG**	49 39	1 38	STANDARD PORT				See Table V				3·81
1601	Omonville	49 42	1 50	−0025	−0030	−0022	−0022	−0·3	−0·2	−0·2	−0·1	3·56
1602	Goury	49 43	1 57	−0100	−0040	−0105	−0120	+1·7	+1·6	+1·0	+0·3	5·06
1605	**ST. HELIER** . . . (see page 230)			0300 and 1500	0900 and 2100	0200 and 1400	0900 and 2100	11·0	8·1	4·0	1·4	

Channel Islands — Zone U.T.(G.M.T.)

No.	PLACE	Lat. N.	Long. W.	High Water		Low Water		MHWS	MHWN	MLWN	MLWS	M.L. Z₀ m.
	Alderney											
1603	Braye	49 43	2 12	+0050	+0040	+0025	+0105	−4·8	−3·4	−1·5	—	
	Sark											
1603a	Maseline Pier	49 26	2 21	+0005	+0015	+0005	+0010	−2·1				
	Guernsey											
1604	St. Peter Port	49 27	2 31	0000	+0012							
	Jersey											
1605	**ST. HELIER**	49 11									−0·2	6·50
1606	St. Catherine Bay							−1·0	−0·6	−0·3	−0·2	6·30
1606a	Bouley Bay					−0025	−0037	−1·4 −1·8	−0·8 −1·2	−0·5	−0·2 −0·3	6·12 5·89
1607			3 06	−0018 −0010	−0017 −0010	−0050 −0047	−0050 −0037	−2·4 −1·7	−1·6 −1·2	−0·7 −0·6	−0·3 −0·3	5·61 5·90
			3 10	−0017	−0022	−0100	−0045	−2·4	−1·5	−0·6	−0·2	5·70
		48 47	3 13	−0005	−0010	−0055	−0040	−2·3	−1·5	−0·7	−0·3	5·72
		48 49	3 28	−0030	−0040	−0115	−0055	−2·9	−1·8	−0·9	−0·3	5·45
	...anac'h	48 50	3 29	−0023	−0033	−0112	−0053	−2·9	−1·8	−0·7	−0·2	5·50

SEASONAL CHANGES IN MEAN LEVEL

No.	Jan. 1	Feb. 1	Mar. 1	Apr. 1	May 1	June 1	July 1	Aug. 1	Sep. 1	Oct. 1	Nov. 1	Dec. 1	Jan. 1
1539–1571	0·0	0·0	−0·1	−0·1	−0·1	−0·1	0·0	0·0	0·0	+0·1	+0·1	+0·1	0·0
1572–1581a	0·0	−0·1	−0·1	−0·1	0·0	0·0	0·0	0·0	+0·1	+0·1	0·0	0·0	0·0
1582–1602	0·0	0·0	−0·1	−0·1	−0·1	0·0	0·0	0·0	0·0	+0·1	+0·1	+0·1	0·0
1603–1606a	+0·1	0·0	−0·1	−0·1	−0·1	−0·1	0·0	0·0	0·0	+0·1	+0·1	+0·1	+0·1
1607–1626						Negligible							

Abb. 6 *A.T.T. Part II – Liste der Anschlußorte – Time and Hight Differences... at Secondary Ports (SecP)*

zugleich die halbmonatliche Ungleichheit (Alter der Gezeit). Die in der Zeile Barfleur etwa in der Mitte angegebenen *Time Differences* gelten für die etwas höher angegebenen, fett gedruckten Uhrzeiten. Es handelt sich um fiktive Hoch- und Niedrigwasserzeiten des *Standard Ports.*
Wäre unser aktuelles Cherbourg-Hochwasser um 0300 Uhr oder um 1500 Uhr, betrüge die *Time Difference* für Barfleur High Water wie angegeben + 0110 (= 1 h 10 min). Wäre das Cherbourg-Hochwasser um 1000 oder 2200, betrüge die *Time Difference* für Barfleur High Water + 0055. Bei unserem Beispiel ist das Cherbourg-Hochwasser um 0658 Uhr MEZ. Es liegt also zwischen 0300 und 1000 Uhr. Die *Time Difference* für 0658 Uhr muß deshalb zwischen der *Time Difference* für 0300 Uhr und der für 1000 Uhr liegen. Wo genau, ergibt die Interpolation.

FRANCE – CHERBOURG

LAT 49°39'N LONG 1°38'W

TIME ZONE **–0100** | TIMES AND HEIGHTS OF HIGH AND LOW WATERS | YEAR **1997**

JANUARY	Time	m		Time	m	FEBRUARY	Time	m		Time	m
1 W	0052 0735 1303 1958	5.2 2.4 5.2 2.3	**16** TH	0154 0849 1420 2115	5.5 2.1 5.5 2.1	**1** SA	0143 0836 1405 2105	5.1 2.5 5.0 2.5	**16** SU	0323 1030 1613 2305	4.9 2.6 4.8 2.7
2 TH	0141 0826 1356 2053	5.0 2.6 5.0 2.5	**17** F	0256 0956 1530 2226	5.3 2.4 5.2 2.4	**2** SU	0251 0947 1523 2224	4.9 2.6 4.9 2.5	**17** M	0452 1155 1740	4.9 2.5 4.9
3 F	0244 0930 1504 2203	4.9 2.7 4.9 2.6	**18** SA	0411 1113 1648 2342	5.1 2.4 5.1 2.4	**3** M	0416 1110 1653 2347	5.0 2.5 5.0 2.4	**18** TU	0026 0608 1304 1845	2.6 5.1 2.3 5.2
4 SA	0356 1044 1620 2318	5.0 2.6 5.0 2.5	**19** SU	0526 1225 1801	5.2 2.3 5.2	**4** TU	0535 1226 1809	5.3 2.1 5.3	**19** W	0128 0703 1357 1933	2.3 5.4 2.0 5.5
5 SU	0507 1155 1732	5.2 2.4 5.2	**20** M	0050 0630 1326 1902	2.3 5.4 2.1 5.4	**5** W	0058 0638 1330 1910	2.0 5.7 1.6 5.8	**20** TH	0216 0747 1440 2012	2.0 5.7 1.7 5.7
6 M	0025 0608 1257 1834	2.2 5.5 2.0 5.5	**21** TU	0146 0722 1416 1950	2.1 5.7 1.8 5.7	**6** TH	0157 0734 1426 2005	1.6 6.1 1.2 6.2	**21** F	0255 0825 1517 2048	1.7 5.9 1.4 5.9
7 TU	0123 0702 1352 1928	1.8 5.9 1.6 5.9	**22** W	0233 0806 1458 2031	1.9 5.9 1.6 5.8	**7** F ●	0251 0826 1518 2056	1.2 6.5 0.8 6.5	**22** SA O	0330 0859 1550 2120	1.5 6.1 1.3 6.0
8 W	0216 0752 1443 2019	1.5 6.2 1.2 6.2	**23** TH O	0313 0844 1536 2108	1.7 6.1 1.4 6.0	**8** SA	0341 0916 1607 2145	0.8 6.8 0.5 6.7	**23** SU	0402 0931 1620 2151	1.4 6.2 1.2 6.1
9	0306	1.2	**24**	0349 0918	1.6 6.1	**9**	0429 1004	0.7 6.9	**24**	0432 1000	1.3 6.2

MARCH	Time	m		Time	m	APRIL	Time	m		Time	m
1 SA	0020 0712 1236 1932	5.5 1.9 5.4 2.1	**16** SU	0128 0831 1408 2056	5.2 2.3 4.9 2.7	**1** TU	0141 0846 1427 2124	5.1 2.3 4.9 2.5	**16** W	0321 1023 1625 2304	4.7 2.7 4.7 2.8
2 SU	0102 0801 1327 2028	5.2 2.2 5.1 2.4	**17** M	0236 0943 1536 2222	4.8 2.7 4.6 2.9	**2** W	0309 1010 1608 2256	4.9 2.3 4.9 2.4	**17** TH	0446 1142 1736	4.7 2.5 4.9
3 M	0204 0907 1443 2145	5.0 2.4 4.8 2.6	**18** TU	0411 1115 1710 2352	4.7 2.7 4.7 2.8	**3** TH	0445 1137 1733	5.1 2.0 5.3	**18** F	0015 0551 1244 1827	2.6 5.0 2.2 5.2
4 TU	0334 1034 1625 2317	4.9 2.4 4.9 2.5	**19** W	0535 1231 1819	4.9 2.4 5.0	**4** F	0017 0558 1248 1836	2.1 5.5 1.6 5.7	**19** SA	0109 0641 1332 1909	2.2 5.3 1.9 5.5
5 W	0507 1200 1750	5.1 2.1 5.2	**20** TH	0059 0634 1327 1906	2.4 5.2 2.1 5.3	**5** SA	0121 0658 1348 1930	1.6 6.0 1.1 6.2	**20** SU	0153 0723 1412 1947	1.9 5.6 1.6 5.8
6 TH	0036 0618 1310 1854	2.1 5.6 1.6 5.7	**21** F	0149 0719 1412 1945	2.1 5.5 1.8 5.6	**6** SU	0216 0752 1440 2020	1.1 6.4 0.7 6.5	**21** M	0230 0802 1448 2023	1.6 5.8 1.4 6.0
7 F	0140 0717 1409 1949	1.6 6.1 1.1 6.2	**22** SA	0229 0758 1449 2021	1.8 5.8 1.5 5.9	**7** M ●	0306 0842 1528 2106	0.8 6.7 0.5 6.7	**22** TU O	0305 0838 1522 2057	1.4 6.0 1.3 6.1
8 SA	0235 0811 1501 2040	1.1 6.5 0.7 6.5	**23** SU	0304 0834 1522 2054	1.5 6.0 1.3 6.0	**8** TU	0352 0927 1612 2149	0.6 6.8 0.5 6.7	**23** W	0339 0912 1555 2129	1.2 6.1 1.2 6.2
9	0326	0.8	**24**	0336	1.4	**9**	0435	0.6	**24**	0413	1.1

Abb. 7 *A.T.T. Part I – Kalendarium der Standard Ports (StP)*

18. Das **Interpolieren der Time Difference** kann man mit dem Diagramm in Abb. 9 (S. 52) ausführen, das man in einfachster Form auf kariertem Papier skizziert: Auf der Grundlinie in Stundenintervallen werden die Hochwasserzeiten eingetragen, auf der Vertikalen die *Time Differences* in 10-Minuten-Abschnitten. Die Proportionallinie wird fixiert durch den Punkt *Time Difference* 0110 über Hochwasserzeit 0300 und den Punkt Time Difference 0055 über Hochwasserzeit 1000.
Mit Hilfe der Proportionallinie können nun die Zwischenwerte abgelesen werden. Über der aktuellen Cherbourg-Hochwasserzeit von 0658 Uhr findet man als *Time Difference* 0101. Es ist der für dieses Hochwasser in Cherbourg gültige Zeitunterschied, um die Barfleur-Hochwasserzeit zu

Time Zone:	*UTC + 1*	*Time*			*Hight*		
Status:	*Mean*	LW	HW	LW	LW	HW	LW
StP:	*Cherbourg*	0121	0658	1348	1,6	6,0	1,1
minus Seasonal Change Standard Port:					+ 0,1	+ 0,1	+ 0,1
Corrected Hight at Standard Port:					1,7	6,1	1,2
plus Differences:		+ 0052	+ 0101	+ 0052	0,0	+ 0,1	0,0
plus Seasonal Change Secondary Port:					– 0,1	– 0,1	– 0,1
SecP:	*Barfleur*	0213	0759	1440	1,6	6,1	1,1

Abb. 8 *A.T.T. – Tidal Prediction Form (empfohlenes Rechenschema)*

berechnen. Für die *Time Differences* der Niedrigwasserzeiten gilt das gleiche Verfahren entsprechend. In dem Beispiel hier kann es jedoch unterbleiben, weil die *Low Water Time Differences* von Barfleur gleichbleibend 0052 betragen. Es bietet sich grundsätzlich an, vor dem Interpolationsverfahren zu prüfen, ob man den Zwischenwert auch schätzen kann oder ob sich das Interpolieren überhaupt erübrigt. Die Ergebnisse, 0101 und 0052, werden in die *Tidal Prediction Form* in Abb. 8 eingetragen.

19. Die **Hight Differences** sind in der rechten Hälfte der Zeile 1599 (Abb. 6) aufgeführt. Die angegebenen Werte beziehen sich, wie bei den *Time Differences*, auf die fettgedruckten Höhen des mittleren Spring- und Nipphochwassers des *Standard Ports* (Cherbourg) und desgleichen weiter rechts für mittleres Spring- und Nippniedrigwasser. Bei einem Cherbourg-Hochwasser von 6,4 m würde als *Hight Difference* + 0,1 m gelten, bei einem von 5,0 m + 0,3 m. Für die aktuelle Höhe des Cherbourg-Hoch-

wassers von 6,0 m (Abb. 8) muß ein Zwischenwert gelten. Bei einfachen Werten kann man den Zwischenwert schätzen, andernfalls ist rechnerisch oder per Zeichnung zu interpolieren (Abs. 20). Für Niedrigwasser sind in dem Beispiel die *Hight Differences* für Spring- und Nippzeit beide gleich 0,0 m. Eine Interpolation erübrigt sich deshalb; 0,0 wird in die Spalten Hight/LW der *Tidal Prediction Form* eingetragen.

20. Das **Interpolationsdiagramm für die Hight Difference** für Hochwasser Barfleur ist in Abb. 10 zu sehen. Die Grundlinie zeigt die Hochwasserhöhen des *Standard Ports*, hier Cherbourg. 1 cm entspricht 1 m. Auf der Vertikalen werden die *Hight Differences* für den *Secondary Port*, hier Barfleur, angetragen. 1 cm entspricht 1 dm. Über der mittleren Springhochwasserhöhe von Cherbourg von 6,4 m wird die dazugehörige *Hight Difference* für Barfleur von + 0,1 m markiert und über der mittleren Nipphochwasserhöhe von Cherbourg von 5,0 m die dazugehörige *Hight Difference* für

Barfleur von + 0,3 m. Beide Markierungen werden als Proportionallinie verbunden. Über der aktuellen, um den *Seasonal Change* korrigierten Hochwasserhöhe Cherbourg von 6,1 m zeigt die Proportionallinie eine *Hight Difference* von + 0,14 m an. Dieser Betrag ist abgerundet (+ 0,1) in die *Tidal Prediction Form* (Abb. 8) einzutragen.

21. Schließlich werden die Ergebnisse gebildet. Es wird daran erinnert, daß die Uhrzeiten und auch die *Time Differences* vierstellig in Stunden und Minuten geschrieben sind. Beim Addieren macht man hier leicht Fehler. Das Ergebnis in der letzten Zeile stellt die gesuchten Hoch- und Niedrigwasserzeiten und -höhen am Vormittag des 05.04.1997 in Barfleur dar (Abb. 8).

22. Sind Gezeitenwerte zwischen den Hoch- und Niedrigwasserzeiten zu ermitteln, bedient man sich wie bei den BSH-Gezeitentafeln der **Mean Spring and Neap Curves,** der mittleren Tidenkurven des *Standard Ports* in *Part I*. Sie müssen im Ein-

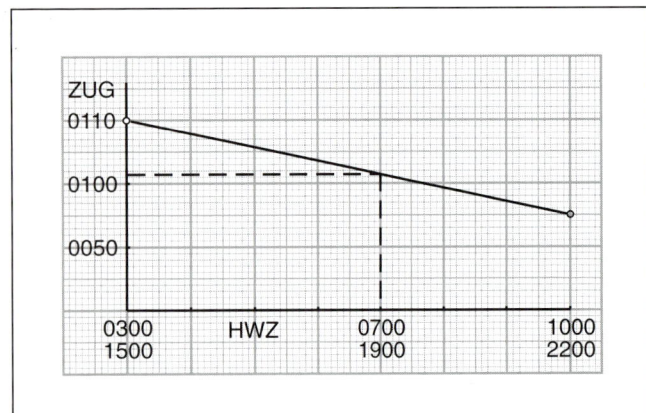

Abb. 9 *Interpolation der ZUG, englisch: Time Difference*

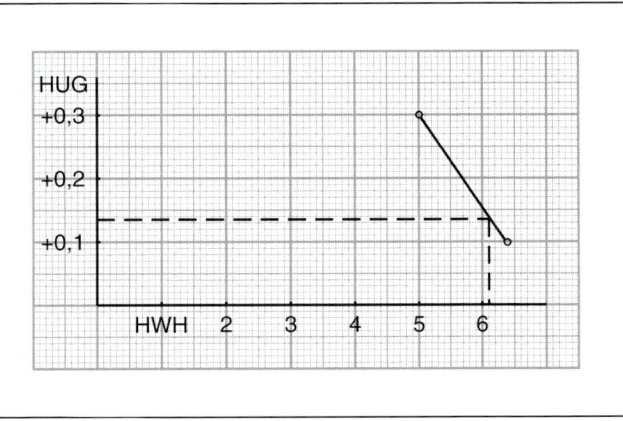

Abb. 10 *Interpolation der HUG, engl.: Hight Difference*

zelfall den aktuellen Gezeitenwerten angepaßt werden, was allerdings nur mit ihrer Höhenskala geschieht. Die Zeitskala wird nicht verändert. Zur Erläuterung des Verfahrens wird im folgenden für den gleichen Tag (05.04.1997) vor Barfleur die **Höhe der Gezeit um 0500 Uhr** MEZ bestimmt. Die Gezeitengrundwerte aus Abb. 8 werden wieder verwendet.

23. In den A.T.T. ist die Darstellung der mittleren Tidenkurven um 90° gedreht, weshalb man am besten das Blatt von der rechten Seite betrachtet. In Abb. 11 ist das Diagramm bereits gedreht dargestellt. Die **Zeitachse** befindet sich dann auf der Grundlinie. In die Kästchen der

Zeitachse trägt man in der Mitte die Hochwasserzeit und von ihr ausgehend ab- oder zunehmend je nach Bedarf die Stundenzeiten ein. Mit diesen Eintragungen und den 10-Minuten-Strichen läßt sich die Zeitskala bequem ablesen.

24. Für die **Höhenablesung** konstruiert man auf der linken Hälfte des Diagramms (Abb. 11) eine Proportionallinie für jeden Kurvenast. Dazu markiert man auf der unteren Grundlinie die 1. Niedrigwasserhöhe von Barfleur (1,6 m), dann auf der oberen die folgende Hochwasserhöhe (6,1 m) und schließlich wieder auf der Grundlinie die 2. Niedrigwasserhöhe (1,1 m). Die Verbindung der drei Punkte bildet die Proportionalli-

nie des aufsteigenden und die des absteigenden Astes. Um spätere Verwechslung zu vermeiden, kennzeichnet man die Linien mit einem Pfeil.

25. Als nächstes ist das **Alter der Gezeit** festzustellen. Dazu sucht man im Kalendarium des *Standard Ports* den zum Datum am nächsten liegenden Neumond oder Vollmond. Zu dessen Datum addiert man die Springverspätung, die unter der Überschrift **Mean Spring and Neap Curves** steht (Abb. 11): „Springs occur 2 days after New and Full Moon." An dem Datum, das sich daraus ergibt, ist um 1200 Uhr Zonenzeit Springzeit. Sie gilt von 48 Stunden vorher bis 48 Stunden danach.

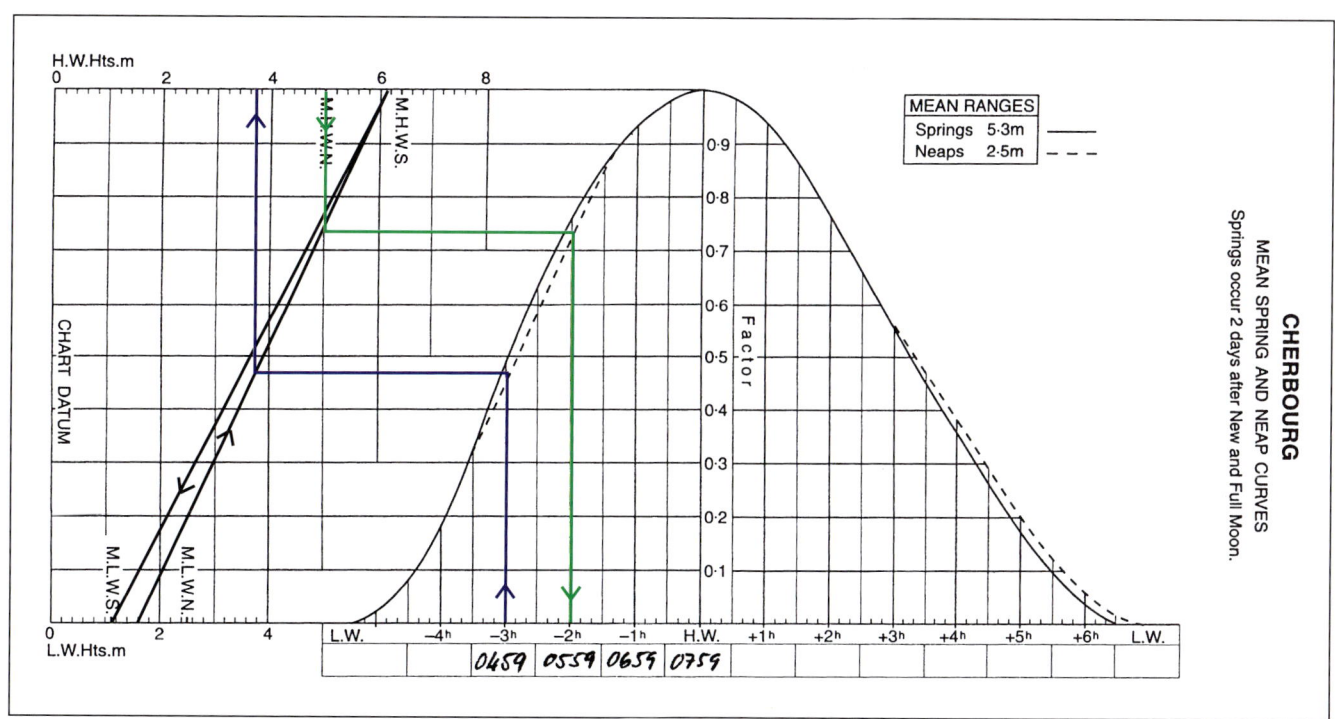

Abb. 11 *Arbeit mit den mittleren Tidenkurven nach den A.T.T.*

Daran schließen sich drei Tage Mittzeit und jenseits davon Nippzeit an. In unserem Beispiel ist am 07.04. Neumond. Plus 2 Tage Springverspätung ergibt den 09.04. Springzeit gilt vom 07.04. 1200 Uhr bis 11.04. 1200 Uhr. Die vorangehende Mittzeit gilt vom 04.04. 1200 Uhr bis 07.04. 1200 Uhr (alles MEZ). Am Stichtag, dem 05.04., ist also Mittzeit. Gilt Springzeit, wäre die durchgezogene Tidenkurve zu benutzen, bei Nippzeit dagegen die gestrichelte. Bei Mittzeit, unser Beispiel, gilt eine gedachte Mittellinie zwischen der Spring- und der Nippkurve.

26. Nun ist das mittlere Tidendiagramm vorbereitet. Um die **Höhe der Gezeit für 0500 Uhr** zu bestimmen, steigt man bei 0500 Uhr in die Zeitskala ein (blaue Linie in Abb. 11), folgt der Vertikalen nach oben zur gedachten Mittellinie zwischen der durchgezogenen und der gestrichelten Tidenkurve, geht von dort horizontal nach links zur aufsteigenden Proportionallinie und von dort senkrecht nach oben zur Höhenskala. Dort liest man 3,7 m ab. Es ist die gesuchte Höhe der Gezeit.

27. Der umgekehrte Einsatz der mittleren Tidenkurven dient der Bestimmung von Eintrittszeiten bestimmter Wasserhöhen. Er wird am Beispiel, **wann erreicht die Höhe der Gezeit 5,0 m** am selben Ort und am selben Morgen, demonstriert. Da es sich weiterhin um dieselben Gezeitengrundwerte von Barfleur handelt, können die bereits vorbereiteten mittleren Tidenkurven benutzt werden (Abb. 11, grüne Linie). Man steigt bei der 5,0-m-Marke der oberen Höhenskala ein, folgt der Senkrechten bis zur aufsteigenden Proportionallinie, von dort entlang der Horizontalen bis zur Mitte zwischen

Spring- und Nippkurve und von dort senkrecht nach unten auf die Zeitskala. Dort liest man 0559 Uhr ab, die gesuchte Eintrittszeit. Es gilt die Zonenzeit MEZ.

DIN 13312

Wassertiefe (WT): Abstand zwischen Wasserspiegel und Grund.

Tiefe des Echolotwandlers (T_{El}): Abstand des Echolotwandlers von der Wasseroberfläche.

Echolotung (EL): Abstand zwischen Echolotwandler und Grund.

Kartentiefe (KT): Auf Kartennull bezogene Wassertiefe; Kartentiefe ist Wassertiefe abzüglich Höhe der Gezeit.

Typische Gezeitenaufgaben

28. Mit der Gezeitenrechnung lassen sich eine Reihe typischer Aufgaben lösen, die mit folgenden Größen arbeiten, die nach DIN 13312 „Navigation" definiert (siehe grüne Kästen) und in Abb. 12 übersichtlich dargestellt sind:

H = Höhe der Gezeit
KT = Kartentiefe
WT = Wassertiefe
TG = Tiefgang
WuK = Wasser unterm Kiel oder Sicherheitsabstand
T_E = Einbautiefe des Echolotwandlers
EL = Echolotung

Anmerkung: In der Berufsschiffahrt wird vielfach die Echolotung ab Schiffsunterseite (T_E = TG) verstan-

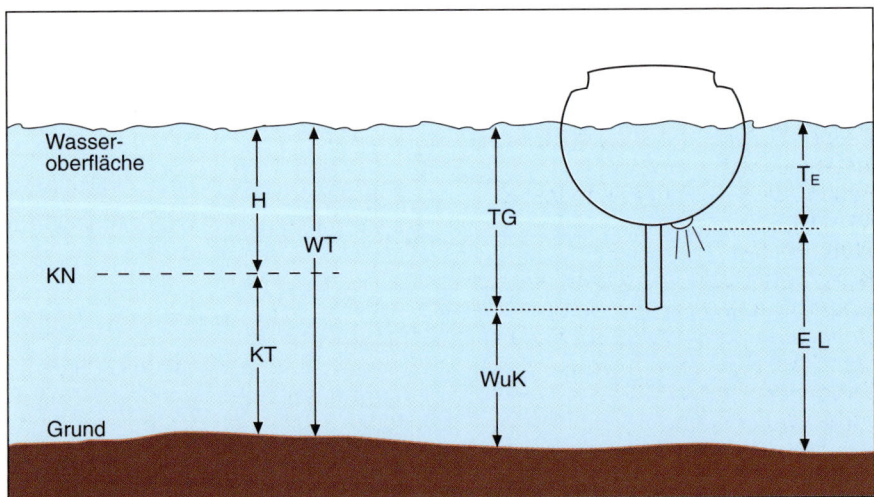

Abb. 12 *Die verschiedenen Größen in der Gezeitenrechnung*

den, was aber der DIN 13312 widerspricht. Auch ist der Begriff Lotung gebräuchlich. Lotung ist gleich WT.

29. Wie aus Abb. 12 ersichtlich, stehen diese Größen in einem logischen Zusammenhang zueinander, der sich in folgender Grundformel ausdrückt:

$$H + KT = WT = EL + T_E = TG + WuK$$

Aus ihr lassen sich die Lösungsansätze der verschiedenen Gezeitenaufgaben ableiten, wobei die Höhe der Gezeit H oder deren Eintrittszeit Z jeweils nach den Gezeitentafeln oder nach den A.T.T. zu bestimmen ist:

● *Welcher Kartentiefe entspricht eine zum Zeitpunkt Z durchgeführte Echolotung EL?*
Bestimme H zum Zeitpunkt Z;
$KT = EL + T_E - H$
● *Welche Wassertiefe ist an einer bestimmten Tiefenlinie KT zum Zeitpunkt Z mit dem Echolot zu loten?*
Bestimme H zum Zeitpunkt Z;
$EL = H + KT - T_E$
● *Welcher Sicherheitsabstand WuK bleibt beim nächsten Niedrigwasser unterm Kiel, wenn beim Ankern zum Zeitpunkt Z die Echolotung EL abgelesen wurde?*
Bestimme H_{Ankern} zum Zeitpunkt Z;
$KT = EL + T_E - H_{Ankern}$
$WuK = NWH + KT - TG$
● *Ab wann oder bis wann kann an einem bestimmten Halbtag eine Untiefe KT mit dem Sicherheitsabstand WuK passiert werden?*
Errechne, welche Höhe der Gezeit H vorhanden sein muß:
$H = TG + WuK - KT$
Bestimme die Eintrittszeit von H auf dem steigenden Ast (ab wann) oder auf dem fallenden Ast (bis wann).

● *Wann kommt man wieder frei, wenn man zum Zeitpunkt Z bei Ebbe festgekommen ist?*
Um freizukommen, muß H während der Flut den gleichen Wert erreichen wie beim Festkommen während der Ebbe.

H_{fest} zum Zeitpunkt Z ist zu bestimmen;
$H_{frei} = H_{fest}$
Die Eintrittszeit von H_{frei} ist zu bestimmen.

Lernkontrolle

1. In welchem Verhältnis stehen die Bezugsorte (Standard Ports) und Anschlußorte (Secondary Ports) zueinander? (Absatz 2)

2. Welchem Zweck dienen die mittleren Tidenkurven, wo findet man sie abgedruckt und inwiefern müssen sie zum Gebrauch angepaßt werden? (Absatz 3)

3. Wie bestimmt man den nächstgelegenen Anschlußort (Secondary Port) für einen bestimmten, nach Koordinaten bezeichneten Ankerplatz? (Absatz 4)

4. Wie ermittelt man mit den Gezeitentafeln das Alter der Gezeit? (Absatz 5)

5. Wie erkennt man, in welcher Zeit die Hoch- und Niedrigwasserzeiten ausgedrückt sind? (Absatz 5)

6. Was bedeutet es, wenn Zahlen, z. B. eine 3 oder eine 5, hinter dem Namen des Anschlußortes im Teil II der Gezeitentafeln erscheinen, und wie ist dann zu verfahren? (Anmerkung hinter Absatz 5)

7. Welcher Zeitzone entspricht der Ausdruck „Time Zone – 0100" in den A.T.T.? (Absatz 15)

8. Wie ermittelt man nach den A.T.T. das Alter der Gezeit? (Absatz 25)

9. Wozu dient bei den mittleren Tidenkurven in den A.T.T. die gestrichelte Kurve neben der ausgezogenen? (Absatz 25)

10. Stellen Sie die Zusammenhänge von Höhe der Gezeit, Kartentiefe, Wassertiefe, Echolotung, Einbautiefe des Wandlers, Tiefgang und Wasser unterm Kiel zeichnerisch dar! (Abb. 12)

8. Hyperbelnavigation

1. Die Hyperbel ist der geometrische Ort aller Punkte, deren Abstände zu zwei Festpunkten den gleichen Unterschied bilden. Oder mit anderen Worten: Registriert ein Schiff einen bestimmten Abstandsunterschied zu zwei festen Punkten, dann befindet es sich irgendwo auf einer für diesen Unterschied typischen Hyperbel. Der Abstandsunterschied definiert diese Hyperbel nach Lage und Form in bezug auf ihre beiden Basispunkte (Abb. 1). Sie ist eine geometrisch eindeutig darstellbare, wenn auch gekrümmte Linie. Sie auf der Seekarte zu zeichnen, wäre möglich, obwohl es ziemlich umständlich wäre. Kein Problem ist es natürlich für einen Computer, sie auf seiner „inneren Seekarte" zu konstruieren. Die Hyperbel wird als **Standlinie** benutzt, so wie aus der terrestrischen Navigation gewohnt. Zwei sich schneidende Hyperbeln, die von zwei Senderpaaren stammen, ergeben auch hier den **Standort** (Abb. 2).

2. Der die Lage und Form der Hyperbel bestimmende Unterschiedsbetrag muß nicht in Seemeilen ausgedrückt sein. Mikrosekunden Unterschied der Laufzeit eines Radiosignals oder auch der Bruchteil einer Wellenlänge Phasenverschiebung dienen dem gleichen Zweck.

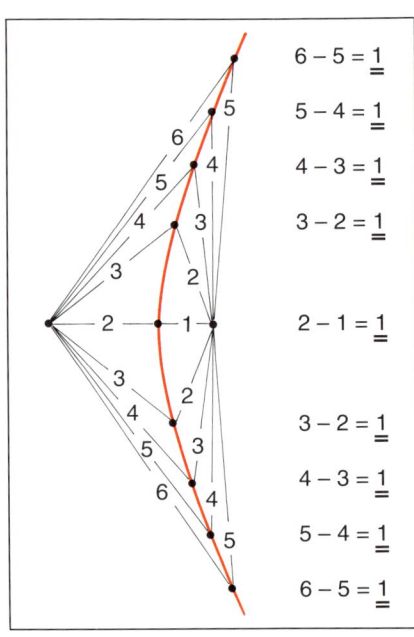

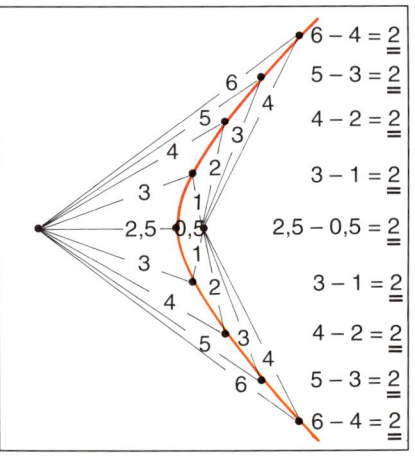

Abb. 1 *Hyperbel für Distanzunterschied 1 (oben) und 2 (unten)*

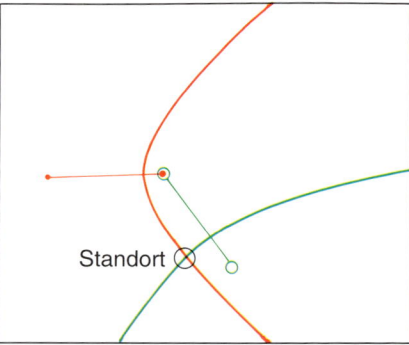

Abb. 2 *Standort aus zwei Hyperbeln*

3. Zur Standortbestimmung müssen die Abstandsunterschiede für mindestens zwei Senderpaare ermittelt werden. Pro Senderpaar ergibt sich eine hyperbelförmige Standlinie. Ihr Schnittpunkt bildet den Standort.

4. Das **Prinzip der Hyperbelnavigation** findet unter anderem bei **Decca** und bei **Loran C** Anwendung. Moderne Geräteversionen gehen jedoch weit über die Bestimmung der Abstandsunterschiede zu irgendwelchen Senderpaaren hinaus. Sie liefern, mit Bezug auf die abgespeicherten Positionen der Sender, absolute Standortangaben in geographischen Koordinaten oder in anderen für die Navigation geeigneten Bezugssystemen.

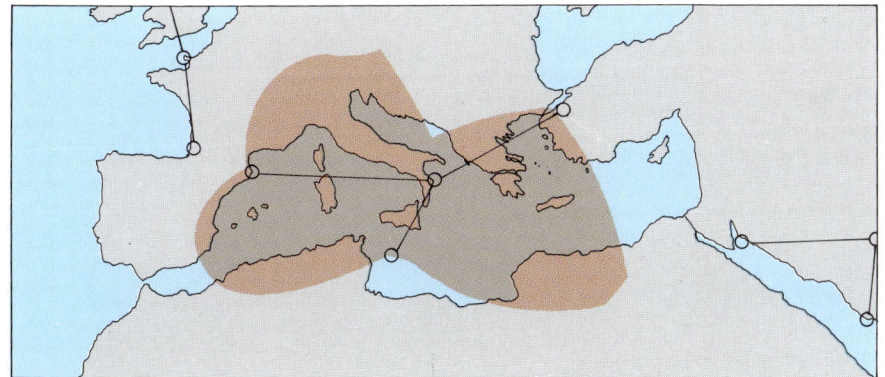

Abb. 3 *Die Loran-C-Abdeckung im Mittelmeer. Positionsgenauigkeit: 100 bis 500 m*

Loran C

5. Das Loran-C-System ist amerikanischen und unverkennbar militärischen Ursprungs. Denn es überdeckt die Meere rund um den nordamerikanischen Kontinent, Südostasiens, das europäische Nordmeer bis in die Barentsee und das Mittelmeer (Abb. 3 und 4), überall da, wo die amerikanischen Streitkräfte zu Zeiten der Ost-West-Konfrontation operierten. Inzwischen haben die Nutzerstaaten die Anlagen und deren Betrieb übernommen. Im Zusammenhang mit dieser Veränderung wurden auch Nord- und Ostsee und die britischen Gewässer in das abgedeckte Gebiet miteinbezogen. Es ist vorgesehen, daß Loran als Rückfall- und Redundanzsystem neben GPS bestehen bleibt.

6. Die **Loran-Ketten** bestehen aus einem Haupt- (Main, M) und drei bis fünf Nebensendern (Slaves, V,W,X,Y,Z), die bis zu 1000 sm voneinander entfernt liegen. Die breite Basis der Senderpaare und natürlich auch die gewaltigen Sendeleistun-

gen von 0,4 bis 3 Megawatt ermöglichen, daß die nutzbaren Hyperbelfelder weit über 1000 sm hinausreichen.

7. Alle Loran-C-Ketten senden mit der **gleichen Frequenz von 100 kHz auf Langwelle**. Sie unterscheiden sich durch die Periode ihres Signals, der Impulsgruppenperiode **(Group Repetition Interval, GRI),** die zwischen 49 und 100 Millisekunden betragen kann. Da diese Impulsgruppenperiode die einzelne Senderkette identifiziert, wird sie auch gleich als deren Name (Identification Code) benutzt. Die Kette im Mittelmeer heißt zum Beispiel 7990, was einer Impulsgruppenperiode von 79,90 Millisekunden entspricht. Die **Nebensender** haben die gleiche Impulsgruppenperiode, senden sie aber um eine bestimmte Anzahl von Millisekunden (10–80) **verschoben.** Für die Identifizierung der Nebensender wird wiederum deren Charakteristikum, nämlich die Sendeverzögerung in Millisekunden (ohne Kommastellen), benutzt. So lautet die Kennung der drei Nebensender der Mittelmeerkette:

7990-11
7990-29
7990-47

8. Das **Loran-Signal** besteht wegen eines besonderen Zeitmeßverfahrens aus 8 Impulsen von je 1 Millisekunde Abstand. Das Signal des Hauptsenders hat einen zusätzlichen neunten Impuls mit deutlichem Abstand von 2 Millisekunden, damit der Empfänger ihn als Start für alle Zeitmessungen ausmachen kann. Durch Vergleich der Ankunftszeiten mit dem bekannten Fahrplan kann der Empfänger die Signale der Nebensender identifizieren.

9. Die Eingangszeitpunkte der Signale werden jeweils um die fahrplanmäßige Verspätung berichtigt, so daß sie schließlich miteinander verglichen und ihre **Laufzeitdifferenzen** festgestellt werden können. Diese entsprechen den Distanzunterschieden, aus denen das Gerät die dazugehörigen Hyperbeln berechnet. Drei Sender unter gemeinsamer Benutzung des Hauptsenders liefern zwei Hyperbeln als Standlinien. **Der Standort ist entstanden.**

10. Da Loran im Langwellenbereich arbeitet, breiten sich die Signale hauptsächlich als **Bodenwelle** aus. Im größeren Entfernungsbereich taucht jedoch auch ein Raumwellenanteil auf und beginnt, durch Interferenz die Bodenwelle zu stören. Die Geräte zeigen dies durch ein Störungssymbol oder durch **Pulsieren der Datenziffern** an. Befindet man sich jenseits dieser Interferenzzone, dominiert die Raumwelle. Sie ist jedoch nicht so verläßlich wie die Bodenwelle, und es müssen aktuelle im Rahmen der Nautischen Warnnachrichten ausgegebene

Raumwellen-Korrekturwerte angebracht werden. Anstelle der Korrektur kann man auch die Ablage der Loran-Anzeige auf einer anderweitig bestätigten **Position im Rechner auf Null bringen,** wodurch er die Korrektur von selbst vollzieht.

11. Die Loran-Ablagen verändern sich örtlich und zeitlich. Die unterschiedliche Ionisierung der Atmosphäre bei Tag und bei Nacht sowie der Übergang der Ausbreitungsstrecke von Land aufs Wasser bedingen die unterschiedlichen Ablagen. Die obenbeschriebenen Standortkorrekturen müssen deshalb in angemessenen Abständen wiederholt werden. Alle 50 sm oder alle 12 Stunden gelten als Faustregel.

12. Die **nutzbare Loran-Reichweite** beträgt:

	tags	nachts
Bodenwelle	1000 sm	800 sm
Raumwelle	2000 sm	3000 sm

13. Die **Genauigkeit der Loran-Position** beträgt grob verallgemeinert im Bereich der Bodenwelle in Metern ein Drittel der Entfernung in Seemeilen. Bei 600 sm betrüge sie also 200 m. Im Einzelfall **hängt sie jedoch von folgendem ab:**
– der Entfernung zu den Basislinien der beiden Senderpaare
– den Schnittwinkeln der Standorthyperbeln (schleifende Schnitte!)
– der Erfassung der Boden- oder Raumwelle
– der Raumwellenkorrektur, falls im Bereich der Raumwelle
– den atmosphärischen und anderen Störungen

14. Manche Geräte werten diese Faktoren fortlaufend aus und zeigen die Qualität der Position als **Circular Error Propable, CEP,** an. CEP ist der Radius des Kreises, in dem in 50 Prozent aller Fälle der Standort liegt. Bei anderen Geräten wird nur die Stärke des empfangenen Signals in Zahlenwerten ausgedrückt, wobei man die anderen Faktoren selbst berücksichtigen muß.

15. Die marktüblichen Loran-C-Geräte suchen nach dem **Einschalten** selbst die günstigste Kombination aus einem Haupt- und zwei Nebensendern. Der ungefähre Standort muß eingegeben werden, weil die Kette zunächst nach der geographischen Lage ausgewählt wird. Natürlich kann man auch selbst seine bevorzugten Haupt- und Nebensender eingeben und bei manchen Geräten sogar zwei verschiedene Ketten gleichzeitig benutzen.

Neuerdings gibt es Loran-Ketten, deren GRI nicht mit einer Null, sondern einer Zahl 1 bis 9 endet. Für den

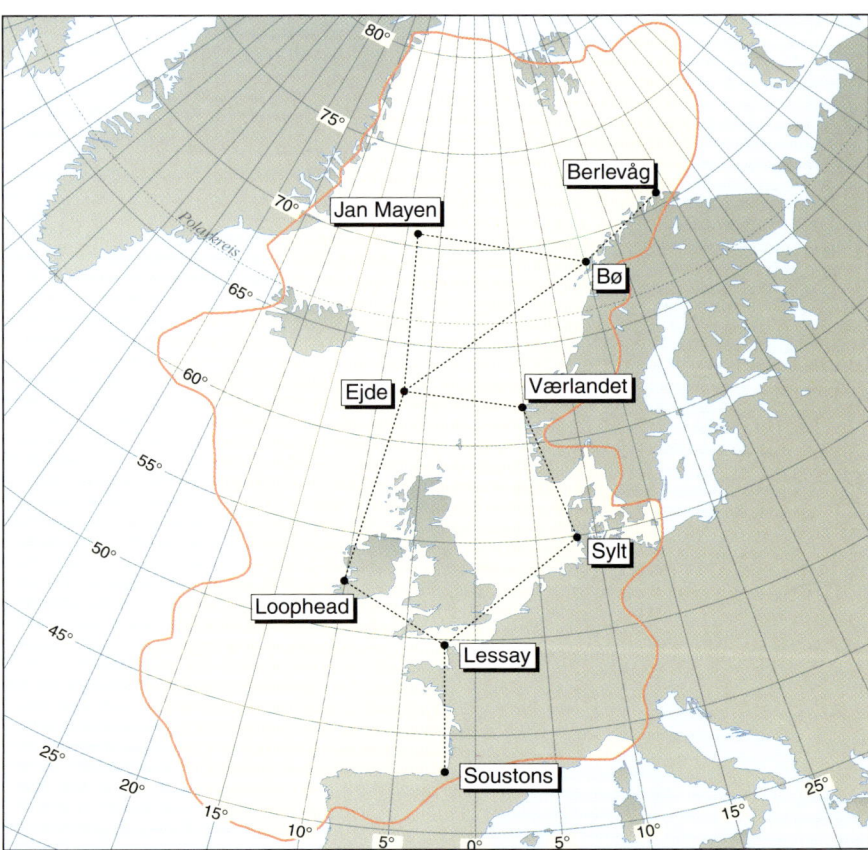

Abb. 4 *Loran-C-Sender im NELS: die vier Hauptsender (Ejde, Bø, Sylt, Lessay) mit ihren fünf Nebensendern und die Bedeckung des Bodenwellenbereiches. Hier kann man mit einer Genauigkeit von 100 m bis 500 m rechnen. Am Rande können größere Fehler auftreten. Loophead ist noch nicht in Betrieb.*

Empfang dieser Ketten müssen ältere Loran-Geräte vom Hersteller umgerüstet werden.

16. Vier Ketten dieses Typs werden derzeit in Nordwesteuropa installiert. Sie bilden das **Northwest European Loran C System (NELS)** und decken mit 100 bis 500 m Genauigkeit (bei 95 % Wahrscheinlichkeit) die Nordsee, die westliche Ostsee und einen großen Teil des Nordatlantiks westlich von Irland und Frankreich ab. Die Trägerstaaten haben sich verpflichtet, dieses Navigationssystem neben dem als Primärsystem anerkannten GPS als Rückfalloption zu betreiben.

17. Für die fernere Zukunft wird die Umstellung des Loran-Verfahrens von Laufzeitdifferenzmessung auf Laufzeitmessung erwogen, was allerdings neue Geräte erfordern wird. Loran könnte dadurch eine ähnliche Genauigkeit wie GPS erhalten, wenn sich nicht die gesamte Laufstrecke in Bodennähe befände, wo man es mit unterschiedlichen Lichtgeschwindigkeiten zu tun hat, je nach Gestalt des Bodens. Diese Ungleichheit soll durch Beschickung mit örtlichen Korrekturwerten, den sogenannten Additional Secondary Factors (ASF), teilweise ausgeglichen werden. Man rechnet dann mit einem Fehlerradius bei 95 % Wahrscheinlichkeit von 0,1 bis 0,25 sm.

Lernkontrolle

1. Welcher Art geometrischer Ort ist eine Hyperbel? (Absatz 1)

2. Zeichnen Sie drei oder mehr mögliche Positionen zu zwei 4 cm voneinander entfernten Brennpunkten bei einem Abstandsunterschied zu diesen Brennpunkten von 2 cm! (Abb.1 und 2)

3. Nennen Sie die charakteristischen Daten für das Loran C: Trägerfrequenz, Wellenbereich (Absatz 7) – Identifikation der Senderketten (Absatz 7) – Abstand der Nebensender vom Hauptsender (Absatz 6) – Identifikation der Nebensender (Absatz 7) – Anzahl der für die Standortbestimmung verwendeten Hyperbeln (Absatz 9) – nutzbare Reichweite bei Bodenwelle (Absatz 12) – bei Raumwelle (Absatz 12) – die Genauigkeit (Absatz 13)

4. Woran erkennt man, daß eine Loran-Position unsicher ist? (Absatz 10)

5. Unter welchen Umständen ist eine Raumwellenkorrektur erforderlich, und woher erfährt man die richtigen Korrekturwerte? (Absatz 10)

6. Welche Einstellung benötigt das Gerät, um selbsttätig die bestgeeignete Kette zu wählen? (Absatz 15)

7. Welche Gebiete deckt Loran C ab? (Absatz 5)

9. Global Positioning System – GPS

1. Das Global Positioning System, auch NAVSTAR genannt, wird von den amerikanischen Streitkräften betrieben. Es bietet erstmalig eine **ununterbrochene, präzise** Standortbestimmung rund um den **gesamten Erdball.** Je vier Satelliten kreisen auf sechs Bahnen in 20183 km Höhe mit fast genau 12 Stunden Umlaufdauer. Die Bahnen liegen über dem Äquator um 60° auseinander, was zu einer systematischen Gleichverteilung der Satelliten über den ganzen Globus führt. Von jedem Punkt der Erde aus sind ständig mindestens vier zu „sehen".

2. Das GPS basiert auf **Laufzeitmessung,** nicht wie bei der Hyperbelnavigation auf Messung der Laufzeitunterschiede. Die Laufzeit multipliziert mit der Lichtgeschwindigkeit entspricht der Distanz zwischen Sender und Empfänger.

Standort durch Abstandsbestimmung

3. Bei einer bestimmten Distanz zum Satelliten muß sich der Empfänger auf einer Kugelschale mit der Distanz als Radius und dem Satelliten als Mittelpunkt befinden. Die **Kugelschale ist der geometrische Ort** aller Punkte, die gleichen Abstand zu einem Mittelpunkt haben. Zwei Kugelschalen schnei-

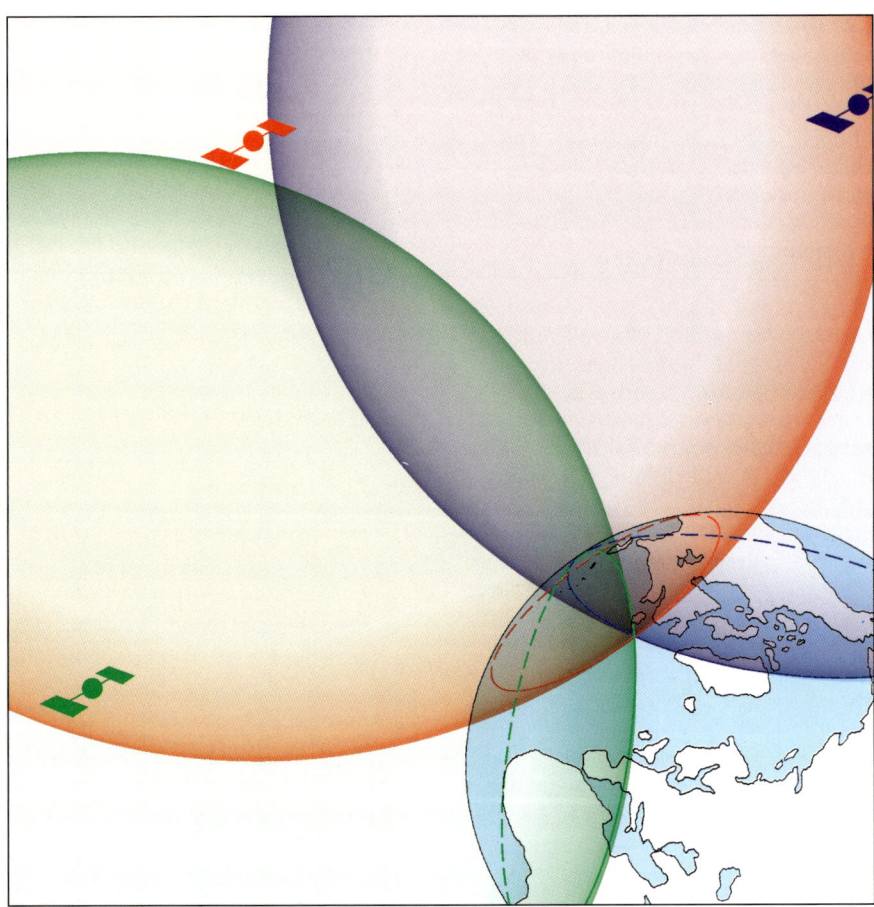

Abb. 1 *Kugelschalen als Standflächen*

den sich als Kreis, was man mit Seifenblasen sehr gut veranschaulichen kann. Eine dritte Kugelschale schneidet den Kreis in zwei Punkten, von denen einer, weil völlig entlegen, verworfen wird und der andere den

Empfängerstandort darstellt. Dieses anschauliche Erklärmodell ist geeignet, die Standortbestimmung im Raum im Prinzip zu verstehen (Abb. 1). Tatsächlich funktioniert GPS etwas komplizierter. Anstelle der dritten Kugel wird die Erdoberfläche benutzt, auf der sich ein Wasser- oder Landfahrzeug mit Sicherheit befindet. Der Abstand zum dritten Satelliten wird dagegen für die rechnerische Synchronisation der Empfängeruhr verwendet, wie im folgenden noch näher erläutert wird. Insofern benötigt das System als **Minimum für eine Standortbestimmung auf der Erdoberfläche den Kontakt zu drei Satelliten.** Tatsächlich werden jedoch die Abstände zu weiteren Satelliten zur Qualitätsverbesserung einbezogen.

Funktionsprinzip

4. Zur **Laufzeitmessung** des Satellitensignals muß der Empfänger den Zeitpunkt wissen, wann das Signal den Satelliten verläßt und wann es eintrifft. Die Startzeit entnimmt er einem festen Zeitplan, wozu im Satelliten wie auch im Empfänger Uhren vorhanden sein müssen, deren Genauigkeit im Nanosekundenbereich liegt. Der Satellit ist mit einer **Atomuhr** ausgerüstet. Für die vielen GPS-Empfänger wären Atomuhren jedoch zu teuer. Man behilft sich mit **Quarzuhren,** die allerdings ständig auf die Satellitenzeit nachgetrimmt werden müssen. Dies geschieht mit Hilfe eines mathematischen Verfahrens. Die geometrischen Beziehungen des eigenen, unbekannten, dreidimensionalen Standortes zu den Standorten von vier Satelliten lassen sich in vier Gleichungen mit vier Unbekannten ausdrücken. Unbekannt sind die eigenen Koordinaten x, y, z und die Zeitabweichung der Empfängeruhr Δt. Der Computer löst diese vier Gleichungen mit vier Unbekannten, wobei neben den eigenen Standort-

koordinaten auch die Uhrenabweichung anfällt.

5. Zur planmäßigen Startzeit wird im Empfänger genau die gleiche Impulsgruppe erzeugt, die auch vom Satelliten abläuft. Sie dient als Meßlatte für verstrichene Mikrosekunden. Jeder Impuls ist eine Mikrosekunde lang, und das Gerät zählt, um wieviel Impulszacken das eintreffende Satellitensignal gegenüber dem Meßsignal versetzt ist. Dieses **digitale Meßverfahren** ist äußerst präzise und erlaubt Abstufungen um 15 m. Da sich alle 1000 Mikrosekunden die Impulsgruppe wiederholt, kehrt auch die gemessene Distanz alle 300 km wieder. Es ist also auch hier eine **Grobortung** durch den mitgeführten alten Standort nötig.

6. Die Impulsgruppen, die die Satelliten senden, dienen nicht nur dem Meßverfahren. Sie enthalten zugleich ein ganzes Paket **digital kodierter Nachrichten:**
– die Identifizierung des Satelliten
– seine Bahndaten (Ephemeriden) einschließlich aktueller Abweichungen

– allgemeine Bahndaten des gesamten Satellitensystems (Almanach-Daten), die auf eine ganze Reihe von Impulsen aufgeteilt 12,5 Minuten lang gesendet und dann wiederholt werden
– Korrekturdaten für die Satellitenzeit

7. Das Ganze geschieht doppelt. Die GPS-Satelliten senden ihre Meß- und Datenimpulse parallel für zwei verschiedene Nutzerkreise auf getrennten **Trägerfrequenzen:**
– auf 1575,42 MHz für den **Standard Positioning Service,** SPS, auch Coarse Acquisition Code, C/A-Code, genannt, und
– auf 1227,60 MHz für den **Precise Positioning Service,** PPS, auch als P-Code bezeichnet

8. Während letzterer der militärischen Nutzung vorbehalten bleibt und durch eine Codierung vor unberechtigtem Zugriff geschützt wird, ist der **Standard Positioning Service (SPS)** für alle da. Bis zum 1. Mai 2000 war die Genauigkeit des SPS künstlich verschlechtert, um einen militärischen Mißbrauch zu verhindern. Heute haben sich die USA als

Abb. 2
GPS-Empfänger Shipmate GN30/D (Simrad)

Betreibernation lediglich die Möglichkeit vorbehalten, die Nutzbarkeit des SPS in begrenzten Regionen zu beschränken oder ganz auszuschließen, wenn es die nationale Sicherheit erfordert.

Systemgenauigkeit

9. Die Systemgenauigkeit im SPS (bzw. C/A-Code) ist für die Zwecke der Sportschiffahrt hervorragend. **95 % der Zeit beträgt die Ablage 10 bis 30 m**. Atmosphärische Störungen wirken sich kaum spürbar aus, weil die Trägerfrequenz im fast unantastbaren Gigahertzbereich liegt und die Erdhülle auf kurzem Wege durchmessen wird. Tief über dem Horizont stehende Satelliten werden nicht angemessen. Verbleibende Ausbreitungseinflüsse werden systemintern minimiert.

10. Es kann allerdings vorkommen, daß durch Abschattungen der Antenne oder auch durch abstrahlende andere Antennen **Ablagen bis zu 0,5 sm** auftreten. Solche einbaubedingten Fehler sollten, sofern sie nicht behoben werden können, festgehalten und bei der Navigation berücksichtigt werden.

11. Ein kleines Problem bei der Genauigkeit bereitet die **unregelmäßige sphärische Gestalt der Erdoberfläche.** Die Geodäsie hat weltweit verschiedene Modelle entwickelt, mit denen die Kugelabweichungen der Erdform berechnet und in Folge die örtliche Lage von Längen- und Breitengraden festgelegt worden ist. Man nennt solch ein Modell **geodätisches Datum** oder Kartendatum. Die einzelnen Seekarten weisen in ihrer Legende (Bemer-

kungen) das zu Grunde liegende geodätische Datum aus. Beispiel: Europäisches Bezugssystem (European Datum). GPS benutzt das **World Geodetic System 1984** (WGS 84). In das Standortberechnungsverfahren geht demnach die Weltkugel also nicht in Kugelform, sondern als abgewandeltes Ellipsoid ein, und die angezeigten geographischen Koordinaten des Standortes beziehen sich auf dieses besondere System. Seekarten mit einem anderen geodätischen Datum weisen in ihrer Legende die nötigen **Korrekturdaten** aus, mit denen die GPS-Standorte zu beschicken sind, bevor man sie in die Karte einträgt. Die **Größenordnung der Berichtigungen** beträgt in europäischen Gewässern zwischen 20 und 200 m. In viele GPS-Geräte kann man ein fremdes geodätisches Datum eingeben. Sie benutzen dann intern zwar das eigene (WGS 84) weiter, berichtigen aber die Anzeige.

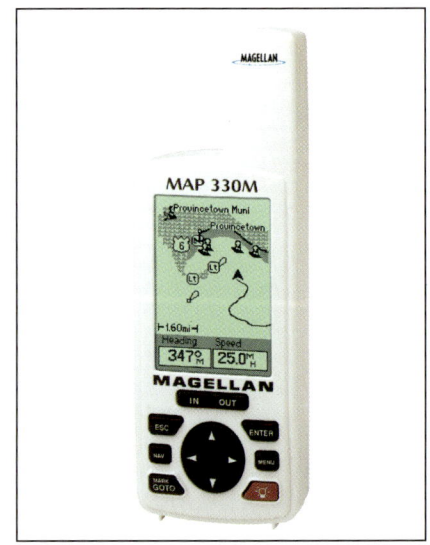

Abb. 3 *Magellan MAP 330 M mit Straßenkarten und Schiffahrtszeichen vieler europäischer Länder (Ferropilot)*

Nutzung zur Navigation

12. Die Betriebsverfahren der GPS-Geräte verschiedener Hersteller sind nicht einheitlich. Es bleibt dem Nutzer nicht erspart, nach der **Betriebsanleitung** vorzugehen, um die verschiedenen Navigationshilfen aufrufen und die einzelnen Anzeigemöglichkeiten „durchblättern" zu können.

13. Das Grundbild für die Navigation ist die **Standortanzeige durch Koordinaten**. Bewegt sich das Fahrzeug, verändern sich die Koordinaten laufend. Um diese Information zu nutzen, sind die Koordinaten als Kreuz im kleinen Kreis in die Karte zu zeichnen und mit der Uhrzeit und dem Logstand des Ableseaugenblicks zu beschriften. Erst auf der Karte ist der Standort verwertbar. Dort ist er jedoch bereits Geschichte, denn das Fahrzeug hat sich während des Übertragens weiterbewegt. Deshalb zieht man von dem eingetragenen Ort ausgehend erneut die Kurslinie des Koppelkurses, auf der man sich inzwischen befindet (siehe auch Kapitel 3).

14. Als **Fehlerkontrolle** bei der Übertragung achtet man darauf, daß der Ort in der Nähe des letzten Kursstrichs (Koppelkurs) liegt. Weicht er ohne erkennbaren Grund erheblich davon ab, liegt sicherlich ein Übertragungsfehler vor. Merke: Der größte Unzuverlässigkeitsfaktor des Systems liegt in der manuellen Übertragungsarbeit des Navigators.

15. Neben den Standortkoordinaten werden der **Kurs über Grund** (course over ground, COG) und die **Fahrt über Grund** (speed over ground, SOG) angezeigt. Mit beiden Anzeigen kann man Wind- und Stromversetzung ermitteln. Die Konstruktion eines Stromdreiecks erübrigt sich. Man hält dem angenommenen Strom entsprechend grob vor und beobachtet die COG-Anzeige. Weicht sie vom gewünschten Kartenkurs ab, bessert man den Steuerkurs (MgK) nach, bis der COG dem gewünschten Kartenkurs entspricht.

Anmerkung:
Vor der Verbesserung des *Standard Positioning Service* (früher *coarse acquisition code*) war die COG-Anzeige nicht ausreichend exakt, um auf diese Weise Stromnavigation zu betreiben.

16. Alle GPS-Empfänger können mit **Wegpunkten** arbeiten. Das wird im nächsten Kapitel beschrieben.

Differential GPS

17. Differential GPS (DGPS) heißt wörtlich übersetzt Unterschieds-GPS, was die Art des Verfahrens beschreibt: Eine Bodenstation mißt den Unterschied zwischen dem vom GPS gelieferten Ort und dem wahren Ort. Sie ermittelt die nötigen Korrekturwerte für die Laufzeiten, um den Unterschied auf Null zu bringen. Diese Korrekturwerte strahlt sie auf einer Langwellenfrequenz mit einer **Reichweite bis zu 200 km** aus. DGPS-Geräte auf Schiffen oder anderen Fahrzeugen empfangen diese Daten und verbessern damit ihren GPS-Ort. Auf diese Weise wird eine **Genauigkeit von 10 m** während 95 % der laufenden Zeit erreicht.

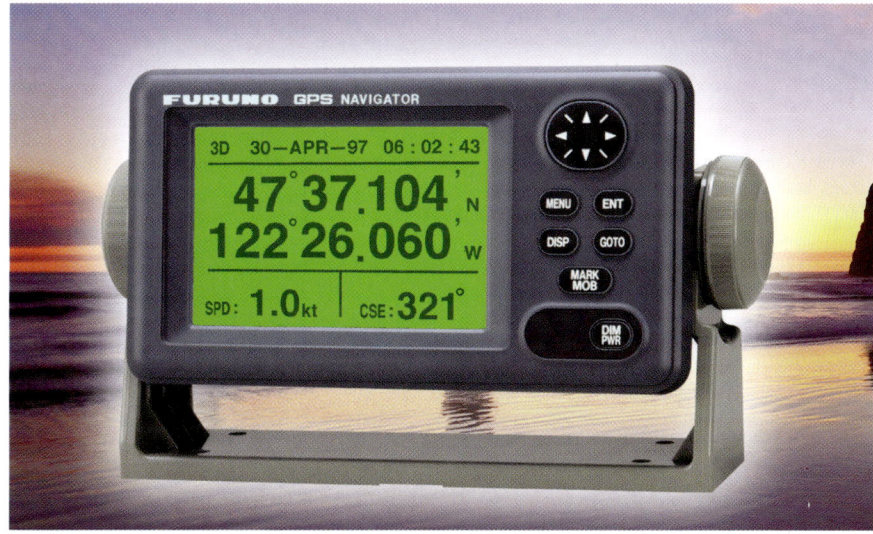

Abb. 4 *GPS-Empfänger Furuno GP-31, zu dem es ein Tochtergerät von Cetrek gibt (Ferropilot)*

Lernkontrolle
1. Welche Systemgenauigkeit bietet GPS der zivilen Schiffahrt? (Absatz 9)
2. Bis April 2000 hatte die Betreibernation den militärischen Mißbrauch von GPS durch künstliche Verschlechterung der Genauigkeit des GPS verhindert. Wie sichert sie sich heute gegen Mißbrauch ab? (Absatz 8)
3. Warum kann die Erde nicht ohne weiteres als Standortkugel benutzt werden? (Absatz 11)
4. In welcher Größenordnung (in Metern) können in europäischen Gewässern die Berichtigungswerte von GPS- Standorten liegen, wenn die Seekarte auf einem anderen geodätischen Bezugsystem als WGS 84 basiert? (Absatz 11)
5. Welche Daten liefert das GPS-Gerät im Grundmodus? (Absatz 13 und 15)
6. Welche einfache Methode wird zur Vermeidung von Fehlern bei der Übertragung des Standorts in die Karte empfohlen? (Absatz 14)
7. Inwiefern kann man mit den vom GPS-Gerät angezeigten Daten im Strom navigieren, ohne die herkömmlichen Stromdreiecke zu zeichnen? (Absatz 15)
8. Welchen Dienst leistet Differential GPS, wie funktioniert das Prinzip und welche Genauigkeit wird erreicht? (Absatz 17)

10. Wegpunktnavigation

1. Alle modernen elektronischen Navigationsgeräte, egal, ob sie nach dem Loran- oder GPS-Verfahren arbeiten, sind mit Navigationsrechnern ausgestattet, die das Navigieren mit Wegpunkten ermöglichen.

Was sind Wegpunkte?

2. Es sind selbst gewählte Punkte auf der Seekarte, die man mit dem elektronischen Navigationsgerät anpeilen und ansteuern kann. Mit Wegpunkten kann man die Wendepunkte einer Route fixieren, Ankerplätze und Durchfahrten markieren oder auch Häfen bei unsichtigem Wetter anlaufen. Während bei der Navigation mit den angezeigten Standortkoordinaten diese erst in die Karte übertragen werden müssen, ermöglicht der Gebrauch von Wegpunkten eine kontinuierliche exakte Anzeige der Schiffsposition in bezug auf einen Punkt oder eine Kurslinie.

3. Wegpunkte markiert man auf der Karte mit einem Kreis und setzt den abgekürzten Namen oder auch eine laufende Nummer hinzu. Die Koordinaten und die Identifizierung gibt man in das elektronische Navigationsgerät ein (siehe unten), das den Punkt sodann in seiner inneren Seekarte abspeichert. (Abb. 1)

Tips zum Eintippen

4. In der Betriebsanleitung des Geräts findet man, wie die Eingabeseite aufzurufen ist. Im Datenfenster erscheint dann das Eingabeformat, das man streng befolgen muß. Breitengrade sind grundsätzlich zweistellig, Längengrade dreistellig, Ost- oder Westlängen mit E oder W beziehungsweise plus oder minus einzugeben. Nord- und Südbreiten entsprechend. Sind die Daten eingetippt, überprüft man sie noch einmal und speichert sie mit der „Execute"- oder „Set"-Taste ab.

5. Tippfehler kann man sich in der Navigation am wenigsten leisten. Deshalb kontrolliert man die Weg-

punkteingaben zusätzlich, indem man die Peilung und Entfernung der Wegpunkte vom augenblicklichen Standort der Reihe nach abfragt und auf Plausibilität überprüft. Mit welcher Menüseite dies am besten zu bewerkstelligen ist (meistens die Navigationsseite), muß man in der Bedienungsanleitung nachlesen.

Beschickung von Wegpunktkoordinaten

6. In Absatz 11 des vorangegangenen Kapitels wurde auf die Beschickung einer GPS-Anzeige hingewiesen, die bei Seekarten erforder-

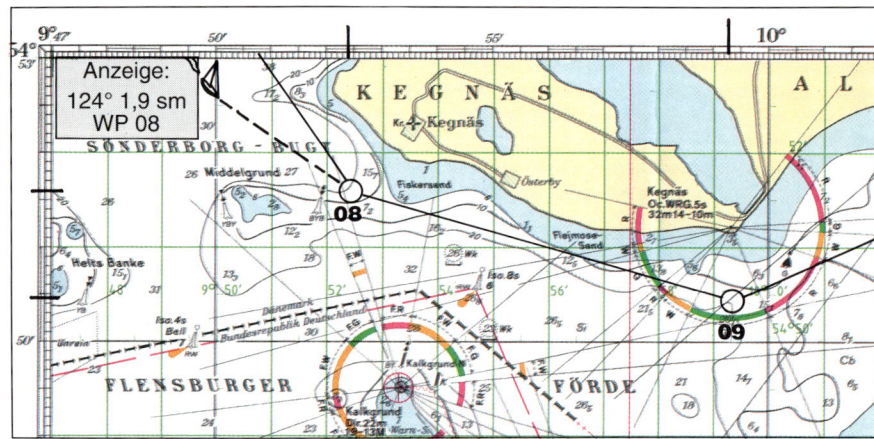

Abb. 1 *Wegpunkte in der Karte*

lich ist, deren Bezugsystem (Datum) vom WGS 84 abweicht. In der Legende solcher Karten steht, um wieviel Zehntelbogenminuten die GPS-Standorte in Ost-West-Richtung und in Nord-Süd-Richtung verschoben eingetragen werden müssen. Auf hoher See mögen diese Berichtigungen ohne Bedeutung sein. Um aber bei unsichtigem Wetter einen Hafen mittels eines Wegpunktes oder einer Wegpunktkette anzusteuern, ist die volle Genauigkeit von GPS zu nutzen.

7. Für eine Präzisionsansteuerung dieser Art müssen die Wegpunktkoordinaten bei abweichendem Kartendatum auf alle Fälle beschickt werden. Aber Achtung, die Korrekturangaben in der Legende der Karte müssen **sinngemäß umgekehrt** angewendet werden. Denn sie beziehen sich auf die Berichtigung der GPS-Anzeige zur Übertragung in die Karte, während es hier um den umgekehrten Weg geht: Der Standort aus der Karte muß für das GPS-Gerät aufbereitet werden. Bei Nordbreiten sind die Südkorrekturen in diesem Falle zu addieren und die

Nordkorrekturen zu subtrahieren. Und bei Ostlängen sind entsprechend die Westkorrekturen zu addieren und die Ostkorrekturen zu subtrahieren.

Ansteuern eines Wegpunktes

8. Möchte man einen Wegpunkt ansteuern, markiert man auf der Liste der Wegpunkte den gewünschten Wegpunkt und wechselt zur Ansteuerungsseite. Oft geschieht das mit der „Goto"-Taste. Es erscheint (bei den meisten Geräten) eine **virtuelle Straße** in perspektivischer Darstellung, die vom augenblicklichen Standort zum Wegpunkt führt (Abb. 2). An Daten werden angezeigt:

- die rechtweisende Peilung zum Wegpunkt (BRG, bearing)
- Kurs über Grund (COG, course over ground)
- die Distanz dorthin (RNG, distance oder range)

- die Fahrt über Grund (SOG, speed over ground)
- die Querabdistanz von der Kurslinie (XTE, cross track error)
- die Straßenbreite

9. Wenn man sich auf den Wegpunkt zubewegt, marschiert ein Symbol des eigenen Fahrzeugs auf der virtuellen Straße. Ist es von der Mittellinie versetzt, kann man mit dem Steuerkurs entsprechend korrigieren. **Die Breite der Straße**, also der Maßstab für die Querabdistanz, kann man nach Bedarf einstellen. Bei exakten Ansteuerungen, zum Beispiel einer Hafeneinfahrt oder einer engen Durchfahrt, sollte der „Straßengraben" bei 0,2 sm Seitenabstand eingestellt werden. Sonst sind 0,5 sm üblich.

10. Der Straße zu folgen, ist gar nicht so einfach. Steuert man die rechtweisende Peilung zum Wegpunkt, kommt man in den seltensten Fällen in gerader Linie am Wegpunkt an. Denn man hat die **Kursumwandlung** vernachlässigt. Sie ist hier genauso erforderlich wie bei der Umwandlung des Kartenkurses in den Steuerkurs (MgK). Die angezeigte rechtweisende Peilung zum Wegpunkt entspricht dabei dem Kartenkurs (KüG). Er wird nach herkömmlicher Weise (Unten-nachoben-Rechnung) unter Berücksichtigung von Beschickung für Strom und für Wind sowie von Mißweisung und Ablenkung umgewandelt.

11. Nimmt man statt dessen die angezeigte rechtweisende Peilung als Kompaßkurs, weist der KüG neben den Wegpunkt. Die Peilung wandert aus, und man muß nachsteuern. Die Folge ist, daß man sich auf einer Spirale dem Wegpunkt nähert. Man spricht von einer **Hun-**

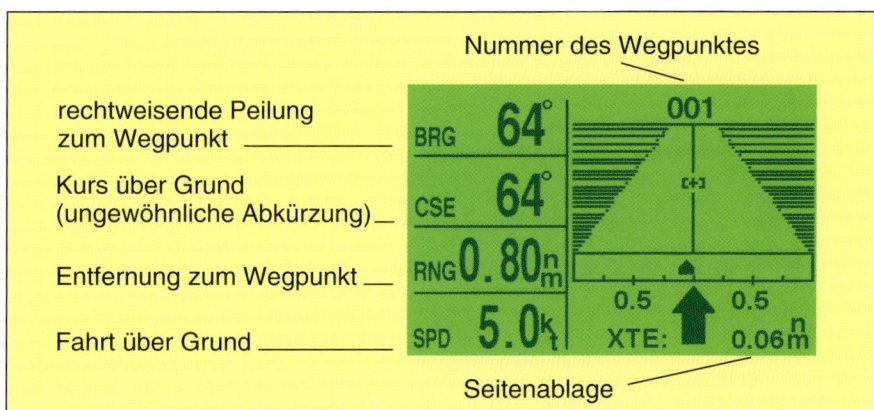

rechtweisende Peilung zum Wegpunkt

Kurs über Grund (ungewöhnliche Abkürzung)

Entfernung zum Wegpunkt

Fahrt über Grund

Nummer des Wegpunktes

Seitenablage

Abb. 2 *Die „virtuelle Straße" – Anzeige des Furuno GP-31. Die Schreibweise von Kursen und Peilungen folgt nicht DIN 13312. (Ferropilot)*

Abkürzungen		
LAT	latitude	geographische Breite
LONG	longitude	geographische Länge
WP	waypoint	Wegpunkt
BRG	bearing	Peilung
RNG	range	Entfernung
DIST	distance	Entfernung
XTD/XTE	cross track distance	Bahnabweichung
TTG	time to go	Zeit bis Wegpunkt
TC	true course	rechtweisender Kurs
HDG	heading	rechtweisender Kurs
MC	magnetic course	mißweisender Kurs
VAR	variation	Mißweisung
COG	course over ground	Kurs über Grund
SOG	speed over ground	Fahrt über Grund
VMG	velocity made good	Durchschnittsgeschwindigkeit seit letztem Reset

Anmerkung:
Die Abkürzungen sind nicht standardisiert und variieren von Gerät zu Gerät.

dekurve, die ein Jagdhund zurücklegt, der stur auf das fliehende Beutetier zuhält. Die Hundekurve ist gefährlich, weil man unmerklich aus dem Fahrwasser gerät.

12. Auf den meisten Yachten befindet sich das elektronische Navigationsgerät unter Deck in der Navigationsecke. Deshalb ist der Navigator für die Überwachung des Fahrzeugsymbols auf der virtuellen Straße verantwortlich. Wandert es seitlich aus, korrigiert er den Steuerkurs um einen angemessenen Winkel und ruft ihn zum Rudergänger hoch (**„Zum-Kurs-Korrektur"**). Hat das Symbol wieder die Mittellinie erreicht, ruft er als Steuerkurs den alten MgK hoch, den er allerdings vorher um einen kleinen Anteil des Korrekturwinkels nachgebessert hat, damit die alte Auswanderung nicht

wieder eintritt (**„Auf-Kurs-Korrektur"**).

13. Handelt es sich um eine **Präzisionsansteuerung**, kommt es darauf an, sich schon vor dem kritischen Streckenteil exakt auf der Mittellinie zu bewegen. Wenn das Symbol auswandert, wählt man von Mal zu Mal immer kleinere Korrekturwinkel, um ein Übersteuern zu vermeiden. Es würde zum Zickzackkurs führen. Der Navigator muß jedoch sehr wachsam sein und bei der kleinsten erkennbaren Auswanderung angemessene feine Kurskorrekturen geben. Und er muß immer klar zwischen Zum-Kurs- und Auf-Kurs-Korrektur unterscheiden. Vom Rudergänger wird eisernes Kurshalten verlangt. Steht eine Selbststeueranlage zur Verfügung, sollte er sie benutzen. Es empfiehlt sich, die Zusam-

menarbeit zwischen Navigator und Rudergänger bei guten Sichtverhältnissen zu üben, um bei unsichtigem Wetter oder bei fehlenden Sichtmarken eine enge Ansteuerung tatsächlich zu meistern.

14. Am Wegpunkt lauern **Fehlerquellen**:
● Beobachtet man, daß die Distanz zum Wegpunkt auf Null zurückgelaufen ist, befindet man sich nicht automatisch am Wegpunkt. Der Distanzwert bezieht sich auf die Querablinie am Wegpunkt. War man seitlich versetzt, dann steht man irgendwo auf dieser Querablinie.
● Wählt man am Wegpunkt den nächsten Punkt einer Wegpunktroute, ist nicht immer klar, ob das Gerät die neue virtuelle Straße von Wegpunkt zu Wegpunkt oder vom aktuellen Standort ausgehend zieht. Da dieser versetzt sein kann, würde im letzteren Fall die Sollkurslinie neben der geplanten Route liegen. Man müßte dann unbedingt prüfen, ob die neue Route auch gut klar von Hindernissen ist.

15. Das Ansteuern von Wegpunkten mit Hilfe der virtuellen Straße verleitet den Navigator, **die Seekarte zu vernachlässigen**. Die Freude an der Präzision und sein Verlaß auf die gute Vorbereitung in der Seekarte sind gefährliche Verführer. Es ist dringend zu empfehlen, während der Fahrt auf der virtuellen Straße die Seekarte im Auge zu behalten, die Sollkurslinie eingezeichnet zu haben und den Standort von Zeit zu Zeit zu übertragen. Darüber hinaus sollten die Standorte immer durch Koppelnavigation gegengeprüft werden. Ein Blick auf die Wassertiefe und die eine oder andere optische Peilung tragen nicht nur zur Abwechslung, sondern auch zur Sicherheit bei.

Sonderfall: MOB

16. Viele der elektronischen Navigationsgeräte sind heute mit einer MOB-Taste ausgerüstet. MOB steht für „**man over board**". Drückt man diese Taste, wird der augenblickliche Standort als Wegpunkt abgespeichert. Es erscheint automatisch je nach Gerätetyp eine graphische Lageskizze oder die laufende Peilung und Distanz zum MOB-Ort.

17. Die Lageskizze hat einen geeigneten Maßstab, um danach eine Präzisionsansteuerung durchzuführen (Bildkantenlänge 0,1 bis 0,5 sm). Mit einiger Übung kann ein Navigator vom Gerät aus das Schiff durch ein Rettungsmanöver hindurchdirigieren. Bei Nacht und unsichtigem Wetter ist dies zu empfehlen, sobald der Sichtkontakt zum über Bord Gestürzten verloren ist. Wichtig ist dabei, das Manöver so anzulegen, daß sich eine längere geradlinige Ansteuerung ergibt. Die benötigt man, um mit immer kleiner werdenden Korrekturen den Ort wirklich zu treffen. In den meisten Fällen zeigen das GPS- und auch das Loran-C-Gerät die Ansteuerung viel genauer an, als Navigator und Rudergänger sie im Team ausführen können. Deshalb sollte man sie vor dem Ernstfall ein paarmal geübt haben.

18. Verfügt das Gerät über keine Lageskizze, muß der Navigator die Steuerkurse aus den Peilungs- und Distanzangaben ableiten. Wegen der geringen Entfernung lohnt es nicht, die Peilungswerte in MgK-Werte umzuwandeln. Auch hätte

man gar nicht die Zeit dazu. Eine andere Besonderheit ist hingegen zu berücksichtigen: Wegen der geringen Entfernung zum Peilobjekt wandert die Peilung während des Manövrierens ziemlich schnell aus. Um nicht dauernd hinterherzukurven, ist es deshalb nötig, die Steuerangaben vorausschauend zu machen. Auch das erfordert ein wenig Übung.

19. Daß die MOB-Taste lebensrettend sein kann, braucht nicht betont zu werden. Sollte sie bei einem Gerät fehlen, kann man ihre Funktion durch eine Tastenfolge ersetzen. Dazu wählt man die Funktion „Aufnahme des aktuellen Standorts als Wegpunkt". Falls es nötig ist, einen Namen einzugeben, wählt man die kürzeste Version und drückt dann auf „Go to" oder wählt den entsprechenden Modus, um Peilung und Distanz zu diesem Wegpunkt abzulesen. Diese Tastenfolge ist zu notieren und als Notverfahren an gut sichtbarer Stelle anzukleben.

20. Es ist keineswegs so, daß an der MOB-Position schließlich auch die Person anzufinden ist.

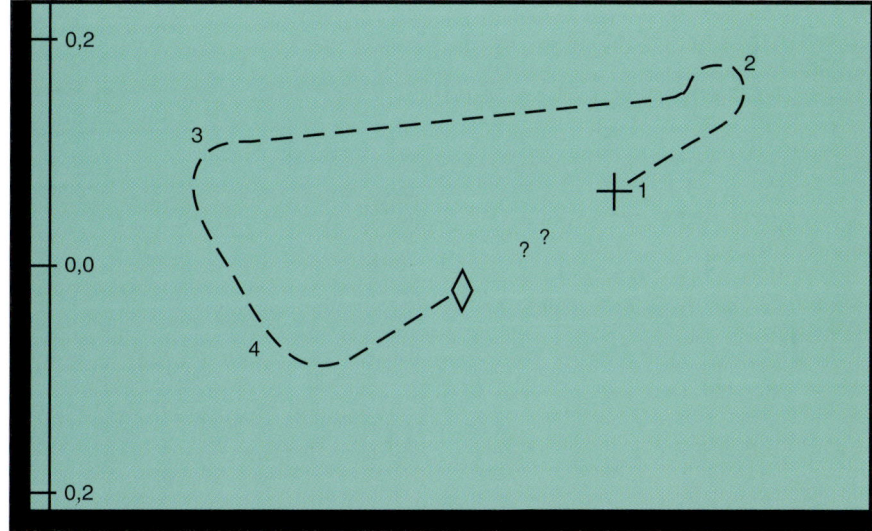

Abb. 3 *Ansteuerung eines MOB im Plotfenster: Der Wind käme aus Nord, es setze kein Strom. Bei rwK = 060° sei bei Dunkelheit MOB-Alarm gerufen worden (Position ?). Der Navigator drückt die MOB-Taste mit gewisser Verspätung (Position 1). Der Wachführer leitet zu spät den Quickstop ein. Sichtkontakt kommt nicht zustande (Position 2). Der Skipper setzt sich ans GPS-Gerät und leitet das Manöver. Er läßt mit 265° zurücklaufen, um auf die alte Kurslinie zu gelangen. In genügend Abstand läßt er halsen (Position 3), um sich der Kurslinie etwa rechtwinklig zu nähern. Rechtzeitig bevor der alte rwK als Peilung einläuft, läßt er auf den alten Kurs anluven (Position 4) und mit geschrickten Schoten oder unter Maschine suchend die alte Kurslinie entlangsteuern.*

Denn erstens vergeht eine gewisse Reaktionszeit, bis jemand die MOB-Taste gedrückt hat. Das bedeutet, die Person liegt auf der zurückliegenden Kurslinie. Man sollte deshalb den MOB-Punkt auf dieser Kurslinie ansteuern (Abb. 3) beziehungsweise in Gegenrichtung ablaufen.

Zweitens muß bei Strom bedacht werden, daß die Person versetzt wird. Einer Versetzung durch Wind unterliegt sie jedoch nicht, da der eingetauchte Körper als Treibanker wirkt. Die Stromrichtung und -geschwindigkeit können bei geringen Windstärken im aufgestoppten Zustand abgelesen werden. COG und SOG (KüG und FüG), die eine kurze Zeit lang gemittelt werden müssen, entsprechen den Stromwerten. Bei einem Knoten Strom macht die Versetzung 30 m pro Minute aus. Mit diesem Faustwert kann man die Position der Person im Wasser schätzen, die man dann auf dem Bildschirm anstelle der angezeigten ansteuert.

Abb. 4 *Standort in bezug auf den nächsten Wegpunkt: Man braucht nicht einmal einen Strich zu ziehen*

Abb. 5 *Wegpunkte ...*
(Foto YACHT-Archiv)

Lernkontrolle

1. Welchem Zweck dienen Wegpunkte? (Absatz 2)

2. Welchen Vorteil bietet der Gebrauch von Wegpunkten gegenüber der einfachen Nutzung der Standortkoordinaten? (Absatz 2)

3. Wie kennzeichnet man Wegpunkte in der Seekarte? (Absatz 3)

4. Welche Vorsichtsregeln sind zur Sicherheit gegen Eingabefehler zu empfehlen? (Absatz 4 und 5)

5. In welchen Fällen und weshalb sind Wegpunktkoordinaten vor der Eingabe in das Navigationsgerät zu berichtigen? (Absatz 6)

6. Was ist bei der Berichtigung (Beschickung) hinsichtlich der Vorzeichen zu beachten? (Absatz 7)

7. Welche Informationen liefert das Datenfenster der meisten Navigationsgeräte, wenn man den Ansteuerungsmodus zum Wegpunkt gewählt hat? (Absatz 8)

8. Zu welchem Zweck sollte man die Breite der virtuellen Straße ändern? (Absatz 9)

9. Welcher Kurs ist zu steuern, wenn man der virtuellen Straße folgen möchte? (Absatz 10)

10. Wie kommt es zu einer „Hundekurve"? (Absatz 11)

11. Welche Gefahr entsteht, wenn man auf der virtuellen Straße die Peilung steuert? (Absatz 11)

12. Welches Problem entsteht bei den meisten Yachten, wenn der Rudergänger ohne die Hilfe eines Navigators einen Wegpunkt ansteuern möchte? (Absatz 12)

13. Was ist mit Zum-Kurs-Korrektur und was mit Auf-Kurs-Korrektur gemeint? (Absatz 12)

14. Beschreiben Sie, wie Sie als Navigator eine Präzisionsansteuerung machen würden! (Absatz 13)

15. Worin liegt die Gefahr des Übersteuerns bei der Präzisionsansteuerung? (Absatz 13)

16. Vor welchen Fehlerquellen sollte man sich beim Erreichen des Wegpunktes hüten? (Absatz 14)

17. Bei der Wegpunktnavigation ist man versucht, die Seekarte nicht gebührend zu beachten. Was sollte man parallel zur Wegpunktnavigation auf der Seekarte tun? (Absatz 15)

18. Was geschieht im Gerät, wenn man die MOB-Taste drückt? (Absatz 16)

19. Wie legt man ein Rettungsmanöver an, bei dem die Ansteuerung mit Hilfe der MOB-Lageskizze erfolgen soll? (Absatz 17)

20. Wie verfährt man, wenn nur Peilung und Distanz zum MOB-Ort angezeigt werden? (Absatz 18)

21. Wie kann man die Funktion der MOB-Taste herbeiführen, wenn diese Taste bei dem vorliegenden Gerät nicht vorhanden ist? (Absatz 19)

22. Aus welchen Gründen muß man damit rechnen, daß der über Bord Gestürzte sich nicht am festgehaltenen MOB-Ort befindet? (Absatz 20)

23. Wie kann man der Versetzung der über Bord gestürzten Person vom MOB-Ort Rechnung tragen? (Absatz 20)

11. Radar

Grundlagen

1. Ähnlich wie das Echolot Ultraschallimpulse nach unten aussendet und über die Laufzeit des Echos die Wassertiefe ermittelt, funktioniert auch das Radar. Es ist quasi ein **horizontal kreisendes Echolot,** das den Horizont abtastet und alles mit Entfernung und Richtung meldet, was unterwegs ein Echo zurückwirft. Der Schreibstrahl auf dem Radarschirm dreht sich mit der Antenne. Verläßt ein Impuls die Antenne, marschiert unsichtbar auf dem Schreibstrahl auch ein Punkt nach außen. Kommt nun ein Echo zurück, leuchtet in diesem Augenblick der marschierende Punkt auf. Würde er sich auf dem Bildschirm dem Maßstab entsprechend genauso schnell bewegen wie der Impuls draußen, würde der Punkt in doppelter Entfernung aufgeleuchtet haben. Denn es wurde ja die Laufzeit hin und zurück gemessen. Da wir gern die echte Distanz hätten, wird der Schreibstrahl einfach mit halber Impulsgeschwindigkeit laufen gelassen. Und schon zeigt das Aufleuchten die echte Lage des Echo werfenden Gegenstandes nach Distanz und Richtung an. Nimmt man alle Echos zusammen, die der kreisende Schreibstrahl anzeigt, ergibt sich wie ein Mosaik das Radarbild.

Abb. 1 *Radarantennen, rechts: Schlitzstrahler (Furuno)*

2. Anders als beim Echolot benutzt das Radar für seinen Impuls sehr hochfrequente elektromagnetische Wellen, die sich geradlinig ausbreiten und die sich gut bündeln lassen. Bei Bordradaranlagen geschieht das Bündeln oft mit besonderen Antennen, sogenannten **Schlitzstrahlern** (Abb. 1), die auf folgende Weise funktionieren: Beim Senden tritt die elektromagnetische Welle in einen Hohlbalken, dessen vordere Längswand lauter Schlitze genau im Abstand einer halben Wellenlänge hat. Bei dieser Anordnung passiert an jedem Schlitz die Welle im gleichen Schwingungszustand. Sie tritt deshalb überall auch im gleichen Schwingungszustand aus und breitet sich aus. Nur im rechten Winkel zum Schlitzbalken laufen die Wellen aus den einzelnen Schlitzen phasengleich ab. Phasengleich bedeutet gegenseitige Verstärkung. Schräg versetzt würden sie phasenverschoben losmarschieren und sich gegenseitig dämpfen. Beim Empfang des Echos gilt die gleiche Logik. Nur Wellen, die im gleichen Phasenzustand auf die Ziellinie, den Schlitzbalken, auftreffen, also senkrecht ankommen, addieren sich in ihrer Wirkung. Die schräg einfallenden Wellen kommen außer Phase an und heben sich im Schlitzbalken gegenseitig auf.

3. Die Wellenlänge liegt bei 3 oder 10 cm (X-Band und S-Band), was nach der Umrechnungsformel 10 000 beziehungsweise 3 000 MHz oder 10 beziehungsweise 3 Gigahertz entspricht.

$$\text{Frequenz} = \frac{300\,000\,000\ (m/s)}{\text{Wellenlänge (m)}}$$

4. Als Impuls dient ein kurzer Wellenstoß von etwa 0,1 Mikrosekunde, gefolgt von einer längeren Pause, die dem Impuls den vollen Lauf bis zum Ende des Entfernungsbereiches und zurück zur Antenne plus einer kurzen Pufferzeit erlaubt. Nur für den Impuls selbst wird die hohe Sendeleistung von etwa 3 bis 10 Kilowatt, je nach Geräteart, ausgestrahlt. In den Pausen wird nicht gesendet, die Antenne ist dann auf den Empfänger geschaltet. Weil die Sendeleistung gemessen an den langen Pausen nur ganz kurz abgestrahlt wird, fällt die Dauerleistungsaufnahme weitaus geringer aus. Sie liegt in der Größenordnung von 50 bis 200 Watt.

5. Yachtradargeräte haben heute synthetische Bilddarstellungen. Das Rohradarbild, wie es in Absatz 1 beschrieben wurde, könnte nur auf einer Kathodenstrahlröhre, die einen abgedunkelten Raum erfordert, sichtbar gemacht werden. Statt dessen werden in modernen Tageslichtradargeräten die Meßwerte eines Echos digital gespeichert und einem Raster zugeordnet, in das das Darstellungsbild unterteilt ist. Wird auf einem Rasterpunkt ein Echo mit mehreren Antennenumdrehungen bestätigt, leuchtet der entsprechende Rasterpunkt auf dem Bildschirm auf. Das Bild selbst wird entweder

auf einem Fernsehschirm oder mit anderen modernen Displayverfahren (z. B. LCD, TFT oder GPD) dargestellt. Bei manchen Geräten ist es farbig, wobei die Intensität der Echos mit einem Farb-Code wiedergegeben wird.

6. Die Darstellungsqualität hängt entscheidend von der Feinheit des Rasters ab. Für den Yachtgebrauch beginnen taugliche Geräte bei 480 mal 640 Punkten auf einem 7- bis 10-Zoll-Bildschirm.

Die Impulslänge

7. Rein rechnerisch müßte eine einzige Schwingung ausreichen, um nach dem Radarprinzip die Entfernung messen zu können. Tatsächlich aber würde sich ein einzelner Spannungsstoß im Raum verirren. Denn eine elektromagnetische Welle erhält ihre Ausbreitungseigenschaften erst durch die fortgesetzte Folge ihrer Schwingungen. Je länger ein Impuls andauert, desto größer ist sein Durchsetzungsvermögen.

8. Ein längerer Impuls verfälscht jedoch die Zeichengenauigkeit. Denn der Punkt auf dem Schreibstrahl leuchtet nicht nur bei Ankunft der ersten Schwingung des reflektierten Impulses auf, sondern auch bei allen weiteren Schwingungen. Die Echomarkierung wird gestreckt, was sie einerseits deutlicher sichtbar macht, wodurch sie aber andererseits ein unmittelbar hinter dem Ziel liegendes Zweitziel verschluckt. Diese Längsstreckung des Echos wird radiale Verformung genannt. Der Abstand, in dem die radiale Verformung ein Zweitziel einbezieht, gilt

als die radiale Auflösung des Radarbildes. Er beträgt eine halbe Impulslänge.

9. Um ein Optimum aus Tragweite und Radialauflösung zu erhalten, muß die Impulsdauer dem Meßbereich angepaßt werden. Ebenso ist es nötig, die Dauer der Pause zwischen den Impulsen so zu gestalten, daß der Impuls die Meßbereichsdistanz gerade eben ablaufen, sein Echo wieder zurückkehren und die Antenne von Senden auf Empfang umschalten kann. Man erreicht dies durch Anpassung der Impulsfolgefrequenz an den Meßbereich. Bei den meisten Geräten geschieht diese doppelte Anpassung automatisch mit der Umschaltung des Meßbereichs.

10. Unter Nahauflösung versteht man die Mindestentfernung, in der ein Ziel gerade noch abgebildet werden kann. Eine Totzone um den Mittelpunkt der Darstellung ergibt sich aus dem Umschalten der Antenne vom Sender auf den Empfänger (etwa 30 m) und aus der Tatsache, daß ein Impuls mit seiner ganzen Länge die Antenne verlassen haben muß, bevor sie auf Empfang umgeschaltet werden kann.

Die horizontale Bündelung

11. Die horizontale Bündelung des Radarstrahls ist wesentlich für die exakte Anmessung der Richtung eines Echos. Vertikal ist die Bündelung dagegen gar nicht so erwünscht. Rund 25° Öffnungswinkel sind gerade richtig, damit die Radarkeule bei den Schiffsbewegungen in der Horizontalebene bleibt.

12. Verantwortlich für die horizontale Bündelung ist im wesentlichen die **Länge des rotierenden Hohlbalkens** der Antennenanlage. Da auf Segelyachten große Antennenanlagen keinen Platz finden, ist die Bündelung das Hauptproblem des Radareinsatzes. 45-cm-Antennen mit einer Bündelung von 6° sind für eine vernünftige Radarauswertung ungeeignet. Bei 2-Fuß-Antennen (60 cm) mit einer Bündelung von 3,5° mag ein praktikabler Kompromiß erreicht sein. Für eine professionelle Auswertung dagegen sind 2°-Antennen oder bessere erforderlich, die jedoch gleich 120 cm lang sein müssen.

13. Passiert eine 4°-Radarkeule ein Ziel, so werden bereits 2°, bevor die Antennenachse auf das Ziel zeigt, die ersten Echos gebildet und die letzten, wenn sie schon 2° darüber hinausgedreht hat. Der Schreibstrahl zeichnet anstelle eines Punktes 4° lang einen kleinen Kreisbogen. Diese **azimutale Verformung** ist bei einzelnen Punktzielen, wie zum Beispiel einer Tonne, nicht weiter schlimm, denn man weiß, daß die Tonne in der Mitte des kleinen Bogens steht. Allerdings verschmelzen benachbarte Ziele, die in diesem Falle nicht weiter als 4° auseinander stehen, in einem Echo, und entfernte Ziele erscheinen mit breiteren Echosymbolen als nähere. Der Echobogen ist in unserem Beispiel immer diese 4° breit, was in 1 sm Abstand der Strecke von 1,7 Kabellängen, in 12 sm Abstand aber schon von 2 sm entspricht. So wird so manche Tonne am Horizont für einen Supertanker und so manches Schlachtschiff in nächster Nähe für eine Tonne gehalten. 4° betrüge in diesem Falle auch die azimutale Auflösung, denn Ziele mit geringerem azimutalen Abstand würden als ein Ziel dargestellt werden.

Das Radarbild

14. Die azimutale und die radiale Ausdehnung bestimmen nicht allein die **Ausdehnung eines Einzelechos** auf dem Radarschirm. Man muß zu ihrer Länge und ihrer Breite noch den Durchmesser des minimalen Leuchtflecks hinzurechnen, dessen Größe wiederum von der Displaytechnik abhängt (Abb. 2). Bei der Braunschen Röhre macht sie die Strichstärke des scharf eingestellten Kathodenstrahls aus, während sie bei einem Rastersystem der Länge eines Rasterpunktes entspricht. Bei Mischformen gilt immer das gröbere Maß.

15. Weil das kleinste Element des Radarbilds, nämlich der Punkt eines Einzelziels, schon eine gewisse Flächenausdehnung besitzt, erscheint das Gesamtbild wie mit einem dicken Pinsel gezeichnet. Feingliedrige Formen wie Küstenkonturen oder Hafeneinfahrten verschwimmen, wie auf einer Seekarte,

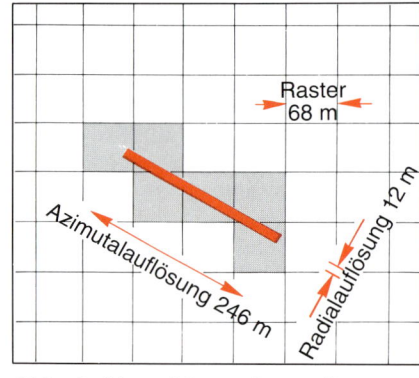
Raster 68 m

Azimutalauflösung 246 m

Radialauflösung 12 m

Abb. 2 *Vergrößerte Darstellung eines Einzelechos*

deren Linien man mit einem **dicken Filzschreiber** nachgezogen hätte. Um bei dem Vergleich zu bleiben, benutzt das Radarbild außen dickere Filzschreiber als innen, und nicht nur das, seine Schreibstifte sind abgeflacht, denn die azimutale Verformung ist größer als die radiale.

16. Im einzelnen hängt die Qualität des Radarbildes von folgendem ab:
– von der **horizontalen Bündelung,** mit deren Winkelbetrag die azimutale Ausdehnung zunimmt
– vom **Abstand des Ziels**, mit dem die azimutale Ausdehnung des Einzelechos zunimmt
– von der **Impulsdauer,** mit der die radiale Ausdehnung des Einzelechos zunimmt
– von der **Impulsfolgefrequenz,** mit der die Empfindlichkeit zunimmt
– von der **Bildschirmgröße** im Verhältnis zur Größe eines Rasterpunktes beziehungsweise des kleinsten Leuchtflecks, wodurch die Grundfeinheit der Darstellung bestimmt wird
– vom **Meßbereich,** mit dem sich die Größe der Fläche in der Natur verändert, die der kleinste Leuchtfleck beziehungsweise ein Rasterpunkt überdeckt und mit dem auch in der Regel eine höhere Impulsdauer und eine geringere Impulsfolgefrequenz geschaltet werden, deren Folgen oben beschrieben sind
– von der **Einstellung** der Verstärkung (Gain), mit der die Aufspürempfindlichkeit verbessert, aber zugleich auch die Störechos verstärkt werden
– von der **Abstimmung,** mit der die Trägerfrequenz des Empfängers der des Senders angepaßt und damit das Echo verstärkt wird
– von der **Grundhelligkeit,** mit der der Kontrast des Radarbildes den Lichtverhältnissen angepaßt wird

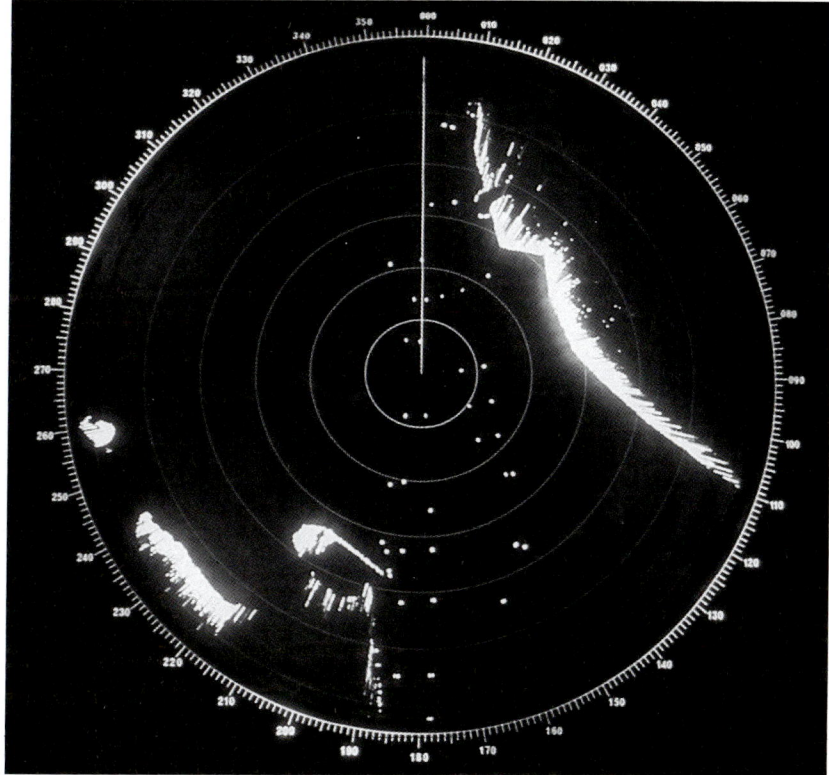

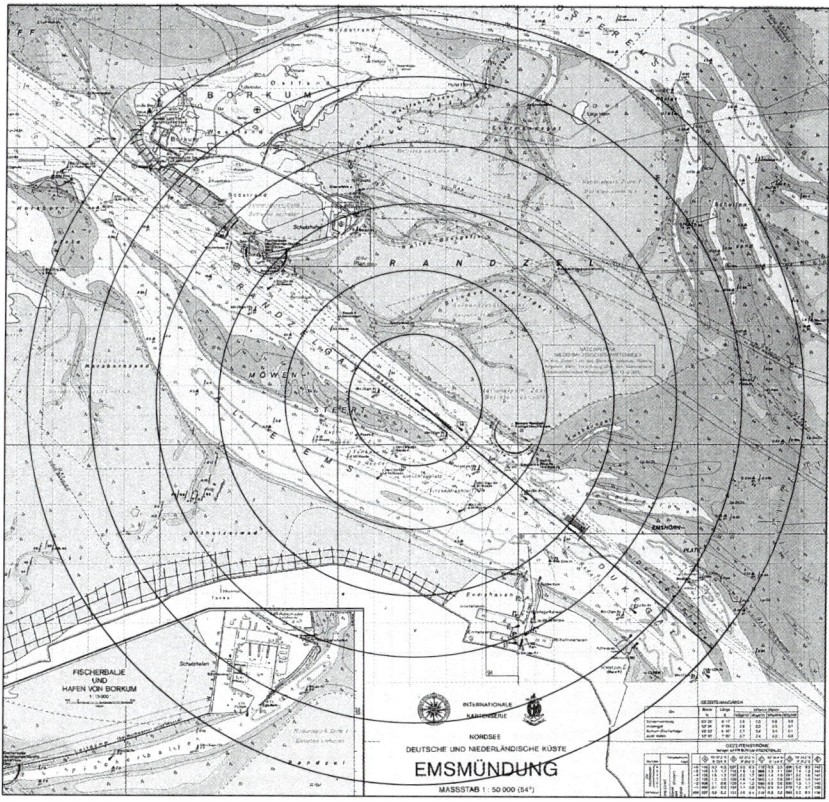

17. Allein der Tatsache, daß die verschiedenen Gegenstände und Geländeformen, die der Radarstrahl abtastet, unterschiedlich reflektieren, ist es zu verdanken, daß wir ein **differenziertes Radarbild** erhalten. Grob verallgemeinert kann man sich das Radarbild als Relief vorstellen, das von einer starken, im Mittelpunkt angebrachten Lampe beleuchtet und von oben betrachtet wird. Die angestrahlten Flächen entsprechen denen, die auch auf dem Radarbild hell erscheinen würden. Ein echtes Radarbild unterscheidet sich von diesem Reliefmodell geringfügig, weil Radarstrahlen von den verschiedenen Objekten anders als Lichtstrahlen reflektiert werden. Diese besonderen **Reflexionseigenschaften** müssen in Rechnung gestellt werden, will man ein Radarbild der Natur zuordnen. Die Reflexion von Radarstrahlen hängt von folgendem ab:

– von der Größe der wirksamen **Radarrückstrahlfläche,** die übrigens ausgedrückt wird als Querschnittsfläche einer Kugel, die die gleiche Reflexionsstärke hätte
– von der **elektrischen Leitfähigkeit** der Reflexionsflächen (Holz und Kunstoff reflektieren kaum, Metalle und seewassernasse Oberflächen sehr gut)
– von der Anstellung der **Reflexionsfläche zum Einfallsstrahl** (glatte Flächen müssen rechtwinklig getroffen werden)
– von der **Rauhigkeit der Oberfläche,** durch die eine Vielzahl von kleinen, richtig gerichteten Reflexionsflächen zustande kommt

Abb. 3 *Radarbild und entsprechender Seekartenausschnitt (rwK = 129°)*

Mit einem guten Bordradar ortet man

60 m hohe Steilküsten	in 20 sm
6 m hohe Erhebungen	in 7 sm
große Schiffe	in 10 bis 20 sm
mittlere Schiffe	in 4 bis 10 sm
kleine Schiffe	in 3 bis 6 sm
Boote, Segelyachten	in 0,5 bis 4 sm
Standard-Radarreflektor	in 4 bis 6 sm
Großtonnen	in 4 bis 10 sm
mittlere Tonnen	in 2 bis 5 sm
kleine Tonnen	in 0,5 bis 1 sm

– vom Vorhandensein von Reflexionsflächen, die in drei Ebenen rechtwinklig zueinanderstehen **(Tripelspiegel)** und so den Reflexionsstrahl in die Richtung des Einfallsstrahls richten

Fehlechos und Störungen

18. Das Radarprinzip bedingt eine Reihe von Störungen und Falschanzeigen, die teils durch Gegenmaßnahmen zu beheben, teils aber auch unvermeidbar sind und deshalb bei der Bildauswertung berücksichtigt werden müssen. Dies sind:

● **Seegangsreflexe.** Gerade im Nahbereich, wo die Radarstrahlen noch schräg auf die Wasseroberfläche treffen, werden durch kurze, steile Wellen zurückgerichtete Reflexionsflächen gebildet, so daß auf dem Bildschirm der ganze Innenbereich weiß erscheint und mögliche Nutzziele darin verschwinden. Als Gegenmaßnahme regelt man vorsichtig die Nahechodämpfung hoch, bis die weiße Fläche so weit verblaßt, daß echte Echos daraus hervortreten. Bei zu viel Nahechodämpfung werden allerdings auch die Nutzechos weggedämpft. Die Wirkung der Nahechodämpfung nimmt mit zunehmender Entfernung automatisch ab. (Englischer Ausdruck: Sensitivity Time Constant, STC, oder Anti Clutter Sea)

● **Regentrübung.** Schwere Niederschläge reflektieren Radarimpulse. Sie färben, ebenso wie der Seegang, das Radarbild weiß und unterdrücken Nutzziele in dieser Zone. Gegenmaßnahme: die Regenenttrübung hochregeln. Dabei werden alle Echos unterdrückt, in deren Nachbarschaft sich Echos gleicher Stärke befinden. Nur Echos, deren Stärke sich von der Umgebung abhebt, werden gezeichnet. Auf diese Weise verschwindet die weiße Fläche auf dem Schirm. Nur noch ihre Vorderkante bleibt erkennbar. (Englischer Ausdruck: Fast Time Constant, FTC, Anti Clutter Rain oder Difference)

● **Mehrfachechos** entstehen dadurch, daß ein Teil des reflektierten Impulses zwischen Gebäuden oder Schiffswänden hin und her geworfen wird und schließlich mit Zeitverzögerung in den Empfänger gelangt. Er ruft eine Anzeige hervor, die der verlängerten Laufzeit entsprechend weiter draußen auf dem Schreibstrahl aufblinkt und dort ein zweites Echo zeichnet. Gegenmaßnahme: nicht darauf hereinfallen! Mehrfachechos sind an ihrer Formgleichheit zu erkennen. Die zweite Darstellung ist immer radial nach außen versetzt. Es gilt das innerste der angezeigten Echos.

● **Nebenzipfelechos** sind azimutal wiederholte Scheinechos in gleicher Distanz wie das mittlere, immer stärkere Hauptecho. Sie entstehen durch reflektierte Radarenergie, die den Nebenkeulen neben der Hauptabstrahlung entstammen.

● **Zweitauslenkungsechos.** Bei kleineren Meßbereichen und entsprechend höheren Impulsfolgefrequenzen kann es vorkommen, daß noch ein Echo des vorletzten Impulses hereinkommt, welches an irgendeinem außerhalb des Meßbereichs liegenden Objekt reflektiert wurde. Es entsteht ein falsches Echo auf dem richtigen Azimut. Gegenmaßnahme: Überprüfen auf einem anderen Meßbereich. Der Begriff „Zweitauslenkungsecho" erklärt sich durch den Fachausdruck „Auslenkung". Mit ihm bezeichet man den periodisch wiederkehrenden Lauf des Meßpunktes auf dem Schreibstrahl, der übrigens auch Auslenkungsstrahl genannt wird.

● **Radarschatten** durch eigene Riggteile vor der Antenne. Man erkennt sie bei hoch aufgedrehter

Verstärkung (Gain) als dunkle Strahlen in der Seegangstrübung. Gegenmaßnahme: Veränderung des Montageorts der Radarantenne.

● **Störspiralen** auf dem Radarbild entstehen durch Interferenz eines anderen Radargeräts mit gleicher Trägerfrequenz. Gegenmaßnahme: Interferenzregelung (IR) betätigen oder Impulsfolgefrequenz durch einen anderen Meßbereich verändern.

● **Überreichweiten**. Die **Radarreichweite** ist die Entfernung eines Objektes, dessen Echo die Radarantenne gerade noch über die Kimm hinweg empfängt. Sie berechnet sich nach folgender Formel:

$$d = 2{,}23 \left(\sqrt{h_{Antenne}} + \sqrt{h_{Radarziel}} \right)$$

Liegt bei bestimmten Wetterlagen Warmluft über stabiler kälterer Bodenluft, folgen Radarwellen durch Reflexion in dieser Schichtung der Erdkrümmung. Echos werden dann auch außerhalb der berechneten Radarreichweite angezeigt, was man mit Überreichweiten bezeichnet.

Die Betriebsarten

19. In seiner Grundform stellt das Bild eines Schiffsradars das Umfeld des Schiffes dar, mit dem Schiff im Mittelpunkt und mit nach oben gerichtetem Bug. Wenn das Schiff Fahrt macht, gleitet das Radarbild nach unten, so wie sich die Natur am Schiff vorbei nach hinten bewegt. Im Zeitalter des Computers läßt sich dieses Bild variieren, so daß nicht die Vorausrichtung, sondern die Nord-

richtung nach oben zeigt, oder daß nicht die Umgebung marschiert, sondern das eigene Schiff durch die ruhende Umgebung. Man spricht von verschiedenen **Darstellungsarten** oder auch Betriebsarten, denn jede Darstellungsart verlangt auch eine andere Interpretationsmethode.

20. Die Grund-Betriebsart heißt **„relativ voraus",** RV (englisch: **Head Up),** weil die Vorausrichtung nach oben gerichtet ist (Abb. 4) und

alle Bewegungen relativ dargestellt sind, das heißt, sich aus ihren Eigenbewegungen und den Bewegungen des vorbeiziehenden Umfeldes zusammensetzen. Das Radarbild ist starr auf die Schiffslängsachse ausgerichtet. Das Schiff steht im Bildmittelpunkt. Alle festen Teile der Umgebung bewegen sich mit der Schiffsgeschwindigkeit senkrecht nach unten. Ziele mit Eigenfahrt zeigen ihre Relativbewegung. Mitläufer würden ihre Position behalten, zu Über-

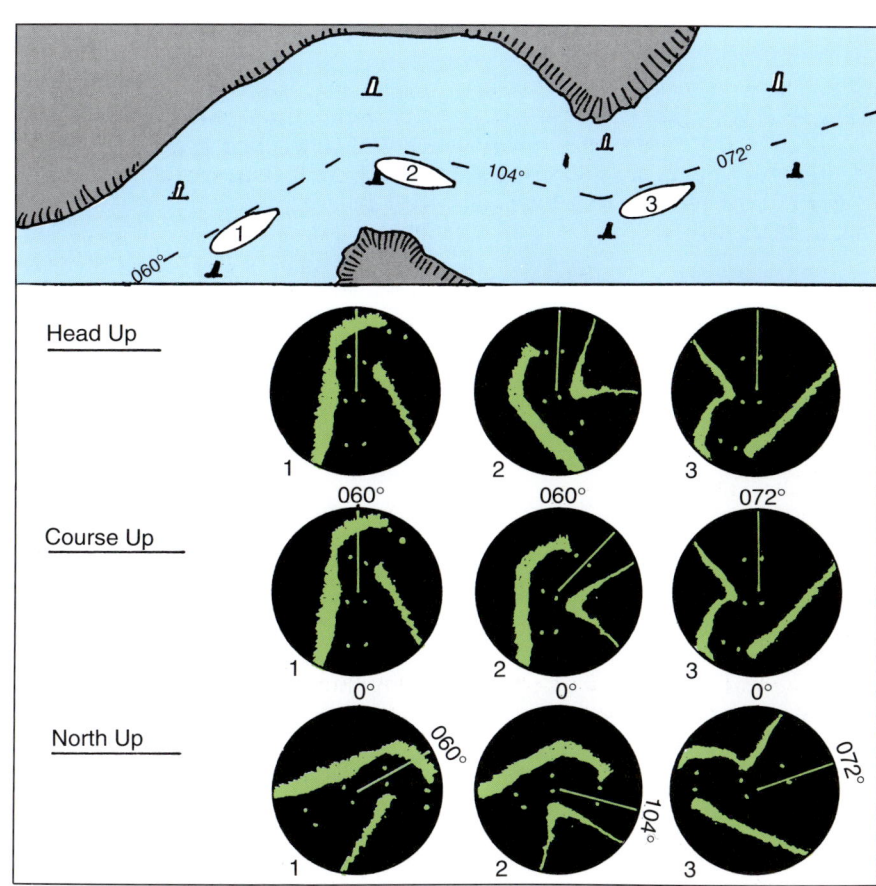

Abb. 4 *Wechselnde Kurse in verschiedenen Betriebs- oder Darstellungsarten. Beachte: Bei Position 2 in Course Up wurde der Sollkurs noch nicht nachgestellt, wohl aber in Position 3.*

holende von vorn zurückfallen und Querläufer einen nach achtern verfälschten Kurs zeigen. Kollisionskurse werden durch stehende Peilung angezeigt, der Kollisionsgegner würde sich auf dem Peilstrahl nach innen bewegen. Passierkurse, die sich aus der Vorausverlängerung des Relativkurses eines anderen Fahrzeuges ergeben, zeigen den realen Passierabstand und den realen Kollisionswinkel. Die Azimutwinkel des Bildschirms sind Seitenpeilungen. Rechtweisende Peilungen

ergeben sich durch Addition der Seitenpeilung zum rwK. Dazu muß im Augenblick der Peilung der Magnetkompaßkurs abgelesen und in den rechtweisenden Kurs verwandelt werden. Bei jeder Kursänderung schwenkt das gesamte Bild gegen die Drehrichtung des Schiffes. Kleine Kursschwankungen lassen das Bild azimutal hin und her tanzen.

21. Bei den meisten einfacheren Anlagen auf Yachten ist Head Up die einzige verfügbare Darstellungsart.

Ihr Hauptnachteil ist die Tatsache, daß mit jeder leichten Kursänderung das gesamte Bild schwankt. Zur Beurteilung der Verkehrssituation kann man den Kurs der einzelnen Ziele nicht sauber verfolgen. Für die zeichnerische Verkehrsbeurteilung (Erklärung Absatz 31) können Peilungen nur dann abgelesen werden, wenn der Kurs sauber anliegt. Durch das Nachleuchten der Echos werden bei Hin- und Hertanzen des Bildes dessen Konturen verschmiert. Nach jeder größeren Kursänderung ist

	Head Up	Course Up	North Up	True Motion
	Radar-Betriebsarten			
eigenes Fahrzeug	im Mittelpunkt	im Mittelpunkt	im Mittelpunkt	marschiert
Bildsenkrechte ist	Vorausrichtung	Soll-Kurs	rwN/MgN	rwN/MgN
Ist-Kurs-Anzeige	Bildsenkrechte	Vorausstrich	Vorausstrich	Kursvektor
Festziele und Küstenkonturen laufen	von oben nach unten, außer bei Versatz	parallel zum Ist-Kurs, bei Versatz parallel zum KüG	parallel zum Ist-Kurs, bei Versatz parallel zum KüG	nicht, sie stehen, außer bei Versatz
sich bewegende Ziele laufen	Relativkurs	Relativkurs	Relativkurs	wahren Kurs
Radarazimut ist	Seitenpeilung zum anliegenden Kurs	Seitenpeilung zum Soll-Kurs	rechtweisende oder Magnetkompaßpeilung	rechtweisende oder Magnetkompaßpeilung
Kollisionskurs wird angezeigt durch	stehendes Azimut bei anliegendem Kurs	stehendes Azimut	stehendes Azimut	keine Anzeige
der voraussichtliche Passierabstand	kann direkt entnommen werden	kann direkt entnommen werden	kann direkt entnommen werden	erscheint nicht
Bild bei Kursschwankungen	verschmiert	klar	klar	klar
Neuorientierung nach Kursänderungen	nötig	nötig	nicht nötig	nicht nötig

eine völlige Neuorientierung nötig, bevor man die alten Kontakte wieder weiterverfolgen kann.

22. Die Betriebsart „relativ kursstabilisiert", RK (englisch: Course Up), ist eine Variante des Head-Up-Modus. Das Bild ist stabilisiert und dreht nicht mit den Kursschwankungen. Es bezieht sich auf den eingestellten Soll-Kurs, der senkrecht nach oben zeigt. Die Rechtvorauslinie zeigt generell nach oben, pendelt allerdings mit den Kursschwankungen leicht hin und her (Abb. 4). Unter der Bildsenkrechten liegt der Soll-Kurs. Die Festziele gleiten parallel zur Rechtvorauslinie, dem Ist-Kurs, nach achtern. Solange der Ist-Kurs mit dem eingestellten Soll-Kurs im Mittel übereinstimmt, ergibt sich die gleiche Darstellungsart wie beim Head-Up-Modus, jedoch mit dem Vorteil des stabilisierten Bildes.

23. Die Stabilisierung des Bildes erfordert die Daten des Steuerkompasses. Dazu ist ein elektronisch anzapfbarer Kompaßtyp erforderlich, z. B. ein Fluxgate- oder ein Kreiselkompaß.

24. Bei der Betriebsart „relativ nordstabilisiert", RN (englisch: North Up), werden wie bei Course Up die Kursdaten des Steuerkompasses eingespeist. Das Bild wird so gedreht, daß die Kompaßnordrichtung auf der Nullmarke oben liegt. Die Rechtvorausrichtung wird durch einen Strahl angezeigt (Abb. 4, S. 75). Das Bild ist stabilisiert. Das Schiff steht nach wie vor im Mittelpunkt, alle Bewegungen sind Relativbewegungen. Die Festziele ziehen jedoch nicht von oben nach unten, sondern parallel zur Rechtvorauslinie nach achtern. Die Azimutwinkel sind rechtweisende Peilungen oder

Magnetkompaßpeilungen, je nach Art der Nordmarke. Das Azimut der Rechtvorauslinie zeigt den rechtweisenden beziehungsweise den Magnetkompaßkurs an. Der besondere Vorteil dieser Betriebsart ist das eingenordete Radarbild, das den Vergleich mit der Seekarte erleichtert. Da es bei Kursänderungen nicht schwenkt, schmiert es nicht nur nicht, es bleibt auch in seiner Gesamtdarstellung erhalten. Man braucht sich nicht nach jeder gefahrenen Kurve neu zu orientieren.

25. Der „True Motion"-Modus ist die fortschrittlichste der Betriebsarten. Das Schiff steht nicht mehr im Mittelpunkt. Es bewegt sich in Form eines kleinen Symbols über eine ruhende Karte. Von Zeit zu Zeit muß der Bildausschnitt versetzt werden, damit das Schiff nicht aus dem Ausschnitt hinausläuft. Bei dieser Betriebsart stehen alle festen Ziele und Küstenkonturen starr an ihrem Ort, die sich bewegenden Ziele erscheinen mit ihren wahren Kursen und Geschwindigkeiten. Alle Kurse und Azimute sind rechtweisend oder auf Magnetkompaß-Nord bezogen, je nach Arbeitsweise der Anlage (siehe Absatz 23). True Motion ist die am einfachsten auszuwertende Lagedarstellung. Allerdings können stehende Peilungen und voraussichtliche Passierabstände nicht mehr dem Bild direkt entnommen werden. Man muß sich dazu des geräteinternen Computers bedienen, der nach Markierung des fraglichen Zieles diese Information jedoch sofort auswirft.

26. Die Betriebsart True Motion wird durch die zusätzliche Verbindung mit dem Fahrtmesser oder mit einem GPS-Navigator ermöglicht. Im ersten Falle marschiert das Schiffssymbol

mit der Fahrt durchs Wasser, in anderen mit der Fahrt über Grund. Setzt im Falle der Fahrtmessereingabe Strom, marschieren die Festziele mit der Stromgeschwindigkeit gegen die Stromrichtung. Bei GPS-Informationen ist es möglich, nicht nur die Fahrt über Grund, sondern auch den Kurs über Grund zu übernehmen. Dann bewegen sich die Festziele auch bei Strom nicht. Moderne, mit Automatic Radar Plotting Aid, ARPA, ausgestattete Radaranlagen versehen bewegliche Ziele mit kleinen Bewegungsvektoren. Kollisionsgefahr oder auch die Annäherung in einen zu wählenden Nahbereich werden, neben anderen hilfreichen Funktionen, automatisch angezeigt.

Navigieren mit Radar

27. Obwohl das Radarbild die Umgebung im großen und ganzen maßstabgetreu aufzeichnet, darf es jedoch nicht einfach als Seekarte mit eingezeichnetem Standort mißbraucht werden. Dazu birgt das Radarbild zu viele Gefahren der Fehlinterpretation.

28. Nur ein geübter Radarbeobachter ist in der Lage, die Konturen des Radarbildes auf der Seekarte wiederzufinden. Folgende Vorgehensweise ist für den Anfang zu empfehlen: Man stellt einen Meßbereich ein, bei dem sich die Bildmaßstäbe Karte und Radar einigermaßen entsprechen. Dann regelt man die Verstärkung (Gain) so weit hoch, daß sich die Küstenlinien deutlich abzeichnen. Nun stellt man sich auf der Karte um den Koppelort zentriert den Bildausschnitt vor und vergleicht die Küstenlinie auf dem Radarbild mit der auf dem Kartenausschnitt. Auf diese Weise läßt sich ein ganzer Küstenverlauf einschließlich der für eine Radarpeilung geeigneten Punkte wie Kaps oder Buchten identifizieren. Zu bedenken ist dabei, dass auf Grund der in den Absätzen 16 bis 18 beschriebenen Reflexionseigenschaften Teile der Küstenlinie gar nicht oder manchmal auch falsch dargestellt werden. Als Beispiele **typischer Falschdarstellungen**

– werden durchgehende Küstenlinien unterbrochen dargestellt;
– werden flache Strände und Bänke nicht gezeichnet;
– verschwinden feingliedrige Hafeneinfahrten oder Flußmündungen;
– täuschen die Schattenzonen hinter Erhebungen falsche Wasserflächen vor;
– täuschen Erhebungen hinter flachen Küstenfeldern falsche Küstenlinien vor;
– erscheinen hinter dem Radarhorizont liegende Küsten mit langsam ansteigendem Gelände oder vorgelagerten Flachzonen mitfalschen Ein- und Ausbuchtungen und insgesamt zu weit entfernt.

29. Eindeutig der Seekarte zuzuordnen sind dagegen unter anderem
– quer zur Beobachtungsrichtung in die See hinausragende Kaps;
– einzelne Inseln oder aus dem Wasser ragende Felsen;
– die eigene Heimatküste, wenn man sich schon oft genug bei sicherem Standort das typische Radarbild eingeprägt hat;
– mit Radarreflektoren ausgestattete Seezeichen in typischer Standortkonstellation zueinander;
– Schiffahrtszeichen mit einem Radarantwortgeber, RACON (siehe Kasten).

30. Erfahrungsgemäß ist der Versuch, das Radarbild in die Seekarte einzuordnen, bei den einfachen Yachtradargeräten sehr ernüchternd. Das Bild ist meistens zu grob gezeichnet und mangels Stabilisierung auch etwas verwischt, so daß eindeutige Konturen nur schwer auszumachen sind. Erst bei kleineren Entfernungen verbessert sich die Klarheit der Formen, weshalb für die Ansteuerung von Häfen und Buchten das einfache Yachtradar wieder behilflich sein kann.

31. Zur **Standortbestimmung** mit Hilfe des Radarbildes bedient man sich der Peilung und der Abstandsbestimmung. Voraussetzung für beides ist eine eindeutige Identifizierung der Objekte. Man bewegt die Meßmarke auf die Innenkante des Echos des Peilobjekts und liest **Peilung und Entfernung** ab. Der Peilwert (Radarazimut) ist zum Kurs der Bildvertikalen zu addieren, der in den meisten Fällen jedoch erst zum rechtweisenden Kurs umgewandelt werden muß. Das Ergebnis, die rechtweisende Peilung (rwP), wird in die Seekarte gezeichnet und ergibt zusammen mit der Entfernung den Standort. Die Genauigkeit des Standortes entspricht der Flächenausdehnung des gepeilten Einzelziels. Sie ist deshalb in Querrichtung zur Peilung (azimutale Verformung) schlechter als in Längsrichtung. Der äußere Teil des jeweiligen Meßbereichs liefert bessere Peilergebnisse als der innere.
Trotzdem wählt man – wie in der terrestrischen Navigation – ein nicht so weit entferntes Peilobjekt, holt es allerdings, falls es im inneren Teil des Meßbereichs liegt, durch Umschalten auf einen kleineren Meßbereich wieder nach außen.

32. Mit der **Abstandsbestimmung** schließt man die azimutale Ungenauigkeit des Standorts aus. Man

---

Was ist RACON?

Mit RACON-Geräten (deutsch: Radarantwortbaken) sind bestimmte Schiffahrtszeichen ausgestattet, um deren Standort auf dem Radarschirm eines sich nähernden Schiffes hervorzuheben. Ihr Empfänger durchläuft periodisch im Rhythmus der Wiederkehr die Radarfrequenzen im X-Band und die im S-Band. Wird der Impuls eines Schiffsradars empfangen, antwortet das Gerät mit einer Impulsgruppe, die auf dem Radarbildschirm einen Erkennungsbalken oder das Morsezeichen des Erkennungsbuchstabens, etwas vom Bakenträger abgesetzt, radial nach außen zeichnet. Wenn ein Schiffahrtszeichen mit RACON ausgestattet ist, wird dies in der Seekarte bei der Kennung mit angegeben. Beispiel: „Racon (G) (10 cm)“. „G“ ist hier der Kennungsbuchstabe und „10 cm“ der Hinweis, daß das Gerät nur im 10-cm-Bereich (S-Band) arbeitet. Wenn RACON-Signale stören, kann man sie mit der Regenenttrübung unterdrücken. Ihre Reichweite beträgt ungefähr 8 sm, kann aber stark variieren.

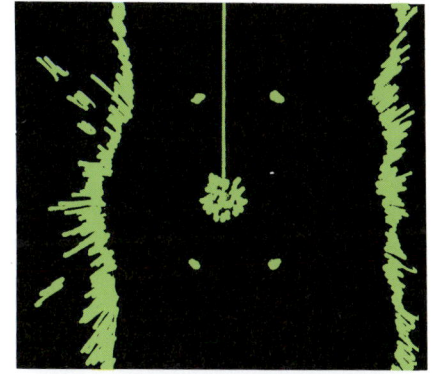

5

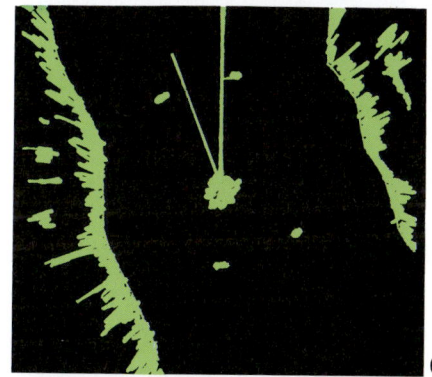

6

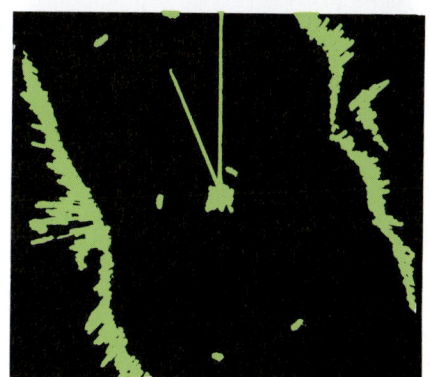

7

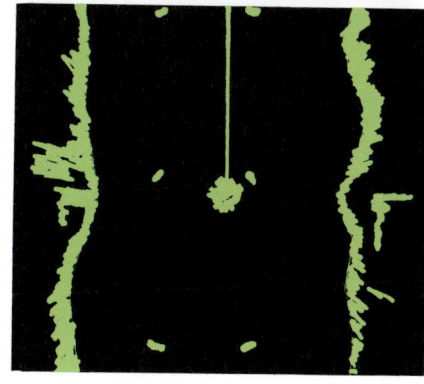

8

mißt mit der Meßmarke den Abstand zu zwei oder drei eindeutig identifizierten Echos, die wie bei der Kreuzpeilung nicht zu eng beieinanderstehen dürfen. Auf der Seekarte werden Kreisbögen mit den Abständen als Radius um diese Punkte gezeichnet, der Schnittpunkt oder die Schnittfläche ist der Standort.

33. Bei eindeutig identifizierbarem Radarbild kann man Durchfahrten durch ein betonntes Fahrwasser oder entlang eindeutig bestimmbarer Küstenkonturen direkt nach Radar steuern. **Lotsen mit Radar.** Im Fahrwasser befindet man sich, solange die Fahrwassertonnen sich im gewünschten Querabstand links und rechts an der Rechtvorauslinie entlangbewegen. Wandern sie nach rechts aus (Abb. 5), ist man nach Bb versetzt und muß nach Stb korrigieren. Dazu entscheidet man sich für einen klaren Betrag von beispielsweise 20° (Abb. 6) und läuft den Kurs so lange, bis der gewünschte Weg voraus auf 20° Bb peilt (Abb. 7). Denn wenn die Korrektur wieder herausgenommen wird, dreht das Radarbild um diese 20° zurück, und das Fahrwasser, das eben noch unter dem Peilstrahl zu sehen war, steht nun unter der Rechtvorauslinie (Abb. 8). Man sollte sich eindeutige Kurskorrekturen mit runden Winkelbeträgen, also 10°, 20° oder 30°, zur Regel machen und um diesen Wert den Peilstrahl zur anderen Seite schwenken. Er zeigt, wann man wieder auf dem beabsichtigten Weg ist.

34. Besteht **Strom- und Windversetzung,** erkennt man das an den Festzeichen auf dem Radarbild, die nicht mehr exakt nach unten laufen, sondern mit der Wind- und Stromversetzung einen Relativkurs beschreiben. Natürlich ist diese leichte

Variierung nur bei sauber gesteuertem Kurs feststellbar. Der Winkel zwischen diesem Relativkurs und der Rechtvorausrichtung ergibt den erforderlichen Vorhaltewinkel. Er wird bei der Kurskorrektur aufgeschlagen und nach der Korrektur beibehalten.

Kleine Gerätekunde

35. Die heute üblichen Yachtradargeräte sind sehr kompakt, alle **wesentlichen Funktionselemente** sind in die Hauptbaugruppen integriert. Es bleiben:

– Antenne mit Sender und Empfänger
– Bediengerät mit Bildschirm
– Stromversorgung, wenn nicht im Bediengerät enthalten

36. Die Bedienknöpfe und -schalter variieren von Gerätetyp zu Gerätetyp nur wenig. In Abb. 9 (S. 80) sind ihre Funktionen am Beispiel eines handelsüblichen Gerätes der besseren Ausstattungsstufe dargestellt. Dieses Gerät ist an einen GPS-Navigator und an einen Fluxgate-Kompaß angeschlossen. Die Darstellungsart ist Head Up, der Meßbereich 0,5 sm ist eingeschaltet. Da das Bild „off center" eingestellt ist, reicht es nach oben etwa 0,4 sm über den Meßbereich hinaus.

Abb. 5 bis 8 *Kurskorrektur im betonnten Fahrwasser*

Sichtgerät

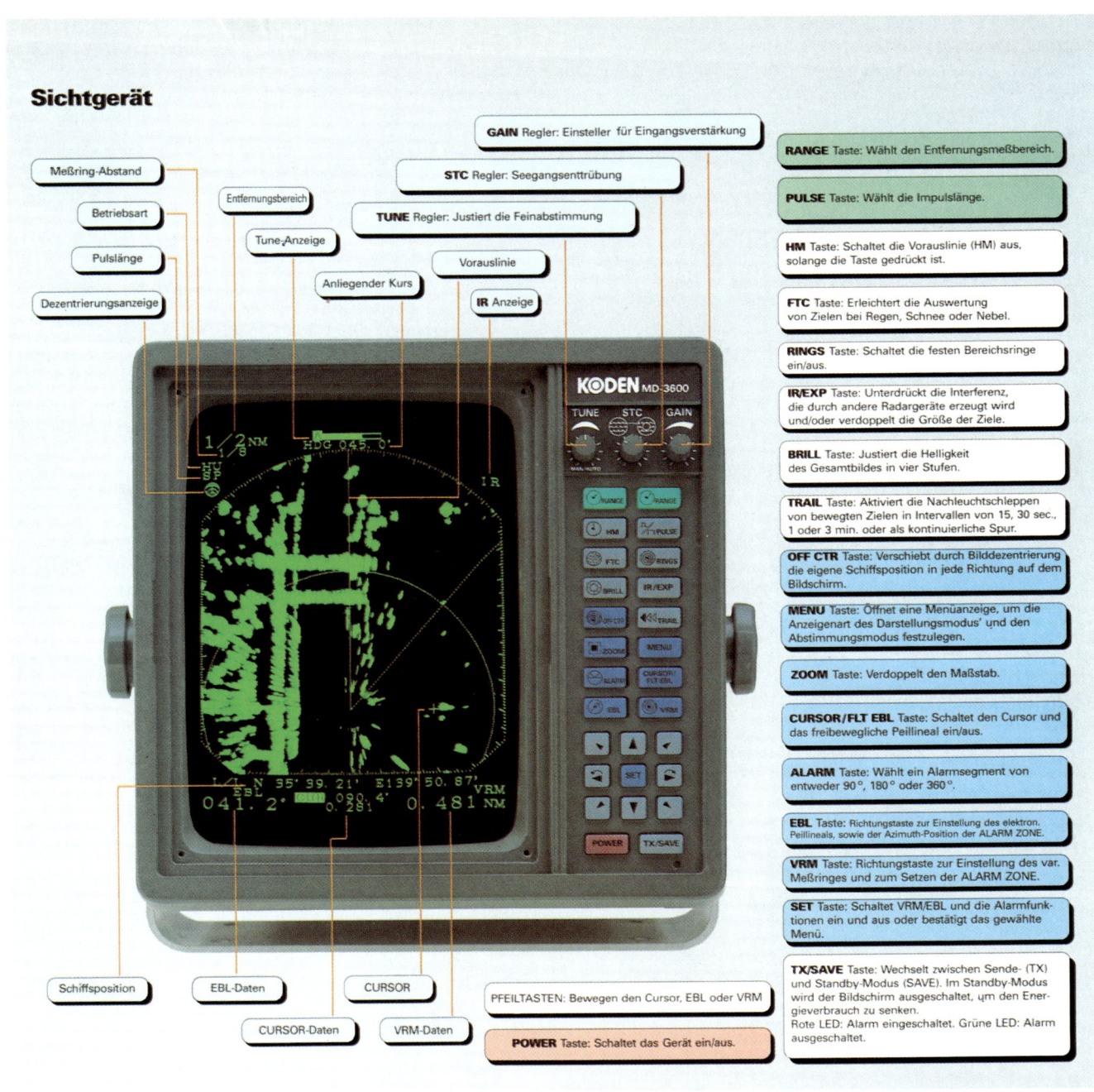

GAIN Regler: Einsteller für Eingangsverstärkung

STC Regler: Seegangsenttrübung

TUNE Regler: Justiert die Feinabstimmung

Meßring-Abstand

Betriebsart

Pulslänge

Dezentrierungsanzeige

Entfernungsbereich

Tune-Anzeige

Anliegender Kurs

Vorauslinie

IR Anzeige

RANGE Taste: Wählt den Entfernungsmeßbereich.

PULSE Taste: Wählt die Impulslänge.

HM Taste: Schaltet die Vorauslinie (HM) aus, solange die Taste gedrückt ist.

FTC Taste: Erleichtert die Auswertung von Zielen bei Regen, Schnee oder Nebel.

RINGS Taste: Schaltet die festen Bereichsringe ein/aus.

IR/EXP Taste: Unterdrückt die Interferenz, die durch andere Radargeräte erzeugt wird und/oder verdoppelt die Größe der Ziele.

BRILL Taste: Justiert die Helligkeit des Gesamtbildes in vier Stufen.

TRAIL Taste: Aktiviert die Nachleuchtschleppen von bewegten Zielen in Intervallen von 15, 30 sec., 1 oder 3 min. oder als kontinuierliche Spur.

OFF CTR Taste: Verschiebt durch Bilddezentrierung die eigene Schiffsposition in jede Richtung auf dem Bildschirm.

MENU Taste: Öffnet eine Menüanzeige, um die Anzeigenart des Darstellungsmodus' und den Abstimmungsmodus festzulegen.

ZOOM Taste: Verdoppelt den Maßstab.

CURSOR/FLT EBL Taste: Schaltet den Cursor und das freibewegliche Peillineal ein/aus.

ALARM Taste: Wählt ein Alarmsegment von entweder 90°, 180° oder 360°.

EBL Taste: Richtungstaste zur Einstellung des elektron. Peillineals, sowie der Azimuth-Position der ALARM ZONE.

VRM Taste: Richtungstaste zur Einstellung des var. Meßringes und zum Setzen der ALARM ZONE.

SET Taste: Schaltet VRM/EBL und die Alarmfunktionen ein und aus oder bestätigt das gewählte Menü.

TX/SAVE Taste: Wechselt zwischen Sende- (TX) und Standby-Modus (SAVE). Im Standby-Modus wird der Bildschirm ausgeschaltet, um den Energieverbrauch zu senken.
Rote LED: Alarm eingeschaltet. Grüne LED: Alarm ausgeschaltet.

Schiffsposition

EBL-Daten

CURSOR-Daten

CURSOR

VRM-Daten

PFEILTASTEN: Bewegen den Cursor, EBL oder VRM

POWER Taste: Schaltet das Gerät ein/aus.

Abb. 9 *Radargerät mit Bedienungsanleitung*

37. Abb. 9 zeigt nebenbei eine typische Fehldarstellung. Die starken horizontalen Echostreifen sind eine Stahlgitterbrücke, die unzählige Tripelreflektoren bildet und durch Mehrfachreflexion eine zweite, unechte Brücke zeichnet. Man erkennt diese Täuschung an der radial projizierten Anordnung der Fehlechos. Die Enden der Scheinbrücke liegen genau in radialer Verlängerung der Enden der eigentlichen Brücke.

Lernkontrolle

1. Erläutern Sie das Radarprinzip! (Absatz 1)

2. Ab wieviel Rasterpunkten kann man von einem tauglichen Display für ein Yachtradar sprechen? (Absatz 6)

3. Was bedeutet die Impulslänge in bezug auf die Reichweite und auf das Auflösungsvermögen? (Absatz 7 und 8)

4. Welcher Zusammenhang besteht zwischen Impulsfolgefrequenz und Meßbereich? (Absatz 9)

5. Was versteht man unter azimutaler Auflösung, und wovon hängt sie ab? (Absatz 13)

6. Welche Größen bestimmen die Ausdehnung des Einzelechos auf dem Bildschirm? (Absatz 14)

7. Was versteht man unter Nahauflösung? Wie kommt ihre Größe zustande? (Absatz 10)

8. Welche Faktoren bestimmen die Qualität des Radarbilds? (Absatz 16)

9. Was bedeuten Nahechodämpfung und Seegangsenttrübung? Wie funktionieren sie? (Absatz 18)

10. Wie kommen Mehrfachechos, Nebenzipfelechos, Zweitauslenkungsechos, Störspiralen und Radarschatten zustande? Wie sehen sie auf dem Radarbild aus? (Absatz 18)

11. Stellen Sie in einer Übersicht die wichtigsten Eigenschaften der verschiedenen Darstellungsarten zusammen (Absatz 19–26):
Head Up, Course Up, North Up, True Motion
Bild stabilisiert?
Wie laufen Festziele?
Wie sich bewegende Ziele?
Was zeigt das Azimut?
Wie sieht ein Kollisionskurs aus?

12. Auf welche Darstellungsarten ist eine Radaranlage auf einer Segelyacht beschränkt, die nicht mit einem Kreisel- oder Fluxgate-Kompaß ausgestattet ist? Was bedeutet diese Einschränkung für die Nutzung des Radarbildes? (Absatz 19–26)

13. Inwiefern würde sich eine Selbststeueranlage vorteilhaft für den Einsatz des Radargeräts auf einer Segelyacht auswirken? (Absatz 20–22)

14. Welches sind die typischen Falschdarstellungen, die die Radarinterpretation zu Navigationszwecken erschweren? (Absatz 28)

15. Was ist Racon, wie arbeitet das Verfahren? (Absatz 29, Kasten)

16. Welche Verfahren der Standortbestimmung mit Radar gibt es, und was sind ihre Vor- und Nachteile? (Absatz 31–32)

17. Wie behilft man sich, um beim Lotsen mit Radar festzustellen, daß man während einer Kurskorrektur den gewünschten Weg wieder erreicht hat? (Absatz 33)

12. Integrierte Navigationsanlagen

Die elektronische Seekarte

1. Unter elektronischen Seekarten versteht man elektronische Dateien, in denen die Konturen und Signaturen eines ganzen Seekartensatzes digital abgespeichert sind. Mit Seekartenplottern oder herkömmlichen Personalcomputern werden sie in variierbaren Ausschnitten sichtbar und zur Navigation nutzbar gemacht. Elektronische Seekarten werden in Form von CDs, Disketten, Kartuschen und ähnlichen Speichermodulen angeboten oder über Datenfernverbindungen (z. B. Internet) übertragen.

2. Das einfachste und seit Anfang der neunziger Jahre praktizierte Verfahren, elektronische Seekarten herzustellen, ist das Digitalisieren herkömmlicher Papierseekarten mit dem Scanner. Bei diesem Verfahren entsteht eine Kopie der Originalkarte mit allen eingetragenen Details. In Form dieser **einfachen Rasterkarten** sind zum Beispiel elektronische Abbildungen von Sportschiffahrtskarten im Handel. Mit den Pfeiltasten wird der Kartenausschnitt bewegt, und je nach Ausstattung des Kartenplotters können Kurse und Peilungen geplottet werden. Beim Zoomen des Kartenausschnitts werden mit den Konturen auch die Schriftzeichen vergrößert. Die Karte wird quasi

unter einer Lupe betrachtet (Abb. 2 und 3). Unter der Küste oder im Hafenbereich kann, sofern vorhanden, auf die nächste Detailkarte übergegangen werden, wie man das beim Umgang mit Papierseekarten gewohnt ist.

3. Eine Weiterentwicklung der **Rasterkarten** ist maßstäblich entzerrt, so daß die Karten übergangslos einander anschließen und größere Räume abdecken. Sie sind teilweise mit vektorisierten Overlays bestückt, deren Informationen selektiv ein- oder ausgeblendet werden können. Die Hersteller bieten einen Berichtigungsdienst an, der nach dem Prinzip der Berichtigungspausen funktioniert. Für jede Änderung

wird ein kleiner Kartenausschnitt gebildet. Die Ausschnitte werden zusammengefaßt und wöchentlich in einer Update-CD-ROM geliefert. Die Kartensätze selbst werden etwa vierteljährlich vom Hersteller aktualisiert. Dieser gehobene Standard von Rasterkarten wird von der IMO als **Raster Nautical Chart** (RNC) bezeichnet (Abb. 1).

Da es sich bei Rasterkarten um Abdrucke von herkömmlichen Seekarten handelt, entsprechen die Signaturen und Symbole dem gewohnten Kartenbild und der Karte INT 1. Der Datenaufbau ist bei den verschiedenen Herstellern jedoch nicht standardisiert, weshalb nicht jeder Seekartenplotter mit jedem Seekartenprodukt funktioniert.

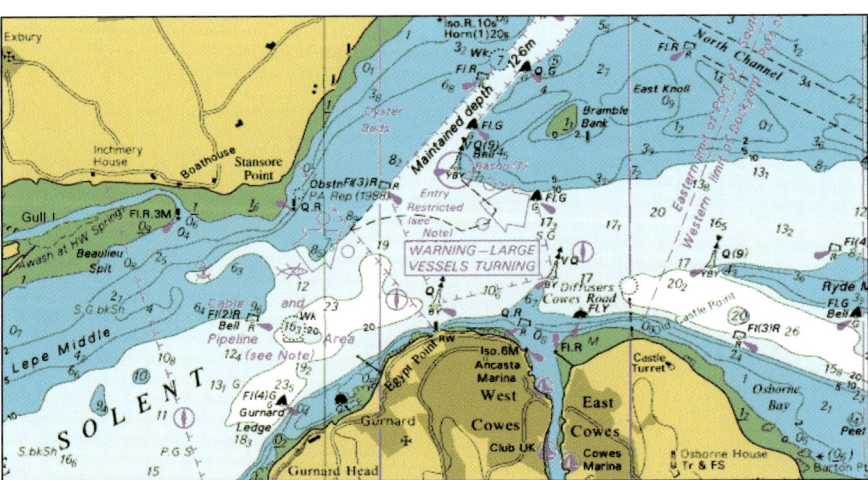

Abb. 1 *ARCS – eine Rasterkarte mit RNC-Standard, auf der Grundlage einer amtlichen britischen Seekarte*

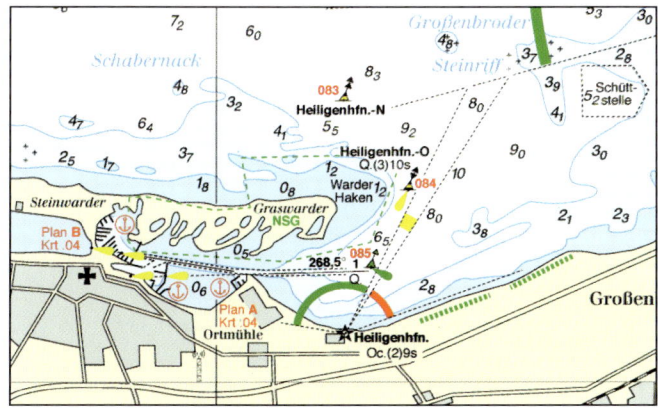

Abb. 2 *Einfache Rasterkarte ...*

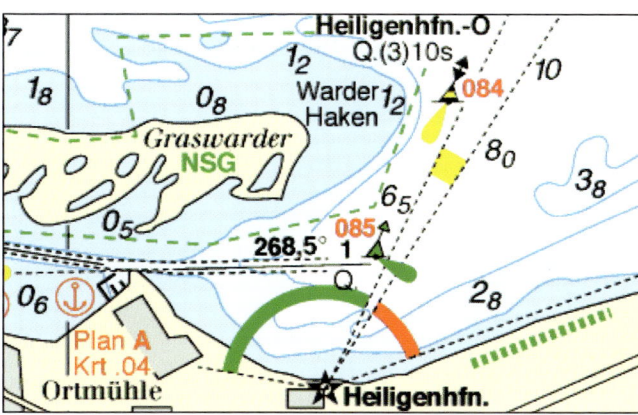

Abb. 3 *... und dieselbe Karte im Zoom. Zooming bringt keine weiteren Signaturen!*

4. Eine weitaus flexiblere, aber erst später erfolgte Entwicklung ist die Vektorkarte. Sie enthält keine bildliche Kopie der Papierseekarte, sondern ist aus ihren Einzelelementen zusammengesetzt. Linien werden zum Beispiel in Abschnitte aufgeteilt, in denen sie eine mathematisch erfaßbare Kurve beschreiben. Jedes Stückchen Linie wird durch die Koordinaten seines Anfangs- und Endpunktes und der Kurvenfunktion beschrieben und gespeichert. Objekte, zum Beispiel Schiffahrtszeichen, werden als Symbol mit Standort und beschreibenden Attributen definiert und gespeichert. Nach IMO-Terminologie werden Vektorkarten dieses Standards als Electronic Navigational Charts (ENC) bezeichnet. Das Digitalisierungsverfahren ist weltweit als Standard S-57 vereinheitlicht.
Der Nachteil dieses Verfahrens ist die äußerst zeitraubende Ersterfassung der Kartendaten. Der große Vorteil hingegen liegt später in der variablen Zugriffsmöglichkeit. Objekte, Linien, Flächen und Farben können in Kategorien eingeteilt werden, die je nach Wunsch auf der Darstellung erscheinen oder selektiv ausge-

blendet werden. Beim Zoomen in einen größeren Maßstab kann automatisch eine entsprechend größere Menge an Signaturen gebracht werden, während beim Zurückschalten auf einen kleineren Maßstab nur die wesentlichen Einträge bleiben. Berichtigungen erfordern einen erheblich geringeren Datenaufwand als bei den Rasterkarten.

5. Unter der Federführung der *International Hydrographic Organization* (IHO) mit Sitz in Monaco entwickeln die Hydrographischen Dienste der Nationen ein weltweit koordiniertes System amtlicher Vektorkarten und standardisierter Darstellungsgeräte, das Electronic Chart Display and Information System ECDIS.
Neben den Vorzügen der Amtlichkeit und der weltweiten Standardisierung werden ECDIS-Ausstattungen alle Vorteile moderner Vektorkarten besitzen. Als Besonderheit ist vorgesehen, daß den einzelnen Objekten in der Karte, zum Beispiel einer Brücke oder einer Tonne, alle für die Schiffahrt wichtigen Informationen als Datensatz beigegeben werden.

Seekartenplotter

6. Seekartenplotter werden als alles umfassende Brückenausstattung für die Berufsschiffahrt oder in etwas einfacherer Form als Software für einen handelsüblichen PC (Notebook) oder als eigenständiges Sichtgerät mit oft viel zu kleinem Bildschirm angeboten (Abb. 4). Inzwi-

Abb. 4 *Furuno NAVnet Modell GD-1700C: Kartenplotter und aktive Radartochter (Ferropilot)*

schen sind alle Versionen an ein bordeigenes GPS gekoppelt oder haben einen eingebauten GPS-Empfänger. Frühere Seekartenplotter zeigten nur den Kartenausschnitt. Den eigenen Standort mußte man mit dem Cursor eingeben und durch Eintippen von erwartetem Kurs über Grund und Fahrt über Grund marschieren lassen. Heute wird die Koppelrechnerfunktion nur noch als Nebenprodukt angeboten.

7. **GPS-gestützte Kartenplotter** zeigen den Schiffsort automatisch an und führen den Bildausschnitt nach. Abweichend davon kann der Bildausschnitt verschoben oder vergrößert werden (zoomen). Je nach Standard der verwendeten elektronischen Seekarte kann man mit dem Zoomen eine Lupendarstellung bewirken, man kann damit die nächste Detailkarte aufrufen oder auch übergangslos mit angepaßter Selektion der Objekte den Maßstab ändern. Man kann den Kursstrich vorgeben, der wie der eigene Standort nicht nur auf der augenblicklichen Karte, sondern auch auf den neu aufgerufenen Detailkarten erscheint. Ferner können Peilungen zu einzelnen Objekten geplottet werden, um den Standort zu überprüfen. Neben dem Kartenbild erscheinen im abgetrennten Datenfenster die Navigationswerte des GPS und bei manchen Systemen auf Abruf sogar die Gezeitenwerte.

8. Bei besonders gut ausgestatteten Systemen (z.B. ECDIS, Abb. 5) können durch Anklicken des Objektes wichtige Informationen der Seehandbücher, des Leuchtfeuerverzeichnisses und des Nautischen Funkdienstes aufgerufen werden, die für dieses Objekt von Bedeutung sind. Es können Alarmtiefenlinien hervorge-

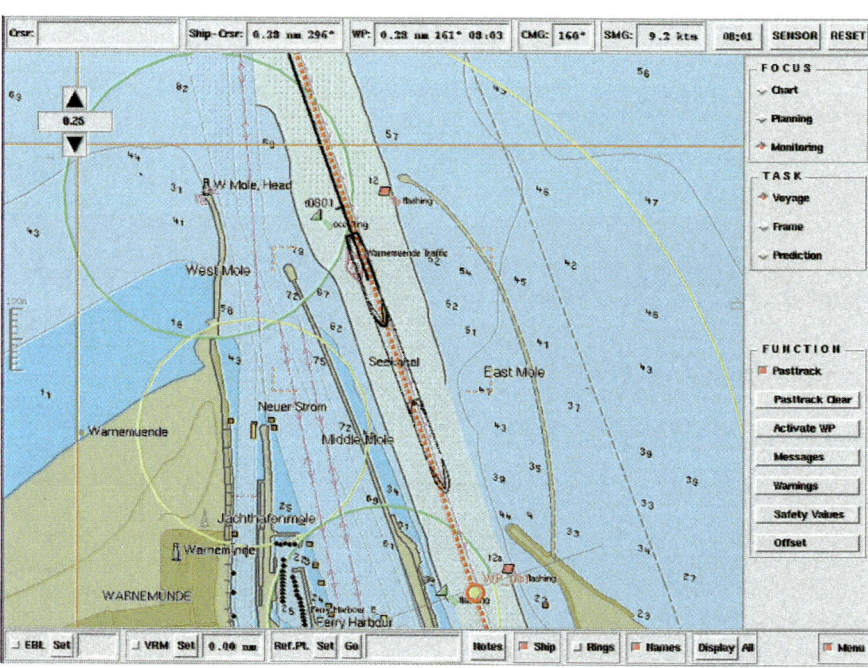

Abb. 5 *ECDIS-Beispiel aus einer Demo-Version des BSH: Ansteuerung von Rostock. Das Schiff steuert KüG 160° mit FüG 9,2 kn. Das südliche Schiffssymbol gibt die Position nach einer Minute an. ENC-Karte.*

hoben und ein Tiefenalarm eingestellt werden. Ist eine ARPA-gestützte (Kapitel 14 Abs. 12) Radaranlage an Bord, können auch die anderen Verkehrsteilnehmer mit Kurs und Fahrt eingeblendet werden.

9. In Zukunft werden elektronische Seekarten die herkömmlichen Papierkarten ersetzen. Die weiterentwickelten Rasterkarten, zum Beispiel die amtlichen ARCS-Karten der britischen Admiralität, werden heute schon in der Berufsschiffahrt und vereinzelt auch auf Yachten verwendet. Für sie besteht ein wöchentlicher Berichtigungsdienst per CD-ROM oder Datenfernübertragung, der dem Standard der manuellen

Berichtigung nach den NfS voll entspricht. ECDIS steckt noch in der Entwicklung, und es wird Jahre dauern, bis eine umfassende Abdeckung mit ECDIS-Karten erreicht sein wird. Von entlegenen Seegebieten werden möglicherweise nie ECDIS-Karten zustande kommen.

Deshalb empfiehlt die IMO, ECDIS-Geräte so zu konstruieren, daß sie sowohl mit ECDIS-Karten (ENC) als auch mit den Rasterkarten (RNC) des höheren Standards arbeiten können. Im letzteren Fall muß allerdings zur Sicherheit ein berichtigter Satz herkömmlicher Seekarten an Bord sein. Dieser Reservekartensatz und damit die lästige manuelle

Berichtigungsarbeit darf laut IMO erst entfallen, wenn ein zugelassenes ECDIS-Gerät auch mit amtlichen ECDIS-Karten arbeitet.

Absicherung der elektronischen Navigation

10. Bei der Verwendung elektronischer Seekarten erhebt sich immer die Frage nach der Sicherheit gegen Systemausfall oder Falschanzeige. Abgesehen von dem Prinzip, sich bei der Navigation nie auf eine Quelle allein zu verlassen, sollte man besonders bei der elektronischen Navigation mit Fehlern rechnen. Die Hauptfehlerquelle ist dabei der Mensch, der sich bei Dateneingaben vertippt oder das Kartenbild falsch interpretiert. Gegen solche Fehler hilft einzig und allein die Disziplin, alle ergebnisrelevanten Arbeitsschritte gegenzuprüfen, und dies möglichst nicht mit ein und demselben Verfahren. Wegpunkte zum Beispiel werden nicht eingetippt, ohne hinterher die Plausibilität ihrer Lage auf der Karte zu prüfen. Gegen Falschanzeige oder Ausfall des GPS bieten die besseren Plotter Alarmanzeigen an, die bei Signalschwäche oder beim Abweichen vom Sollkurs ausgelöst werden. Viele Plotter können die Standortdaten mit einem Zweitsensor, zum Beispiel Loran vergleichen, um bei Abweichung über einen Toleranzbereich hinaus Alarm auszulösen.

Letzten Endes ist es Sache des Navigators, durch Einbeziehung von Radarpeilungen oder optischen Peilungen in angemessenen Abständen den Standort zu kontrollieren.

11. Gegen Systemausfall hilft letztlich nur die Redundanz durch aktualisierte Seekarten, auf denen stets manuell mitzuplotten ist, oder der Parallelbetrieb eines weiteren, unabhängig arbeitenden GPS-gestützten Seekartenplotters. Eine weniger aufwendige Rückfalloption wäre ein kontinuierlich ausdruckendes elektronisches Logbuch. Bei Geräteausfall könnte man dann vom Logbuchausdruck die letzten Positionen und Kurse ablesen und mit Papierkarten weiternavigieren.

Lernkontrolle

1. Wie werden einfache Rasterkarten hergestellt? (Absatz 2)

2. Erscheinen beim Zoomen einfacher Rasterkarten mehr Informationen? (Absatz 2)

3. Wie geschieht der Berichtigungsdienst bei Rasterkarten? (Absatz 3)

4. Worin unterscheiden sich die weiterentwickelten Rasterkarten (RNC-Standard) von den einfachen Rasterkarten? (Absatz 3)

5. Wie werden Vektorkarten hergestellt? (Absatz 4)

6. Was sind die Nachteile, was die Vorteile der Vektorkarte gegenüber der Rasterkarte? (Absatz 4)

7. Worin unterscheiden sich ECDIS-Karten von Rasterkarten und von allgemeinen Vektorkarten? (Absatz 5)

8. Welche Besonderheit bieten GPS-gestützte Kartenplotter? (Absatz 7)

9. Unter welcher Ausstattung mit elektronischen Seekarten ist es statthaft, auf die manuelle Berichtigung von Seekarten und Seebüchern zu verzichten? (Absatz 9)

10. Wie sichert man sich gegen Falschanzeigen und Systemausfälle ab? (Absatz 10)

Teil II: Schiffahrtsrecht

13. Seeverkehrsrecht

Vorbemerkung

Im folgenden Kapitel sind die Gesetze und Vorschriften in freier Formulierung wiedergegeben. Auf diese Weise soll das Lesen und Lernen erleichtert werden, ohne daß Wesentliches dabei auf der Strecke bleibt. Für weitergehende Analysen allerdings wird der Rückgriff auf Originaltexte empfohlen.

Gesetze und Vorschriften

1. Die **Kollisionsverhütungsregeln** (KVR), früher Seestraßenordnung genannt, sind das internationale Regelwerk für den Seeverkehr. Sie sind internationales Recht und wurden von einer zur UN-Organisation zählenden internationalen Behörde, der in London ansässigen **International Maritime Organization,** unter Mitwirkung aller interessierten Staaten beschlossen und fortentwickelt. Die derzeit gültige Fassung stammt im wesentlichen von 1977, wurde aber inzwischen mehrfach geändert. Ihr englischer Originaltitel lautet: **International Regulations for Preventing Collisions at Sea, COLREG.**

2. Die KVR gelten auf hoher See und auf den damit verbundenen, von Seeschiffen befahrenen Gewässern, also grundsätzlich auch im Hoheitsgebiet der einzelnen Küstenstaaten. Nationale Vorschriften ergänzen diese grundsätzlichen Verkehrsregeln, wo immer dies auf Grund der regionalen Gegebenheiten erforderlich ist. Deutsche Seeleute finden solche nationalen Ergänzungen im Teil A, „Schiffahrtsangelegenheiten", der **Seehandbücher** des Bundesamtes für Seeschiffahrt und Hydrographie (BSH).

3. Im Falle der Bundesrepublik Deutschland bildet die **Seeschifffahrtsstraßen-Ordnung** (SeeSchStrO) die nationale Ergänzungsvorschrift zu den KVR.

4. Die SeeSchStrO gilt auf den deutschen Seeschiffahrtsstraßen uneingeschränkt und im restlichen deutschen Küstenmeer (= 12 sm ab Basislinie und rund Helgoland) nur mit einem Teil, der im wesentlichen die maritime Verkehrssicherung, die schiffahrtspolizeilichen Befugnisse und den ruhenden Verkehr betrifft (Abb. 1).

Die **Seeschiffahrtsstraßen** im Sinne dieser Verordnung umfassen
- die Wasserflächen zwischen der Küstenlinie bei mittlerem Hochwasser oder der seewärtigen Begrenzung der Binnenwasserstraßen und einer Linie in 3 sm Abstand seewärts der Basislinie,
- die durch Fahrwassertonnen (nicht die Tonnen zur Kennzeichnung der Zufahrt) begrenzten Wasserflächen der seewärtigen Teile der Fahrwasser im Küstenmeer
- sowie bestimmte einzeln festgelegte Wasserflächen der angrenzenden Binnenwasserstraßen (§ 1.1 und 1.2).

Die **Basislinie** ist die mittlere Niedrigwasserlinie im Küstenverlauf, wobei Buchten durch Verbindung ihrer natürlichen Öffnungspunkte auf der Niedrigwasserlinie (Basispunkte) abgeschnitten werden. Von der Basislinie aus rechnen die Abstände der 3-Meilen-Zone oder der 12-sm-Breite des Küstenmeeres. Sie ist nicht zu verwechseln mit der weiter landwärts gelegenen Küstenlinie bei mittlerem Hochwasser, der landwärtigen Grenze der Seeschiffahrtsstraßen.

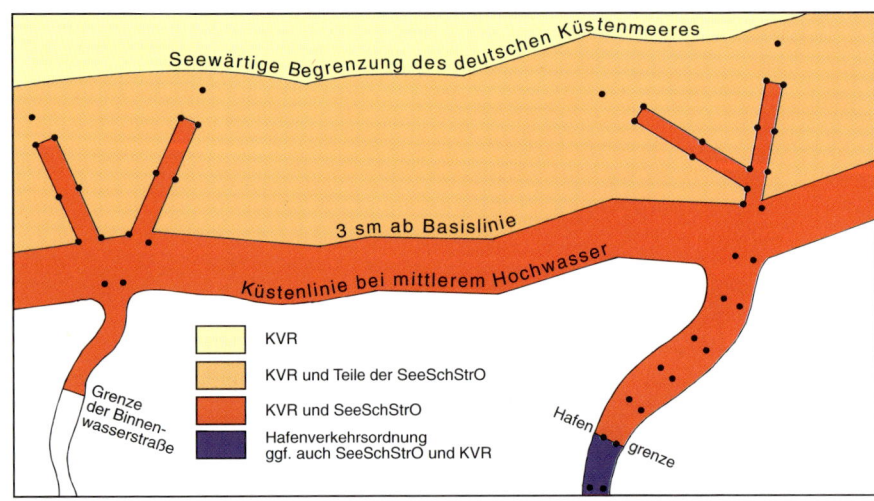

Abb. 1 *Geltungsbereiche von KVR, SeeSchStrO und Hafenverkehrsordnung*

5. Einen Sonderfall bilden das Mündungsgebiet der Ems und die Leda. Die Niederlande haben als zweiter Anrainerstaat die Seeschiffahrtsstraßen-Ordnung nahezu unverändert anerkannt und unter der Bezeichnung Schiffahrtsordnung Emsmündung in einem bilateralen Vertrag mit der Bundesrepublik Deutschland verabschiedet. Sie gilt in diesem Seegebiet anstelle der Seeschiffahrtsstraßen-Ordnung.

6. Besondere, ortsbezogene Verkehrsvorschriften sind in den Bekanntmachungen der Wasser- und Schiffahrtsdirektionen Nordwest und Nord enthalten. Sie werden für den Küstenbereich westlich der Elbmündung von der WSD Nordwest und für den östlich der Elbmündung einschließlich der Elbe und den Ostseeküsten von der WSD Nord erlassen.

7. Für die größeren Seehäfen haben die Länderbehörden Hafenverkehrsordnungen erlassen. Die Hamburger Hafenverkehrsordnung zum Beispiel hat eine deutlich abweichende Vorfahrtsregelung, mit hierarchisch geordneten Haupt- und Nebenfahrwassern sowie ausnahmslosem Rechts-vor-links-Verkehr innerhalb von Fahrwassern gleichen Ranges.

Fahrregeln nach KVR

8. Den Fahrregeln ist mit Regel 3 ein Definitionskatalog vorangestellt, der aus früheren Führerscheinkursen noch gegenwärtig sein sollte. Hervorzuheben ist vielleicht, daß nach den gängigen Kommentaren zu den Maschinenfahrzeugen auch Tretboote und zu den Segelfahrzeugen auch Segelsurfer zählen. Ein motorloses Segelboot in der Flaute gilt nicht als manövrierunfähig, da fehlender Wind beim Betrieb eines Segelbootes kein außergewöhnlicher Umstand ist. Das Außergewöhnliche ist jedoch Definitionsmerkmal. Um als manövrierunfähig zu gelten, müssen es tatsächlich außergewöhnliche Umstände sein, wegen derer ein Fahrzeug nicht KVR-gerecht manövrieren und ausweichen kann.

9. Der Ausdruck „manövrierbehindertes Fahrzeug" umfaßt, ohne darauf beschränkt zu sein,
- ein Fahrzeug, das ein Schiffahrtszeichen, Unterwasserkabel oder eine Rohrleitung auslegt, versorgt oder aufnimmt;
- ein Fahrzeug, das baggert, Forschungs- oder Vermessungsarbeiten oder Unterwasserarbeiten ausführt;
- ein Fahrzeug in Fahrt, das Versorgungsmanöver ausführt oder mit der Übergabe von Personen, Ausrüstung oder Ladung beschäftigt ist;
- ein Fahrzeug, auf dem Luftfahrzeuge starten oder landen;
- ein Fahrzeug beim Minenräumen;
- ein Fahrzeug während eines Schleppvorgangs, bei dem das schleppende Fahrzeug und sein Anhang erheblich behindert sind, vom Kurs abzuweichen.

10. Jedes Fahrzeug muß jederzeit mit einer sicheren Geschwindigkeit fahren, so daß es geeignete Maßnahmen treffen kann, um einen Zusammenstoß zu vermeiden, und innerhalb einer Entfernung zum Stehen gebracht werden kann, die den gegebenen Umständen und Bedingungen entspricht. Sie muß den Sichtverhältnissen, der Verkehrsdichte, der Manövrierfähigkeit und Wassertiefe sowie den Wind-, Seegangs- und Strömungsverhältnissen angepaßt sein. Kann auf ein betriebsfähiges Radar zurückgegriffen werden, muß die Geschwindigkeit zusätzlich dessen Leistungsgrenzen, den Einschränkungen des benutzten Entfernungsbereichs, den Störungen durch Seegang und Wetter, der Gefahr nicht angezeigter kleiner Fahrzeuge, der Verkehrsdichte und letztlich der verbleibenden optischen Sichtweite entsprechen (Regel 6).

11. Gegen die Gefahr eines Zusammenstoßes muß sich jedes Fahrzeug mit allen verfügbaren Mitteln absichern. Eine betriebsfähige Radaranlage muß eingesetzt und geortete Objekte müssen z. B. durch Plotten systematisch überwacht werden. Für Fahrzeuge, die sich einander in Sicht haben, ist die nicht auswandernde Kompaßpeilung eines sich nähernden Fahrzeuges sicheres Anzeichen für Kollisionsgefahr (Regel 7).

12. Jedes Manöver zur Vermeidung eines Zusammenstoßes muß, wenn es die Umstände zulassen, entschlossen, rechtzeitig und so ausgeführt werden, wie gute Seemannschaft es erfordert. Jede Änderung des Kurses und/oder der Geschwindigkeit zur Vermeidung eines Zusammenstoßes muß, wenn es die Umstände zulassen, so groß sein, daß ein anderes Fahrzeug optisch oder durch Radar sie schnell erkennen kann. Aufeinanderfolgende kleine Änderungen des Kurses und/oder der Geschwindigkeit sollen vermieden werden. Das Manöver muß zu einem sicheren Passierabstand führen (Regel 8).

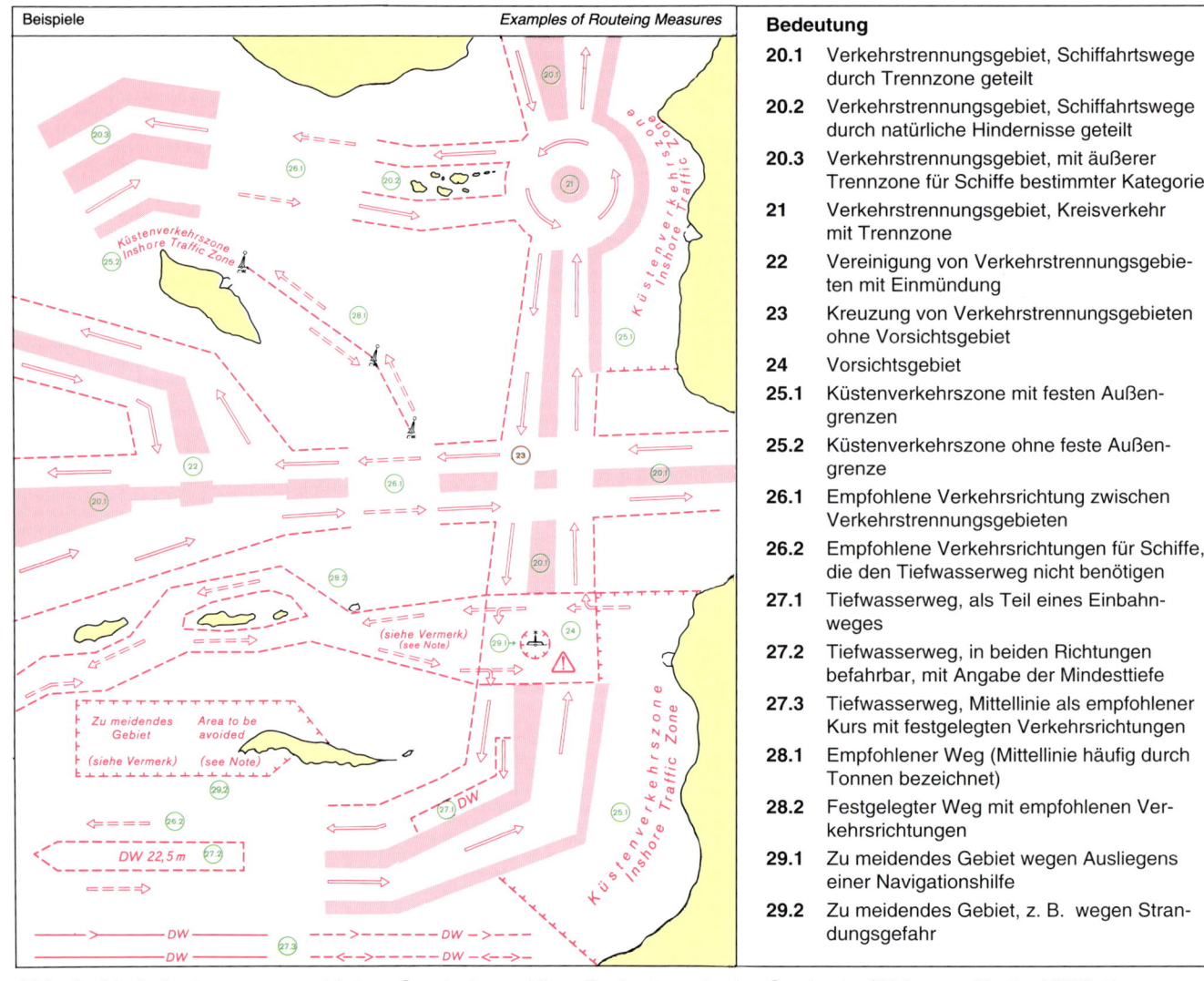

Beispiele	Examples of Routeing Measures	Bedeutung

Abb. 2 *Verkehrstrennungsgebiete – Symbole und ihre Bedeutung in der Seekarte (Abb. aus Karte 1/INT 1)*

20.1 Verkehrstrennungsgebiet, Schiffahrtswege durch Trennzone geteilt

20.2 Verkehrstrennungsgebiet, Schiffahrtswege durch natürliche Hindernisse geteilt

20.3 Verkehrstrennungsgebiet, mit äußerer Trennzone für Schiffe bestimmter Kategorie

21 Verkehrstrennungsgebiet, Kreisverkehr mit Trennzone

22 Vereinigung von Verkehrstrennungsgebieten mit Einmündung

23 Kreuzung von Verkehrstrennungsgebieten ohne Vorsichtsgebiet

24 Vorsichtsgebiet

25.1 Küstenverkehrszone mit festen Außengrenzen

25.2 Küstenverkehrszone ohne feste Außengrenze

26.1 Empfohlene Verkehrsrichtung zwischen Verkehrstrennungsgebieten

26.2 Empfohlene Verkehrsrichtungen für Schiffe, die den Tiefwasserweg nicht benötigen

27.1 Tiefwasserweg, als Teil eines Einbahnweges

27.2 Tiefwasserweg, in beiden Richtungen befahrbar, mit Angabe der Mindesttiefe

27.3 Tiefwasserweg, Mittellinie als empfohlener Kurs mit festgelegten Verkehrsrichtungen

28.1 Empfohlener Weg (Mittellinie häufig durch Tonnen bezeichnet)

28.2 Festgelegter Weg mit empfohlenen Verkehrsrichtungen

29.1 Zu meidendes Gebiet wegen Ausliegens einer Navigationshilfe

29.2 Zu meidendes Gebiet, z. B. wegen Strandungsgefahr

Enge Fahrwasser

13. In engen Fahrwassern oder Fahrrinnen, die übrigens nicht als solche offiziell bezeichnet sein müssen, gilt das **Rechtsfahrgebot.** Ferner darf die Durchfahrt an das Fahrwasser oder an die Fahrrinne gebun-dener Fahrzeuge **nicht behindert werden** durch:
– querende Fahrzeuge (aller Art)
– Fahrzeuge unter 20 m Länge
– Segelfahrzeuge
– fischende Fahrzeuge (auch gegenüber nicht ans Fahrwasser gebundenen Fahrzeugen)

14. Kann in einem engen Fahrwasser ein **Überholer** nicht ohne die Mitwirkung des zu überholenden Fahrzeuges vorbeikommen, muß er mit der Pfeife um Genehmigung signalisieren (– – · an Stb oder – – · · an Bb), und der andere muß sein Einverständnis geben (– · – · ja oder

· · · · · nein). Wenn an einer Stelle ein Sichthindernis andere Fahrzeuge verdecken kann, muß das Schallsignal einmal lang gegeben werden. Das verdeckte Fahrzeug antwortet darauf mit einmal lang (Regel 9).

Verkehrstrennungs-gebiete

15. Verkehrstrennungsgebiete sind offiziell in den Seekarten festgelegte Einbahnschiffahrtswege in beide Richtungen mit einer dazwischen liegenden Trennlinie oder Trennzone (Abb. 2). Sie sind als „Autobahnen zur See", als „Kreisverkehr" oder auch nur als Tore an Verkehrsknotenpunkten ausgebildet. Zwischen den offiziellen Verkehrstrennungsgebieten und der Küste ist meistens eine Küstenverkehrszone eingerichtet. Sie ist dem Küstenverkehr, der nicht sicher auf den Einbahnwegen fahren könnte, insbesondere den Seglern und Fahrzeugen unter 20 m Länge vorbehalten. Andere Fahrzeuge dürfen diese Zone nur befahren, wenn sie einen Hafen oder ein anderes Ziel darin anlaufen oder von diesem auslaufen, ferner zwischen zwei Zielen in einer Küstenverkehrszone. In den Küstenverkehrszonen gibt es keine einheitliche Fahrtrichtung (Regel 10).

16. Die besonderen Verhaltensregeln sind im Kasten rechts oben zusammengefaßt.

17. Diese besonderen Verhaltensregeln befreien ein Fahrzeug nicht von seiner Verpflichtung aufgrund einer anderen Regel der KVR (Regel 10 a). Insofern gelten für die Verkehrsteilnehmer im Verkehrstrennungsgebiet untereinander ebenso

- Allgemeine Fahrtrichtungsbindung auf den Einbahnwegen
- Kein Rechtsfahrgebot im Einbahnweg, aber gut klarhalten von der Trennlinie oder -zone
- Ein- oder Auslaufen möglichst an den Enden des Einbahnwegs
- Ein- oder Auslaufen erforderlichenfalls auch von der Seite, dann in möglichst kleinem Winkel
- Queren vermeiden
- Wenn dennoch nötig, möglichst mit der Kielrichtung im rechten Winkel zur allgemeinen Verkehrsrichtung queren
- Trennzonen oder -linien nicht befahren, außer in Notfällen, beim Fischen oder Queren
- Im Verkehrstrennungsgebiet und im Bereich des Zu- und Abgangs möglichst nicht ankern
- In Bereichen des Zu- und Abgangs besonders vorsichtig fahren
- Ein fischendes Fahrzeug darf die Durchfahrt eines Fahrzeugs auf dem Einbahnweg nicht behindern
- Fahrzeuge unter 20 m Länge und Segler dürfen Maschinenfahrzeuge auf dem Einbahnweg nicht behindern
- Der Durchgangsverkehr, der den Einbahnweg sicher befahren kann, darf die Küstenverkehrszone nicht benutzen
- Fahrzeuge unter 20 m Länge, Segler und fischende Fahrzeuge dürfen die Küstenverkehrszone unter allen Umständen benutzen
- Außerhalb ist möglichst großer Abstand zu den Einbahnwegen zu halten

wie gegenüber dem angrenzenden oder dazustoßenden Verkehr die normalen Fahr- und Ausweichregeln sowie die Regeln für verminderte Sicht, neben allen anderen Vorschriften der KVR.

18. Das Gebot für Fahrzeuge unter 20 m Länge und Segler, Maschinenfahrzeuge nicht zu behindern, bedeutet zum Beispiel, mit dem Queren zu warten, so daß die Gefahr eines Zusammenstoßes und damit eine Ausweichpflicht gar nicht erst entsteht. Sollte sich dennoch eine Kollisionsgefahr ergeben und das kleine Fahrzeug nach den Ausweichregeln kurshaltepflichtig sein, behält das Nichtbehinderungsgebot Vorrang vor der Kurshaltepflicht. Es bleibt handlungspflichtig und muß weiter versuchen, die Behinderung zu vermeiden (Regel 8f ii). Der Längsfahrer ist ausweichpflichtig (Regel 8f iii).

Verhalten von Fahrzeugen bei Sicht

19. Die folgenden Ausweichregeln gelten nur für Fahrzeuge, die sich gegenseitig optisch in Sicht haben. Wird ein anderes Fahrzeug bei unsichtigem Wetter nur mit Radar geortet oder nur aufgrund seines Schallsignals wahrgenommen, gelten diese Ausweichregeln nicht. Vielmehr sind dann die Regeln für das Verhalten von Fahrzeugen bei verminderter Sicht zu befolgen. Sie finden jedoch wieder Anwendung, wenn das andere Fahrzeug aus dem Nebel bricht und optisch sichtbar wird (Regel 11).

20. Ein Fahrzeug gilt als **Überholer,** wenn es im Hecklichtsektor (112,5° bis 247,5°) des anderen aufkommt. Es muß ungeachtet der Art des anderen Fahrzeuges ausweichen und sich während des ganzen Überholvorgangs freihalten, auch wenn sich in dessen Verlauf kreuzende Kurse ergeben. Entscheidend ist der Augenblick des In-Sicht-Kommens. Auch im Zweifelsfalle gilt man als Überholer (Regel 13).

21. Maschinenfahrzeuge auf entgegengesetzten Kursen weichen **beide nach rechts** aus (Regel 14). Als Grenze zwischen entgegengesetzten Kursen und sich kreuzenden Kursen gilt die Seitenpeilung von +/− 3°. Im Zweifelsfall ist von entgegengesetzten Kursen auszugehen.

22. Kreuzen sich die Kurse zweier Maschinenfahrzeuge, weicht **das von links kommende** aus. Zu Maschinenfahrzeugen zählen auch Segler unter Motor. Das ausweichende Fahrzeug muß, wenn es die Umstände zulassen, vermeiden, den Bug des anderen Fahrzeuges zu kreuzen (Regel 15).
Maschinenfahrzeuge müssen Ausweichmanöver mit den in Abs. 80 (S. 104) genannten Schallsignalen anzeigen.

23. Segelfahrzeuge untereinander weichen nach drei Fällen aus:
– Haben beide den Wind von der gleichen Seite, weicht das luvwärtige aus.
– Hat eines den Wind von Stb und das andere von Bb, weicht letzteres aus.
– Ein Segler mit Wind von Bb weicht einem anderen Segler Luv voraus aus, wenn nicht zu erkennen ist, von welcher Seite dieser den Wind hat (Regel 12).

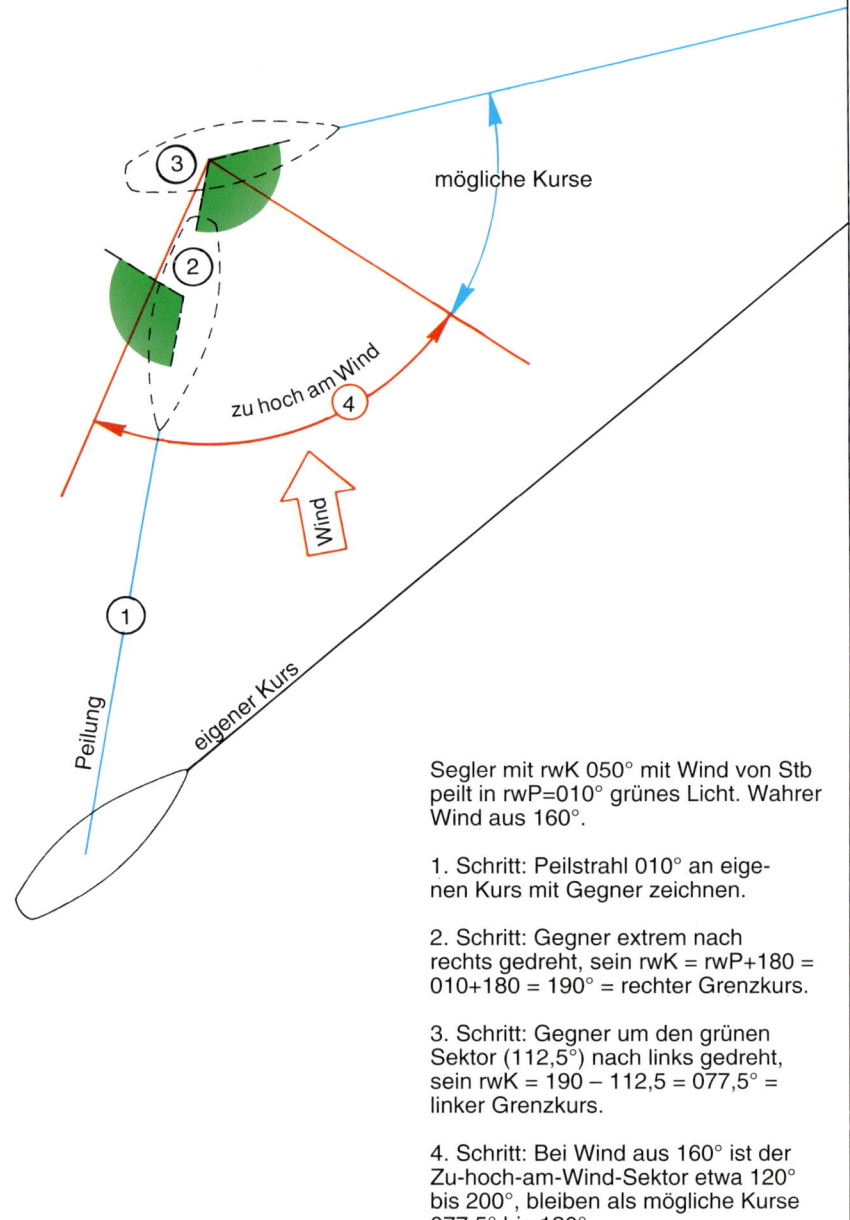

Segler mit rwK 050° mit Wind von Stb peilt in rwP=010° grünes Licht. Wahrer Wind aus 160°.

1. Schritt: Peilstrahl 010° an eigenen Kurs mit Gegner zeichnen.

2. Schritt: Gegner extrem nach rechts gedreht, sein rwK = rwP+180 = 010+180 = 190° = rechter Grenzkurs.

3. Schritt: Gegner um den grünen Sektor (112,5°) nach links gedreht, sein rwK = 190 − 112,5 = 077,5° = linker Grenzkurs.

4. Schritt: Bei Wind aus 160° ist der Zu-hoch-am-Wind-Sektor etwa 120° bis 200°, bleiben als mögliche Kurse 077,5° bis 120°.

Schluß: Gegner hat den Wind von Stb, wir weichen aus.

Abb. 3 *Skizze für die Berechnung von Grenzkursen*

24. Letztere Situation ergibt sich besonders nachts, wenn man nur das grüne Licht sieht, oder tags, wenn das Großsegel hinter einem Spinnaker verborgen ist. Die Stellung des Großbaums, des Spinnakerbaums oder, wenn beide fehlen, des größten Schratsegels entscheidet, von welcher Seite, im Sinne dieser Ausweichregel, ein Schiff den Wind hat.

25. Wenn bei Nacht nur die Lichter des Kollisionsgegners auszumachen sind, muß man mit Hilfe einer **Planskizze** ermitteln, welche Kurse er bei den gezeigten Lichtern fahren (Grenzkurse) und von welcher Seite er den Wind haben könnte (Abb. 3, Seite 92).

26. Maschinenfahrzeuge, Segler, Fischer und Manövrierbehinderte oder -unfähige stehen in einer **Ausweichordnung** zueinander. Jeweils der Vorgenannte weicht den nachstehenden aus. Jedes Fahrzeug mit Ausnahme eines manövrierbehinderten oder manövrierunfähigen muß, sofern die Umstände es zulassen, vermeiden, die sichere Durchfahrt eines **tiefgangbehinderten Fahrzeugs** zu behindern (Regel 18). Ein Behinderungsverbot muß bei einem Abstand befolgt werden, bei dem eine Kollisionsgefahr und damit eine Ausweichpflicht im Sinne der KVR noch nicht entstanden ist.

27. Aus den Ausweichregeln für Fahrzeuge in Sicht ergibt sich, wer ausweichen muß. Der **Ausweichpflichtige** hat so früh wie möglich für den anderen deutlich erkennbar Kurs, Fahrt oder beides so zu ändern, daß ein sicherer Passierabstand erreicht wird (Regel 8 und 16). Nach welcher Seite ausgewichen wird, ist nur bei sich begegnenden

---

Ausweichregeln bei Sicht

● **Der Überholer** hält sich von allen frei

● **Sich kreuzende Maschinenfahrzeuge:** Links weicht aus

● **Sich begegnende Maschinenfahrzeuge:** beide nach rechts

● **Alle Maschinenfahrzeuge** weichen Seglern, Fischern, Manövrierbehinderten und -unfähigen aus und machen Tiefgangbehinderten Platz

● **2 Segler mit Wind von gleicher Seite:** der Luvwärtige weicht aus

● **2 Segler mit Wind von verschiedenen Seiten:** der mit Wind von Bb weicht aus

● **Segler mit Wind von Bb** weicht gegenüber Segler Luv voraus aus, wenn dessen Windseite nicht klar ist

● **Alle Segler** weichen Fischern, Manövrierbehinderten und -unfähigen aus und machen Tiefgangbehinderten Platz

● **Alle Fischer** weichen Manövrierbehinderten und -unfähigen aus und machen Tiefgangbehinderten Platz

---

Kursen (beide nach rechts) und bei kreuzenden Kursen von Maschinenfahrzeugen (möglichst am Heck vorbei) vorgeschrieben (Regel 14 und 15). Es ist jedoch gute seemännische Praxis, grundsätzlich nicht vor dem Bug zu kreuzen (Regel 2).

28. Das andere Fahrzeug ist der **Kurshalter.** Er ist verpflichtet, Kurs und Fahrt beizubehalten. Sollte es aber klarwerden, daß der Ausweichpflichtige nicht ausweicht, **darf** er zur

---

Abwendung einer Kollision selbst manövrieren (**„Manöver des vorletzten Augenblicks"**). Er darf jedoch nicht, wenn er von rechts kommt, am Heck des Gegners vorbeizufahren versuchen, weil dieser gerade zu einem Ausweichmanöver nach Stb andrehen könnte (Regel 17).

Bevor der Kurshalter selbst manövriert, muß er den Ausweichpflichtigen mit dem Schallsignal fünfmal kurz warnen, und wenn das eigene Manöver nötig wird, muß er als Maschinenfahrzeug dieses durch das entsprechende Manöversignal (ein-, zwei- oder dreimal kurz) ankündigen (Regel 34d und 34a).

29. Sollten sich beide Schiffe so nahe gekommen sein, daß der Ausweichpflichtige allein die Kollision nicht mehr vermeiden kann, **muß** auch der Kurshalter so manövrieren, wie es der Vermeidung des Zusammenstoßes am dienlichsten ist: **„Manöver des letzten Augenblicks."**

Verhalten von Fahrzeugen bei verminderter Sicht ohne Radar

30. Bei **verminderter Sicht** müssen alle Fahrzeuge
– ihre **Geschwindigkeit** den Sicht- und Verkehrsbedingungen entsprechend verringern,
– **Ausguck** (optisch und akustisch) verstärken,
– die Maschine **manöverbereit** halten,
– **Lichter zeigen**
– und **Schallsignale** geben
(Regel 8, 19 und 35). Praktischer-

weise verläßt eine Yacht bei einbrechender Unsichtigkeit die Wasserflächen, auf denen der Hauptverkehr stattfindet. Wenn es die Wassertiefen zulassen, navigiert sie mit größter Vorsicht außerhalb des Fahrwassers oder geht vor Anker.

31. Vernimmt ein Fahrzeug, das kein Radar zur Verfügung hat, ein **Nebelsignal vorlicher als querab,** muß es die Fahrt auf Steuerminimum zurücknehmen und erforderlichenfalls ganz aufstoppen, bis die Gefahr des Zusammenstoßes vorüber ist (Regel 19 e). Kommt das andere Fahrzeug in Sicht, ist nach den Ausweichregeln zu verfahren. Auf akustische Ortung allein darf nicht ausgewichen werden.

Verhaltensregel unter Schallsignalen bei verminderter Sicht:

- *Geschwindigkeit* anpassen
- bei *vorlichem Nebelsignal:* Geschwindigkeit auf Steuerminimum
- erst *bei Sichtkontakt:* ausweichen beziehungsweise kurshalten*

---

* Bei verminderter Sicht ist der Abstand beim Sichten jedoch allgemein so gering, daß der Kurshalter nach Regel 17 handeln muß.

Verhalten von Fahrzeugen bei verminderter Sicht unter Radar

32. Wird ein anderes Fahrzeug bei verminderter Sicht nur mit Radar geortet, gelten nicht die Ausweichregeln für Fahrzeuge, die einander in Sicht haben. Statt dessen muß **jedes Fahrzeug** so manövrieren, daß eine gefährliche Annäherung **(Nahbe-**

reichslage) vermieden wird, wobei man auf dem eigenen Fahrzeug nicht weiß, ob das andere auch unter Radar fährt und ebenso den Nahbereich meidet oder nicht (Regel 19 d).

33. Dieser **Nahbereich** ist ein um die hypothetische Kollisionsstelle gelegter Sicherheitskreis, der eine gefahrlose Vorbeifahrt auch ohne Sichtkontakt gewährleistet. Wie groß dieser Kreis gewählt werden muß, hängt im einzelnen von folgendem ab:
- der **Verkehrsdichte und den Passiergewohnheiten**
- dem verfügbaren **Seeraum für Manöver**
- der **Annäherungsgeschwindigkeit** und der Manövrierbarkeit der beteiligten Schiffe
- dem **Schnittwinkel** der Kurse
- der **Zuverlässigkeit der Radarauswertung** auch unter den gegenwärtigen Störungen

Ob das eigene Fahrzeug bei Beibehaltung von Kurs und Fahrt mit einem anderen in den Nahbereich geraten würde, muß in jedem Einzelfall geprüft werden. Im Zweifelsfalle zeichnet man dazu ein **Radarplot** (siehe Kapitel 14), es sei denn, die Rechnerausstattung des Radargerätes (z. B. ARPA) liefert den Passierabstand auf Knopfdruck.

34. Manöver von mehreren Fahrzeugen müssen sich positiv ergänzen, deswegen schreibt Regel 19 d die **Richtung der Kursänderung** vor: Kursänderungen zur Vermeidung eines Nahbereichs sollen nach Möglichkeit
- nicht nach Backbord gerichtet sein gegenüber einem Fahrzeug vorlicher als querab, außer beim Überholen,
- nicht auf ein Fahrzeug zu gerichtet sein, das querab oder achterlicher als querab ist (Regel 19 d).

Einfacher ausgedrückt: Grundsätzlich ist nach Stb zu drehen, außer zum Überholen oder gegenüber einem Gegner von rechts hinten. Diese Richtungsvorschrift kann erfordern, daß man einen Nahbereich, den man links nur tangieren würde, nun rechts umfahren muß. Kursänderungen um 60° und mehr können durchaus erforderlich werden, um einen spät erkannten Nahbereich zu meiden. Praktischerweise zieht man deshalb in solchen Fällen ein Stoppmanöver der Kursänderung vor.

Da nur das Radargerät über das Verhalten anderer Schiffe informiert, sollen Kursänderungen nicht kleiner als 30° sein.

35. Läßt sich ein Nahbereich gegenüber einem anderen vorlicher als querab georteten Fahrzeug nicht vermeiden, muß die **Fahrt auf das Steuerminimum zurückgenommen** oder nötigenfalls ganz gestoppt werden. Es ist mit äußerster Vorsicht zu manövrieren, bis die Gefahr des Zusammenstoßes vorüber ist (Regel 19 e). Bricht der Gegner aus dem Nebel heraus, gelten die Ausweichregeln nach Sicht (Regel 11).

Abstandsregel bei verminderter Sicht unter Radar:

- *Geschwindigkeit* anpassen
- *Jeder manövriert,* um Nahbereichslage zu vermeiden
- *Kursänderung* grundsätzlich nach rechts, außer zum Überholen und wenn Gegner aus Stb achterlichem Sektor
- *Im Nahbereich* Fahrt auf Steuerminimum, vorsichtig manövrieren

---

Fahrregeln nach SeeSchStrO

36. Die Fahrregeln der KVR, die bisher dargestellt wurden, werden ergänzt durch die Fahrregeln der SeeSchStrO im Bereich ihrer Geltung. Letztere nationale, zusätzliche Fahrregeln betreffen z. B. das Verhalten im Fahrwasser, die Fahrgeschwindigkeit, Wasserskilaufen, Wassermotorradfahren und Segelsurfen.

37. Mit den **Grundregeln für das Verhalten im Verkehr** (§ 3) wird der Teilnehmer über die einzelnen Verhaltensanweisungen der SeeSchStrO hinaus für folgendes verantwortlich gemacht:
– für die Sicherheit und Leichtigkeit des Verkehrs
– dafür, daß kein anderer geschädigt oder gefährdet wird
– dafür, daß kein anderer mehr, als nach den Umständen unvermeidbar, behindert oder belästigt wird
– für die Beachtung der Vorsichtsmaßregeln, die Seemannsbrauch oder besondere Umstände des Falles notwendig machen
Ferner schreiben die Grundregeln vor, daß notfalls von dieser Verordnung abgewichen werden muß, wenn dies zur Abwendung einer unmittelbaren Gefahr zwingend nötig ist. Schließlich ist hier das Fahrverbot für Schiffsführer, Surfbrett- und Wassermotorradfahrer verankert, die „infolge körperlicher oder geistiger Mängel oder des Genusses alkoholischer Getränke oder anderer berauschender Mittel in der sicheren Führung des Fahrzeugs behindert" sind. Dies gilt auch bei einer Blutalkoholkonzentration von 0,8 oder mehr Promille.

38. **Fahrwasser** im Sinne dieser Verordnung sind die Teile der Wasserflächen, die durch die Fahrwassertonnen begrenzt oder gekennzeichnet sind oder die, soweit dies nicht der Fall ist, auf den Binnenwasserstraßen für die durchgehende Schiffahrt bestimmt sind. Spricht man von der rechten Fahrwasserseite, ist die in Fahrtrichtung rechte Seite gemeint. Unter Steuerbordseite des Fahrwassers versteht man dagegen gleichbleibend die Seite, die bei von See einlaufenden Fahrzeugen an Steuerbord liegt. Verbindet ein Fahrwasser zwei Meeresteile, so gilt als Steuerbordseite des Fahrwassers die Seite, die bei Fahrzeugen an Steuerbord liegt, die aus westlicher Richtung, das heißt von Nord (einschließlich) über West bis Süd (ausschließlich) kommen (§ 2).

39. Alle Fahrwasser im Bereich der SeeSchStrO sind **enge Fahrwasser** im Sinne der Regel 9 KVR, wie beschrieben in Absatz 13. Deshalb gelten dort
– das **Rechtsfahrgebot**,
– das Verbot für **Fahrzeuge unter 20 m Länge**, solche Fahrzeuge zu behindern, die nur innerhalb des engen Fahrwassers sicher fahren können,
– das Verbot für **fischende Fahrzeuge**, überhaupt andere Fahrzeuge zu behindern.
(§ 2 (1) 1 sowie Regel 9)

40. **Außerhalb des Fahrwassers** ist so zu fahren, daß klar erkennbar ist, daß das Fahrwasser nicht benutzt wird (§ 22.2). Es gelten die Ausweichregeln der KVR.

41. Grundsätzlich muß links **überholt** werden; rechts kann überholt werden, wenn die Umstände es erfordern. Das voraus fahrende Fahrzeug muß, wenn dessen Mitwirkung erforderlich ist, ansignalisiert werden (– – · an Stb oder – – · · an Bb) und „einverstanden" zurückgeben (– · – ·). Anstelle der Schallsignale ist auch eine UKW-Absprache zulässig, sofern diese eindeutig ist. Zu überholen ist verboten:
– ohne Einverständnis des zu Überholenden (wenn dessen Mitwirkung erforderlich ist)
– in der Nähe von nicht freifahrenden Fähren in Fahrt
– an engen Stellen und in unübersichtlichen Krümmungen
– vor und in Schleusen sowie Vorhäfen des Nord-Ostsee-Kanals
– innerhalb von Strecken und zwischen Fahrzeugen, die von den Wasser- und Schiffahrtsdirektionen Nord und Nordwest bekanntgemacht sind (§ 23) – Abb. 4

Überholverbot

für alle Fahrzeuge — für Schleppverbände

Abb. 4

42. Abweichend von den KVR haben dem **Fahrwasserverlauf folgende** Fahrzeuge unabhängig davon, ob sie nur innerhalb des Fahrwassers sicher fahren können, **Vorfahrt** gegenüber Fahrzeugen, die
– in das Fahrwasser einlaufen,
– das Fahrwasser queren,
– im Fahrwasser drehen,
– ihre Anker- oder Liegeplätze verlassen (§ 25.2).
Sofern **Segelfahrzeuge** nicht deut-

lich (+/–10°) der Richtung eines Fahrwassers folgen, haben sie sich untereinander nach den KVR zu verhalten, sofern sie dadurch vorfahrtberechtigte Fahrzeuge nicht gefährden oder behindern (§ 25.3).

Im übrigen bedeutet Vorfahrt zu gewähren **Wartepflicht,** nicht Ausweichpflicht. Der Vorfahrtberechtigte ist nicht Kurshalter nach KVR.

Vorfahrt ist auch bei verminderter Sicht zu gewähren. Die Ausweichpflicht beim Überholen und Begegnen gilt auf Seeschiffahrtsstraßen auch dann, wenn sich die Fahrzeuge noch nicht in Sicht, wohl aber mit Radar geortet haben.

43. Fahrzeuge im Fahrwasser haben unabhängig davon, ob sie dem Fahrwasserverlauf folgen, Vorfahrt vor Fahrzeugen, die aus einem **abzweigenden oder einmündenden Fahrwasser** einlaufen (§ 25.4). Welches bei zwei Fahrwassern das einmündende oder abzweigende ist, ergibt sich aus der Grundfarbe der Scheiteltonne. Sie entspricht der Fahrwasserseite des durchgehenden Fahrwassers (Anlage I B 13).

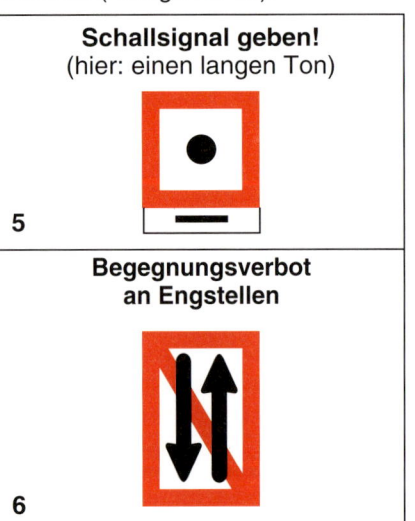

5 Schallsignal geben!
(hier: einen langen Ton)

6 Begegnungsverbot an Engstellen

44. Nähern sich zwei Fahrzeuge einer für das Begegnen zu schmalen **Engstelle** (Abb. 6), hat in stromfreien Gewässern das von See kommende Schiff Vorfahrt, im Nord-Ostsee-Kanal das Schiff, das in östliche Richtung fährt (Stb-Fahrwasserseite). In Gewässern mit Strom hat das mit dem Strom laufende Schiff Vorfahrt und bei Stillwasser das Schiff, das als nächstes den Strom mitlaufend bekommt (§ 25 (5)).

45. Wegerechtschiffe müssen den tiefsten Teil des Fahrwassers benutzen, das heißt, sie fahren unter Umständen auf der linken Seite. Sie

7 Geschwindigkeitsbeschränkung auf 12 km/h durch das Wasser, auf dem Nord-Ostsee-Kanal über Grund

8 Außergewöhnliche Schiffahrtsbehinderung

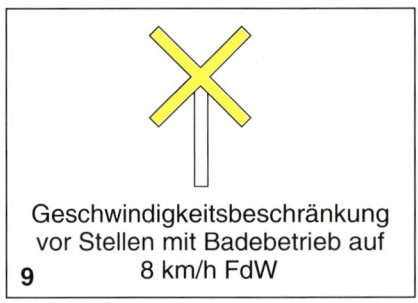

9 Geschwindigkeitsbeschränkung vor Stellen mit Badebetrieb auf 8 km/h FdW

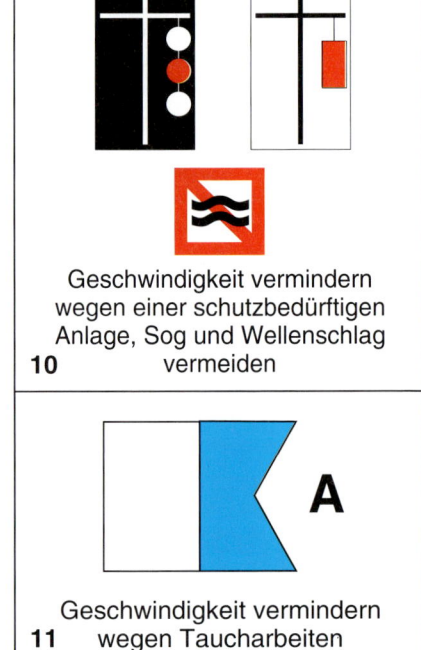

10 Geschwindigkeit vermindern wegen einer schutzbedürftigen Anlage, Sog und Wellenschlag vermeiden

11 Geschwindigkeit vermindern wegen Taucharbeiten

sind als **manövrierbehinderte Fahrzeuge** gekennzeichnet. Im Bereich des Küstenmeeres gelten auch Fahrzeuge, die hinsichtlich ihrer Größe und ihres Tiefgangs bestimmte Voraussetzungen erfüllen, als manövrierbehinderte Fahrzeuge. Ihnen ist nach Regel 18 KVR auszuweichen. (§ 2 (1) 13)

46. Jedes Fahrzeug, Wassermotorrad und Segelsurfbrett muß mit **sicherer Geschwindigkeit** nach Regel 6 KVR (vgl. Absatz 10, S. 89) fahren. Die Geschwindigkeit ist rechtzeitig zu reduzieren, um Gefährdungen durch **Sog und Wellenschlag** zu vermeiden, insbesondere beim Vorbeifahren an
– Häfen, Schleusen und Sperrwerken,
– festliegenden Fähren,
– manövrierunfähigen und manövrierbehinderten sowie festgekom-

12 Wasserski erlaubt — Wassermotorrad erlaubt

Ankerverbote

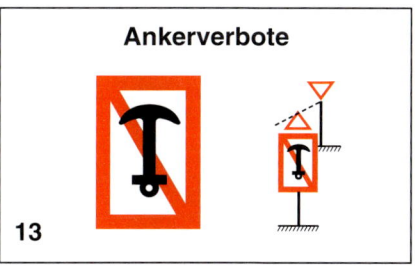

13

Festmacheverbot

14

Dauernde Sperrung

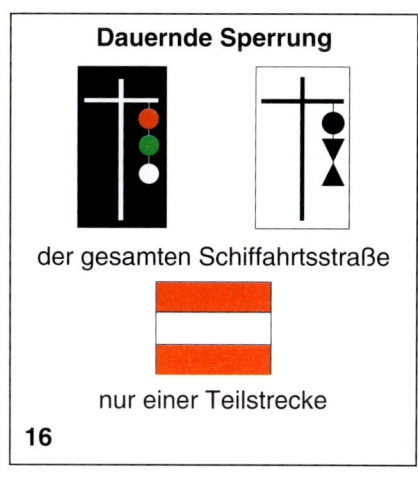

der gesamten Schiffahrtsstraße

nur einer Teilstrecke

16

Sperrgebiete

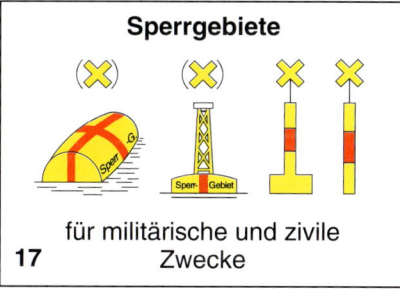

für militärische und zivile Zwecke

17

Kennzeichnung besonderer Gebiete und Stellen

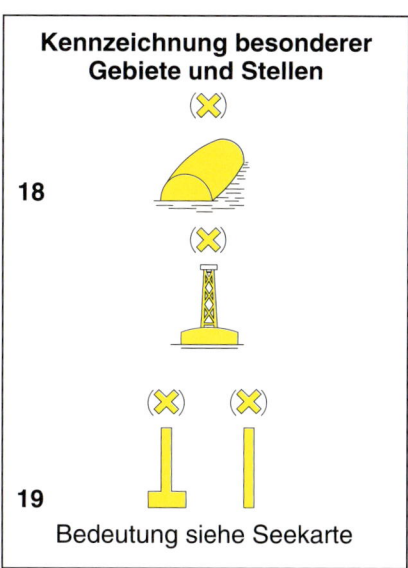

18

19

Bedeutung siehe Seekarte

menen Fahrzeugen,
- schwimmenden Geräten und Anlagen,
- geschleppten außergewöhnlichen Schwimmkörpern,
- Stellen, die durch entsprechende Sichtzeichen gekennzeichnet sind – Abb. 10 und 11 (§ 26 (1)).

47. Bei erkennbarem Badebetrieb im Wasser gelten außerhalb des Fahrwassers unter 500 m Abstand vom Ufer als Höchstgeschwindigkeit 8 km/h bzw. 4,3 kn (FdW). (§ 26 (4))

48. Wasserskilaufen, Segelsurfen, das Schleppen von Wassersportanhängen und Wassermotorradfahren sind im Fahrwasser verboten, außer auf behördlich bekanntgemachten Wasserflächen (Abb. 12). Außerhalb des Fahrwassers sind diese Aktivitäten generell erlaubt, außer auf behördlich bekanntgemachten Verbotszonen. Nachts und bei unsichtigem Wetter sind sie grundsätzlich verboten. Zugboote der Wasserskiläufer, Wassersportanhänge und Wassermotorradfahrer müssen allen anderen Fahrzeugen **ausweichen.** Untereinander weichen sie nach KVR aus. (§ 31)

49. Ankern ist im Fahrwasser – außer auf den Reeden – verboten. Das Verbot gilt nicht für manövrierbehinderte Fahrzeuge. Außerhalb des Fahrwassers ist das Ankern auf folgenden Wasserflächen verboten:

- an **engen Stellen** und unübersichtlichen Krümmungen
- in einem Umkreis von 300 m von schwimmenden Geräten, Wracks und sonstigen **Schiffahrtshindernissen,** Leitungstrassen, Warnstellen, Kabeln und Rohrleitungen
- bei verminderter Sicht dichter als 300 m an **Hochspannungsleitungen**
- innerhalb von 100 m von **Sperrwerken**
- vor **Hafeneinfahrten,** Anlegestellen, Schleusen und Sielen
- in den **Zufahrten zum Nord-Ostsee-Kanal**
- innerhalb von **Fähr- und Brückenstrecken**
- an Stellen und auf Flächen, die von der Behörde bekanntgemacht worden sind, wo also **Ankerverbot** besteht – Abb. 13 (§ 32 (1))

Liegeverbot
auf dieser Fahrwasserseite

15

Vorübergehende Sperrung

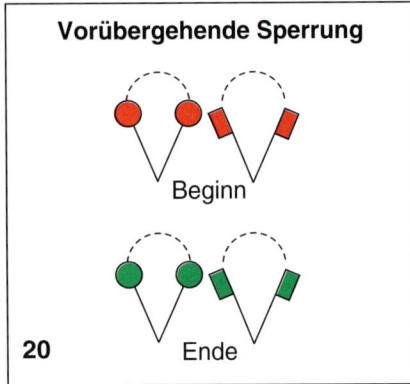

Beginn

20 Ende

Schallsignal

Sperrung
21 der Seeschiffahrtsstraße

Einfahren in Schleusen

Anlage gesperrt,
Warten lohnt nicht

Einfahrt geschlossen,
aber in Betrieb, warten!

Freigabe wird vorbereitet, gleich geht's los

Einfahren,
kein Gegenverkehr

Einfahren, aber Gegenverkehr hat Vorfahrt

Ausfahren aus Schleusen

Ausfahren verboten

Ausfahren!

22

Anhalten vor beweglichen Brücken, Sperrwerken und Schleusen bis zur Freigabe der Durchfahrt

23

50. Reeden sind keine allgemeinen Ankerplätze. Sie sind für eine bestimmte, von der Strom- und Schiffahrtspolizeibehörde festgelegte Art von Verkehr zweckgebunden (§ 32 (3)).

51. Für den Verkehr **gesperrte Wasserflächen** werden durch besondere Schiffahrtszeichen gekennzeichnet. Es wird unterschieden zwischen dauernder und vorübergehender Sperrung der gesamten Schiffahrtsstraße oder nur einer Teilstrecke, wie zum Beispiel eines von verschiedenen Brückenjochen. Muß einer Sperrung akustisch Nachdruck gegeben werden oder zwingt verminderte Sicht dazu, wird von Land aus ein Schallsignal (dreimal lang, dreimal lang) gegeben. Abb. 16, 20, 21.

52. Mit gelben Tonnen sind Wasserflächen gekennzeichnet, die zeitweilig gesperrt oder eingeschränkt für den Verkehr freigegeben sind. Ihre Bedeutung im einzelnen ist den Veröffentlichungen der zuständigen Wasser- und Schiffahrtsbehörde zu entnehmen. Abb. 17–19.

53. Sportfahrzeuge im Nord-Ostsee-Kanal dürfen nur während der bekanntgemachten Tagfahrzeiten und nicht bei verminderter Sicht verkehren. Sie brauchen keinen Lotsen. Bei unerwarteter verminderter Sicht dürfen sie hinter den Dalben in den

Weichengebieten oder an geeigneten Liegestellen festmachen. Segler müssen auf der Kanalstrecke motoren. Höchstgeschwindigkeit 15 km/h über Grund. Bei Schleppzügen muß die Mindestgeschwindigkeit 9 km/h betragen. Das Einfahrtssignal für Sportboote ist ein weißes, unterbrochenes Licht (§ 51).

54. Bei **Schiffsunfällen** sind die Fahrzeugführer verpflichtet, Gefährdungen des weiteren Verkehrs zu verhindern. Im einzelnen müssen sie
– bei **Gefahr des Sinkens** das Fahrzeug möglichst weit aus dem Fahrwasser schaffen. Dabei muß ein Kollisionsgegner, der schwimmfähig geblieben ist, helfen.
– das zuständige Wasser- und Schiffahrtsamt oder die Verkehrszentrale unverzüglich unterrichten, wenn treibende oder auf Grund sitzende Gegenstände die Sicherheit und Leichtigkeit des Verkehrs beeinträchtigen, und
– den **Platz eines gesunkenen** Fahrzeuges behelfsmäßig bezeichnen.
Die Unfallstelle dürfen die Beteiligten erst nach Genehmigung des örtlich zuständigen Wasser- und Schiffahrtsamts **verlassen** (§ 37).

55. Wo **maritime Verkehrssicherung** besteht (z. B. auf Elbe, Weser,

---

Von Behördenfahrzeugen:
Aufforderung anzuhalten

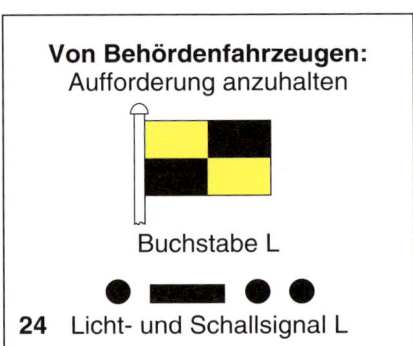

Buchstabe L

24 Licht- und Schallsignal L

Jade und Ems sowie in der Deutschen Bucht), sind mit UKW-Sprechfunk ausgerüstete Fahrzeuge (also auch Sportfahrzeuge) verpflichtet, die von den Verkehrszentralen gegebenen Verkehrsinformationen abzuhören und unverzüglich entsprechend der jeweiligen Verkehrssituation zu berücksichtigen (§ 3.1). Aufbau und Verfahren der maritimen Verkehrssicherung sind im Kapitel 20, Seite 138, beschrieben.

Lichterführung und Signalkörper nach KVR

56. Nach den KVR sind für alle Wasserfahrzeuge außer Seglern und Ruderbooten unter 7 m Länge **fest installierte Lichter** vorgeschrieben. (Achtung: anders für den Bereich der SeeSchStrO; siehe Absatz 75 u. 76.)

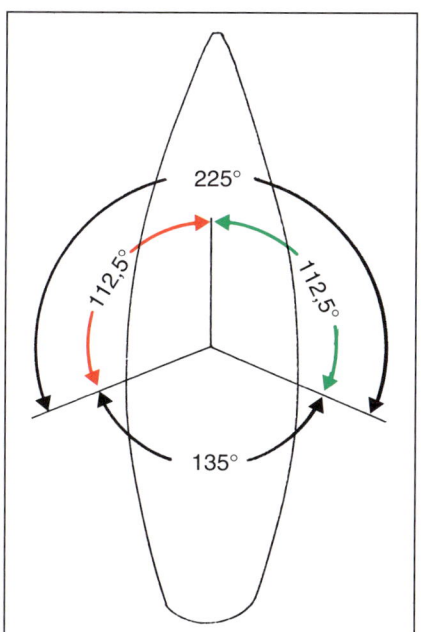

Abb. 25 *Abstrahlsektoren der Positionslaternen*

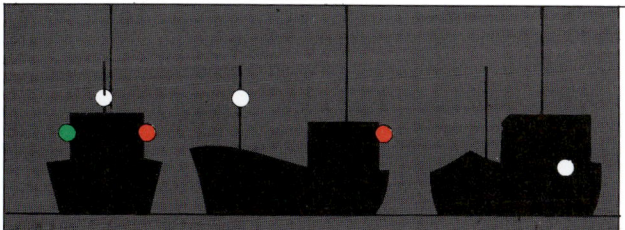

Maschinenfahrzeug in Fahrt von weniger als 50 m Länge

26

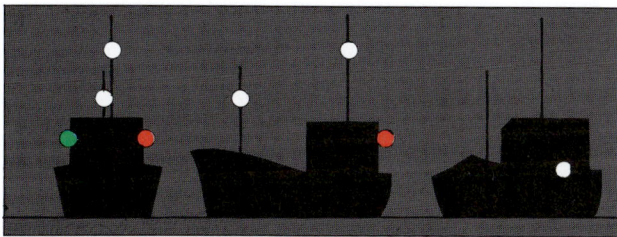

Maschinenfahrzeug in Fahrt von 50 und mehr m Länge

27

Segler unter Maschine in Fahrt = Maschinenfahrzeug

28

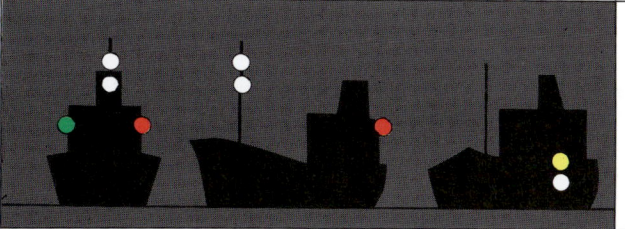

Schlepper mit Anhang von weniger als 200 m Länge in Fahrt

29

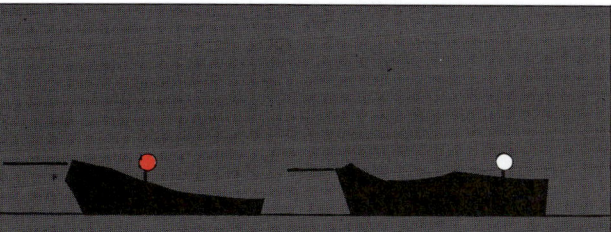

geschleppter Anhang von Bb voraus und von Bb achteraus gesehen in Fahrt

30

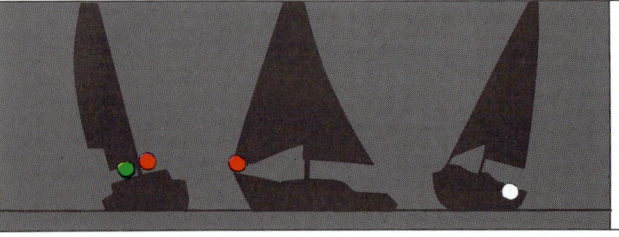

Segelfahrzeug in Fahrt (bei weniger als 20 m Länge auch Dreifarbenlaterne, unter 7 m Länge weiße Handlampe)

31

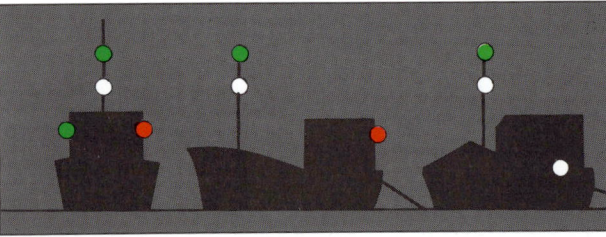

Trawler von weniger als 50 m Länge mit FdW

32

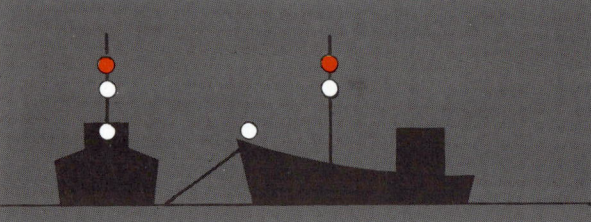

nicht trawlender Fischer ohne FdW mit Fanggerät > 150 m in Richtung des unteren weißen Lichts

33

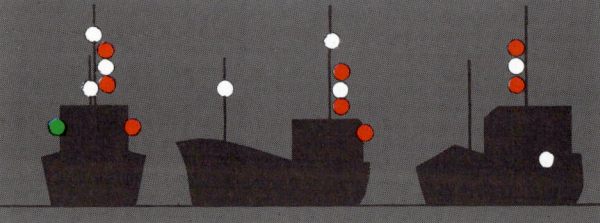

manövrierbehindertes Fahrzeug von 50 m Länge und mehr in Fahrt mit FdW

34

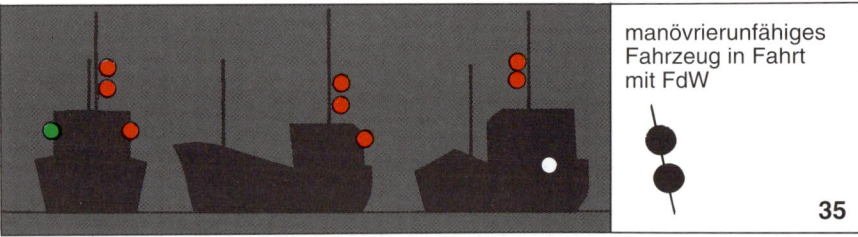

manövrierunfähiges Fahrzeug in Fahrt mit FdW

35

57. Die **Abstrahlsektoren** für Topp- und Seitenlichter sind beidseitig auf 112,5° begrenzt. Der Sektor des Hecklichts schließt sich an. Er deckt 135° ab (Regel 21) – Abb. 25.

58. Lichter müssen von **Sonnenuntergang bis Sonnenaufgang** und bei verminderter Sicht geführt, das heißt eingeschaltet werden. Bei Tage oder sichtigem Wetter ist dies freigestellt. Die vorgeschriebenen Signalkörper sind tagsüber Pflicht (Regel 20).

59. Seitenlichter, Topp- und Hecklicht werden **in Fahrt**, jedoch von fischenden, manövrierbehinderten und manövrierunfähigen Fahrzeugen nur bei **Fahrt durchs Wasser** gesetzt. „In Fahrt" bedeutet nicht festgemacht, nicht vor Anker oder auf Grund. (Regeln 3 i, 26 und 27).

60. Um ihren groben Kurs besser erkennbar zu machen, führen Maschinenfahrzeuge zwei in der Höhe **versetzte Topplichter,** das achtere höher als das vordere. Bei Schiffen von weniger als 50 m Länge ist dies jedoch nur eine „Kann-Vorschrift" (Regel 23 a).

61. Ein **schleppendes Maschinenfahrzeug** führt anstelle des vorderen oder hinteren Topplichtes zwei oder, wenn der Anhang länger als 200 m ist, drei Topplichter senkrecht übereinander. Außerdem führt es Seitenlichter, Hecklicht, ein gelbes Schlepplicht über dem Hecklicht und, wenn das Fahrzeug länger als 50 m ist, das achtere Topplicht. Ein **geschlepptes Fahrzeug** führt Seitenlichter und Hecklicht. Ist der Schleppanhang länger als 200 m, dann führen alle Fahrzeuge des Schleppverbandes am Tage einen Rhombus (Regel 24 a, d und e).

Bei **starren Schubverbänden** führt die gesamte Einheit die Lichter eines allein fahrenden Maschinenfahrzeugs. **Längsseits schleppende Fahrzeuge** führen die Lichter eines Schleppers, jedoch kein Schlepplicht (Regel 24 b und c).

Ein **fischendes Fahrzeug** in Fahrt oder vor Anker, das nicht trawlt, führt ein rotes über einem weißen Rundumlicht oder bei Tage ein Stundenglas. Wenn das Fanggerät mehr als 150 m waagerecht ins Wasser reicht, wird in dessen Richtung ein weißes Rundumlicht oder bei Tage ein Kegel, Spitze oben ausgebracht (Regel 26 c).

Ein **fischender Trawler** in Fahrt oder vor Anker führt ein grünes über einem weißen Rundumlicht und, wenn er länger als 50 m ist, das achtere Topplicht. Bei Tage führt er das Stundenglas (Regel 26 b).

Alle fischenden Fahrzeuge führen Seitenlichter und Hecklicht **nur bei Fahrt durchs Wasser** (Regel 26).

Ein **manövrierunfähiges Fahrzeug** führt zwei rote Rundumlichter oder tags zwei Bälle jeweils übereinander; bei Fahrt durchs Wasser zusätzlich Seitenlichter und Hecklicht. Die Topplichter bleiben aus (Regel 27 a).

Ein **manövrierbehindertes Fahrzeug** führt übereinander Rot/Weiß/Rot rundum oder tags Ball/Rhombus/Ball. Bei Fahrt durchs Wasser werden zusätzlich Topplicht(er), Seitenlichter und Hecklicht geführt (Regel 27 b).

Ein manövrierbehindertes Fahrzeug, das **baggert** oder **Unterwasserarbeiten** ausführt und bei dem auf einer Seite eine Behinderung besteht, führt neben den Behinderungslichtern Rot über Rot rundum oder Ball über Ball auf der behinderten Seite. Auf der passierbaren Seite wird dann Grün über Grün rundum oder Rhombus über Rhombus

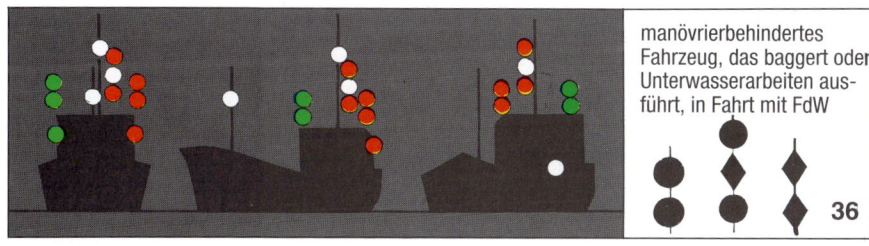

manövrierbehindertes Fahrzeug, das baggert oder Unterwasserarbeiten ausführt, in Fahrt mit FdW

36

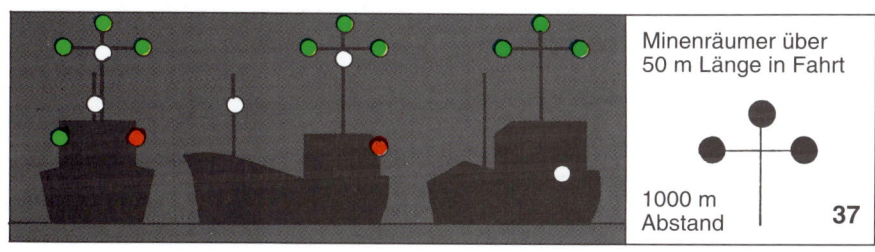

Minenräumer über 50 m Länge in Fahrt

1000 m Abstand

37

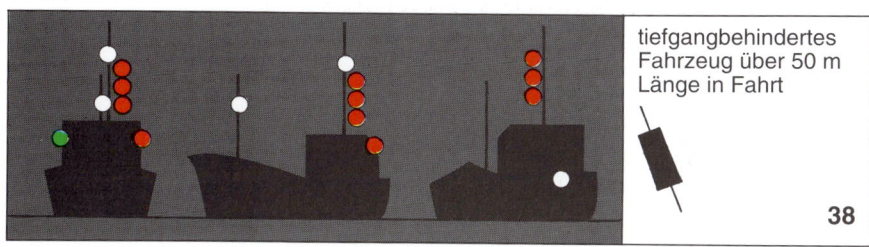

tiefgangbehindertes Fahrzeug über 50 m Länge in Fahrt

38

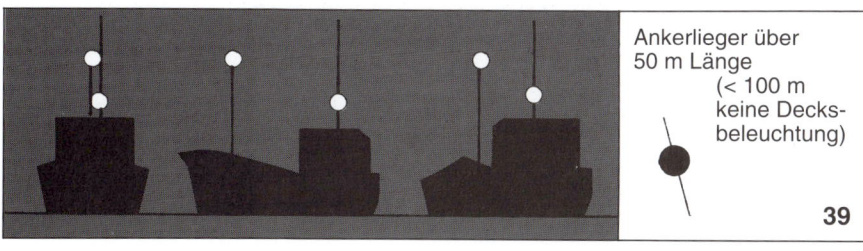

Ankerlieger über 50 m Länge
(< 100 m keine Decksbeleuchtung)

39

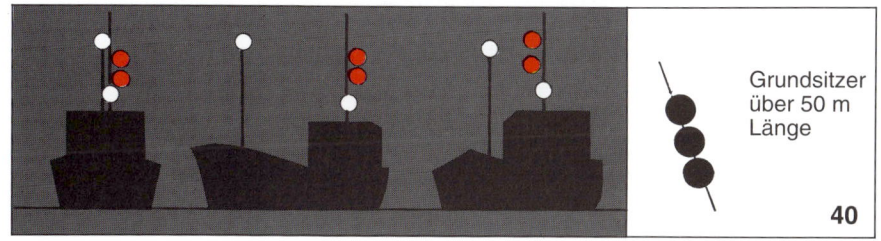

Grundsitzer über 50 m Länge

40

geführt (Regel 27 d). **Taucherarbeiten** können auch durch die Flagge „A" angezeigt werden, wenn das Boot für das Führen der obenbeschriebenen Lichter und Signalkörper zu klein ist (Regel 27 e).

Ein Fahrzeug beim **Minenräumen** führt zusätzlich zu den Lichtern eines Maschinenfahrzeuges im Vortopp drei grüne Rundumlichter im Dreieck oder tags drei Bälle. Annäherung auf weniger als 1000 m ist gefährlich (Regel 27 f).

Ein **tiefgangbehindertes Fahrzeug** führt zusätzlich zu den Lichtern eines Maschinenfahrzeuges dreimal Rot rundum übereinander oder tags einen Zylinder (Regel 28).

Ein **Lotsenfahrzeug** im Dienst führt Weiß über Rot rundum und, wenn in Fahrt, zusätzlich Seitenlichter und Hecklicht (Regel 29).

Ein **Ankerlieger** führt vorn ein weißes Rundumlicht oder tags einen Ball und achtern tiefer als das vordere ein weiteres weißes Rundumlicht, das bei weniger als 50 m Länge entfallen kann. Bei 100 m Länge und mehr muß, darunter kann die Decksbeleuchtung eingeschaltet werden (Regel 30 a–c).

Ein **Fahrzeug auf Grund** führt neben den Ankerlichtern Rot über Rot rundum oder tags drei Bälle übereinander (Regel 30 d).

62. Segelfahrzeuge in Fahrt dürfen zusätzlich zu Seitenlichtern und Hecklicht zwei Rundumlichter Rot über Grün führen (Regel 25 c).

63. Fahrzeuge von weniger als 20 m Länge können anstelle der Seitenlichter eine Zweifarbenlaterne führen (Regel 21).

64. Fahrzeuge von weniger als 12 m Länge können Topplicht und Hecklicht in einem weißen Rundum-

licht zusammenfassen (Regel 23 c). Letzteres kann zugleich als Ankerlicht dienen.

65. Segler von weniger als 20 m Länge können Seitenlichter und Hecklicht in einer Dreifarbenlaterne auf dem Masttopp fahren (Regel 25 b). Für den Fall, daß sie motoren, benötigen sie jedoch das in ausreichender Höhe über den Seitenlichtern angebrachte Topplicht, was mit der Dreifarbenlaterne nicht zu bewerkstelligen wäre. Deshalb müssen solche Segler gleichzeitig mit Topplicht, Seitenlichtern und Hecklicht ausgerüstet sein, wobei die in den Absätzen 63 und 64 genannten Kombinationsmöglichkeiten natürlich auch genutzt werden können.

66. Maschinenfahrzeuge von weniger als 7 m Länge in Fahrt und nicht schneller als 7 kn brauchen, wenn Seitenlichter nicht anbringbar sind, nur ein weißes Rundumlicht zu führen (Regel 23 c ii).

67. Segler von weniger als 7 m Länge, die nicht wenigstens eine Dreifarbenlaterne tragen können, dürfen trotzdem nachts und bei unsichtigem Wetter verkehren. Sie müssen bei Annäherung ein weißes Handlicht zeigen (Regel 25 d).

68. Fahrzeuge von weniger als 12 m Länge brauchen neben dem Ankerball keine weiteren Bälle und auch keine roten Rundumlichter für den Fall mitzuführen, daß sie manövrierunfähig sind oder auf Grund sitzen (Regel 27 d und 30 f).

69. Fahrzeuge von weniger als 7 m Länge vor Anker brauchen auch keinen Ankerball oder ein Ankerlicht zu führen, es sei denn, sie ankern in einem engen Fahrwasser, einer Fahrrinne, auf einer Reede oder in der Nähe davon (Regel 30 e).

Lichterführung nach SeeSchStrO

70. Für deutsche Schiffe sind Positionslaternen vorgeschrieben, **deren Baumuster vom BSH** zugelassen sind (§ 9.1). Sie oder ihre Einsteckvorrichtungen müssen **fest installiert** und sie müssen **elektrisch** betrieben sein. Nur bei Segel- oder Ruderfahrzeugen von weniger als 20 m Länge dürfen notfalls auch nichtelektrische Positionslaternen benutzt werden (§ 9.2).

71. Fahrzeuge, die bestimmte **gefährliche Güter** befördern, führen die Flagge Bravo (rot) oder nachts ein rotes Rundumlicht (Abb. 41).

72. Manövrierbehinderte Fahrzeuge, die im Fahrwasser baggern oder Unterwasserarbeiten ausführen, führen im Gegensatz zu den KVR, auch wenn keine Behinderung besteht, an beiden Seiten Grün über Grün bzw. Rhombus über Rhombus (Anlage II 10).

73. Festgemachte Fahrzeuge, schwimmende Anlagen und außergewöhnliche Schwimmkörper müssen nachts an der landabgewandten Seite mit einem weißen Rundumlicht kenntlich gemacht werden. Bei 50 m Länge und mehr sind es zwei Rundumlichter, jeweils möglichst in Deckshöhe. Diese Lichter sind nicht nötig, wenn die Umrisse des Fahrzeugs durch andere Lichtquellen ausreichend und dauernd erkennbar sind oder wenn es im Bereich einer ausreichend beleuchteten Liegestelle liegt (Anlage II 11).

74. Die Erleichterung der KVR für Fahrzeuge von weniger als 12 m Länge, Seitenlichter von nur 1 sm

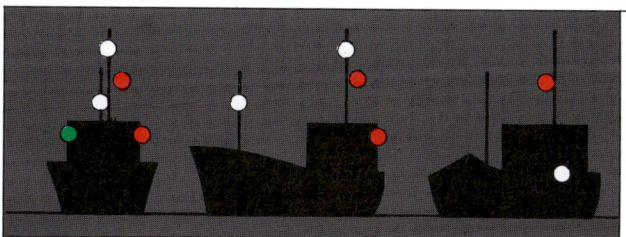

gefährliche Güter, tags roter Doppelstander

41

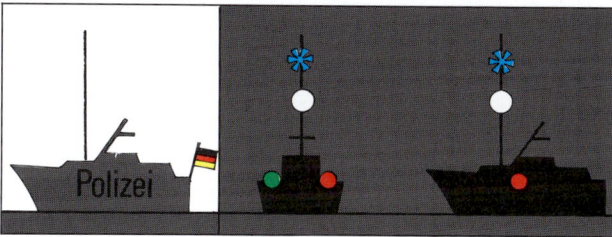

Fahrzeug des öffentlichen Dienstes bei Erfüllung polizeilicher Aufgaben

42

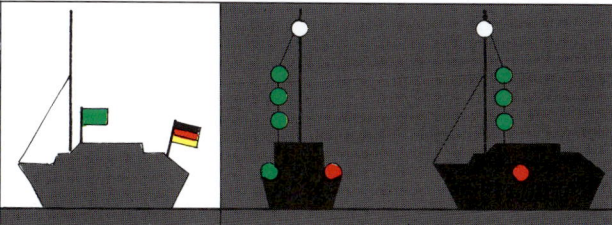

Zollfahrzeug

43

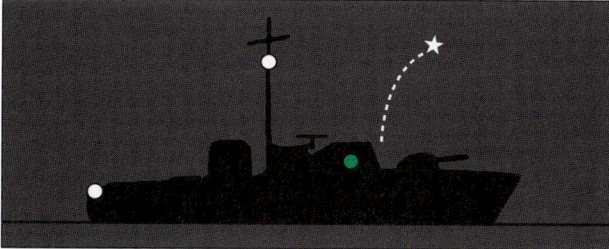

Fahrzeug der Bundeswehr, des Bundesgrenzschutzes oder Maschinenfahrzeug, das Schießscheiben schleppt, wenn sich bei Nacht gefahrdrohend ein Fahrzeug nähert

44

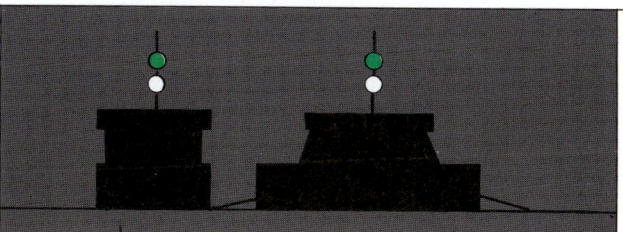

nicht freifahrende Fähre

45

Tragweite zu führen, gilt nach SeeSchStrO nicht. Die **Mindesttragweite** der Seitenlichter ist auch **für kleine Fahrzeuge 2 sm** (§ 10.1).

75. Im Gegensatz zu den KVR dürfen Segel- und Ruderfahrzeuge schon von weniger als 12 m Länge mit nur **einem weißen Rundumlicht** fahren, sofern die Dreifarbenlaterne oder getrennte Seitenlichter und Hecklicht nicht fest installiert werden können (§ 10.2).

76. Anders als bei den KVR brauchen **Maschinenfahrzeuge von weniger als 7 m** Länge sowie Segel- und Ruderfahrzeuge von weniger als 12 m Länge **keine Positionslaternen** zu führen, wenn sie nicht fest installiert werden können. Diese Fahrzeuge dürfen aber nachts und bei unsichtigem Wetter nicht fahren, es sei denn, daß ein Notstand vorliegt. Für diesen Fall ist eine elektrische Leuchte oder eine Laterne mit weißem Licht ständig gebrauchsfertig mitzuführen und rechtzeitig zu zeigen, um einen Zusammenstoß zu verhüten (§ 10.3).

Schallsignale nach KVR und SeeSchStrO

77. Alle Schiffe von 12 m Länge und mehr müssen mit einer **Schallsignalanlage, einer Schiffsglocke** und, wenn 100 und mehr m lang, mit einem **Gong** ausgerüstet sein, die in Anlage III zu den KVR näher erläutert sind. Schiffe von weniger als 12 m Länge müssen mit einem anderen Gerät ein kräftiges Schallsignal abgeben können. (Regel 33)

78. Bei den Schallsignalen unterscheidet man **Manöver- und Warnsignale** und **Schallsignale bei verminderter Sicht.** So bedeutet zum Beispiel einmal lang bei Sicht „Achtung" und bei verminderter Sicht „Maschinenfahrzeug, das Fahrt durchs Wasser macht".

79. Die kurzen Töne von Schallsignalen dauern etwa eine, die langen vier bis sechs Sekunden. Sie können gleichzeitig durch entsprechende Lichtsignale ergänzt werden.

Manöver- und Warnsignale

80. Maschinenfahrzeuge in Fahrt, die gemäß KVR Ausweichmanöver einleiten, müssen dies mit folgenden Pfeifensignalen anzeigen (Regel 34a):

·   Ich ändere meinen Kurs nach Stb

··   Ich ändere meinen Kurs nach Bb

···   Ich arbeite rückwärts

81. Ist bei einem Überholvorgang die Mitwirkung des zu Überholenden erforderlich, werden folgende Pfeifensignale gegeben (Regel 9e und 34c):

− − ·   Ich beabsichtige, an Ihrer Stb-Seite zu überholen

− − ··   Ich beabsichtige, an Ihrer Bb-Seite zu überholen

− · − ·   Ich bin einverstanden

····   (in rascher Folge) Ich bin nicht einverstanden

82. Wenn Fahrzeuge in Sicht sich einander nähern und eines die Absicht oder die Maßnahmen des anderen nicht versteht oder bezweifelt, daß der andere zur **Vermeidung eines Zusammenstoßes** ausrei-

chend manövriert, muß er mindestens fünfmal rasch kurz geben (Regel 34d).

·····   Die rasche Folge soll das Signal von den anderen abheben und der gebotenen Eile entsprechen.

83. Nähert sich ein Fahrzeug einer Stelle, wo **Sichthindernisse** andere Fahrzeuge abdecken könnten, ist einmal lang zu geben. Das andere

−   Fahrzeug, das dieses Signal hört, muß mit einmal lang antworten (Regel 34 e).

84. Im Geltungsbereich der SeeSchStrO ist das **Achtungssignal** (einmal lang) immer zu geben, wenn es die Verkehrslage erfordert,

−   insbesondere beim Einlaufen in andere Fahrwasser und Häfen, beim Auslaufen aus ihnen und aus Schleusen und beim Verlassen von Anker- und Liegeplätzen.

85. Gefährdet ein Fahrzeug ein anderes oder wird es durch dieses

− ····   selbst gefährdet, gibt es
− ····   im Geltungsbereich der SeeSchStrO das **Allgemeine Gefahr- und Warnsignal.** Für den Nord-Ostsee-Kanal gelten besondere Warnsignale.

86. Wenn auf einem Schiff gefährliche Güter oder radioaktive Stoffe

· −   frei werden oder wenn Explosionsgefahr besteht, ist
· −   das **Bleib-weg-Signal**
· −   fortlaufend zu geben:

Auf Fahrzeugen, die dieses Signal wahrnehmen, sind unverzüglich alle erforderlichen Maßnahmen zur Abwendung der drohenden Gefahr zu ergreifen, insbesondere:

– alle Öffnungen soweit möglich schließen
– alle Hilfsmaschinen soweit möglich abstellen
– offene Feuer löschen, nicht rauchen
– Geräte mit glühenden oder Funken gebenden Teilen stillegen

87. Im Bereich der SeeSchStrO gelten von Uferanlagen aus gegebene Schallsignale zur **Verkehrsregelung** (SeeSchStrO Anl. I, C):

····   Durchfahren/Einfahren vorübergehend verboten

− − ·−   Durchfahren/Einfahren für seewärts fahrende Schiffe

− − ··−   Durchfahren/Einfahren für binnenwärts fahrende Schiffe

− − −   Sperrung der Seeschiffahrtsstraße

Schallsignale bei verminderter Sicht

88. Innerhalb oder in der Nähe eines Gebiets mit verminderter Sicht müssen bei Tag oder bei Nacht unten-

Schallsignale bei verminderter Sicht nach SeeSchStrO

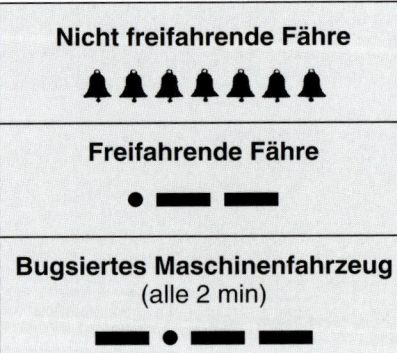

Schallsignale bei verminderter Sicht nach KVR

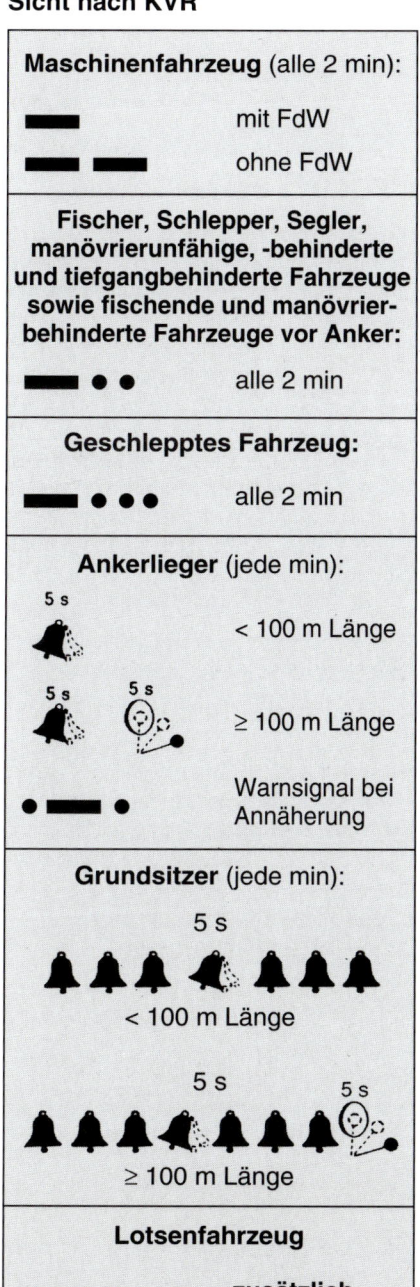

Maschinenfahrzeug (alle 2 min):	
▬	mit FdW
▬ ▬	ohne FdW
Fischer, Schlepper, Segler, manövrierunfähige, -behinderte und tiefgangbehinderte Fahrzeuge sowie fischende und manövrierbehinderte Fahrzeuge vor Anker:	
▬ ● ●	alle 2 min
Geschlepptes Fahrzeug:	
▬ ● ● ●	alle 2 min
Ankerlieger (jede min):	
5 s	< 100 m Länge
5 s 5 s	≥ 100 m Länge
● ▬ ●	Warnsignal bei Annäherung
Grundsitzer (jede min):	
5 s	< 100 m Länge
5 s 5 s	≥ 100 m Länge
Lotsenfahrzeug	
● ● ● ●	zusätzlich

oder nebenstehende Schallsignale gegeben werden, und zwar die **Pfeifensignale mindestens alle 2 Minuten** und die **Glockensignale mindestens jede Minute** (Regel 35).

Notsignale

89. Anlage IV der KVR enthält die international vereinbarten Notsignale, die zum Zwecke der **Unmißverständlichkeit** standardisiert sind. Die KVR vermeiden bewußt eine Definition des Seenotfalles, um auszuschließen, daß unbeabsichtigte Folgeansprüche aus verschiedenen nationalen Rechtsprechungen abgeleitet werden können. Nach gutem Seemannsbrauch muß **Gefahr für Leib oder Leben** bestehen, was jedoch der Schiffsführer allein im Augenblick der Not zu beurteilen hat. Ihm wird die subjektive Entscheidung zugebilligt. Das Seenotsignal **verpflichtet** alle, denen es zur Kenntnis gelangt, zur Hilfeleistung.

90. Damit man sich die **Notsignale** besser einprägen kann, werden sie hier in Gruppen eingeteilt:

Elektronische Signale
Das Wort MAYDAY als Einleitung eines Funkspruchs

Pyrotechnische Signale (Abb. 46)
– Raketen oder Leuchtkugeln mit rotem Stern in kurzen Abständen
– eine rote Fallschirm-Leuchtrakete oder eine rote Handfackel
– orangefarbener Rauch
– Flammensignale auf dem Fahrzeug

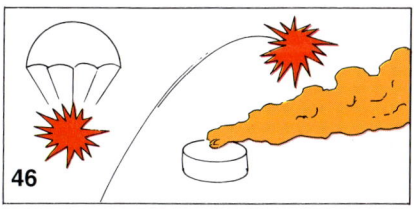

Optische Signale (Abb. 47)
– SOS als Lichtsignal „· · · — — — · · ·"
– Flaggensignal NC
– Signal aus viereckiger Flagge und Ball darüber oder darunter
– langsames und wiederholtes Heben und Senken der nach beiden Seiten ausgestreckten Arme

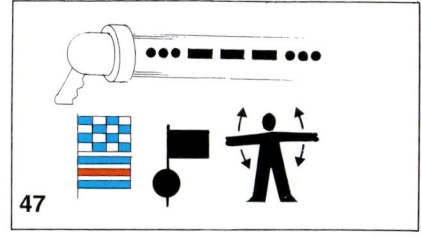

Akustische Signale (Abb. 48)
– anhaltender Ton des Schallsignalgebers
– Knallsignale alle Minute

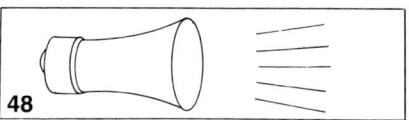

91. In Ergänzung zu diesen Notsignalen wurden im Internationalen Schiffssicherheitsvertrag von 1974 (Safety of Lives at Sea, SOLAS) Signale der Rettungsstationen für in Seenot befindliche Schiffe oder Besatzungsmitglieder festgelegt. Sie sind im einzelnen in Kapitel 15 aufgeführt.

Lernkontrolle

1. Wo findet man als deutscher Sportschiffer die dänische Parallelvorschrift zur deutschen Seeschifffahrtsstraßen-Ordnung? (Absatz 2)

2. Welche Verfügungen für die Regelung und Sicherheit des Seeverkehrs gibt es im deutschen Bereich unterhalb der Ebene der Seeschiffahrtsstraßen-Ordnung? (Absatz 6 und 7)

3. Auf welchen Wasserflächen gilt die Seeschiffahrtsstraßen-Ordnung? (Absatz 4)

4. Was bedeutet sichere Geschwindigkeit? Was unter Radar? (Absatz 10)

5. Muß ein Fahrzeug, das Unterwasserarbeiten ausführt, einem tiefgangbehinderten Fahrzeug Platz machen? (Absatz 9, 26)

6. Ein Segler mit raumem Wind von Backbord erkennt nachts Bb voraus ein grünes Licht mit stehender Peilung. Wer weicht aus? (Absatz 23, dritter Fall)

7. Ist ein tiefgangbehindertes Fahrzeug gegenüber einem anderen, das seine sichere Durchfahrt gewähren muß, kurshaltepflichtig? (Absatz 26)

8. In einem engen Fahrwasser begegnet einer 15-m-Yacht eine große Fähre. Wie verhält sich die Yacht gegenüber dem Entgegenkommer? (Absatz 13)

9. Unter welchen Umständen darf ein Verkehrstrennungsgebiet gequert werden und wie? Wie bei Strom? (Absatz 16)

10. Kann ein Fahrzeug, das sich im Durchgangsverkehr eines Verkehrstrennungsgebietes befindet, ausweichpflichtig werden? (Absatz 17)

11. Ein Maschinenfahrzeug läuft unter spitzem Winkel in einen Einbahnweg ein und nähert sich mit der Backbordseite einem der allgemeinen Verkehrsrichtung folgenden Maschinenfahrzeug, so daß die Möglichkeit der Gefahr eines Zusammenstoßes besteht. Wie handeln beide Fahrzeuge? (Absatz 17, 18)

12. Ein Segler will einen Einbahnweg queren und gerät in stehende Peilung mit einem längsfahrenden Maschinenfahrzeug. Wie verhalten sich beide Fahrzeuge? (Absatz 18)

13. Gilt auf den Einbahnwegen das Rechtsfahrgebot? (Absatz 16)

14. Auf freier See nähert sich einem Maschinenfahrzeug ein zweites von Bb Seite an Seite auf einer stehenden Seitenpeilung von 245°. Wer ist ausweichpflichtig? (Absatz 20)

15. Ein Maschinenfahrzeug peilt ein entgegenkommendes Maschinenfahrzeug 2° Bb voraus. Wer ist ausweichpflichtig? (Absatz 21)

16. Zwei Segler laufen Seite an Seite platt vor dem Wind. Beide unter Spi und geborgenem Großsegel. Wonach richtet sich die Ausweichpflicht? (Absatz 24)

17. Unter welchen Umständen kann ein Schiffsführer seine Yacht als manövrierunfähig erklären? (Absatz 8)

18. Welche Maßnahmen darf, kann und welche muß der Kurshalter treffen, um seinerseits die Kollision zu verhindern? (Absatz 28 und 29)

19. Wie verhält sich eine Yacht bei aufkommendem Nebel? (Absatz 30)

20. In welche Richtung manövriert ein Fahrzeug bei unsichtigem Wetter unter Radar gegenüber einem sich mit stehender Peilung nähernden Fahrzeug in 130° Radarseitenpeilung? (Absatz 34)

21. Wie verhält sich ein Radarfahrer bei unsichtigem Wetter gegenüber einem sich mit stehender Peilung nähernden Fahrzeug in 300° Radarseitenpeilung? (Absatz 34)

22. Welche Bedeutung haben die Ausweichregeln bei unsichtigem Wetter unter Radar? (Absatz 35)

23. Gegen welche Vorschrift verstößt eine Yacht, die zu dicht neben einer anderen ankert? (Absatz 37)

24. Wodurch wird das Fahrwasser seitlich begrenzt, wenn die Tonnen fehlen? (Absatz 38)

25. Wie fährt ein Fahrzeug, das außerhalb des Fahrwassers bleiben möchte? (Absatz 40)

26. Aus welcher Vorschrift ergibt sich das Rechtsfahrgebot im Fahrwasser nach der SeeSchStrO? (Absatz 39)

27. Ist es verboten, an Strombauwerken zu überholen? (Absatz 41)

28. In einem Fahrwasser befinden sich zwei Segelfahrzeuge, die nicht der Richtung des Fahrwassers folgen, auf Kollisionskurs. Nach welcher Vorschrift müssen sich beide verhalten? (Absatz 42)

29. Gibt es eine Priorität, wenn zwei Fahrwasser ineinander münden? (Absatz 43)

30. Von welchen Hauptfaktoren wird allgemein die zulässige Fahrgeschwindigkeit abhängig gemacht? (Absatz 46)

31. An welchen Stellen ist die Fahrgeschwindigkeit zu reduzieren und mit welchem Ziel? (Absatz 47)

32. Gibt es eine besondere Ausweichregel beim Wasserskifahren? (Absatz 48)

33. Welche Pflichten hat ein Schiffsführer bei einem Unfall bezüglich der Sicherheit des übrigen Verkehrs? (Absatz 54)

34. Welches ist die minimale Ausstattung einer deutschen 11-m-Segelyacht mit Hilfsmotor an Positionslaternen? (Absatz 64, 65 und 75)

35. Welche Fahrtstörsignale muß eine 13-m-Yacht mitführen? (Absatz 68, 69)

36. Darf ein deutsches Motorboot von 6 m Länge ohne Positionslaternen fahren? Gibt es eine Verkehrsbeschränkung? (Absatz 76)

37. Ab welcher Schiffsgröße besteht für eine Schallsignalanlage Ausrüstungspflicht? (Absatz 77)

38. Was bedeutet das Schallsignal – – · eines von achtern aufkommenden Fahrzeugs? Wie verhält man sich? (Absatz 81)

39. Von einer Brücke wird dreimal lang und wieder dreimal lang gegeben. Was bedeutet dieses Schallsignal? (Absatz 87)

40. Auf offener See hört man Bb voraus ein Nebelschallsignal, lang kurz kurz, und Stb voraus ein anderes, lang kurz kurz kurz. Was hat man vor sich, was ist zu tun? (Absatz 88)

41. In welcher Weise unterscheidet sich das Verhalten zweier Fahrzeuge in einer Vorfahrtssituation nach SeeSchStrO gegenüber einer Ausweichsituation nach KVR? (Absatz 27, 28, 42)

42. Welche Seenotsignale benutzt man bei Sichtverbindung zu anderen Schiffen, bei Sichtverbindung zur Küste, tags oder nachts und ohne Sichtverbindung zur Küste? (Absatz 90)

14. Auswertung des Radarbildes zur Kollisionsverhütung

Anforderungen der KVR an die Radarbild-Auswertung

1. Bei der Kollisionsverhütung mit Hilfe des Radars sind zwei Fälle zu unterscheiden:
– Sichtbedingungen, auch nachts, bei denen die normalen Ausweichregeln gelten (Regeln 11 bis 18 KVR), und
– verminderte Sicht unter Radar, bei der die besonderen Ausweichregeln nach Regel 19 d KVR gelten.
Im ersten Fall geht es nur darum, eine Vorwarnung für ein sich auf **Kollisionskurs** näherndes Fahrzeug zu erhalten. Das nötige Ausweichmanöver würde nach Sicht gefahren werden. Im zweiten Fall dagegen ist festzustellen, ob man mit einem anderen Fahrzeug in den zu meidenden **Nahbereich** geraten würde und, wenn ja, mit welcher **Änderung von Kurs oder Fahrt** der gewünschte Passierabstand eingehalten werden könnte.

2. Durch Studium des Radarbildes allein läßt sich dieses nur in sehr groben Zügen ermitteln und auch nur mit reichlicher Erfahrung. Hilfsmittel ist deshalb die zeichnerische Auswertung des Radarbildes, genannt Radar Plotting.

3. Das im folgenden dargestellte Verfahren gilt für alle **„relativ bezogenen"** Darstellungsarten des Radarbildes:
– relativ voraus (Head Up)
– relativ Nord-stabilisiert (North Up)
– relativ Kurs-stabilisiert (Course Up)
Bei der Darstellungsart „True Motion" dagegen müßte anders vorgegangen werden. Die meisten Geräte dieser gehobenen Ausstattungsstufe leisten jedoch die Radarauswertung zumindest teilweise auf Knopfdruck automatisch.

Radar Plotting

4. Zunächst ermittelt man beim Radar Plotting die **Daten der relativen Bewegung** eines beobachteten Fahrzeugs. Es handelt sich um die relative Bewegung, weil die Beobachtung vom eigenen, sich bewegenden Schiff aus erfolgt.
Man überträgt in 6-Minuten-Abständen zwei Positionen nach Azimut und Entfernung auf ein Arbeitsblatt, am besten auf ein vorgedrucktes Radar Plotting Sheet. Sie werden mit einem großen Buchstaben und der vierstelligen Zeit als Index bezeichnet, wobei A dem eigenen Fahrzeug vorbehalten bleibt (Abb. 1 und 2: B_{0803} und B_{0809}).

Bezeichnungen nach DIN 13312 Navigation	
→→	Vektor der eigenen Bewegung
→•	Vektor der absoluten Bewegung
→⊝	Vektor der relativen Bewegung
KB	Kurs der absoluten Bewegung des Fahrzeuges B
KB-KA	Kursdifferenz des Fahrzeuges B (entspricht bei Head Up oder Course Up der Richtung auf dem Radarplot)
KB_r	Kurs der relativen Bewegung des Fahrzeuges B
vB	Geschwindigkeit der absoluten Bewegung des Fahrzeuges B
vB_r	Geschwindigkeit der relativen Bewegung des Fahrzeuges B
RaSP	Radarseitenpeilung
CPA	Kleinster Passierabstand
TCPA	Zeitspanne bis zum Erreichen des CPA
TCA	Zeitpunkt des kleinsten Abstandes
PCPA	Peilung zum Gegner im Augenblick des kleinsten Abstandes
SPCPA	Seitenpeilung zum Gegner im Augenblick des kleinsten Abstandes

Abb. 1 *Die relative Bewegung: Head Up oder Course Up*

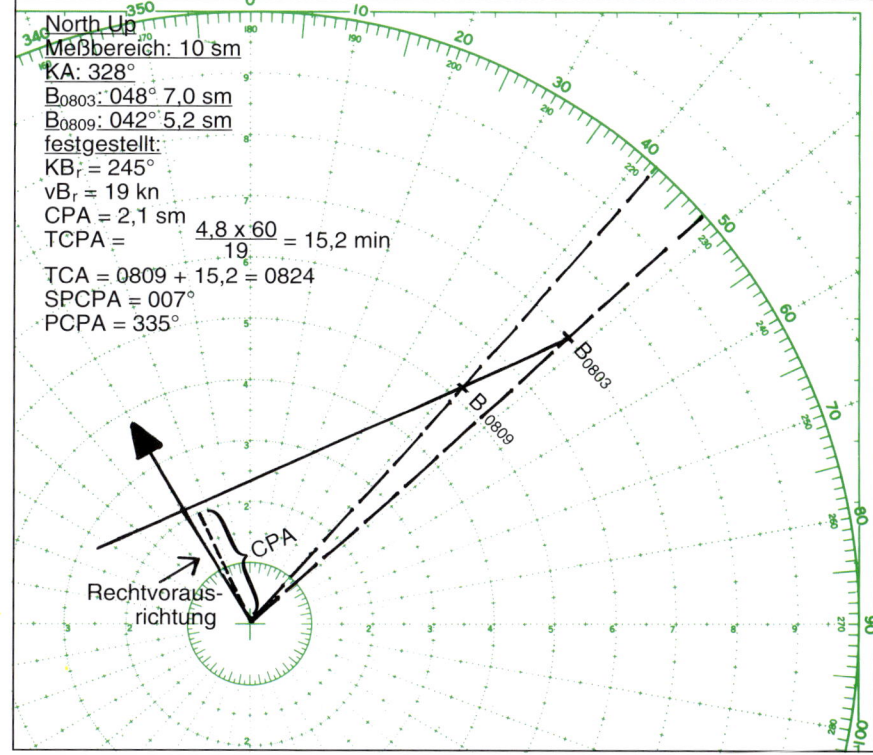

Head Up oder Course Up
Meßbereich: 10 sm
KA: 328°
B_{0803}: 080° 7,0 sm
B_{0809}: 074° 5,2 sm
festgestellt:
$KB_r = 277° + 328° = 245°$
$vB_r = 19$ kn
CPA = 2,1 sm
$TCPA = \dfrac{4,8 \times 60}{19} = 15,2$ min
TCA = 0809 + 15,2 = 0824
SPCPA = 007°
PCPA = 335°

5. Die Verbindungslinie der beiden Positionen hat die **Richtung der relativen Bewegung**. Sie kann nach Parallelverschiebung durchs Zentrum abgelesen werden. Die Verlängerung der Verbindungslinie über die spätere Position hinaus ist die **Linie der zukünftigen Bewegung,** in der Annahme, daß beide Fahrzeuge Kurs und Fahrt beibehalten. Die Distanz zwischen den beiden Positionen mit 10 multipliziert ergibt die **Geschwindigkeit der relativen Bewegung**.

6. Der Verlauf der Linie der zukünftigen relativen Bewegung dient der **Vorausbeurteilung der Verkehrssituation:**

– Ihr Abstand zum Zentrum ist der voraussichtliche Passierabstand **(Closest Point of Approach, CPA).** Führt die Linie der relativen Bewegung direkt durchs Zentrum, ist der Passierabstand null, und es besteht **Kollisionskurs.**

– Das Lot vom Zentrum auf die Linie der relativen Bewegung zeigt bei Head Up oder Course Up die

North Up
Meßbereich: 10 sm
KA: 328°
B_{0803}: 048° 7,0 sm
B_{0809}: 042° 5,2 sm
festgestellt:
$KB_r = 245°$
$vB_r = 19$ kn
CPA = 2,1 sm
$TCPA = \dfrac{4,8 \times 60}{19} = 15,2$ min
TCA = 0809 + 15,2 = 0824
SPCPA = 007°
PCPA = 335°

Abb. 2 *Die relative Bewegung: North Up*

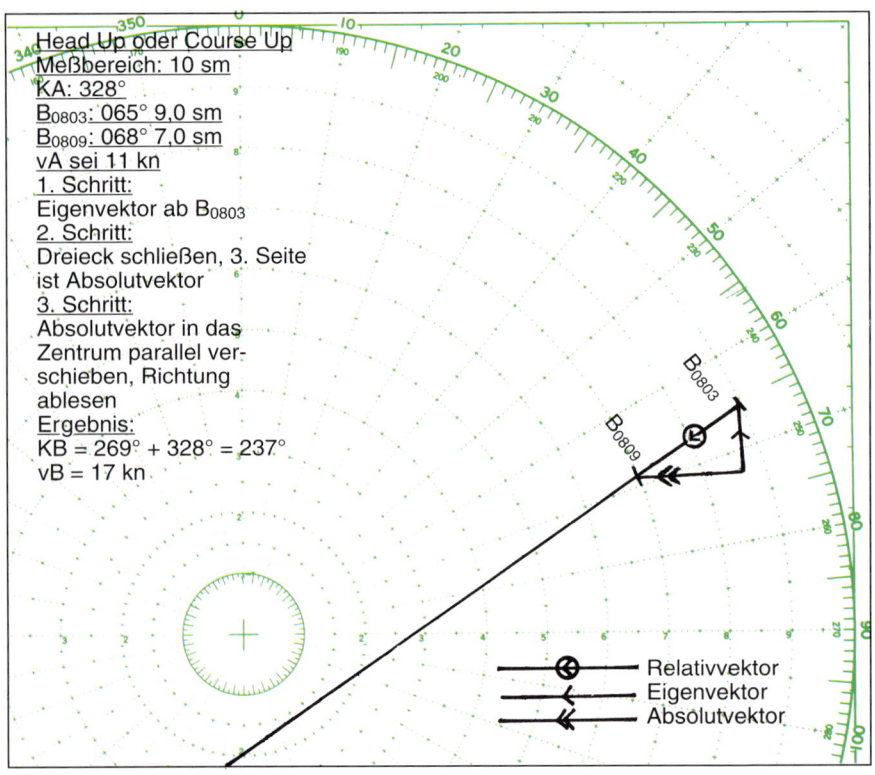

Head Up oder Course Up
Meßbereich: 10 sm
KA: 328°
B_{0803}: 065° 9,0 sm
B_{0809}: 068° 7,0 sm
vA sei 11 kn
1. Schritt:
Eigenvektor ab B_{0803}
2. Schritt:
Dreieck schließen, 3. Seite
ist Absolutvektor
3. Schritt:
Absolutvektor in das
Zentrum parallel ver-
schieben, Richtung
ablesen
Ergebnis:
KB = 269° + 328° = 237°
vB = 17 kn

Relativvektor
Eigenvektor
Absolutvektor

Abb. 3 *Konstruktion der absoluten Bewegung: Head Up*

Radarseitenpeilung (SPCPA) und bei North Up die Radarpeilung (PCPA) des Punktes der dichtesten Annäherung. SPCPA + rwK = PCPA.

– Mit Hilfe der ermittelten Geschwindigkeit der relativen Bewegung läßt sich errechnen, wann das beobachtete Fahrzeug bestimmte Punkte auf der Linie der relativen Bewegung erreichen wird. Man geht von der späteren der beiden 6-Minuten-Positionen aus und berechnet aus der Distanz von dort den Zeitabstand:

$$\text{Zeit}_{\text{(Minuten)}} = \frac{\text{Distanz} \times 60}{\text{relative Geschwindigkeit}}$$

7. Als nächstes geht es beim Radar Plotting um die Feststellung der absoluten Bewegung des beob-

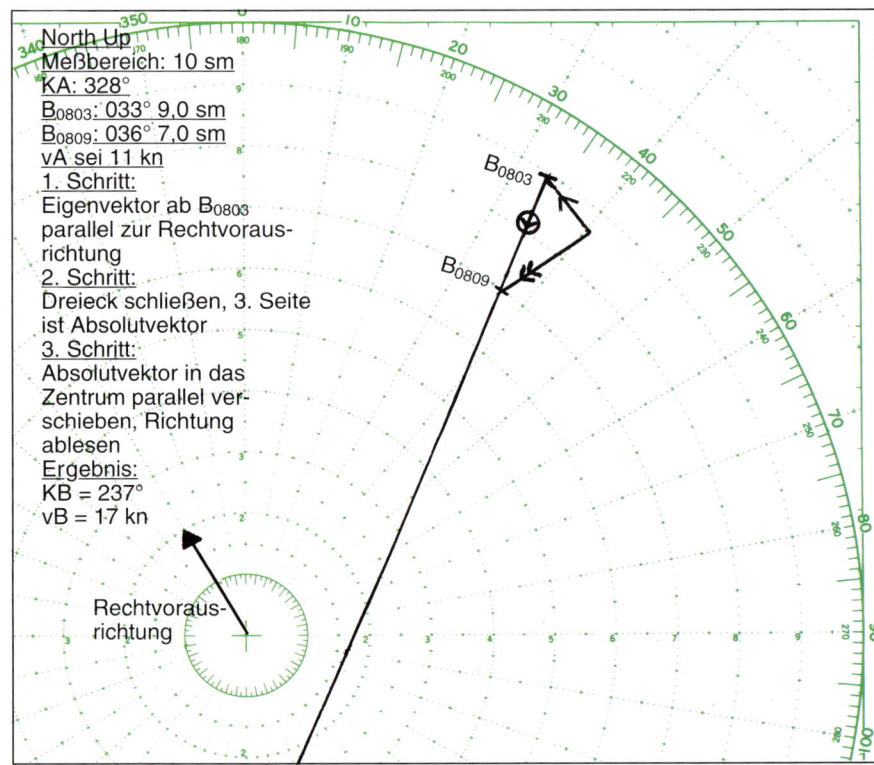

North Up
Meßbereich: 10 sm
KA: 328°
B_{0803}: 033° 9,0 sm
B_{0809}: 036° 7,0 sm
vA sei 11 kn
1. Schritt:
Eigenvektor ab B_{0803}
parallel zur Rechtvoraus-
richtung
2. Schritt:
Dreieck schließen, 3. Seite
ist Absolutvektor
3. Schritt:
Absolutvektor in das
Zentrum parallel ver-
schieben, Richtung
ablesen
Ergebnis:
KB = 237°
vB = 17 kn

Rechtvoraus-
richtung

Abb. 4 *Konstruktion der absoluten Bewegung: North Up*

achteten Fahrzeugs. Zu diesem Zweck wird ein Vektorendreieck konstruiert, ähnlich wie es von den Stromaufgaben her bekannt ist. Und so geht man vor (Abb. 3 und 4):

– Die Verbindungslinie von der früheren zur späteren 6-Minuten-Position bildet den Vektor der relativen Bewegung. Er wird mit einem eingekreisten Pfeilsymbol in der Mitte gekennzeichnet.

– Am Fußpunkt dieses Vektors wird der **Vektor der eigenen Bewegung** in Gegenrichtung angetragen. Bei Head Up und Course Up (Abb. 3) geschieht dies senkrecht nach unten, bei North Up (Abb. 4) entgegengesetzt zur Rechtvorausrichtung. Als Kennzeichnung trägt der Vektor der eigenen Bewegung in der Mitte ein einfaches Pfeilsymbol in Fahrtrichtung.

– Nun wird das Dreieck geschlossen. Die dritte Seite bildet den **Vektor der absoluten Bewegung,** der immer zur späteren der beiden Positionen zeigt. Er wird mit einem Doppelpfeilsymbol gekennzeichnet.

– Die **Geschwindigkeit der absoluten** Bewegung entspricht bei 6-Minuten-Intervallen der Länge des Vektors der absoluten Bewegung multipliziert mit 10.

– Der **Kurs der absoluten Bewegung** errechnet sich aus der Summe der Richtung des Vektors auf dem Radarplot und dem Kurs, dem die Bildvertikale der jeweiligen Darstellungsart entspricht. Handelt es sich dabei um einen MgK oder um einen mwK, muß dieser zunächst in den rwK umgewandelt werden, um dann zur Richtung der absoluten Bewegung addiert zu werden. Der Kurs der absoluten Bewegung wird normalerweise **rechtweisend** ausgedrückt.

Kurs und Fahrt für sichere Passierabstände

8. Schließlich läßt sich beim Radar Plotting die **Kurs- oder Fahrtänderung** ermitteln, die für einen gewünschten Passierabstand (CPA) nötig ist. Da der Passierabstand von der Richtung der relativen Bewegung bestimmt wird, geht es in dieser Aufgabe letztlich darum, im Vektorendreieck den Eigenvektor so zu verändern, daß der Relativvektor die gewünschte Richtung erhält.

9. Man geht folgendermaßen vor (Abb. 5 und 6):

– Zunächst legt man die **gewünschte Linie der relativen Bewegung fest**. Sie wird ausgehend von dem Punkt, wo das Manöver beginnen soll (C_{0940} in Abb. 5 und 6), im geforderten Passierabstand am Zentrum vorbeigezogen, und zwar vorlich oder achterlich am Zentrum vorbei, je nach Art der Passage.

– Da der **neue Vektor der relativen Bewegung** die Richtung dieser Wunschlinie haben soll, wird er parallel dazu als offener Strahl an den Kopf des Vektors der absoluten Bewegung gezeichnet (blau

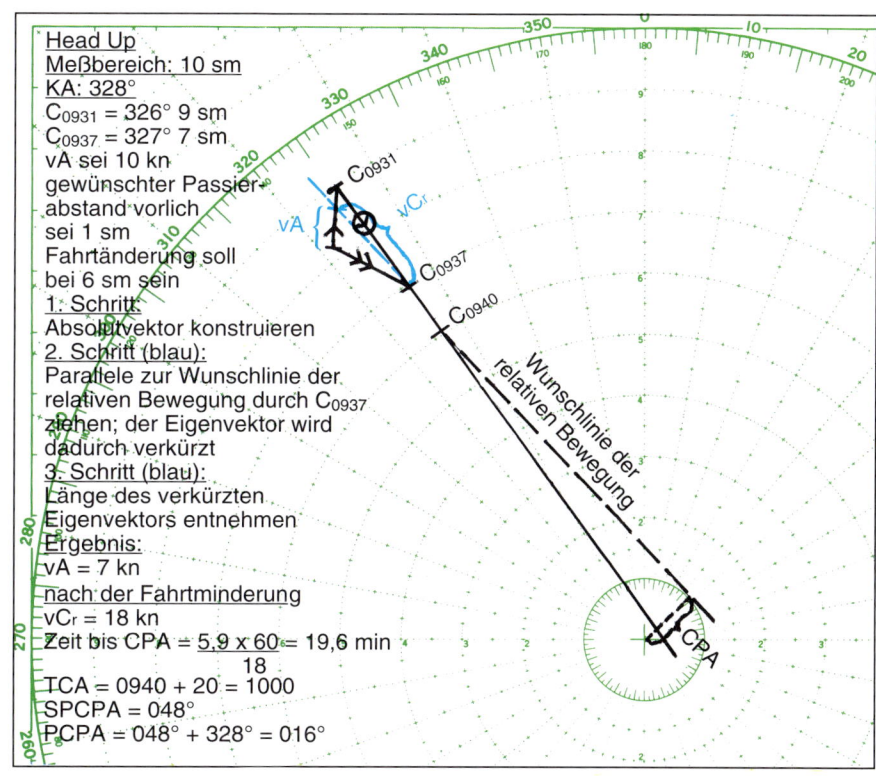

Abb. 5 *Bestimmung der erforderlichen Fahrt für 1 sm Passierabstand*

gestrichelt in Abb. 5 und 6). Er schneidet den Vektor der eigenen Bewegung oder dessen Verlängerung in einem neuen Punkt und bildet ein neues Dreieck. In diesem Dreieck ist der Vektor der eigenen Bewegung verkürzt oder verlängert, nicht aber dessen Richtung verändert worden. Es ergibt sich deshalb in diesem Falle eine **Fahrtänderung,** um den gewünschten CPA zu erreichen (Abb. 5).

– Möchte man statt der Fahrtänderung **den Kurs wechseln,** um den Mindest-CPA herbeizuführen, verfährt man ähnlich. Der Strahl des neuen Vektors der relativen Bewegung wird in der beschriebenen Weise gezeichnet. Dann wird jedoch um den Fußpunkt des Vektors der absoluten Bewegung ein **Kreisbogen** geschlagen mit der Länge des Vektors der eigenen Bewegung als Radius (Abb. 6 in Blau). Dieser Kreis schneidet den Strahl des Wunschvektors der relativen Bewegung an zwei Stellen und bildet **zwei mögliche** Dreiecke. Beide Dreiecke weisen den Vektor der eigenen Bewegung mit unveränderter Fahrt, aber mit **neuen Kursen** aus. Beide Kurse, die vom Manöverbeginn bis zur Passage (TCA) zu halten wären, würden den geforderten Mindest-CPA bewirken.
Die neuen Kurse sind dem Plot zu entnehmen. Bei Head Up oder Course Up ergibt die Richtung des neuen Eigenvektors zum anliegenden rwK addiert den neuen Kurs KA. Bei North Up ist die Vektorrichtung gleich dem neuen Kurs KA.
In der Praxis reicht es natürlich, einfach den Winkel aus dem Plot abzulesen, um den der Kurs geändert werden muß.

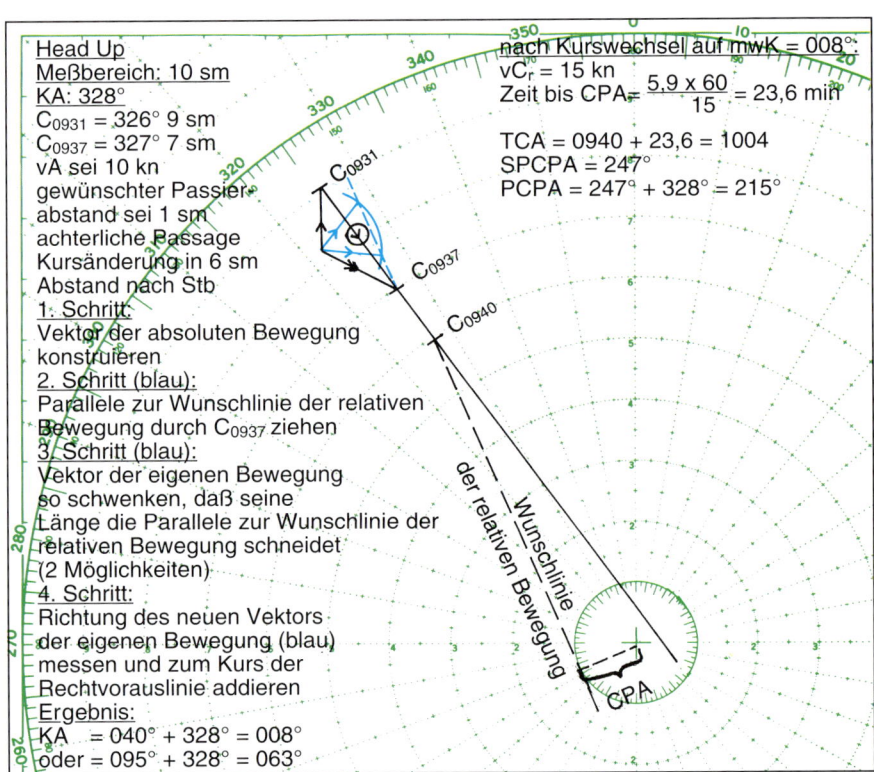

Head Up
Meßbereich: 10 sm
KA: 328°
C_{0931} = 326° 9 sm
C_{0937} = 327° 7 sm
vA sei 10 kn
gewünschter Passierabstand sei 1 sm
achterliche Passage
Kursänderung in 6 sm Abstand nach Stb
1. Schritt:
Vektor der absoluten Bewegung konstruieren
2. Schritt (blau):
Parallele zur Wunschlinie der relativen Bewegung durch C_{0937} ziehen
3. Schritt (blau):
Vektor der eigenen Bewegung so schwenken, daß seine Länge die Parallele zur Wunschlinie der relativen Bewegung schneidet (2 Möglichkeiten)
4. Schritt:
Richtung des neuen Vektors der eigenen Bewegung (blau) messen und zum Kurs der Rechtvorauslinie addieren
Ergebnis:
KA = 040° + 328° = 008°
oder = 095° + 328° = 063°

nach Kurswechsel auf mwK = 008°
vC_r = 15 kn
Zeit bis CPA = $\frac{5,9 \times 60}{15}$ = 23,6 min

TCA = 0940 + 23,6 = 1004
SPCPA = 247°
PCPA = 247° + 328° = 215°

Abb. 6 *Bestimmung des erforderlichen Kurses für 1 sm Passierabstand*

10. Mit dem Radarplot lassen sich die verschiedenen **Ausweichmöglichkeiten** vergleichend bewerten.

Es bieten sich als Alternativen:
– vorliche oder achterliche Passage
– Fahrtänderung
– Kursänderung
– Fahrt- und Kursänderung
– Kursänderung zur anderen Seite
Kriterium für die Auswahl sollten die Kursempfehlungen nach Regel 19 d KVR sein und nachrangig der Zeitaufwand für das Ausweichmanöver. Ist ein drittes Fahrzeug vorhanden,

ist sicherzustellen, daß man nicht nach dem vorgesehenen Wechsel von Kurs und/oder Fahrt in dessen Nahbereich gerät. Im Zweifelsfalle konstruiert man zu diesem Zweck die Linie der relativen Bewegung dieses Fahrzeugs, die sich nach dem eigenen Kurs-/Fahrtwechsel ergeben würde.

Auswertungs- methoden und deren Zuverlässigkeit

11. Im Grundsatz stehen drei Aus- wertungsmethoden zur Verfügung: das obenbeschriebene zeichneri- sche Verfahren des Radar Plottings, daneben das gleiche Prinzip, jedoch mit Filzschreiber und Distanzstreifen direkt auf den Radarschirm gezeich- net, und drittens das automatische Verfahren, das zum Beispiel in Form des ARPA-Systems (ARPA = Auto- matic Radar Plotting Aid) in die anspruchsvolleren Anlagen der Berufsschiffahrt integriert ist.

12. Zweifellos bietet ARPA die größ- te Präzision und vor allem eine quasi verzugslose Analyse. Die Filzschrei- bermethode wird von erfahrenen Praktikern häufig angewandt, erspart sie doch das zeitaufwendige Über- tragen der Positionen auf das Arbeitsblatt. Ihr Nachteil liegt in der Ungenauigkeit der Aufzeichnung, die durch den Abstand zwischen Zei- chenscheibe und der Radarbild- scheibe entsteht und durch die schwierige Distanzmessung ohne Zirkel, der das Plexiglas ruinieren würde.

13. Die zeichnerische Methode ist ziemlich präzise, solange der Navi- gationstisch nicht zu stark schaukelt und die Positionen korrekt auf das Blatt übertragen worden sind. Letzte- res ist ein Problem bei den nicht stabilisierten Darstellungsverfahren, also bei Head Up. Bei jeder Pei- lungsübernahme muß der **Steuer- kurs ganz exakt** anliegen. Eine Kursablage von wenigen Grad würde einen vielfachen Fehler bei der Ermittlung des Kurses der relati- ven Bewegung bewirken. Ferner ist es schwierig, den eigentlichen Ort eines Echos zu bestimmen, beson- ders wenn bei den kleineren Anten- nenanlagen der Sportschiffahrt das Echo großflächig verzerrt ist. In der Regel liegt der echte Ort immer an der Innenkante des Echos und dort in der Mitte seiner azimutalen Aus- dehnung. Doch oft ist deren Ab- grenzung so verschwommen, daß die Mitte nicht deutlich genug zu ermitteln ist.

Es bleibt deshalb festzuhalten, daß in vielen Fällen die zeichnerische Präzision eine Selbsttäuschung ist.

15. Verordnung über die Sicherung der Seefahrt

1. Das Kapitel V des **Internationalen Übereinkommens von 1974 zum Schutz des menschlichen Lebens auf See** (SOLAS 74/88) behandelt besondere Verfahren für die Sicherung der Seefahrt. In Folge dieses Vertragswerkes hat die Bundesrepublik Deutschland die **Verordnung über die Sicherung der Seefahrt** erlassen.

2. Die Verordnung gilt für Seeschiffe, die berechtigt sind, die Bundesflagge zu führen, womit deutsch geflaggte Seeschiffe der Berufsschiffahrt wie auch der gewerblichen oder nichtgewerblichen **Sportschiffahrt betroffen** sind. Eine untere Größenabgrenzung gibt es nicht.

Meiden von Eisgebieten und Fischgründen (§§ 2 und 3)

3. Gebiete, in denen eine Gefährdung durch Eis besteht oder anzunehmen ist, sind zu meiden, soweit es die Umstände zulassen. Ergibt es sich dennoch, daß sich Eisberge oder gefährliche Eismassen auf dem Kurs oder in dessen Nähe befinden, so ist bei Nacht oder bei unsichtigem Wetter entweder mit **sicherer Geschwindigkeit** zu fahren oder der Kurs so zu ändern, daß man gut **frei vom Gefahrenbereich** bleibt.

4. Die **Fischgründe von Neufundland** nördlich von 43° nördlicher Breite sind zu meiden. Dies gilt nicht, wenn besondere Umstände vorliegen, die ein Befahren der Fischgründe rechtfertigen.

Gefahrmeldungen (§ 4)

5. Ein Schiffsführer, der auf See eine **unmittelbare Gefahr für die Schiffahrt** (zum Beispiel Eis, Wrack, Mine, Wirbelsturm) oder eine Windgeschwindigkeit von Beaufort 10 (50 kn) oder mehr registriert, hat mit allen zur Verfügung stehenden Nachrichtenmitteln unverzüglich die in der Nähe befindlichen Schiffe und bei Funkverbindung die nächsterreichbare zuständige Stelle an Land, im deutschen Zuständigkeitsbereich die **Seewarndienstzentrale Cuxhaven,** zu unterrichten. Meldungen über Windgeschwindigkeiten sind dreistündlich zu erneuern.

6. Den **Gefahrmeldungen** über Sprechfunk sind das dreimal gesprochene Wort „Sécurité" sowie ein Stichwort über die Gefahr voranzustellen. Gefahrmeldungen sollen möglichst in englischer Sprache gesendet werden.

7. Die Gefahrmeldungen sollen **folgende Angaben** enthalten:

bei Eis, Wracks, Minen und anderen Schiffahrtshindernissen sowie über Stürme und Orkane:
– Art der Gefahr
– Position der Gefahr
– Uhrzeit (UTC) und Datum ihrer letzten Beobachtung

bei Wirbelstürmen:
– Beobachtungsstandort und Zeit (UTC)
– rechtweisender Kurs und Fahrt des Schiffes
– Barometerstand (in Hektopascal)
– barometrische Tendenz in den letzten drei Stunden
– Windrichtung und -stärke (Beaufort)
– Windsee (Angabe in Metern)
– Dünung (Angabe in Metern), Richtung, aus der sie kommt; Periode und Länge (mittel, lang)

bei schwerem Eisansatz an den Aufbauten:
– Uhrzeit und Datum
– Lufttemperatur (in Grad Celsius)
– Wassertemperatur
– Windstärke und -richtung

Hilfeleistung in Seenotfällen (§ 5)

8. Ein Schiffsführer, dem auf See gemeldet wird, daß Menschen sich in Seenot befinden, hat ihnen mit größtmöglicher Geschwindigkeit **zu Hilfe zu eilen** und ihnen nach Möglichkeit hiervon Kenntnis zu geben. Anordnungen von Stellen, die sich als mit der Koordinierung der **Suche und Rettung beauftragt** zu erkennen geben, ist Folge zu leisten.

9. Ist ein Schiffsführer oder sonst für die Sicherheit Verantwortlicher zur Hilfeleistung außerstande oder erweist sich seine Hilfeleistung auf Grund besonderer Umstände als nicht erforderlich, so hat er dies unter Angabe der Gründe in das **Schiffstagebuch** einzutragen. Der Eintrag ist auch erforderlich, wenn dem Schiffsführer von den in Not befindlichen Personen oder dem Führer eines Schiffes, das diese Personen erreicht hat, mitgeteilt wird, daß der Beistand seines Schiffes nicht mehr erforderlich ist.

Verhalten nach Zusammenstößen (§ 6)

10. Sind Schiffe zusammengestoßen, so haben die beteiligten Schiffsführer oder sonst für die Sicherheit Verantwortlichen allen vom Unfall Betroffenen **Beistand zu leisten,** soweit sie dazu ohne erhebliche Gefahr für ihr Schiff und die darauf befindlichen Personen imstande sind.

11. Die Schiffe haben so lange beieinander zu bleiben, bis sich die Schiffsführer Gewißheit darüber verschafft haben, daß weiterer Beistand nicht mehr erforderlich ist. Setzen sie ihre Fahrt fort, so haben sie den anderen am Zusammenstoß beteiligten Fahrzeugen jeweils Name und Anschrift des Schiffsführers sowie Name, Unterscheidungssignal, Hei-

mat-, Abgangs- und Bestimmungshafen ihres Schiffes **mitzuteilen.**

12. Kann ein Schiffsführer seiner **Beistandspflicht nicht nachkommen,** so hat er dies mit den Gründen in das Schiffstagebuch einzutragen (gilt nicht für die nichtgewerbliche Sportschiffahrt). Er hat die Hafenverwaltung des nächsten Anlaufhafens sowie das für seinen Heimathafen zuständige Seeamt davon zu unterrichten.

13. Die Beistandspflicht gilt auch bei einem Zusammenstoß mit Schiffahrtseinrichtungen aller Art.

Rettungssignale (§ 7)

14. Zur Verständigung zwischen Küsten-Rettungsstationen oder Seenotrettungsfahrzeugen und in Seenot befindlichen Schiffen oder Personen sind die nachstehenden Signale zu benutzen:

Sicherheitsausrüstung einer kleinen Yacht auf geschützten Gewässern (Foto: YACHT-Archiv)

Von Küsten-Rettungsstation an Schiff oder Person in Not

Bei Tage: orangefarbenes Rauchsignal oder dreimal Blitzknallsignal in Abständen von etwa einer Minute

Bei Nacht: dreimal ein weißes Sternsignal in Abständen von etwa einer Minute

Bedeutung: „Wir sehen Sie, Hilfe kommt so bald wie möglich"

Vom Strand an Boot mit Überlebenden

Bei Tage: Auf- und Niederbewegen einer weißen Flagge oder der Arme oder ein grüner Stern oder Morsezeichen „K" durch Licht- oder Schallsignal (lang kurz lang)

Bei Nacht: Auf- und Niederbewegen eines weißen Lichtes oder grüner Stern oder Morsezeichen „K" durch Licht- oder Schallsignal

Bedeutung: „Dies ist der beste Landeplatz"

Bei Tage: Waagerechtes Hin- und Herbewegen einer weißen Flagge oder der Arme oder ein roter Stern oder Morsezeichen „S" durch Licht- oder Schallsignal (kurz kurz kurz)

Bei Nacht: Waagerechtes Hin- und Herbewegen eines weißen Lichtes oder ein roter Stern oder Morsezeichen „S" durch Licht- oder Schallsignal (kurz kurz kurz)

Bedeutung: „Hier ist das Landen äußerst gefährlich"

Bei Tage: Waagerechtes Hin- und Herbewegen einer weißen Flagge, dann Feststecken der Flagge im Boden und Tragen einer weiteren weißen Flagge in die anzuzeigende Richtung; oder ein roter Stern senkrecht und ein weißer in Richtung auf den besseren Landeplatz; oder Morsezeichen „S" (kurz kurz kurz), danach Morsezeichen „R" (kurz lang kurz), wenn das anlandende Boot in Fahrtrichtung nach rechts soll, bzw. „L" (kurz lang kurz kurz), wenn es nach links soll

Bei Nacht: In gleicher Weise, nur mit weißen Lichtern anstelle der weißen Flagge

Bedeutung: „Landen hier äußerst gefährlich, bessere Landemöglichkeit in der angezeigten Richtung"

Lernkontrolle

1. Formulieren Sie übungshalber eine Gefahrmeldung über einen gesichteten treibenden Container! (Absatz 6 und 7)

2. Wer entscheidet, welches Schiff zur Hilfeleistung verpflichtet ist und welche nicht, wenn mehrere Schiffe die erste Seenotmeldung bestätigt haben? (Absatz 8)

3. Wo findet die gegenseitige Beistandspflicht nach einer Kollision ihre Grenzen? (Absatz 10)

4. Wie lange müssen die an einem Zusammenstoß beteiligten Schiffe beieinanderbleiben? (Absatz 11)

5. Welche Meldepflicht besteht für einen Sportschiffer, der nach einem Zusammenstoß nicht an der Unfallstelle verweilen konnte? (Absatz 12)

6. Mit welchem Sichtzeichen kann eine Rettungsstation oder ein Rettungskreuzer „wir kommen" signalisieren? (Absatz 14)

7. Was bedeutet für ein anlandendes Rettungsboot das Lichtsignal vom Strand lang kurz lang, was kurz kurz kurz? (Absatz 14)

16. Ausrüstungspflicht

Schiffspapiere

1. Schiffspapiere dienen dem **Nachweis des Eigentums und der Nationalität.** Die Nationalität ist für den Rechtsstatus des Schiffes von großer Bedeutung. Aus ihr ergeben sich unterschiedliche Eignerpflichten, die von der Sicherheitsausrüstung bis zu den Steuern reichen. Der Eigentumsnachweis ist vor allem im Ausland erforderlich, wo die Polizeiorgane im Rahmen der Diebstahlbekämpfung häufig die Schiffspapiere verlangen. Eigner, die ihre Yacht im Ausland einem Freund überlassen, sollten ihm zu diesem Zweck eine schriftliche Erlaubnis mitgeben, die möglichst noch beglaubigt ist.

2. Da für deutsche Yachten keine allgemeine Anmeldepflicht wie zum Beispiel bei Kraftfahrzeugen besteht, ist auch keine einheitliche Form eines Schiffspapiers vorgeschrieben. Nur **Yachten über 15 m Rumpflänge*** müssen in das Seeschiffsregister eingetragen werden; kleinere Schiffe *können* eingetragen werden. Über die Registereintragung erhält der Eigentümer das **Schiffszertifikat**
Schiffsregister werden bei bestimmten, insgesamt 21 Amtsgerichten in Deutschland geführt. Sie sind in ihrer Funktion mit den Grundbuchämtern vergleichbar. Registriert werden die Eigentumsverhältnisse, also auch

Hypotheken und Nießbrauchrechte (= Nutzungsrechte).
Voraussetzungen für die Eintragung: Der Eigner muß Deutscher sein und seinen Wohnsitz im Geltungsbereich des Grundgesetzes haben. Das Eigentum an dem Schiff muß nachgewiesen und der **Schiffsmeßbrief** (ausgestellt vom BSH) vorgelegt werden.
Für Seeschiffe über 24 m Länge, die in der Auslandsfahrt eingesetzt werden, wird nach dem Londoner Schiffsvermessungsübereinkommen von 1969 der **Internationale Schiffsmeßbrief (1969),** kurz „ITC 69", erstellt. Für kleinere Yachten reicht eine vereinfachte Version, die sich auf die exakte Längenvermessung beschränkt. Auf Wunsch kann jedoch auch für sie gemäß dem ITC 69 vermessen werden.
Registrierte Yachten erhalten vom jeweiligen Registergericht mit dem Schiffszertifikat auch ihr **Rufzeichen** (Unterscheidungssignal). Das Schiffszertifikat gilt als **Eigentumsnachweis** und begründet das Recht und die Pflicht, die **Bundesflagge** zu führen. Als Borddokument wird ein amtlich beglaubigter Auszug aus dem Schiffsregister ausgestellt.

3. Nicht eintragungspflichtige Yachten können beim Bundesamt für Seeschiffahrt und Hydrographie (BSH) als Schiffspapier das **Flaggenzertifikat** beantragen. Es wird nach dem „Hohe-See-Übereinkommen" international als amtlicher Ausweis für Seeschiffe anerkannt, mit

dem auch die Berechtigung zum Führen der Bundesflagge nachgewiesen wird. Er wird gegen Vorlage des Personalausweises, des Kaufvertrages, der Quittung über die Bezahlung, bautechnischer Unterlagen und zweier Fotos des Schiffes ausgestellt. Eine Sicherstellung der Identität durch Besichtigung findet nicht statt, weshalb das Flaggenzertifikat, strenggenommen, **nicht als Eigentumsnachweis** gilt. In französischen Küsten- und Seegewässern wird das Flaggenzertifikat als amtliches Dokument verlangt, sofern die Yacht nicht über ein Schiffszertifikat verfügt. Es ist acht Jahre gültig.

4. Als nichtamtliches Schiffsdokument kann der Eigner einer nicht registrierpflichtigen Yacht beim DSV, DMYV oder ADAC den **Internationalen Bootsschein für Wassersportfahrzeuge** beantragen. Er enthält alle beschreibenden Daten des Bootes und des Motors sowie Angaben zur Person des Eigners und wird zum Beispiel beim Grenzübertritt auf dem Landwege verlangt. Das Dokument ist zwei Jahre gültig.

5. Der **Standerschein** ist die einfachste Form eines Schiffsdokuments. Es besagt, daß die Yacht bei dem angegebenen Segelverein registriert ist und deshalb seinen Stander

---

* Rumpflänge: Lotabstand zwischen den äußersten Punkten des Vor- und Achterstevens. Überbauten wie Bugkorb oder Klüverbaum zählen nicht mit.

führen darf. Da der Standerschein identitätsbeschreibende Angaben zur Yacht und Angaben zur Person des Eigners enthält, hat er zumindest in deutschen Häfen eine gewisse Bedeutung als Dokument.

6. Wenn eine Yacht zur gewerblichen Ausbildung oder Personenbeförderung genutzt oder vermietet wird, sind besondere **Sicherheitszeugnisse** der See-Berufsgenossenschaft oder das **Bootszeugnis** der Wasser- und Schiffahrtsämter erforderlich. Solcher Art Zeugnisse müssen mitgeführt werden. Eine Fahrt ohne sie anzutreten, ist strafbar. Näheres zu diesen Zeugnissen ist unter „Sicherheitsausrüstung", Absatz 16 ff., nachzulesen.

7. Für die Auslandsfahrt benötigt man die Bestätigung über den Abschluß einer **Haftpflichtversicherung,** die im nationalen Bereich jedoch nicht zwingend vorgeschrieben ist.

8. Der Betrieb von Funkanlagen bedarf der **Frequenzzuteilung durch die Regulierungsbehörde für Telekommunikation und Post (Reg TP),** Außenstelle Hamburg. Die Frequenzzuteilungsurkunde gehört zu den Schiffspapieren. Die für den Betrieb der Sprechfunkanlage vorgesehenen Personen müssen das **Allgemeine Sprechfunkzeugnis für den Seefunkdienst** oder für ausschließliche UKW-Seefunkstellen das **UKW-Sprechfunkzeugnis** besitzen und dabeihaben. Für die Teilnahme am GMDSS (Kap. 20) ist das Allgemeine Betriebszeugnis oder das UKW-Betriebszeugnis I oder II erforderlich.

9. Schließlich sind, wenn eine Signalpistole an Bord geführt wird, die **Waffenbesitzkarte** und der Munitionserwerbsschein erforderlich. Beide Scheine werden auf Antrag von der für den Wohnsitz des Eigners zuständigen Ordnungsbehörde ausgestellt.

Navigatorische Ausrüstung

10. Der Eigentümer eines Sportbootes hat dafür zu sorgen, daß die für das jeweilige Seegebiet erforderlichen aktuellen Seekarten und Seebücher mitgeführt werden. Im Gegensatz zur Berufsschiffahrt sind auch nichtamtliche Unterlagen statthaft (§ 13 SchSV). Nach den Sicherheitsrichtlinien der Kreuzer-Abteilung sollte für Fahrten auf hoher See oder Transozeanreisen die Navigationsausrüstung folgendes umfassen:

- Schiffskompaß, ordnungsgemäß eingebaut und kompensiert; mit Ablenkungstabelle
- Reservekompaß
- Für das Fahrtgebiet erforderliche und auf den neuesten Stand berichtigte Seekarten, Seehandbücher, Hafenhandbücher, Leuchtfeuerverzeichnis, Handbuch Nautischer Funkdienst bzw. Jachtfunkdienst, gegebenenfalls Nautisches Jahrbuch, Gezeitentafeln, Stromatlas, Logbuch und Kladde
- Sextant, Chronometer
- Gerät zur automatischen Standortbestimmung (z. B. GPS)
- Echolot und Handlot
- Log

Logbuchführung

11. Die Führung eines Schiffstagebuchs, auch Logbuch genannt, ist für die Sportschiffahrt gesetzlich vorgeschrieben. Darin hat der **Schiffsführer** über alle Vorkommnisse an Bord

---

Zusammenfassung: Schiffspapiere

- Schiffszertifikat (über 15 m Rumpflänge Pflicht) oder
- Flaggenzertifikat (amtlich, in Frankreich Pflicht) oder
- Internationaler Bootsschein (nicht amtlich) oder
- Standerschein (Vereinszugehörigkeit)
- Besondere Sicherheitszeugnisse oder Bootszeugnis bei gewerblicher Nutzung
- Nachweis der Haftpflichtversicherung (im Ausland)
- Frequenzzuteilungsurkunde für Funkanlagen
- Waffenbesitzkarte (Signalpistole)

---

zu berichten, die für die Sicherheit in der Seefahrt einschließlich des Umweltschutzes auf See von besonderer Bedeutung sind. Bei Schiffsunfällen sind die Aufzeichnungen soweit möglich sicherzustellen (§ 6 (3) SchSG). Der **Schiffseigentümer** hat durch Aufzeichnung nachzuweisen, daß er mindestens alle 12 Monate den Inhalt zur Kenntnis genommen hat. Die Seetagebücher sind drei Jahre lang aufzubewahren (SchSV Anlage 1).

12. Seetagebücher müssen mit dem Namen und Unterscheidungssignal des Schiffes gekennzeichnet sein; sie müssen deutsche Sprache und Bordzeit verwenden. Radierungen, Unkenntlichmachungen oder Seitenentnahmen sind verboten. Änderungen müssen mit Unterschrift und Datum bestätigt werden. Sie sind von dem für die Eintragung Verantwortlichen zu unterschreiben.

13. Während Inhalt und Zeitintervalle der Eintragungen nicht vorgeschrieben sind, empfiehlt es sich nach seemännischer Tradition, zu **Beginn der Reise** festzuhalten:

- die Crewliste mit Wacheinteilung und Rollenplan
- der Stand der Bevorratung (Brennstoff, Öl, Batterien, Trinkwasser, Verpflegung für ... Tage
- der Sicherheitscheck (Seetüchtigkeit, Ausrüstung, Segelstell)
- die Creweinweisung
- die Sicherheitsbelehrung
- Ausklarieren und Abmelden bei der Hafenverwaltung

14. Während der Reise kommen ins Logbuch:
- alle Wachwechsel
- die Routinekontrollen (Bilge, Toiletten, Gas, Laternen)
- täglich einmal der Vorratsstand von Brennstoff, Wasser und Verpflegung
- alle besonderen Beobachtungen (Verkehrssituation, Schiffahrtshindernisse, veränderte Schiffahrtszeichen und Wassertiefen, Naturereignisse)
- besondere Erlebnisse (herausragende Segelleistungen, neue Erfahrungen)
- grundsätzlich zweistündlich (sonst nach Zweckmäßigkeit) die Navigationszeile mit Uhrzeit, Standort,

Logstand, Seemeilen, Kurs, Besegelung, Motormeilen und Wetter
- bei Unfällen oder rechtsbedeutsamen Vorgängen (Schleppen, Hilfeleisten) den Wortlaut wichtiger Vereinbarungen oder, bei abgelehnter Hilfeleistung, die Begründung

15. Die Eintragungen sind möglichst ohne Verzug zu machen. Lassen die Umstände (enge Nav-Ecke, Nässe) eine ordentliche Logbuchführung nicht zu, wird statt dessen eine Kladde geführt, die später übertragen wird. Auf die Eindeutigkeit der Zeitzuordnung ist zu achten. Zu empfehlen ist, die Ereignisse stets rückblickend aufzuzeichnen, also die Werte festzuhalten, die bis zur Stichzeit der Zeile galten.

Linke Seite						
Uhr-zeit	Log-stand	Standort	Kurs üGr bis hier	Segelführung o.Mot-Meilen	Wetter bis hier	
1020	511	Ajaccio Hafen			~ ☽	1016
1200	518	Pte Castagna	199	7 Mot	SW 2-3 ○	1017
1250	522	Cap Muro	199¹	4 Mot	SW 2 ○	1017
1330	526	—	154	4 Mot	SW 1-2 ○	1017
1510	535	1sm Senetose	154	Gr, Spi	W 3-4 ○	1016
1625	544	¹⁄₂ Les Moines	139	"	NO 5 ☽	1016
1730	552	2sm Sw Cap Veno	119	"	NW 5-6 ☽	1015
1840	557	Bonifacio Hafen	094	1 Gr, Ge	NW 5-6 ☽	1015
	46 sm			16 Mot sm		

Rechte Seite
Bemerkungen zur zurückliegenden Teilstrecke
Hafengebühr FF 120, Wasser voll, Diesel 127L, Batt 12,6V
um 1230 kurzer Segelversuch
um 1330 Spi gesetzt
6-7 kn bei glatter See!
um 1625 Spi-Halse, 11 kn Fahrt in Böen!
um 1730 Spi geflogen (trocken!)
liegen auf Platz 311 vor Mooring

Abb. 1 *Ein für die Sportschiffahrt zugeschnittenes Logbuchformat*

Sicherheitsausrüstung

16. Allgemeine Grundlage der Ausrüstungspflicht für Seeschiffe ist das Internationale Übereinkommen von 1974/88 zum Schutz des menschlichen Lebens auf See **(SOLAS),** das auch in Deutschland geltendes Recht darstellt. Es legt die Sicherheitsnormen für die Ausrüstung und für die technische Auslegung von Fahrgast- und Frachtschiffen mit einer Bruttoraumzahl (BRZ)* von mehr als 500 in der Auslandsfahrt fest.

17. Das nationale Schiffssicherheitsgesetz (SchSG) und die nachgeordnete Schiffssicherheitsverordnung (SchSV) regeln die Anwendung des SOLAS-Übereinkommens auf deutsche Seeschiffe und ergänzen dieses, wo erforderlich. Vor allem bezieht die SchSV im Gegensatz zum Internationalen Übereinkommen auch die kleineren Seeschiffe mit ein.

18. **Traditions- oder Museumsschiffe** von 15 m Länge und mehr oder mit mehr als 25 beförderten Personen sowie die **gewerblich genutzten Sportfahrzeuge** befinden sich im Grenzbereich zwischen Sport- und Berufsschiffahrt. Sie unterliegen deshalb einer besonderen, behördlich vorgeschriebenen Ausrüstungspflicht, die den eigentümlichen Eigenschaften dieser Fahrzeuge angepaßt ist. Die Eigner müssen nach § 9 Abs. 3 Schiffssicherheitsverordnung das **Sicherheitszeugnis** bei der See-Berufsgenossenschaft (SeeBG) beantragen. Das Fahrzeug muß zur Besichtigung vorgeführt werden und die vom Bundesministerium für Verkehr, Bau- und Wohnungswesen (BMVBW) erlassenen Ausrüstungs- und Sicherheitsrichtlinien erfüllen.

19. Für **Traditionsschiffe,** sofern sie ausschließlich zu ideellen Zwecken betrieben werden, gilt die Sicherheitsrichtlinie für Traditionsschiffe vom 15.04.2000. Gewerbsmäßig betriebene Traditionsschiffe oder solche von 55 und mehr Meter Länge unterliegen den Sicherheitsauflagen für ein normales Fahrgastschiff nach der Schiffssicherheitsverordnung.

20. Für **Sportfahrzeuge von 8 bis 24 m Länge, die gewerbsmäßig** genutzt werden, gilt die Richtlinie über Sicherheitsvorschriften des BMVBW vom 25.08.1997. Sie enthält nach drei unterschiedlich anspruchsvollen Fahrtgebieten gestaffelt:
– bauliche Voraussetzungen (GL- oder CE-Norm entsprechend)

---

* Seit 1982 anstelle Bruttoregistertonne (BRT) Ausdruck für das Schiffsvolumen, wobei die BRZ 1 1 BRT (= 2,831 m³) entspricht.

Abb. 2 *Traditions- und Museumsschiffe in Hamburg-Oevelgönne: Für sie gelten besondere Richtlinen des Bundesministeriums für Verkehr, Bau- und Wohnungswesen (BMVBW)*

Abb. 3 *Schulyacht* HANSA: *Gewerbliche Ausbildungsyachten unterliegen Sicherheitsrichtlinien des BMVBW (Foto: YPS)*

– Brandschutzauflagen
– Ausrüstung mit Feuerlöschern
– Auflagen bei Flüssiggasanlagen
– Sicherheitsauflagen für die Maschine und deren Einrichtungen
– Funkausrüstung (GMDSS entsprechend)
– im einzelnen aufgeführte nautische Ausrüstung
– Art und Umfang der Sicherheitsausrüstung

21. **Sportboote, die gewerbsmäßig vermietet** werden, zu denen die Charteryachten zählen, unterliegen nach der **Verordnung über die Inbetriebnahme und die gewerbsmäßige Vermietung von Sportbooten im Küstenbereich** des BMVBW vom 24.7.1996 der Sicherheitsaufsicht durch die Wasser- und Schiffahrtsämter. Der Unternehmer ist verpflichtet, erstmalig und dann in zweijährigen Abständen Untersuchungen durch das örtlich zuständige Wasser- und Schiffahrtsamt vornehmen zu lassen. Dieses stellt daraufhin das **Bootszeugnis** aus, in dem die zulässige Personenzahl, der Fahrtbereich und die Ausrüstung festgelegt sind. Ohne gültiges Bootszeugnis darf ein Sportboot nicht vermietet sind.

22. Für **ganz normale Sportfahrzeuge,** mit denen keine gewerbliche Ausbildung oder Personenbeförderung betrieben wird, ist keine Sicherheitsausrüstung gesetzlich vorgeschrieben. Für sie gelten die **„Sicherheitsrichtlinien – Ausrüstung und Sicherheit von Segelyachten und Mehrrumpfbooten"** der **Kreuzer-Abteilung** des DSV. Um die Selbstverantwortung des Segelsporttreibenden zu stärken, hat der Verband bewußt auf jeden Vorschriftencharakter seiner „Sicherheitsrichtlinien" verzichtet. Sie gelten als Empfehlung. Dennoch gibt es

keinen Grund, sich diesen aus kompetenter Hand stammenden Normenkatalog nicht wenigstens im Grundsatz zu eigen zu machen.
So ganz unverbindlich sind die Empfehlungen übrigens nicht. Im Schadensfalle können sie durchaus Rechtsbedeutung bekommen. Denn ein Richter wird einem Eigner oder Schiffsführer, der sich wohlwissend über diese Fachempfehlung hinweggesetzt und einen Schaden verursacht hat, zumindest eine Mitschuld und unter Umständen sogar bedingten Vorsatz zuerkennen.

23. Die „Internationalen und nationalen Richtlinien für die Mindest-Sicherheitsausrüstung und -einrichtung seegehender Segelyachten" – so der vollständige Titel – sind im Grunde die deutsche Übersetzung der internationalen Sicherheitsrichtlinien für Regatten, der Special Regulations des Offshore Racing Council. Sie wurden unter der Federführung der Kreuzer-Abteilung ergänzt, um einerseits besondere Empfehlungen für die Fahrtensegler und andererseits bestehende nationale Sicherheitsvorschriften einzubeziehen. Um den unterschiedlichen Einsatzbedingungen gerecht zu werden, sind die Ausrüstungsempfehlungen fünf Kategorien zugeordnet, die von Transozeanregatten bis zum Segeln auf geschützten Binnenrevieren reichen.

24. Unabhängig davon, ob eine Yacht gewerblich genutzt wird oder nicht, unterliegen bestimmte Ausrüstungsteile **Bau- und Sicherheitsvorschriften.** So dürfen nur solche Lichter, Signalkörper und Schallsignalanlagen benutzt werden, deren Baumuster vom Bundesamt für Seeschiffahrt und Hydrographie (BSH) zugelassen ist. Besteht ein 220-Volt-Netz an Bord, müssen die Geräte und deren Verkabelung den VDE-Bestimmungen entsprechen. Flüssiggasanlagen für den Herd, für Warmwasser, den Kühlschrank und für die Heizung unterliegen dem Regelwerk des DVGW (Deutscher Verein des Gas- und Wasserfaches e.V.). Die Neuinstallationen sind von einem DVGW-anerkannten Sachkundigen zu prüfen, wobei Serienbauten nur typgeprüft zu sein brauchen. Die Inspektionen sind alle zwei Jahre zu wiederholen.

Besetzung des Schiffes

25. Mit der Ausrüstungspflicht einher geht die Besetzungspflicht, worunter man die vorgeschriebene Anzahl und Qualifikation der nautischen und technischen **Mindestbemannung** versteht. Besetzungspflicht gibt es selbstverständlich für alle normalen Kauffahrteischiffe, die durch die Schiffssicherheitsverordnung erfaßt sind. Für die Grenzgruppen, die bereits bei den Ausrüstungsvorschriften mit besonderen Rücksichten bedacht wurden, gibt es auch bei der Besetzungsvorschrift reduzierte, den besonderen Umständen angepaßte Auflagen.

26. Wer ein **Sportfahrzeug gewerbsmäßig,** nicht jedoch als Kauffahrteischiff führt, bedarf als Fahrerlaubnis je nach Fahrtgebiet des Sportsee- oder des Sporthochseeschifferscheins. Sportfahrzeuge in diesem Sinne sind Fahrzeuge, die für Sport- und Freizeitzwecke gebaut sind und die gewerbsmäßig für die Ausbildung zum Führen von Sport-fahrzeugen oder für ähnliche Sport- und Freizeitzwecke wie z. B. Tauchschulung oder Angelsport eingesetzt werden. Neben der Besatzung dürfen sich nicht mehr als 12 Personen an Bord befinden. Der Übersicht auf Seite 123 oben kann die vorgeschriebene Besetzung entnommen werden.

27. Bei **Traditionsschiffen,** deren Betrieb ausschließlich ideellen Zwecken dient, gilt die Regelbesetzung in Anlage 4 der Sportseeschifferscheinverordnung. Sie ist auf S. 123 unten als Übersicht dargestellt. Es wird zwischen Küstengewässern und weltweiter Fahrt unterschieden, den Geltungsbereichen des Sportsee- und des Sporthochseeschifferscheins.

28. Für **normale Sportboote,** die nicht gewerblich eingesetzt werden, gibt es keine eigentliche Besetzungsvorschrift. Der Schiffsführer muß bei einer Motorisierung von mehr als 3,68 kW (5 PS) Inhaber des **amtlichen Sportbootführerscheins See bzw. Binnen** sein. Ein Vercharterer oder ein Privateigner,

Zusammenfassung: Sicherheitsausrüstung für Sportboote		
Nutzungsart der Sportboote	*Ausrüstungsvorschrift*	*Zertifikat*
normaler, nicht gewerblicher Betrieb	Sicherheitsrichtlinien der KA	keines
gewerbliche Nutzung	BMVBW – Richtlinie über Sicherheitsvorschriften	Sicherheitszeugnis der SeeBG
gewerbliche Vermietung	BMVBW – Verordnung über die Inbetriebnahme und die gewerbliche Vermietung von Sportbooten im Küstenbereich	Bootszeugnis des zuständigen Wasser- und Schiffahrtsamts
zu ideellen Zwecken betriebene Traditionsschiffe	BMVBW – Sicherheitsrichtlinie für Traditionsschiffe	Sicherheitszeugnis der SeeBG

Besetzung von gewerbsmäßig genutzten Sportfahrzeugen

Fahrzeug	auf Küstengewässern	auf küstennahen Seegewässern	auf weltweiter Fahrt
bis 15 m Rumpflänge	1 x Sportseeschifferschein*	1 x Sporthochseeschifferschein**	1 x Sporthochseeschifferschein 1 x Sportseeschifferschein
über 15 m bis 25 m Rumpflänge	1 x Sportseeschifferschein**	1 x Sporthochseeschifferschein 1 x Sportseeschifferschein	2 x Sporthochseeschifferschein
über 25 m Rumpflänge	2 x Sportseeschifferschein	1 x Sporthochseeschifferschein 1 x Sportseeschifferschein	2 x Sporthochseeschifferschein

Anmerkungen:
Die Befähigungsnachweise müssen der Antriebsart (mit Antriebsmaschine oder unter Segeln) entsprechen.
* Fahrzeuge, die innerhalb von 24 Stunden länger als 10 Stunden fahren, müssen zusätzlich mit einem Inhaber des Sportbootführerscheins See besetzt werden, der über die für den Sportseeschifferschein erforderlichen Erfahrungsvoraussetzungen verfügt.
** Fahrzeuge, die innerhalb von 24 Stunden länger als 10 Stunden fahren, müssen zusätzlich mit einem Inhaber des Sportküstenschifferscheins besetzt werden.

Regelbesetzung von Traditionsschiffen

Fahrzeug	nautische Besetzung		technische Besetzung
	in Küstengewässern	**in weltweiter Fahrt**	
bis 15 m und über 25 Personen an Bord	1 x Sportseeschifferschein		
15 m bis 25 m Länge	1 x Sportseeschifferschein 1 x Sportbootführerschein See (über 10 h pro 24 h)	1 x Sporthochseeschifferschein 1 x Sportseeschifferschein	1 x ausreichende Kenntnisse der Maschinenanlage
über 25 m bis 55 m Länge	2 x Sportseeschifferschein (mit Eintrag „Schiffer von Traditionsschiffen")	3 x Sporthochseeschifferschein (mit Eintrag „Schiffer von Traditionsschiffen")	2 x Befähigungsnachweis für Maschinisten auf Traditionsschiffen (Motor bzw. Dampf), bei Segelfahrzeugen nur 1 x

Anmerkungen:
Bei Segelfahrzeugen muß mindestens ein Mitglied des nautischen Führungspersonals den Sportsee- bzw. Sporthochseeschifferschein „unter Segel" haben. Der Sportseeschifferschein kann durch die Kombination Sportbootführerschein See und Sportseeschifferzeugnis und der Sporthochseeschifferschein durch die Kombination Sportbootführerschein See und Sporthochseeschifferzeugnis ersetzt werden.

der die Yacht einem Schiffsführer anvertraut, muß sich durch einen **geeigneten Nachweis** überzeugen, daß dieser für die Handhabung der Yacht auf der vorgesehenen Reise befähigt ist. Andernfalls würde er seiner Sorgfaltspflicht nicht nachkommen und im Schadensfalle zur Verantwortung gezogen werden können. Als Nachweis bieten sich der amtliche Sportküsten-, Sportsee- oder Sporthochseeschifferschein an.

29. Der Schiffsführer ist für die Angemessenheit der weiteren Besetzung verantwortlich. Es müssen ausreichend viele geeignete Helfer an Bord sein, mit denen die sichere Handhabung der Yacht gewährleistet ist. Der Schiffsführer muß auch für den Fall vorsorgen, daß ihm etwas zustößt oder daß er über Bord geht. Deshalb muß zumindest eine Person an Bord sein, die in der Lage ist, das **Rettungsmanöver zu fahren** und die Yacht in den nächsten Hafen zu bringen.

30. Bei größeren Fahrten ist es Aufgabe des Schiffsführers, die **Wachen ausreichend zu besetzen.** Die Wachführer müssen ihn vertreten können, die Wachgänger müssen ihrer normalen Aufgabe gewachsen sein. Stellen sich Mängel in der Qualifikation heraus, muß der Schiffsführer die Wacheinteilung anpassen und notfalls auf längere Strecken ganz verzichten. Wachplan, Wacheinteilung und die einzelnen Wachwechsel gehören ins Logbuch.

Lernkontrolle

1. Welches sind die gebräuchlichen Schiffspapiere? Welche dienen uneingeschränkt als Eigentumsnachweis, welche als Nationalitätsnachweis? (Absatz 2 bis 5)

2. Weshalb ist es von Bedeutung, die Nationalität der Yacht nachweisen zu können? (Absatz 1)

3. Welche gesetzlichen Vorschriften bestehen hinsichtlich der Logbuchführung? (Absatz 11)

4. Welches sind die wesentlichen Eintragungen in das Logbuch zu Beginn der Reise? (Absatz 13)

5. Welches sind die wiederkehrenden Logbucheintragungen während der Reise? (Absatz 14)

6. In welchen Zeitsprüngen werden Navigationseintragungen gemacht? (Absatz 14)

7. In welchem Grunddokument sind die Ausrüstungspflichten seegehender Schiffe verankert? (Absatz 16)

8. Worin unterscheidet sich die Schiffssicherheitsverordnung nach Zweck und Inhalt von diesem Grunddokument? (Absatz 17)

9. In welchen Fällen unterliegen Sportboote einer behördlich vorgeschriebenen Ausrüstungspflicht? (Absatz 18 bis 21)

10. Welche Sicherheitszeugnisse sind für die gewerbliche Nutzung von Sportbooten vorgeschrieben, und wer stellt sie aus? (Kasten auf Seite 122)

11. Welche Art von Ausrüstungspflicht besteht für normal genutzte Sportboote? (Absatz 22)

12. In welchen Fällen ist für Sportfahrzeuge eine Besetzung behördlich vorgeschrieben? (Absatz 26 und 27)

13. Welche Führerscheininhaber sind für eine gewerblich genutzte Ausbildungsyacht von 14 m Länge und mit 6 Schülern an Bord für eine siebentägige Ausbildungsfahrt vorgeschrieben? Unter welchen Umständen könnte man einen Führerscheininhaber einsparen? (Absatz 26)

14. Inwiefern sind für normale Sportboote über den Sportbootführerschein See hinaus angemessene Segelführerscheine zweckmäßig? (Absatz 28)

15. Wer ist im Falle eines normalen Sportbootes für die ausreichende Qualifikation der Besatzung verantwortlich? (Absatz 29, 30)

17. Die Verantwortung des Schiffsführers

Die Sicherheit der Mitsegler

1. Jeder Schiffsführer übt durch sein Handeln oder Unterlassen einen erheblichen Einfluß auf die Sicherheit seiner Mitsegler aus. Ganz abgesehen von den rechtlichen Folgen hat er die **moralische Pflicht,** diesen Einfluß zu nutzen, um Verletzungen oder gar bleibende Schäden der ihm an Bord anvertrauten Menschen zu verhindern. Seine größere seglerische Erfahrung und seine besseren Kenntnisse im Umgang mit den typischen Gefahren begründen die besondere Verantwortung.

2. Natürlich weiß jeder an Bord, daß ein Segeltörn sportlichen Charakter hat, daß der einzelne aktiv gefordert ist und **selbst um seine Sicherheit bemüht sein** muß. Der Schiffsführer muß dafür sorgen, daß bei allen über das bevorstehende Unternehmen Klarheit besteht und daß jeder an Bord dieser **Herausforderung gewachsen** ist. Stellt sich eine Überforderung erst während der Fahrt heraus, muß er Rücksicht nehmen und, sofern sich die Möglichkeit bietet, den Törn oder die Regatta abbrechen.

3. Der **Schiffsführer** muß die Mitsegler in alle Sicherheitsbelange einweisen und die Einhaltung der Sicherheitsvorkehrungen überwa-chen. Er hat die Vollständigkeit und den einwandfreien Zustand der Sicherheitsausrüstung zu gewährleisten. Vermeidbare Verletzungsquellen am Schiff und an Teilen der Ausrüstung hat er abzustellen.

4. Für Notfälle hat der Schiffsführer Verfahrenspläne **(die Not- oder Sicherheitsrollen)** vorzubereiten und die Mitsegler darin einzuweisen. Die Aufgaben für den Notfall sind zu Beginn der Reise zu verteilen. Ein stellvertretender Schiffsführer ist zu benennen. Soweit praktikabel, sind die Verfahren zu üben. Mann-über-Bord-Manöver müssen mindestens vom Stellvertreter zuverlässig gefahren werden können.

Verkehrsrechtliche Verantwortung

5. Nach § 4 der SeeSchStrO und § 4 der Verordnung zu den KVR wird der **Fahrzeugführer,** der Seelotse und jeder sonst für die **Sicherheit Zuständige** für das verkehrsgerechte Verhalten des Schiffes verantwortlich gemacht. Verkehrsgerechtes Verhalten meint die Befolgung der SeeSchStrO, der KVR und der schifffahrtspolizeilichen Bekanntmachungen und Rechtsverordnungen der Wasser- und Schiffahrtsdirektionen Nord und Nordwest (§ 60 SeeSchStrO). Dazu zählen auch das Führen und Zeigen der Sichtzeichen und das Geben von Schallsignalen.

6. Bei den weiteren Personen, die neben dem Fahrzeugführer verantwortlich gemacht werden, handelt es sich in der Sportschiffahrt um **Wachführer, Rudergänger oder andere Crewmitglieder,** denen Aufgaben mit verkehrsrechtlicher Bedeutung übertragen worden sind. Der Fahrzeugführer bleibt jedoch gesamtverantwortlich und trägt zudem die Verantwortung für die **geeignete Delegation** der Aufgaben. Er darf sie nur Personen übertragen, die auch die nötigen Kenntnisse und Fertigkeiten besitzen, und er muß die ordnungsgemäße Durchführung der Aufgaben überwachen.

7. Bei Schub- oder Schleppverbänden ist der **Führer des Verbandes** verantwortlich, wenn nicht die Beteiligten des Schub- oder Schleppverbandes vorher einen anderen Verbandsführer bestimmt haben (§ 4.3 SeeSchStrO). Bietet man einem Flautenlieger seine Schlepphilfe an, sollte man diese Rechtslage bedenken.

8. Steht an Bord eines Schiffes der Fahrzeugführer nicht von vornherein fest und sind mehrere Personen zur Führung eines Fahrzeuges berechtigt, so haben sie vor Antritt der Fahrt **zu bestimmen, wer verantwortlicher Fahrzeugführer** ist

(§ 4.4 SeeSchStrO). Eine entsprechende Eintragung in das Logbuch ist zu empfehlen.

9. Verstößt ein Fahrzeugführer oder ein Mitverantwortlicher fahrlässig oder mit Vorsatz gegen Vorschriften der KVR, der SeeSchStrO oder der Wasser- und Schiffahrtsdirektionen, begeht er eine **Ordnungswidrigkeit,** die mit Bußgeld geahndet wird, oder, in weiter unten genannten Fällen, sogar eine **Straftat.** Ist durch sein ordnungswidriges Verhalten ein Schaden entstanden, muß dieser nach dem Verschuldungsprinzip ersetzt werden.

Zivilrechtliche Verantwortung

10. In der Sportschiffahrt gilt grundsätzlich das ganz normale Haftungsrecht (§§ 823 ff. BGB), nach dem man gegenüber Dritten für Schäden haftet, die man durch eigenes schuldhaftes Verhalten verursacht hat. **Schuldhaftes Verhalten** bedeutet, etwas Unerlaubtes getan zu haben. Dabei kann es sich um einen Verstoß gegen Gesetze und Verordnungen, aber auch gegen private Gebote und Verbote handeln, zum Beispiel die Benutzung einer fremden Sache ohne Genehmigung des Eigentümers.

11. Im Ausland richtet sich die Haftung nicht immer nach dem Verschuldensprinzip. Dort kann auch dann ein Anspruch entstehen, wenn ein Schiff ohne Verschulden einen Schaden angerichtet hat, zum Beispiel wenn es trotz ordnungsgemäßen Ankerns gegen ein anderes Schiff getrieben ist. Generell gilt das **Haftungsrecht des Landes,** auf

dessen Hoheitsgebiet sich der Schaden ereignet hat. Sind jedoch Schädiger und Geschädigter deutsche Schiffe, wird der Schaden nach deutschem Recht geregelt. Bei Schäden **außerhalb nationaler Hoheitsgewässer** gilt als Gerichtsstand allgemein der Heimathafen des Beklagten, es sei denn, die Parteien einigen sich auf einen anderen Gerichtsstand (Internationales Übereinkommen vom 10.5.1952 zur Vereinheitlichung von Regeln über die zivilrechtliche Zuständigkeit bei Schiffszusammenstößen, in der Bundesrepublik Deutschland in Kraft seit 6.4.1973).

12. **Haftungsansprüche** richten sich zunächst gegen den Schädiger. In der nichtgewerblichen Sportschiffahrt ist dies im allgemeinen der Schiffsführer, denn er trägt die Gesamtverantwortung für die Manöver des Schiffes. Wenn zum Beispiel ein Crewmitglied die Festmacheleine auf einem Nachbarschiff belegt und dabei etwas auf dessen Deck beschädigt, tut es das im Auftrage des Skippers und unter dessen Aufsicht. **Skipper und Crew** bilden, was das Haftungsrisiko betrifft, eine Gefahrengemeinschaft.

13. In der **gewerblichen Sportschiffahrt,** also auf Ausbildungs- oder Törnyachten, haftet im Grundsatz der Reeder (Eigner) für Schäden, die seine Schiffsbesatzung in „Dienstverrichtung" verursacht hat (§ 3 Abs. I BinSchG, § 485 HGB). Bei gecharterten Yachten haftet anstelle des Eigners der Charterer.

14. Die allgemeinen **Sportboothaftpflichtversicherungen** decken die berechtigten Schadensersatzansprüche gegen den Eigner, den Schiffsführer und gegen Mitsegler, die unter der Verantwortung

des Schiffsführers handeln. Die Deckungsgrenze ist frei wählbar, 2,5 bis 5 Millionen € pauschal sind üblich. Wird die Yacht **gewerblich genutzt,** ist ein besonderer Versicherungsvertrag mit etwa doppelter Prämie nötig. **Charterer** sollten sich stets davon überzeugen, daß eine Haftpflichtversicherung für die gewerbliche Nutzung der Yacht abgeschlossen ist. Ist dies nicht einwandfrei feststellbar, können sie sich auch selbst gegen das Risiko versichern, daß der Vercharterer nicht ausreichend versichert ist. Diese Zusatzversicherung gilt nur für die Dauer des Chartertörns und kostet entsprechend weniger.

15. Die Sportboothaftpflichtversicherungen **treten im allgemeinen nicht ein** bei vorsätzlicher Herbeiführung des Schadensfalles, bei Schäden mitversicherter Personen untereinander und bei Schäden an gemieteten oder geliehenen Sachen, um nur die wesentlichsten Ausschlüsse zu nennen. Als Vorsatz kann auch das bewußte Inkaufnahme eines Risikos gewertet werden, eine Form des Verschuldens, die in der Praxis sehr schnell erfüllt ist, zum Beispiel bei unzulänglicher Sicherheitsausrüstung oder bei offensichtlicher Selbstüberschätzung. Im Gegensatz zu Kraftfahrzeugen sind Haftpflichtversicherungen für Sportboote in Deutschland keine Pflicht. Natürlich sind sie **dringend zu empfehlen.** Im Ausland werden sie für die Erteilung einer Verkehrsgenehmigung vielfach vorausgesetzt.

16. Im **Schadensfalle** ist unabhängig von der Rechtslage der eigenen Haftpflichtversicherung grundsätzlich Meldung zu erstatten. Denn neben der Regulierung berechtigter Ersatzansprüche ist es auch Aufgabe der Versicherung, die Rechtslage zu prüfen und vor überhöhten oder nachträglich gestellten Forderungen zu schützen.

Strafrechtliche Verantwortung

17. Oberhalb der Ebene der Ordnungswidrigkeiten, die von den Verwaltungsbehörden mit Bußgeld geahndet werden, liegen die Vergehen und Verbrechen des Strafgesetzbuchs. Eine Reihe von Tatbeständen, die in der Sportschiffahrt durchaus vorkommen, sind bereits Straftaten, auch wenn das von den Beteiligten oft gar nicht so gesehen wird. Manche Straftaten geschehen durch Unterlassung, andere durch Handeln in Unkenntnis – die aktive Tat ist gar nicht immer nötig (§§ 13, 16 und 17 StGB). Straftaten werden nicht mit Bußgeld, sondern mit Freiheitsentzug oder Geldstrafe geahndet.

18. Voraussetzung für die Straftat ist vorsätzliches Handeln, es sei denn, der Tatbestand wird im Strafgesetzbuch auch im Falle von Fahrlässigkeit als Straftat aufgeführt (§ 15 StGB). Typische Beispiele für Straftaten aus der Sportschiffahrt sind Verkehrsgefährdung, fahrlässige Körperverletzung und Umweltvergehen.

19. Verkehrsgefährdung (§ 315a StGB) begeht, wer „... ein Schiff ... führt, obwohl er infolge des Genusses alkoholischer Getränke oder anderer berauschender Mittel oder infolge geistiger oder körperlicher Mängel nicht in der Lage ist, das Fahrzeug sicher zu führen, oder (wer) als Führer eines solchen Fahrzeuges oder als sonst für die

Sicherheit Verantwortlicher durch grob pflichtwidriges Verhalten gegen Rechtsvorschriften zur Sicherung des ... Schiffsverkehrs ... verstößt und dadurch Leib oder Leben eines anderen oder fremde Sachen von bedeutendem Wert gefährdet". Strafbar sind auch der Versuch, fahrlässiges Handeln oder das fahrlässige Verursachen solcher Gefährdung.

20. Fahrlässige Körperverletzung (§ 230 StGB) oder Fahrlässige Tötung (§ 222 StGB) begeht, wer „durch Fahrlässigkeit die Körperverletzung (den Tod) eines anderen verursacht". Dieses Verursachungsprinzip greift insbesondere bei der Pflicht des Eigners und des Schiffsführers, Sicherheitsmängel zu beseitigen. Die Strafverfolgung im Falle der Körperverletzung bedarf jedoch des Antrages durch den Verletzten oder des besonderen öffentlichen Interesses (§ 232 StGB).

21. Verunreinigung eines Gewässers (§ 324 StGB) begeht, wer „unbefugt ein Gewässer verunreinigt oder nachteilig verändert". Auch der Versuch oder fahrlässiges Vorgehen ist strafbar.

22. Umweltgefährdende Abfallbeseitigung (§ 326 StGB) begeht, wer „unbefugt Abfälle, die explosionsgefährlich (z. B. Seenotsignalmittel) ... sind (oder die) nach Art, Beschaffenheit oder Menge geeignet sind, nachhaltig ein Gewässer ... zu verunreinigen oder sonst nachteilig zu verändern, außerhalb einer dafür zugelassenen Anlage oder unter wesentlicher Abweichung von einem vorgeschriebenen oder zugelassenen Verfahren ... abläßt oder beseitigt". Auch der Versuch oder fahrlässiges Handeln ist strafbar.

Seevölkerrechtliche Grundsatzfragen

23. In dem Seerechtsübereinkommen (SRÜ) der Vereinten Nationen von 1982 sind die Hoheitsbefugnisse auf See wie folgt geregelt:
Innere Gewässer (Art. 8 SRÜ) sind landwärts der Basislinie (siehe Seite 88 Abs. 4) gelegene Wasserflächen, also Buchten, Flüsse und Häfen eines Küstenstaates. Der Küstenstaat hat dort unbeschränkte Hoheitsbefugnisse auch gegenüber fremdflaggigen Schiffen.
Das Küstenmeer (Art. 2 SRÜ) erstreckt sich bis zu 12 sm seewärts der Basislinie. Auch hier hat der Küstenstaat die volle Souveränität, jedoch muß er das „Recht der friedlichen Durchfahrt" gewähren.
In der bis zu 24 sm breiten Anschlußzone (Art. 33 SRÜ) hat der Küstenstaat Kontrollrechte bezüglich seiner Zoll- und Finanzgesetze sowie seiner Einreise- und Gesundheitsbestimmungen.
Der Küstenstaat kann bis zu 200 sm seewärts der Basislinie eine ausschließliche Wirtschaftszone beanspruchen (Art. 55 SRÜ). Er kann dort Hoheitsrechte ausüben, jedoch nur, soweit sie auf die wirtschaftliche und wissenschaftliche Nutzung des Seeraumes begrenzt sind.
Der weitere, oben nicht festgelegte Seeraum ist die hohe See. Dort besteht allgemeine Freiheit der Schiffahrt, des Überflugs sowie des Verlegens von Kabeln und Rohrleitungen. Auf hoher See unterliegen Schiffe der ausschließlichen Hoheitsgewalt ihres Flaggenstaates (Ausnahmen: Piraterie, Sklavenhandel, Drogenschmuggel). Auf Grund seiner Vollzugsgewalt stellt der Flaggenstaat sicher, daß alle ratifizierten

Abb. 1 *Im ausländischen Hafen unterliegt man natürlich dem örtlichen Recht (Foto: YACHT-Archiv)*

internationalen Übereinkommen – soweit sie das Schiff betreffen – eingehalten werden. Beispiele: SOLAS, MARPOL, KVR.

24. Die **Strafgerichtsbarkeit** (Festnahme, Verurteilung, Strafvollzug) auch gegenüber Personen auf fremdflaggigen Schiffen übt der Küstenstaat auf seinen inneren Gewässern unbeschränkt und in seinem Küstenmeer nur aus,
– wenn sich die Folgen der Straftat auf den Küstenstaat erstrecken,
– wenn die Straftat geeignet ist, den Frieden des Landes oder die Ordnung im Küstenmeer zu stören,
– wenn der Kapitän oder der Flaggenstaat die Hilfe des Küstenstaates erbeten hat
– oder wenn die Maßnahmen zur Unterdrückung des Drogenschmuggels erforderlich sind.

25. Zur **Bekämpfung des Drogenschmuggels** sind nach dem Übereinkommen der Vereinten Nationen gegen den unerlaubten Verkehr mit Suchtstoffen und psychotropen Stoffen (Suchtstoffübereinkommen 1988), in Deutschland in Kraft seit 28.2.1994, fremde Staaten befugt, auch auf hoher See einzugreifen. Voraussetzung ist jedoch die ausdrückliche Zustimmung des Flaggenstaats, die von deutscher Seite nur erteilt wird, wenn zugesichert wird, den Grundsatz der Verhältnismäßigkeit zu wahren und bei unbegründetem Verdacht Schadenersatz zu leisten.

26. Ein internationales Übereinkommen über die Rechtsstellung eines **blinden Passagiers** ist nicht zustande gekommen. Statt dessen gilt normales Recht, für das An-Land-Set-

zen also das Ausländergesetz des Küstenstaates. Der Kapitän muß damit rechnen, für die Unterbringung des blinden Passagiers verantwortlich gemacht zu werden und die Kosten tragen zu müssen.

27. Die **Zivilgerichtsbarkeit** (Art. 28 SRÜ) auch gegenüber einem fremdflaggigen Schiff und den Personen an Bord übt der Küstenstaat auf dessen *inneren Gewässern* nach seinen Rechtsvorschriften aus. Im *Küstenmeer* beschränkt sich das Vollstreckungsrecht des Küstenstaates auf Verbindlichkeiten des Schiffes, die während oder wegen seiner Durchfahrt entstanden sind. Verbindlichkeiten einzelner Personen an Bord darf der Küstenstaat bei der friedlichen Durchfahrt des Schiffes durch das Küstenmeer nicht nachgehen.

Deutsche Zollbestimmungen

28. Während man sich über die Zollbestimmungen eines Gastlandes in jedem Einzelfalle kundig machen muß, sind hier die wichtigsten Zollbestimmungen für Sportschiffer in der Bundesrepublik Deutschland zusammengestellt. Auch nach dem Auslaufen der Tax-free-Regelung für den innergemeinschaftlichen Schiffsreiseverkehr am 30. Juni 1999 kann **abgabenfreier Schiffsbedarf grundsätzlich nur noch zum unmittelbaren Verbrauch an Bord der Wassersportfahrzeuge bezogen werden.**

29. Es handelt sich um Waren, die ursprünglich aus Nicht-EU-Ländern stammen und für die noch kein Einfuhrzoll entrichtet worden ist, und um Waren aus den EU-Ländern, für die die Umsatzsteuer und gegebenenfalls bestimmte Warensteuern ebenfalls noch nicht bezahlt sind. In beiden Fällen werden Steuern oder Zoll nicht erhoben, wenn diese Waren als Schiffsbedarf auf See, also nicht im Zollinland, verbraucht werden. Als Minimum gilt hierfür eine Reise von **72 Stunden** Dauer, auf der **direkt ein ausländischer Hafen** angelaufen wird oder die **über das Küstengebiet hinausführt.**

Die Begrenzung des Küstengebiets ist in dem „Merkblatt über deutsche Zollbestimmungen für Schiffsführer von Wassersportfahrzeugen" der Oberfinanzdirektion Hamburg nachzulesen. Die Reise wird durch einen Landgang in einem anderen deutschen Hafen als dem Abgangshafen nicht unterbrochen. Sie endet mit der Rückkehr im Abgangshafen.

30. Der Schiffseigner muß im Besitz eines **Bezugs- und Anschreibebuchs für Schiffsbedarf** sein und sich zu dessen ordnungsgemäßer Führung schriftlich verpflichtet haben. Entsprechendes gilt in Abwesenheit des Schiffseigners für den Schiffsführer, der dann die Verpflichtung des Eigners übernimmt. Das Bezugs- und Anschreibebuch wird von der für den ständigen Liegeplatz zuständigen Zollstelle ausgegeben.

31. Abgabenfreier Schiffsbedarf wird in der für die Reise erforderlichen Menge bei einem **Schiffsbedarfshändler** bestellt, unter Vorlage des Bezugs- und Anschreibebuchs und Angabe von Ziel und Dauer der Reise sowie der Personenzahl an Bord. Der Schiffsbedarf wird unmittelbar vor dem Auslaufen geschlossen angeliefert und der zuständigen Zollstelle „gestellt". Je nach örtlichen Umständen kommt dazu ein Zollbeamter an Bord, oder man verholt die Yacht zur nächsten Zollpier. Durch diese Gestellung, auch **Ausklarierung** genannt, wird sichergestellt, daß die Ware aus dem Lagerbestand des Schiffsbedarfshändlers auch wirklich ausgeführt und nicht in den Inlandsverkehr gebracht wird. Der Gestellungsbeamte trägt dem Schiffsführer nach Abschluß seiner Kontrolle auf, bis zum Passieren der Seezollgrenze (entspricht grob gesehen der Strandlinie) das **Zollzeichen** zu setzen. Mit diesem Stander zeigt man an, der Zollüberwachung zu unterliegen, mit dem Ziel, eine Warenabfuhr in den Inlandsverkehr zu verhindern.

Jeglicher Kontakt mit anderen Schiffen oder Anlegestellen ist folglich verboten. Allerdings spricht nichts gegen den sofortigen Gebrauch oder Verzehr der abgabenfreien Waren an Bord.

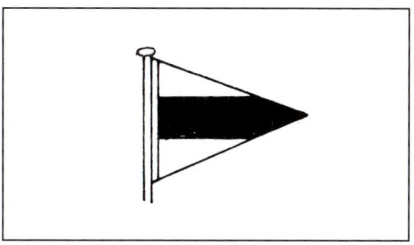

Abb. 2 *Der 3. Hilfsstander aus dem Internationalen Signalbuch gilt in Deutschland als Zollzeichen*

32. Bei der **Rückkehr von der Reise** müssen für noch vorhandene abgabenfreie Waren die zunächst eingesparten Steuern und Zollabgaben nachentrichtet werden. Es gelten die üblichen Freimengen für Reisemitbringsel, die seit 1. Juli 1999 nur noch gewährt werden, wenn die **seewärtige Einreise unmittelbar aus einem Drittlandhafen** erfolgt.

Die zurückkehrende Yacht setzt nach Passieren der Seezollgrenze das Zollzeichen und stellt sich zur Einklarierung einer der nächsten Zolldienststellen. Bis dahin muß sie jeden Kontakt mit dem Inlandwarenverkehr vermeiden.

33. Das **Zollzeichen** wird als Tagsignal im Form des **Hilfsstanders 3** und als Nachtsignal in Gestalt des weißen Zollichts gefahren. Der Hilfsstander 3 des Internationalen Signalbuchs (ISB) ist dreieckig, weiß schwarz weiß, und ist am „Signalstag oder am Vor- oder Hintermast" (so die Amtsformulierung) gut sichtbar zu setzen (Abb. 2). Segler setzen ihn unter der Backbord-Saling. Das Zollicht ist ein weißes Sektorenlicht, das 1 bis 2 m unter dem Hecklicht geführt wird und 5 oder 6 Strich beidseitig von recht achteraus abstrahlt, was dem Hecklichtsektor entspricht. Das Licht muß auf mindestens 1 sm sichtbar sein.

Grenzpolizeiliche Kontrolle

34. Wie wir es von Flugreisen her kennen, hat jedes Land seine eigenen Immigrationsvorschriften. In der Bundesrepublik Deutschland gilt das Paß- beziehungsweise Ausländergesetz. Danach müssen Deutsche und auch Ausländer, die das Bundesgebiet ins Ausland verlassen oder vom Ausland in die Bundesrepublik Deutschland einreisen, sich durch einen Paß oder Personalausweis und Ausländer gegebenenfalls auch mit einer Aufenthaltserlaubnis ausweisen. Was die Sportschiffahrt angeht, müssen Ausreisen oder Einreisen mit Wasserfahrzeugen in Häfen stattfinden, die als Grenzübergangsstellen zugelassen sind. Ist dies nicht praktikabel, kann beim zuständigen Grenzschutzamt eine „Grenzerlaubnis" beantragt werden, die berechtigt, das Land über jeden anderen Hafen oder auch von der Küste direkt zu verlassen oder zu betreten. In jedem Falle, also auch bei vorliegender Grenzerlaubnis, unterliegt man jedoch der Pflicht, sich auf Verlangen einer grenzpolizeilichen Kontrolle zu stellen.

Lernkontrolle

1. Mit welchen Maßnahmen wird ein Schiffsführer seiner Verantwortung für die Sicherheit der Mitsegler gerecht? (Absatz 2, 3 und 4)

2. Was sind Not- oder Sicherheitsrollen? (Absatz 4)

3. Wer ist für eine Verletzung eines Mitseglers verantwortlich, der nicht in der Lage war, sich bei dem herrschenden Wetter sicher an Deck zu bewegen? (Absatz 2)

4. Wer kann außer dem Schiffsführer noch für verkehrsrechtliche Fehlhandlungen verantwortlich gemacht werden, und welche Umstände sind dafür erforderlich? (Absatz 6)

5. Wer ist der verantwortliche Schiffsführer, wenn mehrere qualifizierte Personen an Bord sind und offensichtlich gemeinsam das Schiff führen? (Absatz 8)

6. Was ist die Voraussetzung für einen Anspruch auf Schadensersatz? (Absatz 10)

7. Gegen wen richten sich Schadensersatzansprüche generell? Wer ist auf Sportbooten für Schäden verantwortlich, die durch ein Manöver des Bootes entstanden sind? (Absatz 12)

8. Werden grundsätzlich alle Haftpflichtansprüche durch die allgemeinen Sportboothaftpflichtversicherungen gedeckt? Welche Rolle spielt eine gewerbliche Nutzung? (Absatz 14 und 15)

9. Bei Körperverletzung oder Tötung ist schon im Falle von Fahrlässigkeit eine Straftat gegeben. Auch bei Gefährdung? (Absatz 19, 20)

10. Bis wie weit vor der Küste (Basislinie) kann ein Küstenstaat Zollkontrollen durchführen? (Absatz 23)

11. Unter welchen Umständen darf ein Behördenfahrzeug eines Küstenstaates eine Yacht auf offener See stoppen und durchsuchen? (Absatz 25)

12. Inwiefern gibt es auch nach Einstellung des zollfreien Einkaufs in der EU vom 1. Juli 1999 an noch abgabenfreien Schiffsbedarf? (Absatz 29)

13. Bei welchen Reisen darf abgabenfreier Schiffsbedarf bezogen werden? (Absatz 29)

14. Was ist der Hauptzweck des Ausklarierens? (Absatz 31)

15. Was geschieht mit nicht verbrauchtem abgabenfreiem Schiffsbedarf bei der Rückkehr? (Absatz 32)

16. Wie sehen Tag- und Nachtsignal für das Zollzeichen 3 aus? (Absatz 33)

18. Seeunfalluntersuchung

1. Seeunfalluntersuchungen durch die öffentliche Hand sind keineswegs auf die Berufsschiffahrt beschränkt. Die Sportschiffahrt unterliegt ihren Vorschriften und Verfahren in gleicher Weise.

Die Organisation

2. Für die Untersuchung von Schiffsunfällen sind die **Seeämter** der Wasser- und Schiffahrtsdirektionen eingerichtet, mit Sitz in Hamburg, Kiel, Rostock, Bremerhaven und Emden. Nächsthöhere Instanz ist das Bundesoberseeamt im Geschäftsbereich des Bundesministeriums für Verkehr, Bau- und Wohnungswesen (BMVBW), mit Sitz in Hamburg.
Die **Zuständigkeit** richtet sich nach dem Unfallort, wenn sich der Unfall im Zuständigkeitsbereich der Wasser- und Schiffahrtsdirektionen Nord und Nordwest ereignet hat, und nach dem Heimat- oder Registerhafen bei Unfällen auf hoher See (§ 5 See-Unfalluntersuchungsgesetz, SeeUG).

3. Seeämter haben die Funktion eines behördlichen Untersuchungsausschusses. Ihre Verfahren sind **Verwaltungsverfahren,** keine Gerichtsverfahren (§ 10 SeeUG). Sie fällen kein Urteil; vielmehr wird das Ergebnis einer Seeamtsverhandlung in einem **Spruch** zusammengefaßt, in dem nicht Schuld, sondern fehler-

haftes Verhalten festgestellt wird. Strafrechtliche oder zivilrechtliche Folgen, die aus dem fehlerhaften Verhalten zu ziehen wären, sind Sache eines ordentlichen Gerichts. Die Seeämter sind jedoch befugt, erforderlichenfalls **nautische Patente,** behördlich ausgestellte Befähigungszeugnisse sowie die **Fahrerlaubnis für Sportboote** befristet oder endgültig **einzuziehen** (§ 19 SeeUG).

4. Das Seeamt setzt sich aus dem Vorsitzenden, einem ständigen Beisitzer und drei ehrenamtlichen Beisitzern zusammen (§ 6 SeeUG). Während der Vorsitzende die Befähigung zum Richteramt besitzen muß, ist der ständige Beisitzer Kapitän auf Großer Fahrt mit ausreichender Erfahrung in der Führung eines Seeschiffes (§ 7 SeeUG). Die Beisitzer sind Fachleute aus allen mit der Seefahrt befaßten Bereichen. Sie werden nach Ort und Art des Seeunfalles aus der Liste der Beisitzer ausgewählt, so daß „die sachkundige und unabhängige Besetzung" sichergestellt ist (§ 9 SeeUG).

5. Zu den Personengruppen auf dieser Liste zählen unter anderem:
– Kapitäne und Schiffsoffiziere des nautischen, des technischen und des Funkdienstes
– Lotsen und Kanalsteurer
– erfahrene Wassersportler
– Bedienstete der Wasser- und Schiffahrtsverwaltung

– Fachleute des BSH, der SeeBG und des Germanischen Lloyd
– Mitarbeiter des Such- und Rettungsdienstes

Das Verfahren

6. Seeunfälle, die unter dieses Gesetz fallen, müssen dem Seeamt angezeigt werden. Sie sind in § 1 nach Ort, Nationalität, nautischer Qualifikation und Art des Schadens definiert. Beachtenswert ist, daß nicht nur konkrete Schäden, sondern

Abb. 1 *Seeamt Hamburg*

§ 1 (1) SeeUG:

Seeunfälle im Sinne dieses Gesetzes sind Unfälle von Schiffen

1. auf den *Seeschiffahrtsstraßen,*

2. in den an den Seeschiffahrtsstraßen gelegenen Häfen, wenn ein Seeschiff beteiligt ist,

3. auf hoher See und in fremden Hoheitsgewässern, wenn

   a) ein Seeschiff beteiligt ist, das berechtigt ist, die *Bundesflagge zu führen,* oder

   b) ein Beteiligter ein Befähigungszeugnis als Kapitän oder Schiffsoffizier besitzt oder

4. auf hoher See und in fremden Küstenmeeren, wenn ein Binnenschiff beteiligt ist, das in einem Schiffsregister der Bundesrepublik Deutschland eingetragen ist.

Als Schiffe im Sinne des Satzes 1 gelten auch Luftkissen- und Tragflächenfahrzeuge, *Sportboote* und schwimmende Geräte.

§ 1 (2) SeeUG:

Ein Seeunfall im Sinne des Absatzes 1 liegt vor, wenn

1. durch das Verhalten, den Zustand oder den Betrieb eines Schiffes eine erhebliche *Beeinträchtigung oder Gefährdung*

   a) seiner Sicherheit, insbesondere der Sicherheit der an Bord befindlichen Personen,

   b) der Sicherheit des Schiffsverkehrs oder

   c) des Zustandes eines Gewässers eingetreten ist,

2. ein Schiff *gesunken,* verschollen oder aufgegeben worden ist,

3. ein Schiff einen *erheblichen Schaden* erlitten oder ein Schiff oder seine Ladung einen erheblichen Schaden verursacht hat oder

4. beim Betrieb eines Schiffes eine *Person getötet* worden oder verschollen ist.

§ 1 (3) SeeUG:

Als Seeunfall gilt auch die *unterlassene Hilfe- oder Beistandsleistung* durch den Kapitän, den Schiffsführer, die Schiffsoffiziere und Lotsen.

bereits ernsthafte Gefährdungen einen Seeunfall darstellen. **Anzeigepflichtig** sind der Betreiber eines Schiffes, der Kapitän, der Schiffsführer und der Lotse (§ 11 SeeUG).

7. Was im einzelnen zu untersuchen ist, schreibt § 3 SeeUG in einem umfassenden Katalog vor, wobei materielle Mängel genauso wie menschliche Fehlleistungen unter die Lupe genommen werden. Über allem steht die Absicht, **fehlerhaftes Verhalten** festzustellen und zu erkennen, „ob einem Beteiligten **eine Eigenschaft fehlt, die zur Berufsausübung als Kapitän ... oder zur Führung eines Sportbootes erforderlich ist"** (§ 3 (2) SeeUG).

8. Das Untersuchungsverfahren findet in **mündlicher Verhandlung** möglichst an nur einem Verhandlungstermin statt (§ 14 SeeUG). Es ist öffentlich. Wenn der Sachverhalt es erfordert, sind auch außerhalb der mündlichen Verhandlung **Beweise aufzunehmen.** Dazu werden die Wasserschutzpolizei, der Bundesgrenzschutz und im Ausland diejenigen Botschaften und Konsulate hinzugezogen, die zur Aufnahme von **Verklarungen** nach § 522 HGB bestimmt worden sind.

9. Die am Unfall Beteiligten haben ein **Aussageverweigerungsrecht,** wenn ihre Aussage sie der Gefahr aussetzen würde, daß ihre Patente oder Sportbootführerscheine eingezogen werden (§ 16 (5) SeeUG).

10. **Der Spruch** wird nach Möglichkeit am Schluß der Verhandlung oder in einer sofort anzuberaumenden öffentlichen Sitzung bekanntgegeben. Es wird die Spruchformel verlesen und anschließend, in mündlicher Form, die Begründung in ihren wesentlichen Teilen dargelegt (§ 17 SeeUG).

11. Gegen alle Verwaltungsakte des Seeamtes kann Widerspruch beim Oberseeamt in Hamburg und in zweiter Instanz Berufung beim Verwaltungsgericht Hamburg eingelegt werden.

§ 3 (1) SeeUG:

In der Untersuchung sind *Ursachen und Umstände* des Seeunfalls festzustellen; insbesondere ist zu prüfen, ob der Seeunfall

1. auf Mängeln der Bauart, Einrichtung, Ausrüstung, Beschaffenheit, Beladung, des Betriebes oder der Besetzung des Schiffes mit Kapitän, Schiffsoffizieren und sonstigen Besatzungsmitgliedern beruht;

2. auf Mängeln der Wasserstraßen mit den zugehörigen Schiffahrtsanlagen, der Schiffahrtszeichen, der Einrichtungen zur Verkehrslenkung und -beratung, des Lotswesens, des Such- und Rettungsdienstes, der benutzten Seekarten und Seebücher sowie des nautischen Warn- und Nachrichtendienstes beruht;

3. auf einen Verstoß gegen Verkehrs-, Sicherheits- oder Umweltschutzvorschriften auf dem Gebiet der Seeschiffahrt oder

4. auf einen Fehler bei der Führung oder (auf) den Betrieb des Schiffes zurückzuführen ist.

Ferner ist zu prüfen, ob eine Hilfe- oder Beistandsleistung unterlassen worden ist.

Anmerkung:
Bei Drucklegung dieser 2. Auflage stand eine Neuregelung der Untersuchung von Seeunfällen bevor. Danach soll in Zukunft eine **Bundesstelle für Seeunfalluntersuchung** mit der Untersuchung und Ursachenklärung von Seeunfällen betraut werden. Seeamtsverhandlungen sollen nur noch stattfinden, wenn sich nach einer Vorprüfung duch die Wasser- und Schiffahrtsdirektion Nordwest hinreichende Anhaltspunkte ergeben, eine Berechtigung zu entziehen oder die Ausübung der mit einem Befähigungszeugnis oder einer Fahrerlaubnis verbundenen Befugnisse zu beschränken.

Lernkontrolle

1. Welchen Bundesbehörden sind die Seeämter und das Bundesoberseeamt angegliedert? (Absatz 2)

2. Welches Seeamt ist zuständig bei einem Unfall auf hoher See? (Absatz 2)

3. Worin unterscheidet sich das Seeamt von einem Gericht? (Absatz 3)

4. Wieviel Beisitzer gehören zu einer Seeamtsverhandlung, und was ist ihre Funktion? (Absatz 4)

5. Ein Sportbootführerschein-Inhaber auf einer italienischen Charteryacht zwingt auf hoher See ein Fahrgastschiff zu einem für die Passagiere äußerst gefährlichen Ausweichmanöver. Muß er den Vorgang als Seeunfall melden? (Absatz 6, Kasten Seite 132)

6. Können unverantwortliche Ausrüstungsmängel, die jedoch nicht ursächlich zu dem Unfall beigetragen haben, zur Einziehung des Sportbootführerscheins führen? (Absatz 7, Kasten Seite 133)

7. Welcher Rechtsbehelf bleibt einem, wenn man überzeugt ist, daß das Seeamt den Sportbootführerschein zu Unrecht eingezogen hat? (Absatz 11)

19. Umweltschutz

1. Ziel des Bundesnaturschutzgesetzes ist es, Natur und Landschaft so zu schützen, daß

– die Leistungsfähigkeit des Naturhaushalts,
– die Nutzungsfähigkeit der Naturgüter,
– die Pflanzen und Tierwelt sowie
– die Vielfalt, Eigenart und Schönheit von Natur und Landschaft

als Lebensgrundlage der Menschen und als Voraussetzung für seine Erholung in Natur und Landschaft nachhaltig gesichert sind.

2. Das **Internationale Übereinkommen zur Verhütung der Meeresverschmutzung** (MARPOL 73/78 – abgekürzt von Maritime Pollution) wurde 1973 und 1978 in London unter der Schirmherrschaft der IMO geschlossen. Die Unterzeichnerstaaten verpflichten sich darin, die in Anlagen definierten Auflagen des Übereinkommens zur Verringerung der Meeresverschmutzung einzuhalten. Für den Schutz der Meeresumwelt der Ostsee wurde 1979 das **Übereinkommen von Helsinki** getroffen. Es trägt der besonderen Schutzbedürftigkeit der Ostsee als Randmeer Rechnung. Die Bundesrepublik Deutschland hat beide Abkommen als geltendes Recht übernommen. Das Bundesamt für Seeschiffahrt und Hydrographie (BSH) hat für die Sport- und Kleinschiffahrt die Broschüre „**Entsorgungsmöglichkeiten für Öl, Schiffsmüll und Schiffsabwässer**" herausgegeben. Sie enthält von 170 Häfen an der deutschen Küste Angaben über Auffanganlagen gemäß MARPOL und Helsinki-Übereinkommen und ist kostenlos erhältlich.

Pflege und Wartung

3. Durch Verwendung möglichst schadstoffarmer Farben und Pflegemittel sowie durch sachgemäße Entsorgung von Resten, Gebinden und ausgewechselten Teilen nach den Bestimmungen des Abfallbeseitigungsgesetzes sind unnötige Belastungen der Umwelt zu vermeiden.

4. Herkömmliche **Antifoulinganstriche,** die auf Giftbasis den Bewuchs am Unterwasserschiff verhindern, belasten zwangsläufig die Tier- und Pflanzenwelt im Wasser. Modernere Anstriche sind deshalb vorzuziehen, die dem Bewuchs den Haftgrund entziehen. Wenn so behandelte Unterwasserschiffe ein paarmal mehr mechanisch gereinigt werden, wird der gleiche Effekt erreicht. Sogenannte Weich-Antifoulings sind Kompromisse. Sie bewirken nicht nur den Haftgrundentzug, sondern enthalten auch geringe Mengen giftiger Wirkstoffe. Mit diesen Zusätzen, die immer noch eine gewisse Belastung bedeuten, bleibt das Unterwasserschiff auch ohne Zwischenreinigung mindestens eine Saison bewuchsfrei.

5. Antifoulingfarben mit Quecksilber, Arsenverbindungen, Hexachlorcyclohexan (HCH), polychlorierten Bi- und Triphenylen (PCB und PCT) **sind verboten.** Ferner ist es verboten, Antifouling durch Versprühen aufzutragen. Abschliff und Farbreste sind aufzufangen und sachgerecht zu entsorgen.

6. Kunststoffe sind als **Schleifstaub** schädlich. Deshalb sollte naß geschliffen oder mit Absaugvorrichtungen gearbeitet werden. In beiden Fällen müssen die Rückstände entsorgt werden. Kunststoffe dürfen nicht verbrannt werden. Es würden giftige Gase entstehen.

7. Der übertriebene Einsatz von **Desinfektions- und Reinigungsmitteln** belastet den natürlichen Abbau der Abwässer. Im Meer schaden sie der Unterwasserpflanzen- und -tierwelt. In den meisten Fällen kann mit Wasser und Bürste die gleiche Sauberkeit erzielt werden.

Umgang mit Öl

8. Beim Tanken ist darauf zu achten, daß die Tankentlüftung funktioniert, daß kein Kraftstoff in der Fülleitung zurückschlagen kann und daß ein Überlaufen an der Tank- oder auch an der Entlüftungsöffnung ausgeschlossen ist. Gerät Öl oder Kraftstoff ins Wasser, bildet sich ein ausgedehnter Film, der die lebensnotwendige Sauerstoffaufnahme an der Wasseroberfläche unterbindet. Für Tiere sind Mineralöle giftig. Mit ein paar Spritzern Spülmittel kann man den Ölfilm entfernen, die giftige Wirkung aber nicht.

9. Unter dem Motor sollte immer eine **abgetrennte Bilge** oder eine Wanne

Tropföl auffangen. Ist ein Gemisch von Öl oder Kraftstoff und Wasser in die Bilge geraten, saugt man es in ein **Abscheidegefäß** ab. Nach angemessener Ruhezeit läßt sich das abgesetzte Wasser mit einem unten angebrachten Zapfhahn entfernen. **Altöl** wird gesammelt und bei Tankstellen oder anderen Entsorgungsstellen abgegeben (vgl. Abs. 2).

10. Für den Fall, daß **Öl in die allgemeine Schiffsbilge** gelangt, sollte jede Yacht ein im Handel erhältliches Ölbindemittel an Bord haben. Nach dem Einsatz sind die ölhaltigen Rückstände in geeigneten Behältern zu sammeln und bei den Entsorgestationen in den Häfen abzugeben. Ebenso sind ölhaltige Putzlumpen, Papierreste, Filter und Filtereinsätze den Entsorgestationen zu übergeben.

11. Einleitungen von Öl oder ölhaltigen Gemischen ins Meer sind grundsätzlich verboten, es sei denn, es liegt eine Gefahrensituation oder eine Beschädigung von Schiff oder Ausrüstung vor. Hohe Geldbußen werden angedroht. Der Grenzwert beim Einleiten ölhaltigen Bilgewassers außerhalb von Sondergebieten ist ein Ölanteil von weniger als 15 ppm (parts per million). Dieser Grenzwert bezieht sich zum Beispiel auf die Leistungsfähigkeit einer Ölabscheideanlage auf einem Großschiff, die das Spülwasser bei der Reinigung von Tanks oder Laderäumen aufbereitet.

Müll auf See

12. Sofern nicht eine Notlage oder die Beschädigung des Schiffes oder seiner Ausrüstung vorliegt, ist die **Beseitigung aller Kunststoffgegenstände und sonstigen Mülls** (einschließlich Papiererzeugnisse, Lumpen, Glas, Metall, Steingut, Stauholz, Auskleidungs- und Verpackungsmaterial) auf Meeren, die im MARPOL-Übereinkommen als **Sondergebiete** bezeichnet werden, **verboten.** Nur Lebensmittelabfälle dürfen ins Meer geworfen werden, und auch nur weiter als 12 sm vom nächsten Land entfernt. **Als Sondergebiete gelten unter anderem die Ostsee, die Nordsee und das Mittelmeer.**

13. Außerhalb der Sondergebiete darf Schiffsmüll in einem Mindestabstand von 3 sm vom nächstgelegenen Land über Bord geworfen werden, wenn er vorher durch eine **Zerkleinerungs- und Mahlanlage** geleitet und auf 25 mm Siebmaß gebracht worden ist.

Abwasserbeseitigung

14. Schiffe, die für **mehr als 10 Personen** zugelassen sind, und Schiffe über 200 BRZ müssen nach dem MARPOL-Abkommen ihre Abwässer sammeln und an Auffanganlagen in den Häfen entsorgen. Es gibt folgende Ausnahmen:

● Befindet sich eine zugelassene **Abwasseraufbereitungsanlage** an Bord und werden keine sichtbaren Spuren im Wasser hinterlassen, sind Einleitungen erlaubt – auch unter Land (Abb. 1).

● Wird auf einem Schiff das Abwasser in einer zugelassenen Anlage nur **mechanisch behandelt und desinfiziert,** muß es weiter als 4 sm vom nächstgelegenen Land entfernt sein, um einzuleiten.

Abb. 1 *... und keine sichtbaren Spuren hinterlassen! (Foto: Jörn Bock)*

● Ist **keine Aufbereitungsanlage** verfügbar, darf die Einleitung nur mindestens 12 sm vom nächstgelegenen Land entfernt erfolgen, und auch nur in kleinen Mengen und bei über 4 kn Fahrt.

15. Für Yachten, die für weniger als 10 Personen zugelassen sind, werden Fäkalientanks empfohlen. Für die Ostsee ist bis 2005 mit einer Ausrüstungspflicht zu rechnen (neues Helsinki-Abkommen). Besonders vorteilhaft sind **Vakuum-WC-Anlagen,** die von den modernen Eisenbahnzügen und von Verkehrsflugzeugen her bekannt sind. Bei diesen Anlagen kommt ein Spülvorgang mit einem halben Liter Wasser aus, und der Fäkalientank braucht nicht so riesig zu sein.

16. Ein **Chemie-WC** ist keineswegs eine umweltfreundliche Lösung. Die geruchsbindenden und desinfizierenden Zusätze behindern den natürlichen Klärprozeß bei der Abwasserbeseitigung. Ins Meer eingeleitet, würden sie wegen ihrer aggressiv giftigen Eigenschaften großen Schaden anrichten. Chemie-Toiletten sollten nur an den dafür vorgesehenen Entsorgungsstationen entleert werden.

Meldepflicht

17. Sind bei einem Schiff Öl oder andere schädliche flüssige Stoffe ins Meer gelangt, muß **der Kapitän** dies sofort nach einem vorgegebenen Schema den zuständigen Behörden des nächsten Küstenstaates melden (MARPOL, Artikel 8) und angeben, ob es

– durch Einleiten infolge einer Beschädigung, aus Gründen der Schiffssicherheit oder zum Schutz von Menschenleben auf See geschehen ist,
– durch über Bord gegangene Container, Fahrzeuge etc. oder
– durch Überschreiten der zugelassenen Emissionsraten im normalen Betrieb.

18. Für die deutschen Küsten ist der Zentrale Meldekopf (ZMK) Cuxhaven **die zuständige Meldestelle.** Die Meldungen müssen die Anschrift „ZMK Cuxhaven" tragen und als erstes Textwort das Kennwort „Oelunfall" erhalten. Frequenzen und Kanäle finden sich im „Jachtfunkdienst Nord- und Ostsee" unter „Warnfunk".

19. Die Sportschiffahrt ist von der Meldepflicht keineswegs ausgenommen, auch wenn das Umweltrisiko in ihrem Falle vergleichsweise gering ist.

Schutzzonen im Wattenmeer

20. Die **Verordnung für das Befahren der Bundeswasserstraßen in den Nationalparken im Bereich der Nordsee** (NPNordSBefV) vom 15. März 1992 regelt das Befahren mit Wasserfahrzeugen, Sportfahrzeugen und Wassersportgeräten folgender Nationalparke:
– Schleswig-Holsteinisches Wattenmeer
– Hamburgisches Wattenmeer
– Niedersächsisches Wattenmeer

21. Die **Grenzen der Nationalparke** und die jeweiligen Zonen I mit den Seehundschutzgebieten, den Brut-

und Mausergebieten der Vögel sowie die Schutzzeiten und die durch diese Gebiete führenden Fahrwasser (im Sinne der SeeSchStrO) werden durch Eindruck in den **amtlichen Seekarten** bekannt gemacht.

22. Im **gesamten Bereich der Nationalparke** haben sich die Verkehrsteilnehmer so zu verhalten, daß die Tierwelt nicht geschädigt, gefährdet oder mehr, als nach den Umständen unvermeidbar, gestört wird.

23. Die **Zonen I** sind besondere in den Seekarten verzeichnete Schutzzonen, in denen man sich **nur innerhalb der Fahrwasser** unbeschränkt aufhalten darf. Die Flächen **außerhalb der Fahrwasser** dürfen nur von drei Stunden vor bis drei Stunden nach Hochwasser befahren werden. Dann besteht dort jedoch eine Geschwindigkeitsbegrenzung von 15 km/h Fahrt durchs Wasser sowie das generelle Verbot von motorisierten Wasserskiern, Wassermotorrädern oder sonstigen motorisierten Wassersportgeräten.

24. Die in den Zonen I eingezeichneten Seehundschutzgebiete und Brut- und Mausergebiete der Vögel dürfen während der in den Seekarten angegebenen **Schutzzeiten** nicht befahren werden, es sei denn, man befindet sich im Fahrwasser.

25. Ausgenommen oder teilweise ausgenommen von diesen Verkehrsbeschränkungen sind Fahrzeuge in Not, Rettungs- oder Behördenfahrzeuge im Einsatz, Versorgungsfahrzeuge der Inseln und Fahrzeuge in der rechtmäßigen Ausübung gewerblicher Fischerei.

Abb. 2 *Ungestörte Natur im Watt
(Foto: Bio-Info/Andersen)*

Abb. 3 *Sie wollen ihre Ruhe! (Foto: Bio-Info/Walz)*

Lernkontrolle

1. Worin unterscheiden sich das MARPOL-Abkommen und das Übereinkommen von Helsinki? (Absatz 2)

2. Wie kann man bei der Auswahl des Antifouling-Anstrichs einen Beitrag zur Umweltentlastung leisten? (Absatz 4 und 5)

3. Wie halte ich die Bordtoilette sauber und geruchsfrei? (Absatz 7)

4. Wie sichert man sich gegen Öl in der Bilge? (Absatz 9)

5. Wie verhält man sich, wenn dennoch Öl in die Bilge gelangt ist? (Absatz 10)

6. Wie lauten die Grenzwerte für den Ölanteil bei Wasser, das bei Reinigungsarbeiten außenbords gepumpt wird? (Absatz 11)

7. Was bedeuten Sondergebiete nach MARPOL? (Absatz 12)

8. Welche Auflagen gibt es für die Abwasserbeseitigung einer Ausbildungsyacht im Rund-Fünen-Einsatz, die für 12 Personen zugelassen ist und die über keine Abwasseraufbereitungsanlage verfügt? (Absatz 14)

9. Wie löst eine kleinere Yacht das Abwasserproblem? (Absatz 15)

10. Wo steckt das Umweltproblem der Chemie-Toilette? (Absatz 16)

11. Wie erfährt der Sportschiffer, wo die Schutzauflagen für die Nationalparke gelten? (Absatz 21)

12. Was bedeutet der Begriff „Zone I" im Zusammenhang mit den Nationalparken Wattenmeer? (Absatz 23)

13. Welche Bedeutung haben die Fahrwasser, die durch eine Zone I führen? (Absatz 23)

20. Seenot- und Sicherheitsfunkdienst

Das „GMDSS"

1. 1988 wurden im Rahmen der IMO, London, neue Vorschriften über die Ausrüstung von Seeschiffen mit Funkanlagen beschlossen. Das Kapitel IV: „Funkverkehr" des Übereinkommens zum Schutz des menschlichen Lebens auf See, SOLAS, ist von Grund auf neu geschrieben worden. Die Zeit der Morsetelegraphie ging zu Ende, jene der Satellitenkommunikation wurde eröffnet. Das Gesamtkonzept trägt den Namen „Global Maritime Distress and Safety System, GMDSS", auf deutsch **„Weltweites Seenot- und Sicherheitsfunksystem".**

2. Die neuen Funkausrüstungsvorschriften gelten nach den SOLAS-Kriterien für ausrüstungspflichtige Schiffe. Das sind Seeschiffe **ab 300 BRZ.** Im Gegensatz zu früheren Ausrüstungsvorschriften wurde der Geräteaufwand nicht an die Größe des Schiffes gekoppelt, sondern an sein Fahrtgebiet. Vier Seegebiete (Area 1 – 4) werden für die Ausrüstungspflicht unterschieden:

- Area 1: innerhalb der UKW-Reichweite von Küstenfunkstellen (20 bis 30 sm)
- Area 2: innerhalb der Grenzwellenreichweite von Küstenfunkstellen (ca. 100 sm)
- Area 3: innerhalb der Reichweite geostationärer Satelliten (zwischen ca. 70° Nord- und 70° Südbreite)
- Area 4: in den verbleibenden Polgebieten

3. Die vorgeschriebene Funkausrüstung (im Prinzip) ist in nachstehender Übersicht dargestellt. Der Umgang mit dem DSC-Verfahren verlangt eine besondere Ausbildung, für die das **Allgemeine Betriebszeugnis für Funker** erteilt wird. Für das Fahrtgebiet A 1 reicht jedoch das Beschränkt Gültige Betriebszeugnis für Funker (UKW-Betriebszeugnis I) bzw. vor der deutschen Küste das UKW-Betriebszeugnis II.
Für den Betrieb einer mit DSC ausgestatteten Seefunkstelle müssen Sportschiffer ab 2003 das Allgemeine Funkbetriebszeugnis (Long Range Certificate – LRC) oder, auf UKW beschränkt, das Beschränkt Gültige Funkbetriebszeugnis (Short Range Certificate – SRC) besitzen.

4. Schiffe unter BRZ 300 und somit die gesamte Sportschiffahrt unterliegen nicht der Ausrüstungspflicht nach GMDSS. Da jedoch nach einer vorläufigen Übergangsfrist im Jahr 2005 die Hörbereitschaft auf Kanal 16 eingestellt wird, müßten für die Teilnahme am Seenot- und Sicherheitsfunksystem auch Sportfahrzeuge mit GMDSS-Geräten (Abs. 5 bis 14) ausgerüstet werden.

Funkausrüstung	Seegebiete			
	A1	A2	A3	A4
UKW-Sprechfunkanlage mit DSC	x	x	x	x
Navtex-Empfänger	x	x	x	x
EPIRB	x	x	x	x
Radar-Transponder (SART)	x	x	x	x
UKW-Handsprechfunkgerät	x	x	x	x
GW-Sprechfunkanlage mit DSC		x		
Sat-Com (INMARSAT A oder C)			x oder	
GW/KW-Sprechfunkanlage mit DSC			x	
GW-Sprechfunkanlage mit DSC (wenn Sat-Com)			x	
GW/KW-Sprechfunkanlage mit DSC				x

Digitaler Selektivruf

5. Hinter dem Selektivrufsystem **Digital Selective Calling, DSC,** das im Rahmen von GMDSS im Laufe der neunziger Jahre weltweit eingeführt wurde, verbirgt sich die Umrüstung der herkömmlichen UKW-, KW- und GW-Sprechfunkanlagen auf ein automatisiertes Anrufsystem (Abb. 1). Danach setzt der Funkverkehr nicht mehr die Hörwache voraus, der gewünschte Teilnehmer wird wie beim Telefon zu Hause angerufen. Schiffe untereinander, Schiffe und Küstenfunkstelle und umgekehrt rufen sich mit einer Telefonnummer, die übrigens korrekt MMSI (Maritime Mobile Service Identity) heißt. Weltweit gibt es ein System von **neunstelligen Rufnummern.**

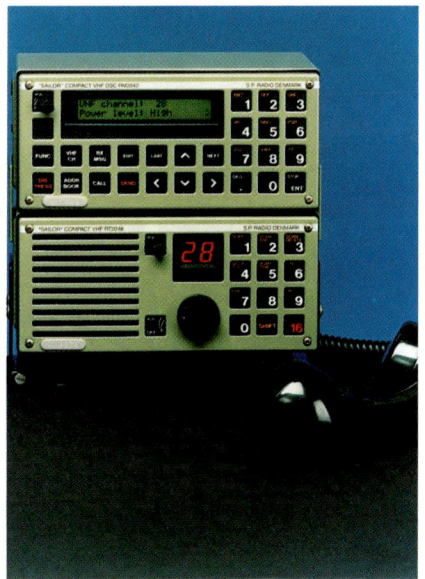

Abb. 1 *UKW-DSC-Sprechfunkanlage Sailor RM 2042 / RT 2048 (Elna)*

6. Alle eingeschalteten DSC-Stationen sind auf dem einheitlichen Anrufkanal (Kanal 70 bei UKW) empfangsbereit, auch wenn keiner dort sitzt. **Um eine Verbindung zu bekommen,** werden in das Gerät die Rufnummer, der Vorrang (Routine, Sicherheit, Dringlichkeit, Seenot), die Betriebsart (Sprechfunk, Telex, Datenübertragung etc.) und der gewünschte Arbeitskanal beziehungsweise die Arbeitsfrequenz eingetippt. Dieses Datenpaket bildet die **Rufmeldung.** Sie wird digitalisiert auf dem Anrufkanal ausgesendet. Alle eingeschalteten DSC-Geräte in Reichweite empfangen sie.

7. Allein bei der Station, für die der Ruf bestimmt war, läutet das Telefon. Das heißt, es ertönt ein akustisches Signal, und der Rufer, die Verbindungsart, der Vorrang und die gewünschte Arbeitsfrequenz erscheinen im Sichtfenster des Geräts. Der Teilnehmer tippt mit bestimmten Symbolen in sein Datenfenster, daß er empfangsbereit ist, daß er mit der Arbeitsfrequenz einverstanden ist oder daß er eine andere wünscht. Auf Knopfdruck geht diese **Bestätigungsmeldung** wiederum als digitalisiertes Signal über den Anrufkanal auf die Reise und wird vom Initiator der Verbindung empfangen. Beide Teilnehmer schalten nun auf die Arbeitsfrequenz und sprechen.

8. Das selektive Anrufverfahren läßt seinem Namen zum Trotz auch den **Gemeinschaftsanruf** zu. Wird in die Anrufmeldung per Knopfdruck oder als Text „an alle" oder „all ships" eingegeben, löst dieses Anrufsignal bei allen DSC-Anlagen in Reichweite den Anrufalarm aus.

9. DSC schließt nicht aus, daß Verbindungen auch in herkömmlicher Weise hergestellt und betrieben werden. So lassen sich genauso wie bisher **Revierfunkdienste** unterhalten, bei denen jeder Beteiligte auf die bekanntgemachte Arbeitsfrequenz geht, einhört und nach Bedarf am Sprechverkehr teilnimmt.

10. Verbindungen, die durch DSC zustande gekommen sind, haben die **normalen Eigenschaften** herkömmlicher Sprechfunkverbindungen: Es gibt weiterhin unerwünschte Mithörer und störende Einbrecher. Auch die Reichweiten der Verbindungen bleiben unverändert. Es wird allerdings die **Kapazität der Sprechwege** besser ausgenutzt.

11. Ein ganz wesentlicher Bestandteil ist neben den **Sicherheits- und Dringlichkeitsrufen die Seenotalarmierung.** Diese Prioritätsrufe lösen am Empfängergerät besondere akustische und optische Alarmierungszeichen aus. Der Seenotruf geht automatisch „an alle", Sicherheits- und Dringlichkeitsrufe dagegen, wie eingetippt, „an alle" oder an eine Selektivnummer.

12. In der komfortableren Ausstattungsversion ist das Bord-DSC-Gerät an ein GPS- oder ähnliches Navigationsgerät angeschlossen, und es besitzt eine **Seenot-Taste.** Wird sie betätigt, entsteht automatisch ein **Informationspaket** aus Schiffsort, Uhrzeit und gewünschter Betriebsart (z. B. Sprechfunk), das auf dem Anrufkanal umgehend „an alle" gesendet wird. Wenn genug Zeit besteht, kann manuell noch die Art des Notfalles hinzugetippt werden. Ohne Komfortausstattung müssen Position und die weiteren Daten per Hand eingegeben werden. Nach

Abgang der DSC-Seenotmeldung geht der Initiator für den nun folgenden Sprechfunkverkehr auf Kanal 16 beziehungsweise 2182 kHz.

13. Der Seenotruf löst auf allen DSC-Anlagen im Reichweitenbereich Alarm aus. Rufnummer, Position und die weiteren Daten der DSC-Seenotmeldung erscheinen im Sichtfenster. Man schaltet dann sofort auf die Seenotfrequenz und wartet zunächst ab, ob eine Küstenfunkstelle den Seenotanruf bestätigt und den Sprechfunkverkehr aufnimmt. Wenn nicht, meldet man sich selbst auf der Seenotfrequenz und gibt „Mayday erhalten", worauf das Schiff in Not den Seenot-Sprechfunkverkehr eröffnen kann.

14. Der unbestreitbare Vorzug dieses Alarmierungsverfahrens ist, daß auch keine Hörwache mehr nötig ist und daß Schiffe, einschließlich der vielen Yachten, die nur in Einzelfällen Kanal 16 abhören, zuverlässig erreicht werden können. Schließlich gewährt das Verfahren, daß die wichtigste Information, **der Standort,** mit großer Sicherheit von einer Vielzahl von Empfängern aufgenommen und festgehalten wird, selbst wenn es zu einem Sprechfunkverkehr nicht mehr kommt.

Satelliten-EPIRB

15. Es handelt sich dabei um Seenotfunkbaken, englisch **Emergency Position Indicating Beacon,** EPIRB. Sie werden im Seenotfall aktiviert oder schalten sich von selbst ein, wenn sie von einem sinkenden Schiff aufschwimmen. Satelliten nehmen ihr Signal auf und geben es an Bodenstationen weiter. Die zur Zeit in Dienst befindliche Version gehört zum COSPAS-SARSAT-Such- und -Rettungssystem, das von Kanada, USA, Frankreich und Rußland gemeinsam betrieben wird (Abb. 2). Neben ihr gibt es die leistungsstärkere L-Band-Bake des INMARSAT-Systems.

16. Die **COSPAS-SARSAT-Bake** gehört zu einem System von 6 auf

Abb. 2 *COSPAS-SARSAT-EPIRB E3 (HDW-Hagenuk)*

niedrigen Polbahnen umlaufenden Satelliten, die das Bakensignal von 406 MHz empfangen. Das Signal enthält einen Code für das Herkunftsland und die Identifizierungsnummer. Die Position wird durch die Dopplerverfälschung des im Satelliten empfangenen Bakensignals ermittelt. Der Satellit gibt die Information an eine von 30 Bodenstationen weiter, wo der Standort auf etwa 5 km genau berechnet und die Rettungsaktion ausgelöst wird.

17. Die Bake sendet auch mit den Notfrequenzen der Luftfahrt, 121,5 und 243 MHz, so daß Suchflugzeuge zur Feinortung die Bake funkpeilen können. Um eine Feinortung durch Suchschiffe zu ermöglichen, die keinen Funkpeiler für die Luftfahrtnotfrequenzen besitzen, müßte gleichzeitig auch der Seenot-Transponder aktiviert werden.

18. Die **L-Band-Bake INMARSAT-E** ist ein Beiprodukt des gleichnamigen mobilen Kommunikationssystems. Sie ist mit einem GPS-Empfänger ausgerüstet, so daß beim Einsatz der exakte Standort automatisch in die Meldung eingeht. Die geostationären Satelliten des INMARSAT-Systems decken den Globus von 70° Nord bis 70° Süd ab. Sie können deshalb von praktisch jedem Ort Bakensignale unmittelbar an die Bodenstationen weitergeben, die die Rettungsaktion veranlassen.

19. Die INMARSAT-E-Bake ist für die Verwendung auf Yachten wegen ihrer Größe ungeeignet. Sie wird deshalb inzwischen auch in kleinerer Version angeboten. Bei beiden Ausführungen können die GPS-Daten über ein Remote Control Unit für die Bordnavigation genutzt werden.

SAR-Transponder (SART)

20. Die Bezeichnung „Transponder" erklärt die Funktion. Der Begriff setzt sich aus „transmitter" (Sender) und „responder" (Beantworter) zusammen. Radar-Transponder sind schwimmfähige, **batteriegespeiste Bojen,** die im Seenotfall aktiviert werden. Sie tasten die Frequenzen im 3-cm-Band ab und beantworten eingehende Radarimpulse mit einer Kette von 12 eigenen Impulsen auf der empfangenen Radarträgerfrequenz.

21. Auf dem **Radarbild eines Suchfahrzeuges** erscheint dann, von dem Standort des Transponders radial nach außen weisend, eine Perlenschnur von 12 Echos, die einer Länge von 7,5 sm entspricht. Um das Signal auf dem Radar zu empfangen, ist ein Entfernungsmeßbereich von 6 bis 12 sm zu wählen. Wegen der geringen Sendeleistung sind die Verstärkung hoch- und die Seegangsenttrübung herunterzuregeln. Die SART-Reichweite beträgt nur bis zu 8 sm.

NAVTEX

22. Wer kennt nicht den guten alten Fernschreiber aus dem Büro. Die unhandliche Riesenschreibmaschine ist für den Bordbedarf auf Gesangbuchformat zusammengeschrumpft und ihrer Tastatur beraubt (Abb. 3): NAVTEX-Geräte sind reine **Empfänger.** Ihre **Telexe** bekommen sie per Mittelwelle (einheitlich 518 kHz) von den Rundstrahldiensten bestimmter Küstenfunkstellen. Sie umfassen:

Abb. 3 NAVTEX-Empfänger NX 300 ohne Papier, mit deutscher Menüführung (Ferropilot)

– Nautische Warnnachrichten
– Meteorologische Warnnachrichten
– Eisberichte
– Informationen über Seenotfälle
– Wettervorhersagen
– Informationen der Lotsendienste
– Informationen über Loran, Satnav (GPS) und sonstige elektronische Navigationsverfahren

23. Im **Handbuch Nautischer Funkdienst** beziehungsweise im Jachtfunkdienst, weiße Seiten, sind die NAVTEX-sendenden Stationen und ihre Sendezeitpläne unter „Warnfunk" aufgeführt. Am Empfangsgerät läßt sich die gewünschte Auswahl an Meldungen programmieren. Dies geschieht nach Station und auch nach der Art der Meldung. Jede NAVTEX-Meldung wird nämlich mit einem Identifizierungs-Code eingeleitet, der auch die Meldungsart enthält, so daß der **automatische Selektierer** im Empfänger auswählen kann, ob die Meldung ausgedruckt werden soll oder nicht.

24. Die **Reichweite** der NAVTEX-Ausstrahlung beträgt 100 bis 500 sm. Im Bereich der Nordsee werden NAVTEX-Meldungen über Netherlands Coastguard IJmuiden, im Bereich der Ostsee über Stockholm Gislövshammar verbreitet.

INMARSAT-Kommunikation

25. Die UKW-, Grenzwellen- und NAVTEX-Verbindungen sind ausschließlich für den Küstenfunk vorgesehen. Für den **Fernmeldeverkehr auf hoher See** bietet INMARSAT einen ähnlich zuverlässigen Verbindungsdienst, der weltweite Telefonate im Direktwählbetrieb, Telex und Datenübertragung sowie den Gruppenruf ermöglicht.

26. Während die erste INMARSAT-Generation noch für den Yachtbetrieb ungeeignete Antennenanlagen benötigte, sind inzwischen Versionen (C und M, MiniM) mit kompakten, ungerichteten Antennen auf dem Markt. Die Kommunikation erfolgt über einen der vier geostationären Satelliten und eine der zahlreichen Küsten-Erdfunkstellen (unter anderem in Raisting bei Mün-

Abb. 4 Die INMARSAT E-EPIRB global-3 von Navtec (HDW-Hagenuk)

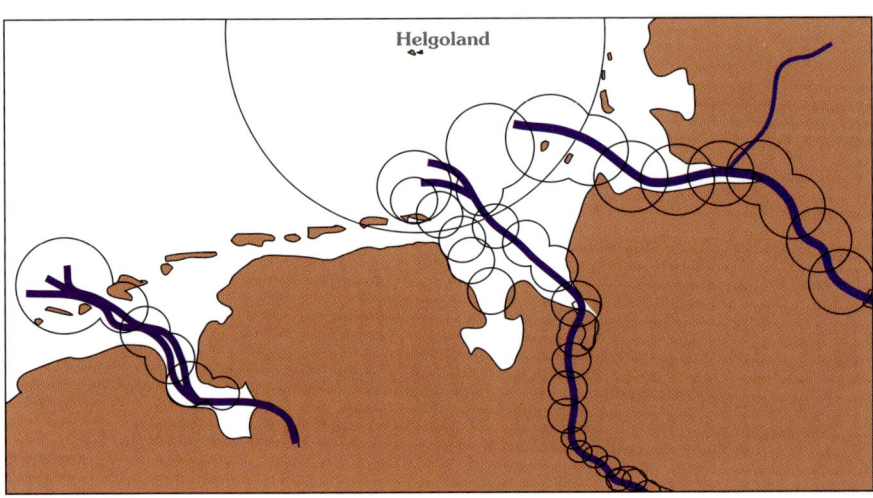

Abb. 5 *Die Landradarketten der deutschen Maritimen Verkehrssicherung*

chen). Ähnlich wie beim DSC sind **Prioritäts- und Sonderschaltungen** zum Beispiel für **Seenotmeldungen** möglich. Und wie bereits oben beschrieben, befördert das System die Signale von Seenotfunkbaken der neueren Generation.

27. INMARSAT ist ein privates Unternehmen, das sich wegen seiner Leistung als GMDSS Norm für das Fahrtgebiet 3 (Hohe See weltweit bis etwa 70° Nord und Süd) anbot. Um die Handelsbezeichnung zu meiden, wird das Verfahren allgemein **SAT-COM,** die Abkürzung von Satellite Communications, genannt.

Maritime Verkehrssicherung

28. Weltweit bestehen an den Küsten Einrichtungen zur Radarüberwachung des Schiffsverkehrs, die international als **Vessel Traffic Service, VTS,** bezeichnet werden. An der deutschen Nordseeküste heißt dieser Dienst **Maritime Verkehrssicherung** und wird von der Wasser- und Schiffahrtsverwaltung betrieben. Er erstreckt sich über die Unterläufe von Ems, Jade, Weser und Elbe sowie über die Deutsche Bucht (Abb. 5).

29. Für bestimmte, in den Seekarten bekanntgemachte Gebiete sind **Verkehrszentralen** zuständig, die in abgestufter Weise die Schiffahrt informieren, beraten oder regeln (SeeSchStrO § 2 Nr. 22 bis 27).

30. Die geringste Form der Einflußnahme sind die **Verkehrsinformationen**. Dabei handelt es sich um Nautische Warnnachrichten sowie

um Mitteilungen der Verkehrszentrale über die Verkehrslage, über Fahrwasser-, Wetter- und Tidenverhältnisse. Sie werden zu bestimmten Zeiten oder auf Anforderung ausgestrahlt.

31. Bei verminderter Sicht sowie bei besonderen Wetter- oder Tidenverhältnissen sind Seelotsen im Einsatz, die die Schiffahrt beraten. Dieser Dienst wird **Verkehrsunterstützung** genannt.

32. Wenn es die Lage erfordert, kann die Verkehrszentrale auch **Verkehrsregelungen** vornehmen. Darunter versteht man schiffahrtspolizeiliche Verfügungen im Einzelfall.

33. Im Bereich des Nord-Ostsee-Kanals wird nicht zwischen abgestuften Formen der Verkehrsführung unterschieden. Dort werden alle Maßnahmen der Verkehrszentralen zur Steuerung des Verkehrsablaufs und zum Zwecke der Gefahrenabwehr unter dem Begriff **Verkehrslenkung** zusammengefaßt.

34. Im Prinzip ist die Maritime Verkehrssicherung für die Großschifffahrt geschaffen worden. Meldepflichtig sind nur Schiffe über 50 m Länge. Allerdings besteht darüber

hinaus für alle Fahrzeuge mit UKW-Funk die Pflicht, in den Sprechverkehr der Verkehrszentralen einzuhören. Ausgestrahlte Verkehrsinformationen und Verkehrsunterstützungen dürfen bei der eigenen Entscheidung über das Verhalten im Verkehr nicht außer acht gelassen werden (SeeSchStrO § 3 Nr. 1).

35. In der Praxis sind die Verkehrsinformationen auch für die **Sportschiffahrt** sehr hilfreich. Im Gegensatz zur recht umfangreichen Liste der Nautischen Warnnachrichten liefern sie eine Auswahl der für den örtlichen Bereich wichtigen Informationen. Sie enthalten die aktuelle Wettervorhersage und weisen auf Gefahren hydrographischer oder verkehrstechnischer Natur hin. Auch die allgemeine Information über die Verkehrslage kann sehr nützlich sein; z. B. wenn man zu entscheiden hat, wann ein Verkehrstrennungsgebiet am besten zu queren ist.

Seenotfunk

36. Mit der weltweiten Aktivierung des GMDSS zum 1. Februar 1999 wurden die Seenotfunkverfahren den GMDSS-Geräten angepaßt. Je nach Fahrtgebiet werden Seenotmeldungen im DSC-Verfahren in Area 1 auf UKW oder in Area 2 auf Grenzwelle abgesetzt. In Area 3 werden UKW oder GW auch im DSC-Verfahren für den Schiff-Schiff-Verkehr verwendet, für den Schiff-Land-Verkehr hingegen INMARSAT. Das DSC-Verfahren gewährt automatisch den Sammelanruf und strahlt die Position aus.

Je nach nationaler Organisation des Seenotrettungswesens übernimmt die **Küstenfunkstelle** oder eine Zentrale des **Such- und Rettungsdienstes** (englisch: Search and Rescue Service, SAR) die Leitung des Seenotfalles und setzt der Situation entsprechend luft- oder seegestützte Rettungsfahrzeuge ein. Im Bereich der Bundesrepublik Deutschland ist die Deutsche Gesellschaft zur Rettung Schiffbrüchiger mit der **Seenotleitung Bremen** (Maritime Rescue Co-ordination Centre, MRCC) als Leitstelle zuständig. Sie wird unterstützt von den SAR-Luftfahrzeugen der Bundeswehr.

Seenotmeldungen im deutschen Zuständigkeitsbereich werden von der Seenotleitung Bremen direkt aufgenommen und beantwortet. Sie verfügt über abgesetzte Antennenstationen, über die sie entlang der gesamten deutschen Küste ständig auf Kanal 70 und 16 zu erreichen ist. Auch die Berufsschiffahrt ist gehalten, mit Rücksicht auf die Sportschiffahrt bis 2005 auf Kanal 16 möglichst hörbereit zu sein.

37. Alle Schiffe, die eine Seenotmeldung empfangen, sind im Rahmen ihrer Möglichkeiten und ohne sich selbst zu gefährden zur Hilfeleistung verpflichtet. Sie bieten sich über Funk an. Melden sich mehrere zur Hilfeleistung, entscheidet die Stelle, die die Koordination über-

Abb. 6 *Seenotrettungskreuzer der DGzRS*

nommen hat, wer welche Art von Hilfe leisten soll. Auf hoher See haben Großschiffe Seenotmeldungen auf UKW über ihre weiter reichenden Verbindungen an die **Küstenfunkstellen weiterzugeben.**

38. Für die Sportschiffahrt im deutschen Küstenbereich ist es zweckmäßig, im Dringlichkeits- oder Seenotfall direkt den nächsten Rettungskreuzer anzurufen.

Im „Handbuch für die luftgestützte und maritime Suche und Rettung" **(IAMSAR)** sowie in anderen Veröffentlichungen der Deutschen Gesellschaft zur Rettung Schiffbrüchiger sind die Standorte und Rufzeichen zu finden.

39. Mit den Verfahren in einem Seenotfall befaßt sich des weiteren das Kapitel 36.

Lernkontrolle
1. Wonach richtet sich der Umfang der Funkausrüstung der Seeschiffe? (Absatz 2)
2. Wie funktioniert der Seenotruf bei DSC? (Absatz 12)
3. Verbessert DSC die Sprechqualität der Funktelefonie? (Absatz 10)
4. Wie erfolgt die Ortung einer COSPAS-SARSAT-Bake durch Suchschiffe und durch Suchflugzeuge? (Absatz 17 und 18)
5. Wie erkennt man einen aktivierten Seenot-Radartransponder auf dem Radarschirm? (Absatz 21)
6. Wie verhindert ein NAVTEX-Nutzer, daß er nicht mit einer Flut von unnötigen Meldungen überschüttet wird? (Absatz 23)
7. Welche Fernmeldedienste werden von INMARSAT geleistet? (Absatz 25 und 26)
8. Was versteht man unter „Vessel Traffic Service", und welche Aufgaben hat der Dienst? (Absatz 28 bis 31)
9. Inwieweit kann die Maritime Verkehrssicherung auch für Yachten einen Sicherheitsbeitrag leisten? (Absatz 34)
10. Auf welchen Wegen kann eine Seenotmeldung zu den Rettungsfahrzeugen gelangen? (Absatz 36, 37 und 38)

Teil III: Wetterkunde

21. Grundlagen der Wetterkunde

Lufttemperatur

1. Eine der entscheidenden Größen für das Leben ist die **Temperatur.** Jeder hat ein sehr subjektives Verhältnis zu ihr. Objektiv wird die Temperatur gemäß dem Internationalen Einheitensystem in **Kelvin (K)** oder, als besonderer Name für das Kelvin, in **Grad Celsius (°C)** gemessen. Diese Einheiten sind durch bestimmte Temperaturen, sogenannte Fixpunkte, und durch eine Unterteilung in 100 Einheiten festgelegt (Abb. 1).
Der absolute Nullpunkt liegt dann bei − 273,15°C, denn es gilt:

$$T \text{ (in K)} = t \text{ (in °C)} + 273,15$$

Die Fahrenheitskala wird überwiegend in angelsächsischen Ländern verwendet.

2. Die Temperatur ist ein Maß für die Wärmeenergie der Luft. Die Hauptenergiequelle für die Atmosphäre und die Erdoberfläche stellt die Sonne dar. Sie sendet eine Wärmestrahlung in Form von **elektromagnetischen Wellen** aus, deren schädlicher Anteil in der oberen Atmosphäre, insbesondere durch die Ozonschicht, herausgefiltert

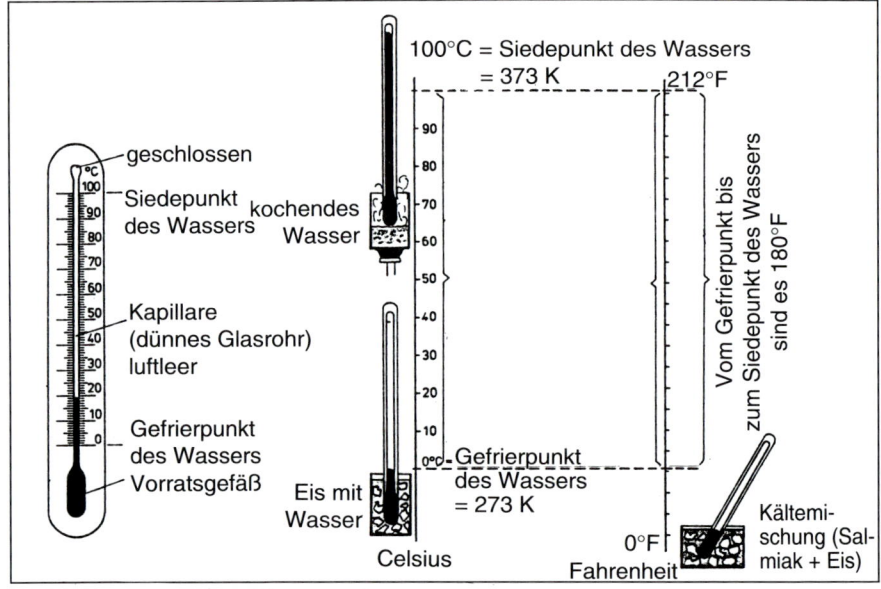

Abb. 1 *Thermometer: Fixpunkte der Temperaturskala*

wird. Ein in die Sonne gehaltenes Thermometer zeigt eine Temperatur an, die zum einen direkt von der **Wärmestrahlung der Sonne** herrührt und zum anderen von der **Lufttemperatur.** Dabei können in Europa bis zu 75°C erreicht werden. Die extremen Temperaturen liegen in Deutschland ohne Strahlungsanteil bei + 40°C und etwas unter −35°C.

Lufttemperaturen werden immer im Schatten – also ohne Strahlungsanteil – gemessen angegeben!
Die Lufttemperatur wird je nach Jahreszeit sehr verschieden empfunden. So erscheinen 10°C im Winter als mild, im Sommer aber als kühl. Diesem Gefühl trägt der **Wetterbericht mit folgenden Begriffen** und zugeordneten Temperaturspannen Rechnung:

Höchsttemperatur (Grad Celsius)				
	Dez.–Febr.	März–Nov.	April+Okt.	Mai–Sept.
kalt	< 0	< 2	< 4	< 8
ziemlich kalt	0 – 2	2 – 6	4 – 6	–
sehr kühl	–	–	–	9 – 13
kühl	–	–	6 – 10	13 – 17
normal	~ 3	6 – 10	10 – 12	–
mild	3 – 8	8 – 12	12 – 16	–
sehr mild	8 – 12	12 – 16	16 – 20	–
ungewöhnlich mild	> 12	–	–	–
mäßig warm	–	–	–	17 – 21
warm	–	> 16	> 20	21 – 25
sehr warm	–	–	–	> 25 – 28
heiß	–	–	–	> 28

3. Die **Wassertemperaturen** im langjährigen Mittel sind in die Bordwetterkarten eingedruckt (vgl. in Kapitel 28 Abb. 6 = Bordwetterkarte Nr. 9: Nord- und Ostsee, sowie Abb. 7 = Bordwetterkarte Nr. 11: Mittelmeer). Oberhalb des Striches stehen die Februar-, darunter die August-Temperaturen.

4. Bei Untersuchungen der Lufthülle der Erde hat man herausgefunden, daß sie aus mehreren Schichten besteht, in denen die Temperatur mal zu- und mal abnimmt. Dies hat zu folgender Einteilung der Atmosphäre geführt:
Die unterste Luftschicht wird **Troposphäre** genannt. In ihr spielen sich alle für uns wesentlichen Wettervorgänge ab. Darüber liegt die **Stratosphäre.** Zwischen beiden befindet sich eine Übergangsschicht, die **Tropopause** (Abb. 2).

Luftdruck

5. Über jedem Ort der Erde lagert eine **Luftsäule,** die bis an die Grenze der Atmosphäre reicht. Messungen von Torricelli im Jahre 1643 ergaben, daß diese Luftsäule auf jeden Quadratzentimeter der Erdoberfläche eine Kraft entsprechend der von einem Kilogramm ausübt (Abb. 3).
Torricelli maß den Luftdruck dadurch, daß er feststellte, einer wie hohen Quecksilbersäule die Luft das Gleichgewicht halten kann (Abb. 4).
Es liegt nun nahe, die Länge der Quecksilbersäule (QS) in Millimeter (mm) als Druckangabe zu benutzen. Darauf gründen sich folgende Einheiten:

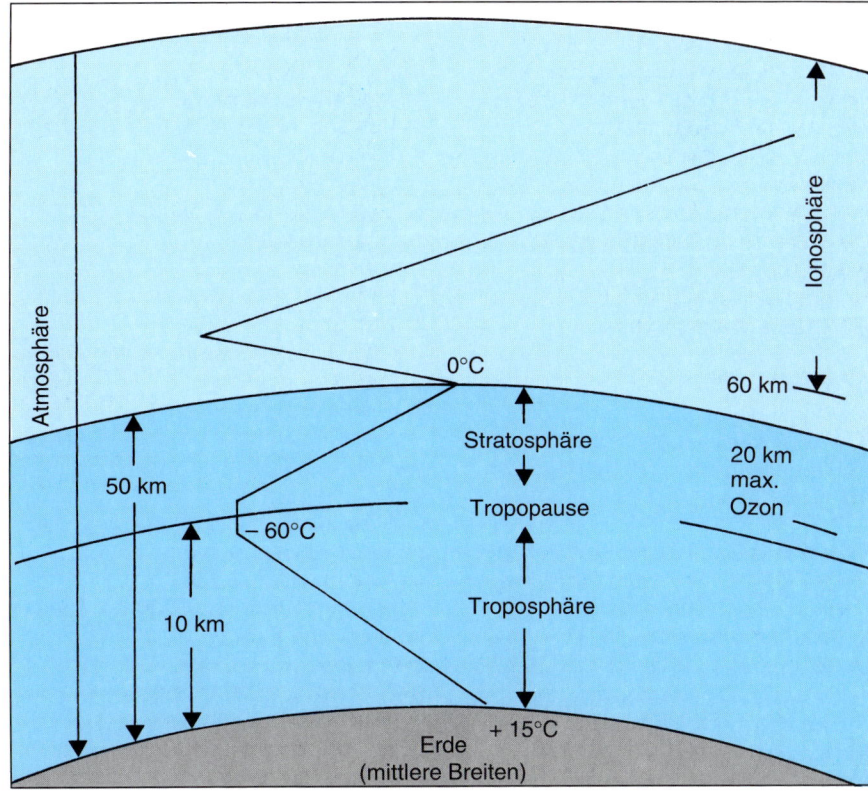

Abb. 2 *Aufbau der Atmosphäre*

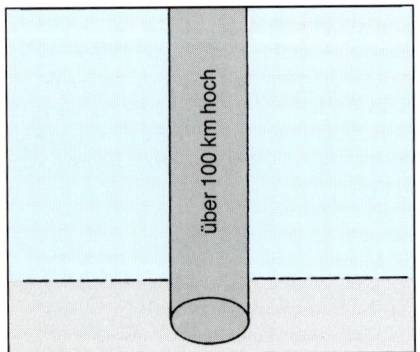

Abb. 3 *Eine über 100 km hohe Luftsäule lastet auf uns*

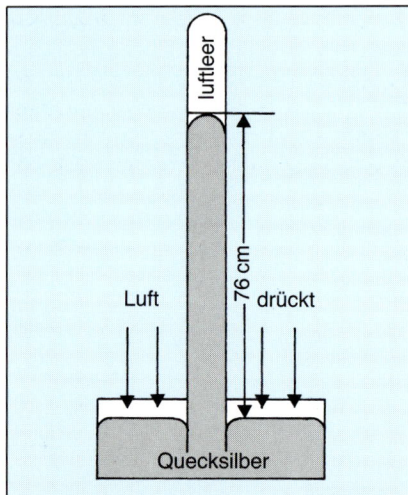

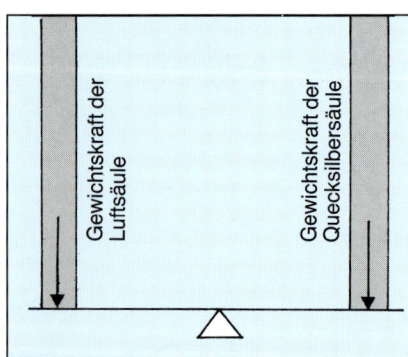

Abb. 4 *Prinzip eines Flüssigkeitsbarometers*

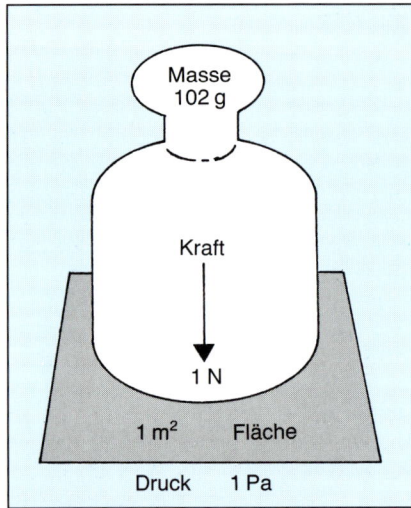

Abb. 5 *Bildliche Darstellung von 1 Pascal*

1 mm QS = 1 mmHg = 1 Torr
Hg = chemisches Zeichen für Quecksilber
Torr = Einheit zu Ehren von Torricelli
Auf diesem Meßprinzip baut das Marinebarometer auf. Wir finden obige Druckeinheiten auch noch auf vielen echten und nachgebauten antiquarischen Barometern sowie in der Medizin.

6. Nur über einen kleinen **Ausflug in die Physik** werden die neuen Druckeinheiten verständlich:
Der Druck (p) ist definiert als die Kraft (F_N) geteilt durch die Fläche (A), auf die die Kraft senkrecht (normal: N) wirkt:

$$p = \frac{F_N}{A}$$

Im heutigen Maßsystem wird die Kraft in Newton (N), die Fläche in Quadratmetern (m^2) und der Druck in Pascal (Pa) angegeben.
Mit etwas Phantasie läßt sich in Abb. 5 die Größe 1 Pascal erkennen. Die Masse von 102 g bewirkt durch die Erdanziehung eine Kraft von 1 Newton (N). Verteilt sich dieses Newton auf eine Fläche von 1 m^2, so entsteht der Druck von 1 Pascal (Pa).

7. Auf diese Weise erzeugt die Luftsäule in Meereshöhe unter normalen Bedingungen einen Druck von 1013,2 Hektopascal (Hekto = h = 100) oder:
1013,2 hPa = 760 mmHg
Weltweit hat sich das Hektopascal bisher nicht durchgesetzt. Wir finden in den meisten Ländern das Millibar (Milli = m = 1 Tausendstel), wobei die Druckeinheit 1 bar = 100 000 Pa ist.
Man kann aber das Hektopascal unmittelbar durch das Millibar ersetzen, denn es gilt:
1 hPa = 1 mbar beziehungsweise 1013,2 hPa = 1013,2 mbar.

Isobaren

8. Um die **Luftdruckverteilung** und deren Auswirkungen besser überblicken zu können, werden Isobaren gezeichnet. Das sind **Linien, die Orte gleichen Luftdrucks miteinander verbinden.** Gebiete mit hohen Druckwerten gegenüber der Umgebung werden als **Hoch** (H) bezeichnet

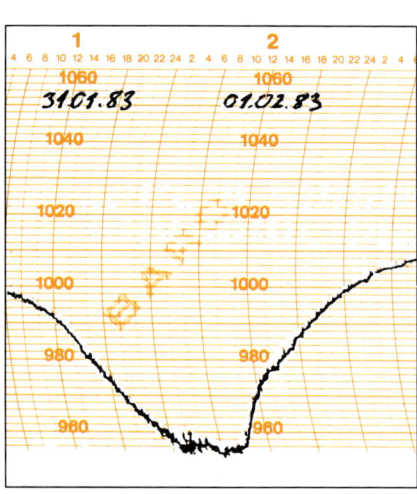

Abb. 6 *Extremer Barographenstand*

und solche mit niedrigen als **Tief** (T). In den Registrierstreifen für Barographen sind als höchster Druck 1060, als tiefster 960 vorgedruckt. In extremen Wetterlagen können diese Werte über- beziehungsweise unterschritten werden (Abb. 6).
In Wetterkarten sind Isobaren im Abstand von 5 zu 5 hPa gezeichnet (in England von 4 zu 4 hPa).

Druckänderungen

9. Die Druckänderung aus zwei Messungen $\Delta p = p_1 - p_2$ läßt sich auf die zwischen den Messungen verstrichene Zeit beziehen: $\Delta t = t_1 - t_2$. Dann spricht man von der

Drucktendenz $\dfrac{\Delta p}{\Delta t}$

Wird die Druckänderung Δp an zwei verschiedenen Orten gemessen, dann kann Δp auf die dazwischenliegende Strecke $\Delta s = s_1 - s_2$ bezogen werden.

$\dfrac{\Delta p}{\Delta s}$ wird **Druckgradient** genannt.

Die Drucktendenz kann aus zwei Barometermessungen errechnet werden. Beim Barographen zeigt sich die zeitliche Änderung durch den Registrierstreifen. Sie weist auf Windstärkeänderungen hin.
Der **horizontale Druckgradient** errechnet sich in der Regel so, daß der Druckunterschied von einigen Isobaren ($\Delta p = 5$ hPa oder 10 hPa) durch die senkrechte Entfernung zwischen den Isobaren geteilt wird. Er dient zur Bestimmung der Windstärke.

10. Der Druck nimmt mit der Höhe über der Erdoberfläche ab. In einer Höhe von ungefähr 5400 m beträgt er nur noch 500 hPa.
In Bodennähe gilt, daß ungefähr je 8 m Höhe der Druck um 1 hPa fällt **(vertikaler Druckgradient).**

Wind

11. Bestehen auf der Erde zwischen zwei Orten Luftdruckunterschiede, so gleichen sie sich aus. Die Luft versucht von dem Ort höheren Drucks zum Ort niedrigen Drucks zu strömen, was ihr aber nicht auf direktem Wege gelingt. Diese horizontale Luftbewegung wird Wind genannt.
Der Wind ist eine gerichtete Größe. Er muß durch Richtungsangabe und Stärke beschrieben werden. **Man gibt bei Winden die Richtung an,** aus der sie kommen, und zwar in der seemännischen Praxis manchmal noch in der alten Strichteilung – wie in Abb. 7 im Inneren des Kreises (1 Strich = 11,25°, 8 Strich = 90°). Im allgemeinen wird die Vollkreisteilung von 360° benutzt. Danach ist Wind aus 90° = Wind aus

Ost (East, E) = Ostwind. Ein weiteres Beispiel wäre Wind aus NW = Wind aus 315° = Nordwestwind. In der Windtafel in Abb. 7 ist die Windrichtung in Zehnergraden (Dekagraden) angegeben, wie in den Wetterschlüsseln gebräuchlich.

12. Die **Stärke des Windes,** das heißt die Geschwindigkeit der Luftteilchen, kann in Meter pro Sekunde, Kilometer pro Stunde oder auch in Knoten, also Seemeilen pro Stunde, ausgedrückt werden. Der Deutsche Wetterdienst (DWD) gibt in den Wetterberichten die Stärke häufig in Beaufort-Graden an, wie es der seemännischen Praxis entspricht.
In der **Umrechnungstafel** auf der nächsten Seite sind die verschiedenen Windgeschwindigkeitseinheiten angegeben, die in Europa verwendet werden.

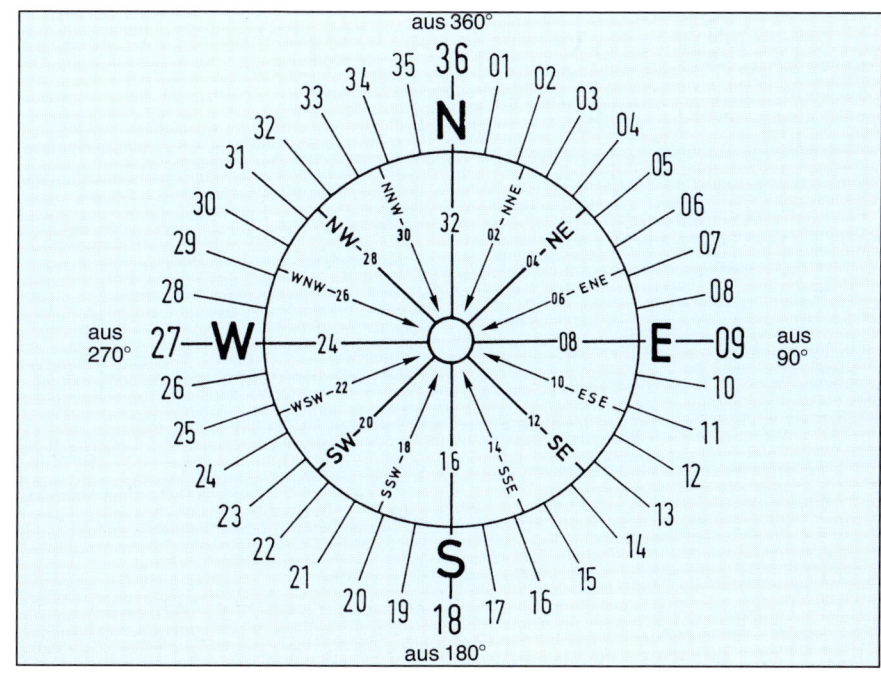

Abb. 7 *Windrichtungsangaben*

Umrechnungstafel für die Windgeschwindigkeiten				
Bft	kn	ff*	m/s	km/h
0	1	00	0 – 0,2	1
1	1 – 3	02	0,3 – 1,5	1 – 5
2	4 – 6	05	1,6 – 3,3	6 – 11
3	7 – 10	09	3,4 – 5,4	12 – 19
4	11 – 15	13	5,5 – 7,9	20 – 28
5	16 – 21	18	8,0 – 10,7	29 – 38
6	22 – 27	24	10,8 – 13,8	39 – 49
7	28 – 33	30	13,9 – 17,1	50 – 61
8	34 – 40	37	17,2 – 20,7	62 – 74
9	41 – 47	44	20,8 – 24,4	75 – 88
10	48 – 55	52	24,5 – 28,4	89 – 102
11	56 – 63	60	28,5 – 32,6	103 – 117
12	64 u. mehr	64 und mehr	32,7 und mehr	118 und mehr

* mittlere Windgeschwindigkeit in kn (auch: Verschlüsselungszahlen)

Hamburg führte, wehte in orkanartigen Böen, die bis zu 40 m/s = 78 kn = 144 km/h erreichten.

Die Beaufort-Skala stammt noch aus der Zeit der großen Tiefwassersegler. An Bord eines solchen Großseglers mit doppelten Marsrahen wurden bei Windstärke 5 noch Oberbramsegel, bei 7 noch Marssegel und Klüver, bei 8 gereffte Obermarssegel und Untersegel, bei 9 Untermarssegel und Untersegel, bei 10 noch Großuntermarssegel und gereffte Fock, bei 11 noch Sturmstagsegel geführt. Bei 12 trieb das Schiff vor Topp und Takel, kein Segel hielt mehr stand.

Die Tabelle auf Seite 151 beschreibt die Auswirkung der Windstärke auf die See und ordnet ihr die 12 Beaufort-Stufen zu, denn im allgemeinen wird man die Windstärke nach dem Seegang beurteilen und einstufen.

Die Tabelle endet mit Bft 12 und enthält die Grenzzahl 64 kn. Aber diese Grenzzahl kann ganz wesentlich überschritten werden. So wurden im Zentrum des Taifuns „Ida" Windgeschwindigkeiten von mehr als 225 kn beobachtet. Der Luftdruck war unter 880 hPa gesunken.

Der WNW-Sturm, der am 16./17. Februar 1962 zur Flutkatastrophe in

Beaufort 7 oder Beaufort 8 – das ist hier die Frage (Foto: Okke Müller-Röhlck)

Windstärke (Beaufort)	Internationale Bezeichnung	Auswirkungen der Windstärke auf die See	ff (Knoten)	Bezeichng. nach DWD
0	Stille	Spiegelglatte See	**00**	Stille
1	Leiser Zug	Kleine, schuppenförmig aussehende Kräuselwellen ohne Schaumkämme	**02** 01 – 03	Schwacher Wind
2	Leichte Brise	Kleine Wellen, noch kurz, aber ausgeprägter. Die Kämme sehen glasig aus und brechen sich nicht.	**05** 04–06	Schwacher Wind
3	Schwache Brise	Kämme beginnen zu brechen. Schaum überwiegend glasig, ganz vereinzelt kleine weiße Schaumköpfe.	**09** 07 – 10	Schwacher Wind
4	Mäßige Brise	Wellen sind noch klein, werden aber länger. Weiße Schaumköpfe treten schon ziemlich verbreitet auf.	**13** 11 – 15	Mäßiger Wind
5	Frische Brise	Mäßige Wellen, die eine ausgeprägtere lange Form annehmen. Überall weiße Schaumkämme. (Ganz vereinzelt kann schon Gischt vorkommen.)	**18** 16 – 21	Frischer Wind
6	Starker Wind	Die Bildung großer Wellen beginnt; Kämme brechen und hinterlassen größere weiße Schaumflächen; etwas Gischt.	**24** 22 – 27	Starker Wind
7	Steifer Wind	See türmt sich; der beim Brechen entstehende weiße Schaum beginnt sich in Streifen in die Windrichtung zu legen.	**30** 28 – 33	Starker Wind
8	Stürmischer Wind	Mäßig hohe Wellenberge mit Kämmen von beträchtlicher Länge. Von den Kanten der Kämme beginnt Gischt abzuwehen. Der Schaum legt sich in gut ausgeprägten Streifen in die Windrichtung.	**37** 34 – 40	Sturm
9	Sturm	Hohe Wellenberge; dichte Schaumstreifen in Windrichtung. „Rollen" der See beginnt. Der Gischt kann die Sicht schon beeinträchtigen.	**44** 41 – 47	Sturm
10	Schwerer Sturm	Sehr hohe Wellenberge mit langen, überbrechenden Kämmen. See weiß durch Schaum. Rollen der See schwer und stoßartig. Sicht durch Gischt beeinträchtigt.	**52** 48 – 55	Schwerer Sturm
11	Orkanartiger Sturm	Außergewöhnlich hohe Wellenberge. Die Kanten der Wellenkämme werden überall zu Gischt zerblasen. Die Sicht ist herabgesetzt.	**60** 56 – 63	Orkanartiger Sturm
12	Orkan	Luft mit Schaum und Gischt angefüllt. See vollständig weiß. Die Sicht ist sehr stark herabgesetzt; jede Fernsicht hört auf.	**64** und mehr	Orkan

Darstellung des Windes in Wetterkarten

13. In Wetterkarten wird der Wind an der Station (kleiner Kreis) als Pfeil angetragen, und zwar so, wie er auf diese Station zuweht. NW-Wind also wie folgt:

vereinfacht:

Herrscht **Windstille,** wird ein Kreis um den Stationskreis gezogen:

Die Windgeschwindigkeit wird durch eine **Befiederung** dargestellt. Es gibt ganze und halbe **Fiedern.** Wählt man Knoten als Geschwindigkeitsmaßstab, so bedeutet die ganze Fieder 10 kn und die halbe 5 kn.

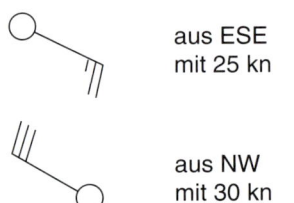

aus ESE mit 25 kn

aus NW mit 30 kn

Zur Vereinfachung werden fünf Fiedern durch ein **Sturmwimpeldreieck** (Fähnchen) ersetzt:

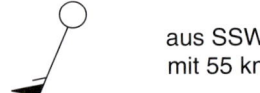

aus SSW mit 55 kn

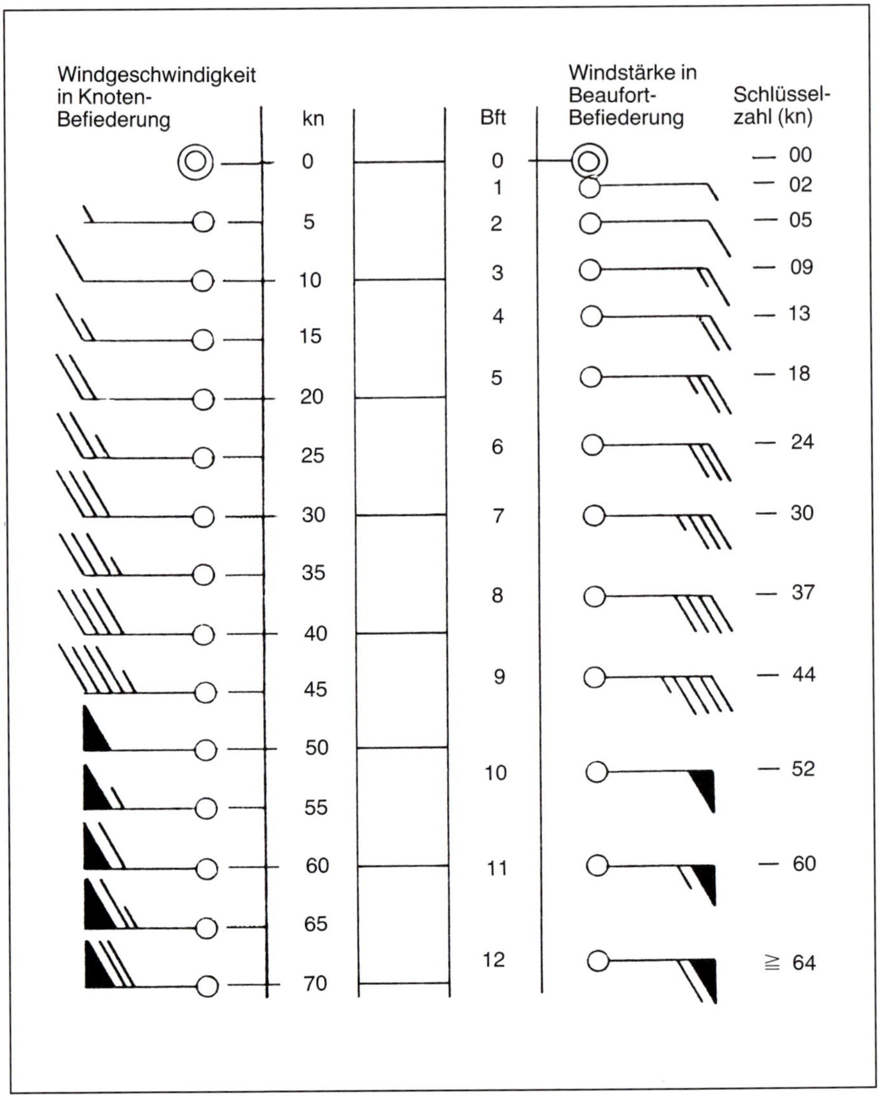

Windgeschwindigkeit in Knoten-Befiederung	kn	Bft	Windstärke in Beaufort-Befiederung	Schlüssel-zahl (kn)
	0	0		00
		1		02
	5	2		05
	10	3		09
	15	4		13
	20	5		18
	25	6		24
	30	7		30
	35	8		37
	40			
	45	9		44
	50	10		52
	55			
	60	11		60
	65			
	70	12		≧ 64

Abb. 8 *Beaufort- und Knoten-Befiederung*

Auf diese Weise läßt sich weltweit jede Wetterkarte lesen.

Nun hat sich aber, wie wir bereits wissen, in der Seefahrt die Windstärke-Angabe in Beaufort als ungemein praktisch erwiesen. Aus diesem Grund gibt es auch eine Befiederung in Beaufort-Graden: Eine halbe Fieder entspricht 1 Bft, eine ganze 2 Bft, ein Fähnchen 10 Bft.

Abb. 8 verdeutlicht die Beziehung zwischen beiden Befiederungsarten.

14. In den meisten Wetterkarten ist nicht die Windstärke in Beaufort, sondern die Windgeschwindigkeit in Knoten angegeben. Für die Umrechnung von Windpfeilen mit kn-Befiederung ($\frac{1}{2}$ Fieder = 5 kn, 1 Fieder = 10 kn, das Sturmwimpeldreieck = 50 kn) in Beaufortgrade gibt es ein näherungsweises Verfahren:

Man liest die Befiederung in 5-kn-Stufen, z. B. 40 kn = Bft 8, 50 kn = Bft 10. Hier ist nur zu beachten, daß man bei den ermittelten Beaufortwerten von 1 bis 7 noch jeweils 1 dazuzählen muß, bei Bft 11 und 12 jeweils 1 abziehen muß. So sind beispielsweise 15 kn (1½ Fiedern) = 3 + 1 Bft = Bft 4 oder 60 kn (1 Dreieck, 1 ganze Fieder) = 12 − 1 Bft = Bft 11.

Entstehung des Windes

15. Die Entstehung des Windes sei noch einmal etwas genauer betrachtet: Würde die Erde sich nicht drehen, würde die Luft aus dem Hochdruckgebiet auf dem kürzesten Wege zum Tiefdruckgebiet strömen. Der Luftdruckunterschied wäre binnen kurzem ausgeglichen. Die Erddrehung hat zur Folge, daß alle auf der Erde ablaufenden Bewegungen nach rechts abgelenkt werden (Nordhalbkugel). Diese Ablenkung durch die Erdrotation ist nicht überall gleich groß. Am Äquator gleich Null, wächst sie mit der geographischen Breite an.

Physikalisch gesehen kann eine Ablenkung – eine Richtungsänderung – nur durch eine Kraft hervorgerufen werden. Die durch die Erddrehung erzeugte Richtungsänderung wird **Corioliskraft** genannt (Abb. 9). Sie wächst mit der Geschwindigkeit eines Luftteilchens an und wirkt auf der Nordhalbkugel immer rechtwinklig nach rechts auf das sich bewegende Teilchen (nach links auf der Südhalbkugel).

16. Setzt sich also ein Luftteilchen in Bewegung und will es entsprechend dem Luftdruckgefälle (genauer: entsprechend der Luftdruck-Gradient-

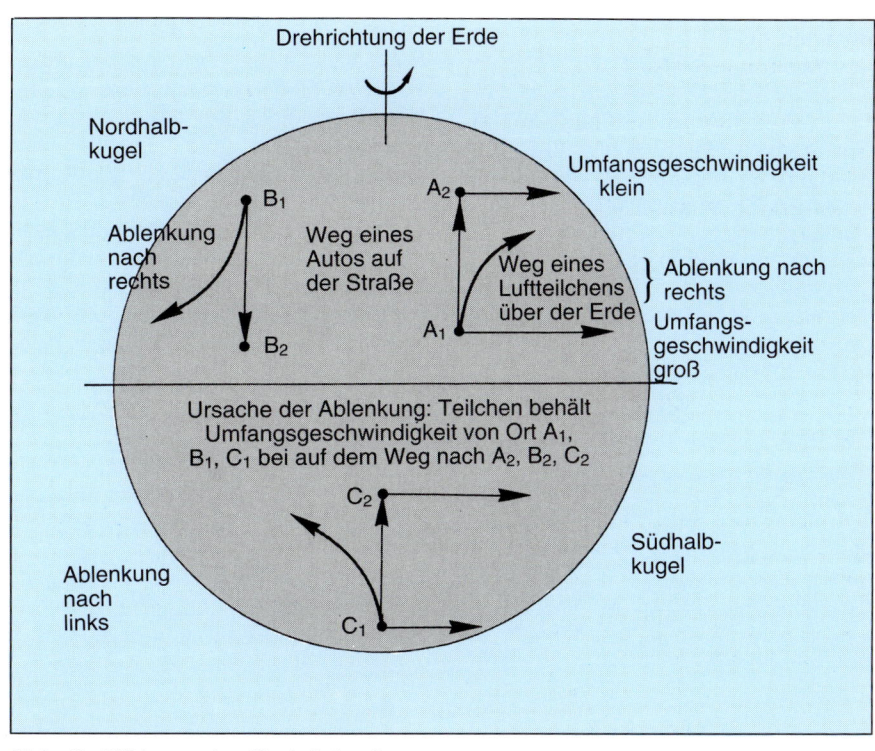

Abb. 9 *Wirkung der Corioliskraft*

kraft) vom Hoch zum Tief strömen, so wächst die Corioliskraft so lange an, bis sie ins Gleichgewicht mit der Gradientkraft kommt. Sie dreht dabei die Teilchenbahn aus der Richtung vom Hoch zum Tief, und zwar parallel zu den Isobaren.

Zeichnet man die Kräfte als Pfeile, dann entsteht das, was Abb. 10 zeigt. Die Luft wird unter dem Einfluß der Gradientkraft und der Corioliskraft parallel zu den Isobaren geführt.

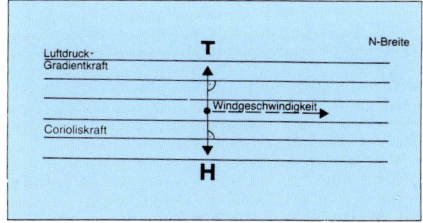

Betrachten wir eine Wetterkarte, so können wir als erstes folgendes feststellen:

– Der Wind weht parallel zu den Isobaren.

– Der Wind weht rechtwinklig nach rechts, wenn man vom hohen zum tiefen Druck blickt (Nordhalbkugel).

Auf diese Weise läßt sich der Weg einer Luftmasse in der Wetterkarte leicht erkennen. Dieser Wind, der parallel zu den Isobaren weht, heißt **geostrophischer Wind.**

17. Die Reibung zwischen der Erdoberfläche und der Luft wird erst ab 500 m Höhe vernachlässigbar klein. Dort läßt sich der geostrophische Wind

Abb. 10 *Kräfte zum geostrophischen Wind*

genauer angeben. In Erdbodennähe verringert die Reibung die Windgeschwindigkeit und verhindert, daß der Wind parallel zu den Isobaren weht. Daraus ergibt sich für einen genaueren Blick auf die Wetterkarte die zweite Folgerung für die Windrichtung:
- Die Windrichtung schneidet die Isobaren auf See unter 22° und weist zum tiefen Druck hin.

Siehe dazu Abb. 11.
Dies gilt nicht über Land. Dort kann der Winkel 30° bis 50° betragen.

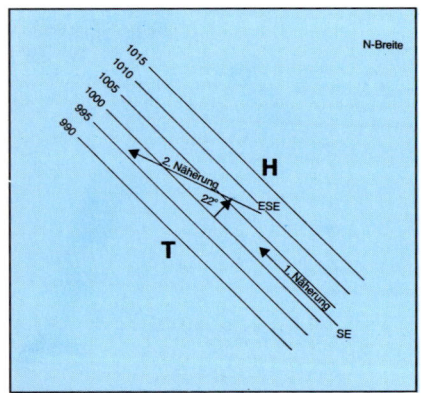

Abb. 11 *Bestimmung der Windrichtung in der Wetterkarte*

18. Die Stärke des Windes hängt von vier Größen ab:
- Luftdruckgefälle, vom Abstand der Isobaren also
- Größe der ablenkenden Kraft der Erdrotation, von der Breite also
- Reibung an der Erdoberfläche
- Krümmung der Windbahn

Für unsere Breiten (50° N) gilt folgende Faustregel:

19. Die Windstärke nimmt mit der Höhe zu, da die Reibung abnimmt. Auf See hat man größere Windstärken zu erwarten als über Land. Störungsgebiete wie Orkane erlöschen schnell, sobald sie über Land kommen.
Auf englischen Wetterkarten findet sich eine grafische Darstellung, in die man mit dem Isobarenabstand hineingeht und die Windgeschwindigkeit zur jeweiligen geografischen Breite her-

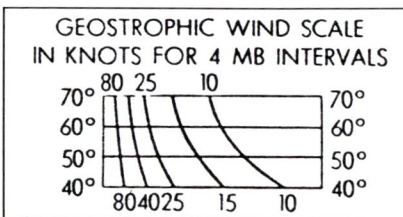

Abb. 12 *Geostrophische Windskala auf englischen Wetterkarten*

ausnimmt (Abb. 12). Der so gewonnene geostrophische Wind wird mit einer zweiten Skala auf 65 % verringert (auf amerikanischen Karten) und näherungsweise als wahrer Bodenwind bezeichnet (siehe Tabelle unten).

20. In den vom Deutschen Wetterdienst (DWD) herausgegebenen Bordwetterkarten Nr. 9 (für Nord- und Ostsee) und Nr. 11 (Mittelmeer) ist für 55° Nord beziehungsweise für 40° Nord ein geostrophisches Windlineal für einen Isobarenabstand von 10 hPa eingezeichnet (siehe unten rechts in der Ecke von Abb. 3 in Kapitel 28, Seite 193).

Böigkeit

21. Die in den Wetterkarten verbreiteten Angaben zur Windgeschwindigkeit sind aus den Schwankungen der Windanzeige gemittelt. Diese Mittelwinde sagen nichts aus über die Böen. Böen sind Winde aus höheren Luftschichten. Dort findet man kaum Einflüsse der Bodenreibung. Insofern liegt die Windgeschwindigkeit in den Böen bis zu 2 Bft über den Angaben zu den Mittelwinden (besonders bei labilen Luftmassen). Auch tritt in den Böen eine Richtungsänderung auf. In der aufkommenden Bö ist der Wind rechtsdrehend und in der abflauenden Bö rückdrehend (Nordhalbkugel).

Wind- und Sturmwarndienst

22. Sind nach der Wetterlage Windstärken von 6 und 7 Bft zu erwarten, so werden Starkwindwarnungen herausgegeben. Ab Windstärke 8 erfolgt Sturmwarnung.
Die „Sturmwarnungen und Seewetterberichte für die Sport- und Küstenschiffahrt" des Deutschen Wetterdienstes (unter *www.dwd.de* als pdf-Datei herunterzuladen) informieren über den Sturmwarndienst ebenso wie das Handbuch Nautischer Funkdienst und der Jachtfunkdienst.
Beispiel einer Warnung:

```
NNNN
ZCZC 319
WODL 45 EDZW 080600
WIND-WARNUNG NORDSEE NR.: 414,
DATUM: 08.07.1993, 05.30 UHR UTC

DEUTSCHE BUCHT:  GEFAHR SUEDWEST 6.
DOGGER:          GEFAHR SUEDWEST 6.
FORTIES:         GEFAHR SUEDWEST 7.
FISCHER:         GEFAHR SUEDWEST 6.
UTSIRA:          GEFAHR SUED BIS SUEDWEST 7.
VIKING:          GEFAHR SUED BIS SUEDWEST 6.

WIND-WARNUNG OSTSEE NR.: 360,
DATUM: 08.07.1993, 05.30 UHR UTC

SUEDLICHE UND SUEDOESTLICHE OSTSEE:
GEFAHR NORDWEST BIS WEST 6,  RUECKDREHEND.
```

Abstand der 5-hPa-Isobaren in Seemeilen	reiner geostrophischer Wind in Beaufort	angenäherter Bodenwind in Beaufort
300	4	3
200	5	4
100	8	6

23. An der deutschen Küste gab es bis vor wenigen Jahren optische Sturmwarnstellen; aus Kostengründen wurden sie jedoch eingestellt. Einige schifffahrtsbezogene Ämter ziehen allerdings noch heute bei Bft 6 bis 7 einen schwarzen Ball und bei Bft 8 und darüber zwei schwarze Kegel hoch.

Scheinbarer und wahrer Wind

24. Die Schwierigkeit, an Bord Windrichtung und Windstärke zu bestimmen, liegt darin begründet, daß man auf dem fahrenden Schiff einen „gefühlten" scheinbaren Wind wahrnimmt, der sich aus dem wahren Wind, der an diesem Ort weht, und dem Fahrtwind zusammensetzt. Man ermittelt den wahren Wind mit folgendem abgekürztem Verfahren (Abb. 13a):

Vom Koordinaten-Ursprung (A) aus wird als erstes die Fahrt des Schiffes als Pfeil abgetragen. An die Spitze dieses Pfeils legt man den Pfeil des „gefühlten" scheinbaren Windes. Der Verbindungspfeil von A zum Endpunkt des zweiten Pfeils ist dann der wahre Wind.

Viele bevorzugen zum Abschätzen der wahren Windrichtung die Vektor-Anordnung in Abb. 13b.

25. Man tut gut daran, sich über die Stärke des wahren Windes ein Bild zu verschaffen, indem man seine Einwirkung auf die See beobachtet und die Beaufort-Stärke ermittelt (siehe Tabelle Seite 151). Die Richtung, aus der der Wind wirklich weht, kann man durch Peilen der Windsee ausmachen. Man beachte auch, daß der Seegang einer Winddrehung nicht sofort folgt.

Streuungsverhalten des Windes

26. Der Deutsche Wetterdienst trägt dem Streuungsverhalten des Windes hinsichtlich Richtung und Stärke durch folgende Angaben Rechnung:

Richtung: Genauigkeit von + 25°; es werden nur folgende Richtungen gegeben: N, NE, E, SE, S, SW, W, NW.

Richtungsänderung: rechtdrehend (im Uhrzeigersinn), rückdrehend (entgegen dem Uhrzeigersinn), nur bei jeweils mindestens 45°-Änderungen; umlaufender Wind (nur bis 5 kn). Die Windangabe in Beaufort bezieht sich auf einen mittleren länger andauernden Zeitraum. Besonders bei labiler Luftmasse (Schauer) ist mit Böen zu rechnen, die bis zu 2 Bft über dem Mittelwind liegen können.

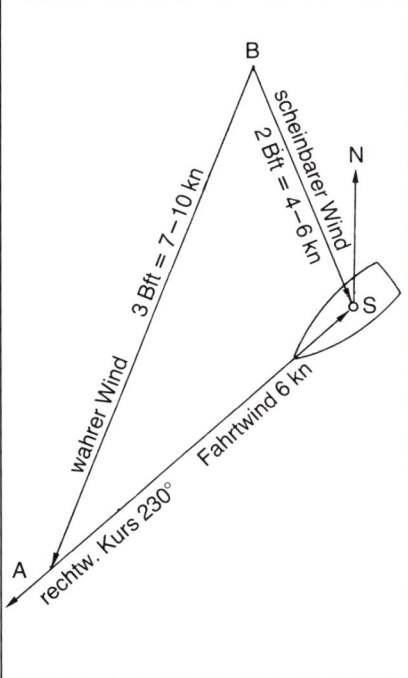

Abb. 13a *Bestimmung des wahren Windes*

Abb. 13b

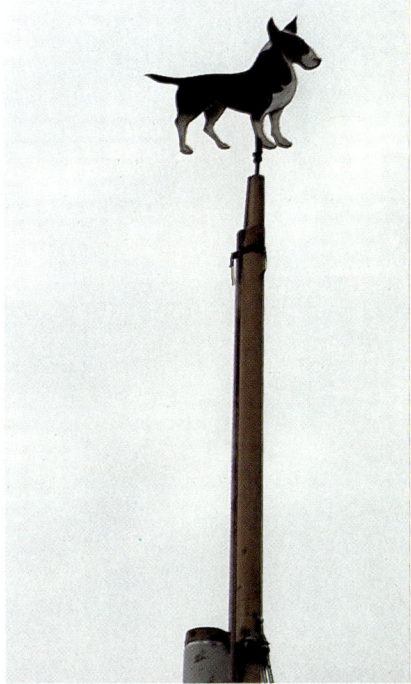

Ein Verklicker der ganz besonderen Art (Foto: YACHT-Archiv)

Planetarisches Windsystem

27. Die planetarische Zirkulation in Bodennähe wird von drei sehr beständigen Druckzonen bestimmt:
- der äquatorialen Tiefdruckrinne
- dem subtropischen Hochdruckgürtel
- dem polaren Hoch

Das Luftdruckgefälle zwischen dem subtropischen Hochdruckgürtel und der äquatorialen Tiefdruckrinne erzeugt eine großräumige, von Norden kommende Luftströmung, die durch die Corioliskraft zum Nordost-Passat wird. Im Gegensatz zu dieser in Tropikluft stattfindenden Zirkulation stoßen in den gemäßigten Breiten zwei verschiedene Luftmassen aufeinander: Auf die aus dem polaren Hoch absinkende Kaltluft mit nordöstlichen Winden schiebt sich die aus Süden strömende Luft des subtropischen Hochs mit südwestlichen Winden. Dieser Bereich des Aufeinandertreffens von Warm- und Kaltluft bildet die subpolare Tiefdruckrinne.

28. Die beschriebene und in Abb. 14 dargestellte planetarische Zirkulation soll eine erste Näherung an die tatsächlichen Verhältnisse sein. In zweiter Näherung zerfallen die Druckgürtel in einzelne umfangreiche Druckzellen, die sich in den aus Messungen gewonnenen Jahresmitteln für den Luftdruck wiederfinden. Es treten die bekannten Aktionszentren wie das Azorenhoch und das Islandtief auf. Als dritte Näherung können jahreszeitliche Mittelwerte z. B. für Sommer und Winter herangezogen werden. Dann beginnen die Druckzentren zu wandern. Eine vierte Näherung wären die Monatsmittel von meteorologischen Größen wie Luftdruck, Wind, Temperatur, Feuchte usw.

Die vom BSH herausgegebenen Monatskarten, nautische Hilfskarten für ein bestimmtes großräumiges Seegebiet wie den Nordatlantik, bringen für jeden Monat des Jahres eine genaue Darstellung der mittleren Wind- und Stromverhältnisse mit einer Vielzahl von Windsternen.

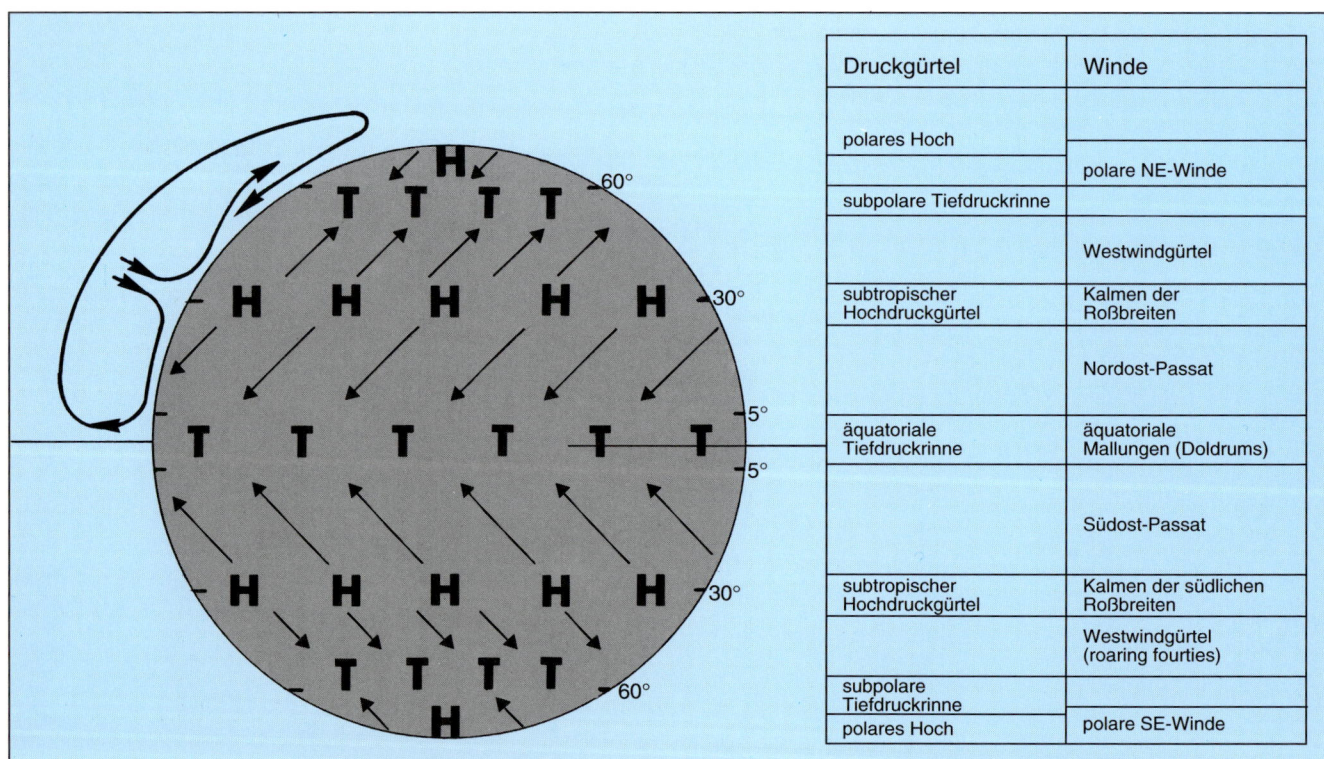

Druckgürtel	Winde
polares Hoch	
	polare NE-Winde
subpolare Tiefdruckrinne	
	Westwindgürtel
subtropischer Hochdruckgürtel	Kalmen der Roßbreiten
	Nordost-Passat
äquatoriale Tiefdruckrinne	äquatoriale Mallungen (Doldrums)
	Südost-Passat
subtropischer Hochdruckgürtel	Kalmen der südlichen Roßbreiten
	Westwindgürtel (roaring fourties)
subpolare Tiefdruckrinne	
polares Hoch	polare SE-Winde

Abb. 14 *Vereinfachte planetarische Zirkulation*

Luftmassen

29. Eng verbunden mit den umfangreichen beständigen Hochdruckgürteln sind die Luftmassen, die in ihnen gebildet werden. Lagert eine Luftmasse über längere Zeit in einem großräumigen Bereich mit gleichförmiger Struktur, so nimmt sie einheitliche Eigenschaften an, unter anderem hinsichtlich Temperatur, Feuchte, optischer Eigenschaften und mitgeführter Partikel.

Entsprechend der Quellgebiete werden unterschieden:

P = polare Luft
T = tropische Luft

Sie kann kontinental = c (trocken) oder maritim = m (feucht) geprägt sein, z. B.:

cP = polare Festlandsluft
mT = tropische Meeresluft

Weiterhin läßt sich noch angeben, woher die Luft in unsere Breiten gekommen ist:

P_A = arktische Polarluft
T_S = Tropikluft, die aus Afrika (Sahara) kommt

Dann kann man noch den Umweg beschreiben, den die Luft auf ihrer Reise zu uns gemacht hat:

P_T = Polarluft, die schon einmal tropische Gebiete durchlaufen hatte
T_P = Tropikluft, die weit nach Norden in den polaren Bereich vorgestoßen war

In der Tabelle unten sind auch die volkstümlichen Bezeichnungen für das hier besprochene Luftmassenkonzept genannt (mittlerer fetter Linienrahmen). Diese Bezeichnungen werden auch in den Wetterberichten verwendet.

Die Luftmassen eignen sich in Verbindung mit den Großwetterlagen sehr gut, das Wetter zu beschreiben.

Großwetterlagen

30. Weitaus besser als mit Monatskarten läßt sich in unseren Breiten das Wetter durch Großwetterlagen beschreiben. Durch die geographische Anordnung der Tief- und Hochdruckgebiete entsteht ein bestimmter **Luftmassentransport,** z. B. die sogenannten Nord-, Süd-, Ost- und Westlagen (Abb. 15). Verfolgt man den Weg der Luftmassen gedanklich zurück, läßt sich ableiten, welche Eigenschaften sie auf der Reise von ihrem Ursprungsgebiet her angenommen haben (Tabelle unten, rechte Spalte). So entsteht ein Teil des Wetterberichtes und auch schon eine Art Vorhersage, die jeder mit Abb. 16 (S. 158) nachvollziehen kann.

Übersicht über die Luftmassen Europas (nach SCHERHAG)

Abkürzung	Wissenschaftliche Bezeichnung			Volkstümliche Bezeichnung	Ursprungsgebiet		Weg	Eigenschaft
cP_A	Arktische Polarluft		kontinental	Nordsibirische Polarluft		Nordsibirien	Rußland	extrem kalt
mP_A			maritim	Arktische Polarluft		Arktis	Nordmeer (östlich Island)	sehr kalt, feucht
cP	Polarluft		kontinental	Russische Polarluft	Polare Zone	Rußland	Osteuropa	kalt
mP			maritim	Grönländische Polarluft		Arktis	Grönlandmeere (westlich Island)	kalt, feucht
cP_T	Gealterte Polarluft		kontinental	Rückkehrende Polarluft		Rußland	Südosteuropa	trocken
mP_T			maritim	Erwärmte Polarluft		Arktis	Azorenraum (Atlantik südlich 50° N Breite)	feucht
cT_P	Gemäßigte (Tropik-)Luft		kontinental	Festlandsluft	Gemäßigte Zone	Mitteleuropa	–	–
mT_P			maritim	Meeresluft		Nordostatlantik	England	feucht, mild
cT	Tropikluft		kontinental	Asiatische Tropikluft		Naher Osten	Südosteuropa	trocken
mT			maritim	Atlantische Tropikluft	Tropische Zone	Azorenraum	Westeuropa	feucht, warm
cT_S	Afrikanische Tropikluft		kontinental	Afrikanische Tropikluft		Sahara	–	trocken, heiß
mT_S			maritim	Mittelmeer-Tropikluft		Afrika	Mittelmeer	schwül

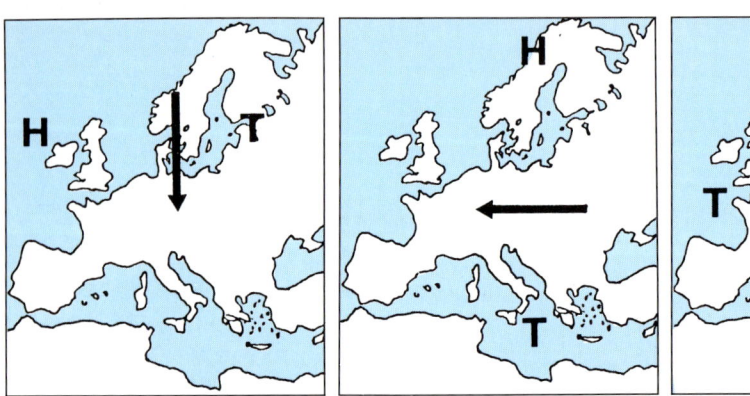

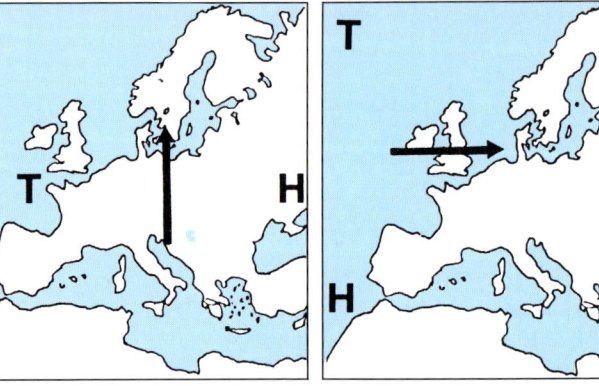

Abb. 15 *Großwetterlagen
(von links nach rechts):
Nord-Wetterlage
Ost-Wetterlage
Süd-Wetterlage
West-Wetterlage*

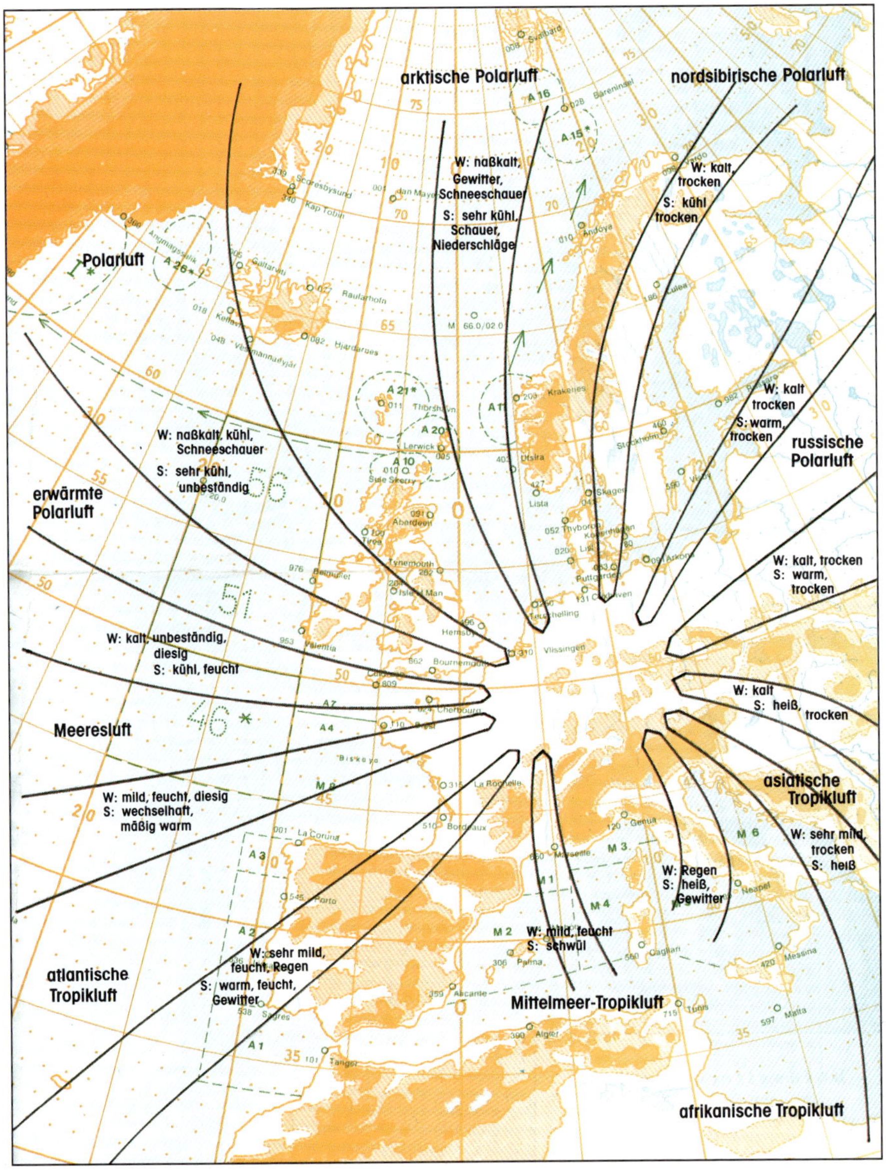

Abb. 16 *Eigenschaften und Wege
der nach Mitteleuropa strömenden
Luftmassen (W = Winter,
S = Sommer)*

Lernkontrolle

1. Welches sind die gesetzlichen Temperatureinheiten, und welche Extremwerte kommen in Deutschland vor – mit und ohne Strahlungsanteil? (Absatz 1 und 2)

2. Welche Wassertemperaturen werden in der Deutschen Bucht, in der Ostsee und bei den Balearen im langjährigen Mittel im Februar und im August erreicht? (Absatz 3)

3. Wie heißen die unteren drei Schichten der Atmosphäre? (Absatz 4)

4. Wie arbeitet ein Flüssigkeitsbarometer, und wie hoch steht die Quecksilbersäule unter Normalbedingungen? (Absatz 5 und 7)

5. Was ist ein Pascal? Welcher Wert herrscht bei Normalbedingungen? (Absatz 6 und 7)

6. Was sind Isobaren, und in welchen Abständen werden sie gezeichnet? (Absatz 8)

7. Wie wird der Druckgradient und wie die Drucktendenz bestimmt, und wozu dienen sie? (Absatz 9)

8. Was ist beim Aufstellen eines Barometers zu beachten, wenn der Druck stets auf Meereshöhe bezogen ist? (Absatz 10)

9. Wie wird der Wind angegeben hinsichtlich seiner Richtung? (Absatz 11)

10. Wonach wird die Stärke des Windes ausgedrückt? (Absatz 12)

11. Welche Windgeschwindigkeit beziehungsweise -stärke in Knoten und in Beaufort wird einem starken Wind, einem stürmischen Wind und einem Orkan zugeordnet? (Tabelle Seite 151)

12. Zeichnen Sie die Windpfeile von Absatz 13 um in eine Beaufort-Befiederung! (Absatz 14)

13. Was bewirkt die Corioliskraft? (Absatz 15)

14. Wie weht der Wind in bezug auf Isobaren in erster und zweiter Näherung? (Absatz 16 und 17)

15. Welche Größen bestimmen die Stärke des Windes? (Absatz 18)

16. Um wieviel wird in amerikanischen Wetterkarten der geostrophische Wind verringert, um eine gute Näherung für den Bodenwind zu erhalten? (Absatz 19)

17. Wie wird der geostrophische Wind in den Bordwetterkarten Nr. 9 und 11 angewandt? (Absatz 20)

18. Wodurch unterscheiden sich Böen vom normalen Wind? (Absatz 21)

19. Wann wird Starkwindwarnung und wann Sturmwarnung gegeben? (Absatz 22)

20. Bestimmen Sie den wahren Wind: Ein Schiff läuft auf einem Kurs von rw 270° mit einer Geschwindigkeit von 14,5 kn. Der scheinbare Wind kommt 40° von Steuerbord vorn mit 20 kn. (Absatz 24; Lösung: 356°, 13 kn)

21. Wie läßt sich der wahre Wind in guter Näherung bestimmen? (Absatz 25)

22. Zeichnen Sie die planetarische Zirkulation in Bodennähe mit ihren Wind- und Druckgürteln! (Absatz 27)

23. Wie nähert man sich den tatsächlichen Wind- und Druckverhältnissen? (Absatz 28)

24. Welches sind die Hauptluftmassen? Wie können sie geprägt sein, und welche Wege nehmen sie nach Mitteleuropa? (Absatz 29)

25. Erläutern Sie anhand von Wetterkarten, z. B. aus Tageszeitungen, wie und welche Luftmassen nach Deutschland einströmen! (Absatz 30)

22. Wolken und Nebel

Luftfeuchte

1. Die uns umgebende **Luft ist ein Gasgemisch** mit verschiedenartigen Molekülen. Zwischen diesen bewegen sich die Moleküle des unsichtbaren Wasserdampfes. Sein Anteil an dem Gasgemisch schwankt stark. Dieser Anteil wird **absolute Feuchte** (a) genannt. Es gibt allerdings eine obere Grenze. Bei einer bestimmten Temperatur kann die Luft nur eine maximal mögliche Wasserdampfmenge aufnehmen. Dies ist die **Sättigungsfeuchte** (A). Sie wird aus Tabellen entnommen (siehe Beispiel unten). Das Verhältnis der tatsächlich in der Luft vorhandenen Wasserdampfmenge a zu der maximal möglichen Menge A bei der herrschenden Temperatur, ausgedrückt in Prozent, ist die **relative Feuchte** U.

Gesättigte Luft:

Temperatur T in °C	Sättigungsfeuchte A in g/m³
30	30,3
25	23
20	17,3
15	12,8
10	9,4
5	6,8
0	4,8
−10	2,1

Die Einheiten von A und a sind die Anzahl Gramm (g) Wasser pro Kubikmeter (m³) trockener Luft.

$$U = \frac{a}{A} \cdot 100 \text{ in } \%$$

Beispiel:

$$U = \frac{11,5 \text{ (gemessen)}}{23 \text{ (bei 25°C)}} \cdot 100 = 50 \%$$

2. Der Taupunkt – genauer: die **Taupunkttemperatur** – ist die Temperatur, bei der eine in der Luft vorhandene Wasserdampfmenge die Sättigungsmenge erreicht. Befinden sich z. B. in einer beliebig warmen Luft 9,4 g Wasser, dann liegt der Taupunkt bei 10°C, wie aus der Tabelle unten zu ersehen ist. Die Luft ist gesättigt. Werden der Luft von 25°C bei 50 % – siehe das gerechnete Beispiel – 11,5 g Wasser zu den vorhandenen 11,5 g durch Verdunstung zugeführt, dann enthält sie 23 g und ist ebenfalls gesättigt.
Der Taupunkt ist nun 25°C.

3. Auf zwei verschiedene Weisen kann Luft also mit Wasserdampf gesättigt werden:
– durch Abkühlung, das heißt, Luft wird auf die Taupunkttemperatur T_d (d = dew point) abgekühlt,
– durch Feuchtezufuhr, das heißt, Wasser wird so lange verdampft, bis in der Luft die Sättigungsfeuchte erreicht ist.
Schematische Darstellung zur Erzeugung von gesättigter Luft:

Abkühlung:	$T \rightarrow T_d$,	dadurch wird a = A
Feuchtezufuhr:	$a \rightarrow A$,	dadurch wird $T = T_d$

4. Fällt die Lufttemperatur unter die Taupunkttemperatur, muß Wasser aus der Luft ausgeschieden werden. In der Luft befinden sich **Kondensationskerne** oder, in der höheren Troposphäre, **Gefrierkerne.** Sie können z. B. von Salzkristallen stammen, die aus Gischt in die Luft abgegeben werden. An diese Kerne lagert sich das ausgeschiedene Wasser an. Die Kerne quellen auf. Es wird diesig.
Setzt sich der Anlagerungsprozeß, die **Kondensation,** fort, bilden sich kleine Tröpfchen, die mit der allgemeinen Unruhe in der Luft schweben. Diese Tröpfchen verdichten sich zu Wolken oder Nebel. Auch die hohen Eiswolken bilden sich auf ähnlichem Wege.

Wolken

5. Wolken entstehen vorzugsweise durch **Vertikalbewegungen von Luft**. Ab einer bestimmten Höhe, dem **Kondensationsniveau,** tritt Sättigung und dann Kondensation ein, und zwar auf folgende Weise:

● Steigt Luft auf, weil sie wärmer ist als die Umgebung (Konvektion), bilden sich Quellwolken: **Cumulus.**

Abb. 1 *Schema von Wolken-gattungen*

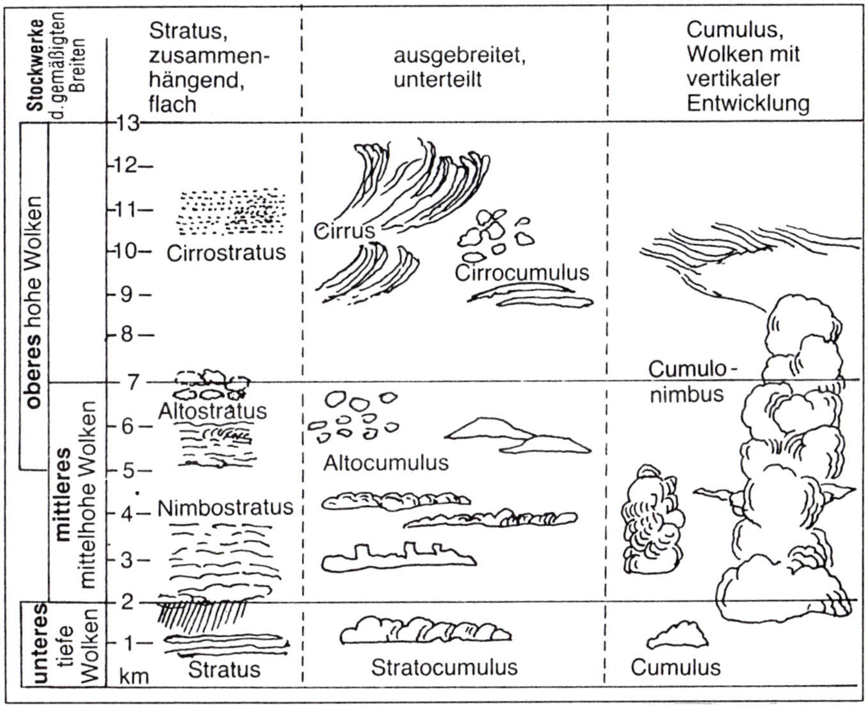

● Gleitet feuchtwarme Luft an einer kalten Luftschicht auf, entstehen Schichtwolken (Aufgleitwolken): **Stratus.**

● Wird die Luft durch Berge, durch sogenannte orographische Hindernisse, zum Aufsteigen gezwungen, zeigt sich Staubewölkung: **Cumulus und Stratus.**

● Auch Wind und die allgemeine Rauhigkeit des Untergrundes lassen Luft bis zum Kondensationsniveau aufwirbeln (Turbulenzwolken). Es können dabei Schicht- oder Schichthaufenwolken entstehen: **Stratus oder Stratocumulus.**

● Steigt die Luft wellenförmig in das Kondensationsniveau hinein und wieder heraus, zeigen sich **Wogenwolken.** Häufig erscheinen sie im Lee der Gebirge.

6. Die Temperatur nimmt bekanntlich mit der Höhe ab. In unseren Breiten findet man im Mittel ungefähr 0°C in 2 km Höhe, −10°C in 4 km und −35°C in 7 km Höhe. Dadurch bestehen Wolken entweder nur aus Wasser, aus Wasser und Eis oder nur aus Eis. Entsprechend dem Aufbau und der Höhenlage der Wolken unterscheidet die internationale Wolkenklassifikation **vier Wolkenfamilien.**
Für die gemäßigten Breiten gilt:

Wolkenfamilie	Wolkengattung	Beschreibung
hohe Wolken	Cirrus (Ci)	hohe Federwolken
	Cirrostratus (Cs)	hohe Schleierwolken
	Cirrocumulus (Cc)	hohe Schäfchenwolken
mittelhohe Wolken	Altostratus (As)	mittelhohe Schichtwolken
	Nimbostratus (Ns)	Regenschichtwolken
	Altocumulus (Ac)	grobe Schäfchenwolken
tiefe Wolken	Stratus (St)	niedrige Schichtwolken
	Stratocumulus (Sc)	Schicht-Haufenwolken
	Cumulus (Cu)	Haufenwolken
Wolken mit vertikaler Entwicklung	Cumulonimbus (Cb)	Schauer- und Gewitterwolken

Wolkenfamilie	Stockwerk	Höhe	
hohe Wolken	hohes Stockwerk	5 – 13 km	Eiswolken
mittelhohe Wolken	mittleres Stockwerk	2 – 7 km	Wasser-/Eiswolken
tiefe Wolken	tiefes Stockwerk	0 – 2 km	Wasserwolken

Wolken mit vertikaler Entwicklung, die ihre Basis
im Bereich der tiefen Wolken haben,
aber in den der hohen Wolken reichen

7. Außer den bereits erwähnten lateinischen Bezeichnungen **cumulus** (Haufen) und **stratus** (ausgebreitet, schichtförmig) sind noch **nimbus** (Regen), **alto** (hoch) und **cirrus** (Haarlocke, Franse) für die Beschreibung der zehn amtlichen Wolkengattungen gebräuchlich – siehe Aufstellung oben und Abb 1.

8. Auf See gehören die Wolken zu den schönsten Begleitern. Sie gestalten mit ihrer Vielfalt den Raum zwischen Wasser und Himmel und geben ihm ein einzigartiges Aussehen. Die Wolken sind nicht nur ein Anzeichen für den Zustand der Atmosphäre oder für aufkommenden Wind – es haftet ihnen auch etwas Übersinnliches an. Insofern soll die Abb. 2 den Blick schärfen und die richtigen Worte zum Beschreiben liefern.

Abb. 2 *Vielfalt der niedrigen C_L-, der mittelhohen C_M- und der hohen C_H-Wolken. Die Pfeile zwischen den Bildern dienen Wetterbeobachtern zur Meldung der ranghöchsten Wolke aus einem Stockwerk (aus WMO-No. 266.TP.150)*

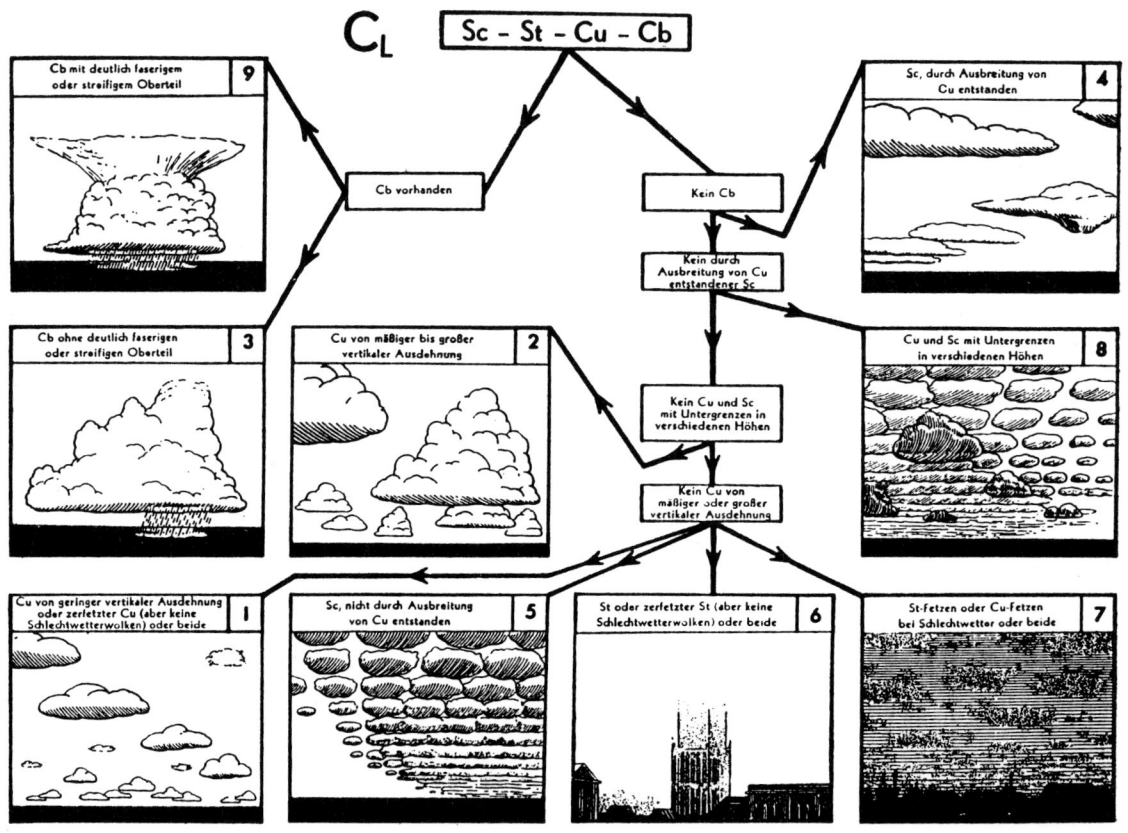

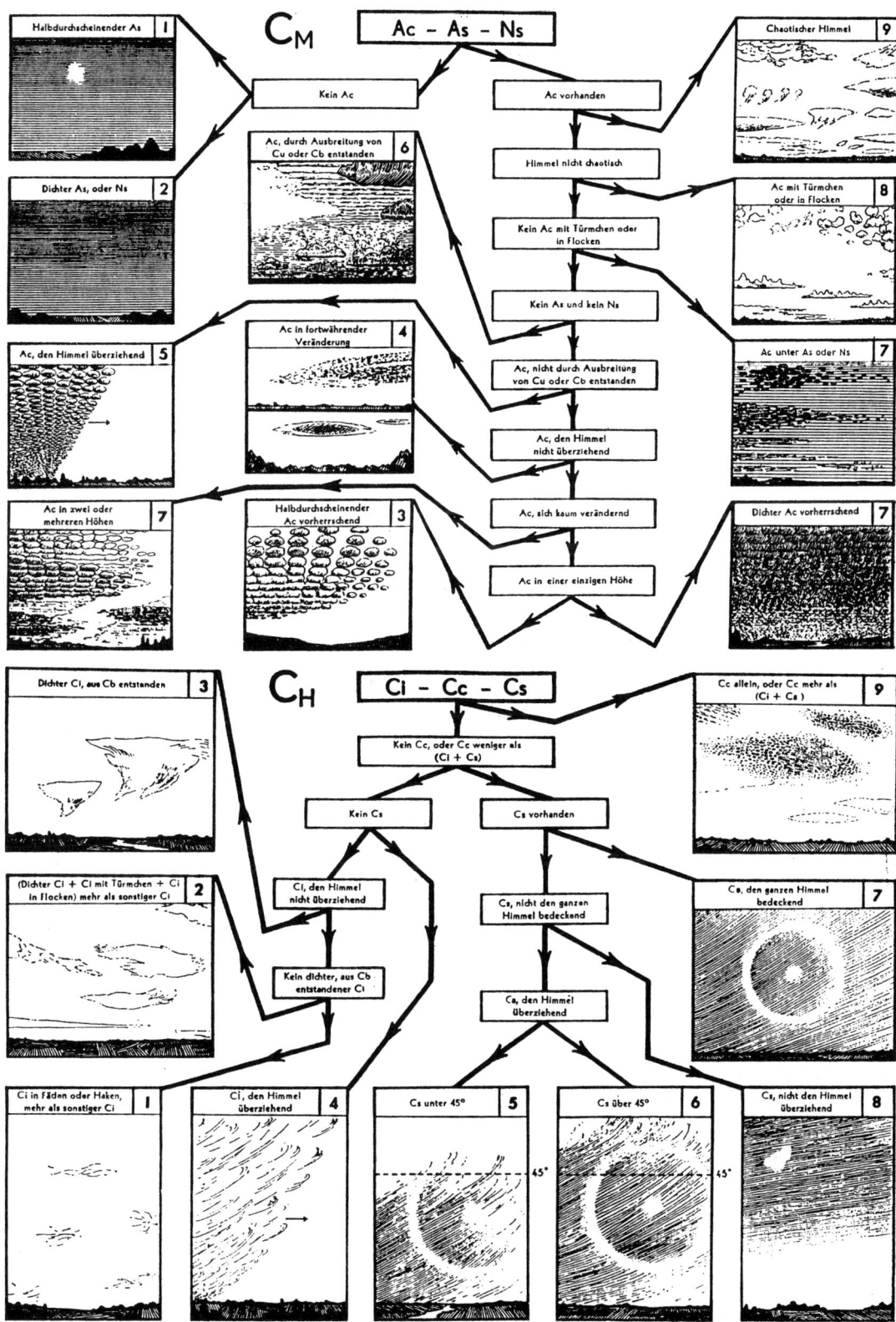

C_M   Ac – As – Ns

Halbdurchscheinender As	1
Dichter As, oder Ns	2
Ac, durch Ausbreitung von Cu oder Cb entstanden	6
Ac, den Himmel überziehend	5
Ac in fortwährender Veränderung	4
Ac in zwei oder mehreren Höhen	7
Halbdurchscheinender Ac vorherrschend	3
Chaotischer Himmel	9
Ac mit Türmchen oder in Flocken	8
Ac unter As oder Ns	7
Dichter Ac vorherrschend	7

Kein Ac

Ac vorhanden

Himmel nicht chaotisch

Kein Ac mit Türmchen oder in Flocken

Kein As und kein Ns

Ac, nicht durch Ausbreitung von Cu oder Cb entstanden

Ac, den Himmel nicht überziehend

Ac, sich kaum verändernd

Ac in einer einzigen Höhe

C_H   Ci – Cc – Cs

Dichter Ci, aus Cb entstanden	3
(Dichter Ci + Ci mit Türmchen + Ci in Flocken) mehr als sonstiger Ci	2
Cc allein, oder Cc mehr als (Ci + Cs)	9
Cs, den ganzen Himmel bedeckend	7
Ci in Fäden oder Haken, mehr als sonstiger Ci	1
Ci, den Himmel überziehend	4
Cs unter 45°	5
Cs über 45°	6
Cs, nicht den Himmel überziehend	8

Kein Cc, oder Cc weniger als (Ci + Cs)

Kein Cs

Cs vorhanden

Ci, den Himmel nicht überziehend

Cs, nicht den ganzen Himmel bedeckend

Kein dichter, aus Cb entstandener Ci

Cs, den Himmel überziehend

45°

163

9. In der folgenden Tabelle sind die Niederschlagsformen und die sie erzeugenden Wolken aufgeführt.

Niederschläge	Wolkengattungen					
	As	Ns	Sc	St	Cu	Cb
Regen	+	+	+		+	+
Sprühregen				+		
Schnee	+	+	+			+
Reifgraupeln			+			+
Schneegriesel				+		
Eiskörner	+	+				
Frostgraupeln						+
Hagel						+
Eisnadeln				+		

Schauer (Cu, Cb)

In Wetterberichten wird **Niederschlag** wie folgt definiert:
Räumliche Verteilung: vereinzelt, örtlich, strichweise, verbreitet, gebietsweise.
Zeitliche Abfolge: gelegentlich, wiederholt, zeitweise, länger anhaltend, überwiegend niederschlagsfrei, überwiegend trocken.
Nur die **Niederschlagsmenge** wird in gemessenen Werten angegeben:
nur unbedeutender Niederschlag
= Menge kleiner als 0,3 l/m²
leichter Niederschlag
= Menge von 0,3 bis 2 l/m²
mäßiger Niederschlag
= Menge von 2 bis 5 l/m²
starker, ergiebiger Niederschlag
= Menge größer als 5 l/m²

10. Wolken muß man immer im Zusammenhang mit dem gesamten Wettergeschehen sehen. Typische Wetterabläufe gehen mit typischen Wolkenabläufen einher, wie z. B. bei Fronten. Die Wolken stützen das Bild vom Wetter.

Gewitter

11. Gewitter gehören zu den eindrucksvollsten Naturereignissen: Blitz, Donner, starke Regengüsse, Hagelschauer und gefährliche Winde.

Gewitter entstehen durch gewaltige Umlagerungen von Luft, wobei starke vertikale Aufwinde mit bis zu 60 kn mit entsprechenden Abwinden in Cumulonimben (Abb. 3) wechseln. Wir unterscheiden Wärmegewitter und Frontgewitter.
Wärmegewitter bilden sich in einer einheitlichen Luftmasse, in der durch folgendes Luft zum Aufsteigen gebracht (labilisiert) wird:
– Erwärmung von unten, z. B. Sonneneinstrahlung
– Hebung an Gebirgen (orographische Hebung)

– Stau von strömender Luft am Boden und Ausweichen in die Höhe (Konvergenz, Konvergenzlinie, s. S. 193)
Frontgewitter entstehen an Fronten von Luftmassengrenzen. Durch sich darunter schiebende Kaltluft erfolgt eine Hebung und Labilisierung der

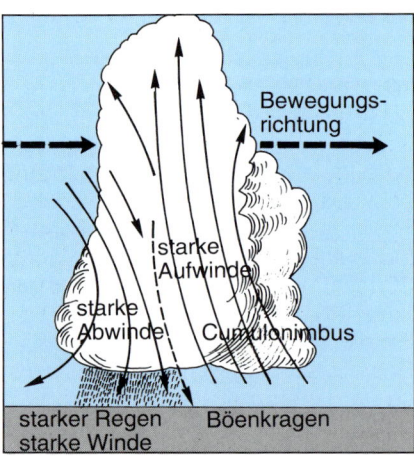

Abb. 3 *Gewitter im Reifestadium*

Warmluft. Etwas Ähnliches vollzieht sich beim Seewind, der am Nachmittag an der Küste Gewitter auslösen kann. Entsprechend wirkt der Landwind auf See mit Gewittern vor Sonnenaufgang.

12. Böen und Winde an Gewittern sind ganz unterschiedlich. In der Regel findet man nur unterhalb des Gewitters im Reifestadium die maximalen **Fallwinde,** die sich am Boden horizontal in alle Richtungen ausbreiten (Abb. 3). Manchmal bildet sich auf der Vorderseite des Gewitters zusätzlich ein um die Horizontale rotierender **Böenkragen.** Vereinzelt eilt die aus dem Gewitter stammende Kaltluft den Wolken voraus.

Sind die vielen Gewitter noch in einer Reihe angeordnet, so läßt sich eine Böenlinie als äußere Grenze des Kaltluftschwalls zeichnen (Abb. 4).

Wolken und Fronten

13. Stoßen zwei Luftmassen verschiedener Eigenschaften und verschiedenen Ursprungs aufeinander, so bildet sich zwischen ihnen eine schmale Übergangszone. Sie wird **Front** genannt und mit den Symbolen entsprechend Abb. 2 in Kapitel 28 (s. Seite 193) dort in die Wetterkarte eingezeichnet, wo die Front die Erdoberfläche berührt.

Bewegt sich eine wärmere Luftmasse gegen eine kältere, dann wird sie an der kälteren, schwereren Luft aufgleiten. Die Unterseite der warmen Luft streicht über eine kalte Schicht. Es bilden sich Schichtwolken, aus denen anfangs Regen fällt. Da nach Durchgang der Front Erwärmung eintritt, spricht man von einer **Warmfront** (Abb. 5).

14. Stößt Kaltluft heftig gegen Warmluft vor, ist die Neigung der Frontfläche viel geringer. An der Vorderseite bilden sich Regenwolken, und in der in die Höhe abgedrängten Luft entstehen Altocumulus (Abb. 6). Dies ist die auf See am häufigsten vorkommende **Kaltfront Typ A.**

Es gibt allerdings auch Fälle, in denen die Kaltluft sich langsam unter die Warmluft schiebt und sie hochhebt. Dabei wird die Warmluft von unten abgekühlt, es entstehen Schichtwolken (Abb. 7). Dies ist die **Kaltfront Typ B.**

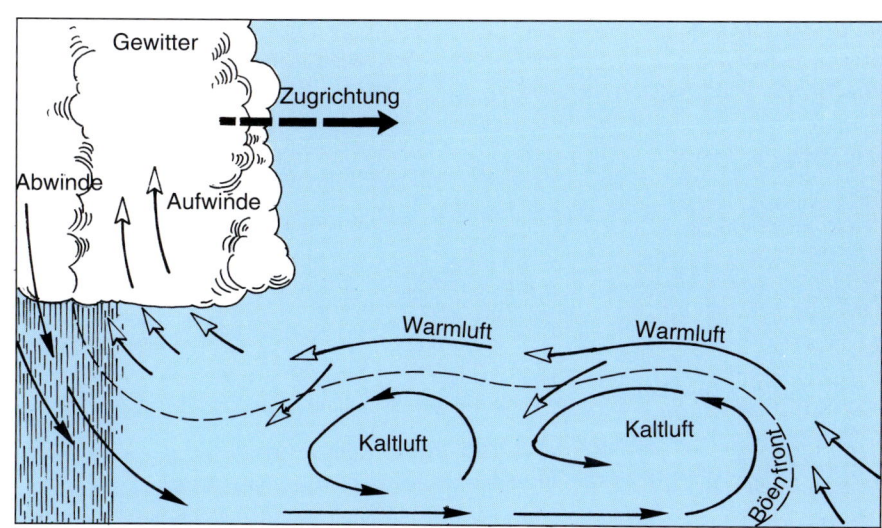

Abb. 4 *Gewitter mit ausgeprägter Böenfront*

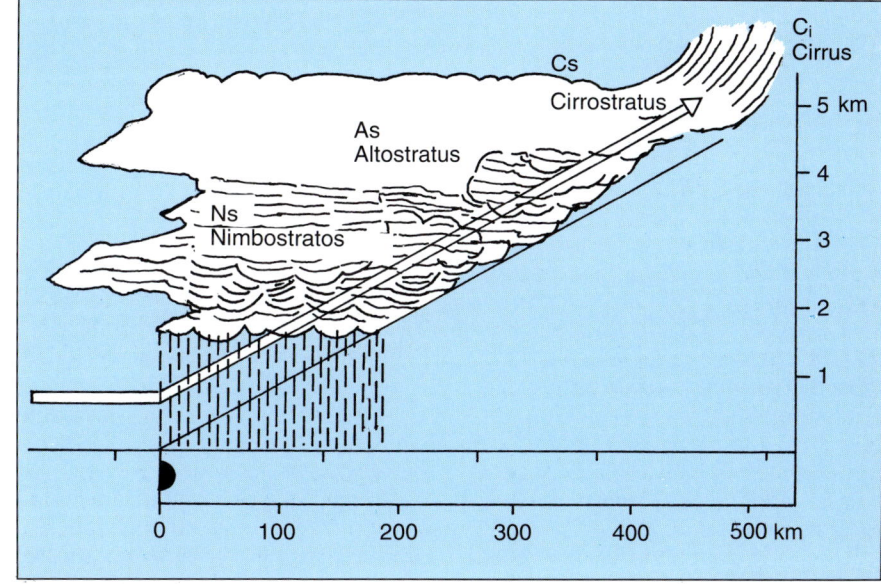

Abb. 5 *Warmfront*

15. Kaltfronten, die mit Tiefdruckgebieten verbunden sind, ziehen schneller als die Warmfronten der Tiefs. Dadurch holt die eine Front die andere ein und schiebt Luft, die dazwischen lag, in die Höhe. Solche Grenzschichten heißen **Okklusionsfronten.** Tritt nach Durchzug der Okklusion Erwärmung ein, handelt es sich um eine Warmfront-Okklusion (Abb. 8). Zieht die Okklusion vorbei und es kühlt sich ab, spricht man von einer Kaltfront-Okklusion (Abb. 9).

165

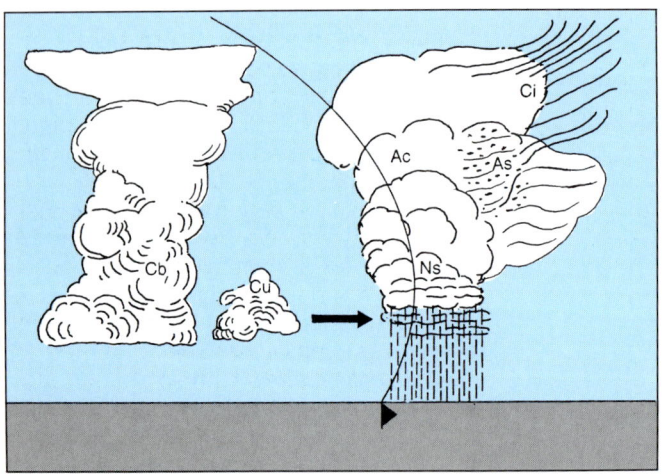

Abb. 6 *Kaltfront Typ A*

Abb. 7 *Kaltfront Typ B*

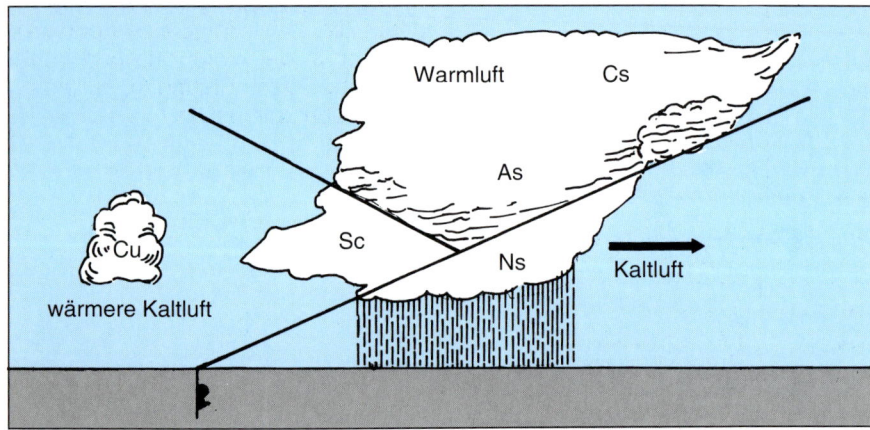

Abb. 8 *Warmfront-Okklusion*

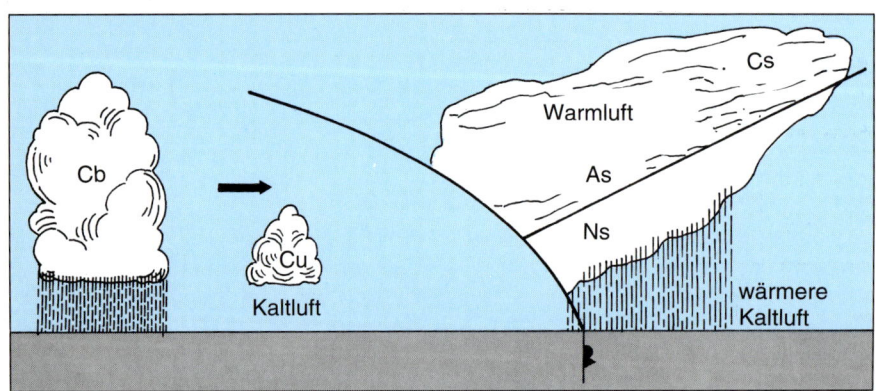

Abb. 9 *Kaltfront-Okklusion*

Nebel auf See

16. Nebel bildet sich ganz ähnlich wie Wolken:

● **Abkühlungsnebel:** Durch Abkühlung wird Sättigung und dann Kondensation erreicht, wenn feuchte Warmluft über eine kalte Wasseroberfläche geführt wird. Dieses Heranführen von Luftmassen nennt man Advektion, hier **Warmluft-Advektion.**

● **Verdunstungsnebel:** Durch Feuchtezufuhr von einer warmen Wasseroberfläche her kommt es in einer heranziehenden Kaltluft, einer **Kaltluft-Advektion,** zur Kondensation und zu Nebel.

● **Mischungsnebel:** Auch wenn sich zwei Luftmassen von unterschiedlicher Temperatur und Feuchte vermischen, ist Nebelbildung entsprechend den obengenannten Prozessen möglich: Die eine Luft kühlt die andere ab oder reichert sie mit Wasserdampf an.

Zusammenhang zwischen horizontaler Sichtweite und Intensität des Trübungsphänomens

VV	Sichtweiten von — bis kleiner als	Regen	Schnee	Sprühregen	Nebel/ Dunst	Schneetreiben, Staub- oder Sandsturm
90	0 m — 50 m	sehr stark	sehr stark	stark	sehr dichter Nebel	sehr stark
91	50 m — 200 m	sehr stark	sehr stark	stark	sehr dichter Nebel	stark
92	200 m — 500 m	sehr stark	stark	stark	mäßig dichter Nebel	mäßig
93	500 m — 1 km	sehr stark	stark	stark	leichter Nebel	leicht
94	½ sm (1 km) — 1 sm (2 km)	stark	mäßig		starker Dunst stark diesig schlechte Sicht	
95	1 sm (2 km) — 2 sm (4 km)	stark	mäßig	mäßig	starker Dunst stark diesig schlechte Sicht	
96	2 sm (4 km) — 5–6 sm (10 km)	mäßig	leicht	leicht	schwacher Dunst diesig	(leicht)
97	5–6 sm (10 km) — 11 sm (20 km)	leicht	sehr leicht	sehr leicht	mittlere Sicht	
98	11 sm (20 km) — 27 sm (50 km)	sehr leicht	sehr leicht	sehr leicht	gute Sicht	
99	ab 30 sm (50 km)	sehr leicht	sehr leicht	sehr leicht	außergew. gute Sicht	

● **Strahlungsnebel** wird häufig an Land beobachtet. In klaren Nächten und Morgenstunden strahlt die Erde Wärme ins All ab. Das bedingt Abkühlung und Nebelbildung in der bodennahen Luftschicht. Gleiche Verhältnisse liegen auf See über Eisflächen vor. Als **verdrifteter Nebel** erscheint dieser dann über den küstennahen Gewässern.

Auch **Hochnebel** – Stratus – kann infolge von Ausstrahlung an einer höheren Luftschicht entstehen. Bei längerer Abkühlung wächst der Nebel von oben nach unten.

● **Orographischer Nebel:** Wird Luft mit hoher Feuchte an Gebirgen oder Inseln zum Aufsteigen gezwungen, dehnt sie sich infolge des geringen Druckes in der Höhe aus und kühlt sich ab. Wird Sättigung erreicht, kann Nebel entstehen.

Typ		Beispiele
(Advektions-) Abkühlungsnebel	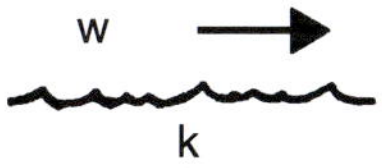 w → (darunter Wasseroberfläche, k)	Seenebel Frühjahrsnebel Kaltwassernebel
(Advektions-) Verdunstungsnebel	 k (über Wasseroberfläche), w ↑ H_2O	Warmwassernebel Herbstnebel Seerauch
Mischungsnebel	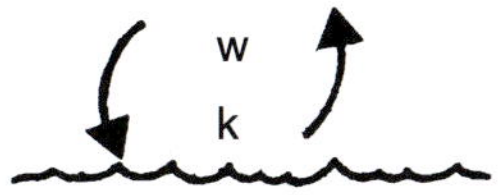 w ↑, k ↓ (über Wasseroberfläche)	Küstennebel Frontennebel
Strahlungsnebel	 ↑↖↗ (über Eis, Land)	Hochnebel
orographischer Nebel	 (Berg mit Pfeilen)	Inselnebel

w = warm   k = kalt

Abb. 10 *Schema zur Nebelbildung*

Lernkontrolle

1. Definieren Sie die absolute, die Sättigungs- und die relative Feuchte sowie die Taupunkttemperatur! (Absatz 1 und 2)

2. Auf welche Weise kann Luft zur Sättigung gebracht werden? Welche Beispiele untermauern dies? (Absatz 2 und 3)

3. Folgende Prozesse haben Regen zur Folge: Sättigung, Kondensation, Tröpfchenbildung, Auftriebsüberwindung. Welcher Prozeß fehlt bei Wolken- und Nebelbildung? (Absatz 4)

4. Welche Vorgänge bringen Luft in größere Höhen, und welche Wolken können dabei entstehen? (Absatz 5)

5. Wie sind die vier Wolkenfamilien international festgelegt worden? (Absatz 6)

6. Wie lauten die zehn amtlichen Wolkengattungen? Welche deutschen Bezeichnungen und welche lateinischen Abkürzungen haben sie? (Absatz 7)

7. Welches ist die rangmäßig wichtigste C_L-, C_M- und C_H-Wolke? (Absatz 8)

8. Es gibt zwei Arten von Gewittern. Wie unterscheiden sie sich, und wie entstehen sie? (Absatz 11)

9. Was sind Böenkragen und Böenlinien? (Absatz 12)

10. Zeichnen Sie einen senkrechten Schnitt durch eine Warmfront! (Absatz 13)

11. Zeichnen Sie die zwei Kaltfront-Typen A und B! (Absatz 14)

12. Zeichnen Sie schematisch eine Warm- und eine Kaltfront-Okklusion! (Absatz 15)

13. Welche Prozesse führen zur Nebelbildung? (Absatz 16, Abb. 10)

23. Druckgebilde

Hochdruckgebiete

1. Hochdruckgebiete erkennt man z. B. an einem **hohen Barometerstand.** Das bedeutet, daß die Luft in diesem Bereich schwerer ist, also mehr Gewicht hat als die in der Umgebung. Hoher Luftdruck kann auf zweierlei Weise entstehen:

● Der hohe Luftdruck rührt von **Luft größerer Dichte** her. In der Regel ist diese Luft kälter als die der Umgebung. So entstehen thermisch bedingte Hochs. Als Beispiel seien die polaren Hochdruckgebiete genannt. Typisch ist das umfangreiche Kältehoch über Sibirien im Winter. Es ist sehr kalt und nur bis zu einer Höhe von 2 km nachweisbar. Ebenfalls kalte, allerdings vergleichsweise kleine Hochs stellen die Zwischenhochs und Keile dar. Sie wandern schnell mit der allgemeinen Strömung und sind flach (Abb. 1–3).

● Hoher Luftdruck kann auch dadurch entstehen, daß in einem Bereich „mehr Luft" vorhanden ist als in der Umgebung. Der subtropische Hochdruckgürtel z. B. wird durch einen **Luftstau in der Höhe** bewirkt. Diese Hochdruckgebiete sind dynamisch bedingt. Beispiel: das **Azoren-**

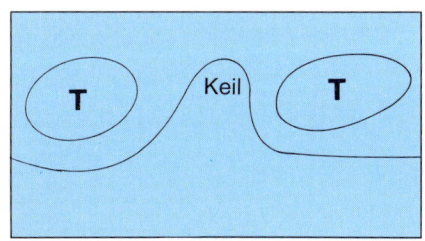

Abb. 1 *Hochdruckkeil*

hoch. Es ist umfangreich, warm und bis in große Höhen nachweisbar. Genauso verhält es sich mit den mittelgroßen Hochdruckgebieten unserer Breiten. Sie sind warm und hochreichend.

2. Aufgrund des hohen Luftdrucks strömt die Luft aus dem Hoch heraus. Das bedeutet: In dem Hoch muß **absteigende Luft** die abfließende ersetzen. Absteigende Luft kommt unter höheren Druck, erwärmt sich dadurch, und die **Wolken lösen sich auf.**

Im Sommer haben wir bei Hochdrucklage dann das sonnige Wetter mit blauem Himmel. Am Tage bilden sich vereinzelt kleine Cumuli, bei großer Feuchte ist es oftmals auch dunstig.

Im Winter bringen nur die aus trockener Kaltluft aufgebauten Hochs den klirrenden Frost bei strahlend blauem Himmel. (Die Luftfeuchte in geheizten Räumen kann dann unter 20 % fallen.) Häufig jedoch herrscht in den winterlichen Hochs vom Meer kommende feuchte Kaltluft vor. Wegen der geringen Sonneneinstrahlung verliert diese Luft sehr viel Wärme an den Weltraum. Dadurch bildet sich eine bodennahe, zu Nebel neigende feuchte, diesige Schicht aus. Oberhalb dieser Schicht herrscht weiterhin wolkenloses, klares Hochdruckwetter. Der Übergang von der einen zur anderen Schicht wird **Inversion** genannt.

An dieser Inversion findet man häufig eine Stratusschicht, die als Hochnebel bezeichnet werden kann. Aus diesem Hochnebel fällt manchmal

ganz leichter Sprühregen oder auch etwas Schnee.

In den Übergangsjahreszeiten wird der sich nachts einstellende winterliche Charakter durch die Sonneneinstrahlung am Tage meist wieder aufgehoben, und es stellt sich erneut das sommerliche Hochdruckwetter ein.

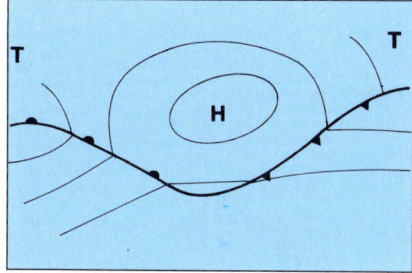

Abb. 2 *Zwischenhoch*

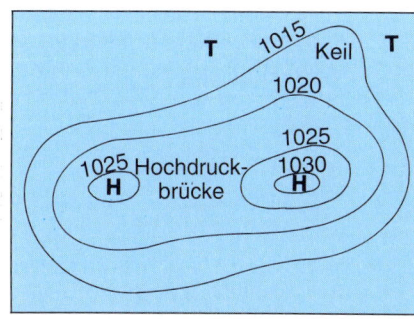

Abb. 3 *Hochdruckbrücke mit Keil*

3. In den Abb. 2 und 3 sind einige Hochdruckgebiete dargestellt und entsprechend bezeichnet. Auch bei Hochdrucklagen sollte man darauf achten, welche Luftmassen sie transportieren. An der **Konvergenzlinie** in Abb. 4 kommt es zu lange

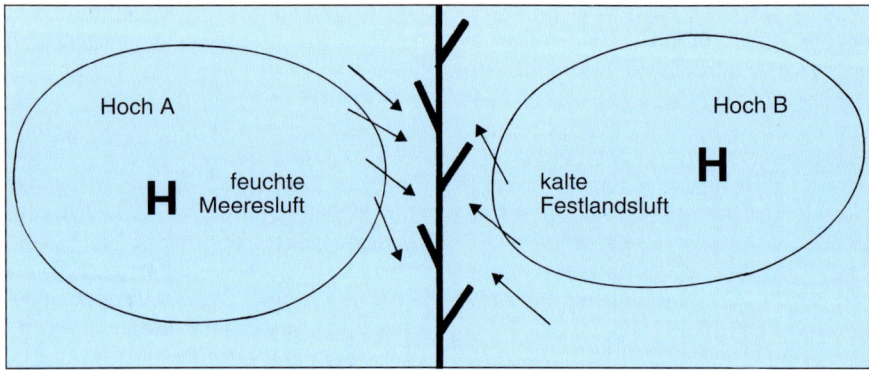

Abb. 4 *Konvergenzlinie zwischen zwei Hochdruckgebieten: Dauerregen*

andauernden Niederschlägen, da dort feuchte Meeresluft von Hoch A mit kalter Festlandsluft von Hoch B zusammenstößt.

Entstehung einer Zyklone

4. In den gemäßigten Breiten stößt Luft aus dem subtropischen Hochdruckgürtel und Luft aus dem polaren Hochdruckgebiet aufeinander. Die Grenzschicht zwischen diesen

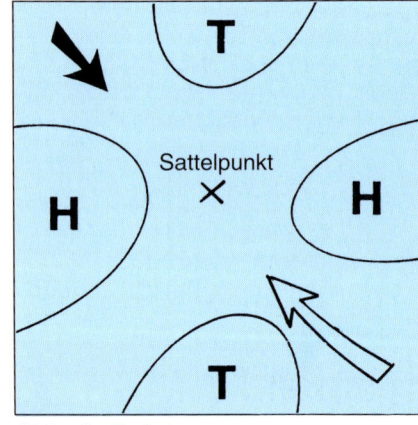

Abb. 6 *Sattel*

beiden Luftmassen bildet eine Front: die **Polarfront.** Man kann sich vorstellen, daß für einen kurzen Augenblick die Polarluft mit der gleichen Kraft nach Süden wie die Tropikluft nach Norden drängt. Die Front bewegt sich nicht. Sie ist stationär (Abb. 5).

Natürlich wird eine solche stationäre Front nicht lange bestehen bleiben. Strömungshindernisse, wie Gebirge (z. B. Grönland), warme und kalte Meeresströme oder auch bestimmte Anordnungen von Druckgebilden, z. B. in der Nähe von **Sattelpunkten** (Abb. 6), werden die stationäre Front einbeulen oder wellen. Es wird sich Warmluft nach Norden auf die Kaltluft schieben und Kaltluft nach Süden unter die Warmluft vordringen. Es entsteht eine **Wellenstörung** (Abb. 7).

Die sich nach Norden beziehungsweise Süden bewegenden Luftmassen werden durch Frontsymbole abgegrenzt, deren Spitzen beziehungsweise Halbkreise in Bewegungsrichtung der Luftmassen weisen (siehe Abb. 7 rechts).

Vertieft sich der Druck am Wellenscheitel, dann entsteht eine **junge Zyklone** (Abb. 8). Ihr Druckfeld

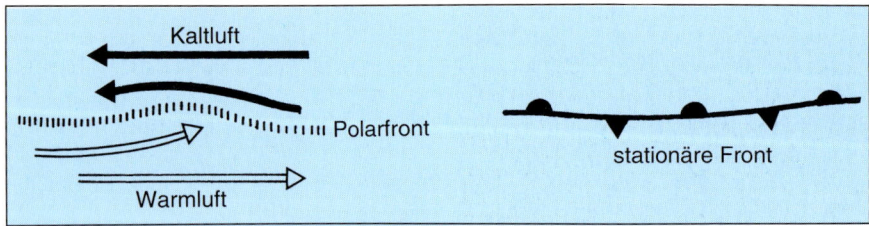

Abb. 5 *Polarfront und stationäre Front*

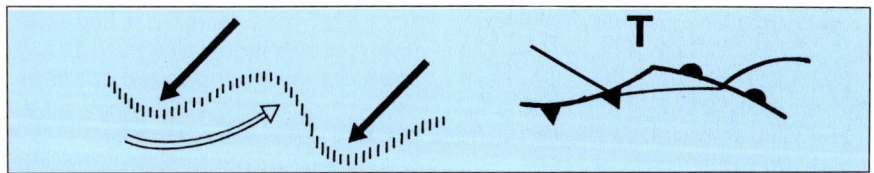

Abb. 7 *Beginnende Wellenbildung (links) und Wellenstörung (rechts)*

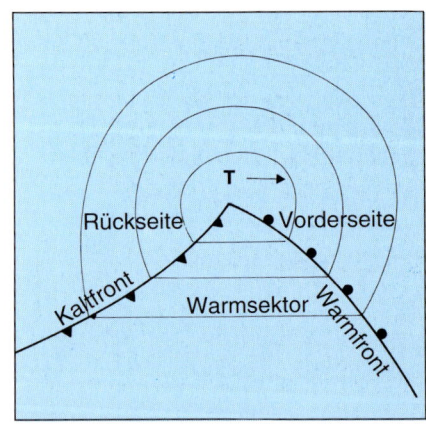

Abb. 8 *Junge Zyklone*

besitzt im Gegensatz zur Wellenstörung geschlossene Isobaren. Charakteristisch ist der keilförmige Warmsektor, weshalb diese Zyklone auch **Warmsektorzyklone** genannt wird.

Die Kaltfront zieht schneller als die Warmfront. Der Warmsektor verengt sich, seine Luft wird nach oben abgedrängt. Schließlich hat die Kaltfront die Warmfront eingeholt. Man spricht von einem **Okklusionsprozeß** und bezeichnet die neu entstandene Grenzschicht als **Okklusionsfront oder Okklusion.** In Abb. 9 ist dieses okkludierte Tief dargestellt. Im fort-

schreitenden Okklusionsprozeß wickelt sich die Okklusion oft spiralförmig um den Tiefdruckkern. Solche Wolkenspiralen lassen sich gut auf Satellitenbildern erkennen (Abb. 10). Die weitere Entwicklung der Zyklone kann zu ihrem Absterben und zur Auflösung der Okklusion führen. Es besteht aber auch die Möglichkeit, daß die gealterte Zyklone sich zu einem riesigen Tief ausweitet, das die Zirkulation in einem großen Gebiet bestimmt: Es ist eine **Zentralzyklone** entstanden.

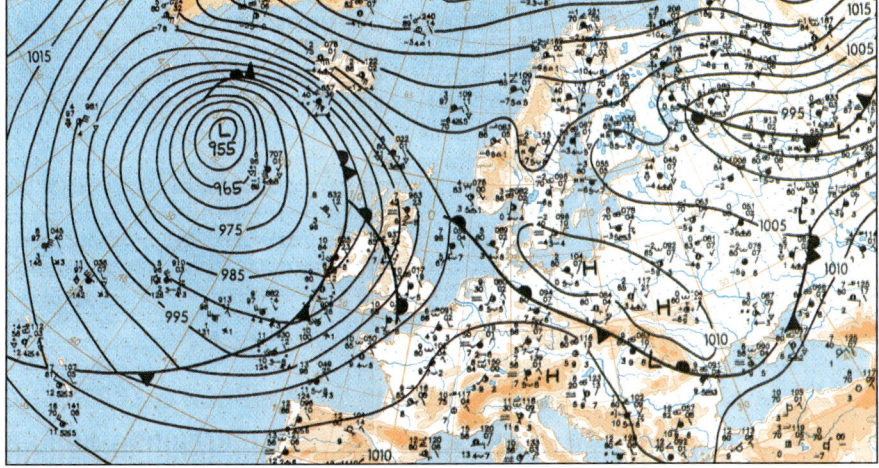

Abb. 9 *Okkludiertes Tief (Bodenwetterkarte vom 24.04.1992, DWD)*

Abb. 10 *Satellitenbild der Wolkenspirale einer okkludierten Zyklone (vom 24.04.1992, Meteosat)*

Winde an Hoch- und Tiefdruckgebieten

5. In Hochdruckgebieten steigt die Luft ab, das bedeutet, daß sie aus dem Hoch herausfließt. Unter dem Einfluß der Corioliskraft wird sie auf der Nordhalbkugel nach rechts abgelenkt. In erster Näherung durchlaufen die Luftteilchen eine Drehung im Uhrzeigersinn. Die Reibung an der Erdoberfläche verhindert jedoch, daß sich eine Kreisbahn bildet. Die Luft strömt unter 22° aus dem Hoch heraus, behält aber die Drehrichtung bei (Abb. 11).

Die Drehung verläuft entgegen dem Drehsinn der Erde. Daher heißen Hochdruckgebiete auch **Antizyklonen.** Der Massenfluß aus dem Hoch heraus findet sich wieder in der Redewendung: **Ein Hoch baut sich ab.**

Die Luft strömt zum tiefen Druck hin, wird aber durch die Corioliskraft auf eine Kreisbahn entgegen dem Uhrzeigersinn (Nordhalbkugel) um das Tief herumgezwungen. Aufgrund der Bodenreibung strömt die Luft unter einem Winkel von zwei Strich in das Tief hinein. Daher heißt es: **Ein Tief füllt sich auf** (Abb. 11).

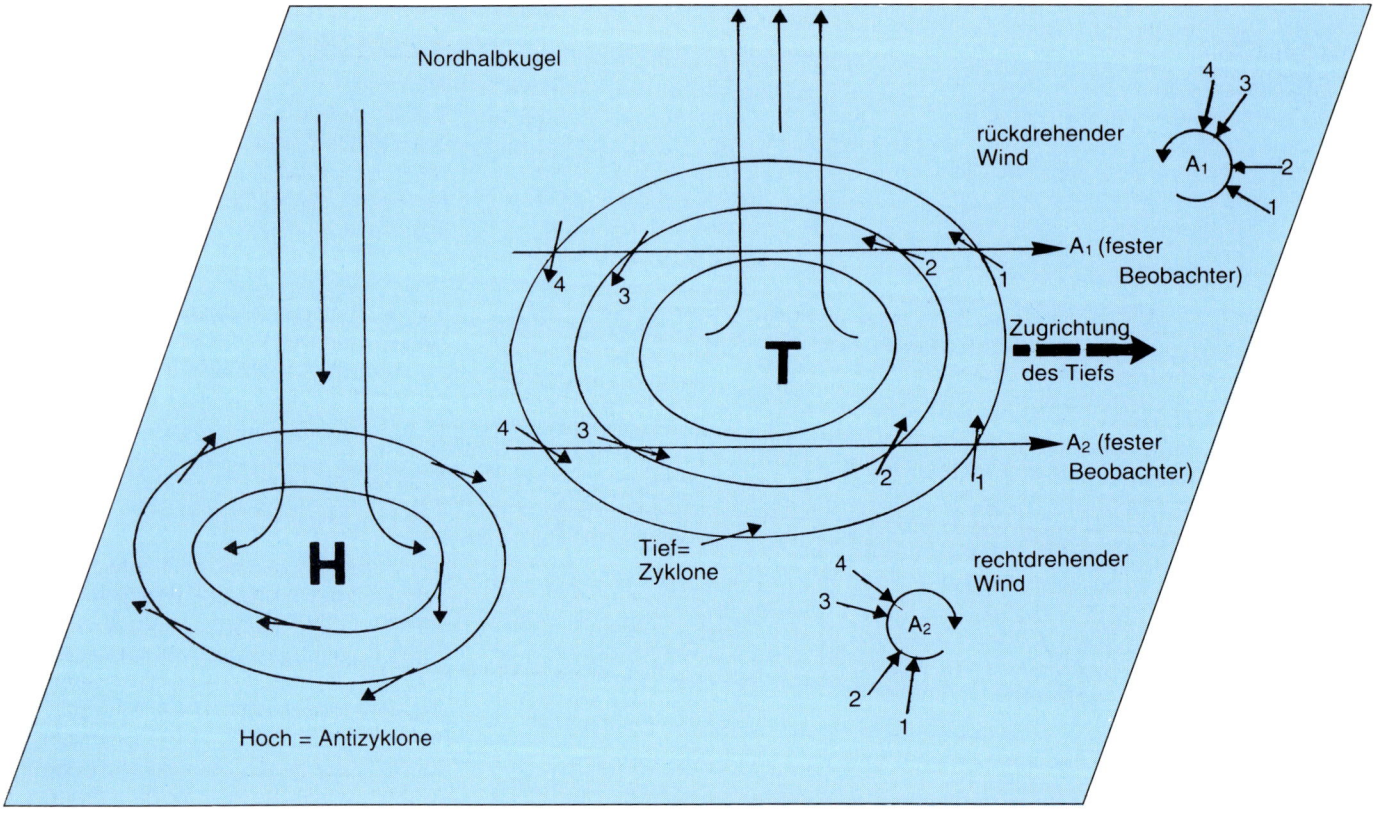

Abb. 11 *Winde am Hoch und am Tief*

Da die Drehrichtung des Tiefs der der Erddrehung entspricht, wird es auch **Zyklone** genannt.

Um auf einen weitverbreiteten Irrtum aufmerksam zu machen: Der Wind weht niemals direkt vom Hoch zum Tief. Dies bestätigt auch eine alte Regel von Buys-Ballot:

6. Stellt man sich mit dem Rücken zum Wind, dann befindet sich der tiefe Druck auf der linken Seite, zwei Strich vorlicher als quer. Der hohe Druck liegt auf der rechten Seite, zwei Strich achterlicher als quer. Dies gilt für die Nordhalbkugel.

7. Im Abschnitt „Entstehung des Windes" ist vom geostrophischen Wind die Rede (Absatz 16, Seite 153). Die Windstärke-Angaben im darauf folgenden Absatz 18 beziehen sich auf **parallele Isobaren.** An Hoch- und Tiefdruckgebieten befinden sich jedoch **gekrümmte Isobaren.** Ein Luftteilchen, das solch eine Krümmung durchläuft, unterliegt der Fliehkraft, die die Windstärke ändert: An Tiefdruckgebieten ist bei gleichem Isobarenabstand die Windgeschwindigkeit geringer als bei parallelen Isobaren. An Hochdruckgebieten ist bei gleichem Isobarenabstand die Windgeschwindigkeit größer als bei parallelen Isobaren.

Da die Wetterkarte eine Momentaufnahme ist, wird leicht außer acht gelassen, daß die Druckgebilde nicht feststehen, sondern sich bewegen. Ihre **Zuggeschwindigkeit überlagert die Windgeschwindigkeit.** Wind- und Zuggeschwindigkeit addieren sich, wenn beide in die gleiche Richtung weisen. Sie subtrahieren sich bei entgegengesetzten Richtungen.

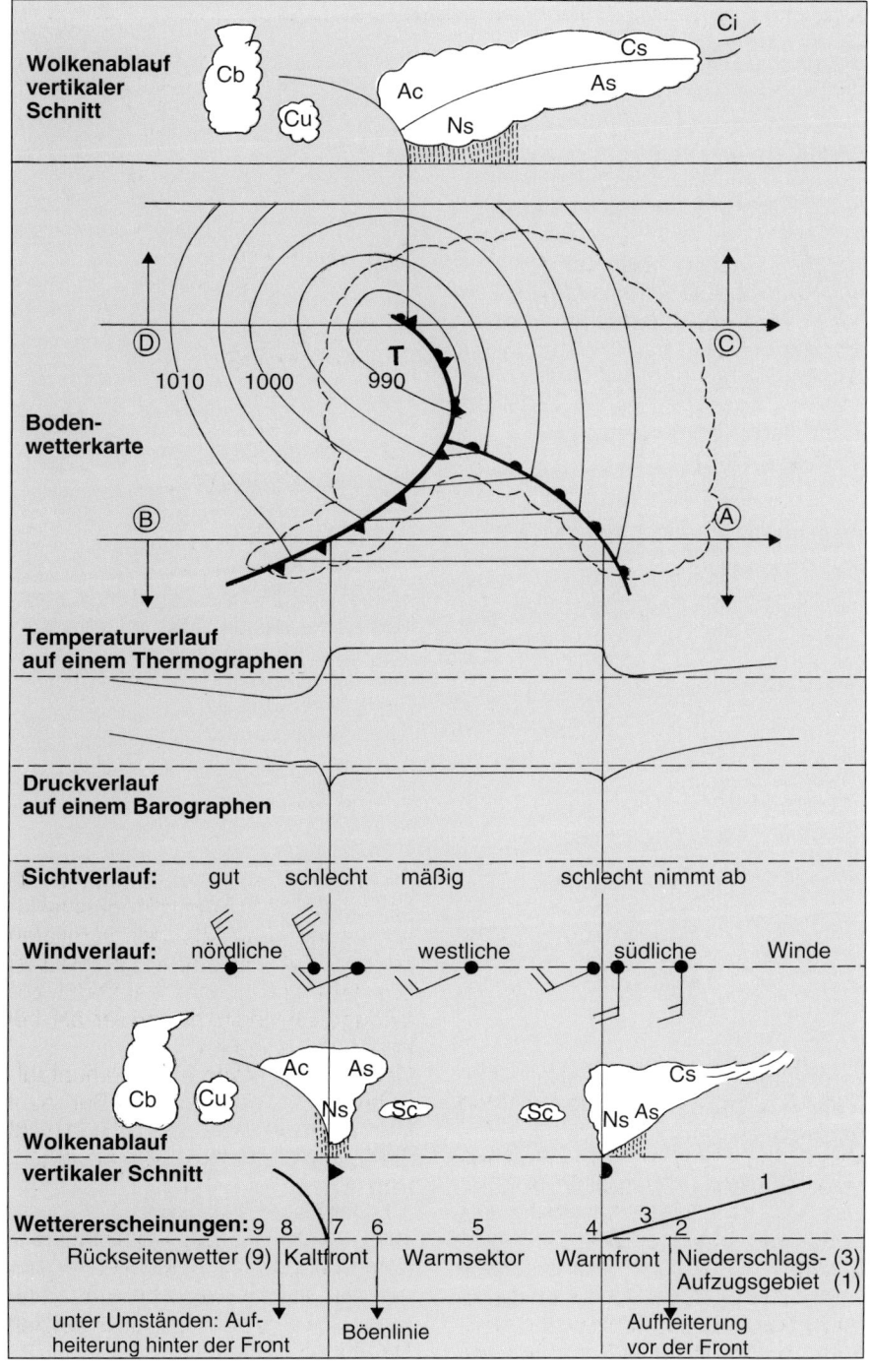

Wetterablauf in einer Idealzyklone

8. Für einen Beobachter, der sich südlich der Zugbahn einer idealtypischen Westwetterzyklone befindet, erscheint diese nach folgendem Ablauf (Abb. 12):

● **Aufzug (1 in Abb. 12)**
beginnt vielfach bereits um 1000 km vor der Warmfront mit schichtartigen (Stratus) Wolken: Federwolken (Cirrus) und Schleierwolken (Cirrostratus), Halo, Übergang zu mittelhohen Schichtwolken (dünner, dann dichter Altostratus), Hof.

● **Niederschlagsgebiet (3)**
Die Untergrenze der Schichtwolken sinkt weiter ab, und aus den Schichtwolken fällt Regen, im Winter Schnee. Diese Regenwolken unterscheiden sich nicht von dem Altostratus, werden aber mit Nimbostratus (oder einfach Nimbus) bezeichnet, um den ausfallenden Regen zu erfassen (Landregen). Unter diesen Schichtwolken können sich zusätzlich tiefhängende, zerrissene Schlechtwetterwolken bilden. Sicht geht zurück, Nebel jedoch selten.

● **Aufheiterung vor der Front (2)**
(präfrontale, prä = vor)
Gelegentliche, vor sich nähernden Fronten stattfindende Abnahme der niedrigen Wolkendecke. Mögliche Ursache: Sogeffekt der Fronten.

Abb. 12 *Zusammenfassung aller Wettererscheinungen an einer okkludierten Zyklone*

● **Warmfront (4)**

Beginn des Warmluftsektors am Boden. Ende des stetigen Druckfalls. Wind springt recht. Plötzlicher Temperaturanstieg.

● **Warmsektor (5)**

Durch Warm- und Kaltfront abgegrenzter Bereich warmer Luft, die sich stets schnell dem Untergrund anpaßt. Entsprechende Auswirkung auf die Wetterverhältnisse.

● **Böenlinie (6)**

In den wärmeren Jahreszeiten (labile Luft) kommt es oftmals bereits vor der Kaltfront zu Gewitterbildung (Frontgewitter). Die dabei freiwerdenden Eis- beziehungsweise Regenmassen führen zu einer starken Abkühlung der Luft am Rande des Gewitters, was kräftige Luftbewegungen bewirkt.

● **Kaltfront (7)**

Beginn der Kaltluftmasse. Windsprung (rechtdrehend). Temperatur sinkt. Luftdruck beginnt zu steigen. Starke Niederschläge.

● **Aufheiterung hinter der Front (postfrontale, post = nach) (8)**

Nach Durchzug der Kaltfront gelegentlich völlige Aufheiterung, die allerdings kaum länger als eine Stunde andauert. Ursache: Absteigende Zirkulationsbewegung hinter der Kaltfront führt zur Wolkenauflösung.

● **Rückseitenwetter (9)**

Auf der Rückseite des Tiefs folgen Schauer mit Aufheiterungen (Aprilwetter) aus aufgelockerter Quellbewölkung (Cu, Cb) – gelegentlich auch Graupeln, Hagel, vereinzelt Blitz und Donner.

Spezielle Tiefdruckgebiete

9. In den Wetterberichten taucht der Begriff Tief nicht allein auf; die Tiefs werden vielmehr genauer beschrieben: **Randtief, Teiltief, Tiefdrucksystem.**

Hat ein Tief das Stadium der Idealzyklone überschritten, kann es sich vergrößern und langsamer werden. An seiner Kaltfront kommt es zur Wellenbildung und schließlich zur Entwicklung eines neuen, kleinen Tiefs: dem **Randtief** (Abb. 13).

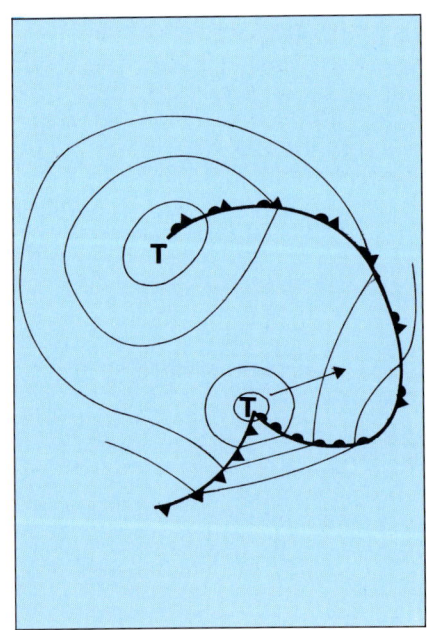

Abb. 13 *Randtief*

Die kräftige Vertikalbewegung der Luft bei beginnender Okklusion bewirkt zusätzlichen Druckabfall, weshalb am Okklusionspunkt ein **Teiltief** entstehen kann (Abb. 14). Oftmals nimmt ein Tief solche Aus-

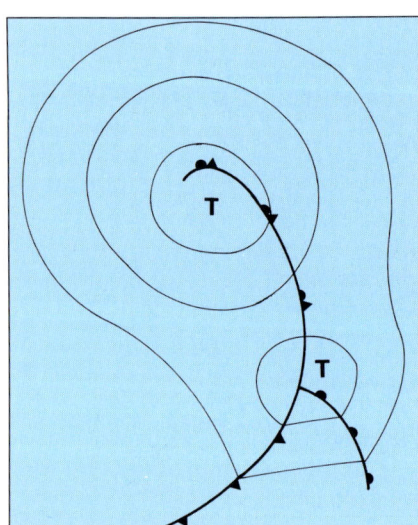

Abb. 14 *Teiltief*

maße an, daß das Zentrum in mehrere Kerne zerfällt. Man spricht dann von einem **komplexen Tiefdrucksystem** (Abb. 15).

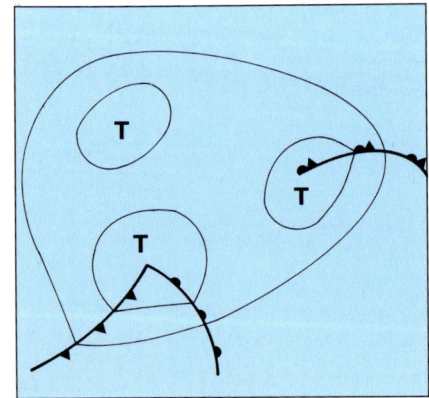

Abb. 15 *Tiefdrucksystem*

10. Der Begriff **Trog** oder **Tiefdrucktrog** taucht häufig in Seewetterberichten auf. Er meint nichts anderes, als daß die Isobaren eine Ausbeulung haben, wie in Abb. 16. Wird der Begriff in Verbindung mit einem Tief

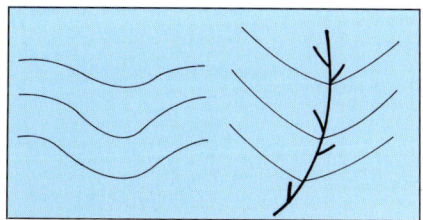

Abb. 16 *Trogförmige Isobaren (rechts mit Konvergenzlinie)*

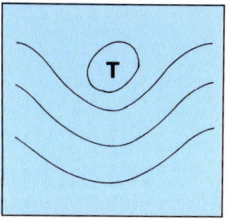

Abb. 17 *Trogtief*

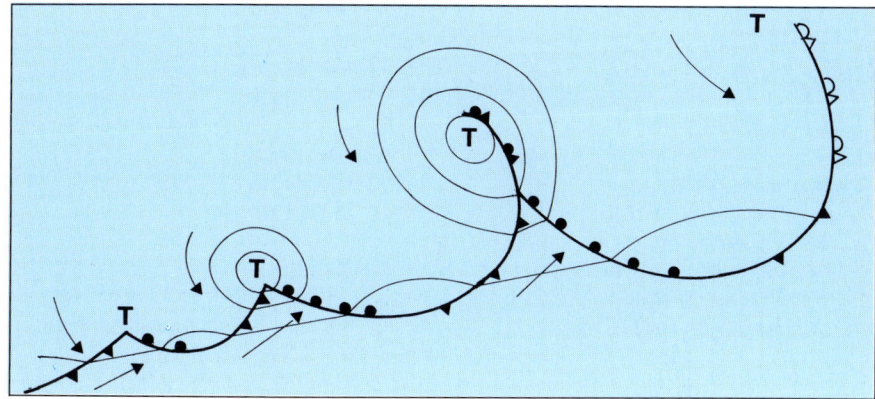

Abb. 19 *Zyklonenfamilien*

genannt, können in der Wetterkarte Darstellungen wie in Abb. 17 erscheinen. Würde das Druckfeld räumlich dargestellt, erschiene ein trogförmiges Gebilde ähnlich einer Kunststofform für Gartenteiche.
Tröge der besprochenen Art sind harmlos. Im Bereich der stärksten Krümmung – an der Trogachse – stauen sich die Luftmassen, und es kommt unter Umständen zu starken Regenfällen.

11. Es gibt aber auch Tröge, in denen die stärksten und gefährlich-sten Winde unserer Breiten auftre-ten: vom Trog-Sturm bis zum Trog-Orkan. In Abb. 18 ist ein Trog-Orkan mit 65 kn Geschwindigkeit nahe der Achse dargestellt. Nach Passieren der Kalt- oder Okklusionsfront steigt der Luftdruck nicht an wie in den übli-chen Tiefdruckgebieten. Er beginnt sogar zu fallen. Der Wind geht nicht auf nördliche Richtung, sondern ist rückdrehend. Besonders gefürchtet bei diesem Trog ist der Seegang.

12. Es gibt eine volkstümliche Wet-terregel: **Freitagswetter wie Sonn-tagswetter.** Diese stützt sich auf Zyklonenfamilien, wie sie Abb. 19 zeigt. Zieht das Tief am Freitag über Norddeutschland hinweg, folgt am Sonnabend das Zwischenhoch und am Sonntag das nächste Tief.

13. Abweichend von der Idealzyklo-ne können Tiefdruckgebiete mehr als eine Kalt-, Warm- oder Okklusi-onsfront haben. Dies ist auch nicht verwunderlich, da die Fronten als **Luftmassengrenzen** eingeführt worden sind und in ein Tief unter-schiedliche Luftmassen einströmen können (Abb. 20).

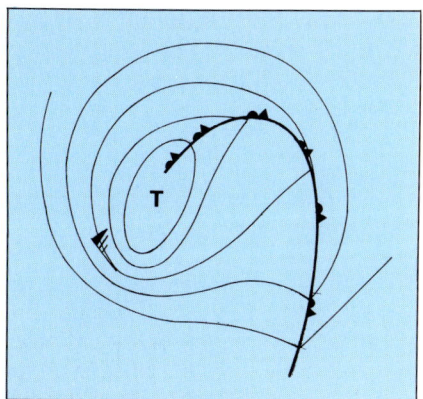

Abb. 18 *Trog-Orkan*

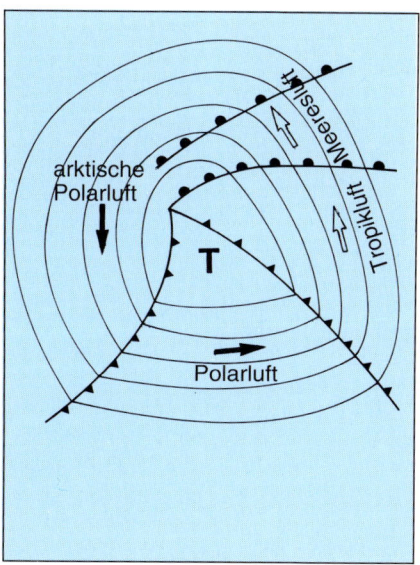

arktische Polarluft

Meeresluft

Tropikluft

T

Polarluft

Abb. 20 *Tief mit zwei Kalt- und zwei Warmfronten*

Lernkontrolle

1. Welche zwei Arten von Hochdruckgebieten gibt es? (Absatz 1)

2. Welches Wetter ist in Hochdruckgebieten im Sommer, im Winter und in der Übergangszeit zu erwarten? (Absatz 2)

3. Zeichnen Sie eine Hochdruckbrücke und ein Zwischenhoch! (Abb. 3 und 2)

4. Zeichnen und beschreiben Sie das Wetter in Norddeutschland zwischen zwei Hochdruckgebieten! (Absatz 3)

5. Zeichnen Sie die Druckverteilung an einem Sattelpunkt! (Abb. 6)

6. Wie verläuft der Lebenslauf einer Zyklone? (Absatz 4)

7. Zeichnen Sie den Lebenslauf einer Zyklone in 4 Stufen, wie er in einer Wetterkarte zu finden wäre! (Absatz 4)

8. Wie verlaufen die Luftströmungen in einem Hoch und in einem Tief? (Absatz 5)

9. Wie lautet die alte Regel von Buys-Ballot? (Absatz 6)

10. Was bedeutet rechtdrehend und was rückdrehend? (Abb. 11)

11. Welche Veränderung erfährt bei gleichem Isobarenabstand der Wind an einem Hoch- beziehungsweise Tiefdruckgebiet? (Absatz 7)

12. Beschreiben Sie den möglichen Wetterverlauf in 9 Stufen in einer vorüberziehenden Zyklone bei einem vertikalen Schnitt durch den Warmsektor! (Absatz 8)

13. Wie sieht der Wolkenablauf beim Vorüberziehen einer Zyklone aus bei einem vertikalen Schnitt durch den Warmsektor parallel zu den Isobaren? (Abb. 12)

14. Zeichnen Sie längs eines Schnittes durch den Warmsektor parallel zu den Isobaren den dort stattfindenden Temperatur-, Druck-, Sicht- und Windverlauf ein! (Abb. 12)

15. Zeichnen Sie ein Randtief, Teiltief und Tiefdrucksystem! (Absatz 9)

16. Welche Troggebilde gibt es? Wie sieht ein Trog-Orkan aus? (Absatz 10 und 11)

17. Was ist eine Zyklonenfamilie? (Absatz 12)

18. Wie können reale Zyklonen von idealen hinsichtlich der Fronten abweichen? (Absatz 13)

24. Regionale Wettererscheinungen

Land-Seewind-Zirkulation

1. Strahlt an der Küste die Sonne, so ändert sich die Temperatur des Meeres am Tage nur geringfügig. Das Land wird jedoch sehr stark erwärmt, und die darüber befindliche Luftmasse steigt auf. In Bodennähe fällt dadurch der Druck. Auf See herrscht nun höherer Druck als an Land, und es entsteht Wind, der von See zum Land weht: der **Seewind** (Abb. 1). Voraussetzung für diese Zirkulation ist ein kleines Hitzetief (thermisches Tief), das innerhalb der Fünfer-Isobaren in der Wetterkarte allerdings nicht als geschlossenes Tief erscheinen muß.

Beim **Landwind** dreht sich die Zirkulation um. Nachts kühlt sich das Land stark ab, auf See ist es warm, und die Luft strömt von Land über das Wasser (Abb. 2).

Wenn die Temperaturunterschiede zwischen Land und See am stärksten sind, dann weht auch der kräftigste See-Land- beziehungsweise Land-See-Wind. Dies ist am Tage der Fall bei ungestörter Sonneneinstrahlung im Sommer, zwei Stunden nach Sonnenhöchststand. Der Seewind kann dann 2 bis 4 Bft erreichen und sich bis auf 50 sm von der Küste ausdehnen. Der Landwind ist mit 1 bis 2 kn (1 Bft) deutlich schwächer und setzt um die zwei Stunden nach Mitternacht ein. Im Mittelmeer können die maximalen Windstärken überschritten werden, da dort die Temperaturgegensätze größer sind. An Nord- und Ostsee ist die Land-Seewind-Zirkulation häufig von der großräumigen Zirkulation überlagert, das heißt, der daraus resultierende Wind wird verstärkt, geschwächt oder in der Richtung abgelenkt.

Winde an gebirgigen Küsten

2. Der Wind auf offener See und der an einer angrenzenden gebirgigen Küste können sehr verschieden sein. Entsprechend dem gebirgigen Verlauf und der Anströmungsrichtung baut sich ein spezifisches Windfeld vor der Küste auf. Die daraus resultierenden Windgeschwindigkeiten und -richtungen sind sehr schwer zu bestimmen. Durch die Einrichtung kleinerer Vorhersagegebiete soll das Problem gelöst werden. Beispiele dafür sind unter anderem die Vorhersagegebiete N 2 und N 3 vor der norwegischen Küste (Utsira) oder die Unterteilung B 13 und B 14 von Kattegat und Skagerrak (siehe dazu Abb. 3 in Kapitel 28).

Aber auch diese Einteilung kann nur als ein sehr grobes Raster angesehen werden. In den einzelnen Gebieten weht kein einheitlicher Wind. Hier kann nur die eigene Beobachtung helfen.

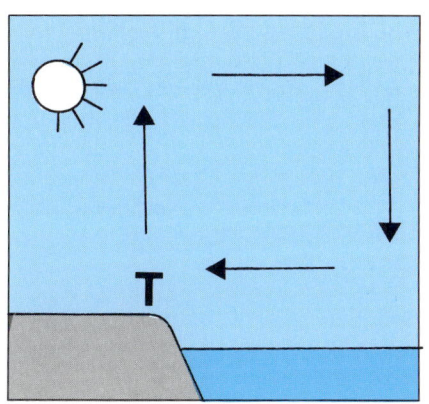

Abb. 1 *Seewind*

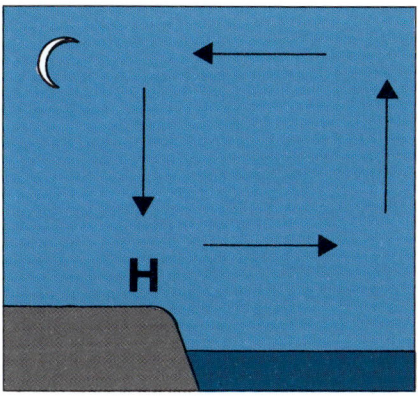

Abb. 2 *Landwind*

Ausgehend von den geographischen Verursachern für die Windänderungen unterscheiden wir:
– Steilküsteneffekt
– Kapeffekt
– Düseneffekt
– Inseleffekt

3. Steilküsteneffekt – Steht einer Luftströmung eine Steilküste entgegen, so wird die Luft horizontal am Gebirgsrand entlanggeführt und vertikal zum Aufsteigen gezwungen. Dabei können folgende Windverhältnisse entstehen: eine Zone mit auflandigem Wind, eine mit küstenpar-

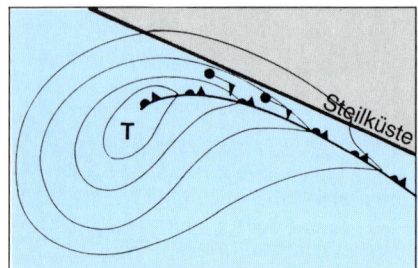

Abb. 3 *Steilküsteneffekt, verstärkt durch Tief*

allelem, verstärktem Wind und direkt unter der Küste schwacher, ablandiger Wind (Abb. 3).

Kapeffekt – Endet eine Steilküste in einem Kap, so wird sich die an ihr aufgebaute Zone verstärkten Win-

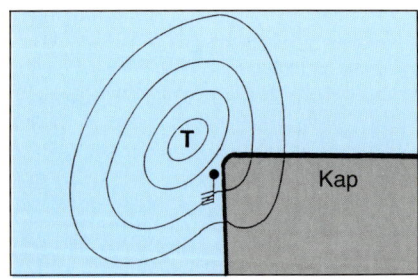

Abb. 4 *Kapeffekt, verstärkt durch Tief*

des nicht aufheben. Sie wird sich über das Kap hinaus in ein beschränktes Gebiet fortsetzen (Abb. 4).

Düseneffekt – Düsenartige Effekte treten immer dann auf, wenn ein Gebiet mit hohem Druck von einem Gebiet mit niedrigem Druck durch ein Gebirge getrennt ist und der Druck über einen Einschnitt ausgeglichen wird. Einschnitte können sein Meerengen (z. B. Straße von Gibraltar),

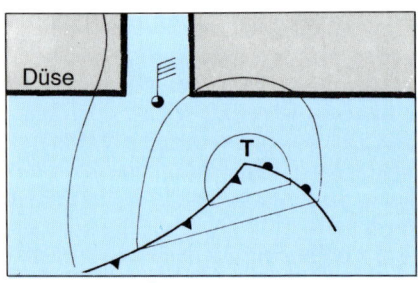

Abb. 5 *Düseneffekt, verstärkt durch Tief*

Flußtäler wie das Rhonetal oder auch Fjorde (Abb. 5).

Inseleffekt – Eine Insel im Wind ähnelt strömungstechnisch einem fahrenden Auto. An den Rändern verstärkt sich der Wind, auf der windabgewandten Seite kommt es zu Leewirbeln (Abb. 6). Die Ausfahrt aus einer Bucht kann sich ähnlich

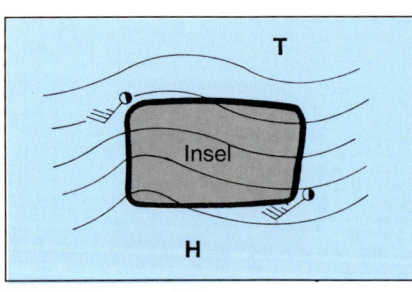

Abb. 6 *Inseleffekt*

gestalten, so, als ob man eine Hand aus dem Fenster in den Fahrtwind hält. Das Schiff kommt plötzlich in starke Winde.

Treten die genannten Effekte auf, sollte man mit 1 bis 2 Windstärken mehr rechnen. Sturmstärke können die Winde erreichen, wenn die genannten Effekte durch ein vorbeiziehendes Tief verstärkt werden. Besonders heimtückisch kann die Situation dadurch werden, daß das Tief nur kurzzeitig in einer Position ist, die hohe Windstärken verursacht.

Mistral

4. Der Mistral ist ein nördlicher Wind, der großräumig gesehen zwischen Alpen und Pyrenäen von Frankreich her aufs Mittelmeer hinausweht. Besonders verstärkt wird er durch die Düsenwirkung des Rhonetals. Es gibt mehrere Mistral-Wetterlagen:
– den küstennahen Mistral. Er ist häufig nicht mehr als eine thermische Zirkulation, eine Art Landwind.
– den Mistral mit thermischem Tief oder Leetief im Ligurischen Meer oder Golfe du Lion. Diese Tiefs haben keine Fronten (Abb. 7).
– den Mistral verstärkt durch ein Tief mit Fronten, dessen Rückseite Luft aus Südfrankreich ansaugt (Abb. 8).
– den Mistral im Übergangsbereich zwischen einem ausgedehnten Tief über Nord- und Osteuropa und hohem Druck über West- und Südwesteuropa (Abb. 9).

Befinden sich zwischen den Pyrenäen und dem Golf von Genua etwa drei Isobaren (15 hPa), dann kann der Mistral Sturmstärke – 8 Bft und mehr – erreichen. Als obere

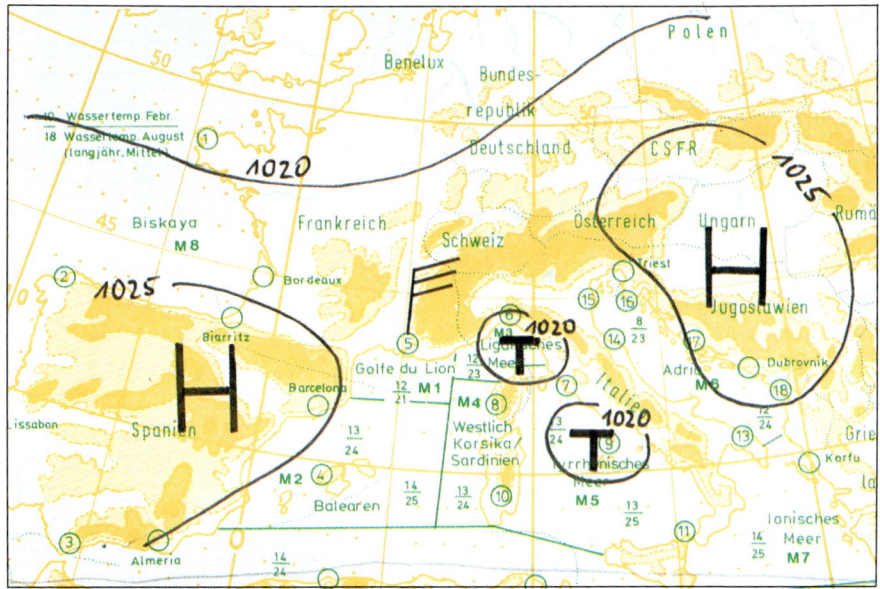

Abb. 7 *Mistral mit frontenlosen Tiefs*

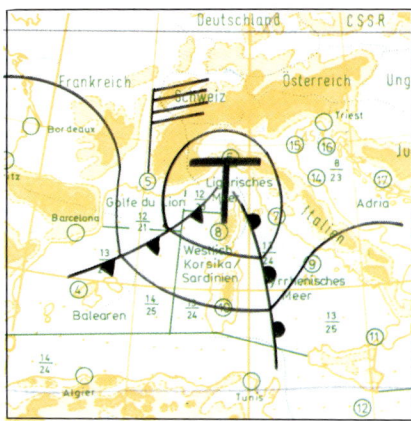

Abb. 8 *Mistral verstärkt durch Tief*

Grenze sind in Böen bis zu 70 kn beobachtet worden.

Von der französischen Mittelmeerküste aus weht der Mistral unterschiedlich weit auf das Mittelmeer hinaus. Entscheidend für seine Reichweite sind die Lage, die Größe und natürlich der Druck in den Druckgebilden. Unter entsprechenden Bedingungen findet man den Mistral nahe der französischen Küste, dann bis hin zu den Breiten von Korsika und Sardinien, oder er reicht bis zur afrikanischen Küste. Dies läßt sich sehr anschaulich in den Seegangsfeldern der amerikanischen Wetterstation von Rota, Spanien, beobachten (siehe Abb. 3 auf Seite 190).

Der Mistral ist zeitlich nicht fest an eine Jahreszeit gebunden. Natürlich tritt er in den Wintermonaten häufiger auf, weil dann die allgemeine Zirkulation sowieso südlicher liegt. Im Golf von Lion haben 8 % aller Windbeobachtungen im Jahresmittel Sturmstärke.

Abb. 9 *Mistral durch großräumige Druckverteilung*

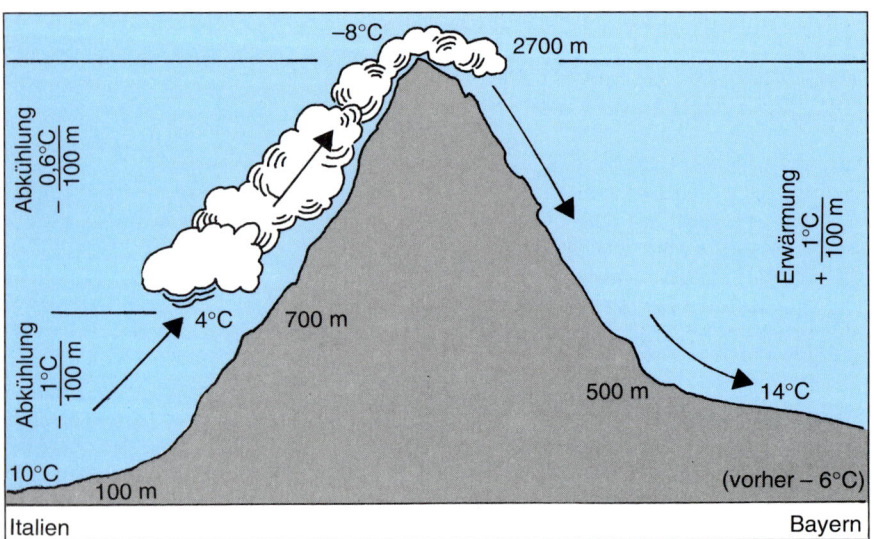

Abb. 10 *Entstehung des Föhns...*

... und boraartiger Fallwind

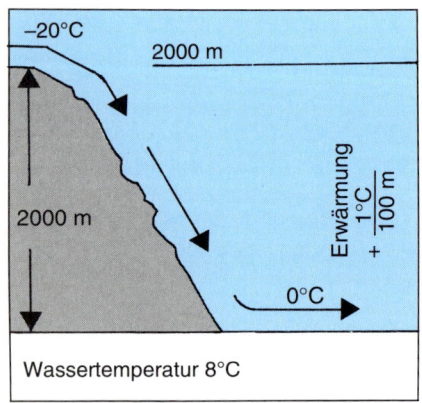

Fallwinde

5. Grenzt ein kaltes, hohes Plateau an ein warmes Seegebiet, wird die kältere Luft, wenn sie genügend mächtig geworden ist, die Hänge herunterschießen. Dies ist nicht unbedingt an eine Jahreszeit gebunden – im Mittelmeerraum beispiels-

weise kann das Land sowohl im Winter als auch im Sommer durch die Wärmeausstrahlung oftmals kälter sein als das Wasser. Sehr unangenehm sind die stark böige Struktur der kalten Fallwinde und das oftmals plötzliche Einsetzen der Böen.

Beim Absteigen der Luft erwärmt sie sich auf 100 m Höhenunterschied um 1°C. Diese Erwärmung reicht allerdings nicht aus, um die Luft auf See warm erscheinen zu lassen (Abb. 10). Solche Fallwinde werden auch **boraartige Winde** genannt. Ist die absteigende Luft wärmer als die verdrängte Luft, spricht man von **föhnartigen Winden.**

Beide Arten von Fallwinden trifft man an vielen gebirgigen Küsten an.

Bora

6. Die an der kroatischen und albanischen Küste auftretenden kalten Fallwinde werden Bora genannt. Gebildet im Hochland, setzt die kalte Luft sich aufgrund der thermischen

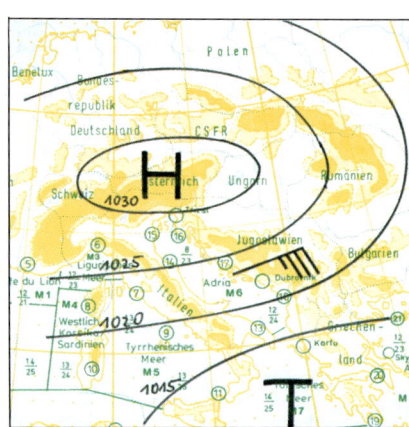

Abb. 11 *Antizyklonale Bora*

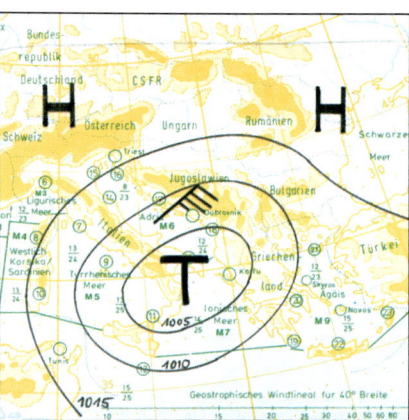

Abb. 12 *Zyklonale Bora*

Gegensätze zwischen Hochland und Adria in Bewegung. Verstärkt wird sie durch die Düsenwirkung der zahlreichen Gebirgseinschnitte, Flußtäler und Fjorde. Gleichwohl beeinflußt die Bora meistens nur küstennahe Gebiete.

Weit in die Adria hinein macht sie sich nur dann bemerkbar, wenn die großräumige Druckverteilung ein kräftiges Hoch über Mittel- und Nordeuropa und tiefen Druck über dem westlichen Mittelmeer vorgibt.

Entsteht die Bora an der südlichen

Flanke eines umfangreichen Hochs oder Hochkeils, spricht man von einer **antizyklonalen Bora** (Abb. 11). Liegt das Gebiet der Adria im Einflußbereich der nördlichen Seite eines Tiefs, wird der Wind als **zyklonale Bora** bezeichnet (Abb. 12).

Die mittleren Windmaxima der Bora erreichen 48 bis 55 kn (schwerer Sturm); es wurden allerdings auch schon Orkanstärken beobachtet. Die Windrichtung ist ENE, und die Boralage kann bis zu einem Tag anhalten.

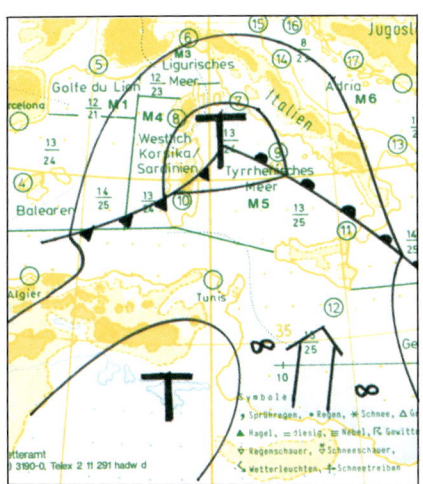

Abb. 13 *Schirokko*

Schirokko

7. Als Schirokko werden alle Winde bezeichnet, die von der Südküste des Mittelmeeres kommen. Voraussetzung für einen solchen südlichen Wind ist in der Regel ein Tief im Bereich der Südküste, das die trockene, heiße Luft auf das Meer hinausbefördert (Abb. 13). Die teilweise gebirgige Küste im Westen bewirkt eine zusätzliche, föhnartige Erwärmung und Austrocknung. Der Wind kann Staub und Sand aus der

Sahara mit sich führen, der alle nicht luftdicht abgeschlossenen Räume eines Schiffes durchdringt. Besonders gefährdet sind luftansaugende Maschinen.

Diese trockene Luft und Schichten von feuchter Meeresluft erzeugen allerlei Luftspiegelungen.

Wandert der Schirokko nach Norden, nimmt die heiße Luft viel Feuchte vom Meer auf. Das führt an den Nordküsten des Mittelmeers zu unerträglicher Schwüle.

Etesien

8. „Etesien" kommt aus dem Griechischen und bedeutet „jährlich wiederkehrend". Es handelt sich dabei um einen jedes Jahr im Sommer auftretenden Wind aus dem nördlichen Sektor in der Ägäis, den man in türkischen Gewässern **Meltemi** nennt.

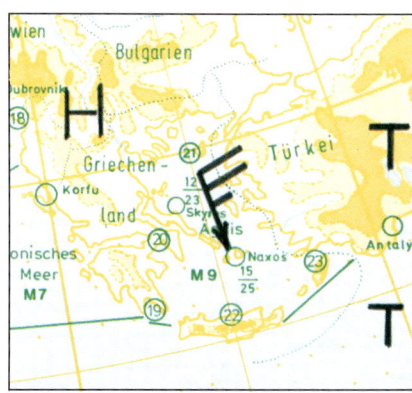

Abb. 14 *Etesien (Meltemi)*

Dieser Wind ist an eine großräumige Druckverteilung gebunden: hohen Druck über Südeuropa, der bis zur Ägäis reicht, und tiefen Druck über Kleinasien und dem östlichen Mittelmeer (Abb. 14). Maximale Windstärken treten im Juli und August auf mit Bft 5 bis 7.

Lernkontrolle
1. Beschreiben Sie ausführlich mit Skizze den Land- und Seewind! (Absatz 1)
2. Mit welchen Effekten muß man an gebirgigen Küsten rechnen? (Absatz 2)
3. Skizzieren Sie vier orographische Effekte! (Absatz 3)
4. Wie kann der Mistral in der Wetterkarte aussehen, und worauf ist zu achten? (Absatz 4)
5. Was sind boraartige und föhnartige Fallwinde? (Absatz 5)
6. Skizzieren Sie eine antizyklonale und eine zyklonale Bora! Welche Windstärken können auftreten? (Absatz 6)
7. Beschreiben Sie die Auswirkungen des Schirokkos, und skizzieren Sie eine solche Lage! (Absatz 7)
8. Was sind Etesien, und wodurch werden sie verursacht? (Absatz 8)

25. Wetterregeln

1. Der Begriff „Wetterregeln" verführt zu der Annahme, daß es Regeln wie im Straßenverkehr auch im Wettergeschehen gäbe, nach denen z. B. Zugrichtungen und Zugbahnen eingehalten werden müssen. Dem ist bekanntlich nicht so. Wetterregeln zeigen Entwicklungen auf, wie sie häufig auftreten, aber keinesfalls immer in gleicher Weise wiederkehren müssen. Man benutzt sie, um die Vorhersage einer Wetterlage zu entwickeln, wobei die Wetterlage selbst allerdings in allen Einzelheiten bekannt sein muß. Da der Sportschiffer gewöhnlich Wetterberichte empfängt, denen die Vorhersage gleich angefügt ist, bleiben ihm die Wetterregeln hauptsächlich zum Zwecke

- des Verständnisses des Wettergeschehens,
- der Kontrolle des Wetterablaufs zwischen zwei Sendeterminen,
- des Erkennens unerwarteter Entwicklungen und ihrer weiteren Beurteilung.

2. Im folgenden sind die wichtigsten Wetterregeln aufgeführt. Sie beschreiben das Verhalten von Hochs und Tiefs sowie die Bewegung der Fronten.
● Eine junge Zyklone mit offenem Warmsektor verlagert sich in Richtung der Isobaren dieses Sektors.
● Die mittlere Zuggeschwindigkeit von Zyklonen: junge Zyklonen 20–30 kn, okkludierte Zyklonen 10–15 kn. Im Sommer wird mehr die untere Grenze, im Winter mehr die obere erreicht.
● Eine sich auffüllende Zyklone schreitet langsamer fort als eine sich vertiefende.

● Ausgeprägte Tiefs mit vielen Isobaren schreiten meist nur langsam fort.
● Ein Randtief umkreist das Haupttief auf der Nordhalbkugel entgegen dem Uhrzeigersinn.
● Am Okklusionspunkt entstehende Teiltiefs schwenken nicht um das Haupttief, sondern bewegen sich nach der Warmsektorregel.
● Ein Tief, das sich mit seiner Vorderseite einem Hoch nähert, verstärkt dort seine Winde.
● Ein Tiefausläufer schreitet mit Vorliebe in 24 Stunden zu der Stätte des ihm vorangegangenen Hochkeils und umgekehrt (nach Guilbert-Grossmann).
● Kleinere Zyklonen umkreisen umfangreiche Antizyklonen auf der Nordhalbkugel im Uhrzeigersinn.
● Hat ein Tiefdrucksystem zwei nahezu gleich große Kerne (Tiefs), beginnen diese um ihren gemeinsamen Schwerpunkt zu kreisen.

● Kleine Hochs wandern schnell, umfangreiche nur langsam.
● Die Hochdruckkeile zwischen den Zyklonen der Westwindzone verlagern sich mit der Zuggeschwindigkeit der sie umgebenden Zyklonen.
● Wandernde Hochdruckgebiete haben in ihrer Zugbahn auf der Nordhalbkugel eine Tendenz nach rechts (zum Äquator hin). Im Gegensatz dazu tendieren Zyklonen nach links (polwärts).
● Fronten bewegen sich um so rascher, je mehr Isobaren sie schneiden.
● Fronten, bei denen die Isobaren in einem spitzen Winkel auf die Front treffen, bewegen sich nur langsam.
● Isobarenparallele Fronten sind im allgemeinen stationär.
● Kaltfronten ziehen – manchmal doppelt – schneller als Warmfronten.
● Fronten verlagern sich in Richtung des Windes hinter ihnen.

3. Die **Verlagerungsgeschwindigkeiten von Druckgebilden** werden in Seewetterberichten des DWD wie folgt angegeben:

Textangaben	Knoten
wenig verlagernd	weniger als 5
langsam	weniger als 15
(„normal" = ohne Angaben)	15–25
ziemlich schnell	25–35
schnell	35–45
sehr schnell	mehr als 45

Lernkontrolle

1. Welchen Sinn hat für einen Sportschiffer die Anwendung der Wetterregeln neben der normalen Versorgung mit Wetterberichten? (Absatz 1)

2. Versuchen Sie die Wetterlage aus einer Tageszeitung unter Anwendung der Wetterregeln weiterzuentwickeln, und kontrollieren Sie das Ergebnis an Hand der Wetterkarte des folgenden Tages! (Absatz 2)

26. Seegang

Grundbegriffe

1. Jeder, der zur See fährt, versucht, sich zu den Windangaben ein Bild von dem Seegang zu machen.
Hierbei ist eine einfache geometrische Beschreibung hilfreich (Abb. 1):

Mehr der Seegang, weniger der Wind macht besonders kleineren Yachten zu schaffen (Foto: YACHT-Archiv)

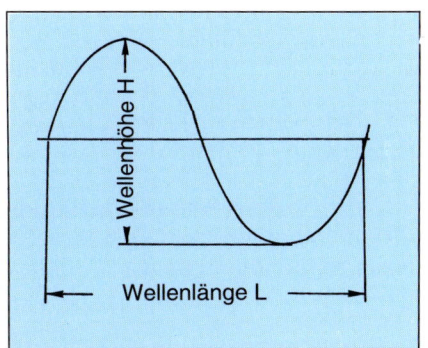

Abb. 1 *Welle*

– **Wellenhöhe H** ist der senkrechte Abstand von Wellenberg und Wellental.
– **Wellenlänge L** ist der Abstand zweier Wellenberge beziehungsweise entsprechende Längen.
– **Wellenperiode T** ist die Zeit, die beim Passieren zweier Wellenkämme vergeht.
Aus T, L und H lassen sich die **Geschwindigkeit** c, mit der sich die Welle durch das Wasser ausbreitet, und die **Wellensteilheit** δ errechnen als Verhältnis von Wellenhöhe zur Wellenlänge.

$$c = \frac{L}{T} \text{ in m/s}$$

$$\delta = \frac{H}{L}$$

Besonders die Steilheit δ der Wellen kann die See gefährlich machen.

2. Die tatsächlich vom Wind aufgeworfene See ist mit einem einfachen Modell nicht zu beschreiben. Ein Seegangsfeld besteht aus der Überlagerung vieler einzelner, verschiedener Wellen. Es ist ein Gemisch von Wellen, die sich gegenseitig vergrößern oder auch verkleinern.
Aus diesem Grunde wird dem Seegangsfeld eine kennzeichnende, **signifikante Welle** zugeordnet. In Seehandbüchern und Seegangskarten wird stets die **signifikante Wellenhöhe** angegeben. An der Ermittlung dieser signifikanten Wellenhöhe wird die Problematik der Angabe von Seegangshöhen deutlich.
Liegt eine Seegangsregistrierung mit vielen Wellen vor, so werden sie der Größe nach geordnet und in drei Gruppen eingeteilt: in hohe, mittelhohe und niedrige Wellen. Aus der Gruppe der hohen Wellen wird die mittlere Wellenhöhe gemittelt und als signifikante Wellenhöhe ($H_{1/3}$) bezeichnet.
Als Definition kann zusammengefaßt werden: Die signifikante Wellenhöhe $H_{1/3}$ ist die mittlere Wellenhöhe aus dem Drittel der höchsten Wellen eines Seegangs.

3. Daraus läßt sich ableiten, daß in einem Seegangsfeld höhere Wellen als die angegebene signifikante Wellenhöhe auftreten. Einzelne Wellen können sogar doppelt so hoch sein. Darauf weisen die Seehandbücher eigens hin.

4. Entsprechend der Beaufort-Skala gibt es eine **Seegangsskala** nach Seegangsstärken von 0 bis 9 (siehe Tabelle auf der nächsten Seite). In Deutschland werden die Wellenhöhen in Halbmeter-Stufen angegeben.

See-gangs-skala	Bezeichnung des Seegangs	Auswirkung
0	Vollkommen glatte See	Spiegelglatte See.
1	Ruhige, gekräuselte See	Kleine, schuppenförmig aussehende Kräuselwellen, keine Schaumkämme.
2	Schwach bewegte See	Wellen noch kurz, aber ausgeprägter. Kämme sehen glasig aus und brechen sich nicht. Vereinzelt weiße Schaumköpfe.
3	Leichte, bewegte See	Wellen noch klein, werden aber länger. Ziemlich verbreitet treten weiße Schaumköpfe auf. Die sich brechende See rauscht.
4	Mäßig bewegte See	Wellen länger, ausgeprägter. Überall weiße Schaumköpfe. Vereinzelt schon Gischt. Brechen der See hört sich wie Murmeln an.
5	Grobe See	Größere Wellen. Kämme brechen sich und hinterlassen größere weiße Schaumflächen. Dumpfes, rollendes Geräusch der sich brechenden See.
6	Sehr grobe See	See türmt sich. Der beim Brechen entstehende weiße Schaum beginnt sich in Streifen in die Windrichtung zu legen. Das Geräusch der sich brechenden See ist in größerer Entfernung hörbar.
7	Hohe See	Mäßig hohe Wellenberge mit Kämmen von beträchtlicher Länge. Von den Kanten der Kämme beginnt Gischt abzuwehen. Der Schaum legt sich in ausgeprägten Streifen in die Windrichtung.
8	Sehr hohe See	Hohe Wellenberge mit langen, überbrechenden Kämmen. See weiß durch Schaum. Schweres, stoßartiges Rollen der See. Sicht durch Gischt stark beeinträchtigt.
9	Außergewöhnlich schwere See	Außergewöhnlich hohe Wellenberge. See völlig weiß. Luft mit Schaum und Gischt angefüllt. Jede Fernsicht hört auf. Rollen der See wird zum Getöse.

Windsee

5. Da die Windangaben in der Beaufort-Skala aus dem Zustand der See abgeleitet werden, kann den einzelnen Windstärken ein bestimmtes Aussehen der See zugeordnet werden (s. Tabelle S. 185).
Abb. 2 zeigt eine Seegangskarte in Seegangsstärken für das Mittelmeer vom Sender Rom.

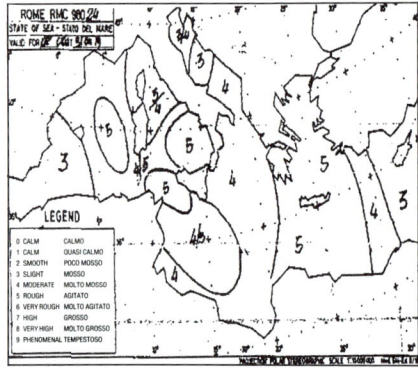

Abb. 2 *Seegangsanalyse Mittelmeer in Seegangsstärken*

6. Seegangsangaben beziehen sich im allgemeinen auf eine voll ausgereifte See. Nun weiß aber jeder, daß ein Sturm, der quer über einen Fluß fegt, eine andere Wellenhöhe erzeugt als der auf offener See. Das heißt, die Seegangshöhe ist abhängig von der vom Wind bearbeiteten Strecke: dem **Wirkweg** oder auch **Fetch.** Ebenso verhält es sich mit der Zeit. Ein kurzzeitig auftretender Sturm ruft kleinere Wellenhöhen hervor als einer, der einen Tag lang weht – der eine längere **Wirkdauer** hat. Da die Windgeschwindigkeit längs eines Wirkweges nicht einheitlich ist, wird eine mittlere genommen und **Wirkstärke** genannt. Die kennzeichnende Wellenhöhe

Beaufort-Skala	0	1	2/3	4	5	6	7	8/9	10	11/12
Seegangsstärke	0	1	2	3	4	5	6	7	8	9
kennzeichnende Wellenhöhe in m	0	0 – 0,1	0,1 – 0,5	0,5 – 1,25	1,25 – 2,5	2,5 – 4	4 – 6	6 – 9	9 – 14	>14

ist also von folgenden Faktoren abhängig:
– der **Wirkstärke**
– der **Wirkdauer**
– dem **Wirkweg (Fetch)**
Dieser Zusammenhang ist in Abb. 3 dargestellt. Wir finden dort die kennzeichnenden Wellenhöhen $H_{1/3}$. Erhöht man diese Werte um 30 %, so ist dies etwas mehr als die mittlere

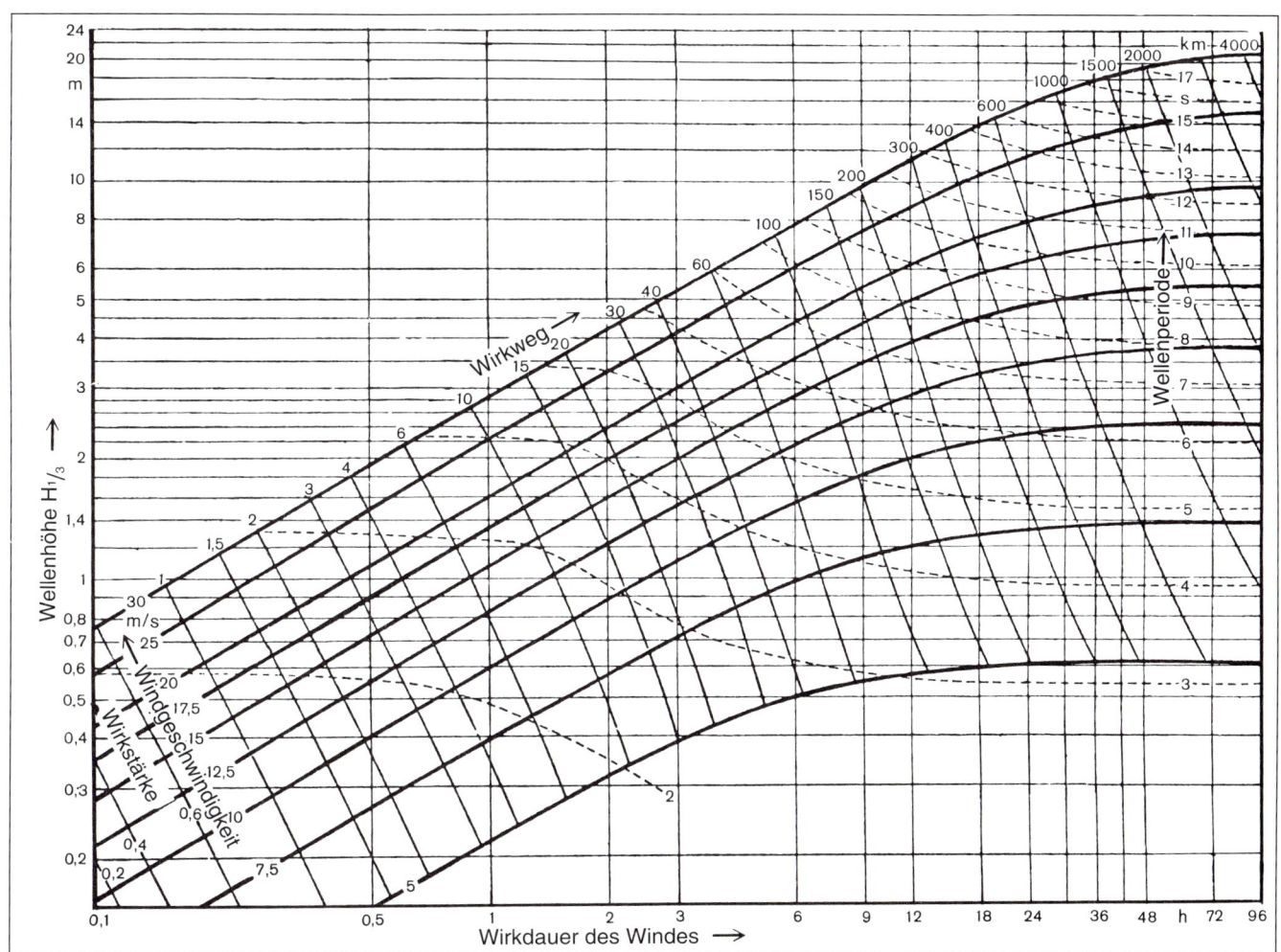

Abb. 3 *Abhängigkeit der Wellenhöhe und Wellenperiode von der Wirkstärke, dem Wirkweg und der Wirkdauer des Windes*

Wellenhöhe $H_{1/10}$ aus 10 % der höchsten Wellen.

7. Ein Beispiel soll die Anwendung der Abb. 3 verdeutlichen:

Eine Yacht will die Biskaya queren. Den Winden aus dem Sektor NNW bis SW steht als Wirkweg praktisch der ganze Nordatlantik zur Verfügung. Selbst bei wenig Wind können auf diese Weise hohe Wellen entstehen. Nehmen wir an, die Windstärke sei 7 Bft ≈ 30 kn ≈ 15 m/s. Die Wirkdauer betrage 48 Stunden und der Wirkweg 1300 km. Aus den Kurven entnimmt man für die kennzeichnende Wellenhöhe 5,50 m. Die mittlere Höhe aus 10 % der höchsten Wellen ist

$H (1/10) = 5,50$ m $\cdot 1,30 \approx 7$ m.

Einige sind noch höher.

Fährt die Yacht bei ablandigem Wind 4 sm von der Küste entfernt, so baut sich dort bei 7 Bft eine See von 1 m Höhe auf, allerdings innerhalb einer Stunde.

8. Die Wellenbewegung ist ein Schwingungszustand, der sich schneller ausbreitet, als das ihn hervorrufende Windfeld ziehen kann. Es läuft also eine See aus dem Windfeld heraus, ohne von dem Wind weiter bearbeitet zu werden. Diese See wird **Dünung** genannt.

Eine aufkommende Dünung kann vor dem sie verursachenden Windfeld warnen.

Kreuzsee

9. Bei Kreuzsee überlagern sich Wellenzüge aus verschiedenen Richtungen. Meistens handelt es sich um eine Windsee, in die eine kräftige Dünung hineinläuft. Im Extremfall schießen die Wellenberge senkrecht

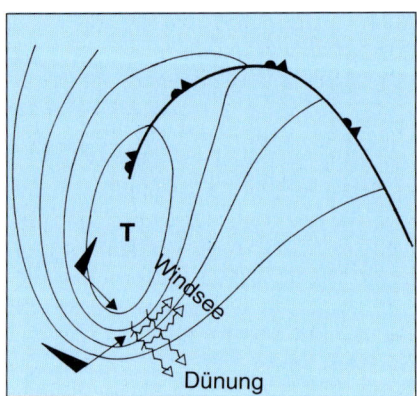

Abb. 4 *Kreuzsee am Trog*

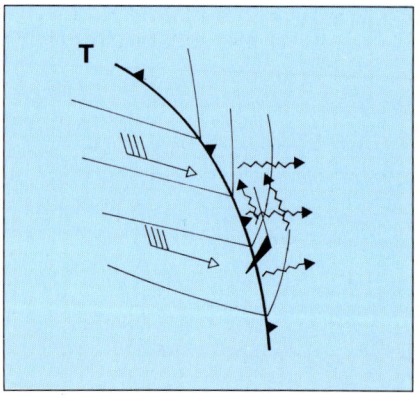

Abb. 5 *Kreuzsee an einer Kaltfront*

nach oben, um an der gleichen Stelle tief in sich zusammenzufallen. Berge und Täler wechseln einander am gleichen Ort ab. In Abb. 4 und 5 sind einige Wettersituationen dargestellt, bei denen Kreuzsee entstehen kann. Die mögliche Kreuzsee durch den Windsprung ist der wesentliche Grund für die Gefährlichkeit mancher Fronten.

Veränderung von Wellen

10. Die Bewegungsabläufe in Meereswellen sind faszinierend. Man denke sich einen schwimmenden Korken im Kreis A am Punkt 1 in Abb. 6. Läuft eine Welle unter ihm durch, dann wird er die Lage des Punktes 2 einnehmen, ohne jedoch den Kreis A zu verlassen. Dann folgen die Lagen von Punkt 3, 4 usw. Hat der Wellenberg die Position 7 in A erreicht, ist der Korken um die Wellenhöhe H nach oben gestiegen und hat dabei den linken Halbkreis von A durchlaufen. Dann folgt beim Durchlaufen der zweiten Kreishälfte der

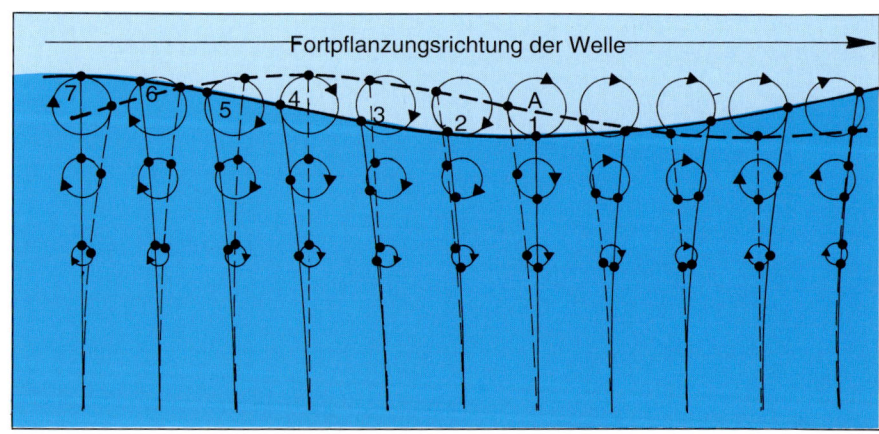

Abb. 6 *Kreisbahnen in Meereswellen*

Abstieg. Die Kreisbewegung der Wasserteilchen setzt sich bis in die Tiefe fort.

11. In einer Wassertiefe (WT), die ungefähr der halben Wellenlänge (L/2) entspricht, beginnt die Welle den Meeresboden zu „fühlen". Die Kreisbahnen verformen sich. Die Welle steilt sich auf. Wird eine Wellensteilheit von H/L größer als 1/7 erreicht, **brechen die Wellenkämme.** Diese Phänomene lassen sich zu einer Einteilung der Wellen heranziehen:

Oberflächenwellen
(Windsee und Dünung)
halbe Wellenlänge
kleiner als Wassertiefe $\left(\dfrac{L}{2} < WT\right)$

Grundseen
halbe Wellenlänge
größer als Wassertiefe $\left(\dfrac{L}{2} > WT\right)$

Brandung
Wellensteilheit
größer gleich $\left(\dfrac{H}{L} \geq \dfrac{1}{8} \text{ und } \dfrac{L}{2} > WT\right)$
1 zu 8

---

12. Wellen verändern in flachem Wasser nicht nur ihre Form, sondern auch ihre Geschwindigkeit. Bei geringer Wassertiefe laufen sie langsamer. Dies bewirkt bei einer langen Wellenfront zusätzlich eine Drehung, wenn ein Teil der Front sich in tiefem, der andere Teil sich in flachem Wasser ausbreitet.
Abb. 7 zeigt, wie sich beim Überqueren einer Bank oder Untiefe die Wellenfront an beiden Seiten des Hindernisses so dreht, daß in Lee der Bank Kreuzseen entstehen können. Navigatorische Konsequenz: Die Bank muß in diesem Fall an der Luvseite umfahren werden.

13. Meeresoberflächenströmungen können Seegang ebenfalls erheblich verändern. Laufen die Wellen gegen eine Meeresströmung oder auch den Gezeitenstrom, so steilen sie sich auf. Laufen die Wellen mit dem Strom, dann flachen sie sich ab. Durch die zusätzliche Bewegung der Meeresoberfläche wird praktisch die Welle zusammengeschoben bzw. auseinandergezogen.

14. Fast alle physikalischen Erscheinungen aus der Wellenlehre werden auch bei Wasserwellen beobachtet. Es gibt Bündelungen der Wellen in Buchten, Reflexionen und viele andere physikalische Vorgänge. Interessanterweise gibt es bisher keine geschlossene Theorie über Meereswellen.

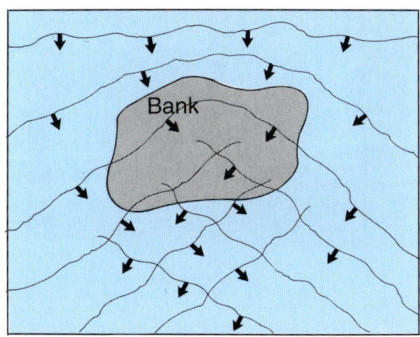

Abb. 7 *Kreuzsee in Lee einer Bank*

Lernkontrolle
1. Beschriften Sie eine vereinfachte Welle! (Absatz 1)
2. Welche Art von Wellenhöhe geben das BSH und der DWD in ihren Berichten und Vorhersagen an? Wie ist diese Wellenhöhe definiert? (Absatz 2)
3. In den Seehandbüchern findet sich bei den Seegangsangaben stets ein Zusatz. Wie lautet er? (Absatz 3)
4. Wodurch unterscheidet sich die Beaufort-Skala von der Seegangsskala? (Absatz 4)
5. Welche Windgeschwindigkeit und welche Wellenhöhe wird einer groben See zugeordnet? (Absatz 5 und 6)
6. Wovon hängt die Höhe des Seegangs ab? (Absatz 6)
7. Erläutern Sie anhand eines Beispiels die Abb. 3! (Absatz 7)
8. Wodurch unterscheiden sich Windsee und Dünung? Wie entsteht Kreuzsee? Skizzieren Sie letztere in zwei Beispielen! (Absatz 8 und 9)
9. Wie verläuft die Bewegung der Wasserteilchen in einer Meereswelle? (Absatz 10)
10. Welche Einteilung der Wellen erlaubt das Verhältnis von Wellenlänge zu Wassertiefe? (Absatz 11)
11. „Fühlt" eine Welle in flachem Wasser den Boden, dann ändern sich ihre Geschwindigkeit und ihre Richtung. Zeigen Sie in zwei Beispielen mögliche Folgen auf! (Absatz 12)

27. Seewetter-Informationen

Informationsquellen

1. Innerhalb der europäischen Gewässer lassen sich eine Vielzahl von Seewetter-Informationen empfangen. Die sendenden Stationen, deren Vorhersagegebiete, Frequenzen und Sendezeiten werden vom Bundesamt für Seeschiffahrt und Hydrographie (BSH) in folgenden Veröffentlichungen bekanntgegeben:
- Handbuch Nautischer Funkdienst (Nr. 5000)
- Jachtfunkdienst Nord- und Ostsee (Nr. 2155)
- Jachtfunkdienst Mittelmeer (Nr. 2159)
- Wetter- und Warnfunk (Nr. 2158)

2. Bei einem Törn wird die dem befahrenen Seegebiet am nächsten liegende Station abgehört. Und daß stets der neueste Wetterbericht für die weitere Planung berücksichtigt wird, hat sogar eine gewisse rechtliche Bedeutung.

3. In Deutschland werden die vielfältigen Wetterinformationen vom **Deutschen Wetterdienst (DWD), Geschäftsfeld Seeschiffahrt, Hamburg,** für die Schiffahrt zusammengefaßt und als **Seewetterbericht** sowie **Wetterkarte** herausgegeben. Die „Sturmwarnungen und Seewetterberichte für die Sport- und Küstenschiffahrt" findet man, laufend aktualisiert, im Internet: *www.dwd.de*

4. Die Aussendung der Wetterinformationen für die Schiffahrt erfolgt mittels Funk, und zwar in verschiedenen Sendearten (siehe Tabelle oben).

Rundfunkempfänger	in	UKW, KW, MW, LW
UKW-Telefon	im	UKW-Sprechfunkdienst
ESB-Radio	im	Sprechfunk auf Grenz- und Kurzwelle (der Sprechfunkdienst auf Grenz- und Kurzwelle wurde von der Deutschen Telekom AG in Deutschland eingestellt) R/T-Dienst, Code J3E
Navtex-Empfänger	in	Sitor, 518 kHz, Code F1B
ESB-KW-Radio	durch	Funkfernschreiben, Code F1B (Telex direkt, evtl. bald Sitor) Morsetelegraphie, F/T-Dienst, Code A1A, Bildfunk als Faksimile-Sendung, Code F3C, F1C
durch Satellitenempfänger		Satellitenfunk

5. Der **Empfang der Wetterinformation** an Bord setzt einen der Sendeart entsprechenden Empfänger voraus. Für Funkfernschreiben (Sitor beziehungsweise Telex direkt) und Morsen braucht man einen Decoder, der die Signale so aufbereitet, daß sie von einem Drucker im Klartext aufgezeichnet werden können. Bei Bildfunk sind ein Decoder und ein Plotter erforderlich.

Die Empfänger und Decoder unterscheiden sich in ihren Empfangs- und Signalaufbereitungsmöglichkeiten stark. Auf dem Markt gibt es für die verschiedenen Wetterberichtsysteme zahlreiche Einzelgeräte und Kombinationen. Eine geschlossene Lösung bietet das Gerät in Abb. 1. Die Geräte müssen einfach zu handhaben sein und einen hohen Automationsgrad besitzen, da sonst viel Zeit für die Aufnahme der Berichte benötigt wird. Hinzu kommt, daß es in der zeitlichen Ausstrahlung der Wetterberichte im europäischen Raum keine Koordination gibt. Entscheidend ist jedoch eine Dokumentation der Wetterinformationen.

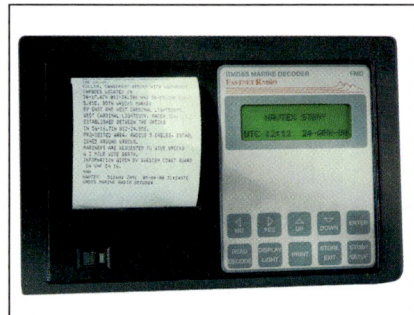

Abb. 1 *FMD 20 – NAVTEX-Empfänger mit acht fest programmierten Frequenzen (Fastnet Radio)*

6. Spezielle Quellen für die deutschen Seewetterberichte in Klartext sind:
● UKW-Küstenfunkstellen des DP07 Seefunks
● Wetterfunksender des DWD Offenbach(Main)/Pinneberg
● Rundfunksender: Deutschlandfunk, Deutschlandradio Berlin, Deutsche Welle, Norddeutscher Rundfunk, Radio Bremen 1, N-joy Radio
● Videotext
● Revierzentralen
● AOL (America Online)
● Internet
● Online-Dienst SEEWIS
● Privater Informationsdienst (PID) der Deutschen Telekom
● Warntelefon 040/6690-1209

Inhalte der Wetterinformationen

7. Im folgenden werden die Inhalte der **Klartext-Wetterinformationen** des Deutschen Wetterdienstes, Geschäftsfeld Seeschiffahrt, genannt, die auf den verschiedenen Wegen zu erhalten sind (vgl. Abs. 6):
● Sturmwarndienste
● Seewetterbericht Nord- und Ostsee:
  – Beschreibung der Wetterlage und -entwicklung, Vorhersage für 12 Stunden und Aussichten für weitere 12 Stunden
  – ausgewählte Stationsmeldungen für Bordwetterkarte Nr. 9
● Seewetterbericht Nordsee: Wetterlage, Prognosen bis Folgetag
● Seewetterbericht Ostsee: Wetterlage, Prognosen bis Folgetag
● Seewetterbericht nördlicher Nordatlantik:

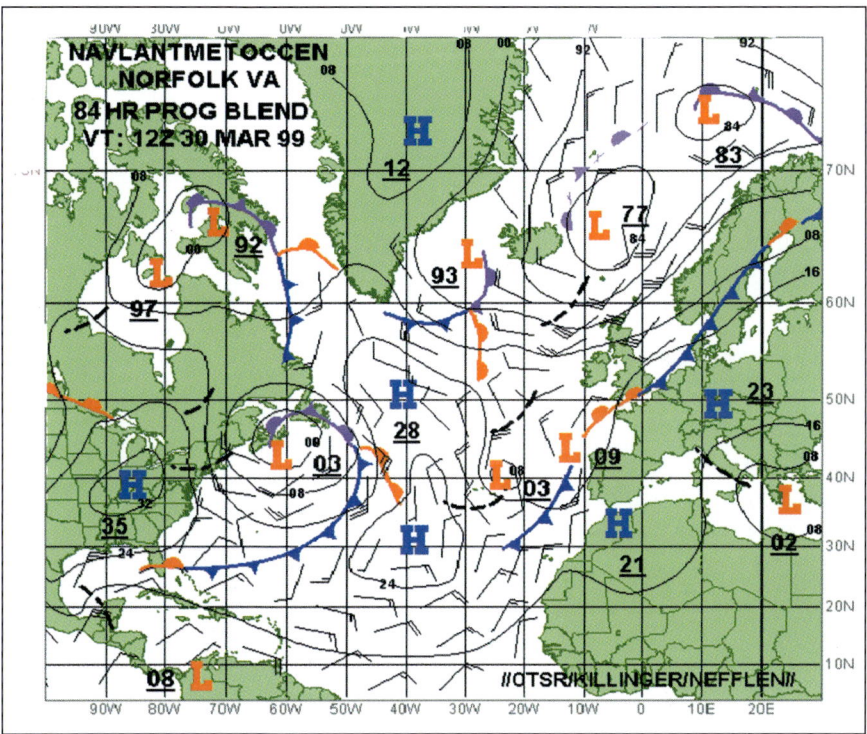

Abb. 2 *Ideale Vorhersagekarte mit Druckgebilden, Isobaren, Fronten und Windangaben (vgl. Internet-Adresse Nr. 4 auf S. 191)*

Wetterlage, Prognosen für zwei Tage in Zeitreihenform (vgl. S. 190)
(Da dieser Bericht für die Fischerei bestimmt ist, enthält er auch die Gebiete Bottnischer und Finnischer Meerbusen.)
● Küstenwetterbericht Teil 1:
  – Strecken Nordkap bis westlich Gibraltar
  – Wetterlage, Prognosen für zwei Tage in Zeitreihenform
● Küstenwetterbericht Teil 2:
  – Strecken Alboran bis Port Said
  – Wetterlage, Prognosen für zwei Tage in Zeitreihenform
● Mittelfrist-Seewetterbericht Nordsee:

Wetterlage, Prognosen für 5 Tage in Zeitreihenform
● Mittelfrist-Seewetterbericht Ostsee:
Wetterlage, Prognosen für 5 Tage in Zeitreihenform
● Seewetterbericht Mittelmeer:
  – Wetterlage, Prognosen für 2 Tage in Zeitreihenform
  – ausgewählte Stationsmeldungen für Bordwetterkarte Nr. 11
● Mittelfrist-Seewetterbericht Mittelmeer:
Wetterlage, Prognosen für 5 Tage in Zeitreihenform
● viele regionale Wetterberichte mit ausgesuchten Gebietsvorhersagen

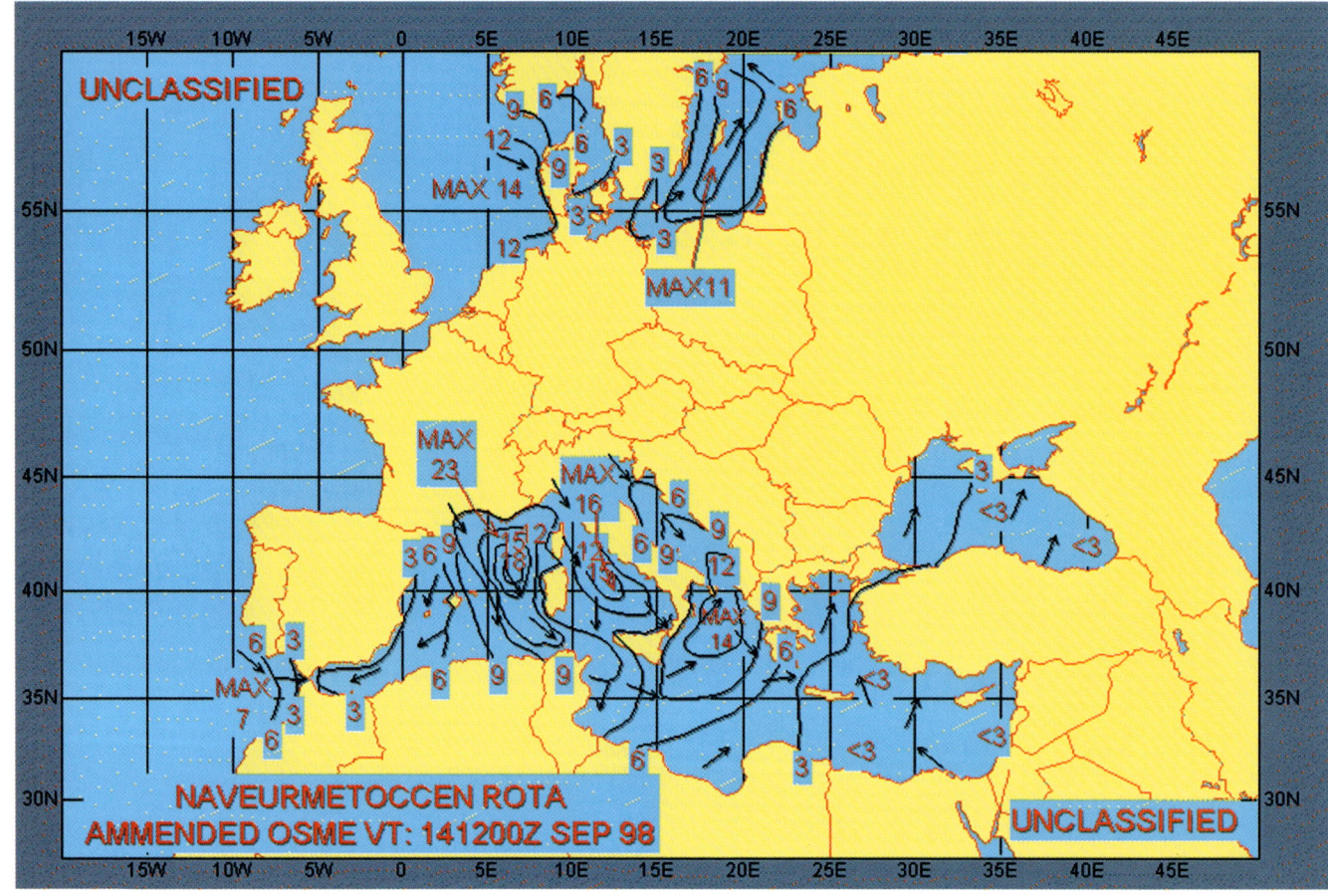

Abb. 3 *Seegangsvorhersagekarte mit Wellenhöhen in Fuß für das Mittelmeer (vgl. Internet-Adresse Nr. 4 auf S. 191)*

Um sich ein Bild von der angesprochenen **Zeitreihenform** zu machen, ist hier ein Beispiel von der Biskaya:

BISKAYA (46.4 N 05.6 W) WT: 16 C

MO 26. 12Z: W–NW	6–7	/	8	4 M //
DI 27. 00Z: SW–W	6	/	7–8	3 M //
DI 27. 12Z: SW	7	/	9	4 M //
MI 28. 00Z: W	4	/	10–11	4 M //
MI 28. 12Z: SW–W	7–8	/	9–10	5 M //
DO 29. 00Z: SW–W	6–7	/	8–9	4 M //
DO 29. 12Z: NW–N	4–5	/		4 M //
FR 30. 00Z: N	3	/		3 M //
FR 30. 12Z: E	2–3	/		3 M //

LEGENDE GITTERPUNKTS-VORHERSAGEN:
WINDRICHTUNG, WINDSTAERKE (BFT) /
BOEEN DER LETZTEN 12 STUNDEN (BFT)
WIND UEBER 70 KNOTEN: ANGABE IN KT

SIGNIFIKANTE WELLENHOEHE (M) //
WT: WASSERTEMPERATUR (GRAD C)
– – – BEDEUTET: WERT NICHT VERFUEGBAR
+
SEEWETTERDIENST HAMBURG =

8. Die wesentlichen deutschen **Faksimile-Sendungen** über Bildfunk:
– Bodenanalyse Nordatlantik, Europa mit Stationsmeldungen 00.00, 06.00, 12.00, 18.00
– Bodenanalyse Nordatlantik mit Verlagerungspfeilen, tropischen Wirbelstürmen und signifikantem Wetter, Eis
– Bodenvorhersage mit Fronten

ohne Windangaben für 30, 48, 72, 96 Stunden
- Höhenwetterkarten
- Wassertemperaturen der Nordsee und des Nordatlantiks
- Eiskarten
- Seegangsvorhersagekarte für 48 h

9. Das Seewetter-Informationssystem SEEWIS des DWD kann stationär über Telefonanschluß und PC oder mobil über ein GSM-fähiges Handy und PC empfangen werden. Es ermöglicht den Abruf von Wetterdaten und Vorhersagen und ihre Darstellung auf einem PC. Betrachtete Gebiete sind die englischen Gewässer, Nord- und Ostsee, Mittelmeer und Biskaya. SEEWIS gibt es auch im Telefax-Abruf.

10. Weiterhin werden **Wetterkarten bei den meteorologischen Hafendiensten** ausgehängt. Eine viel zu wenig beachtete Informationsquelle sind die **Vorhersagekarten in Tageszeitungen.** Eine ausreichende Übersicht über die Großwetterlage für nahezu zwei Tage geben z. B. das „Hamburger Abendblatt" und die „Süddeutsche Zeitung".

11. Wetterinformationen anderer europäischer Länder ähneln denen von Deutschland verständlicherweise. Wer Zugang zum Satellitenfunk hat, kann im Rahmen des Global Maritime Distress and Safety Systems (GMDSS) Wetterberichte im Klartext in hervorragender Qualität empfangen.

12. Zukünftig werden die **Wetterinformationen im Internet** an Bedeutung gewinnen – der Zugang zum Internet von Bord aus wird sich deutlich verbessern.
Dadurch wird es zu einer Konkurrenz zwischen amerikanischen und europäischen Wetterinformationen kommen. Es gibt zum Beispiel keine vollständige europäische Bodenvorhersage mit Druckzentren, Isobaren, Fronten und Windangaben, wie sie Abb. 2 auf Seite 189 darstellt. Sehr hilfreich sind auch die amerikanischen Wetter- und Seegangskarten vom Mittelmeer (Abb. 3).
Die Fülle der Wetterinformationen im Internet ist unglaublich groß. Es dauert einige Zeit, bis man die benötigten Informationen findet. Ein gewisses Training am heimischen PC ist angebracht.

Hierzu einige **Adressen:**
1. Deutscher Wetterdienst
www.dwd.de
2. Wetterzentrale
www.wetterzentrale.de
3. Bundesamt für Seeschiffahrt und Hydrographie
www.bsh.de
4. WMO Marine Programme
www.wmo.ch/web/aom/marprog/marprog.html
5. Marine Prediction Center
www.ncep.noaa.gov/MPC/
6. www.nlmoc.navy.mil
7. Meteorology
www.met.fu-berlin.de
8. Weather Topics & Links
www.nws.noaa.gov
9. Fleet Numerical Meteorology and Oceanography Center
www.fnmoc.navy.mil/
10. über 14 Seiten mit Wetter-Adressen
www.ugems.psu.edu/~owens/metlink.html

Lernkontrolle

1. In welchen Veröffentlichungen werden in Deutschland Inhalte, Sender und Sendezeiten von Seewetterberichten bekanntgegeben und von wem? (Absatz 1 und 3)

2. Welche Wetter-Informationssysteme gibt es? Wo findet man weitere Informationsquellen? (Absatz 4, 6, 9, 10, 11, 12)

3. Welche Einrichtungen an Bord ermöglichen es, verschiedenartige Sendearten zu empfangen und aufzubereiten? (Absatz 4 und 5)

4. Welches sind die sechs umfangreichsten Seewetterberichte in Klartext? (Absatz 7)

28. Verarbeitung von Seewetterberichten

Zeichnen von Wetterkarten

1. Die Mehrzahl der Segler wird sich Wetterberichte zunutze machen, die über Funk verlesen werden oder im Klartext dekodiert sind. Die Berichte bestehen im allgemeinen aus zwei Teilen: einer **Beschreibung der Wetterlage** (Analyse) und einer **Vorhersage** (Prognose).

Es ist wichtig, einen Überblick über die herrschende Wetterlage zu bekommen. Diese Forderung erfüllt der gesprochene Seewetterbericht oft nur ungenügend. So sind z. B. die örtliche Lage mehrerer Druckgebilde sowie der Verlauf von Fronten schwer vorstellbar, ihre Ausdehnung ist nicht zu erfassen, und in welcher Reihenfolge die Gebilde auf den Betrachter zukommen, läßt sich nicht überschauen. Hier kann das Zeichnen einer Wetterkarte Abhilfe schaffen. Im Idealfall setzt man den mündlichen Wetterbericht in eine gezeichnete Wetterkarte um.

Abb. 1 *In Seewetterberichten verwendete geographische Begriffe (Quelle: DWD)*

2. Dazu sind folgende Unterlagen hilfreich:
– Vordruck Bordwetterkarte Nr. 9: Nord- und Ostsee (Abb. 6)
– Vordruck Bordwetterkarte Nr. 11: Mittelmeer (Abb. 7)
– Vordruck Bordwetterkarte Nr. 1: östlicher Nordatlantik
– Vordruck für die im Seewetterbericht verwendeten geographischen Namen (Abb. 1)

3. Es gibt drei Möglichkeiten, einen Seewetterbericht zu verarbeiten. Als einfaches **Beispiel 1** soll die Wetterlage in der Abb. 3 dienen. Sie ist in drei Stufen gezeichnet. Zuerst werden die Angaben des Wetterberichtes mit entsprechenden Abkürzungen eingetragen und die Fronten eingezeichnet (Symbole s. Abb. 2). Dann werden, um ein harmonisches Isobarenbild zu erzielen, Hilfspunkte mit Druckangaben markiert. Schließlich werden die Isobaren eingezeichnet. Diese Art der Verarbeitung wird im Beiheft zum Handbuch Nautischer Funkdienst vorgeschlagen.

4. Beim Zeichnen beachte man folgende Regeln:
● In deutschen Wetterkarten werden die Isobaren im Abstand von 5 zu 5 hPa gezeichnet (in englischen Wetterkarten von 4 zu 4 hPa). Zum Kern des Tiefs hin kann man sie dichter werden lassen.
● Die Isobaren sind großzügige, glatte Linien, die nur an den Fronten Knicke haben. Der Knick weist vom Tief weg.
● Isobaren können sich niemals berühren, schneiden oder gabeln.

Bezeichnung	Grafische Darstellung einfarbig	mehrfarbig
Kaltfront	▲▲▲	zusammenhängende Linie blau
Höhenkaltfront	△△△	gestrichelte Linie blau
Warmfront	●●●	zusammenhängende Linie rot
Höhenwarmfront	○○○	gestrichelte Linie rot
Okklusion	▲●▲●▲●	zusammenhängende Linie purpur
Höhenokklusion	△○△○△○	gestrichelte Linie purpur
stationäre Front am Boden	●▼●▼●▼	zusammenhängende Linie rot und blau im Wechsel
stationäre Front in der Höhe	○▽○▽○▽	gestrichelte Linie, rot und blau im Wechsel
Konvergenzlinie	⌐⌐	zusammenhängende Linie orange
Instabilitätslinie	— ·· — ·· —	strichpunktierte Linie schwarz

Abb. 2 *Darstellung von Fronten, Konvergenz- und Instabilitätslinien in der Wetterkarte*

● Man darf nie eine Isobare auslassen oder zusätzlich einschalten, denn aus der Dichte der Isobaren wird auf die Windstärke geschlossen.

● Isobaren sind geschlossen oder enden am Kartenrand.

● In Windrichtung geschaut, liegt der tiefe Druck immer auf der linken Seite der Isobaren.

● Fronten (Tiefausläufer) beginnen meist an dem vorhergenannten Tief.

● Um Hoch und Tief werden die nächsten Fünfer-Isobaren gelegt und dazwischen proportional weitere Fünfer-Isobaren eingefügt, wie in Abb. 3 dargestellt.

5. Häufig sind die Druckverteilungen über Europa sehr gering, und die Druckzentren liegen außerhalb der Bordwetterkarte Nr. 9 beziehungsweise 11, oder die Gebilde sind kompliziert. In solchen Fällen lassen sich Isobaren leichter zeichnen, wenn die Stationsmeldungen in die Karte eingetragen sind. Zum Eintragen sei das vereinfachte Stationsmodell entsprechend Abb. 4 empfohlen. Die Symbole für das gegenwärtige Wetter (ww) zeigt ebenfalls Abb. 4 (sie sind aber auch in der Bordwetterkarte abgedruckt).

6. Die Isobaren werden nun so gezeichnet, daß auf See ein Winkel von 22° zwischen ihnen und der Windrichtung entsteht. Über Land kann der Winkel größer werden. **Die Fähnchen zeigen auf der Nordhalbkugel immer zur linken Seite,** das heißt, der tiefe Druck liegt, in Windrichtung geschaut, links, wie es Abb. 5 zeigt.

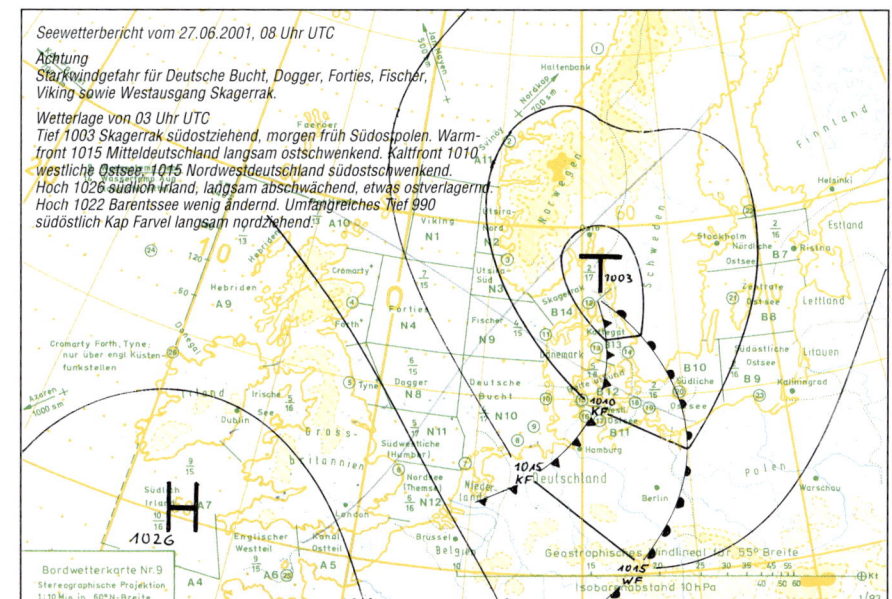

Seewetterbericht vom 27.06.2001, 08 Uhr UTC

Achtung
Starkwindgefahr für Deutsche Bucht, Dogger, Forties, Fischer, Viking sowie Westausgang Skagerrak.

Wetterlage von 03 Uhr UTC
Tief 1003 Skagerrak südostziehend, morgen früh Südostpolen. Warmfront 1015 Mitteldeutschland langsam ostschwenkend. Kaltfront 1010 westliche Ostsee, 1015 Nordwestdeutschland südostschwenkend. Hoch 1026 südlich Irland, langsam abschwächend, etwas ostverlagernd. Hoch 1022 Barentssee wenig ändernd. Umfangreiches Tief 990 südöstlich Kap Farvel langsam nordziehend.

Abb. 3 *Beispiel 1: Wetterlage vom 27.06.2001*

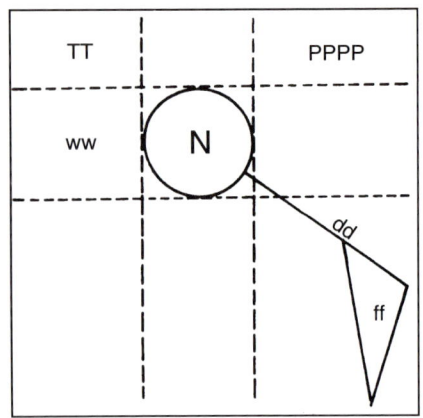

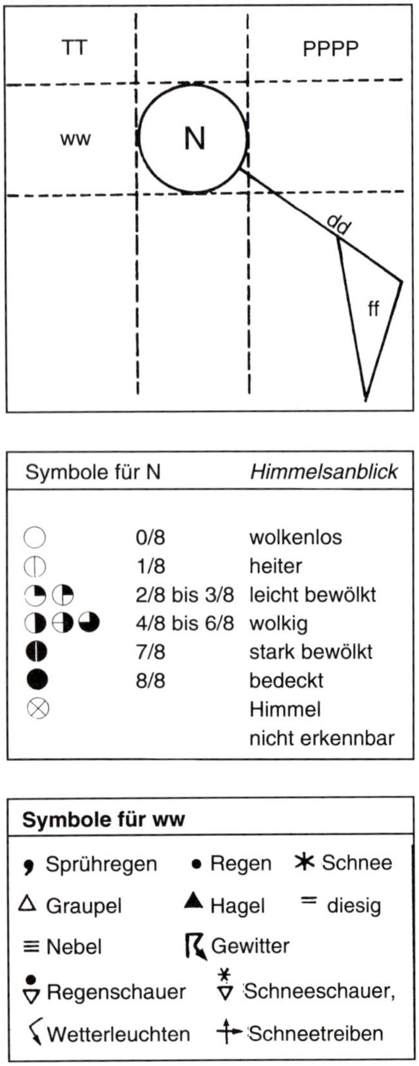

TT		PPPP
ww	N	
		dd
		ff

TT	Lufttemperatur
PPPP	Luftdruck
N	Bedeckungsgrad
dd	Windrichtung
ff	Windstärke
ww	gegenwärtiges Wetter

7. Beispiel 2 zeigt die Konstruktion einer Wetterlage unter Zuhilfenahme der Stationsmeldungen. Sie ist in vier Stufen gezeichnet (Abb. 6):

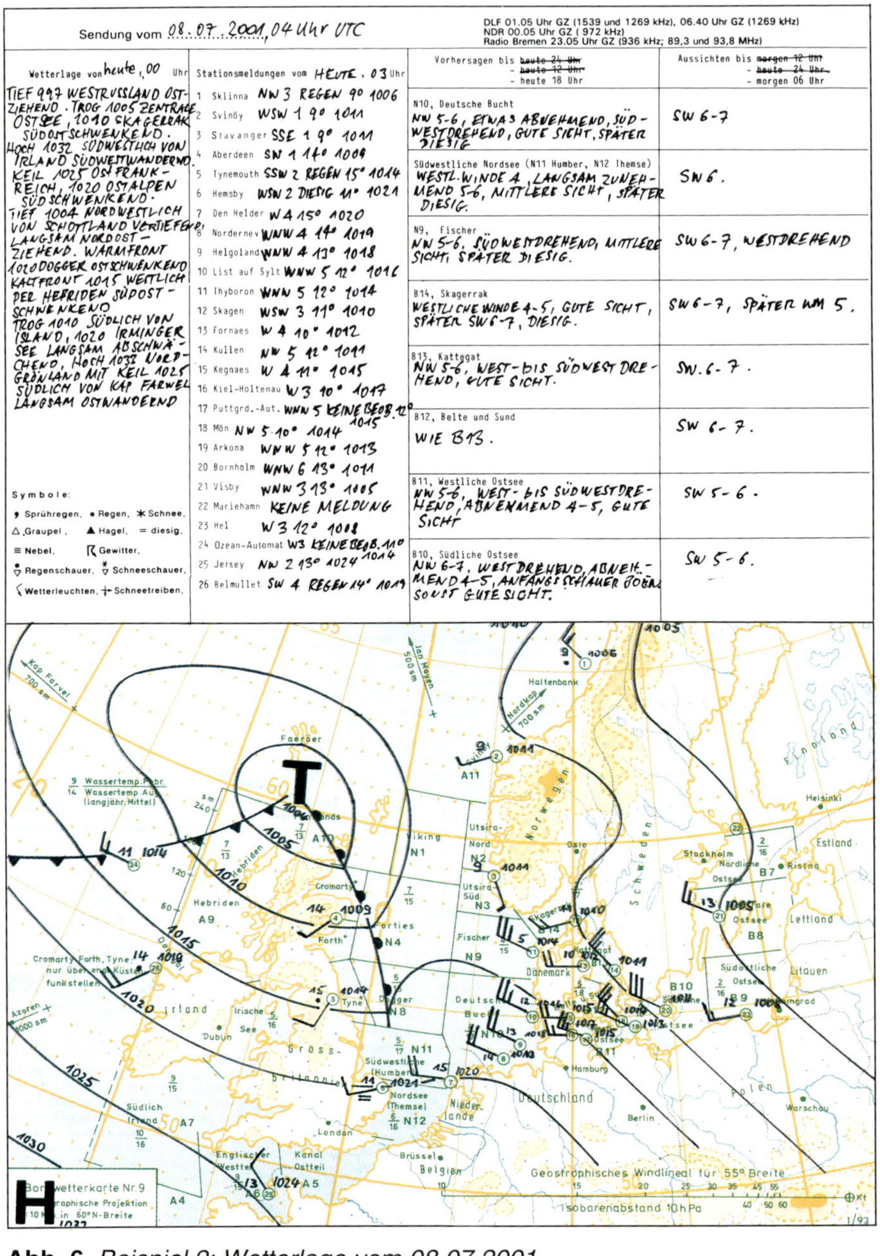

Symbole für N		*Himmelsanblick*
○	0/8	wolkenlos
◔	1/8	heiter
◑ ◕ ◐	2/8 bis 3/8	leicht bewölkt
◖ ⊕ ◗	4/8 bis 6/8	wolkig
◕	7/8	stark bewölkt
●	8/8	bedeckt
⊗		Himmel nicht erkennbar

Symbole für ww		
𝟿 Sprühregen	● Regen	✳ Schnee
△ Graupel	▲ Hagel	= diesig
≡ Nebel	℞ Gewitter	
⩒ Regenschauer	⩒ Schneeschauer,	
⎛ Wetterleuchten	✛ Schneetreiben	

Abb. 4 *Vereinfachtes Stationsmodell*

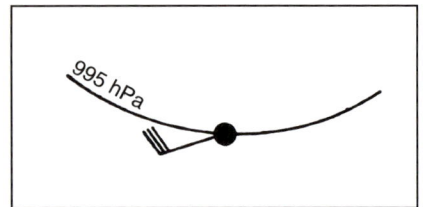

Abb. 5 *Isobaren und Windrichtung*

Sendung vom 08.07.2001, 04 Uhr UTC

DLF 01.05 Uhr GZ (1539 und 1269 kHz), 06.40 Uhr GZ (1269 kHz)
NDR 00.05 Uhr GZ (972 kHz)
Radio Bremen 23.05 Uhr GZ (936 kHz; 89,3 und 93,8 MHz)

Wetterlage von heute, 00 Uhr	Stationsmeldungen vom HEUTE, 03 Uhr	Vorhersagen bis heute 24 Uhr / heute 12 Uhr / heute 18 Uhr	Aussichten bis morgen 12 Uhr / heute 24 Uhr / morgen 06 Uhr
TIEF 997 WESTRUSSLAND OST- ZIEHEND. TROG 1005 ZENTRALE OSTSEE, 1010 SKAGERAK SÜDOSTSCHWENKEND. HOCH 1032 SÜDWESTLICH VON IRLAND SÜDWESTWANDERND. KEIL 1025 OST-FRANK- REICH, 1020 OSTALPEN SÜDSCHWENKEND. TIEF 1004 NORDWESTLICH VON SCHOTTLAND VERTIEFEND, LANGSAM NORDOST- ZIEHEND. WARMFRONT 1010 DOGGER OSTSCHWENKEND KALTFRONT 1015 WESTLICH DER HEBRIDEN SÜDOST- SCHWENKEND TROG 1010 SÜDLICH VON ISLAND, 1020 IRMINGER SEE LANGSAM ABSCHWA- CHEND, HOCH 1032 ÜBER GRÖNLAND MIT KEIL 1025 SÜDLICH VON KAP FARWEL LANGSAM OSTWANDERND	1 Sklinna NN 3 REGEN 9° 1006 2 Svinöy WSW 1 9° 1011 3 Stavanger SSE 1 9° 1011 4 Aberdeen SN 1 11° 1009 5 Tynemouth SSW 2 REGEN 15° 1014 6 Hemsby WSW 2 DIESIG 11° 1021 7 Den Helder W A 15° 1020 8 Norderney WNW 4 11° 1019 9 Helgoland WNW 4 13° 1018 10 List auf Sylt WNW 5 11° 1016 11 Ihyboron WNW 5 12° 1014 12 Skagen WSW 3 11° 1010 13 Fornaes W 4 10° 1012 14 Kullen NN 5 12° 1011 15 Kegnaes W A 11° 1015 16 Kiel-Holtenau W 3 10° 1017 17 Puttgrd.-Aut. WNW 5 KEINE BEOB. 12° 1015 18 Mön NW 5 10° 1014 19 Arkona NN 5 12° 1013 20 Bornholm WNW 6 13° 1011 21 Visby WNW 3 18° 1005 22 Mariehamn KEINE MELDUNG 23 Hel W 3 12° 1008 24 Ozean-Automat W 3 KEINE BEOB. 11° 25 Jersey NN 2 13° 1024 10° 1024 26 Belmullet SW 4 REGEN 14° 1019 Symbole: 𝟿 Sprühregen, ● Regen, ✳ Schnee, △ Graupel, ▲ Hagel, = diesig, ≡ Nebel, ℞ Gewitter, ⩒ Regenschauer, ⩒ Schneeschauer, ⎛ Wetterleuchten, ✛ Schneetreiben	N10, Deutsche Bucht NN 5-6, ETWA 3 ABNEHMEND, SÜD- WESTDREHEND, GUTE SICHT, SPÄTER DIESIG Südwestliche Nordsee (N11 Humber, N12 Themse) WESTL. WINDE 4, LANGSAM ZUNEH- MEND 5-6, MITTLERE SICHT, SPÄTER DIESIG. N9, Fischer NN 5-6, SÜDWESTDREHEND, MITTLERE SICHT, SPÄTER DIESIG. B14, Skagerrak WESTLICHE WINDE 4-5, GUTE SICHT, SPÄTER SW 6-7, DIESIG. B13, Kattegat NN 5-6, WEST-BIS SÜDWEST DRE- HEND, GUTE SICHT. B12, Belte und Sund WIE B13. B11, Westliche Ostsee NN 5-6, WEST-BIS SÜDWESTDRE- HEND, ABNEHMEND 4-5, GUTE SICHT B10, Südliche Ostsee NN 6-7, WESTDREHEND, ABNEH- MEND 4-5, ANFANGS SCHAUER ODER SONST GUTE SICHT.	SW 6-7 SW 6. SW 6-7, WESTDREHEND SW 6-7, SPÄTER WM 5. SW 6-7. SW 6-7. SW 5-6. SW 5-6.

Abb. 6 *Beispiel 2: Wetterlage vom 08.07.2001*

– Stationsmeldungen
– Angaben des Wetterberichtes
– Hilfspunkte für Zwischenisobaren
– Auszeichnen der Isobaren

8. Das Wetterkartenzeichnen entsprechend den Beispielen 1 und 2 wird häufig als schwierig, die Ergebnisse werden als unbefriedigend empfunden. Eine Ursachenforschung in dieser Richtung würde sehr umfangreich werden. Aus praktischer Sicht spielt bei der Anfertigung der Wetterkarte der Faktor Zeit eine wichtige Rolle, sowohl die eigene Zeit als auch die, mit der sich die Wetterlage ändert. Aus diesem Grunde muß man sich oft damit begnügen, nur die geographische Anordnung der gemeldeten Wettergebilde zu zeichnen – also die ersten zwei Stufen in dem Beispiel 1.

Als **Beispiel 3** dient Abb. 7. Es ist deshalb gewählt worden, weil es im Mittelmeer aufgrund der geringen Druckunterschiede oft keinen Sinn macht, Fünfer-Isobaren zu konstruieren.

Beim Zeichnen von Wetterkarten können zwei hilfreiche, beim Deutschen Wetterdienst nicht gebräuchliche Symbole verwendet werden:
Trogachse – – – – –
Hochkeilachse ΛΛΛΛΛ

9. Wer den Seewetterbericht von Hand mitschreibt, hat häufig Schwierigkeiten zu folgen. Deshalb empfiehlt es sich, die Symbole entsprechend dem Stationsmodell in Abb. 4 und die Abkürzungen entsprechend der Tabelle auf Seite 196 oben links zu benutzen.

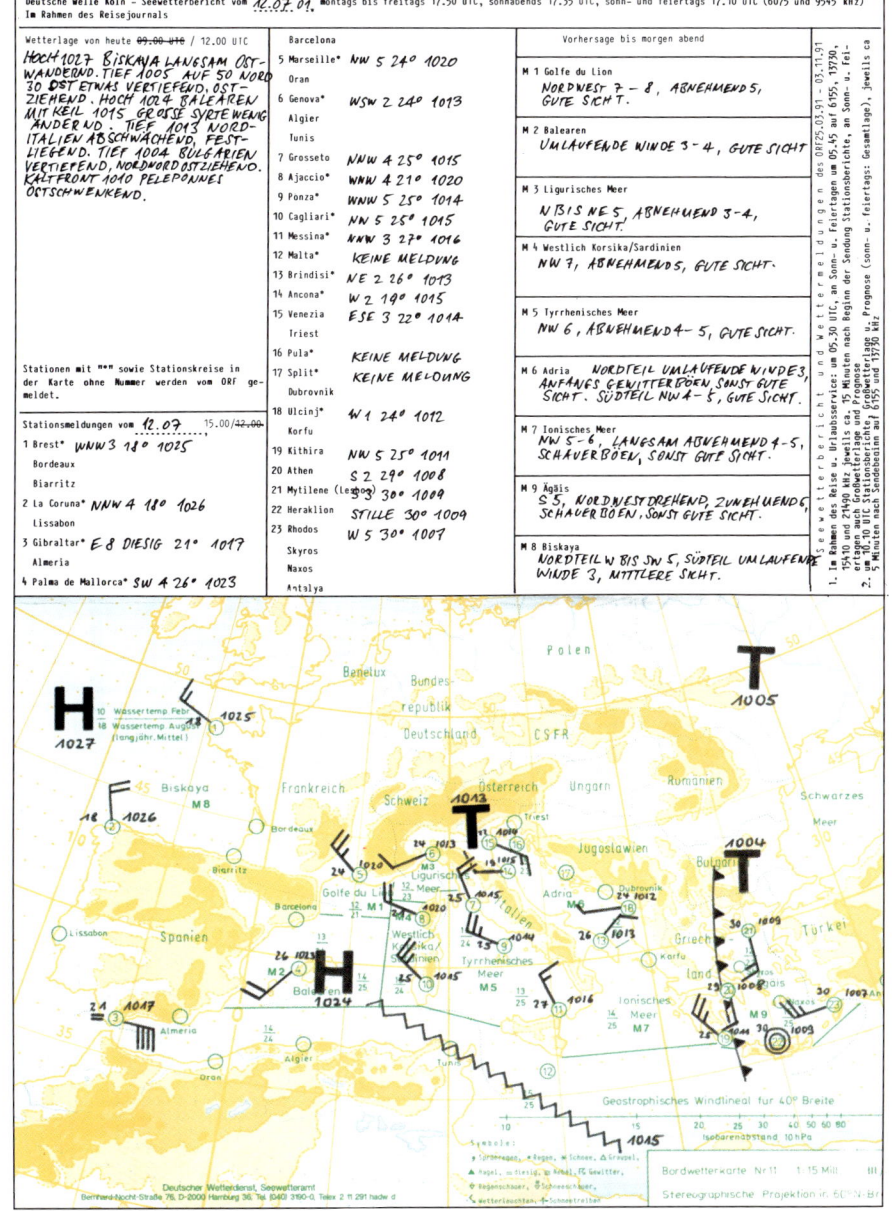

Abb. 7 *Beispiel 3: Wetterlage vom 12.07.2001*

H	= Hoch
T	= Tief
HK	= (Hoch-)Keil
OK	= Okklusion
TA	= Tiefausläufer
WF	= Warmfront
KF	= Kaltfront
Tr	= (Tiefdruck-)Trog
fl	= flach
umf	= umfangreich
↻	= rechtdrehend
↺	= rückdrehend
zun	= zunehmend
abn	= abnehmend
W-dr	= westdrehend
E'l	= östlich

Auswertung der Wetterinformationen vorzugsweise aus meteorologischer Sicht – 1. Schritt

10. Bei der Auswertung der Wetterinformationen sollte man über folgendes Kenntnis erlangen:
– die Großwetterlage
– die Wettervorhersage für das Fahrtgebiet
– das Streckenwetter für den Törn

11. Sich Kenntnisse über die **Großwetterlage** zu verschaffen, gehört zur seemännischen Sorgfaltspflicht. Sie dienen nicht nur dem eigenen und anderer Schutz, sondern haben auch rechtliche beziehungsweise versicherungsrechtliche Bedeutung. Solches Wissen wird durch die **Wetteranalyse** vermittelt. Sie stellt die Wetterlage zu einem bestimmten Haupttermin (0600, 1200, 1800, 2400 UTC) dar. Sie ist also das Abbild der tatsächlich herrschenden Wetterverhältnisse und eignet sich als Vorhersage bis zu zwei Stunden (Nowcasting).

12. Je nach Dauer des geplanten Törns wird man eine **Vorhersage mit entsprechendem Vorhersagezeitraum** auswerten, Prognosen der zukünftigen voraussichtlichen Wetterlagen also. Sie entstehen heutzutage aus sehr aufwendigen, von Computern berechneten Vorhersagemodellen und deren Bearbeitung durch Meteorologen. Sie sind nicht fehlerfrei. Dies ist zurückzuführen auf unlösbare physikalische und finanzielle Probleme. Je länger der Vorhersagezeitraum, um so unsicherer die Prognose. Insofern ist die neueste Vorhersage immer die beste.

meteorologische Navigation	betrachteter Zeitraum	Vorhersagebereich	Seewetterbericht
Wetternavigation	0–2 Stunden	Nowcasting	Beschreibung des gegenwärtigen Wetters (Stationsmeldungen)
	0–12 Stunden	Kürzestfristvorhersage	einige Windvorhersagen
	0–72 Stunden	Kurzfristvorhersage	Seewetterbericht für Nord- und Ostsee bis 24 h für Mittelmeer bis 24 h für europäische Küsten bis 2 Tage
Witterungsnavigation	72 Stunden bis zu 10 Tagen	Mittelfristvorhersage	Mittelfrist-Seewetterbericht für die nächsten 5 Tage Nord- und Ostsee
Klimanavigation	über 10 Tage	Langfristvorhersage	

Betrachtet man die Vorhersagen im Hinblick auf die Navigation, ergeben sich die aus der Tabelle auf Seite 196 unten ersichtlichen Zusammenhänge.

13. Längerfristige Planungen sind in der Tabelle unter dem Stichwort **Klimanavigation** erfaßt. Sie setzt langjährige Mittelwerte voraus, die mit hoher Wahrscheinlichkeit zu einer bestimmten Zeit immer wieder eintreten. Solche Voraussetzungen sind weder in der Nord- und Ostsee noch im Mittelmeer gegeben, mit Ausnahme des östlichen Teils (Etesien). Für eine langfristige Vorhersage ist unser Wetter zu wechselhaft.

14. Die Vorhersage für das Fahrtgebiet sollte möglichst großräumig interpretiert werden, insbesondere bezüglich der Richtung, aus der die Druckgebilde heranziehen. Um sich eine Vorstellung von den Dimensionen zu machen, sei auf Abb. 8 verwiesen. Eine Kaltfront zieht mit 20 kn Geschwindigkeit von Greenwich in die Deutsche Bucht. Dazwischen liegen fast genau acht Längengrade, das heißt rund 300 sm. Diese Distanz wird in 15 Stunden zurückgelegt. Von der ostfriesischen Küste bis in die Kieler Bucht braucht dieselbe Front nur 4,5 Stunden. Entsprechendes gilt für andere meteorologische Erscheinungen.

15. Die Wetterentwicklung im Fahrtgebiet ist überschaubarer und eindrucksvoller, wenn die Wetterprognose gezeichnet wird. Unter Zugrundelegung von Beispiel 2 (Abb. 6) wurde die Prognose bis

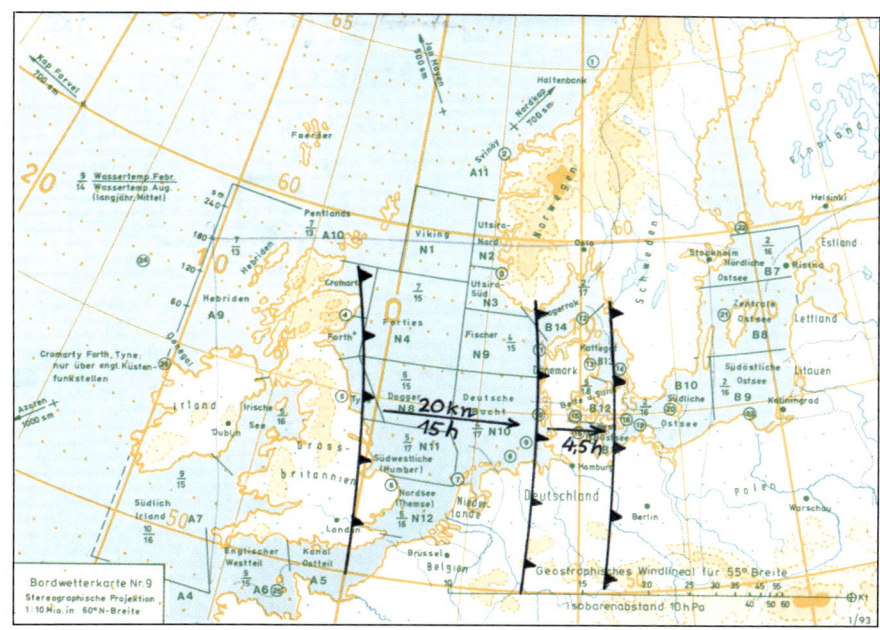

Abb. 8 *Verlagerung einer Front*

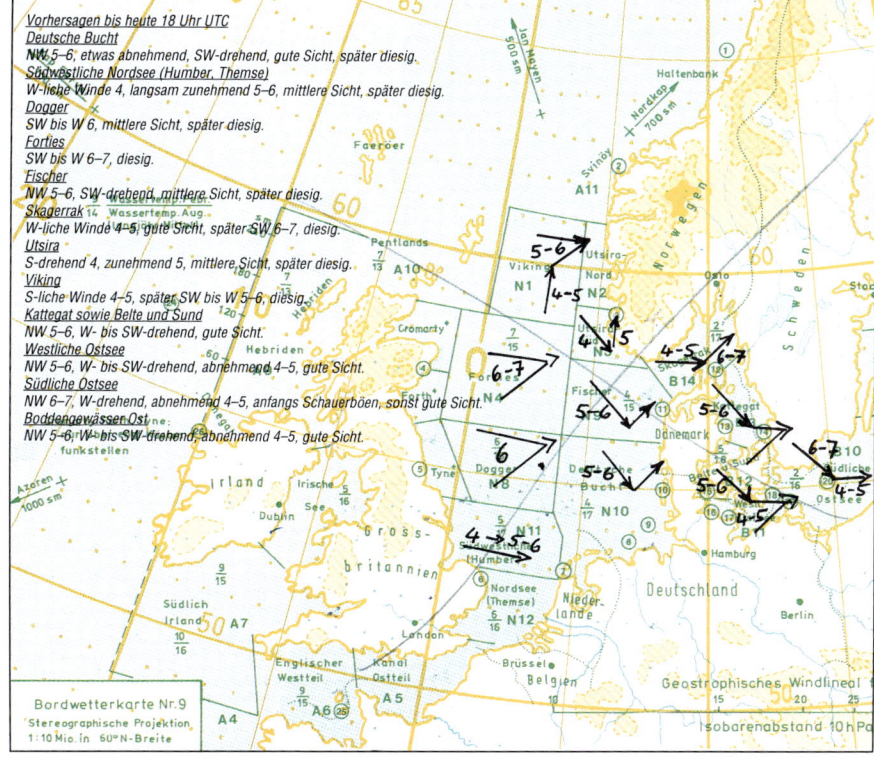

Abb. 9 *Beispiel 4: Gezeichnete Vorhersage vom 08.07.2001 nach Angaben aus Abb. 6*

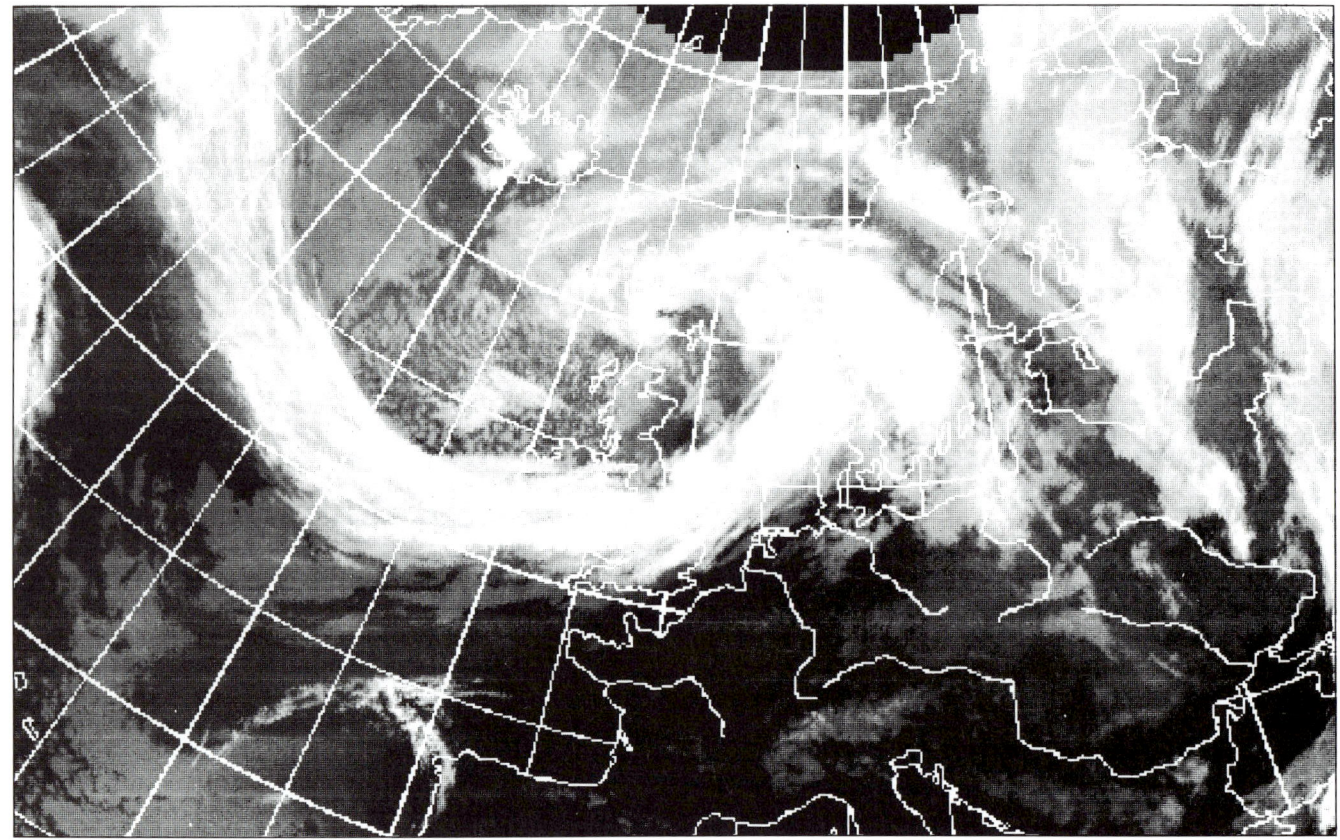

Abb. 10 *Satellitenbild zum Beispiel 2 (Abb. 4)*

1800 Uhr in Abb. 9 als **Beispiel 4** gezeichnet.

Zur Abrundung von Beispiel 2 und Abb. 6 sowie von Beispiel 4 und Abb. 9 sei hier noch das entsprechende Satellitenbild wiedergegeben, und zwar vom 09.07., 0000 UTC (Abb. 10).

16. Entsprechend der Dauer eines Törns sollten Vorhersagen eingeholt werden. Bei einer idealen Ausrüstung läßt sich die Fahrtdauer für jede Strecke in europäischen Gewässern mit Wettervorhersagen abdecken. Darüber hinaus gibt der Deutsche Wetterdienst (DWD) einen **Streckenwetterbericht** heraus. Er beschreibt zum einen das Wetter auf dem Weg zu den Fanggebieten der Fischerei und zum anderen eine Route längs der europäischen Küste zum Suezkanal. Auch bietet der DWD eine **individuelle meteorologische Törnberatung** von unterschiedlichem Umfang an (Tel. 040 / 6690-1811).

17. Oftmals interessiert das Wetter zwischen den Terminen von Vorhersage und Analyse. Das erfordert eine **eigene Interpretation der Wetterlage.** Herrscht zeitlich und räumlich eine gleichbleibende, einheitliche Wetterlage, dann lassen sich die Vorhersagen leicht auswerten. Schwieriger wird eine eigene Auswertung bei wechselhaftem Wetter mit schnell ziehenden Tiefs und Fronten. Dann muß unter Umständen zwischen Analyse und Vorhersage interpoliert werden.

Auch wenn – großräumig gesehen – die Wetterlage sehr gut vorhergesagt wird, kann es – kleinräumig gesehen – erhebliche regionale Abweichungen von den Vorhersagen geben. Diese Schwierigkeit wird immer bestehen bleiben. Nützliche Hilfen leisten hier oft Seehandbücher.

Streckenwetter- und eigene Wetterinterpretationen lassen sich an den Wetterkarten in Zeitungen versuchen.

Auswertung der Wetterinformationen vorzugsweise aus navigatorischer Sicht – 2. Schritt

18. Die Auswertung der Wetterkarten aus navigatorischer Sicht fällt in den Bereich der **meteorologischen Navigation.** Deren Aufgabe besteht vorzugsweise darin,

● Sicherheit zu gewährleisten,
● die Beanspruchung des Schiffes zu begrenzen,
● die Reise nach persönlichen Vorlieben zu gestalten. So lieben die einen möglichst schnelle Touren, andere dagegen angenehme.

Um Sicherheit zu gewährleisten, müssen meteorologische und ozeanographische Gefahrengebiete umfahren beziehungsweise es muß ihnen ausgewichen werden. Am günstigsten ist, ihr Verschwinden an einem sicheren Ort abzuwarten. In der **seewetterkundlichen Prüfliste** (Seite 200) sind mögliche Gefährdungen zusammengestellt.

An einigen Beispielen soll die meteorologische Navigation veranschaulicht werden:

● Meiden von Gefahrengebieten ist eine Selbstverständlichkeit. Dabei vergißt man leicht, daß die Nordseeküste schon bei starkem Wind im Bereich der 5- bis 10-m-Tiefenlinie durch Seen gefährlich wer-

den kann, insbesondere bei Gezeitenstrom.

● Vorsicht beim Kreuzen der Zugbahn eines Sturmgebietes! Hier spielen die Unsicherheit in der prognostizierten Geschwindigkeit und das dem Gebiet vorauseilende Seegangsfeld (Dünung) eine wichtige Rolle. Entscheidend ist aber der Umstand, daß sich der Abstand zwischen Schiff und Gefahrengebiet zwangsläufig verringert.

● Kurse gegen Wind und See möglichst meiden. Sie kosten in der Regel viel Zeit, bei Motoryachten zusätzlich Brennstoff. Oftmals bieten sich günstigere Umwege an, die trotz der größeren Distanz in gleicher oder sogar kürzerer Zeit zum Ziel führen. Dazu benötigt man bei Motoryachten einen Überblick, wie schnell das Schiff bei verschiedenen Seegangshöhen und Einfallsrichtungen der See läuft. Bei Segelyachten

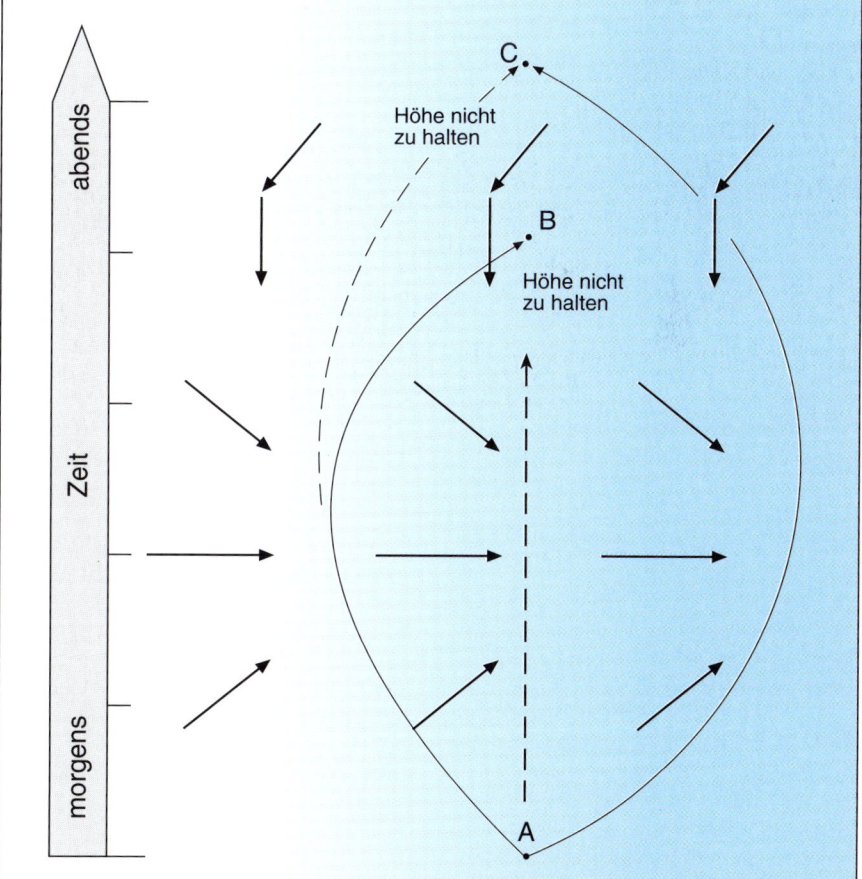

Abb. 11 *Routenwahl von A nach B, C bei rechtdrehendem Wind durchgezogene Linien = günstige Routen, gestrichelte Linien = ungünstige Routen (willkürliche Zeitskala)*

müßte man wissen, wieviel Meilen man durch ständiges Kreuzen gegen den Wind in einer bestimmten Zeit gutmachen kann. Umwege, die mehr als viermal so lang sind gegenüber der direkten Distanz, können günstig sein.

● Bei der Kurswahl auf bevorstehende Windrichtungsänderung achten. Steht rechtdrehender Wind über den beabsichtigten Kurs hinaus bevor, dann ist es ungünstig, den direkten Kurs auf den Zielhafen zu wählen. Es ist ratsam, einen Anfangskurs nach Backbord oder Steuerbord entsprechend Abb. 11 (S. 199) zu steuern, damit man bei rechtdrehendem Wind später auf dem letzten Fahrtabschnitt noch ausreichende Höhe hat, um den Zielhafen direkt anzusteuern. Bei rückdrehendem Wind analog verhalten.

Seewetterkundliche Prüfliste

● **Großräumige Wetterlage**
 – steuernde Druckgebilde
 – Luftmassen
 – wandernde Hochs, Tiefs und Keile

● **Kleinräumige Wetterlage auf der Route von / nach**
 – Wind-, Sturmwarnungen
 – Windstärke (gleichbleibend, zu-, abnehmend)
 – Fronten
 – Windrichtung (gleichbleibend, rechtdrehend, rückdrehend)
 – Böigkeit
 – Niederschläge
 – Sicht (Nebel)
 – Vereisung
 – Windsee
 – Dünung
 – Kreuzsee

 – Oberflächenströmung
 – See und Strom (Gezeiten)
 – See und Untergrund
 – Winde an Gebirgen:
 Steilküsteneffekt
 Kapeffekt
 Düseneffekt
 Inseleffekt
 Fallwinde
 – Regionale Winde:
 Landwind, Seewind, Mistral, Bora, Schirokko, Etesien
 – Eis
 – optische Besonderheiten

● **Wetternavigatorische Maßnahmen**
 – Nothafen (unter welchen Bedingungen anlaufbar?)
 – Umwege zur Vermeidung von Gefahren
 – Alternativrouten

Lernkontrolle

1. Welche drei Möglichkeiten gibt es, einen Seewetterbericht zu zeichnen? (Absatz 3, 7, 8)

2. Welche Unterlagen und Regeln sind zum Zeichnen des Seewetterberichts hilfreich? (Absatz 2, 4, 6, Abb. 1)

3. Zeichnen und beschriften Sie ein vereinfachtes Stationsmodell! Welches sind die Symbole für das gegenwärtige Wetter? (Abb. 4)

4. Nehmen Sie einige Seewetterberichte Nord- und Ostsee auf, z. B. über den Deutschlandfunk (Frequenz 1269 kHz, Sendezeiten 0105, 0640 und 1105 GZ)! Hilfreich sind dabei die Bordwetterkarte Nr. 9: Nord- und Ostsee (für Deutschlandfunk), ferner die Abkürzungen entsprechend Absatz 9 und mitlaufendes Tonband.

5. Wie sollte man sich seine Wetterinformationen gliedern? (Absatz 10)

6. Warum sollten Kenntnisse über die Großwetterlage vorhanden sein? (Absatz 11 und 14)

7. Zu welchen Navigationsarten passen welche Vorhersagebereiche und welche Seewetterberichte? (Tabelle Seite 196)

8. Zeichnen Sie die Prognosen aus den aufgenommenen Wetterberichten! (Beispiel Abb. 9)

9. Wozu dient ein Streckenwetterbericht? (Absatz 16)

10. Woran sollte man bei kritischen Wetterlagen zusätzlich denken? (Absatz 17)

11. Wie könnte eine seewetterkundliche Prüfliste aufgebaut sein? (Tabelle Seite 200)

12. Was bedeutet meteorologische Navigation in der Sportschiffahrt? (Absatz 18)

13. Welche Beispiele lassen sich zur meteorologischen Navigation finden? (Absatz 18)

29. Meteorologische Geräte

1. Meßinstrumente bestehen im allgemeinen aus folgenden Funktionsteilen:
Meßwertgeber
Meßwertwandler
Meßwertübertrager (bei örtlich geteilten Geräten)
Meßwertanzeige
Früher arbeiteten diese Teile durchweg mechanisch, heute bestehen sie aus elektrischen oder elektronischen und mechanischen Bauteilen. Dies soll am Beispiel eines Barographen verdeutlicht werden, ausgehend vom Meßprinzip (Abb. 1):

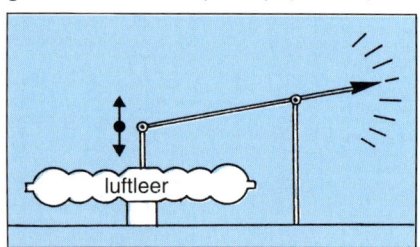

Abb. 1 *Meßprinzip eines Barometers*

Abb. 2 *Mechanischer Barograph für Registrierungen von einer Woche*

2. Mit dem **Barographen** wird der **Luftdruck** gemessen und aufgezeichnet, oder er wird elektronisch gespeichert. Die Aufzeichnung erfolgt als Kurve auf einem Papierstreifen, der auf eine langsam rotierende Trommel aufgespannt ist. Man kann von der Kurve den absoluten Druckwert zu jedem bestimmten Zeitpunkt ablesen sowie die Tendenz und auch die Geschwindigkeit der Druckveränderung entnehmen. Bei elektronischer Speicherung wer-

Barograph	vollmechanisch (Abb. 2)	teilelektronisch (Abb. 3)	vollelektronisch
Meßwertgeber	Dose	Dose	elektronischer Drucksensor
Meßwertwandler	Gestänge	elektronische Abtastung	elektronische Schaltkreise
Meßwertanzeige	Uhrwerk mit Trommel	Computer mit Display	Computer mit Display

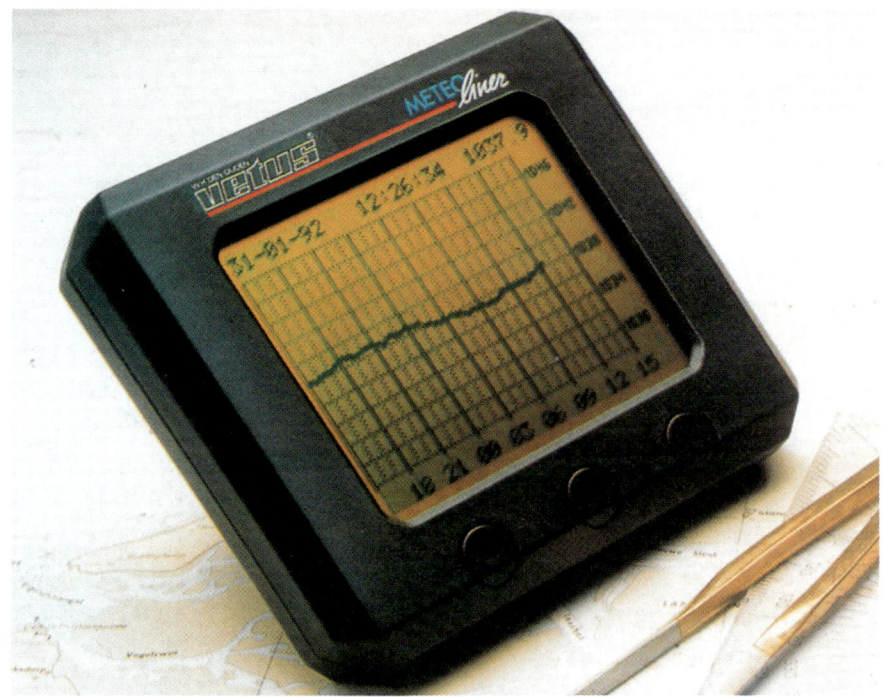

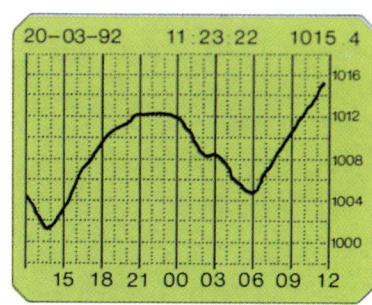

Eine Schönwetterlage ist im Kommen

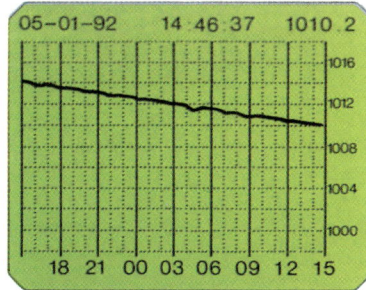

Eine Schönwetterlage geht zu Ende

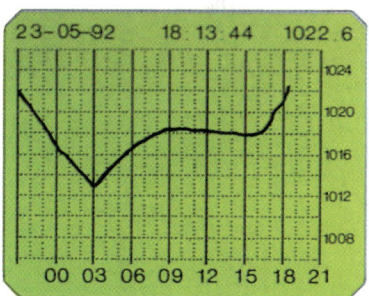

Gefährliche Troglage

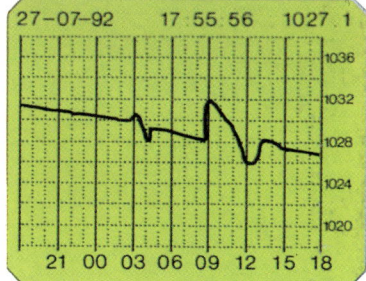

Gewitter zieht auf

den die Daten meistens als Zahlen, seltener auch als Kurven dargestellt. Sie ermöglicht zusätzliche Hilfsfunktionen wie zum Beispiel den Alarm bei der Überschreitung eingegebener Grenzwerte von Druck oder Tendenz.

Abb. 3 *Vetus-Baroskop (24-Stunden-Barometer) und einige Beispiele, wie es gelesen werden kann*

3. Bei einfachen **Barometern** (Abb. 6) fehlt die Aufzeichnungsfunktion. Man kann nur den augenblicklichen Druck ablesen. Um die Tendenz zu erkennen, muß der Druck regelmäßig, üblicherweise zweistündlich, abgelesen und aufgeschrieben werden. Der Druck wird zusammen mit einfachen Wetterzeichen ins Logbuch eingetragen. Neben dem normalen **Dosenbarometer,** auch **Aneroidbarometer** genannt, gibt es auch **Flüssigkeitsbarometer,** die vornehmlich zum Eichen benutzt werden (Abb. 4 in Kapitel 21).

4. In Abb. 3 sind die Druckkurven (Barogramme) verschiedener Wetterabläufe dargestellt. Das Barogramm gestattet eine nachträgliche Auswertung (hindcasting) des Wettergeschehens. Für die Beurteilung der Wetterentwicklung ist es eine wichtige Informationsquelle neben anderen. Auf sie allein kann man eine Vorhersage nicht stützen.

5. Windmesser, auch **Anemometer** genannt, bestehen aus **Windgeschwindigkeitsmesser** und **Windrichtungsanzeiger**. Kernstück der

Abb. 4 *Windmeßanlage (VDO Logic Wind). Angezeigt werden die scheinbare Windgeschwindigkeit (in km/h, Bft, m/s), wahre Windrichtung und wahre Windgeschwindigkeit sowie die Geschwindigkeitskomponente gegen oder mit dem wahren Wind (VMG).*
Rechts einige Beispiele.

Abb. 5 *Windmeßgeber*

Absolute Windrichtung: Mit der auf den Kompaß bezogenen „geographischen" Windrichtung sind Winddreher gut feststellbar.

Geschwindigkeit gegen den Wind.

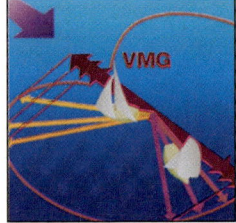

Scheinbare Windrichtung: Die zur Bootslängsrichtung gemessene Windrichtung wird angezeigt.

 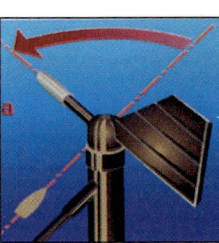

Windmeßanlage (Abb. 4) ist der am Masttopp montierte Windmeßgeber (Abb. 5), zusammengesetzt aus Windfahne und Schalenkreuz. Die Messung erfolgt mit berührungslosen Induktiv- und Hallsensoren.

6. Windmeßanlagen zeigen nur auf einem ortsfesten Schiff den wahren Wind an. Auf einem fahrenden Schiff bezieht sich die Anzeige auf den scheinbaren Wind, es sei denn, es handelt sich um eine sehr aufwendige Anlage, die mit den Navigationssensoren gekoppelt ist.

7. Die **Lufttemperatur** wird mit den üblichen **Flüssigkeitsthermometern** gemessen oder nach dem Prinzip der Verformung von Bimetallstreifen. Es gibt ferner elektronische Temperaturfühler, deren Meßwert über einen Wandler digital angezeigt wird.

8. Die **Luftfeuchte** wird mit **Hygrometern** gemessen. Bei mechanischen Geräten macht man sich die feuchtigkeitsabhängige Längendehnung bestimmter Haararten oder die Verformung speziell beschichteter Metalle zunutze. Es gibt daneben eine Reihe elektrischer Feuchte-Meßverfahren, die wohl in den nächsten Jahren preiswert auf den Markt kommen werden.

Lernkontrolle

1. Aus welchen grundsätzlichen Funktionsteilen bestehen Meßgeräte? (Absatz 1)

2. Wie kann man bei einem Barometer die Drucktendenz festhalten? (Absatz 3)

3. Was läßt sich aus Barographenkurven herauslesen? (Absatz 4)

4. Kann man aus einem Barogramm die Weiterentwicklung des Wetters ableiten? (Absatz 4)

5. Wie wird der Wind gemessen? Welchen Wind zeigen die Geräte an, wenn das Schiff Fahrt macht? (Absatz 5 und 6)

6. Mit welchen mechanischen Methoden werden Lufttemperatur und Luftfeuchte gemessen? (Absatz 7 und 8)

Abb. 6 *Links Barometer mit Einteilung in hPa/inch, oben Hygrometer mit Thermometer, rechts Glasenuhr mit arabischem Zifferblatt (Wempe)*

Teil IV: Seemannschaft

30. Das Segelfahrzeug

Takelungsarten

1. Unter den Hochseesegelyachten sind heute neben der Slup die Yawl, die Ketsch und vereinzelt auch der Schoner gebräuchlich (Abb. 1). Die so getakelten Yachten sind ausschließlich mit **Schratsegeln** (Längssegeln) ausgestattet, was sie im Gegensatz zu Rahseglern hoch an den Wind gehen läßt. Mit **Rahsegeln** (Dwars- oder Quersegeln) sind in erster Linie Großsegler bestückt. Ihre Gesamtsegelfläche, aufgeteilt auf handhabbare Einzelflächen, wäre in Form von Schratsegeln nicht unterzubringen. Erst bei den modernen Großseglern, die mit festeren Tuchen und mit elektro- oder hydraulikmechanischen Berge- und Reffvorrichtungen arbeiten, sind auch Schratsegelriggs möglich geworden.

2. Wenige **große Segelflächen** sind wirksamer als mehrere kleine. Gäbe es keine Grenzen durch die Reißfestigkeit des Tuchs und die Beherrschbarkeit des einzelnen Segels durch Mensch und Mechanik, würde man die gesamte Segelfläche an einem Stück fahren.

3. Bei Yachten würde man das sicherlich auch tun, wenn man dabei nicht auf die „Düse" verzichten würde. Die Düse (Abb. 2), das ist der Spalt zwischen zwei geringfügig überlappenden Segeln, wirkt sich vorteilhaft auf die Strömung der Leeseite aus. Durch sie erhält der hintere Teil der Gesamtfläche neue, unverwirbelte Anströmung, die ein Ablösen des Luftstromes in diesem Bereich verhindert. Nur anliegende Strömung bringt auf Amwindkursen Vortrieb.

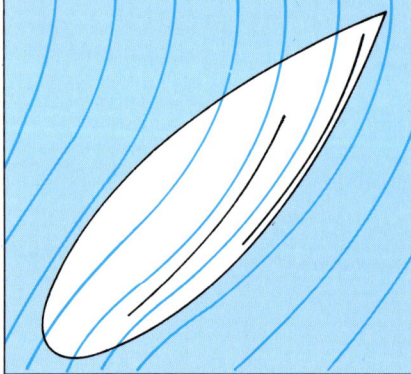

Abb. 1 *Die Takelungsarten der gebräuchlichen Segelyachten*

Abb. 2 *Die Düse läßt die Strömung anliegen*

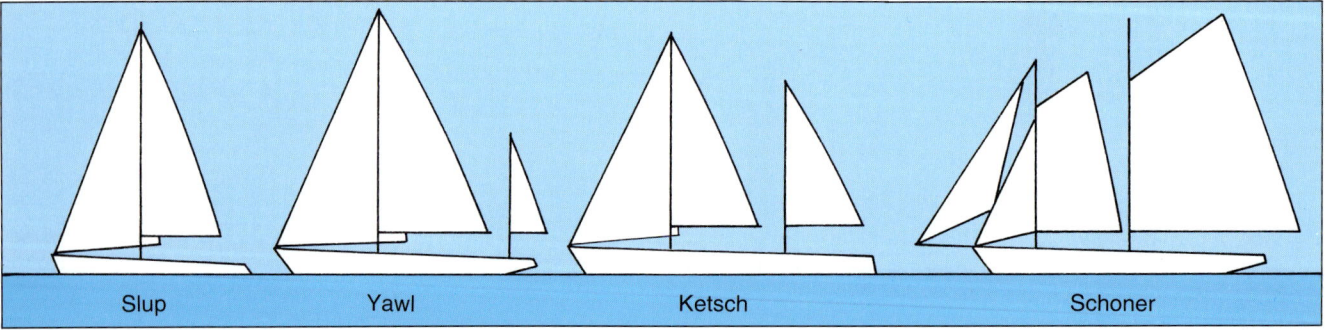

| Slup | Yawl | Ketsch | Schoner |

4. So ergibt sich für die normale Segelyacht die **Slup** als optimale Takelungsart. Ihre Abwandlungen als Kutterrigg (mit zwei Vorsegeln) oder als Gaffelslup sind Varianten, die historisch ihre Bedeutung haben, heute aber in erster Linie geschmacklich begründet sind. Ein Kutterstag, an dem die kleineren Focken gefahren werden, ist auf modernen Slups beliebt, um auch bei kleinen Vorsegeln die Düsenwirkung zu behalten. Ob das Vorstag am Masttopp oder tiefer angeschlagen ist, hat weniger eine aerodynamische Bedeutung als mehr eine mechanische. Das sogenannte 7/8-Rigg oder 3/4-Rigg ermöglicht es, mit dem Achterstag den Mast so zu biegen, daß der Großsegelbauch nach vorn herausgezogen und das Segel flach getrimmt wird (Abb. 3). Auch beim hochgetakelten Vorsegel kann der Mast zu Trimmzwecken gebogen werden. Man benutzt dazu dann Kutter- und Babystag.

5. Die **Yawl** ist eigentlich nur eine Variante der Slup. Ihr Besansegel ist so klein wie möglich gehalten, damit von den eigentlichen Vortriebssegeln nur wenig Fläche abgenommen wird (Prinzip der möglichst großen Einzelsegelfläche). Es dient ausschließlich dem Zweck, eine bei optimal eingestelltem Vor- und Großsegel verbleibende Gierigkeit wegzutrimmen. Würde man dies mit dem Großsegel erreichen wollen, müßte von der idealen Vortriebseinstellung abgewichen werden. Außerdem bildet der möglichst weit achtern stehende Trimmbesan einen langen Hebelarm, mit dem sich die Trimmwirkung leichter, also mit geringerer unerwünschter Nebenwirkung erzielen läßt. Heute wird allgemein der Vorzug der Yawl gegenüber einer Slup bezweifelt, weshalb sie auch in der Regattaszene fehlt. Übrigens heißt gieren auf englisch „to yaw". Der Name Yawl beschreibt den Sinn dieser Takelungsart.

6. Einen anderen Zweck verfolgt die **Ketsch.** Bei ihr geht es darum, die Großsegelfläche auf zwei Segel aufzuteilen, um sie mit kleinen Crews besser bedienen zu können. Der Preis für diesen Vorzug sind gewisse Abstriche an der Segeleffektivität. Zu warnen ist vor einem oft vertretenen Argument für die Ketsch, man könne anstelle zu reffen das Großsegel wegnehmen. Wer so verfährt, übersieht, daß Vorsegel und Besan dem erhöhten Druck ausgesetzt bleiben. Die zurückgehende Krängung vermittelt ein falsches Sicherheitsgefühl.

7. Bei der Aufteilung des Großsegels in Groß und Besan fällt der Besan nicht ohne Absicht kleiner aus als das Groß. Der Grund liegt in der **Strömung bei Amwindkursen.** Sie wird vom Vorsegel und weiter vom Großsegel nach innen abgelenkt, so daß sie den Besan schließlich nur noch in sehr spitzem

 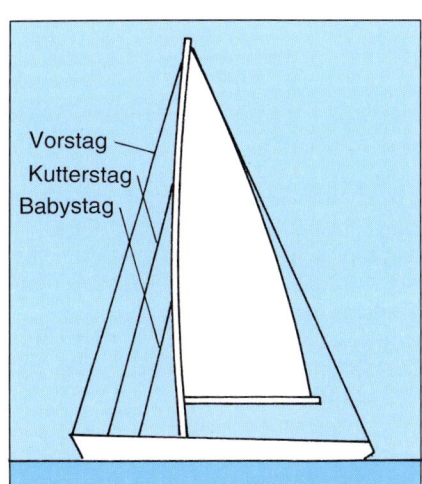

Vorstag
Kutterstag
Babystag

Abb. 3 *Trimmen des Großsegelprofils (links beim 3/4-Rigg, rechts beim hochgetakelten Rigg)*

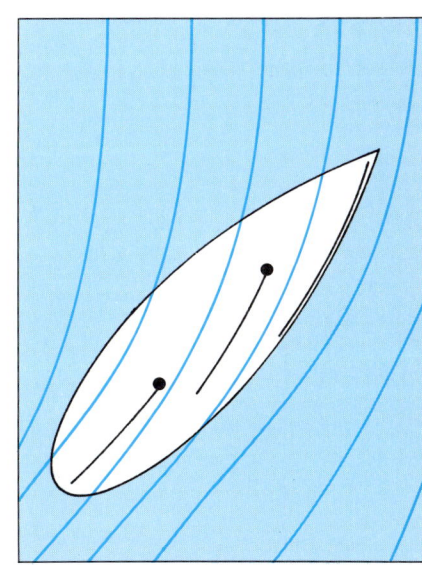

Abb. 4 *Am Wind bleibt für den Besan nur ein winziger Anstellwinkel*

Winkel bestreicht. Dem Grundsatz entsprechend, daß die Segelkraft am stärksten auftritt, wo die Strömung am meisten gekrümmt wird, bewirkt der flach angeströmte Besan nur noch einen geringen Anteil der Gesamtsegelkraft (Abb. 4). Im Großsegel ist die Segelfläche besser investiert.

8. Beim **Schoner** wird genau gegen diese Einsicht verstoßen. Das größte Segel ist das achtere, das deshalb auch nicht Besan, sondern Schonersegel heißt. Man nimmt die schlechtere Amwindleistung in Kauf, erhält dafür aber bessere Raumwind- und Vormwindeigenschaften. Das aufgefierte Schonersegel reicht

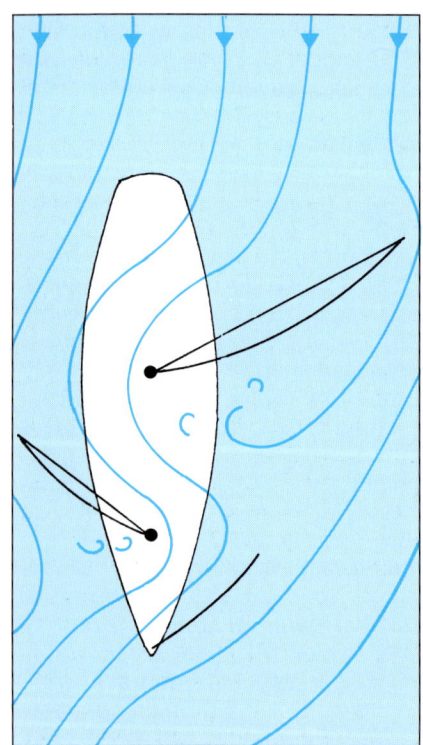

Abb. 5 *Das große Schonersegel vorm Wind*

seitlich weit hinaus und schiebt besser als die sich gegenseitig abdeckenden Segel einer Ketsch (Abb. 5). Der Schoner wird gern auf den Passatrouten und entlang den nordamerikanischen Küsten gesegelt, wo fast immer Halbwindkurse anfallen.

Die Segel

9. Jedes Rigg ist so ausgelegt, daß man die Segelfläche den Windverhältnissen anpassen kann. Das geschieht durch Auswechseln der einzelnen Segel gegen kleinere oder durch Wegreffen eines Teils ihrer Fläche. Moderne Fahrtenyachten haben **Rollreffanlagen** für Groß- und Vorsegel. Sie sind insofern ein Sicherheitsgewinn, als man zum Reffen oder Segelbergen nicht mehr aus dem Cockpit muß und angesichts der einfachen Bedienung schneller bereit ist, die Segelfläche der veränderten Windstärke anzupassen. Ihre Gefahr steckt in der Anfälligkeit der Mechanik bei Fehlbedienung. Ein bei Starkwind ungebremst ausrauschendes Segel dürfte durch den harten Anschlag am Ende mit Sicherheit einigen Schaden anrichten.

10. Beim Reffen ist auf die Lage des Gesamtsegeldruckpunktes zu achten. Vor-, Groß- und Besansegel sind gleichförmig zu reffen. Die **Symmetrie** vor und hinter dem Lateraldruckpunkt muß beibehalten bleiben, damit die Yacht gut auf dem Ruder liegt.

11. Bis auf Sturmfockformat aufgewickelte Vorsegel sind kein Ersatz für eine geeignete Sturmbesegelung. Der Liekwulst wäre zu dick für

die kleine anschließende Segelfläche, und das Resttuch hätte im Vorliek keinen Halt. Für eine besondere **Sturmfock** muß bei vorhandenem Rollvorsegel ein eigenes Stag gesetzt werden können. Frei fliegend eine Sturmfock zu setzen, wenn es bereits mit acht oder neun weht, gelingt kaum. Als Ersatz für ein fehlendes Fockstag eignet sich ein **Stahlvorfall,** das entsprechend hart durchgesetzt wird. In den „Sicherheitsrichtlinien" der Kreuzer-Abteilung wird ein **Trysegel** als Sturm-Großsegel empfohlen. Es hat allerdings gegenüber dem dreimal gerefften Großsegel den Nachteil, daß man es zum Setzen oberhalb des geborgenen Großsegels umständlich in die Mastkeep einführen muß, eine Arbeit, die bei schwerem Wetter gefährlich ist. Moderne Yachten haben heute keine getrennte Mastrutscherschiene mehr für das Trysegel. Ist sie vorhanden, kann man das Trysegel angeschlagen in Bereitschaft fahren.

12. Aus Sicherheitsgründen ist es nötig, **Ersatzsegel** mitzuführen. Die Sturmbesegelung reicht nicht aus, weil man sich im Falle einer Legerwallsituation damit nicht freikreuzen kann. Als Minimum gilt eine Arbeitsfock, die ebenso wie die Sturmfock unabhängig vom Rollvorstag gesetzt werden kann. Mit dieser Fock allein läßt sich bereits Höhe ersegeln.

Manövrieren unter Segel

13. Gute Segelmanöver zeichnen sich durch die Harmonie aus, die zwischen dem Rudergehen und der

Schotführung besteht. Da auf Segelyachten beides von verschiedenen Personen wahrgenommen wird, ist die **Crewführung** der Schlüssel zum Erfolg. Daß die Crew den Ablauf der Manöver beherrscht und jeder einzelne seine Aufgabe kennt, ist die eine Voraussetzung. Die andere ist die geeignete Manöverleitung. Der Skipper kündigt das Manöver an, so daß sich die Crew vorbereiten kann. Für die Durchführung gibt er mit klaren Kommandos den Zeittakt an. Und er diktiert das Ausmaß, wie weit aufgefiert oder dichtgeholt wird. Funktioniert das Zusammenspiel in dieser Weise, kann er mit äußerster Feinfühligkeit die Yacht manövrieren. Er kann nicht nur zu jedem Zeitpunkt des Manövers den Vortrieb optimieren, sondern auch durch alternierendes Dichtholen und Fieren der vorderen und achteren Segel das Anluven und Abfallen unterstützen. Je besser eine Crew eingespielt ist, desto knapper werden die Kommandos. Oft reicht ein Handzeichen oder ein Blickkontakt, um ein bereits erwartetes Kommando zu geben. Unnötiges Gebrüll wird als lästig empfunden, zumal es oft einen gewissen Mangel an Souveränität verrät.

14. Die Kunst der richtigen **Segelstellung** zu beherrschen, zeichnet den guten Segler aus. **Am Wind** wird mit dem Kurs gespielt. Jedes Raumen oder Schralen des Windes wird mit dem Kurs ausgeglichen, so daß der optimale Windeinfallswinkel unverändert bleibt. Die Segel sind auf maximale Höhe fest eingestellt. Bei allen **anderen Kursen** wird die Segelstellung nachgetrimmt und der Kurs konstant gehalten. Die Bauchigkeit der Segel paßt man der Windgeschwindigkeit und auch dem

Windeinfallswinkel an, alle Trimmmöglichkeiten wie Spannung von Fallen, Liekstreckern und Cunningham-Stropp sowie die Mastbiegung werden dazu genutzt. Wird der Kurs geändert, ist die Segelstellung schon während des Anluvens beziehungsweise Abfallens dem sich verändernden Windeinfallswinkel nachzuführen.

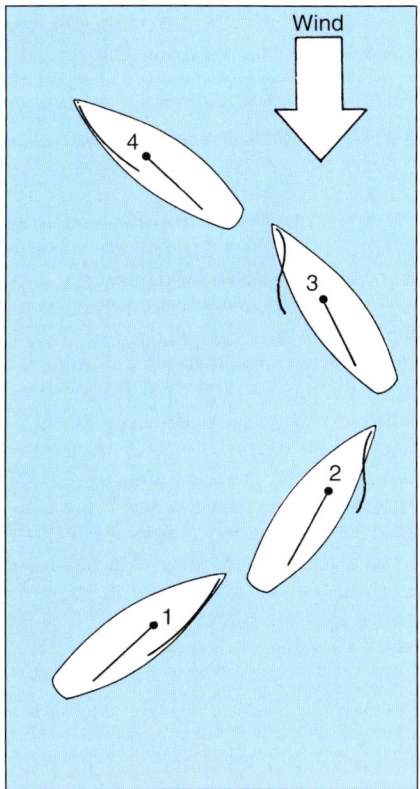

Abb. 6 *Die Idealwende*

15. Das **Wendemanöver** (Abb. 6) umfaßt die vortriebslose Phase vom Amwindkurs (Pos. 1) durch den Wind drehend wieder zum Amwind-

kurs (Pos. 4). Die Wende schon vom Halbwindkurs aus einzuleiten, würde Vortrieb verschenken. Mit dem Anluven aus dem Amwindkurs heraus (Pos. 2) fällt das Vorsegel ein. Man läßt es nur dann backstehen, wenn man den zusätzlichen Drehimpuls braucht. Andernfalls würde das backstehende Segel nur bremsen. Man wirft es los, sobald es auf dem alten Bug einzufallen beginnt. Das Vorsegel fliegt mit dem Drehen der Yacht frei zur neuen Leeseite und wird, sobald es außerhalb der Wanten angelangt ist (Pos. 3), wieder dichtgeholt. In diesem Augenblick wird auch das Drehen gefühlvoll abgefangen und wieder geradeaus gesteuert (Pos. 4).

16. **Die Halse** (Abb. 7) reicht vom raumen Kurs auf dem einen Bug (Pos. 2) zum raumen Kurs auf dem anderen (Pos. 5). Es kommt dabei darauf an, den Großbaum und, falls vorhanden, auch den Besanbaum und den Fockbaum dichtzuholen, bevor man die Yacht mit dem Heck durch den Wind dreht. Versucht man schon bei halbem Wind (Pos. 1), die Baumsegel dichtzuholen, muß man viel Kraft aufwenden, und man erzeugt eine unangenehme Luvgierigkeit. Platt vor dem Wind geht das erheblich leichter, aber schon ein kleiner Steuerfehler würde die Bäume zu früh umschlagen lassen. Deshalb wählt man zum Dichtholen einen Windwinkel von etwa 150° (Pos. 2). Den hält der Rudergänger eisern, bis alle Bäume mittschiffs stehen. Erst dann wird rund achtern gegangen (Pos. 4). Aber nur ein Stück! Auf dem anderen Bug (Pos. 5) werden auch wieder etwa 150° Windwinkel gehalten, bis alle Baumsegel aufgefiert sind. Hinter diesem Kurshalten verbirgt sich das sogenannte Stützruder. Es

211

ist wichtig, damit die Yacht bei starkem Wind nicht von selbst durchluvt, dabei wie wild krängt und aus dem Ruder läuft.

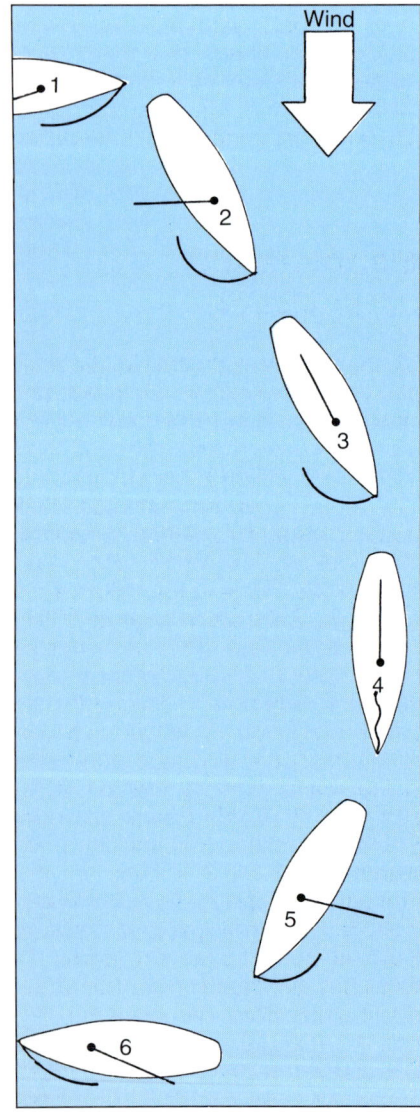

Abb. 7 *Die Idealhalse*

Der Motor

17. Längst gilt die Antriebsmaschine einer Segelyacht nicht mehr als Hilfsmotor oder Flautenschieber. Ein solider Dieselmotor ist heute eine unabdingbare Voraussetzung für den sicheren Betrieb einer Segelyacht. Die Häfen sind so gestaltet, daß man sie nur unter Motor sicher anlaufen kann. Sportlich schneidige Segelmanöver im Hafen bedeuten eine unnötige Gefährdung der anderen Hafenlieger.

18. Entsprechend ist für die **Betriebssicherheit** des Motors zu sorgen. Wartung und Inspektionen sind anweisungsgemäß durchzuführen, täglich sind Ölstand, Kühlwasserstand, Keilriemenspannung und die Motorbilge zu prüfen. Nach dem Starten wird auf Kühlwasseraustritt aus dem Auspuff, auf Öldruck und auf Ladestrom geachtet. Man läßt den Motor vor dem ersten Manöver etwas warmlaufen, damit er sich im Leerlauf stabilisiert. Während des Betriebs ist auf das gewohnte Geräusch zu achten, und ab und zu sind die Motorinstrumente abzulesen: Öldruck, Wassertemperatur, Ladestrom und Drehzahl in Beziehung zur Fahrleistung. Wenn in der Betriebsanleitung nicht vorgegeben, notiert man sich selbst die Normalwerte. Öldruck und Kühlwassertemperatur sind bei vielen Yachten mit einem akustischen Warnsystem verbunden. Bei Abfall des Öldrucks oder bei Übertemperatur des Kühlwassers ertönt ein unüberhörbarer Dauer-Piep, der auch bei eingeschalteter „Zündung" und stehendem Motor zu hören ist.

19. Bei zu hoher **Kühlwassertemperatur** ist der Motor abzustellen, nachdem man sich noch schnell vergewissert hat, ob der Kühlwasserausstoß aus dem Auspuff normal ist. Ist dies der Fall, muß wahrscheinlich Kühlwasser des inneren Kreislaufs (Frischwasser) nachgefüllt werden. Durch Sichtkontrolle ist die Stelle zu suchen, wo möglicherweise Kühlwasser verloren wurde. War der Kühlwasserausstoß aus dem Auspuff reduziert, muß der gesamte Seewasserkreislauf kontrolliert werden. Man beginnt mit dem Seewasserfilter. Er wird gereinigt und kurz unter den Wasserspiegel gesenkt, um zu sehen, ob Seewasser frei nachfließt. (Er sollte normalerweise über dem Wasserspiegel befestigt sein.) Kommt kein Wasser, ist das Seeventil oder das Außensieb verstopft. Lag es daran nicht, wird die motorgetriebene Seewasserpumpe geöffnet und der Impeller, das ist das Schaufelrädchen aus Gummi, kontrolliert. Es muß bei Beschädigung ersetzt werden.

20. Ist der **Öldruck** abgefallen, muß der Motor unverzüglich abgestellt werden, denn Lager und Kolben laufen ohne Schmierung. Die primäre Ursache ist sehr wahrscheinlich ein zu geringer Ölstand im Motor. Öl ist nachzufüllen, und unter gewissenhafter Kontrolle des Öldrucks kann wieder gestartet werden. Zu klären ist, wo das Öl geblieben ist, wenn es sich nicht um einen normalen Ölverbrauch gehandelt hat. Eine Sichtkontrolle des gesamten Motors einschließlich des Ölkühlers und der Verbindungsschläuche sowie der Motorbilge mag Aufschluß geben.

21. Sollte der Motor einmal **nicht** in der gewohnten Weise **starten,** kann das zwei Ursachen haben. Entweder reicht der Batteriestrom nicht für die nötige Startdrehzahl, dann hört man das an dem müden Geräusch. Oder er bekommt keinen Kraftstoff, was man am frischen Startergeräusch, ohne daß der Motor anspringt, erkennt. Der letztere Fall klärt sich meist schon, wenn man den Stoppzug, den man beim letzten Abstellen nicht wieder zurückgeschoben hat, in die richtige Stellung bringt. Ein anderer Anlaß ist selten. Reicht der Batteriestrom nicht, muß auf die Reservebatterie umgeschaltet werden. Manchmal hilft es auch, die Dekompressionshebel der Zylinder (falls vorhanden) zu öffnen, mit dem Starter den nun leicht durchdrehbaren Motor auf Schwung zu bringen, um dann die Zylinder nacheinander zu schließen. Sie zünden jeweils beim Schließen der Dekompressionshebel.

22. Versagt der Motor einmal während des Betriebs seinen Dienst, liegt das in fast allen Fällen an **mangelnder Kraftstoffversorgung.** Typischer Indikator ist ein kurzes Ansteigen, dann ein Abfallen der Drehzahl bis zum Stillstand nach zehn bis zwanzig Sekunden. Was tun? Erstens: Kraftstoffvorrat prüfen. Bei Schräglage kann je nach Bauweise des Tanks etwa das letzte Viertel des Inhalts nicht mehr genutzt werden, ohne Luft anzusaugen. Lag es daran, wird der Inhalt des Reservekanisters eingefüllt, die Kraftstoffanlage entlüftet und der Motor wieder gestartet. War der Kraftstoffvorrat ausreichend, könnte sich der Motor nur an einer einzelnen Luftblase verschluckt haben. Ein neuer Startversuch nach gründlichem Entlüften würde das Problem dann lösen.

23. Meistens liegt die Ursache aber tiefer. Sehr wahrscheinlich ist die Kraftstoffleitung undicht, unterbrochen, zugeklemmt oder verstopft. In all diesen Fällen sollte der Normalsegler (im Gegensatz zum Motoren-Fachmann) nicht lange basteln. Der Absperrhahn des Tanks ist zu schließen, damit kein Diesel in die Bilge läuft. Dann wird der volle Reservekanister in der Nähe der Maschine festgezurrt und der Kraftstoff direkt daraus entnommen. Dazu unterbricht man die Leitung vor der Kraftstoffförderpumpe und stellt eine provisorische Schlauchverbindung zwischen Kraftstoffförderpumpe und dem Kanister her. Nach dem Entlüften müßte ein Startversuch erfolgreich sein.

24. Der **Entlüftungsvorgang** gehört zum Repertoire eines Hochseeseglers. Im Prinzip funktioniert er bei allen Bootsdieselmotoren gleich. Man öffnet die Entlüftungsschraube auf dem Gehäusedeckel des Hauptkraftstoffilters und die auf der Einspritzpumpe. Dann betätigt man den Handhebel der Kraftstoffförderpumpe, wodurch Diesel angesaugt und zum Hauptfilter gepumpt wird. Der muß restlos vollgefüllt werden. Die letzte Luft drückt man noch an der bereits eingesetzten Entlüftungsschraube vorbei, während man sie langsam mäßig dichtzieht. Jetzt pumpt man weiter, bis auch aus der Einspritzpumpe keine Luft mehr austritt, und schließt auch dort die Entlüftungsschraube. Ist auch dies geschehen, kann ein Startversuch unternommen werden. Gelingt er nicht, entlüftet man noch die Hochdruckleitungen von der Einspritzpumpe zu den Einspritzdüsen. Dazu lockert man die Überwurfmuttern an den Einspritzdüsen und dreht den Motor mit dem Anlasser

durch, bis klar erkennbar ein feiner Dieselstrahl herausspritzt. Das sollte nicht länger als etwa 30 Sekunden dauern. Man dreht die Muttern wieder dicht und versucht zu starten. Ein wichtiger Hinweis: Es ist nicht einfach, beim Entlüften den austretenden Dieselkraftstoff so aufzufangen, daß er nicht in die Bilge läuft. Deshalb schneidet man sich vorher aus leeren Bierdosen Auffangschalen zurecht und staffiert die Umgebung mit Küchenpapier aus, das hinterher in den Ölmüll wandert.

Manövrieren unter Motor

25. Je nach Anordnung der Schraube und Form des Unterwasserschiffs entstehen mehr oder minder ausgeprägt einerseits der **Schraubeneffekt** und andererseits der **Anstrahleffekt,** mit dem sich das Heck quasi im Stand zur Seite versetzen läßt. Man legt hart Ruder und drückt mit voraus arbeitender Schraube ein, zwei Sekunden dagegen. Das Schiff nimmt kaum Fahrt auf, weil es dazu seine Gesamtmasse beschleunigen müßte, während für die Drehbewegung nur die weitaus kleineren Masseanteile des Vor- und Achterschiffs bewegt werden müssen (Abb. 8). Beide Effekte muß der Schiffsführer genau kennen, um sie einerseits für die Manöver zu nutzen und sich andererseits vor ungewollten Eigenwilligkeiten seines Schiffes zu schützen. Moderne Z-Antriebe, bei denen die Schraube direkt hinter dem Kiel sitzt (Abb. 9), haben mangels Hebelarm zum Drehpunkt kaum Schraubeneffekt. Allerdings ist auch ihre Anstrahlwirkung meistens sehr gering,

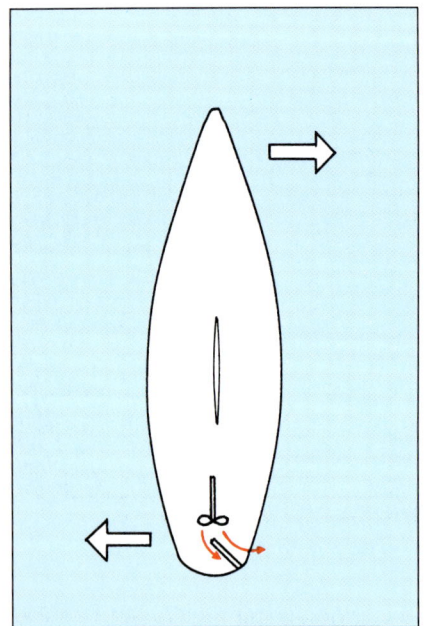

Abb. 8 *Der Anstrahleffekt*

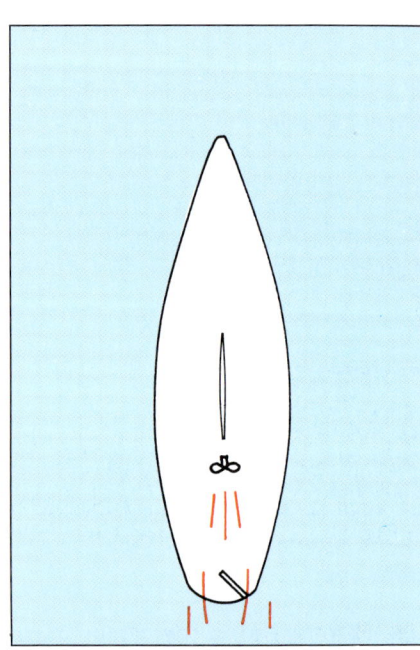

Abb. 9 *Bei dieser Schraubenanordnung gibt es weder Schrauben-
noch Anstrahleffekt*

weil der Schraubenstrahl auf die lange Distanz das Ruderblatt nicht mehr voll trifft. So motorisierte Yachten lassen sich unter Motor nur mit Fahrt durchs Wasser manövrieren. Bei herkömmlicher Schraubenanordnung vor dem Ruderblatt sind dagegen beide Effekte wohlausgeprägt, und wenn man Glück hat, ist der Anstrahleffekt dem Schraubeneffekt überlegen.

26. Segler sollten lernen, ihre Yacht unter Motor wie ein Motorfahrzeug zu manövrieren. Um **enge Kurven** zu fahren (Abb. 10), stoppt man die Yacht zunächst auf (Pos. 2), um beim erneuten Anfahren (Pos. 3) den Anstrahleffekt voll zu nutzen. Muß **auf der Stelle gedreht** werden, wird nach dem Andrehen aus dem Stand die gerade entstehende Vorausfahrt mit kleiner Fahrt zurück

gleich wieder aufgestoppt. Hat man die Wahl der Drehrichtung, dreht man so, daß beim Zurückarbeiten der Schraube der Schraubeneffekt den Drehsinn unterstützt. Bei linksgängiger Schraube zieht das Heck bei Zurück nach Steuerbord, deshalb wird links herum gedreht.

27. Beim Anfahren rückwärts (Abb. 11) ist zunächst keine Ruderwirkung vorhanden. Das Schiff dreht unbeabsichtigt, bedingt durch den Schraubeneffekt. Man muß dies voraussehen und die Yacht vor dem **Fahrtaufnehmen rückwärts** entsprechend schräg zur vorgesehenen Fahrtrichtung anstellen (Pos. 1).

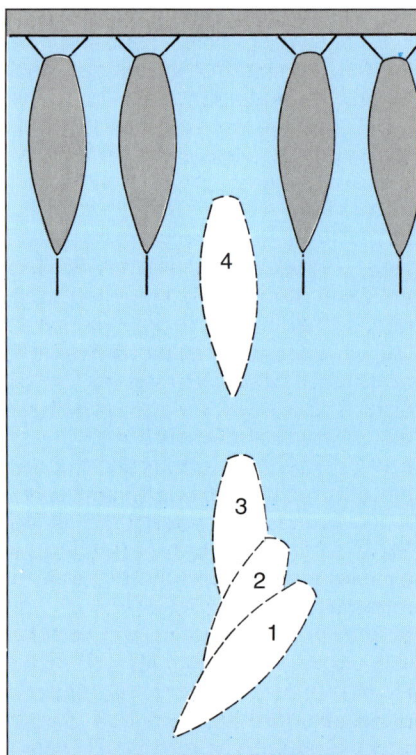

Abb. 11 *Rückwärts anfahren mit
Schraubeneffekt (hier: linksgängige
Schraube)*

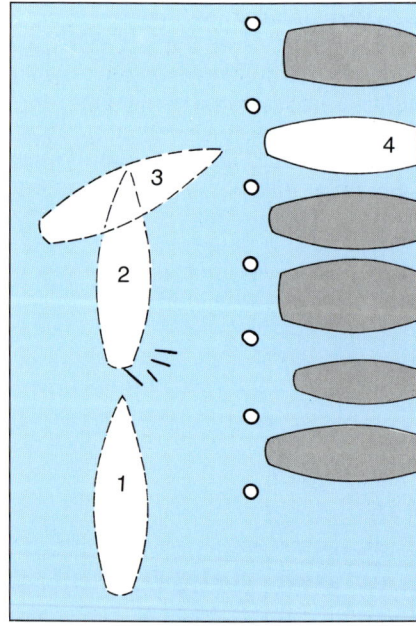

Abb. 10 *Enge Kurve durch Aufstoppen*

Moderne Yachten mit Flossenkiel und großem Ruderblatt lassen sich rückwärts gut steuern, sobald sie etwas Fahrt aufgenommen haben (Pos. 3 und 4). Langkieler dagegen haben bei Rückwärtsfahrt kaum Ruderwirkung. Bei ihnen kann es nötig werden, trotz der Rückwärtsfahrt mit dem Anstrahleffekt zu arbeiten. Soll das Heck nach Steuerbord korrigiert werden, wird hart Backbord-Ruder gelegt, was widersinnig erscheint, aber bei Rückwärtsfahrt ohnehin keine Wirkung hat. Das voll ausgeschlagene Ruder wird sodann mit kleiner bis halber Kraft voraus gefühlvoll angestrahlt. Das Heck schwenkt, wie es soll, nach Steuerbord, während die Rückwärtsfahrt nur geringfügig verlangsamt wird. Hat die Yacht die Tendenz, bei Rückwärtsfahrt immer wieder nach Backbord auszubrechen, läßt man das Ruder gleich auf hart Backbord stehen und korrigiert jeweils mit einem kleinen Pusch voraus.

28. Sobald eine Yacht **aufgestoppt** wird, driftet ihr Bug nach Lee weg. Im Wind stehend, kann man sie jedoch unter Motor recht gut halten. Mit kleinen Schüben voraus und entsprechenden Ruderlagen läßt sich ihre Lage korrigieren. Rückwärts im Wind stehend, lassen sich nur Yachten mit geringem Schraubeneffekt halten. Bei starkem Wind muß man immer bedenken, daß viel Platz nötig ist, um den Bug gegen den Wind anzudrehen. Ist dies erforderlich, um zum Beispiel an einen Liegeplatz zu gelangen (Abb. 12), muß man rechtzeitig vor einem Hindernis in den Wind drehen und dann im Wind stehend sich seitlich zum gewünschten Ort versetzen lassen. Man kontrolliert diesen seitlichen Versatz durch leichtes Ausscheren aus der Windrichtung.

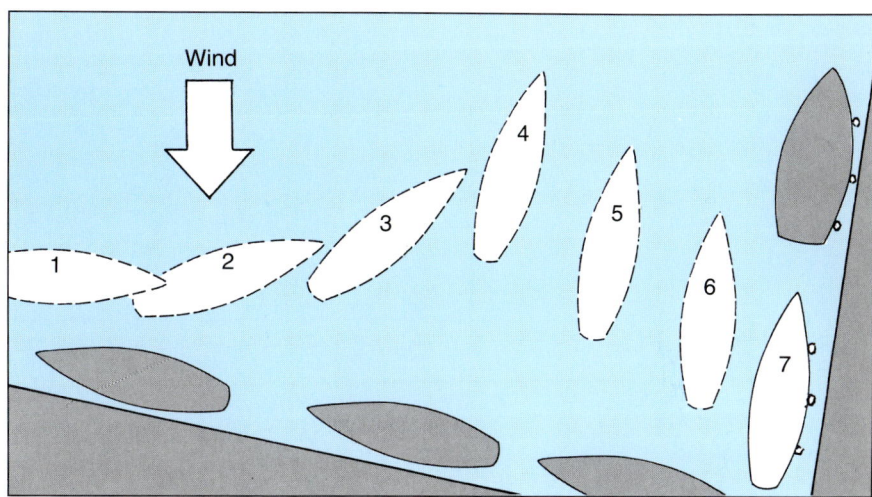

Abb. 12 *Im Wind stehend, läßt man sich zum Liegeplatz versetzen*

29. Beim Anlegen oder Ablegen gegen den Winddruck oder auf engem Raum ist die **Spring** zu benutzen. Mit einem möglichst dicken Kissenfender direkt an der Stevenkante, weiteren Fendern entlang der ausgebauchten Bordwand und einer sorgfältig durchgesetzten Spring wird Kratzern vorgebeugt. Das Heck ist frei schwenkbar. Beim Anlegen wird es auf diese Weise zur Pier hin und beim Ablegen von der Pier weg geschwenkt (Abb. 13). An der Pier hält man das Schiff gegen die Spring dampfend unter Kontrolle, bis die weiteren Leinen fest sind. Beim Anlegen rückwärts mit dem Heck zur Pier wird die Luv-Achterleine für den gleichen Effekt benutzt (Abb. 14). Man dampft in sie ein, um den Bug gegen Seitenwind zu stützen, bis die Leine des Grundgeschirrs oder der Boje aufgenommen und durchgesetzt ist.

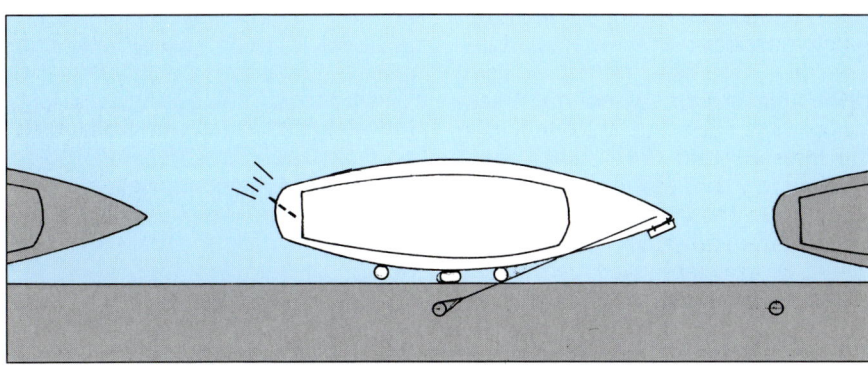

Abb. 13 *Anlegen mit Hilfe der Vorspring*

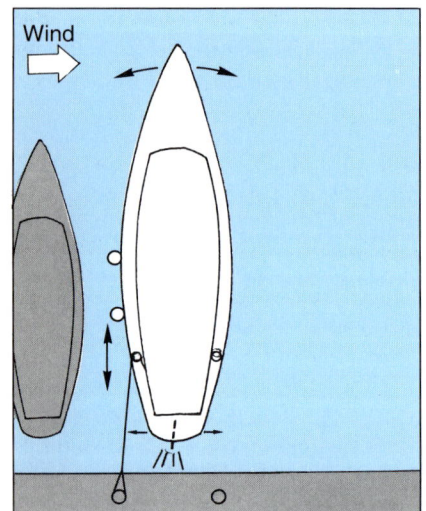

Abb. 14 *Mit dem Heck zur Pier: Eindampfen in die Luv-Achterleine*

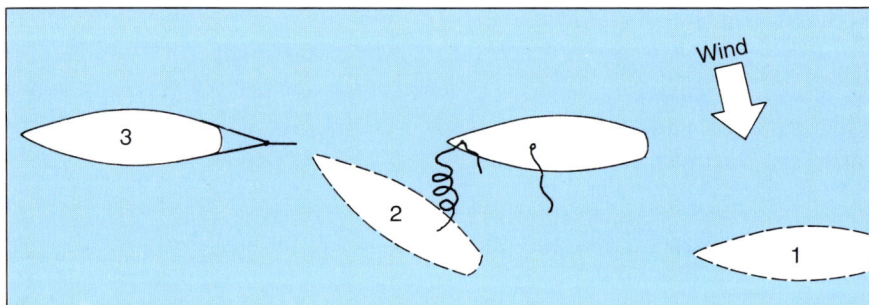

Abb. 15 *Manöver zur Leinenübergabe*

30. Beim Schleppen unter Motor sind einige besondere Regeln zu beachten. Für die Übergabe oder Übernahme der Schlepptrosse passiert man das abzuschleppende Schiff in Schleichfahrt an dessen Leeseite (Abb. 15). In Luv könnte man nicht aufstoppen, ohne Gefahr zu laufen, daß der eigene Bug auf das andere Schiff driftet. Stören auswehende Segel an der Vorbeifahrt in Lee, nähert man sich schräg von Lee achtern dem Bug des Abzuschleppenden. Dort wird auch die Leine geworfen oder entgegengenommen. Bei Wind wirft man die Leine leichter von Luv nach Lee als umgekehrt. Die Schlepptrosse wird auf dem eigenen Schiff durch eine der beiden achteren Lippklampen auf die Genuawinsch geführt. Noch außerhalb der Lippklampe wird mit einem Stopperstek ein zweites Tau an der Schlepptrosse angeschlagen und durch die zweite Lippklampe auf die andere Genuawinsch geführt. Auf diese Weise kann der Zug

wahlweise zwischen Steuerbord und Backbord verlagert werden, was unter Umständen als Steuerhilfe nötig sein wird. Auf einer Yacht ist es nicht möglich, wie bei Hafenschleppern die Schlepptrosse im Drehpunkt des Schiffes zu befestigen. Extrem wirkt sich das Steuerproblem beim Freischleppen einer aufgelaufenen Yacht aus, weil man dabei keine Eigenfahrt macht. Das wechselseitige Hin- und Herholen der Schlepptrosse erweist sich dann als die primäre Steuerung.

31. Keinesfalls sollte die Trosse direkt auf eine Klampe geführt werden. Von einer Winsch läßt sie sich immer problemlos loswerfen, auf der Klampe kann sie sich festgezogen haben, ganz abgesehen davon, daß die Klampe allein die Last kaum aushalten dürfte. Die Schlepptrosse sollte möglichst lang und elastisch sein. Auf See steckt man so viel Trosse, daß beide Schiffe im Gleichtakt welleauf und welleab fahren. Gefährlich ist es, mit Schwung in eine durchhängende Trosse zu dampfen. Das geschieht leicht aus Versehen, wenn die Trossenlänge nicht stimmt. Man versucht aber auch manchmal, damit eine festsitzende Yacht freizu-

rucken. Besonders bei wenig elastischem Schleppgeschirr ist dieses Verfahren äußerst bedenklich. Die Kräfte, die beim Einrucken entstehen, sind unbeherrschbar.

32. Zwischen Schlepper und Geschlepptem muß stets Funk- oder Zeichenverbindung bestehen. Wird die Fahrt reduziert, muß die durchhängende Trosse eingeholt werden, damit sie klar von Schraube und Ruderblatt bleibt. Beim erneuten Anfahren ist wiederum das Einrucken zu vermeiden. Soll das zu schleppende Fahrzeug in einen engen Hafen bugsiert werden, bietet es sich an, längsseits zu schleppen. Der Schlepper wird möglichst weit achtern beigezurrt: gut abgefendert mit Vor- und Achterleine, Vor- und Achterspring, alle steif durchgesetzt. Weit achtern muß er festgemacht sein, damit die

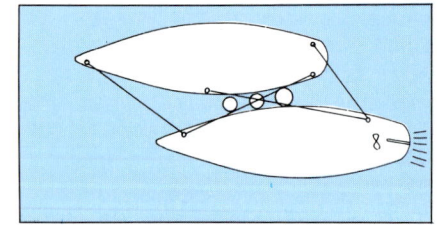

Abb. 16 *Längsseitsschleppen*

Schubrichtung möglichst längsgerichtet ist und nach beiden Seiten Manövrierspielraum läßt (Abb. 16). Die neutrale Schubrichtung zeigt immer auf den Widerstandsmittelpunkt des Gesamtpäckchens. Längsseitsschleppen ist unter Yachten nur in ruhigem Wasser möglich. Schon bei leichtem Seegang würden sich die Fender herausarbeiten und die Schiffe aneinander schaben lassen.

Die Bordelektrik

33. Zentraler Baustein der Bordelektrik sind die Batterien. Sie werden wahlweise von der Lichtmaschine des Motors, von einem Hilfsgenerator oder über ein Ladegerät mit Landstrom geladen. Die Batterien versorgen das Netz für die Starkstromverbraucher wie Anlasser, Ankerwinsch und Bugstrahlruder und für die Schwachstromverbraucher wie Beleuchtung, Instrumente und Radios mit Strom.

34. Damit man nicht überraschend seinen Stromvorrat leerfährt, sind Yachten durchwegs mit **zwei Batterien** oder sogar mehreren ausgestattet. Bei **manuellen Anlagen** (Abb. 17) werden sie mit dem Batteriehauptschalter wahlweise einzeln oder gleichzeitig zugeschaltet (Schalterstellungen: Nr. 1, beide, Nr. 2 oder aus). Zuschalten bezieht sich auf das Geladenwerden und auf das Liefern von Strom. Um beispielsweise die Batterie Nr. 2 als Reservebatterie in Bereitschaft zu halten, muß der Schalter immer auf Nr. 1 stehen und nur ab und zu, während der Motor läuft oder auf andere Weise geladen wird, auf „beide" geschaltet werden, um auch die Reservebatterie voll geladen zu

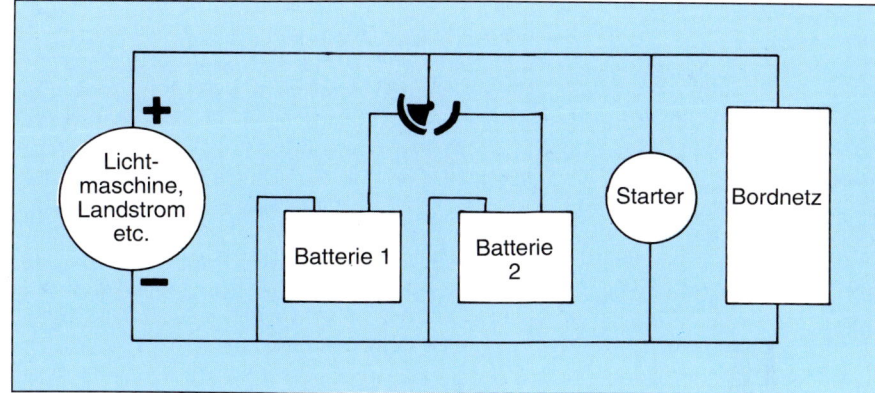

Abb. 17 *Herkömmliche Zweibatterieanlage*

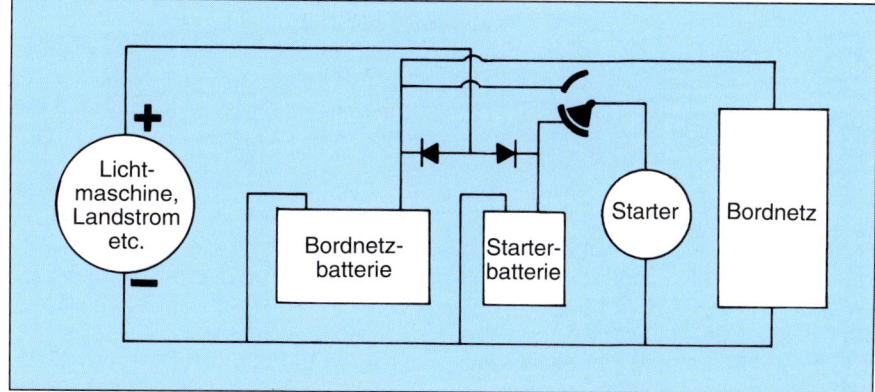

Abb. 18 *Moderne Anlage mit ausgegrenzter Starterbatterie*

halten (zu puffern). Nie darf man den Schalter versehentlich auf „beide" stehen lassen, wenn Batteriestrom verbraucht wird.

35. Bei automatischen Anlagen (Abb. 18) ist neben der Verbrauchernetzbatterie eine zweite eigens für **den Motoranlasser** vorgesehen. Beide werden ständig automatisch geladen. Die Ladebrücke ist mit Dioden gegen Rückfluß gesperrt, so daß nicht Strom von einer vollen in die andere leere Batterie fließen kann. Für die Stromentnahme sind beide Batterien völlig getrennt. Es ist nicht möglich, absichtlich oder versehentlich Strom aus der Starterbatterie in das Verbrauchernetz zu führen. Umgekehrt besteht aber die Möglichkeit, für den Fall aller Fälle den Motor auch mit der Verbraucherbatterie zu starten. Nur für diesen Ausnahmefall muß der Batteriehauptschalter umgestellt werden. Sonst wird zwischen den Batterien nicht hin und her geschaltet.

36. Alle **Verbraucherstromkreise** müssen über Sicherungen laufen, die bei Überlastung oder bei Kurzschluß auslösen. Überlastung der Kabel bedeutet Brandgefahr. Für

Verbraucherstromkreise sind die Sicherungen in der Regel auf einer Schalttafel in der Navigationsecke zusammengefaßt. Da die Starkstromkreise mit ihren großen Kabelquerschnitten möglichst direkt geführt werden, sind ihre Sicherungen üblicherweise im Zuge der Kabelführung zu finden.

37. Eine **220-Volt-Anlage** an Bord bedarf besonderer Absicherung. Ihre Kabelstränge müssen getrennt von der Niedervoltanlage laufen, und sie müssen besonders gekennzeichnet sein. Zur Absicherung gegen Stromschläge muß direkt hinter dem Stromeingang ein FI-Schalter angebracht sein. FI-Schalter spüren die geringste Fehlstromabgabe, wenn zum Beispiel bei Berührung Strom durch den menschlichen Körper abzufließen beginnt, und schalten sofort ab. Man spürt zwar den elektrischen Schlag, erleidet aber keinen Schaden.

38. Die **verschiedenen Ladestromquellen** wie Lichtmaschine, Hilfsgenerator, Landstrom, Solarpaneel etc. stören sich gegenseitig nicht, solange sie durch Dioden gegen Rückstrom gesichert sind. Wird ein ursprünglicher Wechselstrom als Ladestrom gleichgerichtet, ist die Sperrfunktion gegen Rückstrom bereits erfüllt. Alle Ladestromquellen können, Sperrdioden vorausgesetzt, auf die gleiche Ladebrücke geklemmt werden.

39. **Wartung** und Überwachung der elektrischen Anlage gehören heute genauso wie das Management des Stromvorrats zum seemännischen Alltag. In regelmäßigen Abständen muß der Säurestand der Batterien geprüft und nötigenfalls destilliertes Wasser nachgefüllt werden, müssen die Kabelkontakte auf festen Sitz geprüft und eingefettet, muß der Sitz der Batteriebefestigungen nachgesehen werden. Einmal im Jahr sollten die Schalttafeln (auch die für den Motor) abgenommen und die Verkabelungen auf festen Sitz und Korrosionsfreiheit überprüft werden. Ebenso sind die Kabelverbindungen am Mast sowie die Starkstromkontakte an Starter, Ankerwinsch, Bugstrahlruder und ähnlichem einmal jährlich zu säubern, neu zu fetten und, wo nötig, mit neuen Dichtungen zu versehen.

40. Nach dem **Starten des Motors** ist grundsätzlich das Verlöschen der Ladekontrollampe abzuwarten. Bleibt sie an, lädt die Lichtmaschine nicht. Vier mögliche Ursachen gibt es:

● Nach dem Starten wurde der „Zündschlüssel" wieder auf „aus" gedreht. Abgesehen davon, daß dies die verschiedenen Dioden zerstören kann, ist das harmlos – der Schlüssel wird wieder auf „an" gedreht. Im Gegensatz zum Ausschalten schadet das Einschalten den Dioden nicht.

● Der Keilriemen der Lichtmaschine rutscht oder ist gerissen. Man stellt den Motor ab und bringt den Keilriemen in Ordnung.

● Die Kabelverbindungen zwischen Motorschalttafel, Lichtmaschine und Batterie sind unterbrochen. Die Kontakte sind auf Sitz zu prüfen und Schmelzsicherungen, die zuweilen in Kabelanschlußbuchsen versteckt sind, zu kontrollieren.

● Die Schleifkontakte der Lichtmaschine sind abgenutzt, oder der Regler ist defekt. Man wechselt sie aus oder gibt dies in Auftrag.

41. Zur normalen **Überwachung** der elektrischen Anlage gehört die laufende Beobachtung der unbelasteten Batteriespannung (= Grobanzeige für den Stromvorrat) sowie der **Ladespannung,** die nie 14,3 Volt überschreiten darf. Bei dieser Spannung beginnen die Batterien zu „kochen" (Fachausdruck: gasen). Die Batterien leiden darunter, und es entsteht explosives Wasserstoffgas. Mit dem **Ladestrom** kann die normale Funktion des Ladevorgangs überwacht werden. Seine Anfangsanzeige und sein Abfall im Verlaufe des Ladevorgangs kehren im Prinzip bei jedem Ladevorgang wieder. Man muß sich die Normalwerte für sein Schiff einprägen.

42. Eine vernünftige **Bewirtschaftung** des Stromvorrates verhindert, daß man auch bei Wind dieseln muß. Die Energiemenge, die man der Batterie entnimmt, muß auch wieder geladen werden. Sie berechnet sich als das Produkt aus Stromfluß (Ampere) und Stundenzahl. Eine Nacht mit 10 Stunden Betrieb der Beleuchtung und Instrumente, bei dem im Durchschnitt 10 Ampere Strom fließen, erfordert 5 Stunden Motoren, wenn der Ladestrom dabei im Durchschnitt 20 Ampere beträgt. Auf alle Fälle sollte man vermeiden, in Häfen oder in schönen Buchten mit der Hauptmaschine oder auch mit dem Hilfsgenerator Strom machen zu müssen. Geräusch und Abgase wären eine Zumutung für die Nachbarlieger.

Flüssiggasanlagen

43. Flüssiggasanlagen sind bei unzulässiger Installation und Handhabung in doppelter Hinsicht gefährlich. Ausströmendes Gas sammelt sich im Schiff und kann, weil es schwerer als Luft ist, nicht von selbst entweichen. Mit Luft vermischt, ist es schon in geringen Mengen (ab 2,1 Vol.-%) explosiv. Ein elektrischer Schaltfunke (auch beim Ausschalten!) reicht, um die Explosion auszulösen. Für Menschen, die im Schiff schlafen, besteht außerdem Erstickungsgefahr. Durch sein großes Gewicht (1,6- bis 2mal schwerer als Luft) verdrängt das Gas die Atemluft.

44. Die **Installation** der Gasanlage sollte auf alle Fälle einem zugelassenen Fachmann überlassen bleiben. Es gelten die Vorschriften des DVGW (Deutscher Verein des Gas- und Wasserfaches e.V.) sowie DIN 33812 „Flüssiggasanlagen in Wassersportfahrzeugen". Händler und Bootswerften sind nach dem Gerätesicherheitsgesetz an diese Vorschriften gebunden. Eigenbauer sollten sich in eigenem Interesse daran halten.

Für die Sportschiffahrt ist in der Veröffentlichung der Kreuzer-Abteilung „Flüssiggas auf Sportbooten" das Wesentliche übersichtlich zusammengefaßt: Die Gasflasche muß in einem Raum gestaut sein, der nur von oben zugänglich, zum Schiffsinneren dicht abgeschlossen und mit einer nach außen führenden Lüftung versehen ist. Die Flasche wird über einen Normanschluß mit unverstellbarem Druckregler (50 mbar Ausgangsdruck), Sicherheitsventil (100 bis 120 mbar Abblasdruck) und Absperrhahn angeschlossen (Abb. 19). Von dort führt die Leitung zum Herd und anderen Verbrauchern. Vor jedem Verbraucher ist ein weiterer Absperrhahn angebracht. Die Brennstellen einschließlich der Backröhre haben Zündsicherungen, die automatisch schließen, wenn die Flamme verlöscht. Leitungen, Schläuche und

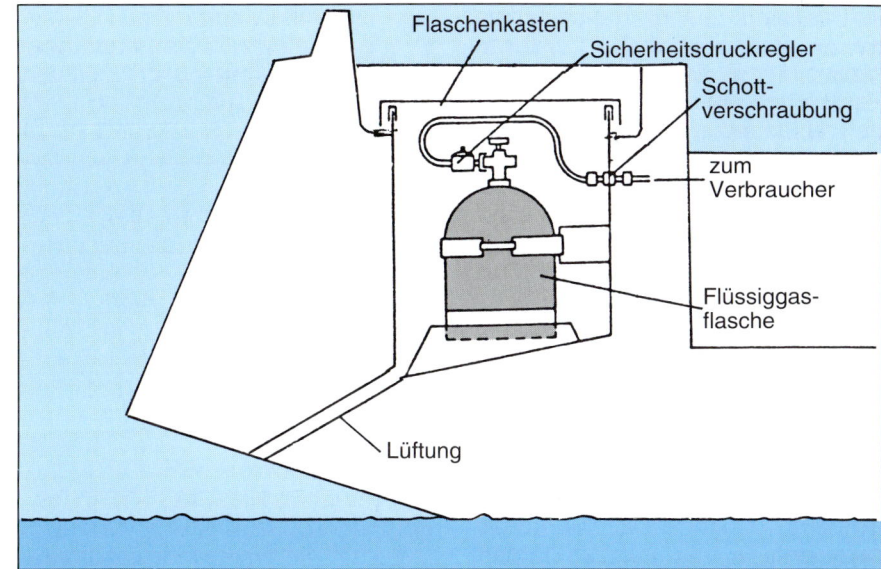

Abb. 19 *Gasflaschenkasten*

Abb. 20 *Symbole für mustergeprüfte Bauteile*

für den Einbau in Straßenfahrzeuge

für den Einbau in Wassersportfahrzeuge

für den Einbau in Straßen- und Wassersportfahrzeuge

Verbindungsstücke sind genormt und tragen die Musterprüfzeichen (Abb. 20). Sie dürfen nicht gegen provisorische Teile ausgewechselt werden.

45. Nach den DVGW-Vorschriften beziehungsweise nach DIN 33812 erhält eine ordnungsgemäß installierte Anlage von einem DVGW-anerkannten Sachkundigen eine Prüf-

bescheinigung mit der Registriernummer des Sachkundigen und eine Prüfplakette. Alle zwei Jahre ist vom Eigner eine Nachprüfung zu veranlassen.

46. Im Rahmen der selbst durchzuführenden **Überwachungsarbeiten** ist von Zeit zu Zeit eine Sicht- und Geruchskontrolle des gesamten Leitungssystems vorzunehmen. Im Verdachtsfalle läßt sich durch Bepinseln mit Seifenwasser die Dichtigkeit überprüfen. Die Flammprobe ist gefährlich! Auf Korrosion sowie auf Scheuer- und Knickstellen ist zu achten. Insbesondere der Schwingbereich des halbkardanisch aufgehängten Herdes ist zu überprüfen. Schläuche dürfen nicht an heiße Teile gelangen. Schließlich werden die Dichtigkeit der beiden Absperrhähne und die Funktion der thermischen Zündsicherungen kontrolliert. Bei kaltem Brenner dürfen sie ungedrückt kein Gas durchlassen, und bei erloschener Flamme müssen sie nach spätestens 60 Sekunden schließen. Festgestellte Mängel sollten von einem Fachmann behoben werden. Nach den Vorschriften ist die Gasanlage für Bastler tabu.

47. Für den **täglichen Betrieb** sollte der Schiffsführer klare Sicherheitsregeln ausgeben. Grundsätzlich sollte der Absperrhahn an der Flasche nach Gebrauch der Anlage wieder geschlossen werden. Die Absperrhähne vor dem Herd und vor den anderen Geräten bleiben geschlossen, wenn sie nicht gebraucht werden. Die Absperrhähne dienen zugleich als Notabsperrvorrichtung im Brandfalle. Denn sie sind schneller zu erreichen als der Absperrhahn draußen an der Flasche. Wenn der Herd in Betrieb ist, muß stets für gründliche Lüftung gesorgt werden.

48. Für das **Winterlager** sollten die Gasflaschen von Bord genommen werden. Sie dürfen allerdings nicht in geschlossenen Räumen aufbewahrt werden. Schläuche und Druckminderventile (Flaschenanschluß) gehören wegen der Alterung der Gummiteile alle vier Jahre ausgewechselt.

Lernkontrolle

1. Warum tragen die herkömmlichen Großsegler nicht ihre ganze Segelfläche an einem Stück? (Absatz 2)

2. Was ist die Bedeutung der „Düse"? (Absatz 3)

3. Wozu dient bei einer Slup das 7/8- oder 3/4-Rigg? (Absatz 4)

4. Weshalb steht bei einer Yawl der Besanmast so weit achtern? (Absatz 5)

5. Weshalb ist bei der Ketsch das Besansegel kleiner als das Großsegel? (Absatz 7)

6. Wo liegt der Vorteil des Schoners? (Absatz 8)

7. Worin liegt der Sicherheitsgewinn bei modernen Rollreffanlagen? (Absatz 9)

8. Welche besonderen Vorkehrungen sind bei Rollreffanlagen für die Sturmbesegelung erforderlich? (Absatz 11)

9. Worin liegt die Bedeutung der Crewführung für das Manövrieren unter Segel? (Absatz 13)

10. Was sind die täglichen Kontrollen für die Betriebssicherheit des Motors? Was wird nach dem Starten des Motors kontrolliert? (Absatz 18)

11. Was ist zu tun,
    - wenn die Kühlwassertemperatur zu hoch ist? (Absatz 19)
    - wenn der Öldruck fällt? (Absatz 20)
    - wenn der Motor nicht anspringt? (Absatz 21)
    - wenn der Motor während des Betriebs stehenbleibt? (Absatz 22)

12. Wie wird entlüftet? (Absatz 24)

13. Wie fährt man unter Motor eine möglichst enge Kurve? (Absatz 26)

14. Wie nimmt man bei ausgeprägtem Schraubeneffekt rückwärts Fahrt auf? (Absatz 27)

15. Was ist zu beachten, wenn die Yacht bei Seitenwind aufgestoppt wird? (Absatz 28)

16. Wie stelle ich als schleppendes Fahrzeug meine eigene Steuerfähigkeit sicher? (Absatz 30)

17. Weshalb sollte man vermeiden, in eine durchhängende Schlepptrosse „einzurucken"? (Absatz 31)

18. Unter welchen Umständen bietet sich Längsseitsschleppen an und wann nicht? (Absatz 32)

19. Warum muß der Schlepper beim Längsseitsschleppen möglichst weit achtern beigetaut werden? (Absatz 32)

20. Was muß man bei Übernahme einer Charteryacht über deren elektrische Anlage in Erfahrung bringen? (Absatz 34, 35)

21. Wie sind die Batterien einer manuell zu bedienenden Zweibatterieanlage während des Motorens und während des Segelns zu schalten? (Absatz 34)

22. Wo findet man auf einer Segelyacht üblicherweise die Sicherungen der Starkstromkreise? (Absatz 36)

23. Was ist ein FI-Schalter, und wo wird er an Bord verwendet? (Absatz 37)

24. Resümieren Sie die wichtigsten regelmäßigen Wartungsarbeiten an der Bordelektrik! (Absatz 39)

25. Welche Ladespannung darf nicht überschritten werden und weshalb? (Absatz 41)

26. Weshalb können Flüssiggasanlagen an Bord gefährlich sein? (Absatz 43)

27. Warum sollte man bei ausgeströmtem Gas eingeschaltete elektrische Anlagen nicht ausschalten? (Absatz 43)

28. Nach welchen Grundsätzen wird eine Gasanlage gemäß DVGW installiert? (Absatz 44)

29. Welche Überwachungsarbeiten sind erforderlich? (Absatz 46)

30. Darf man Mängel und Schäden selbst beseitigen? (Absatz 46)

31. Was sollte der Skipper für den täglichen Umgang mit der Gasanlage anordnen? (Absatz 47)

31. Stabilität

Die Momente

1. Segelboote werden durch den seitlichen Winddruck gekrängt (geneigt). Der Wind drückt gegen das Rigg, während das Unterwasserschiff, durch die Strömung gehalten, das Widerlager bildet. Beide Kräfte kann man sich vereinfacht als Vektoren vorstellen, die jeweils im Mittelpunkt der Windangriffsfläche und der Wasserangriffsfläche ihren Fußpunkt haben. Als Paar parallel versetzter Kräfte bilden sie ein Drehmoment, das **Krängungsmoment** (Abb. 1).

2. Das **aufrichtende Moment** wird aus dem Kräftepaar Gewichtskraft und Auftriebskraft gebildet. Zur Vereinfachung werden diese Kräfte hier in der Hauptspantebene betrachtet. Während die Gewichtskraft im Masseschwerpunkt angreift, hat der Auftriebsvektor seinen Fußpunkt im Formschwerpunkt. Dies ist der geometrische Schwerpunkt der eingetauchten Spantfläche. Im ungekrängten Zustand liegen beide Punkte übereinander, bei Krängung wandern sie aus (Abb. 2). Der Masseschwerpunkt bewegt sich je nach seiner Höhe in Krängungsrichtung oder entgegengesetzt. Der Formschwerpunkt verschiebt sich immer in Richtung der Krängung, jedoch je nach Form der eingetauchten Spantfläche mehr oder minder stark. Solange der Formschwerpunkt weiter in Krängungsrichtung auswandert als der Masseschwerpunkt, ergibt sich ein aufrichtendes Moment. Der horizontale Abstand beider Schwerpunkte bildet den Kraftarm des Moments. Bei unveränderter Masse (Gewicht) bestimmt er allein die Größe des aufrichtenden Moments.

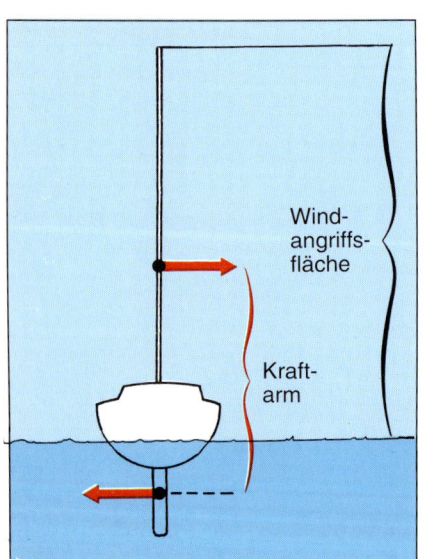
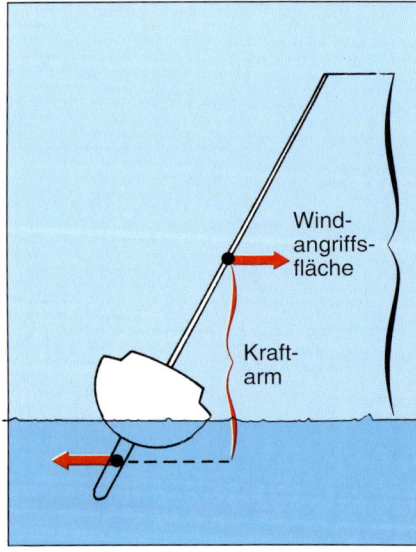
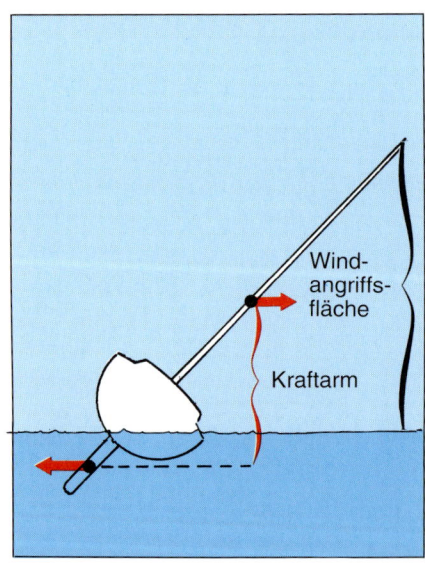

Abb. 1 *Das Krängungsmoment (Windangriffsfläche)*

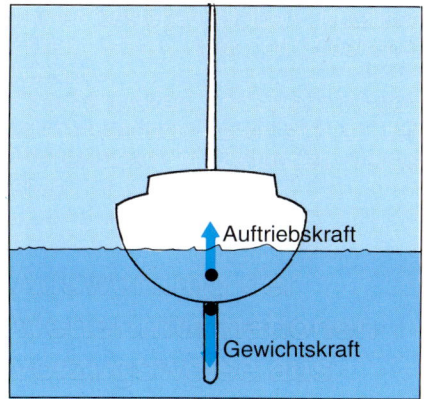

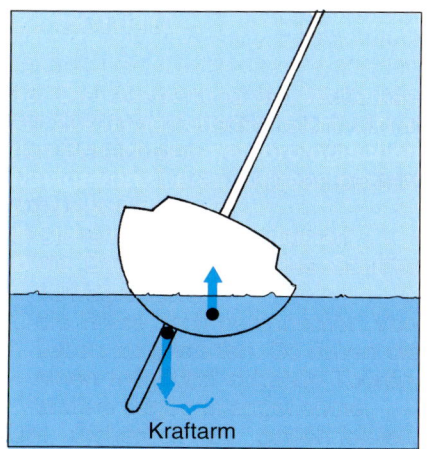

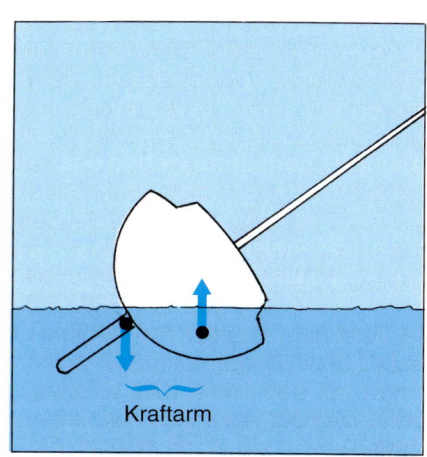

Abb. 2 *Das aufrichtende Moment*

Die stabile Krängung

3. Wir stellen uns in einem theoretischen Modell die Verhältnisse an einer Yacht vor, die bei unveränderter Windstärke von Geisterhand Stück um Stück gekrängt wird. Das Krängungsmoment nimmt mit zunehmendem Lagewinkel ab. Man erkennt dies in Abb. 1. Dort sieht man, daß erstens die wirksame Windangriffsfläche und mit ihr auch die Krängungskraft mit zunehmender Krängung kleiner wird und daß zweitens der Kraftarm zwischen den beiden Kraftvektoren abnimmt. Das aufrichtende Moment hingegen ist bei aufrechter Yacht Null und baut sich erst mit zunehmender Krängung auf. Der Verlauf beider Momente über die zunehmende Krängung ist in Abb. 3 in Kurvenform dargestellt. Zunächst ist das Krängungsmoment (rot) größer als das aufrichtende (blau), und die Yacht würde in diesem Bereich sich weiter neigen. Bei einem bestimmten Winkel schneiden sich beide Kurven. Es ist der **stabile Krängungswinkel.** Keines der bei-

den Momente überwiegt hier. Bei größeren Krängungswinkeln dagegen überwiegt das aufrichtende Moment das krängende, und die Yacht würde sich wiederaufrichten, bis sie bei dem stabilen Krängungswinkel angelangt ist.

4. Wird der Wind stärker, rutscht die Krängungskurve nach oben und der Schnittpunkt beider Momentkurven (= stabiler Krängungswinkel) weiter nach rechts. Das entspricht der alltäglichen Erfahrung, wenn die Yacht unter einer Bö einen größeren Krängungswinkel einnimmt (Abb. 3, gestrichelte Kurve).

5. Mit **Stabilität eines Schiffes** bezeichnet man dessen Vermögen, sich gegen ein Krängungsmoment aufzurichten. Segelyachten weisen diese Stabilität erst jenseits ihres vom Winddruck erzeugten stabilen Krängungswinkels auf. Ist der Aufrichtüberschuß jenseits dieses Winkels erheblich, spricht man von **großer Stabilität** oder von einem „steifen" Schiff. Schmiegt sich die Kurve des aufrichtenden Moments

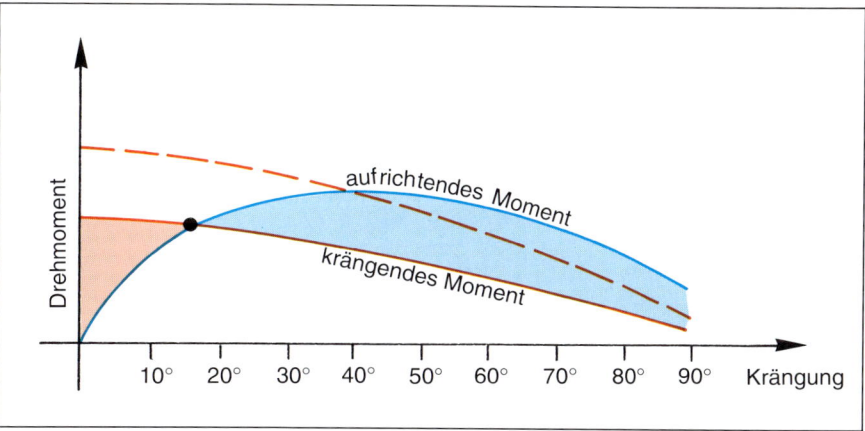

Abb. 3 *Stabilität beim Segelfahrzeug (16° ist hier der stabile Krängungswinkel)*

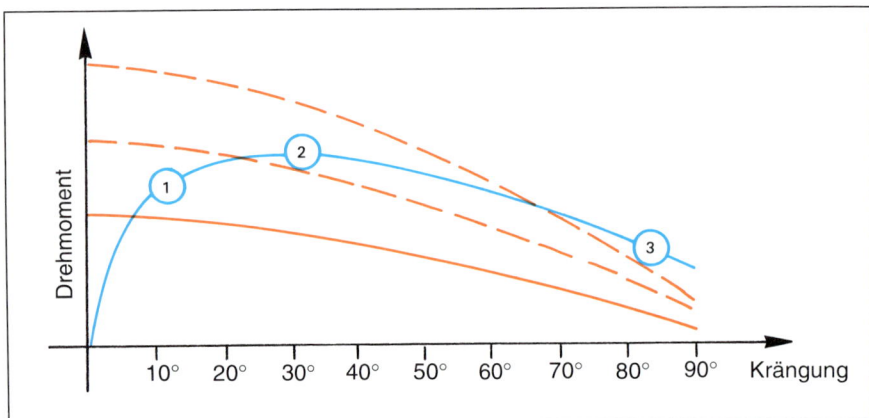

Abb. 4 *Die Idealstabilität*

der des Krängungsmoments dagegen an, handelt es sich um **geringe Stabilität** oder um ein weiches Krängungsverhalten.

6. Ein maßgeschneidertes Stabilitätsverhalten ergibt sich, wenn das aufrichtende Moment im Bereich der geringen Krängung steil ansteigt (Abb. 4, Pos. 1). Es bewirkt die für ein großes Segeltragevermögen verantwortliche **hohe Anfangsstabilität.** Nach einem frühen Maximum sollte die Kurve jedoch wieder abflachen (Pos. 2), um genügend Weichheit gegenüber harten Böen zu ermöglichen. Im maximalen Krängungsbereich (70 bis 90°) sollte noch ein gesundes Polster an **Reststabilität** verbleiben (Pos. 3), um gegenüber extremem Winddruck und auch anderen noch unerwähnten Krängungsimpulsen Kentersicherheit zu gewähren.

7. Neben dem durch Wind verursachten Krängungsmoment erfährt die Yacht seegangsbedingte dynamische und statische Drehimpulse, die unter Umständen die Windkrängung verstärken können. Sie resultieren aus der schrägen Wasseroberfläche in der Welle, aus Fliehkräften in der Kurve und aus der Tendenz, seitlich über den eigenen Kiel zu stolpern (Abb. 5).

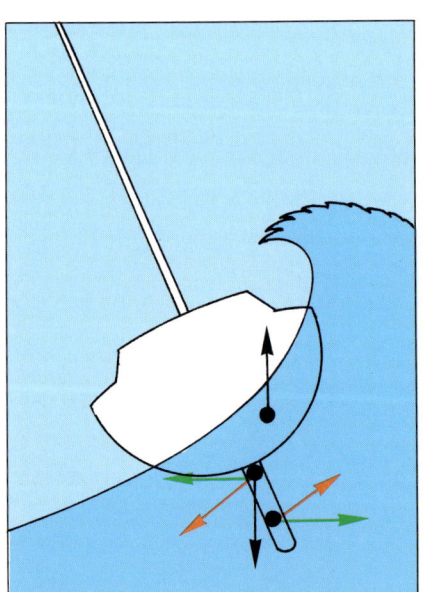

Abb. 5 *Seegangsbedingte Krängungsmomente:*
Schwarz = Auftrieb und Gewicht
Rot   = Abgleitkraft und Kielwirkung
Grün   = Fliehkraft und Kielwirkung

Beeinflussung der Stabilität

8. Die Stabilität ist beeinflußbar. Unterwegs wird der Winddruck und damit das Krängungsmoment durch **Verkleinern der Segelfläche** kontrolliert. Man wählt auf diese Weise seinen stabilen Krängungswinkel, mit dem sich die optimalen Segeleigenschaften ergeben.

9. Auf Jollen wird der stabile Krängungswinkel durch den Ballast, den die Besatzung bildet, kontrolliert. Durch die Position der Crew, besonders durch das Ausreiten im Trapez, wird der Masseschwerpunkt nach Luv verschoben und so der Kraftarm des aufrichtenden Moments (Abb. 2) verlängert.

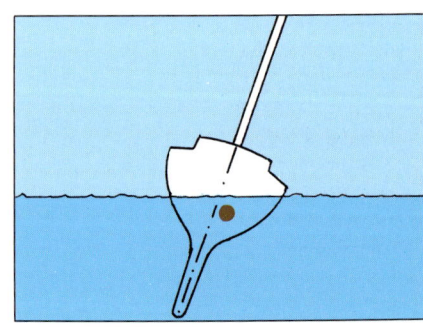

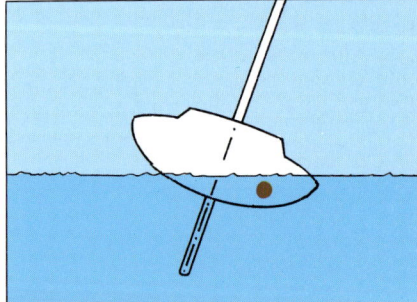

Abb. 6 *Rumpfbreite und Formschwerpunkt*

10. Auf Yachten ist der Ballast fest eingebaut. Ihre **bauliche Auslegung** allein bestimmt den Verlauf des aufrichtenden Moments. Die Höhe des Masseschwerpunktes hängt von der vertikalen Masseverteilung, konkret vom Ballastanteil im Kiel und von dessen Tiefe ab, das Auswandern des Formschwerpunktes dagegen im wesentlichen von der Rumpfbreite (Abb. 6). Bei extremen Krängungswinkeln übernimmt die Freibordhöhe die Rolle der Rumpfbreite (Abb. 7). Die Größe der Auftriebs- beziehungsweise Gewichtskraft (beide sind gleich groß) geht als Multiplikator in die Größe des aufrichtenden Momentes ein (Moment = Kraft x Kraftarm). Eine Yacht mit doppeltem Gewicht braucht nur einen halb so langen Kraftarm, um das gleiche aufrichtende Moment zu erhalten.

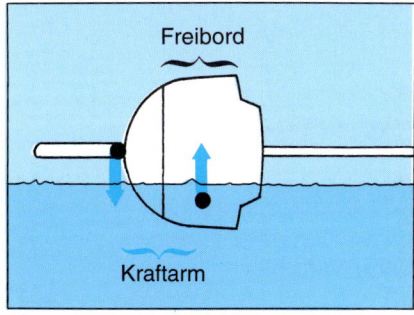

Abb. 7 *Freibordhöhe und Reststabilität*

Das aufrichtende Moment wird bestimmt		
bei kleiner Krängung durch	*bei mittlerer Krängung durch*	*bei großer Krängung durch*
– Gewicht der Yacht – Rumpfbreite	– Gewicht der Yacht – Rumpfbreite – Kielballast	– Gewicht der Yacht – Freibordhöhe – Kielballast

Lernkontrolle

1. Zeichnen Sie in den Spantenriß einer krängenden Yacht ein:
   – die Vektoren des Krängungsmoments (Absatz 1)
   – die effektive Windangriffsfläche (Absatz 1)
   – die Vektoren des aufrichtenden Moments (Absatz 2)

2. Wie entsteht der stabile Krängungswinkel? (Absatz 3)

3. Definieren Sie den Stabilitätsbegriff! (Absatz 5)

4. Wie groß soll die Stabilität in den verschiedenen Krängungsbereichen sein? (Absatz 6)

5. Welche baulichen Eigenschaften bestimmen das aufrichtende Moment bei den Krängungswinkeln? (Absatz 10)

32. Sicherheitsausrüstung

1. Während in Kapitel 16 die Ausrüstungspflicht mit Sicherheitsgerät behandelt wurde, befaßt sich dieses Kapitel mit der Handhabung der Sicherheitsausrüstung. Die beste Ausrüstung ist wertlos, wenn man sie nicht richtig anzuwenden weiß. Der Schiffsführer ist dafür verantwortlich, daß die Crew vernünftig eingewiesen ist. Es kann lebensentscheidend sein.

2. Die **Sicherheitseinweisung** muß bei jedem Crewwechsel erfolgen. Je nach Kenntnisstand muß dabei unterschiedlich in die Tiefe gegangen werden. Nötigenfalls muß man die Einweisung aufteilen und auch Gruppen mit unterschiedlichen Vorkenntnissen bilden. Es kommt auf den Lernerfolg und nicht auf die Erledigung der Einweisung an.

Notrollen

3. Im Prinzip muß jeder an Bord mit der gesamten Sicherheitsausrüstung klarkommen. Zur besseren Effektivität im Notfall sind jedoch schon zu Beginn der Reise **Notrollen** einzuteilen. Darunter versteht man die Einteilung einzelner Crewmitglieder als Spezialisten für besondere Aufgaben im Notfall (Abb. 1). Notrollen empfehlen sich für folgende Fälle:
– Maschinenausfall
– Ruderausfall
– Wassereinbruch
– Feuer
– Erste Hilfe

Notrolle Wassereinbruch	Heinz	Claudia	Peter	Helga	Kurt	Ina
Lecksuche:						
Vorschiff und WC			✓	✓		
Salon und Pantry und WC					✓	✓
Maschine und Achterschiff	✓	✓				
Handlenzpumpe			✓		✓	
el. Lenzpumpe und Pütz				✓		✓
Seenotfunkspruch	✓	✓				

Abb. 1 *Beispiel: Notrolle Wassereinbruch*

– „Mann über Bord"
– Ausbooten in die Rettungsinsel

Für jeden dieser Notfälle werden die anfallenden Aufgaben durchgesprochen und geeigneten Personen zugewiesen. Diese haben während der Reise die Gelegenheit, sich noch über die Einweisung hinaus intensiv auf ihre Aufgabe vorzubereiten.

Lichter und Signalkörper

4. Es handelt sich um die Positionslichter sowie um weitere vorgeschriebene Lichter wie das Anker-licht und für Yachten über 12 m Länge Rundumlichter (rot und weiß) zur Anzeige von „manövrierbehindert" bzw. „manövrierunfähig" bzw. „auf Grund", ferner um die zusammensteckbaren Signalkörper wie Ankerball, Motorkegel und, falls über 12 m Länge, die Grundsitzerbälle.

5. Alle Lichter müssen täglich vor Eintritt der Dunkelheit **kontrolliert** und nötigenfalls ihre Kontakte und Fassungen gefettet werden. Der Ladezustand der Batterien ist zu überprüfen. Als Faustwerte gelten 12,5 Volt für eine volle, 12,0 Volt für eine halbvolle und 11,0 Volt für eine leere Batterie (Bleisammler, ohne Belastung gemessen). Für die Hauptlaternen sind Ersatzbirnen und -kabel an Bord mitzuführen. Die Signalkörper sind griffbereit zu stauen. In der Backbordsaling muß eine zusätzliche Flaggleine eingeschoren sein, um die Signalkörper vorheißen zu können.

Radarreflektor

6. Viele Gegenstände werden als Radarreflektor benutzt, wenige sind jedoch als solche tauglich. Sie sind einfach zu klein, sind von den Winkeln her zu unstabil und lassen sich mangels fester Montage nicht richten.

7. Die **Wirkungsweise** eines Radarreflektors läßt sich am besten an einem Fahrradrückstrahler (Katzenauge) studieren, der nach dem gleichen Prinzip funktioniert. Leuchtet man ihn aus irgendeinem Winkel an, strahlt er das Licht genau in die gleiche Richtung zurück. Weicht der Betrachter auch nur etwas von der Anstrahlrichtung zur Seite, sieht er keine Rückstrahlung mehr. Wird der Versuch aus einem anderen Winkel

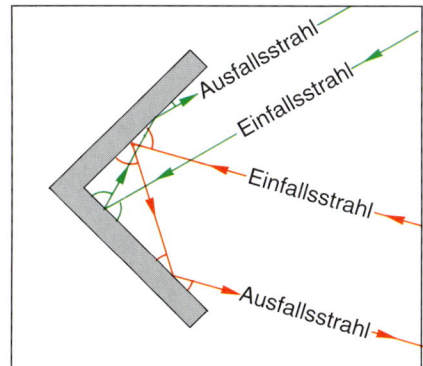

Abb. 2 *Reflexion an rechtwinkligen Spiegeln*

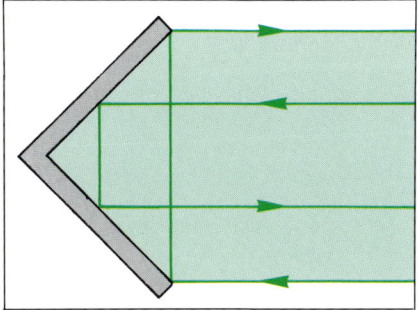

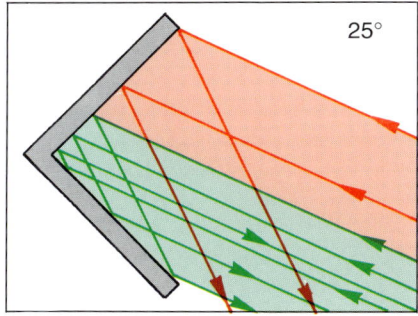

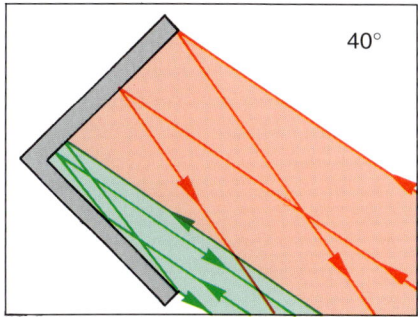

Abb. 3 *Einfallswinkel und Reflexionswirkung*

gestartet, ergibt sich der gleiche Erfolg. Das physikalische Geheimnis steckt in den drei jeweils rechtwinklig zueinander stehenden Reflexionsflächen, an denen der Einfallsstrahl dreimal reflektiert wird. In Abb. 2 ist zu erkennen, wie bei zwei rechtwinklig zueinander stehenden Spiegeln der Einfallsstrahl zweimal reflektiert und genau in die Einfalls-

richtung zurückgeworfen wird. Räumlich betrachtet, wird ein dritter, rechtwinklig zu den ersten beiden stehender Spiegel benötigt. An diesem Spiegel wird der in der Ebene bereits parallel gerichtete Ausfallsstrahl ein drittesmal reflektiert und nach dem gleichen Prinzip auch räumlich parallel gerichtet.

8. Optimal wirkt der sogenannte **Tripelspiegel** entlang der räumlichen Mittelachse des dreiflächigen Trichters. In Abb. 3 erkennt man, daß bei abweichenden Einfallswinkeln die zurückwerfende Reflexionsfläche immer kleiner wird. Nur der grüne Anteil des Strahlenbündels wird parallel reflektiert. Der rote geht verloren. Der Standard-Kugelreflektor, der aus drei rechtwinklig ineinander gesteckten Kreisscheiben besteht, bildet acht Reflexionstrichter. Bei der Anbringung ist darauf zu achten, daß die Trichter in die beabsichtigten Reflexionsrichtungen zeigen. Da eine Segelyacht von vorn und von achtern am wenigsten reflektiert, sind zwei Reflexionstrichter voraus und achteraus zu richten (Fachausdruck: **Yachtstellung,** Abb. 4). Es bietet sich an, den Kugelreflektor in zwei Teilen vor und hinter dem Masttopp zu montieren. Dort ist er ausreichend hoch angebracht und stört die Antennen und Sensoren nicht, die auf dem Masttopp selbst allen Platz benötigen.

Auf Motoryachten, deren Eigenreflexion ringsherum gleich stark ist, wird der Radarreflektor in „Regensammelstellung" montiert. Der nicht ganz ernst gemeinte Ausdruck beschreibt, daß einer der Trichter nach oben gerichtet ist. Die anderen Trichter sind bei dieser Stellung aber am besten über den Horizont verteilt (Abb. 5).

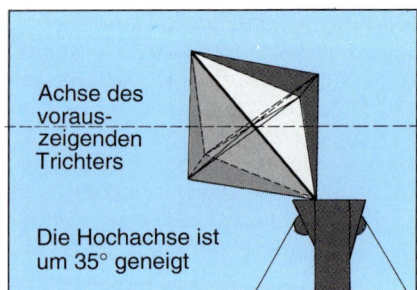

Abb. 4 *Radarreflektor in „Yachtstellung"*

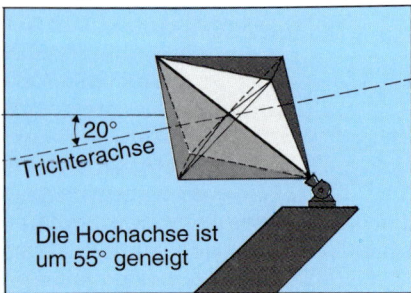

Abb. 5 *Radarreflektor in der Montagestellung für Motoryachten*

Die Radarrückstrahlleistung hängt ganz entscheidend von der Größe des Reflektors ab. Maßeinheit für die Reflexionsleistung ist die effektive Radarrückstrahlfläche. Sie ist definiert als die Querschnittsfläche einer Metallkugel, die eben diese Rückstrahlwirkung haben würde. Die Rückstrahlleistung steigt in der vierten Potenz der Innenkantenlänge des Tripelspiegels und quadratisch mit einer kürzeren Wellenlänge. BSH-zugelassene Reflektoren haben eine Kantenlänge von mindestens 30 cm. Für die Montagehöhe über Wasser gelten 4 m als Minimum.

9. Als Alternative zum (passiven) Radarreflektor eignet sich ein aktiver Radarecho-Verstärker **(Radar Target Enhancer).** Diese elektronischen Geräte geben im Bereich von etwa 7 sm ein stabiles Radarecho.

Lenzanlagen

10. Die „Sicherheitsrichtlinien" der Kreuzer-Abteilung empfehlen **zwei voneinander unabhängige Lenzsysteme.** Bedenkt man, daß die **Schlagpütz,** von kräftiger Hand geführt, eine größere Förderleistung aufweist als die meisten handelsüblichen Bilgepumpen, sollte man von drei Lenzsystemen sprechen.

11. Die beiden Lenzsysteme sollten verschiedene Pumpen haben. Je nach Schiffsgröße bieten sich handbetätigte Membranpumpen mit großem Durchsatz oder elektrische Kreiselpumpen an, die sich durch hohe Förderleistung auszeichnen. Weil letztere nicht von selbst ansaugen, müssen sie als Tauchpumpen direkt im Lenzbrunnen angebracht sein. Damit auch die Energieversorgung beider Pumpen unabhängig voneinander ist, empfiehlt es sich, **eine manuelle Pumpe** und **eine elektrische Pumpe** an Bord zu haben. Die Handpumpe sollte vom Cockpit aus zu bedienen sein, weil im Falle eines Wassereinbruchs die Arbeit unter Deck sehr schwierig und sogar gefährlich sein kann. Man bedenke, daß bei Wasser im Schiff der Seegang draußen auch unter Deck stattfindet und daß das unvermeidliche Treibgut einem gegen die Beine branden würde. Der Pumpschwengel muß griffbereit gestaut werden, und er sollte nicht zu kurz sein. Je länger, desto leichter läßt es sich pumpen.

12. Die Pumpen saugen im **Lenzbrunnen,** dem tiefsten Punkt in der Bilge. Dort befinden sich die Lenzkörbe, möglichst großflächige Siebkörper, die an beweglichen Ansaugschläuchen befestigt sind. Sie müssen während des Lenzvorgangs gehoben und saubergemacht werden können.

13. Beide Lenzsysteme sollen **direkt außenbords** entleeren, ohne daß dazu erst ein Schlauch hinausgelegt werden muß. Die Leitungen müssen einen ausreichenden Querschnitt haben, um die Lenzleistung nicht unnötig zu behindern. Im Falle von Kreiselpumpen, die ventillos arbeiten, muß sich ein leichtgängiges Rückschlagventil in der Leitung befinden. Sonst könnte es nach dem Lenzen bei Lage passieren, daß der Austritt unter Wasser gerät und Seewasser nach dem Saugheberprinzip in das Schiff zurückläuft.

14. Wichtig für die Sicherheit beim Lenzvorgang – sollte es einmal schnellgehen müssen – ist eine saubere Bilge. Jegliche Art von Unrat – Staubflocken, Hobelspäne, Papier- und Verpackungsreste und vor allem abgelöste Papieretiketten von Flaschen und Dosen – verstopft die Lenzkörbe und Pumpen.

Feuerlöschmittel

15. Die in den „Sicherheitsrichtlinien" der Kreuzer-Abteilung empfohlene **Mindestausstattung** sieht zwei Feuerlöscher vor, von denen einer für die Brandklassen ABC geeignet ist. Die Buchstaben stehen nach der amtlichen Brandklasseneinteilung für Brände, wie sie in dem Kasten auf der nächsten Seite aufgelistet sind.

16. Hinsichtlich Löschleistung, Wartungsfreundlichkeit und Stauraum-

Brandklasse A: Brände fester Stoffe, hauptsächlich organischer Natur, mit Glutbildung (z. B. Holz, Papier, Stroh, Kohle, Textilien, Gummi)

Brandklasse B: Brände von flüssigen oder flüssig werdenden Stoffen (z. B. Benzin, Öle, Fette, Lacke, Harze, Wachse, Teer, Äther, Alkohol, Kunststoffe)

Brandklasse C: Brände von Gasen (z. B. Methan, Propan, Wasserstoff, Acetylen, Stadtgas)

Brandklasse D: Brände von Leichtmetallen (z. B. Aluminium, Magnesium)

bedarf sind ein **Pulver- und ein CO₂-Löscher** am besten für den Bordgebrauch geeignet. Letzterer, ein Gaslöscher, ist für enge Räume, zum Beispiel bei Brand im Motorraum, vorteilhafter, weil er dort nicht gezielt auf den Brandherd gerichtet werden muß. Er hinterläßt keine Rückstände und ist ungiftig. Sein Nachteil ist die geringe Löschleistung bei offenen Bränden, wo das Löschgas durch die Wärmeentwicklung hochgerissen wird, statt die Brandquelle gegen Zuluft abzuschirmen. Diese Mängel werden durch den Pulverlöscher ausgeglichen, der allerdings immer auf die Brandquelle gerichtet werden muß. Seine Löschleistung ist erheblich besser, und es können auch Glimmbrände erstickt werden.

17. 2-kg-Löscher sind nach etwa 10 Sekunden Einsatz leer. Deshalb sollte man bei etwas größeren Yachten **6-kg-Löscher** vorziehen. Darüber hinaus ist eine **Löschdecke,** die eigens für diesen Zweck

hergestellt ist und nicht selbst Feuer fängt, ein ideales Mittel zur Brandbekämpfung. Schließlich ist die **Schlagpütz** nicht zu vergessen, die aus diesem Grund immer griffbereit ihren festen Platz haben sollte.

18. Der CO₂-Löscher und die Feuerlöschdecke sollten ihren **Bereitschaftsplatz** in der Nähe des Niedergangs und zugleich unweit von Maschine und Herd haben. CO₂-Löscher und Decke sind für Entstehungsbrände besonders gut geeignet, weil sie keine Rückstände hinterlassen und man sich deshalb ungehemmter zu ihrem Einsatz entschließt. Der zweite Löscher für schwerere Fälle sollte in einer Backskiste gestaut sein, um auch von außen das Feuer bekämpfen zu können, wenn dies von innen nicht mehr möglich ist. Natürlich ist dafür der kleine 2-kg-Löscher ungeeignet. Feuerlöscher bezieht man im Fach-

handel. In den vorgeschriebenen Zeitabständen (meistens 2 Jahre) sind sie zur Inspektion vorzuführen.

19. Bei der **Brandbekämpfung** ist stets zu versuchen, die Brandquelle, also das brennende Material und nicht die Flammen, mit dem Feuerlöschmittel abzudecken (Abb. 6). Dabei ist unnötige Luftzufuhr zu vermeiden. Enge Motorräume sollten eine Löschöffnung haben, so daß man löschen kann, ohne die Abdeckung abheben zu müssen.

20. Bei verantwortungsbewußt betriebenem **Brandschutz** kommt es gar nicht erst zum Feuer (wie etwa in Abb. 7). Im wesentlichen wird er realisiert durch die fachmännische Installation sowie die gewissenhafte Pflege und Wartung des Motors, der Kraftstoffversorgung, der Flüssiggasanlage, der gesamten elektrischen Anlage sowie der Heiz- und

Abb. 6 *Der Löschstrahl muß unter die Flammen gerichtet werden (Foto: YACHT-Archiv)*

Abb. 7 *Fehlbedienung eines Petroherdes (Foto: YACHT-Archiv)*

Kochgeräte. Wenn beim Umgang mit feuergefährlichen Farben, Lacken, Verdünnern und Reinigungsmitteln ferner die gebotenen Vorsichtsmaßregeln beachtet werden, wenn in der Pantry mit heißem Fett sorgsam umgegangen wird und schließlich auch die Tücken der gemütlichen Petroleumlampe im Salon durchschaut werden, ist das Brandschutzprogramm einer Yacht schon ziemlich komplett.

Das Notfallschapp

21. Wenn es schnellgehen muß, findet man nichts. Weil dies auch an Bord gilt, hat sich ein Notfallschapp bewährt, in dem deutlich erkennbar, für alle griffbereit und mit eiserner Rückräumpflicht folgende Utensilien aufbewahrt werden:
– Bordapotheke
– Seenotsignalmittel
– Seenotfunkbake (EPIRB)
– SAR-Transponder
– tragbares UKW-Funkgerät
– Schiffspapiere
Das Notfallschapp sollte möglichst direkt neben dem Niedergang angebracht sein, damit es bei Wassereinbruch oder Feuer im Schiff auch von außen zugänglich ist.

22. Die **Bordapotheke** sollte nach folgenden Gesichtspunkten zusammengesetzt sein:
● dem Fahrtbereich
● der Stärke der Besatzung
● der Dauer der Reise
● dem Gesundheitszustand der Besatzungsmitglieder
● dem Alter der Besatzungsmitglieder
● der medizinischen Vorbildung unter der Besatzung

23. Für Sportfahrzeuge gibt es keine verbindlichen Vorschriften über die Ausstattung mit Medikamenten und Heilmitteln, während für die Berufsschiffahrt das Verzeichnis der deutschen See-Berufsgenossenschaft nach der **Krankenfürsorgeverordnung** gilt. Sie kann ein Sportschiffer als Anhalt benutzen.

24. Ferner wird empfohlen, ein **Verzeichnis der Medikamente** nach Krankheitsbildern geordnet aufzustellen, mit Anmerkungen über Verfallsdaten und Entnahmezustand. Zur Identifizierung der Medikamentenpackungen werden die Ordnungsnummern des Verzeichnisses nach der Krankenfürsorgeverordnung benutzt, weil diese zugleich im Rahmen der funkärztlichen Beratung (Medico-Gespräch) verwendet werden können.

25. Der Umfang der **Seenotsignalmittel** ist ebenfalls nach den „Sicherheitsrichtlinien" der Kreuzer-Abteilung festzulegen. Man bezieht sie im Fachhandel, wohin man auch verfallene Munition zurückgibt. Wegen der vorgeschriebenen Diebstahlsicherung der Signalmittel ist es zweckdienlich, das ganze Notfallschapp abschließbar zu gestalten und es nur während der Reise unverschlossen zu halten. Natürlich muß das Notfallschapp Schutz gegen Feuchtigkeit gewähren, was für die Seenotsignalmittel Vorschrift und für die anderen Dinge darin ohnehin unerläßlich ist.

26. Die **Handhabung** der Seenotsignalmittel sollte Teil der allgemeinen Sicherheitseinweisung sein. Zusätzlich sollten jedoch alle Mitsegler die Gebrauchsanweisung auf den einzelnen Stücken studieren, auch wenn der Einsatz möglichst den in der Notrolle eingeteilten Personen vorbehalten bleibt. Natürlich gilt für den Einsatz ausschließlich die Anordnung durch den Schiffsführer.

27. Die Funktion der **Seenotfunkbake** (Emergency Position Indicating Beacon, EPIRB) ist bereits in Kapitel 20 beschrieben worden. Im Notfallschapp hat sie ihre sichere Bleibe. Dort kann sie im Seenotfall zusammen mit den Seenotsignalmitteln, dem **tragbaren Funkgerät** und auch den **Schiffspapieren** gegriffen werden, sollte man zum Ausbooten in die Rettungsinsel gezwungen sein.

Bruch- und Leckwerkzeug

28. Das besondere Werkzeug für die Leckbekämpfung und für Bruch im Rigg gehörte eigentlich auch ins Notfallschapp, wenn es nicht zu schwer und zu sperrig dafür wäre. Es aber in der allgemeinen Werkzeugkiste verschwinden zu lassen, wäre töricht. Man denke nur daran, wie lange man oft scharren muß, um endlich den Zehnerschlüssel zu finden. Deshalb sollten diese Teile wohlkonserviert und funktionsklar in einem eigenen Kasten „Bruch und Leck" griffbereit aufgehoben werden. Zum Lecksicherungswerkzeug gehören verschieden große Rundstopfen, Dichtungsmaterial wie aufblasbare Gummikissen und Plastikbandagen, eine scharfe, kurzstielige Axt, Stichsäge, Stechbeitel und Holzkeile. Für Bruch im Rigg benötigt man eine Niro schneidende Säge, einen Wantenschneideapparat und Drahtseilbügelklemmen verschiedener Stärke.

Persönliche Sicherheitsausrüstung

29. Für jeden an Bord sollten ein Sicherheitsgurt mit Sicherheitsleine entsprechend EN 1095 und eine Rettungsweste entsprechend EN 396 bzw. 399 vorhanden sein.

30. Die **Sicherheitsgurte** einschließlich ihrer Leine sind so ausgelegt, daß sie das harte Einrucken bei einem freien Fall in der gesamten Länge der Leine aushalten. Deshalb ist die Länge auf 2 m begrenzt, wobei die erforderliche Reißfestigkeit 2 Tonnen (2000 daN) beträgt. Um den Einruckstoß so gering wie möglich zu halten, sollte die Sorgleine mit der halben Länge eingepickt werden. Zu diesem Zweck haben die Leinen in der Mitte einen dritten Karabinerhaken.

31. Die **Norm-Rettungsweste** ist der sich automatisch aufblasende Typ, der auf Grund der Auslösemechanik und der Gestaltung der Schwimmkörper ohnmachtssicher

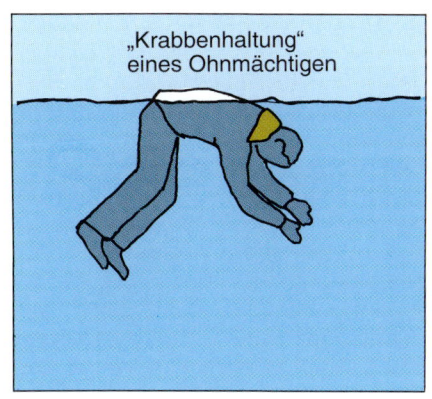

„Krabbenhaltung" eines Ohnmächtigen

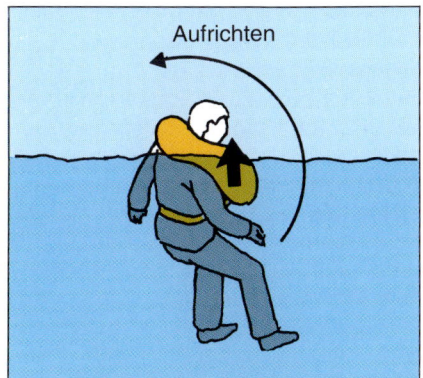

Aufrichten

stabile Lage mit „Freibord"

Abb. 8 *Prinzip der ohnmachtssicheren Rettungsweste*

ist. Ohnmachtssicher bedeutet: Der regungslose Körper wird im Wasser aufgerichtet, nach hinten übergelehnt und so unter dem Kopf abgestützt, daß die Mundwinkel hoch genug über der theoretischen Wasserlinie zu liegen kommen. Das Aufrichten besorgen die übergroßen Brustschwimmkörper. Sobald sie aus dem Wasser tauchen, bildet ihr Restauftrieb mit dem Auftrieb des Nackenkissens ein Gleichgewicht (Abb. 8). In Verbindung mit einem Kälteschutzanzug (Trockenanzug) ist diese Funktion jedoch nicht mehr gewährleistet. Die unkontrollierbaren Auftriebsverhältnisse eines luftgefüllten Trockenanzuges sind zu stark. Zusammen mit dem Kälteschutzanzug sollte deshalb die Rettungsweste nach EN 399 verwendet werden, die mit übergroßen Auftriebskörpern ausgestattet ist. Die Auslöseautomatik (Abb. 9) funktioniert mit Hilfe einer wasserlöslichen Tablette, die auch Ringform haben kann. Sie blockiert einen federgespannten Schlagbolzen. Beim Eintauchen löst sich die Sperre innerhalb von Sekunden, und der Schlagbolzen schlägt eine Öffnung

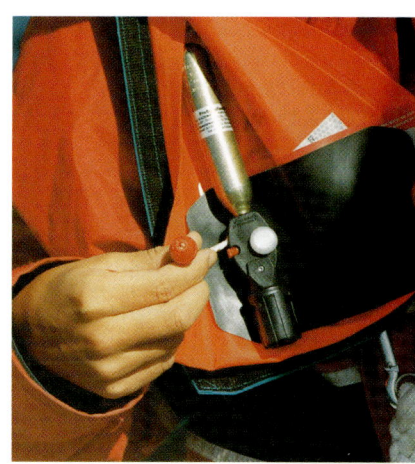

Abb. 9 *Die Auslöseautomatik*

in die kleine Druckflasche. Aus der strömt dann das Kohlendioxid in die Schwimmkörper. Je nach Temperatur und Halsgröße ist mal mehr, mal weniger Gas erforderlich. Aus Sicherheitsgründen liefert die Druckflasche immer etwas zu viel. Deshalb muß die Person, sofern möglich, den Aufblasdruck auf ein bequemes Maß reduzieren. Zu diesem Zweck und auch, um später einmal wieder etwas nachzublasen, ist auf dem Backbord-Brustschwimmkörper ein kurzer Nachblaseschlauch mit Ventil angebracht. Schließlich findet man direkt daneben in einer Schlaufe die Signalpfeife, mit der man sich im Dunkeln bemerkbar machen kann.

32. Rettungsweste und Sicherheitsgurt können in einem Stück kombiniert sein. Sind sie es nicht, ist der Sicherheitsgurt stets unter der Weste anzulegen. Beides Gurtzeug braucht nicht festergezogen zu werden, als es zum Tragen angenehm ist. Es ist so konstruiert, daß es beim Sturz ins Wasser nicht über die Schultern weggleiten kann. Der Wasserstrom würde immer die Arme nach unten ziehen. Trotzdem ist die zusätzliche Ausstattung mit einem Schrittgurt in die „Sicherheitsrichtlinien" der Kreuzer-Abteilung aufgenommen worden.

33. Im Rahmen der Sicherheitseinweisung vor Antritt der Reise sollte die gesamte Crew die Sicherheitsgurte und Rettungswesten den Einsatzverhältnissen entsprechend über dem Ölzeug anprobieren und die Gurtlängen richtig einstellen. Sie werden sodann an festen Plätzen gestaut, entweder im Staubereich jeder einzelnen Person oder zentral im Rettungswestenschapp. Beides hat seine Vorteile.

34. Der Schiffsführer entscheidet für die ganze Crew verbindlich, wann Sicherheitsgurte, wann Rettungswesten und wann beide getragen werden. Er richtet sich in erster Linie nach Wetter und Seegang. Eine Faustregel besagt: Sobald Wasser übers Deck kommt sowie nachts und bei unsichtigem Wetter grundsätzlich, werden beide getragen. Es spielen aber auch die Größe und das Seeverhalten der Yacht eine Rolle und ebenso die Routiniertheit und die körperliche Verfassung der Crew.

Im Cockpit sollten genügend Augbolzen vorhanden sein, um die Sicherheitsleinen einpicken zu können. Für den Weg nach vorn sollten Strecktaue (Jackstagen) in beiden Wassergängen angeschlagen sein, in die die Sicherheitsleinen eingepickt werden. Für die Arbeit am Mast sind in Höhe des Baumes Augbolzen vorzusehen. Weil man dort stehend besonders gefährdet ist (Fallhöhe), sollte man sich unbedingt nur mit halber Leinenlänge einpicken.

35. Nachdem Rettungswesten und -gurte bei Gischt und überkommendem Wasser getragen worden sind, müssen sie in Frischwasser gereinigt und getrocknet werden. Nicht vergessen sollte man, zuvor die wasserlöslichen Tabletten aus der Auslöseautomatik zu nehmen. Wie das gemacht wird, steht in der Gebrauchsanleitung. Es gibt unterschiedliche Systeme. Man sollte immer Reservetabletten und Ersatzpatronen an Bord haben. Obwohl der Auslösemechanismus gegen Spritzwasser geschützt ist, kann eine Weste schon einmal unbeabsichtigt aufgehen. Alle 2 Jahre sollen die EN-Westen dem Fachhandel zur Inspektion übergeben werden.

36. Nachts sollte jedes Crewmitglied zusätzlich zur Rettungsweste ein geeignetes Leuchtsignal bei sich führen. Es gibt heute im Fachhandel handliche batteriebetriebene Notblitzgeräte, die man im Wasser einschaltet und hochhält. Sie sind erstaunlich weit sichtbar und haben in jeder Ölzeugtasche Platz. Außerdem bieten sich sogenannte Signalstifte an. Das sind pyrotechnische Signalpistolen im Kugelschreiberformat. Natürlich sind diese Signalmittel nicht ohnmachtssicher. Aber will man auch darauf verzichten, wenn man nicht ohnmächtig ist?

Die Rettungsmittel für „Mann über Bord"

37. Nach den internationalen Sicherheitsrichtlinien des Offshore Racing Councils sind für an Seeregatten teilnehmende Yachten vorgeschrieben:
– 15–25 m schwimmfähige Wurfleine
– eine einfache selbstzündende und mit einem Treibanker versehene Leuchtboje
– eine Rettungsboje, hinter der sich eine Art Koffer verbirgt, den man dem Mann über Bord nachwirft

Dieser Koffer springt im Wasser auf und bietet folgenden Inhalt, der an einer 3 m langen Schwimmleine aufgereiht ist: Trillerpfeife, Treibanker, eine selbstzündende Leuchtboje und eine aufrecht schwimmende etwa 2 m lange Flaggrute. Die Flaggrute, in der Regel bestehend aus einem aufblasbaren Plastikstab, entfaltet sich von selbst. In den handelsüblichen Rettungskoffern findet man auch noch weitere nützliche Utensilien wie einen Signalspiegel, Seewasserfärber und eine selbst anzulegende provisorische Rettungsweste.

Abb. 10 *Stabblitzboje – der Stab wird teleskopartig ausgezogen*

38. Für Fahrtensegler empfiehlt die **Kreuzer-Abteilung** neben der erstgenannten Leuchtboje einen „als Rettungsgerät geeigneten, ohnmachtssicheren Feststoff-Rettungsschwimmkörper" und verzichtet dafür auf den Rettungskoffer. Gemeint ist der gelbe Rettungskragen aus geschlossenporigem Schaumstoff, den ein im Wasser Schwimmender sich über den Kopf stülpen und vor der Brust festbändseln kann. Der Rettungskragen soll mit 20 m Schwimmleine versehen sein, was der Person im Wasser helfen soll, den Rettungskragen zu greifen und an sich heranzuziehen.

39. Diese beiden Geräte sind als absolute Minimalforderung zu verstehen. In der **allgemeinen Praxis** hat sich folgende, erweiterte Version durchgesetzt:

– Stabblitzboje mit Flagge und Treibanker, verbunden mit einem Rettungskragen (Abb. 10)
– 30 m schwimmfähige Wurfleine mit Wurfgewicht, Treibanker und einem zweiten Rettungskragen. Die Wurfleine ist entweder in einem Korb ausrauschfähig gepackt oder auf einer Trommel aufgespult.

40. Rettungskragen und Stabblitzboje sind so am Heckkorb zu befestigen, daß man sie mit **zwei Griffen** entnehmen und über Bord werfen kann. Mit zwei Griffen, weil sie gegen überkommendes Wasser gesichert sein müssen. Würden sie nur lose in ihren Halterungen stecken, könnten sie in schwerer See aufschwimmen und verlorengehen. Zur Sicherung eignen sich Ziehsplinte, die mit einer gemeinsa-

men Reißleine gezogen werden, oder Abreißgarn, mit dem die Teile an ihre Halterungen gebändselt werden.

41. Bei „Mann über Bord" geht sofort die Stabblitzboje mit dem angeleinten Rettungskragen über Bord, um die **Stelle zu markieren,** noch bevor man von ihr abgelaufen ist. Sollte die Person im Wasser keine Rettungsweste tragen, kann sie mit wenigen Schwimmstößen versuchen, die Boje zu erreichen. Sie ist auch bei starkem Wind durch ihren Treibanker gegen zu schnelles Wegdriften gesichert. Ohne die Boje dürfte es einem Schwimmenden schwerfallen, im Seegang einen treibenden Rettungskragen zu finden und im Auge zu behalten.

42. Sollte nach dem Mann-über-Bord-Manöver die Yacht nicht direkt neben der zu rettenden Person zum Stehen kommen, versucht man die **Wurfleine zu werfen.** Da sie schwimmfähig sein soll, ist das Material störrisch und leicht, also schlecht zu werfen. Deshalb sollten an ihrem Ende der zweite Rettungskragen und ein Kiessäckchen als Wurfgewicht befestigt sein. Man wirft den so beschwerten Rettungskragen mit freiem Schwung, die Leine wird von ihm im Fluge ausgezogen. Man sollte den Wurf schon einmal geübt haben, um den Vorzug des Wurfgewichts zu nutzen. Ohne Gewicht würde ein Rettungskragen bei Wind schon in der Luft hoffnungslos abgetrieben werden. Soll die Schwimmleine für ein besonderes Bergemanöver achteraus geschleppt werden, wird ihr Ende mit dem Rettungskragen und Treibanker einfach zu Wasser gebracht. Der Fahrtstrom packt dann den Treibanker und zieht die Leine aus.

Die Rettungsinsel

43. Jede Hochseeyacht muß mit einem Rettungsfloß (gleichbedeutend mit Rettungsinsel) ausgerüstet sein, das die **gesamte Besatzung** aufzunehmen vermag. Es muß an Deck gefahren werden oder in einem Stauraum mit Öffnung zum Arbeitsdeck bereitliegen, in dem nichts anderes gestaut sein darf. Nur kleinere Rettungsflöße unter 40 kg Gewicht können unter Deck in Nähe des Niedergangs gestaut werden. Es muß in jedem Falle möglich sein, das Rettungsfloß innerhalb von 15 Sekunden an die Reling zu schaffen.

44. Wird das Rettungsfloß an Deck gefahren, ist es ausreichend **gegen Seeschlag** und letztlich auch gegen Diebstahl zu sichern. Im Rahmen der Sicherheitseinweisung ist auf das Gewicht hinzuweisen und der Behälter probeweise einmal anzuheben.

45. Für die Rettungsflöße nennen die Sicherheitsrichtlinien der Kreuzer-Abteilung Standards für Bauweise und Ausrüstung, die hier auszugsweise wiedergegeben werden:
– Das Floß muß im Behälter oder in einer Tasche gepackt und schwimmfähig sein;
– es darf im Seegang nicht kentern;
– es muß ein Dach haben, das die Insassen vor den Naturgewalten schützt;
– es muß von einer Person aus der Kopfüberlage aufrichtbar sein;
– es muß vor dem Eingang eine Einstieghilfe besitzen;
– es muß mit separaten Luftkammern ausgestattet sein, von denen allein die Hälfte notfalls ausreichen muß;

– und es muß einen wärmeisolierten Boden haben.

46. Die **Standardausrüstung** des Rettungsfloßes soll folgendes umfassen:
– schwimmender Rettungswurfring an 30 m Schwimmleine
– Sicherheitsmesser, Taschenlampe, Ösfaß, zwei Schwämme
– 2 Paddel
– um 90° von der Einstiegsseite versetzter Treibanker
– Flickzeug, Blasebalg
– 3 rote Handnotfackeln
– Tabletten gegen Seekrankheit (6 pro Person)
– Anweisung für das Überleben auf dem Rettungsfloß

47. Zusätzlich zu dieser im Rettungsfloß gestauten Ausrüstung wird empfohlen, vor dem Einsatz des Rettungsfloßes eine **Nottasche** zu packen mit folgendem Inhalt:
– zweiter Treibanker mit Leine
– nicht dursterregende Lebensmittelrationen, zwei Sicherheitsdosenöffner
– Frischwasser (wenigstens 1/2 Liter pro Person), ein Trinkbecher mit Meßeinteilung
– Erste-Hilfe-Kasten
– alle verbliebenen Seenotsignalmittel
– Tagessignalspiegel, Signalpfeife
– Tafel der Lebensrettungssignale (siehe auch Kapitel 16)
– Nylongarn und Plastiktüten
– tragbares Sprechfunkgerät, Mobiltelefone, EPIRB, SAR-Transponder
– Logbuch, Schiffspapiere (nicht Teil des ORC-Katalogs)

48. Bei der **Sicherheitseinweisung** wird die Vorbereitung zum Ausbooten und schließlich das Ausbringen der Rettungsinsel erläutert. Notrol-

Tagessignalspiegel

Das ist ein gewöhnlicher kleiner Taschenspiegel mit einem Loch in der Mitte. Um Aufmerksamkeit auf sich zu lenken, wird Sonnenlicht auf einen bewohnten Küstenstreifen reflektiert. Dazu peilt man mit einem Auge durch das Loch in der Mitte des Spiegels über den ausgestreckten Daumen, der auf das Ziel zeigt, und schwenkt den Spiegel so, daß die reflektierte Sonne den Daumen trifft, und zwar genau mit dem Schatten, der von dem Loch stammt. Auf diese Weise wird der Strahl über den Daumen hinweg auf das Ziel gerichtet. Durch die unruhige Hand erscheint dort das Licht als Serie von Blitzen.

len werden eingeteilt. Die wichtigsten Anweisungen umfassen folgendes:
● Das Ausbooten und auch dessen Vorbereitung erfolgen ausschließlich auf **Anordnung des Schiffsführers.** „Panikmache" hat zu unterbleiben. Zu frühes und unnötiges Verlassen der Yacht hatte in vielen Fällen Todesfolge. Im Prinzip kann nur Feuer an Bord oder die Gefahr des Sinkens Grund zum Verlassen des Schiffes sein.
● Als **Vorbereitung zum Ausbooten** sind drei Aufgaben zu leisten (Notrollen): Die Position ist festzustellen, von einer zweiten geeigneten Person zu überprüfen und der Seenotfunkspruch abzusetzen. Ferner ist die Nottasche zu packen und schließlich die Rettungsinsel an die Reling zu wuchten und die Verknotung ihrer Sorg- und Auslöseleine zu überprüfen.

● **Vor dem Übersteigen** ziehen sich alle Personen warm an (Unterzeug, Ölzeug, Sicherheitsgurt, Rettungsweste) und stecken neben persönlichen Dingen Nachtsignallampen, Signalstift und Takelmesser ein.

● **Auf Anordnung** wird das Floß nach Lee über Bord gebracht und kräftig an der Sorgleine gerissen, bis sich der Behälter öffnet. In Luv bestünde Gefahr, daß die Rettungsinsel gegen die Reling gedrückt und durch den Seegang an scharfkantigen Teilen beschädigt würde. Sollte die Rettungsinsel kieloben zu liegen

kommen, muß jemand angeleint ins Wasser und sie **aufrichten** (Abb. 11). Wichtig dabei ist, das Körpergewicht an der richtigen Seite anzusetzen. Sie ist mit Symbolen und in allen erdenklichen Sprachen gekennzeichnet. Beim Versuch von der verkehrten Seite würde man die schwere Gasflasche aus dem Wasser heben, die einem, sollte es überhaupt gelingen, schließlich noch auf den Kopf schlagen würde.

● Zum **Übersteigen** läßt man sich, immer angeleint, bäuchlings auf das Dach fallen (Abb. 12) und krabbelt in die Öffnung. Man sollte ver-

suchen, möglichst trocken zu bleiben. In der Insel löst man seine Sorgleine zur Yacht, die dann der nächste benutzt. Dafür pickt man sich mit den anderen dort zusammen. Keiner soll bei der Schaukelei über Bord geworfen werden.

● Nach dem Übersteigen wird die **Sorgleine** der Rettungsinsel abgeschnitten. Sollte dies nicht rechtzeitig vor dem Sinken der Yacht gelingen, trennt eine Sollbruchstelle von selbst. Es besteht keine Gefahr, daß die Sorgleine ein Loch in die Auftriebskörper reißt.

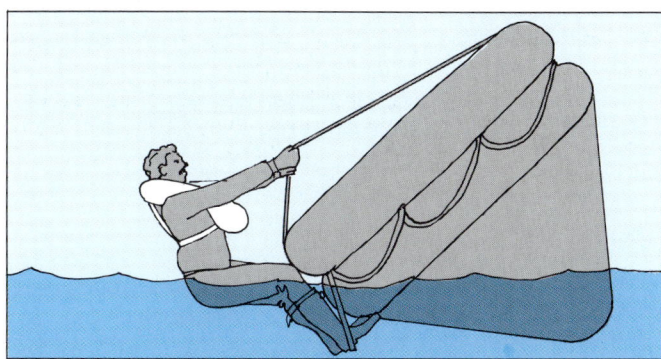

Abb. 11 *Wenn die Rettungsinsel kieloben liegt*

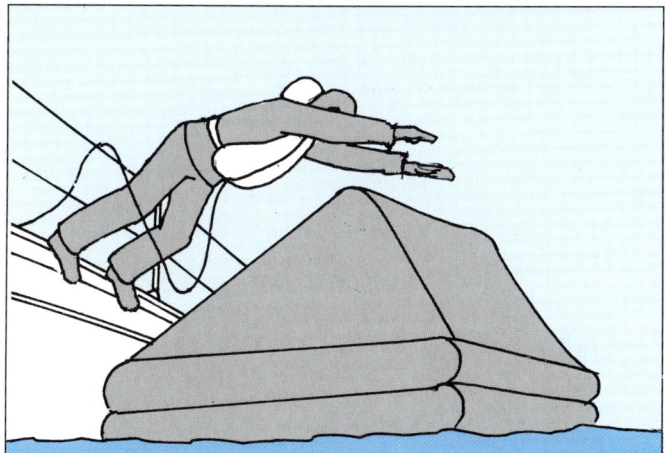

Abb. 12 *Man läßt sich bäuchlings auf das Dach der Rettungsinsel fallen*

Lernkontrolle

1. Nach welchen methodischen Grundsätzen ist die Sicherheitseinweisung zu gestalten? (Absatz 2 und 3)

2. Welche Kontrollen und Wartungsarbeiten erfordern die Positionslichter? (Absatz 5)

3. Erläutern Sie das Funktionsprinzip des Radarreflektors! (Absatz 7)

4. Was bedeutet „Yachtstellung" bei der Anbringung von Radarreflektoren? Was ist ihr Sinn? (Absatz 8)

5. Was bedeutet effektive Radarrückstrahlfläche? (Absatz 9)

6. Rekapitulieren Sie die Grundsätze einer Lenzanlage (Absatz 11 bis 14):
   – Wieviel Pumpen? Welcher Art?
   – Wo die Saugstellen?
   – Wie sind die Saugkörbe angebracht?
   – Wie führen die Lenzleitungen nach draußen?
   – Wann wird ein Rückschlagventil benötigt?
   – Welcher Art sollte es sein?
   – Welcher Art Bilge-Disziplin ist nötig?

7. Was bedeuten die Brandklassen A, B, C und D? (Absatz 15)

Fortsetzung der Lernkontrolle auf der nächsten Seite

Lernkontrolle

8. Welche Löschertypen eignen sich für eine Yacht am besten und weshalb? (Absatz 16)

9. Wo haben die Feuerlöscher am besten ihren Bereitschaftsplatz? (Absatz 18)

10. Wer bestimmt die Inspektionsabstände für die Feuerlöscher? (Absatz 18)

11. Wie richtet man den Löschstrahl? (Absatz 19)

12. Nach welchen Richtlinien sollte die Bordapotheke ausgestattet sein? (Absatz 22)

13. Was bedeutet das Nummernverzeichnis im Zusammenhang mit der empfohlenen Inhaltsliste? (Absatz 23)

14. Wie sind Seenotsignalmittel in Bereitschaft zu halten? (Absatz 25)

15. Wie wird die richtige Handhabung im Einsatzfall sichergestellt? (Absatz 26)

16. Ist für bestimmte Notfälle besonderes Werkzeug bereitzuhalten? Welches und in welcher Weise? (Absatz 28)

17. Weshalb müssen Sicherheitsgurte und -leinen so hohe Reißfestigkeit haben? (Absatz 30)

18. Wie funktioniert eine moderne Automatic-Rettungsweste? Welche Eigenschaften dienen der Ohnmachtssicherheit? (Absatz 31)

19. Wann werden Sicherheitsgurte und Rettungswesten getragen? (Absatz 34)

20. Wo pickt man sich ein: im Cockpit, auf dem Weg nach vorn und bei der Arbeit am Mast? (Absatz 34)

21. Welche Rettungsmittel empfiehlt die Kreuzer-Abteilung für den Mann-über-Bord-Fall? (Absatz 38)

22. Wie sollten Rettungskragen und Markierungsboje in Bereitschaft gefahren werden und mit welcher Begründung? (Absatz 40)

23. Wie sollte die Wurfleine vorbereitet und geborgen sein? (Absatz 42)

24. Wie groß muß das Fassungsvermögen der Rettungsinsel sein? (Absatz 43)

25. Wie sieht eine Rettungsinsel aus, was sind ihre wesentlichen Eigenschaften? (Absatz 45)

26. Womit sind nach den „Sicherheitsrichtlinien" die Rettungsinseln ausgerüstet? (Absatz 46)

27. Was gehört in die zusätzlich empfohlene Nottasche? (Absatz 47)

28. Was ist vor dem Ausbooten in die Rettungsinsel grundsätzlich zu tun? (Absatz 48)

29. Wie bringt man die Rettungsinsel aus, wie richtet man sie falls nötig auf, wie steigt man über? (Absatz 48)

33. Seetüchtigkeit

Die Yacht, ihre Einrichtung und Ausrüstung

1. Stammt eine Yacht aus einem renommierten Serienbau oder handelt es sich um die Einzelanfertigung einer anerkannten Bootswerft, so kann man von ihrer Tauglichkeit ausgehen. Seit Juni 1996 wird die Tauglichkeit neu gefertigter Yachten durch die **CE-Kennzeichnung** für abgestuft anspruchsvolle Fahrtgebiete europaeinheitlich bestätigt. Zuständig für die Erteilung dieses Qualitätsnachweises in Deutschland ist der **Germanische Lloyd,** die technische Überwachungsorganisation für die gesamte Schiffahrt. Seit 15.6.1998 ist die CE-Kennzeichnung Pflicht.
Eine weitere Sicherheitsgewähr leistet der Germanische Lloyd durch eine besondere Güteprüfung, die **Klassifikation,** oder durch die Serienbauüberwachung einer Yacht. Das Ergebnis wird durch blaue Plaketten in jeweiliger Abstufung (Abb. 1) bescheinigt.
Für Standard und Umfang der Ausrüstung geben die **„Sicherheitsrichtlinien" der Kreuzer-Abteilung,** übernommen von den Special Regulations des Offshore Racing Councils und im eigenen Hause für das Fahrtensegeln ergänzt, eine allgemein anerkannte Richtschnur. Sie enthalten Forderungskataloge für verschiedene Einsatzgebiete mit unterschiedlichen Ansprüchen an die Seetüchtigkeit. (Siehe auch Kapitel 16)

2. Auch wenn die grundsätzliche Hochseetauglichkeit außer Frage steht, sollte sich jeder Schiffsführer über die besondere **Eignung seiner Yacht für das geplante Segelunternehmen** im klaren sein. Für Rennzwecke geschnittene Yachten sind in schwerem Wetter zwangsläufig empfindlicher als biedere Fahrtenyachten. Für die extremen Segelleistungen, wie sie von Regattayachten gefordert werden, wurden bei der Konstruktion Abstriche auf der Seite der Gutmütigkeit im Seeverhalten gemacht. Die Festigkeit der Materialien wurde auf netto maßgeschneidert, was für die sonst üblichen Sicherheitspolster wenig übrig läßt. Letztlich sollte auch nicht übersehen werden, daß eine Rennyacht eine besondere Besatzung erfordert, um mit der gleichen Sicherheit manövriert zu werden wie eine gewöhnliche Fahrtenyacht. Sie verträgt keine Fehlbedienung. Ihre Technik ist schnell überlastet und setzt für die sichere Bedienung Erfahrung voraus.

3. Die **Einrichtung** einer Yacht kann heute sehr unterschiedlich sein. Sie kann auf sportlichen Einsatz optimiert, kann für Langfahrten ausgelegt sein, es kann zum Zwecke extremer Regatten ganz auf sie verzichtet worden sein, oder sie stellt ein nautophiles Schmuckstück zur allgemeinen Bewunderung dar. Wichtig ist, daß Auslegung und Einsatz zusammenpassen. Sollte jemand bei einer guten Gelegenheit eine bezaubernde Nautiquität erworben haben und sich damit auf Transozeanfahrt begeben, handelt er in hohem Maße unverantwortlich.

4. Man sollte seine Yacht hinsichtlich ihrer Eignung für das vorgesehene Revier oder für bestimmte Reisepläne nach folgenden Kriterien beurteilen:

Abb. 1 *Klassifikationsplaketten des Germanischen Lloyd*

Seetüchtigkeit des Bootes

- ausreichende Größe?
- Stabilität über alle Krängungswinkel?
- ausreichende Festigkeit des Riggs?
- Festigkeit der Aufbauten gegen Seeschlag?
- Sicherheit aller Luken, Fenster und Lüfter?
- selbstlenzendes Cockpit?
- Seereling?

Seetüchtigkeit der Inneneinrichtung

- sichere Stand- und Trittfestigkeit überall?
- genügend Handläufe und Griffe?
- genügend Kojen mit Leesegeln oder Kojenbrettern?
- bei Lage und Seegang benutzbare Pantry?
- genügend und geeigneter Stauraum für Vorräte?
- genügend Tankkapazität für Wasser und Kraftstoff?
- kräftige Auslegung aller Einbauten, keine scharfen Kanten?
- Naßstauraum für Ölzeug und Rettungswesten?
- ausreichend bemessene Navigationsecke?

5. Die angemessene Ausstattung mit **Ausrüstung** läßt sich nach den „Sicherheitsrichtlinien" der Kreuzer-Abteilung überprüfen. Darüber hinaus sollte weiter bedacht werden:

Seetüchtigkeit der Ausrüstung

- Ausrüstungsliste der „Sicherheitsrichtlinien" der Kreuzer-Abteilung
- Zuverlässigkeit und Dauerbelastbarkeit des Motors?
- Ersatzteile für Routineausfälle?
- Halbzeuge aus Holz, Gummi und Niro für improvisierte Reparaturen?
- Vorrat an Brennstoff für Pantry und Heizung?
- Vorrat an Schmier- und Pflegestoffen?
- Batteriekapazität?
- Zuverlässigkeit und ausreichende Größe des Ankergeschirrs?
- Beiboot (Unabhängigkeit von festen Hafenanlagen)?

Die Besatzung

6. Nur wenn man allabendlich einen Hafen oder eine Ankerbucht anlaufen kann, ist ein **Ein-Wachen-System** zu verantworten. Es müssen genügend geeignete Helfer an Bord sein, mit denen der Schiffsführer in der Lage ist, die Yacht den Reiseanforderungen entsprechend sicher zu manövrieren. Dabei spielt die mögliche Wetterentwicklung ebenso eine Rolle wie die Art des Segelreviers, die erforderlichen Hafenmanöver und natürlich auch die Handhabbarkeit der Yacht. Unter geeigneten Helfern sind solche zu verstehen, die unter der knappen Anleitung mit den üblichen Kommandos ihren Part beim Manöver selbständig übernehmen können. Anzulernende Crewmitglieder würden zusätzlich zur Minimum-Besatzung zählen. Für den Skipper muß immer eine geeignete Ersatzperson an Bord sein, falls ihm etwas zustoßen sollte.

7. Werden längere Strecken auf See verbracht, müssen mindestens zwei Wachen eingeteilt werden. Dies bedeutet nicht eine Verdoppelung der beschriebenen Ein-Wachen-Besatzung. Denn die aufwendigen Manöver werden unter Einsatz beider Wachen (all-hands) oder unter Verstärkung aus der Freiwache gefahren. Die Seewache muß lediglich ausreichen, um die Yacht sicher zu steuern, Ausguck zu gehen, die Segel zu trimmen und zu navigieren. Bei normalen Fahrtenyachten sind das zwei Personen. Bei der Besatzung für längere Reisen ist die besondere Aufgabe des Kochens und der Bewirtschaftung der Vorräte zu bedenken. Sie sollte möglicherweise außerhalb der wechselnden Wachen übernommen werden. Die Wachführer sollten ihre Aufgabe eigenverantwortlich wahrnehmen können. Nur so wird der Schiffsführer wirklich entlastet.

8. Die **körperliche Verfassung** aller Personen an Bord muß berücksichtigt werden. Gesundheit und Alter müssen mit der beabsichtigten Segelfahrt im Einklang stehen. Für Mitsegler, die nicht so fit sind, muß ein bescheidenerer Törn geplant werden.

9. Alle Personen an Bord müssen angemessene **Bordbekleidung** dabeihaben. Die Schutzbekleidung (Ölzeug) muß für die zu erwartenden Anforderungen geeignet sein. Der Schiffsführer sollte sich bei der Anprobe der Rettungswesten auch davon überzeugen. (Abb. 2)

Abb. 2 *Ungeeignetes Ölzeug (Foto: YACHT-Archiv)*

Verproviantierung

10. Die Forderung nach ausreichender Verproviantierung klingt wie eine Binsenweißheit. Sie ist es nicht, wenn man bedenkt, wie oft eine Reise frühzeitig abgebrochen werden mußte, weil die Verpflegung ausging. Noch schlimmer ist, weil es die Sicherheit betrifft, daß bei ungünstigem Wetter die schwierige Ansteuerung eines Hafens riskiert wird, nur weil man mangels ausreichenden Verpflegungseinkaufs nicht einen weiteren Tag auf See bleiben will.

11. Für den Einkauf vor der Reise sollte ein **klarer Plan** entworfen werden. Natürlich kann den Wünschen und Gewohnheiten der Mitsegler in weiten Bereichen entsprochen werden; einige Grundsätze, die die Sicherheit betreffen, sollten jedoch immer Vorrang finden:
● Der Proviant sollte nicht allein für die **Segelzeit** bis zur nächsten Einkaufsgelegenheit berechnet werden, sondern auch für den Fall, daß der Hafen oder überhaupt die Küste wegen widrigen Wetters nicht angelaufen werden kann.
● Bei den veranschlagten **Etmalen** (Segelstrecke in 24 Stunden) ist von einer vernünftigen Durchschnittssegelleistung auszugehen, einschließlich eines der Großwetterlage angemessenen Sicherheitsabzugs für Schwachwindzonen und für Kreuzstrecken. Aufgrund des Motors auf eine höhere Streckenleistung zu setzen, gilt zunächst nur im Falle von zu schwachem Wind. Wieweit der Motor für Gegenanstrecken als Bonus in die Planung eingehen kann, muß nach der Motorisierung der Yacht beurteilt werden.
● Die **Haltbarkeit** der Nahrungsmittel ist zu bedenken und dabei die Möglichkeit zu berücksichtigen, daß Kühlschränke oder Kühltruhen ausfallen oder wegen Strommangels nicht eingeschaltet werden können. Eine eiserne Reserve aus Konserven ist deshalb immer vorzusehen.

● Schließlich muß eine **Schwerwetterperiode** bedacht werden, in der herkömmliches Kochen in der Pantry nicht möglich ist. Einfach zuzubereitende, nahrhafte und leichte Speisen, die einem auch ohne rechten Appetit bekommen, sind dafür einzuplanen.
● Je nach Qualität des Bunkerwassers muß möglicherweise **Trinkwasser** in Flaschen mitgenommen werden.
● Sollte wegen der langen Dauer der Reise nicht genügend Frischobst und -gemüse gebunkert werden können, muß an **Vitamintabletten** gedacht werden.

12. Verbunden mit dem Proviantplan ist das Stauproblem. Es muß eine durchdachte **Stauordnung** bestehen, in der Gewicht, Verderblichkeit und das Wiederfinden der Lebensmittel die Hauptrollen spielen. Es muß ein besonderer Bereich für angebrochene Gebinde vorhanden sein, und für die Verwaltung des Vorrats sollte einer der Mitsegler verantwortlich gemacht werden. Nur diese Art von Kontrolle hat sich bewährt. Kein Listensystem ersetzt Geist, Ordnungssinn und Durchsetzungskraft eines Menschen (abgesehen von Ausnahmen).

Beanspruchung und Verschleiß

13. Es reicht nicht aus, daß eine Segelyacht nach Bauweise und Ausrüstung grundsätzlich den Ansprüchen der bevorstehenden Reise genügt. Man muß sich vom gegenwärtigen Zustand überzeugen. Was letzte Saison noch hervorragend funktionierte, kann in diesem Jahr durch Korrosion, Verschleiß

oder Fremdeinwirkung funktiòns-
untüchtig geworden sein. Deshalb
ist nicht nur zu Saisonbeginn, sondern auch vor jeder größeren Unter-
nehmung ein gründlicher **Sicher-
heits-Check** durchzuführen. Ebenso wie bei einem Flugzeug vor jedem Start eine Sichtkontrolle, der
„walk around", gemacht wird, sollte
der Schiffsführer mit scharfem Blick
und tastenden Händen alle zugänglichen Teile kontrollieren. Ob er sich
auch den Mast hochziehen läßt,
hängt davon ab, wann dies zum
letztenmal geschehen ist. Zumindest sind die Beschläge durch das
Fernglas von Deck aus zu kontrollieren. Keinesfalls sollte er sich die
Mühe ersparen, die Abdeckplatten
zum Ruderantrieb zu öffnen.

14. Es gibt keinen allgemeingültigen
Anhalt für Inspektionsintervalle und
schon gar nicht vom Hersteller vor-
gegebene Wartungspläne, wie wir
sie zum Beispiel von der Automobil-
industrie her kennen. Eigner und
Schiffsführer müssen in Abhängigkeit von der Belastung der Yacht
selbst bestimmen, in welchem
Rhythmus welche Bauteile zu kontrollieren sind. Begreift man diese
Wartungs- und Pflegearbeiten nicht
als Last, sondern als Teil des Se-
gelsports, dürfte es an Motivation
nicht mangeln.

Angemessenheit
des Reiseplans

15. Die Seetüchtigkeit muß den Anforderungen der geplanten Reise
entsprechen. Genauer gesagt: der
geplanten Reise einschließlich ihrer
härtesten Variante, denn das Wetter
läßt sich nun einmal nicht planen.
Während in den bisherigen Betrach-

tungen daraus Forderungen an die
Seetüchtigkeit der Yacht abgeleitet
worden sind, ist auch umgekehrt die
Möglichkeit zu bedenken, den Reiseplan der Seetüchtigkeit von Schiff
und Besatzung anzupassen.

16. Gesunder sportlicher Ehrgeiz ist
der natürliche Antrieb, sich neuen
Bewährungsproben auszusetzen.
Allerdings sollte das Risiko immer
kontrollierbar und jede Gefahr beherrschbar sein. Es ist eine der ver-
antwortungsvollsten Pflichten des
Schiffsführers, das Vermögen von
Schiff und Besatzung nicht zu über-
schätzen und seinen **Reiseplan**
Grenzen anzupassen. Er erreicht
dies durch folgendes:

– Beschränkung auf geschützte Re-
  viere
– Vermeidung von Schwerwetterpe-
  rioden
– Wahl einer Route mit genügend
  Ausweichmöglichkeiten
– Rückgriff auf besonders erfahrene
  Besatzungsmitglieder
– Wahl einer besonders gut hand-
  habbaren Yacht
– Vermeidung enger Zeitpläne
– Zusammenbleiben mit anderen
  Yachten

Lernkontrolle

1. Wodurch erhält man beim Erwerb einer Yacht eine Garantie für deren
   Seetüchtigkeit? (Absatz 1)

2. Wie wirkt sich die bauliche Auslegung einer Yacht für verschiedene
   Verwendungszwecke auf die Seetüchtigkeit aus? (Absatz 2)

3. Nach welchen Richtlinien orientiert man sich bei Art und Umfang der
   Ausrüstung? (Absatz 5)

4. Gibt es darüber hinaus Ausrüstungserfordernisse? (Absatz 5)

5. Welche Gesichtspunkte bestimmen den Umfang der Besatzung bei
   einem Ein-Wachen-System? (Absatz 6)

6. Was versteht man unter einem geeigneten Mitglied der Besatzung?
   (Absatz 6)

7. Unter welchen Bedingungen ist ein Mehr-Wachen-System erforderlich? (Absatz 7)

8. Wonach richtet sich die Anzahl der Tage, für die verproviantiert wird?
   (Absatz 11)

9. Was ist zu bedenken, wenn man die Größe des Planungsetmals fest-
   legt? (Absatz 11)

10. Wie bekommt man das Stauproblem am besten in den Griff? (Abs. 12)

11. Wie kann man seine Segelunternehmung den gegebenen Grenzen
    der Seetüchtigkeit von Schiff und Besatzung anpassen? (Absatz 16)

34. Verhalten in Notfällen

Feuer

1. Im Prinzip gibt es an Bord drei verschiedene Arten von Feuer: In der Pantry brennt der Herd oder die zu heiße Fettpfanne, es kokelt eine elektrische Leitung, oder im Motorraum hat Kraftstoff Feuer gefangen. Hinzu kommt der unachtsame Umgang mit feuergefährlichen Harzen, Farben, Lacken und Verdünnern. In allen Fällen gilt es, den **Entstehungsbrand zu bekämpfen.** Es ist sofort, aber trotzdem besonnen zu reagieren.

2. Oft ist die Brandstelle schneller mit dem nächstbesten **Gegenstand abgedeckt** und das Feuer erstickt als der Feuerlöscher geholt. Wichtig ist dabei, nicht mit wedelnden Decken oder Lappen die Flamme weiter zu verteilen oder die brennende Flüssigkeit zu verspritzen. Zum Ersticken muß der Brandherd mit ruhiger Bewegung abgedeckt werden, und die Abdeckung muß liegen bleiben, bis die Flammen erloschen sind. Gelingt das nicht gleich, muß es mit einer zweiten Decke erneut versucht werden. Nicht zu lange soll man probieren, wenn es mit dem Abdecken nicht gleich gelingt. Es ist besser, dann doch lieber einen geeigneten Feuerlöscher zu benutzen.

3. Bei Bränden aus der **Flüssiggasanlage** ist als erstes der Abstellhahn zuzudrehen. Wenn dann noch etwas zu löschen ist, sind es Sekundärbrände, Brände von Gegenständen, die im Flammenbereich gestanden haben. Handelt man schnell genug, kommt es gar nicht dazu. Ähnlich verhält es sich bei **Kabelbränden.** Schaltet man schnell genug den Strom ab, kommt es meistens gar nicht zum offenen Brand. Der Kabelbrand kündigt sich durch den typischen Geruch verschmorten Isolierstoffs an. Da man nicht immer gleich weiß, um welches Kabel es sich handelt, schaltet man den Gesamtstrom an Bord ab, um erst später den schadhaften Kabelstrang zu identifizieren. **Das Stromabschalten** geschieht in zwei Schritten:

– Motor abstellen (zuerst, wegen der Dioden)
– Batteriehauptschalter ausstellen

4. Bei der Sicherheitseinweisung sollte gezeigt werden, wo der Hauptschalter ist und wie er abgestellt wird. Manche Yachten (französische Norm) haben einen Notabschalter, der die Minusschiene von allen Batterien und auch von der Lichtmaschine trennt.

5. **Feuer im Maschinenraum** ist auch bei Dieselmotoren möglich, wenngleich viel seltener als bei Benzinmotoren. Es entsteht, wenn Dieselkraftstoff auf heiße Teile tropft und verdampft oder aus dem Hochdruckleitungssystem zwischen Einspritzpumpe und Einspritzdüsen als feiner Spray austritt. Meistens beginnt das Feuer mit einer Verpuffung, durch deren Druck die Motorabdeckung auffliegt. Man sollte versuchen, sie so schnell wie möglich wieder zu schließen, um die Luftzufuhr zu unterbinden. Der Motor muß sofort abgestellt werden. Damit wird der Kraftstoffdruck weggenommen und der Lüfter abgeschaltet, mit dem die meisten Motoren ausgestattet sind. Durch einen kleinen Spalt oder, wenn vorhanden, durch die Feuerlöschöffnung wird sodann der CO_2- oder auch der Pulverfeuerlöscher blind in den Motorraum hinein entleert.

6. Konnte der Entstehungsbrand nicht gleich gelöscht werden und breitet sich das Feuer aus, wird die Sache ernst. Auf den meisten Yachten gibt es außer Schlagpützen keine Löscheinrichtungen für **größere Brände.** Die Löscharbeit wird uneffektiv, weil man wegen der Hitzeausstrahlung und Rauchentwicklung nicht mehr an den Brandherd herangelangt. Sehr schnell hält man es unter Deck überhaupt nicht mehr aus. Viel eher, nämlich sobald erkennbar wird, daß sich das Feuer trotz der Löschbemühungen ausweitet, muß der Skipper die **Notrolle „Rettungsinsel"** starten. Unter Deck bleibt nicht viel Zeit. Der Seenotfunkspruch ist abzusetzen, und die wichtigsten Dinge für die Nottasche sind zusammenzuraffen. Gut, wenn man ein Notfallschapp eingerichtet hat! Bei allen Handlungen auf dem brennenden Schiff ist zu vermeiden, Verbrennungsgase von GFK und anderen Kunststoffen einzuatmen. Sie sind hochgiftig und bewirken innerhalb von Sekunden Ohnmacht.

Motorausfall

7. Die wesentlichen Grundregeln für Betrieb und Störbehebung wurden im Rahmen des allgemeinen Umgangs mit der Maschinenanlage in Kapitel 30 beschrieben. Hier geht es nun um die seemännischen Sofortmaßnahmen, wenn plötzlich der Maschinenantrieb ausbleibt. Dabei geht es nicht nur um das Versagen des Motors selbst, sondern auch um den Bruch des Getriebe- oder Gaszugs (der gebräuchliche Ausdruck „Gas" für die Leistungsregelung sei erlaubt), um den Tampen in der Schraube, um den Bruch der Wellenanlage oder auch um die selbst verfügte Notabschaltung, weil Kühlung oder Öldruck nicht mehr stimmten.

8. In hindernisfreien Gewässern gibt es keine Probleme. Man setzt Segel oder macht bei Flaute Pause. In der Flaute ohne Maschinenantrieb zu dümpeln, rechtfertigt übrigens nach deutscher Rechtsprechung nicht, Signale für Manövrierunfähigkeit zu setzen. Wenn man aber **in dichtem Verkehr** damit einen Unfall vermeiden kann, ist es dennoch zu empfehlen. Es ist jeder Versuch zu unternehmen, aus Bereichen dichten Verkehrs hinauszugelangen. Größere Yachten können ihr motorisiertes Beiboot als Schlepper ausbringen, kleinere versuchen es mit Wriggen oder Paddeln, sollte sich, zum Beispiel nachts, keine der passierenden Yachten zur Schlepphilfe bereiterklären. Als weitere Sicherheitsmaßnahme ist eine **Sicherheitsmeldung** „an alle" auf Kanal 16 abzusetzen mit dem Hinweis, daß in dem Fahrwasser auf Höhe der Tonne sowieso eine dümpelnde Yacht den Verkehr gefährdet.

9. Befindet man sich bei Maschinenausfall und vorlichem Wind gerade in einem **engen Kanal** oder in einer engen Baggerrinne, sollte man sofort, unter Ausnutzung des Restschwungs, auf Gegenkurs gehen. Nur so läßt es sich vermeiden, ohne Fahrt gegen die Baggerkante oder an das Ufer gedrückt zu werden.

10. Besonders kritisch ist ein **Motorversagen bei Hafenmanövern.** Aus diesem Grunde läßt ein umsichtiger Schiffsführer für alle Hafenmanöver den **Anker klarmachen** zum Fallen. Wenn man bei Maschinenausfall keine Gelegenheit findet, irgendwo längsseits zu gehen und mit Fendern und Leinen Halt zu finden, hilft der Anker. Egal, wo man sich befindet: Mit der Restfahrt wird nach Luv aufgeschossen, der eingeteilte „Ankerfahrer" eilt nach vorn, und der Anker fällt. Alles Weitere kann dann in Ruhe entschieden werden. Mit einiger Erfahrung kann mit dem Anker sogar Fahrt aufgestoppt werden. Der Anker wird dazu sofort fallen gelassen und mit viel Gefühl über die Kettenbremse verzögert. Anfangs wenig, später mehr. Der Rudergänger muß dabei sauber Kurs halten, damit nicht das Heck den Bug überholt. Das Manöver geht nicht ganz ohne Kratzer im Gelcoat ab, weshalb es auch ein Notmanöver bleibt.

11. Während der Hafenmanöver **die Segel klar zum Setzen** zu haben, ist für kleinere Yachten zweifellos eine sinnvolle Sicherheitsmaßnahme. Man bedenke allerdings den Raum, den man zum Segelsetzen, Abfallen, Fahrtaufnehmen und Wiederaufkreuzen benötigt. Keinesfalls darf diese Methode den klar liegenden Anker ersetzen, dessen Möglichkeiten einfach vielseitiger sind.

12. Besonders prekär wird es im Hafen, wenn einer der **Steuerzüge** für Gas oder Getriebe bricht. Ist genügend Platz vorhanden, steuert man die Yacht mit der gerade bestehenden Leistung aus dem Hindernisbereich heraus. Anschließend schickt man seinen Maschinengast (Notrolle) nach unten, der die Motorabdeckung öffnet und nach Maschinenkommandos den Gashebel an der Einspritzpumpe oder den Schalthebel am Getriebe betätigt. Bricht gerade **beim Aufstoppen** der Getriebezug, gibt man wegen der ausbleibenden Wirkung unwillkürlich mehr Gas mit dem Hebel in Rückwärtsstellung. Das jedoch verstärkt nur die Fahrt nach vorn, weil am Getriebe noch der Vorwärtsgang eingelegt ist. Wenn man diesen Sachverhalt nicht ganz schnell durchschaut, ist die Kollision unausweichlich. Hartruder und Stoppzug sind die einzige Rettung.

13. Mit ausgefallenem Motor erweist es sich in den meisten Situationen als erforderlich, **Schlepphilfe in Anspruch** zu nehmen. Auf dem Vorschiff mit einem Taubündel zu winken, ist ein gebräuchliches Signal, um nichtkommerzielle Schlepphilfe zu erbitten. Im Falle eines gewerblichen Schleppers sollten auf alle Fälle Preis und Leistung unter Zeugen vorher vereinbart werden. Für das Geschlepptwerden gelten folgende Hinweise:
- ständige Zeichen-, Ruf- oder Funkverbindung mit dem Schlepper
- kräftige Befestigung der Schleppleine an Deck (Poller, Ankerspill, Genuawinschen) mit Möglichkeit zum Loswerfen unter Zug
- Schleppleine durch die Bugklüse oder Lippklampe führen, Schamfilkontrollen in kurzen Abständen

● Schlepptrosse möglichst lang und elastisch; Trossenlänge auf die Länge der See abstimmen
● Verletzungsgefahr bei Bruch der Schlepptrosse beachten
● energisch Kurs halten, notfalls Kurs mit Bremsschleppen stabilisieren

Ruderschaden

14. Bricht das Ruder oder dessen Antrieb, kurz, bleibt die Steuerwirkung aus, so besteht in freiem Seeraum kein Anlaß zu hastigen Reaktionen. Die Yacht läuft aus dem Ruder und pendelt sich mit killenden Segeln in irgendeiner Lage zum Wind ein. Es ist Zeit, nach der Ursache zu sehen und, sofern es damit getan ist, die Notpinne aufzustecken, die übrigens auch für Pinnensteuerungen an Bord sein sollte. Auch Pinnen können brechen.

15. Die **Steuerung mit der Notpinne** ist zwangsläufig kraftaufwendiger und auch weniger exakt, weshalb man die Fahrt herabsetzen und einen angenehmen Kurs zum Wind wählen sollte. Die meisten Yachten lassen sich vom Amwind- bis zum Halbwindkurs völlig ohne Ruder nur **durch die Segelstellung steuern.** Dazu trimmt man das Vorsegel auf optimalen Vortrieb und steuert mit dem Großsegel oder, bei Zweimastern, mit dem Besan. Dichtholen bewirkt Anluven, Fieren Abfallen. Reicht die Wirkung nicht aus, kann man das Vorsegel gegenläufig zur Hilfe nehmen.

16. War der Ruderschaden durch die Notpinne nicht zu beheben, handelte es sich um einen Bruch des Ruderschaftes, des Ruderblatts

Abb. 1 *Vorschlag für ein Notruder*

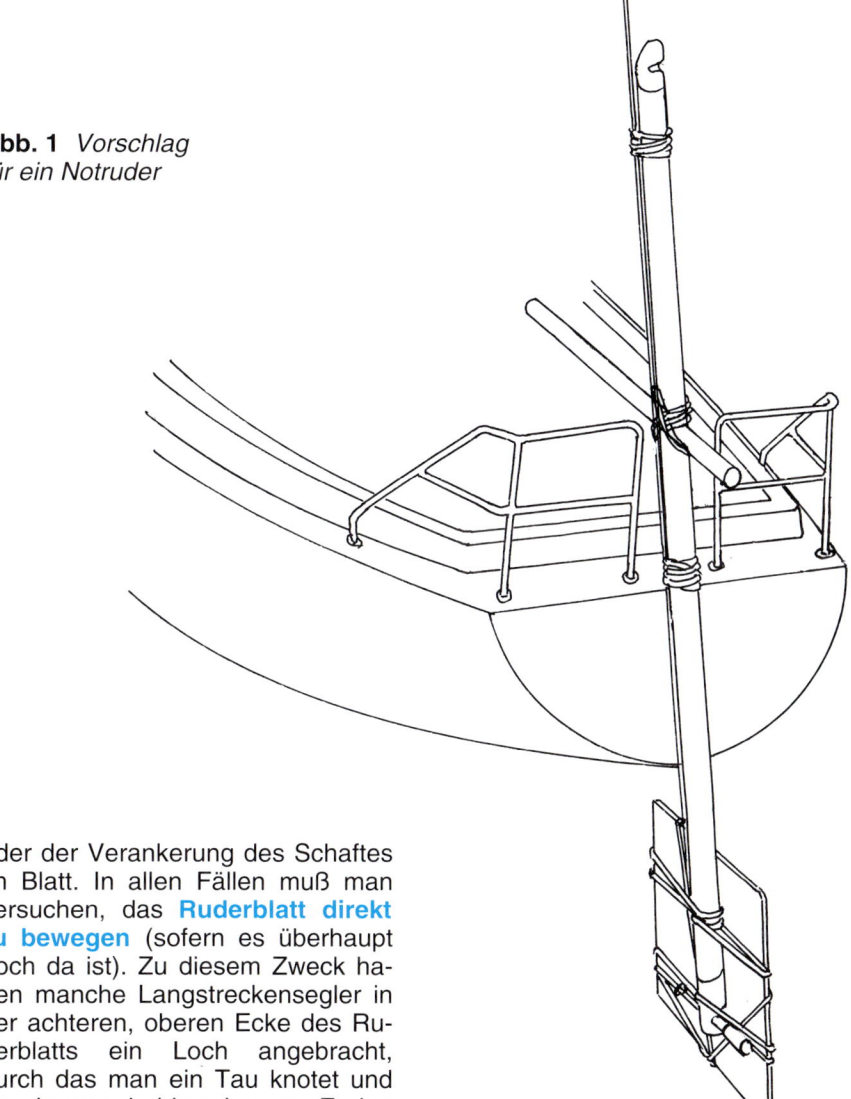

oder der Verankerung des Schaftes im Blatt. In allen Fällen muß man versuchen, das **Ruderblatt direkt zu bewegen** (sofern es überhaupt noch da ist). Zu diesem Zweck haben manche Langstreckensegler in der achteren, oberen Ecke des Ruderblatts ein Loch angebracht, durch das man ein Tau knotet und an dessen beiden langen Enden das Ruder hin und her geführt werden kann. Gibt es diese vorsorgliche Durchbohrung nicht, müßte mit ideenreichen Verschnürungen des Ruderblatts der gleiche Effekt erzielt werden.

17. Bei Verlust des Ruders muß ein **Notruder** improvisiert werden. Auch hier ist Phantasie gefragt. In den meisten Fällen benutzt man den Spibaum als Ruderschaft, befestigt daran eine Bodenplatte als Ruderblatt und sorgt mit einem Knebel in der Klau dafür, daß die Drehkräfte auch von der Platte übernommen werden. Der Spibaum wird am Spiegel unten an der Badeleiter und oben am Achterstag drehbar angebändselt. In angemessener Höhe wird mit einer Riesenbandage ein Querholz als Pinne angeschlagen. Die vielen Wicklungen sollen die Drehkraft übertragen. Siehe auch Abb. 1.

18. Schließlich der Sonderfall: Die Steuerung versagt beim **Hafenmanöver** oder in der Nähe von Hindernissen. Schnelle Reaktion ist hier verlangt. Im Moment hat man das Schiff nur mittels Maschine in der Hand. Deshalb ist mit „Maschine voll zurück" energisch die Fahrt aufzustoppen und anschließend den Anker fallen zu lassen. Die Yacht wird wegen des Schraubeneffekts zwar ausbrechen, aber in jedem Falle wird die Fahrt reduziert und damit der Schaden bei einer Kollision verringert.

Schaden am Rigg

19. Fahrtenseglern passiert ein Bruch in der Takelage heute selten. Die Konstruktionen sind ausgereift, die Sicherheitsmargen wohlbemessen. Kommt es dennoch vor, so liegt die Ursache in der Regel beim fehlerhaften Aufriggen. Irgend etwas war dann nicht richtig eingehängt, war verklemmt oder mit falschen Bolzen befestigt. Regelmäßige Inspektionen des Riggs sollten solche Fehler aufdecken. Anders bei Regatten. Dort wird oft bewußt das Material an die Belastungsgrenze geführt und ein Bruch riskiert.

20. Beim Bruch von Wanten oder Stagen kommt in aller Regel der Mast oder zumindest ein Teil davon. War die Ursache nur ein losgerüttelter Bolzen oder aufgedrehter Wantenspanner, kann der Mast vielleicht stehenbleiben und durch ein schnelles Entlastungsmanöver gerettet werden. Brach das Want oder Stag dagegen unter zu großem Winddruck, dürfte auch mit einem

Manöver der Mast nicht mehr zu halten sein.

21. **Gebrochene Wanten oder Stagen** werden – falls der Mast noch steht – repariert oder durch Fallen ersetzt. Besonders gut sind Fallen aus Drahttauwerk, weil sich reckendes Tauwerk als Want nicht eignet. Nur kurze Enden, die man zum Beispiel als Unterwant verwendet, können aus vorgerecktem Textiltauwerk bestehen. Verbindungen mit Stahldrahttauen werden am besten mit Hilfe von Augen hergestellt, die man mit Drahtseilklemmen steckt (Abb. 2). Spannung erreicht man durch dünnere Enden, die man in Taljenart mehrfach durch die beiden zusammenzuziehenden Augen schlägt.

22. **Gebrochene Fallen** sollten überhaupt kein Problem sein. Eine gut ausgerüstete Yacht fährt die Vorfallen und Spifallen doppelt, so daß immer Ersatz vorhanden ist. Für seitliche Zugrichtungen dürfen nur die Spifallen benutzt werden. Sie sind am Masttopp über Wirbelblöcke geführt, die sich der Zugrichtung anpassen. Die normalen Vorfallen dagegen würden bei Zug zur Seite über die scharfe Kante ihrer Umlenkscheiben abscheren. In achterliche Richtung steht als Ersatzfall die Dirk zur Verfügung.

23. **Gebrochene Spieren** sind schon schwieriger zu reparieren oder zu ersetzen. Eine Saling kann durch den Jockeybaum, den Spreizbaum für den Spi-Achterholer, ersetzt werden, falls ein solcher an Bord gefahren wird. Wenn ein Großbaum beschädigt ist, wird das Unterliek des Großsegels abgeschlagen, der Baum abgesenkt und festgelascht. Vom Schothorn des Groß-

segels werden wie beim Trysegel zwei Schoten über die Spi-Schotblöcke gezogen.

24. **Mastbrüche** können so vielgestaltig sein, daß man keine Rezepte anbieten kann. Im Grundsatz geht es immer darum, sich einerseits so

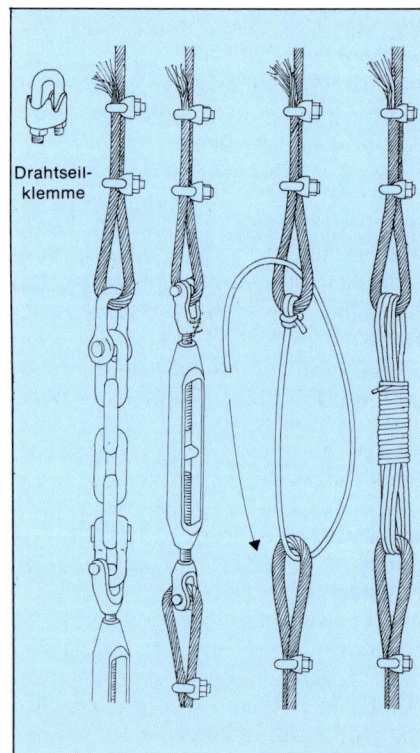

Abb. 2 *Reparatur von Stahltauwerk*

viel Mastlänge wie möglich zu erhalten, um damit ein Notrigg bauen zu können, andererseits aber zu verhindern, daß der im Seegang arbeitende Mast inzwischen das Schiff zerschlägt. Insofern kann es nötig sein, sich so schnell wie möglich vom gestürzten Mast zu befreien. Wantenschneider und stahlschneidende Eisensäge sind die Werkzeuge dazu. Für sogenannte Rod-Wanten (gezogener Massivstahl anstelle des Drahttauwerks) wird eine Spezialsäge benötigt.

Wassereinbruch

25. Ein Wassereinbruch muß früh erkannt werden, um das Leck finden zu können. Schwimmen bereits die Bodenbretter auf, ist dies schon kaum mehr möglich. Aus diesem Grunde gehört es zur Bordroutine, daß bei jedem Wachwechsel auch die **Bilge kontrolliert** wird. Gerät man in schweres Wetter, ist dies in erheblich kürzeren Abständen zu tun. Denn die Gefahr, daß sich ein Schlauch losrüttelt oder daß man unbemerkt auf Treibgut läuft, ist in starkem Seegang erheblich größer.

26. Wird Wasser in der Bilge entdeckt, startet der Wachführer sofort **die Notrolle.** Sie ist ein „all-hands"-Manöver. Alle müssen sofort aus der Koje. Die Lenzpumpen werden eingeschaltet, die Handpumpen bemannt, und auch die Pütz wird dann eingesetzt. Alle anderen haben einen zugewiesenen Suchbereich zu inspizieren. Dazu werden die Bodenplatten abgehoben, alle seewasserführenden Rohre und Schläuche und, soweit einsehbar oder tastbar, Schiffsboden und Bordwand inspiziert. Man arbeitet sich von unten nach oben vor. Einzuschließen sind auch Kettenkasten, Lukverschlüsse, Relingsstützenbereich, Backskisten und Ruderbereich. Aus Erfahrung beginnt man bei den Toiletten.

27. Ist das Leck entdeckt, ist das Hauptproblem gelöst. **Bei gebrochenen Rohren und Schläuchen** werden die Seeventile dichtgedreht

(Vorsicht, wenn die Motorkühlung betroffen ist), oder die Leckstelle wird bandagiert. Fehlen Seeventile, zum Beispiel beim Geber für das Log oder bei den Cockpitlenzern, werden Rundpfropfen eingeschlagen. Handelt es sich um einen **Bruch der Schiffswand,** gilt es, diese meistens gesplitterte Öffnung so wirkungsvoll wie möglich zu verschließen. Wiederum arbeitet man von unten nach oben. Mit Brechwerkzeug und Säge verschafft man sich den nötigen Platz, um überhaupt von innen an das Leck heranzukommen. Sodann versucht man am besten, halb aufgeblasene Gummikissen, wie sie als Auftriebskörper bei Holzjollen benutzt werden, von innen gegen die Leckstellen zu drücken. Sie schmiegen sich den unregelmäßigen Formen der Beschädigung an und dichten gut ab. Hat man solche Kissen nicht an Bord, versucht man es mit Kopfkissen oder Polsterteilen, über die man vorher einen Plastiksack zieht. Um die Kissen in Position zu halten, muß eine feste Platte (Bodenplatte, Backblech oder Schneidebrett) gegen jedes Kissen gedrückt werden, die wiederum gegen irgendwelche Einrichtungsgegenstände verkeilt wird. Verbleibende Stellen, durch die immer noch Wasser dringt, werden mit Lappen verstopft.

28. Weniger zuverlässig wirkt das **Lecksegel,** das nur dann zu empfehlen ist, wenn die Leckbekämpfung von innen keinen rechten Erfolg haben will. Man benutzt dazu die Arbeitsfock. Sie ist ausreichend flach geschnitten und fest gewebt. Die Sturmfock wäre zu klein. Im Prinzip wird das Lecksegel von vorn unter den Bug gestülpt. Man befestigt dazu das Schothorn am Bugbeschlag, wirft das Segel vor dem

Bug ins Wasser, während zwei Personen Kopf und Hals halten und hin und her ziehend seitlich nach achtern bringen. Wenn man es vermeidet, auf beiden Seiten gleichzeitig zu ziehen, gelingt es ganz gut, das Segel schließlich plan über die Leckstelle zu bekommen.

Grundberührung

29. Grundberührungen geschehen immer überraschend und immer bergauf. Deshalb wird nur allzuoft die Gelegenheit verpaßt, durch schnelle Reaktion ein **Festkommen zu verhindern.** Je länger man zögert, desto fester sitzt man. Was ist zu tun? Grundberührungen sind unüberhörbar. Vernimmt man den typischen dumpfen Schlag, meist begleitet von einem Scheppern im Rigg und einer leichten Verbeugung nach vorn, muß sofort hart Ruder gelegt werden in die Richtung, wo man das tiefere Wasser vermutet.
Weiß man nicht auf Anhieb, welche Seite das ist, fällt man hart ab. Das ist besser, als zu wenden. Die Yacht setzt immer nur im Wellental kurz auf. Dazwischen ist sie frei und kann manövriert werden. Dieses Hoppeln nutzt man aus, um wieder vom Berg herunterzugelangen. Natürlich wird der Motor gestartet, der mitzuschieben hilft, und die Segel werden dichtgeholt, damit das Schiff krängt und den Kiel anhebt.

30. Ist man wieder frei, wird als erstes die Bilge und darin vor allem die **Kielaufhängung kontrolliert.** Kein Rinnsal darf dort entstehen. Zur Sicherheit ist der Bereich trockenzuwischen, um wirklich auch ganz feine Risse entdecken zu können. War der Aufsetzer heftig, so daß die Personen nach vorn geschleudert worden sind, muß auch die **Motoraufhängung** kontrolliert werden. Man beobachtet bei heller Beleuchtung die Fundamente, während der Motor mehrfach stark hochgefahren wird und sich unter dem Drehmoment neigt.

31. Ist man bei der Grundberührung festgekommen, muß man ein geeignetes **Manöver zum Freikommen** vorbereiten. Alle Methoden funktionieren nach dem Prinzip, daß durch Krängung der Kiel angehoben wird. Bei kleinen Yachten setzen sich drei bis vier gewichtige Personen rittlings auf den Großbaum, den man ausschwenkt. Bei größeren erzeugt man die Krängung durch ein helfendes Motorboot, das den Masttopp mit dem Spifall zur Seite zieht. Dabei hat es sich bewährt, eine zweite Leine mit einem Stopperstek an das ausgebrachte Spifall anzuschlagen und zum Heck zu führen. Auf diese Weise kann die Querlage des Rumpfes zur Zugrichtung kontrolliert werden (Abb. 3). Ist kein Motorboot zur Stelle, bringt man mit dem Beiboot den Anker weit genug seitlich aus, schlägt das verlängerte Spifall an der Kette an und kurbelt mit der Fallwinsch den Masttopp herunter. Sobald genügend Krängung erreicht ist, wird mit Motorkraft voll zurück versucht, in tieferes Wasser zu ge-

langen. Nötigenfalls bringt man in achterliche Richtung einen zweiten Anker aus, dessen Trosse man zur Unterstützung der Motorkraft einwinscht. Meistens gleitet der Kiel unter der Krängungskraft mehr seitlich über den Grund als unter der Motorkraft achterlich. Deshalb müssen beide Zugrichtungen, die zur Krängung und die zum Rückwärtsverholen, zum tieferen Wasser weisen. Es lohnt sich, vorher mit dem Beiboot den Verlauf der Wassertiefe genau auszuloten.

32. In **Gezeitengewässern** sind derartige Manöver zum Freikommen nicht nötig. Man wartet den höheren Wasserstand ab, der entweder umgehend oder erst mit der nächsten Flut kommt. In jedem Falle ist der Anker zum tiefen Wasser hin auszubringen, um zu verhindern, daß bei auflaufendem Wasser die Yacht weiter bergauf geschoben wird. Gerät man im Seegang auf Grund, sollte man nichts unversucht lassen, gleich wieder freizukommen. Das langsame Absetzen der Yacht im Seegang ist mörderisch. Sie wird wieder und wieder angehoben und mit harten Schlägen auf den Sand gesetzt. Sollte sie diese Mißhandlung beim ablaufenden Wasser überstehen, muß sie diese Tortur vor dem Aufschwimmen ein zweitesmal durchstehen.

Strandung

33. Läßt man eine Strandung schicksalergeben zu, hat man viele Gelegenheiten versäumt, größere Schäden abzuwenden. Es gilt, trotz der verzweifelten Lage initiativ zu bleiben und in jeder Phase die beste Vorgehensweise zu finden. Die größte Gefahr ist, angesichts der nahenden Katastrophe in Schreckenslähmung zu verfallen. Auch die Strandung muß ein Manöver bleiben.

34. Die Notwendigkeit zu stranden ergibt sich in der Regel aus einer Legerwallsituation mit ausgefallenem Motor. Entweder weht es so stark, daß man sich nicht mehr freikreuzen kann, oder einem schliert der Anker, und es fehlt der Leeraum, um unter Segeln Fahrt aufzunehmen.

35. Als erste Regel gilt, **frühzeitig zu erkennen,** daß man möglicherweise stranden muß. Bei allen vorangehenden Versuchen, sich freizukreuzen oder notzuankern, muß die Strandungsalternative im Auge behalten werden. Der gesamte zur Disposition stehende **Küstenverlauf ist zu studieren** und auf Hindernisfreiheit zu beurteilen. Vorgelagerte Felsformationen lassen auf Steine unter Wasser schließen, Brandungswellen auf Sandbänke oder Unterwasserklippen. Strandzonen mit hohen Brandungswellen sind zu meiden; es gibt immer Stellen, wo die Brandung weniger hoch steht. Die Brandungszone darf nicht zu schmal sein. Fällt der Grund zu steil ab, würde die Yacht nicht auf den Strand geschoben werden und in der sich ständig arbeitenden Brandungsrolle liegen bleiben.

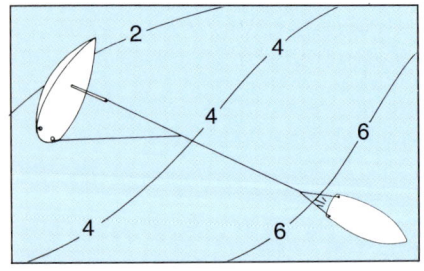

Abb. 3 *Freischleppen einer Segelyacht*

36. Gelingt das Freikreuzen nicht, ist auf alle Fälle ein Notankerversuch zu unternehmen, bevor man sich zur Strandung entschließt. Das besondere Verfahren unter Einsatz zweier verkatteter Anker wird in Kapitel 41 unter „Ankermanöver" erläutert. Dieser Versuch ist aber bereits im Hinblick auf die möglicherweise erforderliche Strandung so anzulegen, daß genügend Leeraum dafür verbleibt und daß der Leeraum für die Strandung auch geeignet ist. Vor einer Felsenküste zu ankern, wäre töricht.

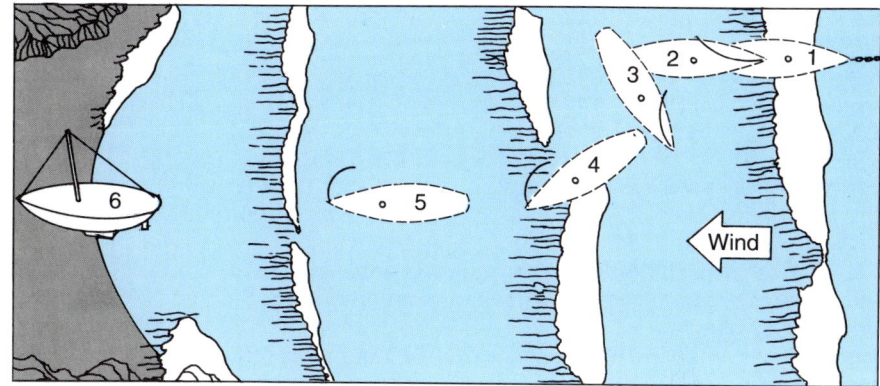

Abb. 4 *Die kontrollierte Strandung*

37. Der Crew muß erklärt werden, was beim Stranden auf sie zukommt. Es muß mit harten Schlägen gerechnet werden, unter Deck können sich Gegenstände losreißen, die Yacht kann leckschlagen. Die Crew soll sich im Cockpit aufhalten und sich mit Händen und Füßen verkeilen. Ich würde keine Sicherheitsleinen einpicken lassen, weil die Yacht so unglücklich zu liegen kommen kann, daß sie dauernd überspült wird. Zum Ausbooten der Crew nach dem Aufsetzen ist, sofern noch Zeit dazu besteht, das Schlauchboot oder die Rettungsinsel auszubringen, auch wenn es fraglich ist, ob sie in der Brandung benutzt werden können.
Es sind alle verfügbaren Festmacher, Schleppleinen und Schoten zu einer langen Vorleine zusammenzustecken und auf dem Vorschiff anzuschlagen. Und schließlich werden Niedergang und alle Luken dichtgemacht.

38. Das eigentliche Manöver (Abb. 4) beginnt aus der slippenden Ankersituation heraus (Pos. 1). Frühzeitig genug, so daß noch gut 100 m Manövrierraum bleiben, wird die Fock gesetzt und das Ende der Ankerkette beziehungsweise die Ankertrosse gekappt (Pos. 2). Versuchte man, den Anker einzuholen, würde während dieses mühsamen und zeitraubenden Vorgangs die Yacht Heck voraus auf den Strand zutreiben. Jeder Meter Manövrierraum muß genutzt werden. Unter Fock fällt die Yacht nun ab (Pos. 3). Man nimmt Fahrt auf und steuert mit großer Aufmerksamkeit möglichst vierkant zu den Wellen (Pos. 5). Es fehlte noch, die Yacht gerade jetzt querschlagen zu lassen. Ziel ist die ausgesuchte, hindernisfreie Stelle am Strand. Sie wird mit ungehemmter Fahrt angelaufen – in Erwartung jener harten Schläge beim Aufsetzen. Denn man möchte gleich so hoch aufgleiten,

daß die Yacht möglichst fest liegenbleibt und nicht mehr mit jeder Welle angehoben und quergedreht wird (Pos. 6). Querliegend würde sie von jeder Brandungswelle voll getroffen werden, längsliegend gleiten die Wellen vorbei und schlagen höchstens das Cockpit voll.

39. Je nach Lage wird entschieden, schwimmend, watend oder mit dem Beiboot beziehungsweise der Rettungsinsel an Land zu gelangen. Sofern möglich, wird die Vorleine an Land gebracht und irgendwo festgemacht. Von Bord aus wird sie dichtgewinscht, so daß unter ihrer Spannung die Yacht mit jedem Angehobenwerden weiter den Strand hinaufgleitet.

40. Wichtig ist, die Yacht nach der Strandung bewachen zu lassen. Unbewacht und verlassen stünde sie nach dem Strandrecht jedem zur Bergung zur Verfügung.

Lernkontrolle

1. Wie gelingt es bei folgenden Brandherden am besten, einen Entstehungsbrand zu löschen?
   - ausströmendes Gas (Absatz 3)
   - Kabelbrand (Absatz 3)
   - Feuer im Maschinenraum (Absatz 5)

2. Woran ist neben der eigentlichen Löscharbeit zu denken, wenn sich ein Entstehungsbrand ausweitet? (Absatz 6)

3. Welche Maßnahmen sind zu ergreifen, wenn inmitten von Schiffsverkehr bei Flaute der Motor ausgefallen ist? (Absatz 8)

4. Was tut man, wenn in einem engen Kanal bei vorlichem Wind die Maschine ausfällt? (Absatz 9)

5. Welche Sicherheitsvorkehrung(en) trifft man für den Fall des Motorausfalls bei Hafenmanövern? (Absatz 10 und 11)

6. Wie rettet man die Lage, wenn beim Hafenmanöver einer der Steuerzüge für Gas oder Getriebe bricht? Was passiert, wenn es beim Aufstoppen geschieht? (Absatz 12)

7. Wie erleichtert man sich das Steuern mit der Notpinne? (Absatz 15)

8. Wie behilft man sich, wenn die Notpinne nicht die Steuerfähigkeit zurückgibt? (Absatz 16)

9. Welche Verhaltensgrundsätze sind zu beachten, wenn Schlepphilfe in Anspruch genommen werden muß? (Absatz 13)

10. Welche Reflexhandlung sollte man sich einprägen, falls die Steuerung im Gefahrenbereich von Hindernissen ausfällt? (Absatz 18)

11. Hat die Schulregel überhaupt einen Sinn, nach der bei Bruch eines Wants oder eines Stages die Yacht sofort so zu manövrieren ist, daß die betreffende Seite entlastet wird? (Absatz 20)

12. Wie repariert man gebrochenes Stahldrahttauwerk? (Absatz 21)

13. Wodurch ersetzt man ein gebrochenes Großfall? (Absatz 22)

14. Wie läuft die Notrolle „Wassereinbruch" ab? (Absatz 26)

15. Schildern Sie eine praktische Lecksicherungsmethode von innen und eine von außen! (Absatz 27 und 28)

16. Wie versucht man, bei einer Grundberührung das Festkommen zu verhindern? (Absatz 29)

17. Welche Sicherheits-Checks sind nach einer Grundberührung durchzuführen? (Absatz 30)

18. Nach welchem Prinzip funktionieren die meisten Freischleppmanöver? (Absatz 31)

19. Wie würden Sie ein Motorboot einsetzen, das seine Hilfe zum Freischleppen angeboten hat? (Absatz 31)

20. Was ist zu tun, wenn man in Gezeitengewässern festkommt? (Absatz 32)

21. Wie sollte der Küstenabschnitt für eine Strandung beschaffen sein? Welche aus der Ferne erkennbaren Anzeichen weisen auf diese Eigenschaft hin? (Absatz 35)

22. Wie ist an Bord die Strandung vorzubereiten? (Absatz 37) Beschreiben Sie den Ablauf eines Strandungsmanövers! (Absatz 38)

35. Kollision

1. In der Verordnung über die Sicherung der Seefahrt (siehe Kapitel 15) sind die Pflichten eines Schiffsführers im Falle einer Kollision festgelegt. Da diese Pflichten aus dem Internationalen Übereinkommen zum Schutze des menschlichen Lebens auf See (SOLAS) übernommen worden sind, entsprechen sie internationaler Norm und sind folglich auch von dem anderen beteiligten Schiffsführer zu erwarten, unabhängig von dessen Flagge.

Beistandspflicht

2. Allen voran steht die gegenseitige Beistandspflicht, von der nur abgesehen werden darf, wenn durch die Hilfsmaßnahmen das eigene Schiff und die Besatzung in unvertretbarem Maße gefährdet würden. Es gilt das Prinzip der Angemessenheit. Wenn Leben gerettet werden kann, ist ein größeres Risiko in Kauf zu nehmen, als wenn es nur um die Rettung des Schiffes oder gar nur um die Bergung treibender Teile ginge. Die Beistandspflicht umfaßt alle Möglichkeiten der Hilfeleistung. Sollten die von Bord der Yacht aus möglichen Aktionen nicht ausreichen, ist man verpflichtet, geeignete Hilfe anzufordern.

3. Natürlich konzentriert sich die Hilfeleistung zunächst auf die Rettung über Bord Gestürzter oder auf das Abbergen der Besatzung, sollte deren Schiff sinken oder in Flammen stehen. Bei der Versorgung von Verletzten wird Hilfe geleistet, soweit dies möglich ist. Die Beistandspflicht nach dem SOLAS-Übereinkommen bezieht sich auf Menschen. Sie schließt nicht Leistungen zur Rettung des Schiffes und der Ladung ein. Dieserart Hilfeleistung übernimmt man nach Übereinkunft mit dem Hilfebedürftigen gegen Hilfeleistungslohn.

Sicherung der Unfallstelle

4. Beide an der Kollision beteiligten Schiffe verbleiben an der **Unfallstelle,** bis das jeweils andere auf weiteren Beistand ausdrücklich verzichtet hat. Neben der Beistandsleistung, der das Hauptaugenmerk gilt, haben beide Schiffsführer die Pflicht, die Unfallstelle mit angemessenen Maßnahmen zu sichern. Befindet man sich in verkehrsreichem Gebiet, ist über Kanal 16 oder, bei DSC, Kanal 70 der Verkehr mit wiederholten Sicherheitsmeldungen vor dem Schiffahrtshindernis zu warnen. Über die Küstenfunkstelle oder den Revierfunkdienst ist das zuständige Wasser- und Schiffahrtsamt zu informieren.

Bei Schiffen über 12 m Länge sind die Lichter und Signalkörper manövrierunfähiger Fahrzeuge zu setzen (zwei schwarze Bälle oder zwei rote Rundumlichter). Bei unsichtigem Wetter sind Schallsignale für manövrierunfähige Schiffe (lang-kurz-kurz) zu geben.

5. Sollte die Gefahr bestehen, daß eines der beiden Schiffe sinkt, so ist das bedrohte Schiff aus eigener Kraft und mit Hilfe des anderen Schiffes aus dem Fahrwasser heraus und möglichst auf flachen Grund zu bugsieren. Treibende Teile sind möglichst aufzufischen und Wasserverunreinigungen zu vermeiden.

Administration

6. Schließlich sind die wesentlichen Identifizierungsdaten von Schiffsführer und Schiff gegenseitig auszutauschen:
– Schiffsname und Unterscheidungssignal
– Heimathafen

– Abgangshafen
– Bestimmungshafen
– Name und Adresse des Schiffsführers

Ferner zu empfehlen:
– Name und Adresse des Reeders/Eigners
– Bezeichnung und Nummer der Haftpflichtversicherung

7. Sollte es gelingen, einvernehmlich den Teil des Unfallhergangs, den beide Schiffe beobachtet haben, schriftlich festzuhalten und gegenzuzeichnen, ist das für die spätere Auseinandersetzung um die Haftung sicherlich von Vorteil.

8. Unabhängig davon sind möglichst viele Anhaltspunkte für die Beweissicherung zu sammeln. Der Standort ist genau zu vermessen und festzuhalten, der letzte Kurs und die Peilung des anderen Schiffes bei der Annäherung sind zu notieren. Die Namen und die Funktionen der Mitglieder der Seewache sowie mögliche besondere Anweisungen, die zur Zeit der Kollision

galten, sind aufzuschreiben. Schließlich sind die Schäden an beiden Schiffen zu fotografieren und Skizzen anzufertigen. Alle diese Informationen sind im Logbuch festzuhalten. Auf getrennte Zeichnungen und Fotografien ist im Logbuchtext hinzuweisen.

9. Vom nächsten Hafen aus, wenn praktikabel auch schon vorher, ist die Kollision anzuzeigen:

– dem zuständigen Wasser- und Schiffahrtsamt
– der eigenen Versicherung
– dem zuständigen Seeamt, wenn es sich bei der Kollision nach § 1 SeeUG (siehe Kapitel 18) um einen Seeunfall handelt

Lernkontrolle
1. Unter welchen Umständen darf von der Beistandspflicht abgesehen werden? (Absatz 2)
2. Mit welchen Maßnahmen sichert man die Unfallstelle in verkehrsreichem Gebiet am besten? (Absatz 4)
3. Was ist zu tun, wenn eines der Schiffe zu sinken droht? (Absatz 5)
4. Welche Informationen tauschen die beiden Schiffsführer für die spätere Regelung der Haftung aus? (Absatz 6 und 7)
5. Was ist zur Beweissicherung zu unternehmen? (Absatz 8)
6. Wem alles ist Anzeige zu erstatten? (Absatz 9)

36. Seenotfall

1. Notfälle beim Betrieb einer Segelyacht gibt es vieler Art. Der Seenotfall ist die besondere Situation, **in der eine echte Gefahr für Schiff oder Besatzung besteht und fremde Hilfe zur Abwendung dieser Gefahr erforderlich ist.** Den Seenotfall erklärt der Schiffsführer in eigenem Ermessen. Er muß sich darüber im klaren sein, daß seine Erklärung andere zur Hilfeleistung verpflichtet und ihnen Kosten und Risiken auferlegt.

2. Beispiele für Seenotfälle sind:
- Feuer an Bord nicht unter Kontrolle
- Wassereinbruch nicht unter Kontrolle
- Aufgelaufen in schwerer See
- Manövrierunfähig vor einer gefährlichen Legerwallküste

Seenotfunkverkehr

3. Die Erklärung des Seenotfalles erfolgt durch eines der offiziellen Notsignale nach Anlage IV zu den KVR, insbesondere aber durch die **Verbreitung einer Seenotmeldung** in vorgegebener Form und mit dem vorangehenden Notanruf „MAYDAY MAYDAY MAYDAY" (von franz. m'aidez „helft mir"). Stellt sich die Notlage als beherrschbar heraus, so daß keine fremde Hilfe mehr erforderlich ist, muß der Notfall abgebrochen werden. Das geschieht mit der Schlußmeldung (Absatz 13), die andere von der Pflicht zur Hilfeleistung entbindet.

4. Die meisten Yachten sind mit einer UKW- oder UKW-DSC-Sprechfunkanlage ausgerüstet. Die Notfrequenzen (Kanal 16: Sprechfunk und Kanal 70: digitaler Selektivruf) werden in Deutschland von der Seenotleitung (MRCC) der Deutschen Gesellschaft zur Rettung Schiffbrüchiger in Bremen überwacht. Die ausrüstungspflichtige Berufsschiffahrt (ab BRZ 300) soll, soweit möglich, bis zum Jahre 2005 auf Kanal 16 hörbereit sein.

5. Die **Notmeldung** (im Sprechfunk-Verfahren) besteht aus folgenden Teilen:

- dem **Notanruf:**
  MAYDAY MAYDAY MAYDAY hier ist Ostwind Ostwind Ostwind/Delta Hotel Alfa Bravo

- der **Notmeldung:**
  MAYDAY
  Ostwind/Delta Hotel Alfa Bravo Position 2 Seemeilen nordwestlich Feuerschiff Elbe 1, Schiff sinkt, Besatzung steigt in Rettungsinsel, bitten um Bergung
---

Ist die Yacht mit DSC (Digital Selective Calling, siehe Kapitel 20) ausgerüstet, wird die Notmeldung nach dem DSC-Verfahren abgesetzt. Die vom Gerät vorbereitete Meldung ist lediglich durch Eintippen des Schiffsstandorts mit der Uhrzeit (sofern nicht bereits durch Anschluß an das GPS o.ä. automatisch eingegeben) und der Art der Notlage zu komplettieren und per Knopfdruck

auszusenden. Auf allen empfangsbereiten DSC-Geräten im UKW-Erfassungsbereich ertönt das akustische Alarmzeichen, und folgende Information erscheint im Sichtfenster:

- **211 123 456** (= MMSI, digitale Selektivrufnummer des Schiffes in Not)
- **51 – 32 N 002 – 30 E**
- **flooding** (Art der Notlage)
- **2004 UTC**
- **phone simplex** (Betriebsart für Kanal 16)
---

6. Jede Seefunkstelle, die einen Notalarm empfangen hat, bereitet eine Empfangsbestätigung vor. Im allgemeinen wird der Empfang von einer Küstenfunkstelle bestätigt. Erfolgt keine Bestätigung der Funkstelle an Land, sollte die Seefunkstelle die Bestätigung auf Kanal 16 aussenden (im DSC unter Angabe der MMSI):

- MAYDAY Ostwind Ostwind Ostwind / Delta Hotel Alfa Bravo (oder 3 x die MMSI: 211 123 456)

- hier ist Antares Antares Antares / Delta Alfa Bravo Charlie (oder MMSI: 211 654 321)

- erhalten MAYDAY

- over
---

7. Der Standort des Notrufers wird in die Karte eingetragen, und Kurs und Fahrzeit bis dorthin werden ermittelt. Außerdem wird folgende Meldung gesendet, wobei – im Falle von DSC – die MMSI nicht mehr genannt zu werden braucht:

- MAYDAY Ostwind Ostwind Ostwind / Delta Hotel Alfa Bravo

- hier ist Antares Antares Antares / Delta Alfa Bravo Charlie

- unser Standort 15 sm westlich Feuerschiff Elbe 1, können voraussichtlich in zwei Stunden an Ihrer Position sein

- over

---

8. Kommt man auf Grund des Standorts und der eigenen Möglichkeiten für eine **Hilfeleistung nicht in Frage,** braucht man den Empfang einer Notmeldung nicht zu bestätigen, es sei denn, daß kein anderer sie bestätigt hat. In diesem Falle ist eine Weiterverbreitung der Notmeldung ("MAYDAY RELAY") erforderlich, wie in Absatz 11 beschrieben. Der Grund, weshalb eine eigene Hilfeleistung nicht möglich ist, sollte in das Logbuch eingetragen und der Vorfall dem zuständigen Seeamt gemeldet werden. (Siehe auch Kapitel 18.)
Alle unbeteiligten, aber mithörenden Seefunkstellen haben **Funkstille** auf der Notfrequenz zu wahren, bis der Havarist beziehungsweise die Funkstelle, die den Rettungseinsatz koordiniert, mit "SILENCE FINI" den Notverkehr aufhebt.

9. Das Schiff, das am besten dazu geeignet ist, oder, wenn in Funkverbindung, die Küstenfunkstelle übernimmt die Koordination der Such- und Rettungsaktion. Alle Sendungen, die zu der Aktion gehören, werden mit "MAYDAY" eingeleitet. Beispiel:

- MAYDAY Antares Antares Antares / Delta Alfa Bravo Charlie

- hier ist Ostwind Ostwind Ostwind / Delta Hotel Alfa Bravo

- Wir rechnen mit Ihrem Eintreffen und verlassen das Schiff. Ab sofort haben wir nur verminderte Sendeleistung mit einem Handfunkgerät.

- over

---

10. Haben **mehrere Schiffe** ihre Hilfe angeboten, muß die Stelle, die die Koordination übernommen hat, entscheiden, wessen Hilfe in Anspruch zu nehmen ist. Die anderen Schiffe sind mit einer Meldung zu entlassen. Beispiel:

- MAYDAY an alle Funkstellen, an alle Funkstellen, an alle Funkstellen

- hier ist . . . (die koordinierende Funkstelle)

- Antares und . . . haben Kurs auf Ostwind genommen. Die Hilfeleistung der anderen Schiffe wird nicht benötigt. Wir bedanken uns für Ihre Bereitschaft.

- over

---

11. Erfährt eine Yacht, daß sich ein Schiff in Seenot befindet, ist sie in folgenden drei Fällen verpflichtet, stellvertretend für das Schiff die Notmeldung abzusetzen, und zwar mit **„MAYDAY RELAY":**
● wenn die Funkstelle in Not selbst nicht in der Lage ist, die Notmeldung auszusenden
● wenn die für das eingreifende Fahrzeug oder für die eingreifende Küstenfunkstelle verantwortliche Person andere Hilfe für erforderlich hält
● wenn die eingreifende Seefunkstelle eine Notmeldung gehört hat, deren Empfang noch nicht bestätigt wurde, selbst aber nicht in der Lage ist, Hilfe zu leisten

Beispiel:

- MAYDAY RELAY
  MAYDAY RELAY
  MAYDAY RELAY

- hier ist Antares Antares Antares / Delta Alfa Bravo Charlie

- MAYDAY

- meine Position 53 Grad 20 Minuten Nord 13 Grad 15 Minuten Ost, empfange starke Zeichen einer Seenotfunkbake auf 2182 kHz, Peilung nicht möglich

- over

---

12. Die koordinierende Stelle sollte die Funkstille nicht unnötig lange aufrechterhalten. Sie **beendet die Funkstille** mit „SILENCE FINI" oder erlaubt mit „PRUDENCE" einen **eingeschränkten Funkbetrieb.** Eingeschränkt bedeutet besonders gewissenhaftes Abhören der Frequenz, bevor man sendet. Beispiel für die Aufhebungsmeldung:

- MAYDAY an alle Funkstellen, an alle Funkstellen, an alle Funkstellen

- hier ist . . . (die koordinierende Funkstelle)

- 1015 UTC, Ostwind (Name des Havaristen)

- SILENCE FINI (oder PRUDENCE)

---

13. Hat sich der Notfall erledigt und kann auf weitere **Hilfeleistung verzichtet** werden, muß die Yacht, die sich in Not befand, die Hilfsaktion beenden. Beispiel:

- an alle Funkstellen, an alle Funkstellen, an alle Funkstellen

- hier ist Ostwind Ostwind Ostwind / Delta Hotel Alfa Bravo

- Seenotfall beendet, der Wassereinbruch konnte unter Kontrolle gebracht werden. Danke für die Hilfsbereitschaft.

- over

---

14. Der gesamte Funkverkehr im Zusammenhang mit einer Rettungsaktion unterliegt sehr leicht einer den Umständen entsprechenden Hektik. Deshalb ist es von besonderer Wichtigkeit, sich bei allen Meldungen um Ruhe und um **klare Ausdrucksweise** zu bemühen. Befindet man sich in ausländischen Gewässern, kommen Sprachschwierigkeiten hinzu. Sofern möglich, sollte man den Funkverkehr in der Landessprache der zuständigen Küstenfunkstelle oder auf englisch abwickeln. Kleine Brücken bilden die Schlüsselwörter und Q-Gruppen nach dem **Internationalen Signalbuch (ISB)** beziehungsweise „Handbuch Seefunk", zum Beispiel „Charlie Quebec" für „an alle Funkstellen".

15. Das Notzeichen zeigt an, daß eine mobile Funkstelle (See- oder Luftfahrzeug) oder eine Person in Not ist und sofortige Hilfe benötigt. Dementsprechend darf das Notzeichen nicht nur verwendet werden, wenn Gefahr für das gesamte Schiff und dessen Besatzung besteht, sondern auch schon bei unmittelbarer Gefahr für eine Person.
Das **Dringlichkeitszeichen PAN PAN PAN PAN PAN PAN** kündigt eine dringende Meldung an, die sich auf die Sicherheit des Schiffes oder einer an Bord befindlichen Person bezieht. Wenn z.B. bei einer schweren Erkrankung funkärztliche Beratung angefordert wird, dann handelt es sich um eine Dringlichkeitsmeldung.
Das Dringlichkeitszeichen, der Anruf und die nachfolgende Dringlichkeitsmeldung werden im allgemeinen auf Kanal 16 (DSC Kanal 70) angekündigt, die weitere Aussendung findet auf einem Arbeitskanal statt.

Aussteigen in die Rettungsinsel

16. Allein der Schiffsführer entscheidet, wann das Aussteigen vorbereitet und die Rettungsinsel ausgebracht wird. Der **Zeitpunkt ist kritisch** und wird oft zu früh gewählt. Es sind Tragödien bekanntgeworden, wo die Crew in der Rettungsinsel umkam, während die Yacht schwimmend aufgefunden wurde. Die Rettungsinsel hat in einer sich zuspitzenden Notlage eine verführerische Wirkung auf die von Angst und Streß geschüttelte Crew, scheint sie doch Hilfe in der verzweifelten Situation zu verheißen. Der Schiffsführer muß diesen natürlichen Drang unbedingt bedenken, wenn er das Für und Wider des Ausbootens abwägt.

17. Entscheidet er sich für die Rettungsinsel, muß er besonders auf den **geordneten Ablauf** achten. Läßt er den Dingen freien Lauf, wird zu leicht Wesentliches übersehen. Am besten besteht er auf der Aufgabenverteilung nach den vorbereiteten **Notrollen.** Sie sind in Kapitel 32 beschrieben.

18. Sind alle Crewmitglieder übergestiegen, ist das **Verhalten in der Rettungsinsel** zu regeln:

Verhalten in der Rettungsinsel

● Alles, was an Ausrüstung mitgebracht oder vorgefunden wurde, wird begutachtet und gesichert. Was sich nicht anbinden läßt, wird nach einem plausiblen Ordnungssystem in den Ölzeugtaschen gestaut.

● Der Innenraum der Rettungsinsel ist möglichst trockenzuösen. Durch engen Körperkontakt und möglichst trockene Kleidung ist unnötiger Auskühlung vorzubeugen.

● Die Treibrichtung quer zur Einstiegsöffnung muß durch die Anordnung des Treibankers kontrolliert werden. Der Einstieg ist möglichst offenzuhalten, um die Gefahr der Seekrankheit zu mindern. Medikamente gegen Seekrankheit sind auszugeben.

● Alle 10 Minuten ist der Horizont auf Schiffsverkehr abzusuchen.

● Seenotsignalmittel werden nur abgefeuert, wenn man sich im vorlichen Halbsektor des nahenden Schiffes befindet. Nur nachts sind Fallschirmraketen noch 10 bis 20 sm weit vor der Küste zu erkennen. Tagsüber kaum. Es werden immer zwei Schuß in etwa 30 Sekunden Abstand abgefeuert. Der erste dient zum Alarmieren, der zweite zum Peilen.

● Bei Sonne ist jedes herannahende Schiff mit dem Tagessignalspiegel anzublinken.

● Mit dem Handsprechfunkgerät wird von Zeit zu Zeit die Notfrequenz abgehört. Gesendet wird nur, wenn ein Schiff in Sicht ist. Für größere Entfernungen reicht die Sendeleistung nicht aus.

● Trinkwasser und Verpflegung sind zu rationieren. 0,4 Liter pro Mann und Tag gelten als Lebensminimum. Die Zuteilungsregeln sind penibel einzuhalten, um die Crew in der angespannten Situation nicht zu demoralisieren.

Hilfeleistung durch einen Rettungskreuzer

19. Rettungskreuzer können in verschiedener Weise helfen. Mit einer besonders förderstarken Tochterpumpe können sie einen Wassereinbruch bekämpfen, während sie das havarierte Schiff in Schlepp nehmen. Sie können, sofern sie schnell genug zur Stelle sind, einen Brand bekämpfen, und sie sind schließlich in der Lage, auch bei schwerem Seegang die Besatzung einer sinkenden Yacht abzubergen

oder aus der Rettungsinsel aufzunehmen.

20. Soweit man noch über ein funktionstüchtiges Sprechfunkgerät verfügt, ist mit dem Rettungskreuzer schon während des Anmarsches Funkverbindung auf der Seenotfrequenz aufzunehmen. Er braucht alle Angaben zur Art des Notfalles und zu den besonderen Umständen, um sich auf den Einsatz vor Ort vorzubereiten. Außerdem ermöglicht ihm der Sprechfunkverkehr, den Havaristen zu peilen.

21. Der Vormann des Rettungskreuzers wird der Lage entsprechend handeln und auch die Leitung der Aktion übernehmen (s. Absatz 9).

22. Im Seegang arbeitet sich der Rettungskreuzer mit dem Bug von Lee achtern an den Havaristen heran, von wo ein Decksmann versucht, eine Leine überzuwerfen. Mit ihr können weitere Leinen zum Abbergen von Personen oder auch die Schlepptrosse übergebracht werden. Ein Längsseitsgehen, um direkt überzusteigen, ist im Seegang nicht möglich. Beide Schiffe würden so heftig kollidieren, daß der Aufenthalt an der Reling lebensgefährlich wäre, ganz abgesehen von den Schäden am Rettungskreuzer. Ein kurzes Bad an der Leine muß deshalb hingenommen werden. Wenn Verletzte oder Entkräftete abzubergen sind, wird das Tochterboot zu Wasser gelassen, mit dem man leichter an die Yacht heranmanövrieren kann.

Übersteigen auf ein Frachtschiff

23. Frachtschiffe können bei ruhiger See mit einigem Geschick an eine sinkende Yacht oder an eine Rettungsinsel heranmanövriert werden, wenn auch die letzte Distanz mit Leinen überwunden werden muß. Ist dies gelungen, wird die Yacht oder die Rettungsinsel mit einer langen Vorleine längsseits am Frachtschiff festgemacht, das inzwischen fast alle Fahrt aufgestoppt hat. Die Besatzung versucht nun, an herabgelassenen Bergenetzen oder einer Jakobsleiter nach oben zu steigen (Abb. 1). Dabei ist auf alle Fälle gut Abstand von dem schlagenden Mast zu halten.

Abb. 1 *Abbergen durch ein Frachtschiff*

Abb. 2 *Ein Frachtschiff „macht Lee" für die Yacht in Not*

24. In schwerer See ist die Lage gleich erheblich schwieriger. Frachter können in schwerer See nicht frei manövrieren. Es hängt von ihrer Beladung ab, wieweit sie Kurse quer zur See fahren können. Topplastige Schiffe beginnen quer zur See stark zu rollen, besonders in aufgestopptem Zustand. Das starke Rollen bedeutet Gefahr für die Ladung und letztlich auch für die Mannschaft selbst. Tiefgeladene Tanker oder Massengutfrachter dagegen liegen sehr ruhig in der See, fast unabhängig von der Richtung. Solche Schiffe sind ideal, um **„Lee zu machen",** sich also in Luv quer vor den Schützling zu legen (Abb. 2). Sie leisten schon damit einen wertvollen Dienst. Selbst an den Havaristen heranzumanövrieren, wäre dagegen wenig erfolgversprechend. Das mit Funkeinrichtungen des GMDSS ausgerüstete Frachtschiff kann weitere Hilfe anfordern, zum Beispiel einen Hubschrauber zur Abbergung.

Abbergen durch einen Hubschrauber

25. Der Hubschrauber ist das **ideale Bergefahrzeug,** sofern die Unfallstelle nicht zu weit von seiner Basis entfernt liegt. Er ist in der Lage, völlig unabhängig vom Seegang Menschen von Schiffen, Booten und Rettungsflößen abzubergen, und das auch noch „trockenen Fußes".

26. Während seines Anflugs sollten ähnlich wie beim Rettungskreuzer per **Sprechfunkverkehr** die Lage und das Abbergeverfahren abgesprochen werden. Über dem Havaristen muß dann alles möglichst schnell gehen. Im Schwebeflug verbraucht der Hubschrauber genauso viel Kraftstoff wie im Fluge. Natürlich sind die **Segel zu bergen,** und wenn eben möglich, sollte der **Treibanker** über den Bug ausgebracht werden. Er stabilisiert die Yacht und erleichtert den Anflug aus Lee. Vom Bordkran ist bereits an einem Stahltau eine **Rettungsschlinge,** ein Rettungskorb oder ein anderes Gerät zum gleichen Zweck herabgefiert. Das Geschirr wird bewußt kurz durchs Wasser gezogen, um statische Aufladung zu entladen. Die Crew ist abbergebereit auf dem **Achterschiff** versammelt. Man versucht, mit Hilfe des Bootshakens das Kabel zu greifen und die Rettungsschlinge heranzuziehen. Das Tau muß dabei lose im Wasser hängen, um die Bewegungen der Yacht im Seegang auszugleichen.

27. Die Rettungsschlinge wird mit dem Verschluß nach vorn über Kopf und Arme gestülpt, so daß sie **unter den Achseln** trägt. Die Hände greifen vor dem Brustkorb zusammen (Abb 3). Es ist unbedingt darauf zu

Lernkontrolle

1. Worin unterscheidet sich der Seenotfall von einem Notfall im Betrieb einer Yacht? (Absatz 1)

2. Wodurch wird eine Situation de jure zum Seenotfall erklärt? (Absatz 3)

3. Besteht allgemeine Hörbereitschaft auf der UKW-Seenotfrequenz? (Absatz 4)

4. Zu welchem Zweck soll eine Yacht eine Notmeldung nicht unmittelbar nach deren Eingang bestätigen? (Absatz 6)

5. Wann ist man verpflichtet, eine Notmeldung zu bestätigen, auch wenn man zur Hilfeleistung nicht in der Lage ist? (Absatz 8)

6. Wem obliegt die Zuständigkeit für die Leitung der Hilfsaktion im Seenotfalle? (Absatz 9)

7. Was ist zu tun, wenn sich mehr Hilfeleistende angeboten haben, als erforderlich sind? (Absatz 10)

8. Wer ist für die Aufhebung der Funkstille während eines Seenotfalles zuständig? (Absatz 12)

9. In welchen Fällen ist eine MAYDAY-RELAY-Meldung abzusetzen? (Absatz 11)

10. Was ist zu tun, wenn sich herausstellt, daß der Seenotfall auch ohne fremde Hilfe gelöst werden kann? (Absatz 3 und 13)

11. In welchen Notfällen muß die Hilfe mit einer Dringlichkeitsmeldung anstelle einer Notmeldung angefordert werden? (Absatz 15)

12. Welches Vorgehen stellt den geordneten Ablauf bei der Vorbereitung zum Übersteigen in die Rettungsinsel am besten sicher? (Absatz 17)

13. Wie macht man in einer Rettungsinsel gegenüber herannahenden Schiffen auf sich aufmerksam? (Absatz 18)

14. Wie gelingt es einem Rettungskreuzer, auch bei Seegang Personen von einer sinkenden Yacht abzubergen? (Absatz 22)

15. Worin besteht die Hauptgefahr beim Abbergen von Personen durch ein Frachtschiff? (Absatz 23)

16. Wie können Frachtschiffe bei schwerer See Hilfe leisten? (Absatz 24)

17. Welche Vorbereitung ist auf einer Yacht für die Abbergung durch einen Hubschrauber zu treffen? (Absatz 26)

18. Worauf ist beim Anlegen der Rettungsschlinge und beim Antauen zu achten? (Absatz 27)

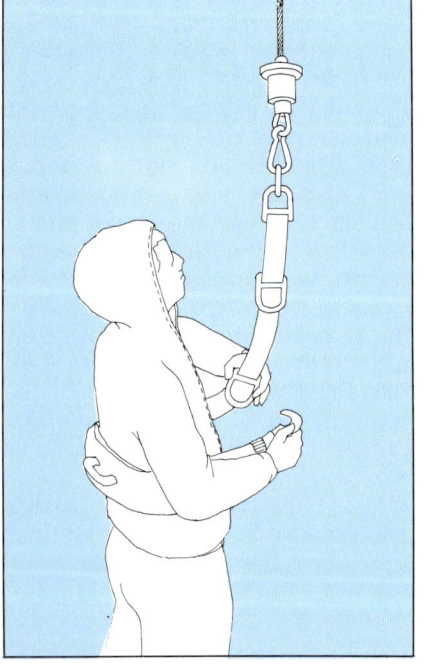

Abb. 3
Anlegen der Rettungsschlinge

achten, daß das Kabel direkt ins Wasser hängt und nicht irgendwo **hinterhakt.** Auf Zeichen „Daumen nach oben" taut der Hubschrauber an und zieht die Person in der Schlinge **schräg seitlich vom Achterstag weg** nach oben. Keinesfalls darf es passieren, daß die Person schaukelt und sich das Kabel um das Achterstag schlingt. Oben angekommen, wird man vom Mann in der Tür mit dem Rücken voraus in den Hubschrauber hineingezogen und ausgeklinkt.

37. „Mann über Bord!"

1. Es liegt zum großen Teil am Schiffsführer, seine Crew zur **Umsichtigkeit an Deck** anzuhalten, damit keiner in einem unbedachten Augenblick über Bord geht. Er hat gewissenhaft darauf zu achten, daß die Einpickregeln befolgt werden, und er muß sich vor allem selbst daran halten. Nachts sollte er jedes unnötige Herumturnen an Deck untersagen. Ferner sollte die Seewache bei Dunkelheit Blitzlampen oder entsprechende Signalmittel bei sich führen, um sich im Über-Bord-Falle bemerkbar machen zu können.

2. Fällt jemand über Bord, ist mit **allen Mitteln Alarm** zu schlagen. Der Stürzende selbst brüllt laut „Mann über Bord!" und ebenso der Rudergänger oder jeder, der es sieht. Der Mann-über-Bord-Ruf muß unverwechselbar sein. Deshalb darf er nie zu Übungszwecken oder gar aus Spaß ausgebracht werden. Zur Bekräftigung des Alarms kann der Rudergänger den Schallsignalgeber drücken und Dauerton geben. Das holt auch Leute im Tiefschlaf aus der Koje. Das Mann-über-Bord-Manöver ist ein „all-hands"-Manöver.

3. Zunächst liegt die Verantwortung beim Rudergänger. Er muß selbst den über Bord Gefallenen **im Auge behalten** oder jemanden verläßlich dazu einteilen. Und er muß das **Bergemanöver einleiten.** Es liegt an der Crewzusammensetzung, ob der Schiffsführer, sobald er an Deck erscheint, das Ruder übernimmt oder ob er sich im Sinne der Gesamtverantwortung davon freihält.

4. Die Person im Auge zu behalten und das Manöver einzuleiten, sind die wichtigsten Sofortmaßnahmen. Die **Rettungsmittel** zu Wasser zu bringen, ist auch wichtig. Jedoch darf das Hantieren damit nie vom Sichtkontakt und dem Manöver ablenken. Lieber verzichtet man darauf, es sei denn, die Markierung der Stelle ist wegen des hohen Seegangs unerläßlich, oder die über Bord gefallene Person trägt keine Rettungsweste.
Bei der empfohlenen Normalausstattung mit Rettungsmitteln geht zunächst die Markierung ins Wasser, in der Regel verbunden mit einem Rettungskragen. Der zweite Rettungskragen, der am Ende der Wurfleine befestigt ist, wird für die Aufnahme der verunglückten Person zurückgehalten.

5. Je nach Situation bieten sich verschiedene Bergemanöver an. Das **bestgeeignete Manöver** ist immer ein Kompromiß aus Präzision und Schnelligkeit. Bei guten Sichtverhältnissen und nur schwachem Seegang wird das Manöver großräumiger angelegt, um die Yacht auch sicher an die Person heransteuern und aufstoppen zu können. In schwerem Seegang oder bei geringen Wassertemperaturen dagegen ist ein enges Manöver geboten, bei dem der Sichtkontakt und die Eile wichtiger sind als die exakte Ansteuerung. Die Gefahr dabei ist jedoch, die Eile zu übertreiben, so daß das Manöver nicht gelingt und ein zweiter Anlauf nötig wird. Ist man allein an Bord oder nur zu zweit, wählt man zwangsläufig ein Manöver, bei dem die Segel weitgehend unverändert bleiben können; hat man genügend Crew, benutzt man die Segel für ein sauber gesteuertes Manöver. Hat man selbst ein „Lieblingsmanöver", das man am besten beherrscht, zieht man es angesichts der Streßsituation den anderen vor.

6. Der Rudergänger entscheidet sich für das nach seiner Auffassung bestgeeignete Manöver **und kündigt dies laut an:** „Ich fahre das normale Schulmanöver mit der Q-Wende!" Jeder an Bord muß sich auf dieses Manöver einstellen können und die erforderlichen **Manöverstationen besetzen.**

Manöver unter Motor

7. Unter Motor muß der Rudergänger quasi als Reflexhandlung den **Maschinenhebel auf Leerlauf** reißen und **hart Ruder** zu der Seite legen, wo die Person über Bord gestürzt ist (Abb. 1, Pos. 1). Man verringert auf diese Weise die Gefahr, daß ein Körperteil oder die lose Sorgleine in die Schraube gerät.

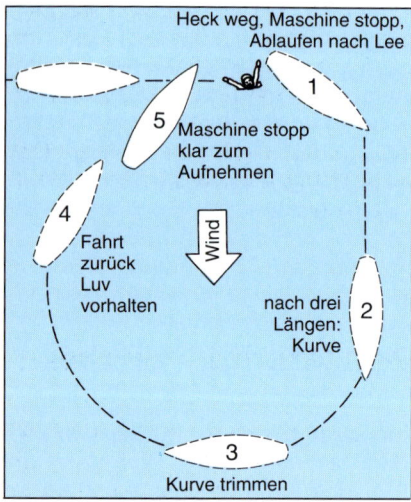

Abb. 1 *Mann-über-Bord-Manöver unter Motor*

8. Nun läuft man mit mittlerer Fahrtstufe etwa **drei Schiffslängen leewärts** ab und leitet dann **eine Kurve** ein (Pos. 2), die so eng oder weit gefahren wird, daß sich als Endansteuerung ein Kurs **mit 30° bis 60° am Wind** ergibt (Pos. 3). Dieser Amwindkurs hilft, die Yacht aufzustoppen, ohne daß bis zum Schluß die Schraube arbeiten muß, und verhindert, daß im aufgestoppten Zustand der Bug, wie beim Direktaufschießer in den Wind, unberechenbar nach einer der beiden Seiten wegkippt. Die Ablaufentfernung von drei Schiffslängen ist ein

Mittelmaß. Sie muß der jeweils gebotenen Eile und der Manövrierfähigkeit der Yacht angepaßt werden.

9. Bei der **Endansteuerung** ist einige Meter nach Luv vorzuhalten, damit die Person auf der Leeseite mit ein bis zwei Meter Abstand mittschiffs zu liegen kommt (Pos. 4). Die Fahrt ist rechtzeitig mit Maschine zurück zu verlangsamen, so daß, wenn die Person auf Höhe des Buges passiert, die Yacht fast steht (Pos. 5). Zu diesem Zeitpunkt wird die Maschine aus Sicherheitsgründen auf Leerlauf gestellt oder gar abgestellt. Ist die Fahrt praktisch null, fällt der Bug weiter nach Lee ab, und das Schiff pendelt sich quer zu den Wellen ein. Das Ruder wird mit Luvlage festgestellt, was das Schiff weiter stabilisiert. Wegen der leichten Querdrift nach Lee bleibt die Person im Wasser an die Bordwand gedrückt, was die Aufnahme erleichtert. Auf der anderen Seite würde sie sich vom Schiff entfernen.

Manöver mit Q-Wende

10. Unter Segeln ist das Q-Wende-Manöver (Abb. 2) das verbreitetste. Es kann aus jedem Kurs gewählt werden. Weil großräumig angelegt, setzt es allerdings gute Sichtverhältnisse und eine nicht zu niedrige Wassertemperatur voraus.

11. Je nach anliegendem Kurs ist sofort (Pos. 1) **auf raumen Kurs** (etwa 110° zum scheinbaren Wind) abzufallen oder anzuluven und etwa fünf Schiffslängen **abzulaufen.** Die Distanz richtet sich wiederum nach der gebotenen Eile und Manövrierfähigkeit. Weiter abzulaufen, erleichtert die Präzision des weiteren Manövers. Nach der Ablaufstrecke (Pos. 2) wird hart angeluvt, **gewendet** und gleich wieder auf **Halbwindkurs** abgefallen (Pos. 3). Q-Wende heißt diese Kehre, weil sich die Kurse bei der Wende ähnlich einem Q schneiden.

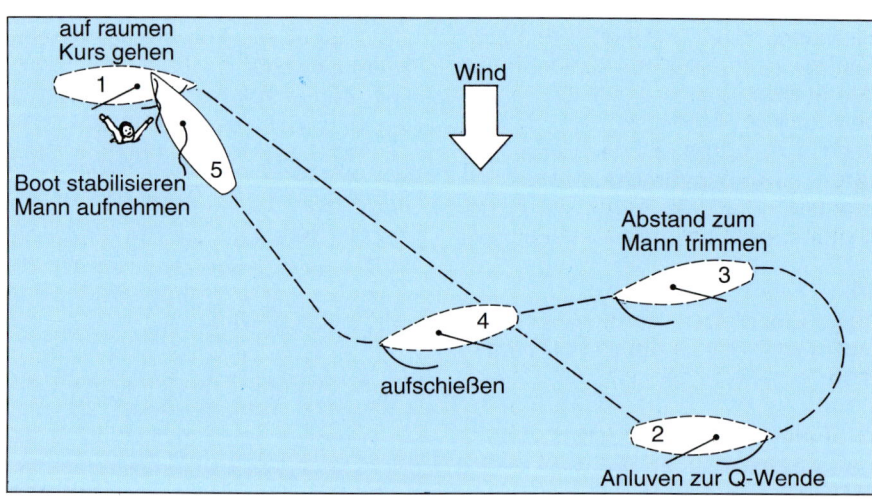

Abb. 2 *Das Manöver mit der Q-Wende*

12. Nach der Q-Wende (Pos. 3) muß die Person etwa **20° bis 30° Luv voraus** liegen. Tut sie das nicht, ist der Kurs entsprechend zu korrigieren. Den Halbwindkurs oder gegebenenfalls den korrigierten Halbwindkurs hält man nun bei, bis die Person im Wasser etwa **40° Luv voraus** peilt (Pos. 4). In diesem Augenblick wird hart angeluvt und mit killenden Segeln auf die Auffischposition, etwa 5 m luvwärts von der Person versetzt, zugesteuert. Geht die Fahrt zu schnell zurück, werden beide Segel noch einmal kurz dichtgeholt. Diese Art von Aufschießer, Nahezuaufschießer genannt, bietet diese Möglichkeit der Fahrtkontrolle. Auch läuft die Yacht in Amwindlage länger aus als beim Direktaufschießer. Drei bis vier Schiffslängen sind normal. Das Manöver gewinnt dadurch an Ruhe und Genauigkeit.

13. Im Idealfall kommt die Yacht genau dann zum Stillstand, wenn sich die Person **mittschiffs an der Leebordwand** befindet (Pos. 5). Bei Restfahrt muß jemand von Bord aus versuchen, mit dem Bootshaken die Person im Wasser zu erreichen. Stilwidrig, aber der Sicherheit zuträglich ist es, in der letzten Phase des Manövers den Motor zu starten und das Ausschießen der Yacht notfalls mit der Maschine zu kontrollieren. Die Vorsichtsmaßregeln – Propeller in Personennähe! – sind allerdings auch hier zu beachten.

14. Unter **Segeln aufgestoppt,** neigt die Yacht dazu, abzufallen und Fahrt aufzunehmen. Deshalb muß der Rudergänger mit Gefühl **Luvruder gegenhalten.** Muß man zur Aufnahme der Person im Wasser das Ruder verlassen, sollte man versuchen, das Vorsegel backzuzerren und das Ruder auf Luv fest-

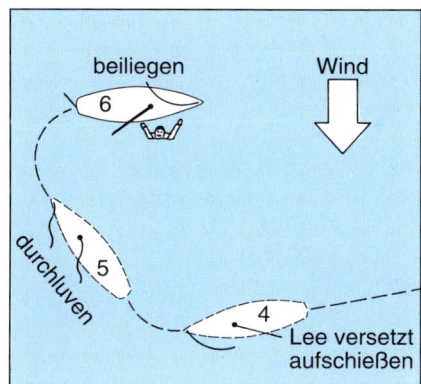

Abb. 3 *Nahezuaufschießer zum Beiliegen*

zustellen. Die Yacht würde dann stabil **beiliegen.** Mit einiger Übung kann man den Nahezuaufschießer auch gleich so anlegen, daß die Person im Wasser nach Lee versetzt angesteuert wird (Abb. 3, Pos. 5), um direkt vor ihr mit der letzten Fahrt durchzuluven und beizuliegen (Pos. 6). Das Vorsegel würde, wenn es seit dem Halbwindkurs nicht losgeworfen wurde, von selbst backstehen.

15. Dieser besondere Aufschießer ist geeignet, die **Rettungsleine** einzusetzen (Abb. 4). Es handelt sich

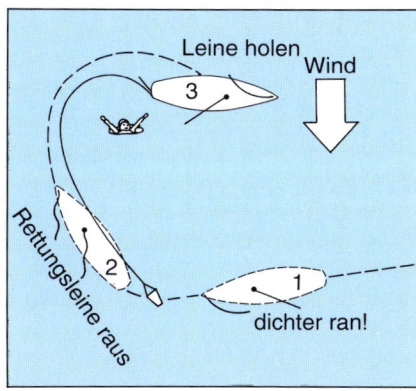

Abb. 4 *Einsatz der Rettungsleine*

dabei um die aufgespulte oder in einem Korb aufgeschossene Schwimmleine (zugleich auch Wurfleine), an deren Ende außer einem Rettungskragen auch ein kleiner Treibanker befestigt ist. Der Aufschießer wird etwas kürzer angelegt (Pos. 1), um bewußt etwas zu überschießen. Etwa **eine Schiffslänge** vor der Person im Wasser geht der Treibanker ins Wasser (Pos. 2), und die Leine beginnt sich abzuspulen. Sie wird nun, dem Manöverweg folgend, im **großen Halbbogen** um die Person im Wasser herum ausgelegt. Beiliegend angekommen (Pos. 3), wird die Leine **von Bord aus geholt,** so daß sie sich auf den Schwimmer zubewegt. Der muß nur noch zugreifen.

Manöver mit der Halse

16. Das Manöver mit der Halse (Abb. 5) eignet sich nur bei Amwindkursen. Es ist ebenso großräumig wie das Q-Wende-Manöver – gute Sichtverhältnisse und ein paar Minuten Zeit sind deshalb Voraussetzung. Für die Halse werden Deckshände benötigt, weshalb sich dieses Manöver bei kleiner Crew nicht bei starkem Wind eignet.

17. Der **Amwindkurs** wird für etwa fünf Bootslängen beibehalten, um dann (Pos. 1) in eine **sauber gesteuerte Halse** (Pos. 2) abzufallen. Nach der Halse wird auf **Halbwindkurs** angeluvt. Der Kurs wird so korrigiert, daß die Person im Wasser 20° bis 30° Luv voraus liegt (Pos. 3). Der weitere Ablauf ist mit dem beim Q-Wende-Manöver identisch (Absatz 12 bis 14).

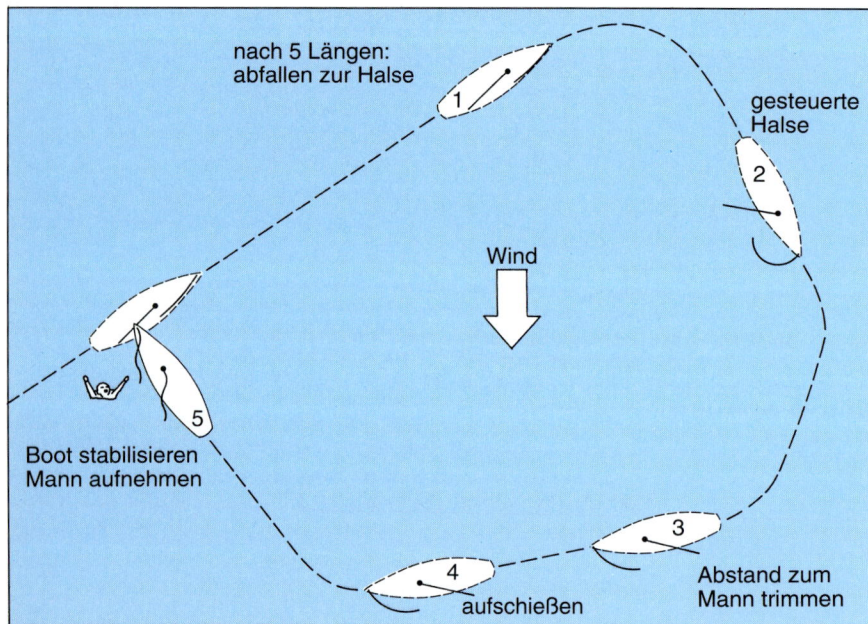

Abb. 5 *Das Manöver mit der Halse*

Manöver mit der Gefahrenhalse

18. Eine Variante für engen Raum, große Eile und kaltes Wasser ist das Manöver mit der Gefahrenhalse (Abb. 6). Es handelt sich um ein hastiges Manöver mit dem Risiko, daß

der erste Versuch nicht gelingt, und es kann nur mit sehr manövrierfähigen, modernen Yachten gefahren werden. Ein klassischer Riß läßt sich nicht derart durch eine Halse quälen.

19. Wenn der Unfall auf **Amwindkurs** passiert und die Situation zu diesem Manöver zwingt, ist noch **eine Schiffslänge** weiterzufahren (Pos. 2), um dann mit unveränderten Segeln **hart in die Halse** (Pos. 3) abzufallen. Dabei muß die Yacht gegen den Druck des dichtstehenden Großsegels und unter Hinnahme entsprechender Krängung in die Halse gesteuert werden. Die Halse wird auf engem Raum gefahren. Unmittelbar nach „rund achtern" (Pos. 4) werden **Groß- und Vorschot losgeworfen,** und die Aufnahmeposition (Pos. 5) wird direkt angesteuert.

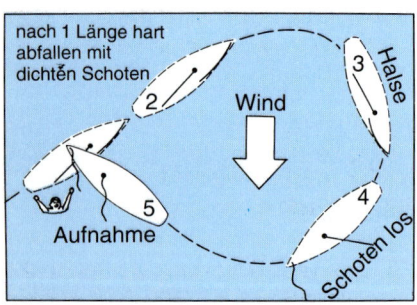

Abb. 6 *Das Manöver mit der Gefahrenhalse*

Manöver mit Beidrehen

20. Hervorragend für den Bergezweck geeignet ist das Manöver mit Beidrehen, auch Münchner Manöver genannt (Abb. 7). Es wird engräumig gefahren, erfordert kaum Crew und endet im Beiliegezustand, was vor allem bei kleinen Crews die Aufnahme erleichtert.

21. Je nach Kurs, auf dem man sich gerade befindet, wird hart auf **Halbwindkurs** abgefallen oder angeluvt. Dieser wird um etwa zwei Schiffslängen beibehalten (Pos. 2), um dann gefühlvoll **zum Beidrehen anzuluven.** Sobald das Vorsegel einfällt, sollte es auf der alten Seite dichtgeholt und die Schot belegt werden (Pos. 3). Man steuert durch den Wind (Pos. 4) und fällt auf dem neuen Bug mit backstehendem Vorsegel so weit ab, daß der Bug etwa eine halbe Schiffslänge **leewärts vom Mann** im Wasser zeigt (Pos. 5). Unmittelbar vor dem Mann wird **hart angeluvt,** so daß die Yacht auf dessen Luvseite beiliegend (fast) zum Stehen kommt (Pos. 6).

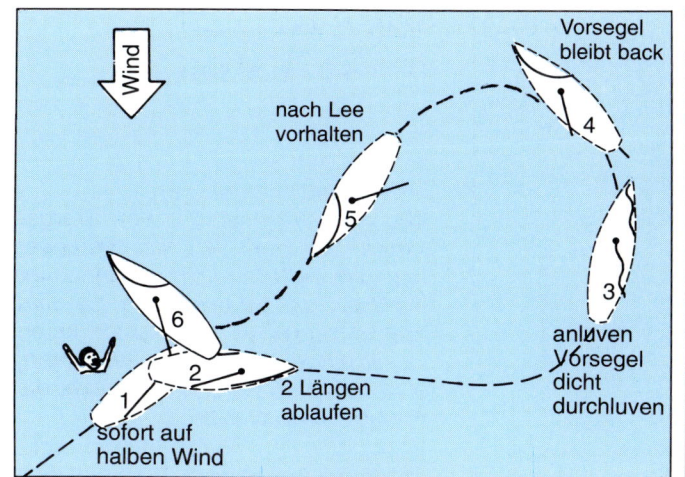

Abb. 7 *Das Manöver mit Beidrehen*

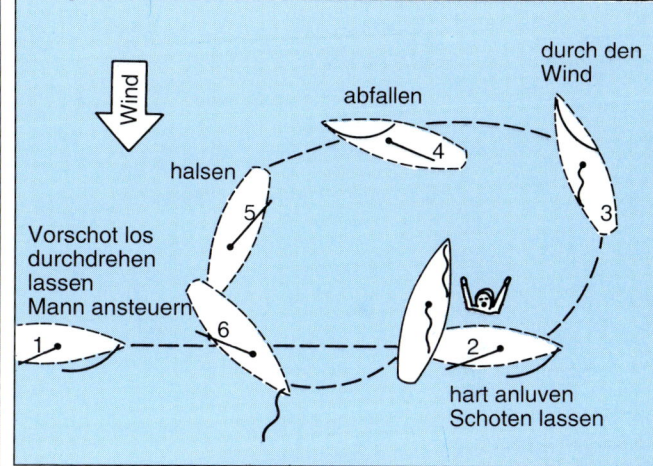

Abb. 8 *Das Quick-Stop-Manöver*

Das Quick-Stop-Manöver

22. Das Quick-Stop-Manöver (Abb. 8) wird in den USA als das bestgeeignete Rettungsmanöver empfohlen. Sein Hauptvorteil ist, wie der Name schon besagt, daß unmittelbar aus der Marschfahrt heraus abgestoppt wird und daß man sich nur geringfügig von der im Wasser schwimmenden Person entfernt. Im Gegensatz zur Gefahrenhalse läuft das Manöver nicht hastig ab, obwohl es auf engstem Raum stattfindet. Einer allein kann es fahren, es müssen kaum Schoten angefaßt werden. Bei raumen und Vorwindkursen eignet es sich nicht.

23. Im Augenblick des Über-Bord-Sturzes wird **hart angeluvt** (Pos. 2) und, ohne die Schoten zu verändern, **durch den Wind** gegangen

(Pos. 3). Die Yacht beschreibt dabei einen engen Bogen von ein bis zwei Schiffslängen luvwärts um die Person herum. Das Vorsegel steht back (Pos. 4) und drückt die Yacht **mit langsamer Fahrt in die Halse.** Die läßt man einfach geschehen. Der Großbaum kann ruhig herumschlagen, denn die Großschot ist noch vom ursprünglichen Kurs dicht oder zumindest halb dicht gesetzt (Pos. 5). Nach „rund achtern" läßt man die Yacht auf dem Teller drehen, wirft die Vorschot los und **steuert die Aufnahmeposition an** (Pos. 6). Weil die Halse aus einem quasi beigedrehten Zustand heraus erfolgte, hat die Yacht inzwischen nur wenig Fahrt, weshalb der Aufschießer auch ziemlich kurz ausfallen wird. Das trifft sich gut, denn der Ansatzpunkt für den Aufschießer, nämlich der Ausgang der Halse, liegt ohnehin nicht weiter als ein bis zwei Schiffslängen von der Person im Wasser entfernt.

24. Während des ganzen Manövers ist nur der Rudergänger gefordert. Seine einzige Aufgabe ist es, nachdem er durch den Wind gegangen ist, mit ungefähr ein bis zwei Schiffslängen Abstand einen Halbkreis um die Person im Wasser zu steuern. Dieser Abstand führt von selbst zum geeigneten Aufschießpunkt, wo er die Vorschot loswirft und erforderlichenfalls den Motor startet, um das Aufstoppen zu korrigieren. Der enge Abstand gewährleistet mit großer Sicherheit, daß die Person nicht außer Sicht gerät.

Das Tear-Drop-Manöver

25. Das Tear-Drop-Manöver (Abb. 9), das wegen seiner Tropfenform so heißt, bildet die Ergänzung zum Quick-Stop-Manöver für die raumen

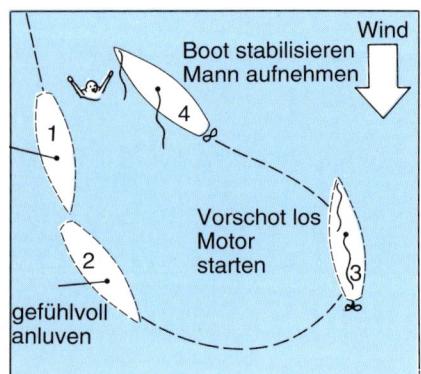

Abb. 9 *Das Tear-Drop-Manöver*

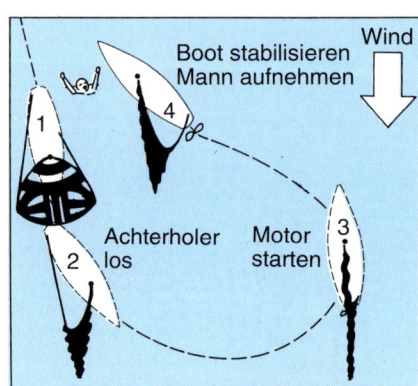

Abb. 10 *Das Tear-Drop-Manöver unter Spinnaker*

und die Vorwindkurse. Es folgt dem gleichen Grundkonzept, sofort die Marschfahrt zu unterbrechen und nahe an der Person im Wasser zu bleiben.

26. Geht jemand auf **Vorwind- oder raumem Kurs** über Bord, ist sofort gefühlvoll, aber entschlossen **anzuluven** (Pos. 2), durch den Wind hindurchzugehen (Pos. 3) und schließlich direkt die Aufnahmeposition anzusteuern (Pos. 4). Sobald beim Anluven die Segel killen, wird die **Vorschot losgeworfen** und der Motor gestartet. Bei der Ansteuerung ist es meistens nötig, ein wenig nachzuschieben.

27. Das Tear-Drop-Manöver läßt sich auch problemlos **unter Spinnaker fahren** (Abb. 10). Der Rudergänger muß lediglich beim Anluven (Pos. 2) den Achterholer loswerfen. Der Spi weht dann an Fall und Schot fliegend aus, während sich die Yacht darunter frei manövrieren läßt. Geborgen wird der Spi erst nach dem Manöver, indem die Yacht wieder in die alte Richtung zurückdreht.

Die Bergung

28. Nachdem mit einem der verschiedenen Mann-über-Bord-Manöver die Yacht an die ins Wasser gestürzte Person heranmanövriert und dort auch einigermaßen stabil zum Halten gebracht wurde, bleibt die Aufgabe, den Verunglückten wieder an Bord zu bekommen.

29. Ist die Person unversehrt und bei Kräften, schwimmt sie selbst mit ein paar Stößen zur herabgelassenen **Badeleiter** und steigt an Bord. Bei Seegang stampft die Badeleiter am Heck allerdings heftig auf und nieder, weshalb es dann besser ist, eine **Einsteckleiter** mittschiffs auszubringen. Man kann auch eine Strickleiter improvisieren, indem man **eine Schot** mit einer langen Bucht bis knapp unter die Wasserlinie herabläßt (Abb. 11).

30. Ist der über Bord Gestürzte entkräftet, muß er als erstes gegen Abdriften gesichert werden. Man wirft ihm die **Wurfleine** zu in der Hoff-

nung, daß er sie greifen kann. Gelingt das nicht, muß ein **Helfer angeleint** an der Wurfleine ins Wasser und auf den Verunglückten zuschwimmen. Das muß ziemlich schnell geschehen, denn wenn erst noch beratschlagt wird, wer ins Wasser soll, wird der Abstand schon so groß, daß ein neues Manöver nötig wird. Ist es gelungen, die Yacht so aufzustoppen, daß die Person direkt an der Leebordwand zu liegen kam, kann man sie fürs erste mit dem **Bootshaken** sichern. Man sticht dazu in die lose Kleidung oder unter das Gurtzeug und dreht den Haken, bis sich irgendwelche Kleidungsstücke daran auftörnen.

31. Um einen **Entkräfteten an Bord** zu bekommen, muß jemand ihm ein Bergefall in den Lifebelt klinken oder, wenn er keinen trägt, mit einer weichen Schot eine Bucht mit einem Palstek vorn um die Brust und unter die Achseln ziehen. Als Bergefall dient am besten das **Spifall,** weil man es in alle Richtungen schwenken kann. Man schlägt es

Abb. 11 *Eine Schotbucht dient als improvisierte Strickleiter*

Abb. 12 *Ein Entkräfteter wird mit dem Spifall nach achtern geschwenkt und über die Reling gehievt*

dazu hinter die Salinge, pickt ein und winscht an. Man braucht die Person **nur bis zur Gürtellinie** aus dem Wasser zu winschen. Der Rest geschieht, indem das Fall wie ein Pendel **nach achtern geschwenkt** und die Person über die Reling gezogen wird (Abb. 12).

32. Es gibt auch andere praktikable Methoden: Man kann die **Großschottalje** unten abschäkeln, den Baum ausschwenken und zusammen mit der Schottalje als Kran benutzen. Oder eine **Rettungstalje** wird mit dem oberen Block an dem vorbereiteten Auge an einem Want angeschlagen und nach unten zu der aufzuhievenden Person ausgezogen. Schießlich kann man ein Sturmsegel mit dem Unterliek längs der Fußreling befestigen, den Kopf unter der Person hindurchziehen und dann mit dem Spifall vorheißen. Die Person rollt dann mehrfach um die eigene Achse, bis sie ähnlich wie aus einer Zigarettendrehmaschine an Deck gerollt wird. Es handelt sich um ein durchaus zweifelhaftes Verfahren, vor allem bei einem Verletzten.

Lernkontrolle

1. Was ist die unmittelbare Aufgabe des Rudergängers, wenn jemand über Bord fällt? (Absatz 2, 3 und 7)

2. In welchen Fällen sollte man sich nicht mit dem Ausbringen der Rettungsmittel aufhalten? (Absatz 4)

3. Nach welchen Gesichtspunkten wird die Art des Bergemanövers entschieden? (Absatz 5)

4. Welche Reflexhandlung ist vom Rudergänger gefordert, wenn jemand unter Motor über Bord fällt? (Absatz 7)

5. Weshalb ist die Yacht in Amwindrichtung und auf der Luvseite der Person im Wasser aufzustoppen? (Absatz 8 und 9)

6. Was bewirkt eine längere Ablaufstrecke beim Q-Wende-Manöver? (Absatz 11)

7. An welcher Stelle korrigieren Sie während eines Q-Wende-Manövers die Länge des Aufschießers? (Absatz 12, Abb. 2, Pos. 3)

8. Wann wird zum Nahezuaufschießer angeluvt? (Absatz 12, Abb. 2, Pos. 4)

Fortsetzung der Lernkontrolle auf der nächsten Seite

Lernkontrolle

9. Wie läßt sich die mit dem Aufschießer aufgestoppte Yacht einigermaßen stabil halten? (Absatz 14)

10. Mit welchem besonderen Aufschießer kann man die Rettungsleine einsetzen? (Absatz 15)

11. In welchen Lagen bietet sich das Manöver mit der Halse an? (Absatz 16)

12. Unter welchen Voraussetzungen kann eine Gefahrenhalse gefahren werden, und wo liegt ihr Vorteil? (Absatz 18)

13. Was ist der Vorteil des Manövers mit Beidrehen, was der Nachteil? (Absatz 20)

14. Beschreiben Sie den Ablauf des Manövers mit Beidrehen! (Absatz 21)

15. Was ist der besondere Zweck des Quick-Stop-Manövers? (Absatz 22)

16. Wie fährt man das Quick-Stop-Manöver? (Absatz 23)

17. Gibt es für das Quick-Stop-Manöver eine Variante bei raumen Kursen? (Absatz 25)

18. Welches Manöver fährt man bei „Mann über Bord" unter Spinnaker? (Absatz 27)

19. Welche Möglichkeiten gibt es, einen über Bord Gefallenen nach erfolgreichem Manöver wieder an Bord zu bekommen:
   – wenn er bei Kräften und unversehrt ist? (Absatz 29)
   – desgleichen bei Seegang? (Absatz 29, Abb. 11)
   – wenn er entkräftet ist und neben der Bordwand zu liegen kommt? (Absatz 30 und 31)
   – wenn er entkräftet ist und ein paar Meter entfernt treibt?(Absatz 30 und 31)

20. Wie läßt sich eine Schwimmleine als Wurfleine verwenden? (Kapitel 32, Absatz 42)

38. Maßnahmen bei Verletzungen und Unterkühlung

Erstbehandlung

1. Unter Erster Hilfe versteht man die medizinischen Erstmaßnahmen eines Laien bei einem Unfall oder einer akuten Erkrankung, bevor ein Arzt die eigentliche Behandlung übernehmen kann. Da man an Bord jedoch in der Regel ohne den herbeigerufenen Arzt auskommen muß, **kann es bei der Ersten Hilfe nicht bleiben.** Mehr ist verlangt. Der verantwortungsbewußte Schiffsführer muß in der Lage sein, mit Hilfe seiner Bordapotheke und der funkärztlichen Beratung eine weitergehende Erstbehandlung durchzuführen, die bis zum Erreichen des nächsten geeigneten Hafens oder im größeren Notfall bis zur Abbergung des Patienten durch einen Rettungshubschrauber reicht.

2. Jeder Schiffsführer hat eine der bevorstehenden Reise entsprechende **Bordapotheke** mitzuführen, den Inhalt auf Vollständigkeit und auf Verfallszeiten zu überprüfen und die Referenznummern der Medikamente aufzulisten und auf die Packungen zu schreiben (Kapitel 32, Absatz 22 ff.). Er hat sich im aktuellen „**Jachtfunkdienst"** (weiße Seiten) über die Verfahren eines **Medico-Gesprächs,** der funkärztlichen Beratung, zu informieren.

Wiederbelebung

3. Für die Wiederbelebung benutzt man die **ABC-Regel.** ABC steht für **Atmung, Beatmung und Circulation.** Bei jedem bewußtlosen Patienten, bei Atemstillstand oder Pulslosigkeit wird in dieser Reihenfolge vorgegangen. Auch die Wiederbelebung von Ertrinkenden erfolgt nach der ABC-Regel. Die Maßnahmen müssen unverzüglich eingeleitet werden, da nach 3 bis 5 Minuten Atem- und Herzstillstand mit einer nicht mehr heilbaren Schädigung des Gehirns gerechnet werden muß.

4. Nach der ABC-Regel ist zunächst für **freie Atmung** zu sorgen (Buchstabe A der ABC-Regel). Der Mund wird inspiziert und von möglichen **Fremdkörpern** befreit. Da im Zustand der Bewußtlosigkeit die Zunge die oberen Atemwege verschließt, ist es nötig, den **Kopf nach hinten** zu überstrecken und den Unterkiefer vorzuschieben (Abb. 1). Stellt sich daraufhin die Eigenatmung wieder ein, kann von den weiteren Maßnahmen der ABC-Regel abgesehen werden. Der Patient wird in die sogenannte Komaposition (Abb. 2) gebracht, um einer erneuten

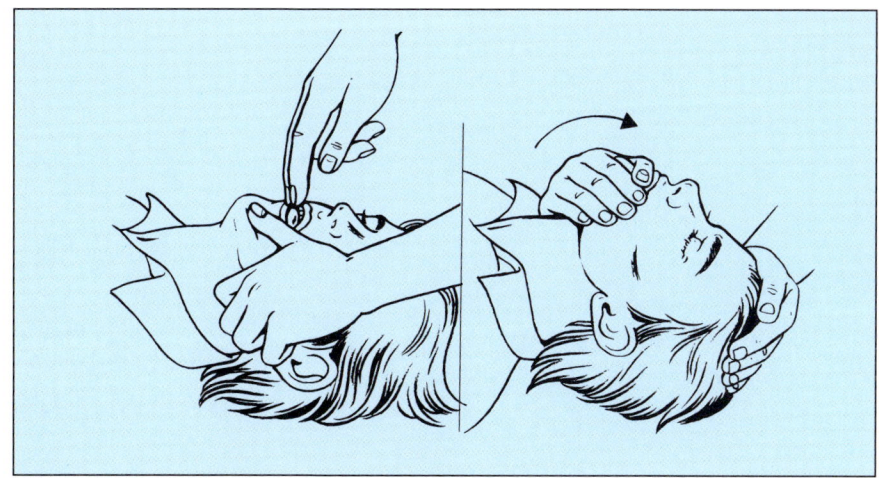

Abb. 1 *Wichtige Erstmaßnahmen: Mund-Rachen-Raum von möglichen Fremdkörpern befreien (links), Überstrecken des Kopfes zum Freihalten der Atemwege*

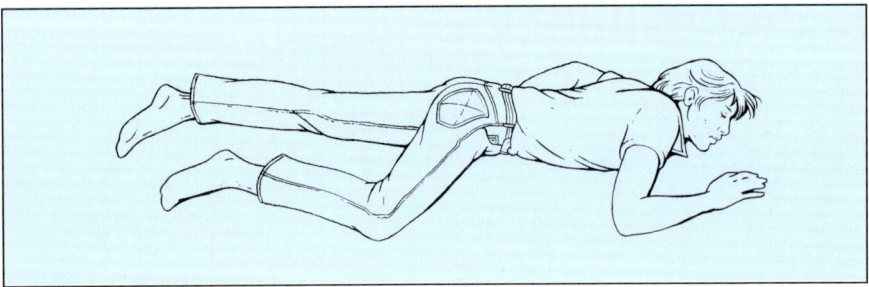

Abb. 2 *Komalage*

Verlegung der Atemwege vorzubeugen. Puls und Atmung sind ständig zu kontrollieren.

5. Setzt nach Befreiung der oberen Atemwege die Eigenatmung nicht ein, muß unverzüglich mit der **Mund-zu-Mund-Beatmung** begonnen werden (Abb. 3) – Buchstabe B der ABC-Regel. Der Kopf des Patienten muß weiterhin überstreckt gehalten, die Nasenlöcher müssen zugedrückt werden. Nun werden kurz aufeinander 4 kräftige Atemstöße von Mund zu Mund gegeben, die zur Entfaltung der Lunge dienen. Dann wird alle 5 Sekunden ein kräftiger Atemstoß in den Mund des Patienten geblasen, bis bei einer kurzen Pause festgestellt wird, daß die **Eigenatmung** wieder eingesetzt hat. Während der Beatmung wird der Puls fortlaufend kontrolliert. **Bleibt der Puls aus,** muß unverzüglich mit der Herz-Kreislauf-Massage begonnen werden.

6. Der dritte Buchstabe der ABC-Regel bedeutet die **Herzmassage (Cirkulation,** Abb. 4). Der Patient wird auf eine harte Unterlage gelegt und der untere Teil des Brustbeins schnell (60 x in der Minute) stoßweise 5 cm tief eingedrückt. Dies muß kräftig geschehen, ein Rippenbruch kann dabei durchaus passieren. Die Mund-zu-Mund-Beatmung muß gleichzeitig fortgesetzt werden. Mit beidem darf nicht aufgehört werden, bevor nicht Puls und Atmung wiedererlangt worden sind.

7. Ist das Atemweghindernis ein **Fremdkörper auf Höhe des Kehlkopfes,** wobei der Patient panisch nach Luft ringt, sollen 3 kräftige Stöße zwischen die Schulterblätter gegeben werden. Dies kann zur Befreiung beitragen. Kinder werden an den Füßen hochgehalten und bekommen leichte Schläge auf den Rücken.

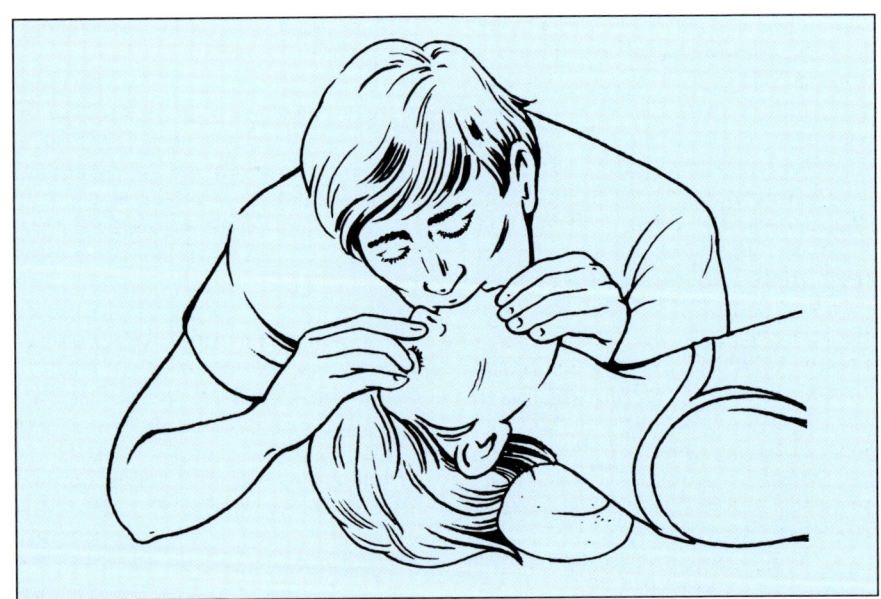

Abb. 3 *Mund-zu-Mund-Beatmung*

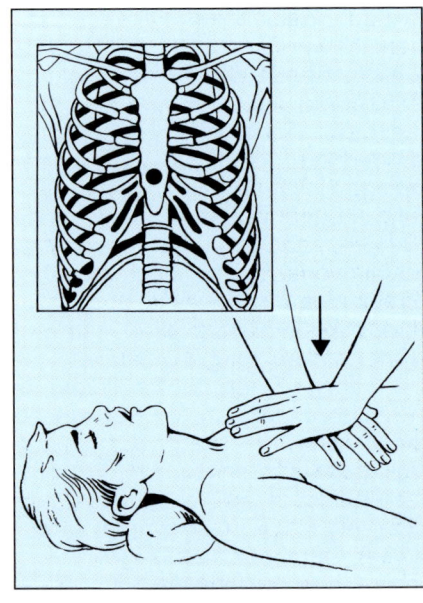

Abb. 4 *Herzmassage*

8. Bei Kindern wird durch Mund und Nase zugleich beatmet. Atem- und Herzfrequenz sind zu erhöhen.

9. Kommt es während der Wiederbelebungsmaßnahmen zum **Erbrechen,** so muß der Patient unverzüglich auf die Seite gedreht werden, um die Einatmung von Erbrochenem zu verhindern.

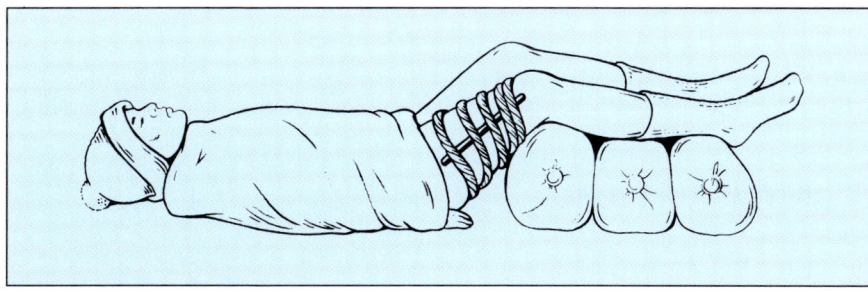

Abb. 5 *Schock-Lagerung*

Schockbehandlung

10. Im Schockzustand versucht der Körper, die lebensnotwendigen Funktionen zumindest notdürftig aufrechtzuerhalten und eine genügende Sauerstoffversorgung der lebenswichtigen Organe sicherzustellen. Der Schweregrad des Schockgeschehens reicht von der einfachen Ohnmacht, die durch Hinlegen innerhalb kürzester Zeit behoben ist, bis hin zum Beinahetod und sogenanntem „irreversiblen Schock". Die Ursachen können vielfältig sein: Blut- und Flüssigkeitsverlust bei Verletzungen, schwerer Durchfall, andauerndes Erbrechen, großflächige Verbrennungen, Bauchverletzungen, Herz- und Lungenversagen (Herzinfarkt, Beinaheertrinken), schwere Schädelhirnverletzungen, schwere Erkrankungen (Unterzuckerung beim Diabetiker), allergischer Schock (Quallenberührung, Giftfische).

11. **Schockanzeichen** sind: blasse, kalte schwitzige Haut, der Puls ist nur schwach ausgeprägt und sehr schnell (über 100 pro Minute), der Patient klagt über Übelkeit und Durst, häufig kommt es zu Erbrechen, Unruhe und Teilnahmslosigkeit.

12. Liegt eine erkennbare Ursache (Verletzung, Blutung) vor, so ist naturgemäß die Behandlung dieser auslösenden Momente gegenüber der Schockbehandlung selbst vordringlich. Schwieriger gestaltet es sich bei nicht offenbarer Ursache des Schockgeschehens. Hier ist zu denken an Störungen im Bauchraum, Lungenembolie, Stoffwechselentgleisung, Intoxikation. Unabhängig von den spezifischen Behandlungsmaßnahmen muß auch im Zustand des Schocks auf **freie Atemwege** geachtet werden. Dies findet gemäß der ABC-Regel (Absatz 2 ff.) statt. Der Patient wird dann in die sogenannte **Schock-Lagerung mit erhöhten Beinen** gelegt (Abb. 5). Ist der Schockzustand so stark ausgeprägt, daß der Schutzreflex gegen Verschlucken nicht mehr funktioniert, muß er in **Komalage** gebracht werden (Abb. 2). Kommen starke Schmerzen als Schockursache in Frage, sollten Schmerzmittel verabreicht werden. Eine Flüssigkeitsinfusion in die Vene wäre wünschenswert, ist aber an Bord wohl kaum praktikabel. Liegt ein Flüssigkeitsverlust vor wie bei Verbrennungen, Durchfall oder häufigem Erbrechen, kann er durch einen speziellen **Elektrolyttrank** (Elotrans®) ausgeglichen werden. Im Zustand des allergischen

Schocks wird mit Adrenalin versucht, die allergische Reaktion zu unterdrücken. Die Therapie wird mit Cortison fortgesetzt.

Epilepsie und Hyperventilation

13. Die **Epilepsie** ist den Betroffenen meist bekannt. Wichtig zur Vermeidung von Krämpfen ist die **regelmäßige Einnahme der Medikation.** Insbesondere bei Seekrankheit ist dies häufig erschwert, so daß es zu Krämpfen kommen kann. Wesentlich ist die erneute konsequente Fortführung der antikonvulsiven Therapie.

14. Beim **Hyperventilationssyndrom** kommt es durch Aufregung zu unsinnig tiefer, schneller Atmung mit nachfolgender Störung im Calciumhaushalt. Klinisch findet sich ein Taubheitsgefühl und Kribbeln in Händen und Füßen mit sogenannter Pfötchenstellung der Hände. Diese Situation ist insgesamt ungefährlich, der Patient ist zu **beruhigen.** Gelingt das nicht, muß der Betroffene in eine **Plastiktüte** ausatmen und dieselbe

Luft wieder einatmen. Hierdurch normalisiert sich das ionisierte Blutcalcium. Auch können Beruhigungsmittel gegeben werden.

Blutungskontrolle

15. Liegt eine Unfallverletzung vor, so ist zunächst auf die Sicherstellung der lebenswichtigen sogenannten **Vitalfunktionen** zu achten. Die Maßnahmen der ABC-Regel sind anzuwenden.

16. Nahezu alle Blutungen nach außen lassen sich durch einen **Druckverband** stillen (Abb. 6). Man legt eine sterile Kompresse (auch ein gebügeltes Taschentuch ist nahezu keimfrei) auf die blutende Wunde

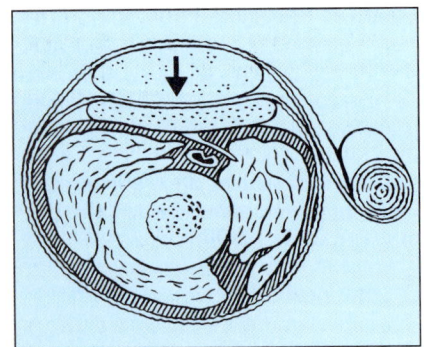

Abb. 6 *Druckverband*

und wickelt eine elastische Binde weitstreckig fest an. Die unterstützende körpereigene Blutgerinnung benötigt mindestens 10 Minuten. In dieser Zeit ist somit von einer weiteren Durchblutung des Verbandes auszugehen. Ein Entfernen bereits angelegter Verbände ist nicht sinnvoll, lieber sollte bei durchgeblutetem Verband eine weitere Lage auf-

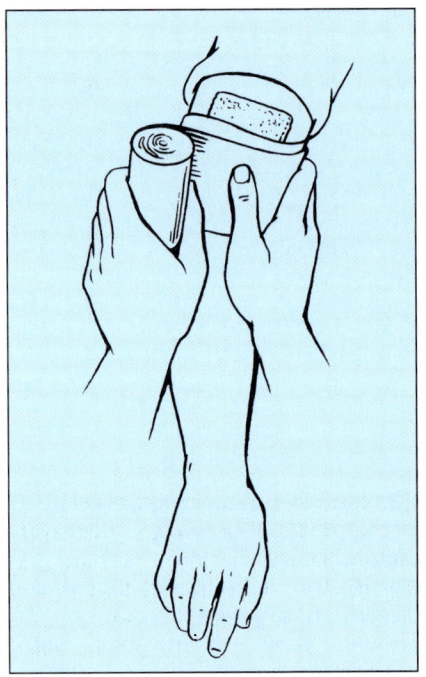

Abb. 7 *Die Wickelung beim Druckverband soll in der Peripherie des Körpers beginnen*

gewickelt werden. Die Wickelung soll in der Peripherie des Körpers (Hände/Füße) beginnen und nach zentral erfolgen (Abb. 7). Übermäßiger Druck ist bei der Gefahr von Durchblutungsstörungen zu meiden. Die Pulse müssen körperfern des Verbandes erhalten bleiben.

17. Eine weitere wesentliche Maßnahme auch zur Blutungskontrolle ist das **Ruhigstellen** des verletzten Körperteils. Dies betrifft insbesondere Knochenbrüche. Unter Bordbedingungen bedarf es hier einiger Improvisationskunst. Es ist stets auf gute Polsterung und Vermeidung von Druckstellen zu achten. Verwendet werden können gepolsterte Segellatten, Schaumstoffteile der Polsterung etc. (Abb. 8).

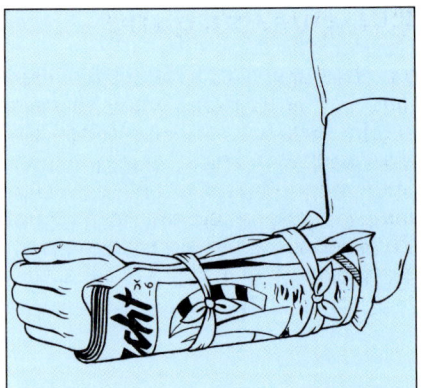

Abb. 8 *Ruhigstellung bei Handgelenksbruch*

18. Vor Ruhigstellung eines Bruches kann mit kontinuierlichem, langsamem Längszug eine annähernde Einrichtung versucht werden. Dies führt häufig zu verminderten Schmerzen und verminderter Blutung. Verletzte Extremitäten können dann hochgelagert werden.

19. Eine generelle Antibiotika-Gabe ist nicht angezeigt. Ist eine definitive Versorgung jedoch nicht innerhalb kürzester Zeit (Stunden) zu erwarten, so kann bei einer offenen Verletzung ein **Antibiotikum** gegeben werden.

20. Das vieldiskutierte körpernahe **Abbinden** oder Abdrücken von Blutungen ist in der Realität glücklicherweise praktisch nie nötig. Meist wird hierdurch mehr Schaden als Nutzen bewirkt. Läßt sich eine Blutung nicht durch die obengenannten Maßnahmen kontrollieren und besteht darüber hinaus durch Blutverlust ein lebensbedrohlicher Zustand, so kann mit breitem, nicht einschnürendem Material eine Blutsperre versucht werden.

Wundversorgung

21. Saubere, **frische Wunden** werden unverzüglich verschlossen. Hierfür eignen sich einerseits Pflasterverbände, andererseits kann auch durch einen Kompressionsverband ein guter Zusammenschluß der Wundränder erreicht werden (Abb. 9). Besser ist eine Wundnaht, sofern man an Bord dazu in der Lage ist.

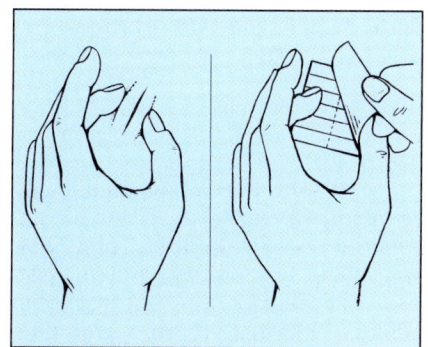

Abb. 9 *Wundversorgung mit Pflasterverband*

Wer auf längere Fahrt gehen will, sollte sich die Technik durch einen Chirurgen kurz zeigen lassen.

22. Abzugrenzen von den sauberen frischen Wunden sind **Wunden, die älter als 8 Stunden sind,** Bißwunden, Fleischmesserwunden sowie tiefe verschmutzte Verletzungen. In diesen Fällen ist von einem unverzüglichen Verschluß abzuraten, die Wunde sollte nur mit Jodseife, Wasser und Pinzette gereinigt werden. Anschließend wird ein steriler Verband ohne allzu starken Druck angelegt, um die weitere Verschmutzung von außen zu verhindern.

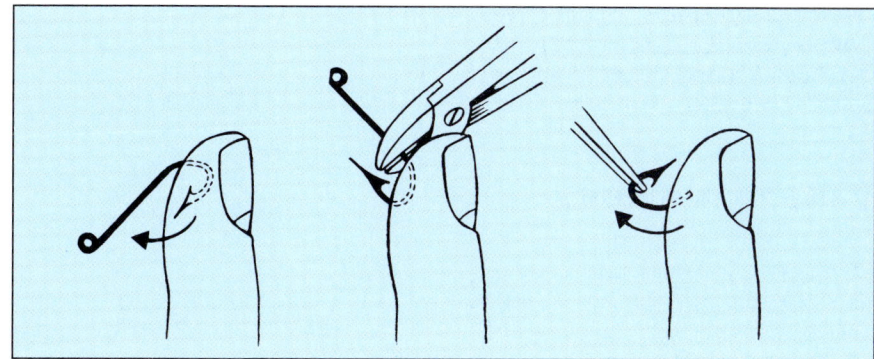

Abb. 10 *So wird ein Angelhaken entfernt*

23. Ein **Angelhaken** läßt sich aufgrund des Widerhakens rückwärts nicht herausziehen, sondern muß in der in Abb. 10 dargestellten Weise weiter vorangetrieben werden. 15 Minuten vor dieser Prozedur sollte ein Schmerzmittel gegeben werden. Eine **Antibiotika**-Gabe ist wegen der Infektionsgefahr sinnvoll.

24. In allen Fällen von Verletzungen ist der **Tetanusschutz** abzuklären. Im Zweifel muß umgehend eine unfallchirurgische Praxis aufgesucht werden.

Verbrennungen

25. Einen Sonderfall der Wundversorgung stellt die großflächige Verbrennung dar. Gerade diese Verletzung wird in ihrer Gefahr für den Gesamtorganismus und hinsichtlich ihrer Folgen (stark behindernde Narben) häufig unterschätzt.

26. Man unterscheidet die Verbrennungen nach Grad ihrer Tiefenausdehnung und nach ihrer Flächenaus-

dehnung. Eine Rötung der Haut entspricht einer Verbrennung 1. Grades, tiefergehende Gewebeschädigungen mit Blasen- und Schorfbildung entsprechen einer Verbrennung 2. Grades und noch weitergehende Schädigungen einer Verbrennung 3. Grades. Die Oberflächenbestimmung erfolgt anhand der Neuner-Regel (Abb. 11). Alle Verbrennungen 2. und 3. Grades mit einer Ausdehnung von mehr als 10 % der Körperoberfläche sind als kritisch einzuschätzen und bedürfen dringend ärztlicher Behandlung.

27. Im Fall einer **tiefen Verbrennung** muß umgehend eine Kühlung mit leitungswarmem Wasser (notfalls Seewasser) für die Dauer von 15 bis 30 Minuten erfolgen. Diese Maßnahme kann die fortschreitende Tiefenausdehnung der Verbrennung verringern. Ist ärztliche Hilfe innerhalb **kurzer Zeit** zu erreichen, reicht es, die Oberfläche nur steril abzudecken und nötigenfalls ein Schmerzmittel zu geben.

28. Ist man **für längere Zeit** auf sich selbst gestellt, so müssen die Wunden mit antiseptischer Salbe (PJK-

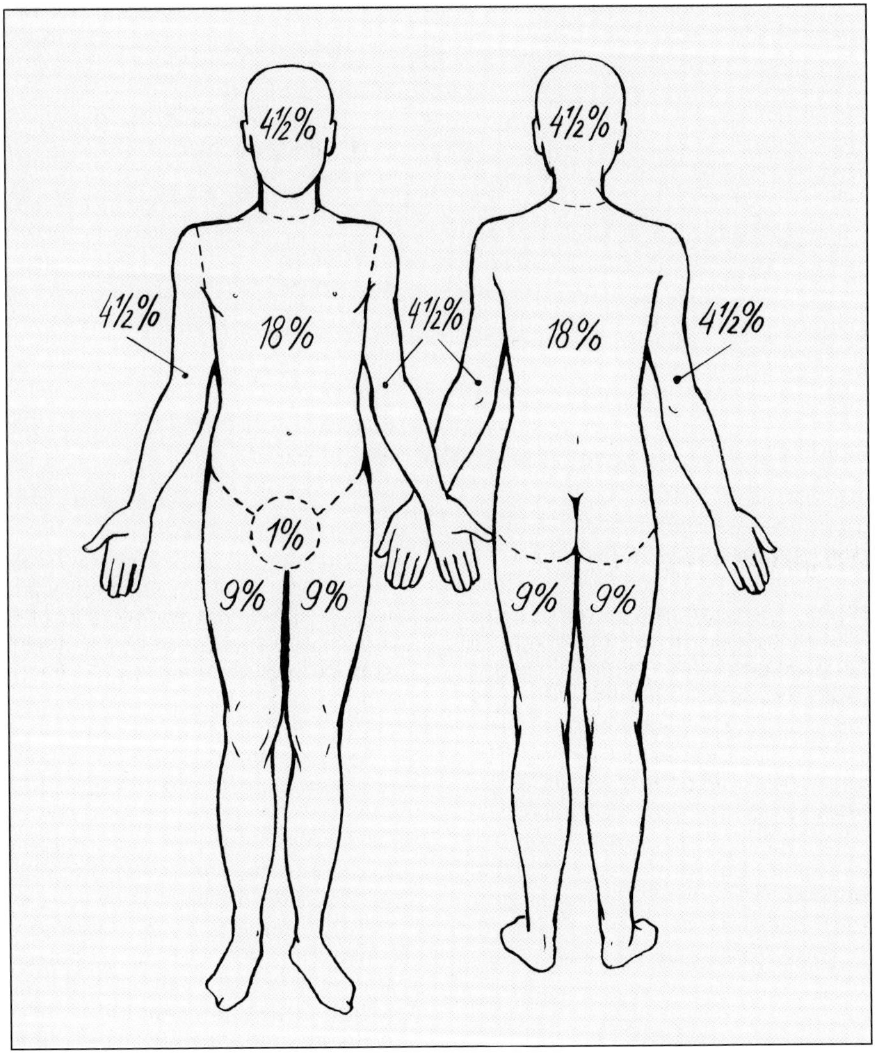

Abb. 11 *Neuner-Regel zur Bestimmung der Körperoberfläche*

Verletzungen der Extremitäten

29. Zusätzlich zu den allgemeinen Maßnahmen zur Blutungskontrolle und Wundversorgung (Absatz 15 bis 24) empfiehlt es sich **bei offensichtlicher Fehlstellung** von Gelenken oder Röhrenknochen, diese durch leichten Zug, der langsam auf 10 bis 30 kg zunehmen kann, annähernd **in die richtige Position zurückzubringen.** Behutsam durchgeführt, ist diese Maßnahme in der Regel ungefährlich. Dann sollte eine **Ruhigstellung** erfolgen.

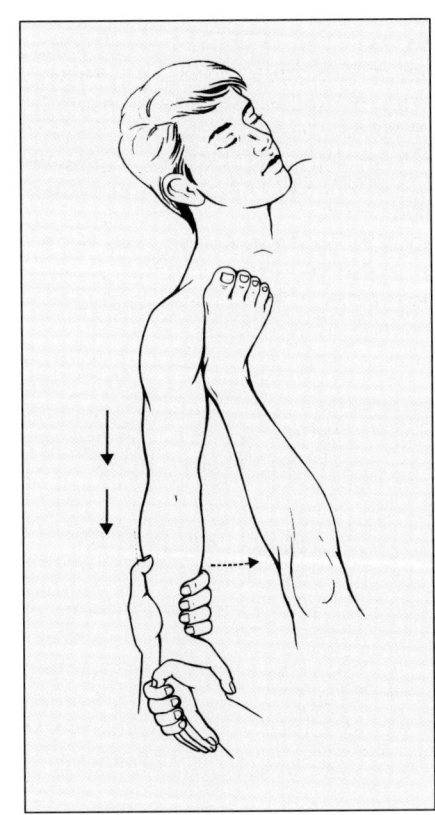

Abb. 12a *So wird das Schultergelenk eingerenkt ...*

Salbe) abgedeckt werden. Zur Vorbeugung einer sich innerhalb von 24 Stunden entwickelnden Verbrennungskrankheit mit Schädigung innerer Organe muß zum Ausgleich des hochgradigen Flüssigkeitsverlustes über die Wundflächen für ausreichende Trinkflüssigkeit unter Zusatz von Salz und Zucker geachtet werden. Eine Elektrolyt-Lösung (Elotrans®) ist dafür gut geeignet, Antibiotica-Tabletten sind sinnvoll. Schocklagerung, Beruhigung sowie Schmerzmittelgabe sind weiterhin wichtig. Nach Ermittlung des gesamten Schadens ist das weitere Vorgehen über ein funkärztliches Gespräch abzuklären.

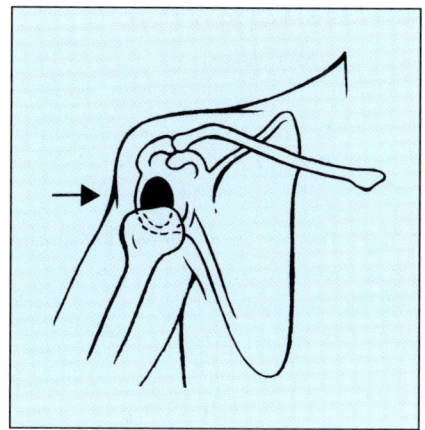

Abb. 12b *...und so sieht ein verrenktes Schultergelenk aus*

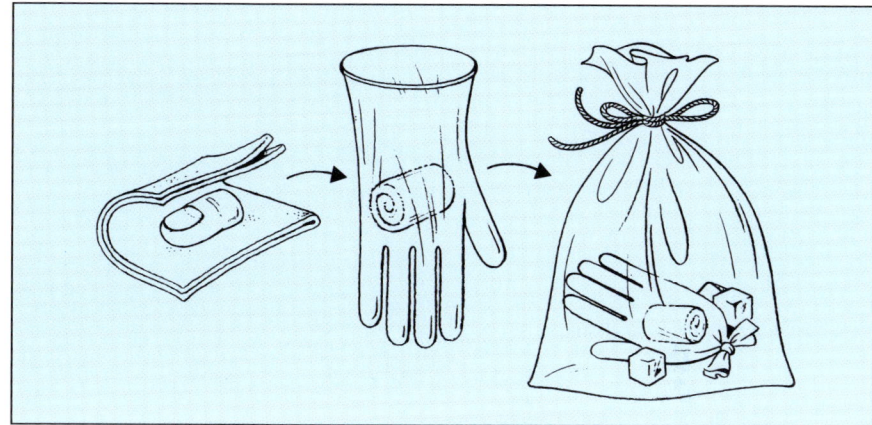

Abb. 14 *Keimfreies Sicherstellen eines abgetrennten Fingergliedes*

30. Bei **Gelenkverrenkungen,** insbesondere des Schultergelenkes, kann ein Einrenken wie in Abb. 12 versucht werden. Zuvor ist jedoch ein Analgetikum/Beruhigungsmittel zu geben. Zur Ruhigstellung eignen sich neben den in Absatz 17 erwähnten Maßnahmen zerschnittene T-Shirts, Pflasterzügelverbände oder Anwickeln der verletzten Extremitäten an den Rumpf (Abb. 13).

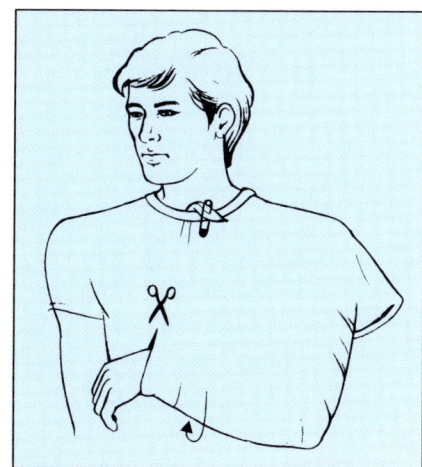

Abb. 13 *Ruhigstellung mittels eines T-Shirts*

Abgetrennte Finger

31. Im Zeitalter der mikro-chirurgischen Replantationsmöglichkeit ist die sachgerechte primäre Verhaltensweise entscheidend. Ein abgetrennter Finger ist **steril einzuwickeln,** in einen wasserdichten Plastikbeutel zu verpacken und in einem Behälter **mit Eiswasser** zu kühlen (Abb. 14). Die Replantation ist nur in den **ersten Stunden** sinnvoll. Über Funk ist umgehend die Abbergung des Patienten durch einen Rettungshubschrauber zu organisieren.

Wirbelsäulen-verletzungen

32. Bei gröberer Gewalteinwirkung (z. B. Sturz aus dem Mast) ist immer mit einer Wirbelsäulenverletzung zu rechnen, auch wenn sie zunächst nicht erkennbar ist. Es besteht die Gefahr einer dramatischen Verschlechterung, wenn keine sachgerechte Behandlung erfolgt. Somit ist jeder **Patient, der erheblicher Gewalteinwirkung** ausgesetzt war, als potentiell wirbelsäulenverletzt anzusehen, insbesondere, wenn zusätzlich über lokale Schmerzen geklagt wird.

33. Der Betroffene ist **äußerst vorsichtig zu handhaben.** Er muß sich bei jeder Umlagerung selber durch muskuläre Anspannung stabilisieren, und möglichst viele Helfer müssen den Verletzten wie ein Paket transportieren. Bei unruhigen Schiffsbewegungen ist der Verletzte in einer **Koje flach zu lagern,** wobei der Kopf unterstützt wird (Abb. 15). Lee-Segel sind anzuschlagen und eventuell Laschungen vorzusehen.

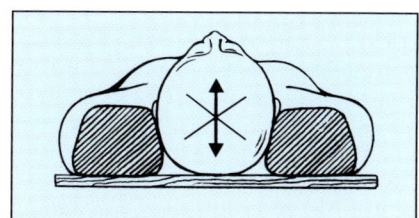

Abb. 15 *Ruhigstellung der Halswirbelsäule bei Bruchverdacht*

34. Als Grobdiagnose einer Wirbelsäulenverletzung prüft man die Muskelkraft in Armen und Beinen („Fingerhakeltest") und das Fühlvermögen, indem man leicht über die Haut streicht. Finden sich hier irgendwelche Irregularitäten, so ist umgehend funkärztlicher Kontakt aufzunehmen.

Kopfverletzungen

35. Kopfplatzwunden müssen unverzüglich versorgt werden, da erhebliche Blutverluste entstehen können. Es sind die blutstillenden Maßnahmen aus Absatz 15 ff. anzuwenden; eine zusätzliche Verbandstechnik zur Kompression von Kopfwunden ist aus Abb. 16 ersichtlich. Sofern an Bord machbar, wäre eine tief durchgreifende Wundnaht wünschenswert (Abb. 17).

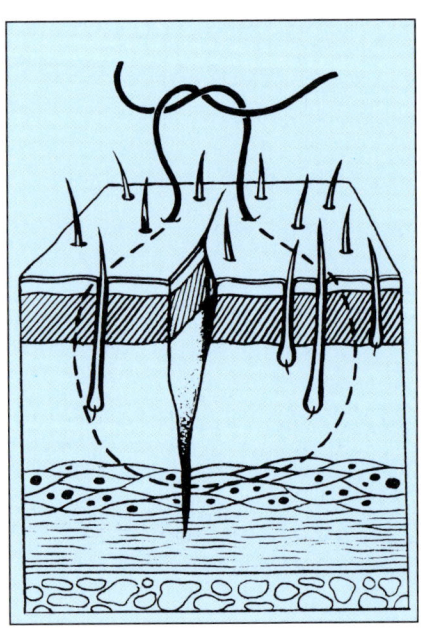

Abb. 17 Fadenführung bei einer Wundnaht, nachdem die Haare im Wundbereich rasiert wurden

36. Bei allen Formen von Gewalteinwirkung auf den Schädel ist die Gefahr des Blutergusses im Schädelinneren gegeben. Anzeichen hierfür sind häufig nur vage und nur dem Fachmann vertraut. Als Faustregel gilt, daß eine rasch sich rückbildende kurze Bewußtlosigkeit noch auf das ungefährliche Krankheitsbild einer Gehirnerschütterung schließen läßt. Jede darüber hinausgehende Auffälligkeit wie Unruhe, Schläfrigkeit, Verwirrtheit, Sprechstörung, ungleich große Pupillen sowie unregelmäßige Atmung sind Hinweise auf zunehmenden Hirndruck und somit Vorboten einer gefährlichen Entwicklung. Funkärztliche Beratung mit Schilderung der Situation ist unverzüglich einzuleiten. In jedem Fall ist für freie Atemwege im Sinne der Komalagerung zu sorgen (Abb. 2).

Zahnschmerzen

37. Die Zähne sollten inspiziert werden. Findet sich eindeutig ein Loch, so kann es mit Kavit, notfalls auch mit Öl-getränkter Watte gefüllt werden. Hierdurch entsteht zumindest Linderung. Fieber, geschwollene Wange und deutliche Schwellung am Ort des Schmerzes weisen auf eine zusätzliche Infektion hin. In diesem Fall sind ein Antibiotikum und Schmerzmittel zu geben.

Beinaheertrinken und Unterkühlung

38. Nach einem gelungenen Mann-über-Bord-Manöver ist die Situation noch keinesfalls beherrscht. Durch moderne Rettungswesten kann auch ein Beinaheertrunkener noch geborgen werden. Der Betroffene zeigt blaue Lippen, Angst, Lufthunger sowie schnappende Atmung. In dieser Situation ist gemäß der ABC-Regel für freie Atemwege zu sorgen und auf Mund-zu-Mund-Beatmung überzugehen, wenn sich die Eigenatmung nicht einstellt. Drainageversuche durch Kopftieferlagerung sind

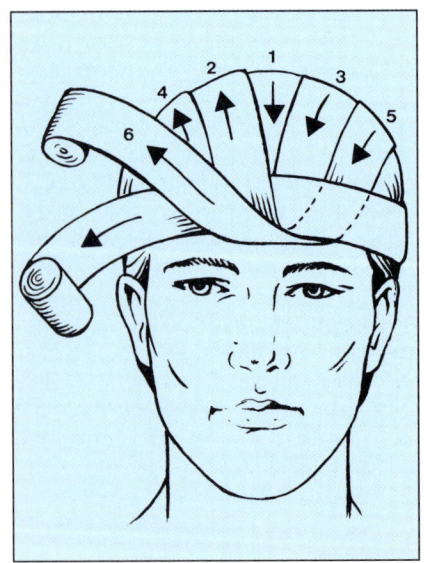

Abb. 16 Kopfplatzwunden werden mit einem Druckverband versorgt

im allgemeinen wenig sinnvoll. Bei Herzstillstand ist im Sinne der ABC-Regel die **Herzmassage** anzuwenden.

39. Liegt zugleich der Zustand der **Unterkühlung** vor, befindet sich der Geborgene in einem **äußerst labilen Kreislaufzustand.** Der Körperkern besitzt jetzt im Vergleich zu Armen und Beinen eine höhere Temperatur, um die lebensnotwendigen Funktionen notdürftig aufrechtzuerhalten. Jede abrupte Störung dieses labilen Gleichgewichtes vermag die Regulation unwiederbringlich außer Kraft zu setzen. Deshalb ist mit dem Patienten äußerst vorsichtig umzugehen. Der Unterkühlte ist möglichst in waagerechter Stellung zu bergen und zu transportieren (Abb. 18). Um weitere Auskühlung insbesondere durch Wind zu vermeiden, ist er in die Kajüte zu bringen. Die ABC-Maßnahmen sind **sehr behutsam** anzuwenden, um den labilen Gleichgewichtszustand nicht unnötig zu belasten. Daß Puls und Atmung verlangsamt sind, ist bei Unterkühlung normal. Nur bei **eindeutig** festgestellter Nichtatmung oder wirklich nachgewiesenem Herzstillstand (Abtasten der Hals- oder Leistenschlagader) ist mit den Wiederbelebungsmaßnahmen zu beginnen.

40. Unterkühlung 1. Grades liegt bei Körpertemperaturen von 34 °C bis 37 °C vor. Der Patient zittert, ist bei klarem Bewußtsein, sein Puls ist verlangsamt (60 bis 80). Häufig kommen Erregungszustände vor. Langsame Aufwärmung ist wichtig. Möglichst nicht bewegen. Mütze aufsetzen, heißes Getränk geben, Warmwasserbeutel unter die Achselhöhlen geben. Erst wenn das Zittern aufhört, trockene, warme Kleidung anziehen.

Abb. 18 *Bergung eines Über-Bord-Gefallenen, nach Möglichkeit in waagerechter Stellung*

41. Unterkühlung 2. Grades ist durch Muskelstarre, 24 °C bis 34 °C Körpertemperatur, unregelmäßigen Puls und durch Bewußtseinstrübung gekennzeichnet. Nur wenn wirklich erforderlich, sind Herzdruckmassage und Atemspende durchzuführen. Wenn Muskelzittern eintritt, wird wie oben weiterbehandelt.

42. Bei Unterkühlung 3. Grades, das heißt bei Scheintod, Körpertemperatur unter 24 °C, nicht oder kaum mehr wahrnehmbarem Puls und kaum vorhandener Atmung, sind zwei Stunden lang Herzdruckmassage und Atemspende zu versuchen.

Seekrankheit

43. Abgesehen von dem Unwohlsein und der allgemeinen Leistungseinbuße ist Seekrankheit ungefährlich. Ernste Folgen ergeben sich nur für Betroffene mit **Vorerkrankungen,** wie Diabetes mellitus, Herzkrankheiten, Nierenkrankheiten und Epilepsie. Hier kann es einerseits durch verweigerte Tabletteneinnahme, andererseits durch Wasser- und Elektrolytverschiebungen zu Entgleisungen der Vorerkrankungen kommen.

44. Vorbeugend und zugleich auch zur Abhilfe werden derzeit folgende Medikamente verwandt:
● **Scopolamin,** z. B. Scopoderm-Pflaster. Dieses ist bereits 24 Stunden vor dem Auslaufen anzubringen. Seine Wirkung ist von Person zu Person sehr unterschiedlich.
● **Cinnarizin,** z. B. Cinnarizin forte ratiopharm: Dieses Präparat wirkt der Überreizung der Bewegungswahrnehmung entgegen und zeigt relativ wenig Nebenwirkungen.
● **Dimenhydrinat,** z. B. Vomex A: Dieses Medikament kann als Zäpfchen verabreicht werden, was bei Kindern oder bei schon schwer seekranken Erwachsenen eine besonders gut geeignete Darreichungsform ist.

45. Auch Akupressur-Bandagen im Bereich des Handgelenks können Wirkung zeigen. Für Kundige empfiehlt sich sogar die Nadelung entsprechender Akupunkturpunkte. Jedoch sollte dies vorher mit einem Arzt an Land besprochen werden.

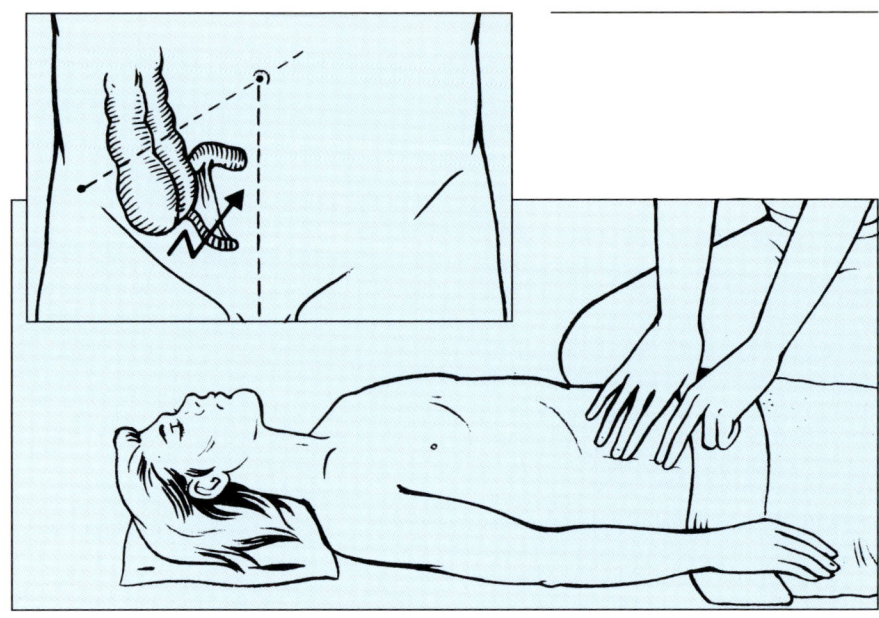

Bauchverletzungen und Baucherkrankungen

46. Eine sicherlich gefährliche Situation ist die übersehene **Bauchorganverletzung** (Milz, Leber, Hohlorgane) durch **einen stumpfen Stoß,** wie er beim Sturz aus dem Mast oder beim Fall auf eine stehende Winschkurbel vorkommt. Neben dem **lokalen Schmerz** stellen sich beim Patienten die Zeichen des **Blutungsschocks** ein, die in Absatz 11 beschrieben sind. Funkärztlicher Rat ist dringend erforderlich. Liegt tatsächlich eine innere Verletzung vor, kann nur noch schnellste ärztliche Hilfe die Situation retten.

47. Die häufigste Erkrankung des Bauchraumes ist die **Blinddarmentzündung.** In den meisten Fällen hat sie ein relativ typisches Erscheinungsbild. Die Symptome beginnen mit unerklärbarem Schmerz um den Nabel aus völligem Wohlbefinden heraus (Vorspiel um den Nabel). Im weiteren Verlauf setzt Übelkeit ein, zum Teil mit Erbrechen. Durchfälle sind eher ein Gegenargument. Der Schmerz wandert im Verlauf von Stunden in den rechten Unterbauch. Jetzt erst empfindet der Patient den typischen Druckschmerz im rechten Unterbauch und Schmerzen, wenn man dort die Bauchdecke tief eingedrückt hat und ruckartig losläßt (Abb. 19). Die Körpertemperatur steigt auf Werte um 38°C, höhere Werte sind selten.

48. Liegt dieses Krankheitsbild vor, sind Essen und Trinken zu untersagen. Ein Eisbeutel auf der Bauchdecke vermag die Entzündungsreaktion zu dämpfen. Ärztliche Beratung ist umgehend einzuholen. Die Ab-

Abb. 19 Untersuchung bei Leibschmerzen: hier typischer Druckschmerzpunkt bei Blinddarmentzündung

bergung durch einen Rettungshubschrauber kann erforderlich werden.

49. Weitere Erkrankungen im Bereich des Bauchraumes sind seltener und haben meist auch eine erklärende Vorgeschichte. Eine **Magen-Darm-Blutung** unter Streßbedingungen an Bord trifft meistens Leute, die ohnehin einen empfindlichen Magen haben. Schwarzer Stuhl (Teerstuhl) oder blutiges Erbrechen sind ernste Hinweise.

50. Ein **Darmverschluß** findet sich in der Regel nur bei Patienten, die bereits eine Bauchoperation hinter sich haben. Der letzte Stuhlgang liegt bei Darmverschluß mindestens 24 Stunden zurück, und es gehen keine Winde mehr ab. Erbrechen ist ein weiterer Hinweis.

51. Ein **Harnverhalt** betrifft ältere Herren und ist diesen meist schon bekannt. Auslösend kann Alkoholgenuß sein. Segler mit Neigung zum Harnverhalt sollten sich vor dem Törn ärztlich beraten lassen (Medikamenteneinnahme, Katheterisierung, Blasenpunktion).

52. Akute **Durchfallerkrankungen** von kurzer Dauer stellen sich recht häufig ein. In südlichen Breiten bekommt man leicht die **Reise-Diarrhöe.** Der Betroffene hat keinen natürlichen Immunschutz erwerben können und ist den neuen Keimen des ungewohnten Landes schutzlos ausgesetzt. Die Zeit von der Ansteckung bis zum Ausbruch (Inkubationszeit) beträgt 1 bis 14 Tage. Eine Antibiotika-Gabe erübrigt sich zumeist.

53. Bei einer **Lebensmittelvergiftung** beträgt die Inkubationszeit nur wenige Stunden. Eine Medikation ist **nicht nötig,** denn auch diese Krankheit ist selbstbegrenzend. Auf genügend Flüssigkeitszufuhr ist zu achten.

54. Bei **anhaltenden Durchfällen** mit Blut- und Schleimabsonderungen ist, insbesondere in südlichen Breiten, auch an ernstere Erkrankungen wie Thyphus, Parathyphus oder an eine ausgeprägte Staphylokokken-Enteritis zu denken. Diese Krankheitsbilder müssen von einem Arzt abgeklärt werden.

Lernkontrolle

1. Weshalb sind Kenntnisse in Erster Hilfe für Unfälle oder Krankheitsfälle an Bord von Yachten nicht ausreichend? (Absatz 1 und 2)

2. Über welche medizinischen Hilfsmittel muß der Schiffsführer einer Yacht verfügen? (Absatz 2)

3. Wo findet der Schiffsführer Angaben über das Verfahren der funkärztlichen Beratung? (Absatz 2)

4. Erläutere die Wiederbelebungsmaßnahmen nach der ABC-Regel! (Absatz 3 ff.)

5. Wie kann man einem Patienten helfen, einen Fremdkörper, der im Kehlkopfbereich sitzt, herauszuhusten? (Absatz 7)

6. Was ist zu tun, wenn sich der Patient bei der Mund-zu-Mund-Beatmung erbricht? (Absatz 9)

7. Was sind die Anzeichen für einen Schockzustand? (Absatz 11)

8. Wie behandelt man einen Patienten im Schockzustand? (Absatz 12)

9. Erläutere die wichtigsten Maßnahmen zur Blutstillung bei offenen Verletzungen! (Absatz 16 und 17)

10. Wie werden offene Wunden versorgt? Wie, wenn sie älter als 8 Stunden oder wenn sie verunreinigt sind? (Absatz 21, 22 und 24)

11. Ab welchem Ausmaß sind Verbrennungen kritisch und bedürfen der ärztlichen Behandlung? (Absatz 26)

12. Wie behandelt man Verbrennungen? (Absatz 28)

13. Wie behandelt man Fehlstellungen von Knochen und Gelenken? (Absatz 29 und 30)

14. Mit welchen Verletzungen ist bei einem Sturz aus größerer Höhe oder bei anderer heftiger Gewalteinwirkung zu rechnen, auch wenn keine äußeren Verletzungen vorliegen? (Absatz 32 und 46)

15. Welche Anzeichen lassen auf eine Wirbelsäulenverletzung schließen, und wie ist in solchem Fall vorzugehen? (Absatz 33 und 34)

16. Was ist bei Kopfplatzwunden zu tun? (Absatz 35 und 36)

17. Wie behandelt man einen Beinaheertrunkenen, nachdem er aus dem Wasser geborgen ist? (Absatz 38)

18. Welchen besonderen Einschränkungen unterliegt die Behandlung Beinaheertrunkener, wenn der aus dem Wasser Gerettete offensichtlich unterkühlt ist? (Absatz 39)

19. Wie behandelt man einen Unterkühlten? (Absatz 39 ff.)

20. Woran erkennt man innere Verletzungen? Können sie an Bord auskuriert werden? (Absatz 46)

21. Woran erkennt man eine Blinddarmentzündung? (Absatz 47)

22. Welche Durchfallerkrankungen sind ungefährlich und benötigen keine Medikation? (Absatz 52 und 53)

23. Welche Anzeichen lassen bei Durchfallerkrankungen ernstere Krankheit wie Thyphus vermuten? (Absatz 54)

39. Manövrierverhalten von Seeschiffen

1. Yachten und Seeschiffe befahren die gleichen Gewässer. In dichten Verkehrssituationen manövrieren sie gemeinsam auf engstem Raum. Für die Sicherheit ist es unumgänglich, daß Führer von Yachten die besonderen Manövriereigenschaften der Seeschiffe kennen. Sie müssen auch wissen, mit welchen Schwierigkeiten und Grenzen das Brückenpersonal eines Seeschiffes Yachten überhaupt ausmachen kann, um dann den Regeln entsprechend auszuweichen. Nur in Kenntnis dieser Einschränkungen vermögen die Führer von Yachten die Entwicklung einer Ausweichsituation im voraus einzuschätzen und richtig zu beurteilen, ob ein vorgesehener Sicherheitsabstand ausreicht.

Ausschwenkverhalten

2. Ein Seeschiff dreht nicht auf dem Teller. Seine Steuereigenschaften sind für die Marschfahrt optimiert. Im Hafen, wenn es eng wird, helfen Bugsierschlepper.

3. Wird auf solchen Schiffen Ruder gelegt, reagieren sie nicht sofort. Riesenmassen müssen beschleunigt, ihre Trägheit muß überwunden werden. Der Bewegungsablauf beginnt mit dem **Ausschwenken (Überschwingen) des Hecks** in die

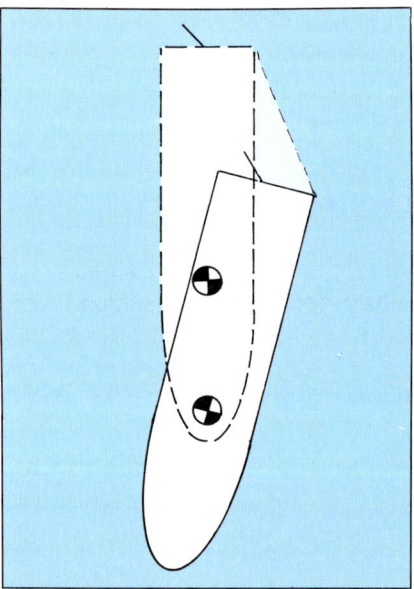

Abb. 1 *Beim Andrehen schwenkt das Heck aus*

Gegenrichtung (Abb. 1). Der Drehpunkt befindet sich dabei vor der Schiffsmitte, weshalb der Bug weniger als das Heck ausschert.

4. Obwohl der Rumpf nun schräg zur Fahrtrichtung angestellt ist, **schliert das Schiff** noch etwas in die alte Fahrtrichtung, bevor es sich langsam der neuen Richtung anpaßt. Tatsächlich schliert es während der ganzen Kurve angestellt zum Fahrweg, denn seine Masse muß ständig aus der gerade eingenommenen Bahn seitlich wei-

terbeschleunigt werden. Durch diese seitliche Anstellung nimmt das Schiff eine **verbreiterte Fahrspur** ein, was bei den Sicherheitsabständen zu Hindernissen und anderen Verkehrsteilnehmern zu bedenken ist (Abb. 2).

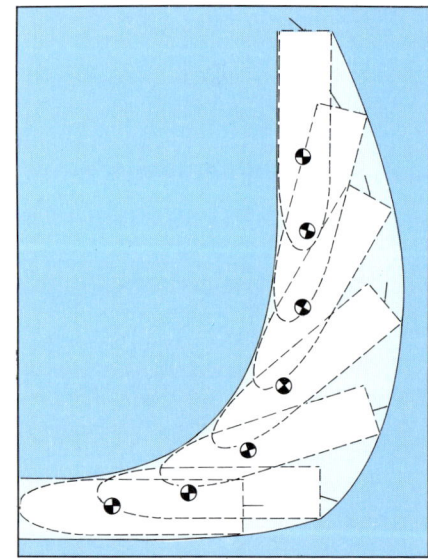

Abb. 2 *Die verbreiterte Fahrspur in der Kurve*

5. Befindet sich ein **Segler im Vorausraum eines Seeschiffes,** mit dessen Ausweichen er rechnet, muß er erstens die Gesamtverzögerung des Manövers beachten: Sie setzt sich zusammen aus der Überwindung der Drehträgheit beim Andrehen und der Trägheit, der ehemaligen Fahrtrichtung zu folgen. Zweitens muß er die Verbreiterung der Fahrspur beachten. Drittens muß er bedenken, daß ein einmal eingeleitetes Manöver nur mit großer Verzögerung abgebrochen und revidiert werden kann.

6. Bei dem Beispiel in Abb. 3 fährt ein Tanker mit 15 kn und legt hart

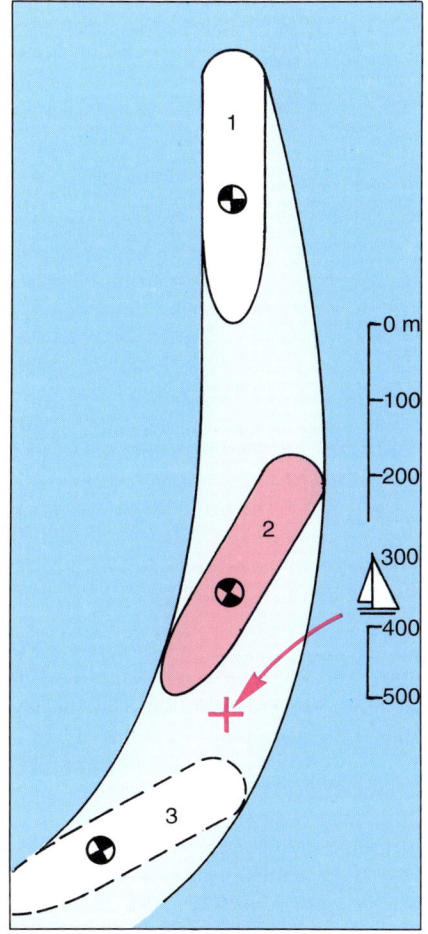

Abb. 3 *Der Segler wähnt sich fälschlich in Sicherheit*

Ruder (Pos. 1). 500 m vor seinem Bug befindet sich eine Yacht. Erst eine volle Minute später hat der Tanker etwa 30° angedreht, seinen Fahrweg aber unverändert über etwa 500 m fortgesetzt (Pos. 2). Die Yacht befindet sich nun auf Höhe seines Buges etwa 100 m querab und wähnt sich in Sicherheit. Tatsächlich liegt sie innerhalb der verbreiterten Fahrspur, wie der weitere Verlauf (Pos. 3) zeigt. Eine Kollision ist unausweichlich.

Stoppmanöver

7. Große Seeschiffe werden im Prinzip genauso wie Yachten unter Motor aufgestoppt. Maschine auf „zurück" und Gas. Nur gelingt dies wegen der Größe der Maschinenanlagen nicht so schnell.

8. Zunächst muß die Kraft von der Maschine genommen und die **Drehzahl heruntergeregelt** werden. Bei Dieselmotoren geht das ziemlich schnell, bei Gas- oder Dampf-Tur-

binen dauert es erheblich länger. Große Dieselmotoren haben kein Wendegetriebe. **Zum Umsteuern** werden sie abgestellt. Mit einem Spindelrad werden die Nockenwellen verstellt, so daß der Motor rückwärts läuft. Dann wird er wieder, meistens mit Druckluft, angelassen. Er arbeitet nun rückwärts und kann wie bei Vorausrichtung normal hochgeregelt werden. Bei Turbinenanlagen ist eigens eine **Rückwärtslaufturbine** vorgesehen, die nach Abbremsen der Hauptturbine nun unter Dampf gebracht und langsam hochgefahren wird.

9. Selbst wenn das Umsteuern auf Rückwärtsleistung schnell ginge, könnte man aus der normalen Reisefahrt voraus nicht gleich auf volle Kraft zurück gehen. Der Anstellwinkel der Schraubenblätter wäre so groß, daß der Wasserstrom sich daran ablösen und Dampfblasen bilden würde. Man nennt diesen Vorgang **Kavitation.** Eine kavitierende Schraube hat kaum Schubleistung, die Maschine dreht, plötzlich ohne Widerstand, unkontrolliert hoch, und das Material der Schraube wird

	Länge m	Verdrängung t	Antriebsleistung kW	Geschw. kn	Stoppweg m	Vorausweg bei hart Ruder m
	130	13000	7000	17	800	480
	130	8670	13200	22	440	415
	180	25000	13000	20	1050	600
	280	65000	61000	28	2300	1125
	360	430000	24000	16	6100	1250

Abb. 4 *Beispiele für Stoppstrecken und Kurventrägheit*

durch die Implosion der Dampfblasen aufs höchste strapaziert. Aus diesem Grunde muß die Fahrt zunächst mit kleiner Kraft zurück reduziert und dann erst mit mehr und mehr Kraft aufgestoppt werden.

10. Arbeitet die Schraube schließlich in der gewünschten Weise rückwärts, geht die Fahrt rasch zurück, mit ihr aber auch die Steuerfähigkeit. Auch Seeschiffe haben einen **Schraubeneffekt,** dem bei abnehmender Fahrt immer weniger Ruderwirkung entgegengebracht werden kann. Schließlich ist bei einem Notstopp nicht zu umgehen, daß kurz vor Stillstand das Heck ausbricht.

Flachwassereinfluß

11. Seeschiffe legen je nach Lage bestimmte **Tiefenlinien** als absolute **Sicherheitsgrenze** zugrunde. In allgemein untiefen Gewässern, wie zum Beispiel in der westlichen Ostsee, sind sie dadurch zuweilen an sehr enge Manövrierräume gebunden, was der Führer einer Yacht erst beim Studium der Seekarte erkennt. Für Yachten mag der Seeraum groß und frei sein. Es gibt eigens ausgetonnte **Tiefwasserwege,** aber auch außerhalb davon ist die Erklärung für den plötzlichen Kurswechsel eines größeren Seeschiffes oder dessen Beharren auf einem bestimmten Kurs durch einen Blick auf die Seekarte zu finden.

12. In Förden und Flußmündungen verändern sich die Wassertiefen häufig durch **Versandung.** Lotsen sind über solche Veränderungen schneller informiert, als der Seekar-

ten-Berichtigungsdienst reagieren kann. Deshalb muß gerade in solchen Gewässern bei von Lotsen geführten Seeschiffen auch mit **unverständlichen Fahrwegen** gerechnet werden.

13. In Tidengewässern, zum Beispiel auf dem Unterlauf der Elbe, muß akzeptiert werden, daß die Großschiffahrt mit ungewöhnlich **hoher Geschwindigkeit** fährt. Der Grund dafür ist im Tidenkalender zu suchen. Großschiffe müssen die Hochwasserwelle einhalten, um auch im weiteren Verlauf genügend Wasser unterm Kiel zu haben. Die Uferbefestigungen sind auf solche Fahrgeschwindigkeiten eingerichtet. Der Kleinverkehr muß sich darauf einstellen.

14. Bei höheren Fahrgeschwindigkeiten in flachen Gewässern unterliegen Großschiffe dem **Squat-Effekt.** Die hohe Wasserströmungsgeschwindigkeit in der Düse zwischen Rumpfunterseite und dem Grund übt diesen Sog auf den Schiffsboden aus und veranlaßt das Schiff, mit dem Heck tiefer einzutauchen. Das englische Verb „to squat" bedeutet: sich niederkauern. Kalkuliert man den Manöverraum der Großschiffahrt nach den Wassertiefen, sind für diesen Effekt ein paar Meter hinzuzugeben.

15. Diesen Ansaugeffekt kann man an einem einfachen Modell beobachten. Steckt man den laufenden Gartenschlauch mit der Düse in den Eimer und drückt die Düsenöffnung gegen den Eimerboden, spürt man unerwartet, daß die Düse dem Wasserstrahl zum Trotz vom Boden angesaugt wird. Ursache ist die schnelle Strömung zwischen Düsenrand und Eimerboden (Abb. 5).

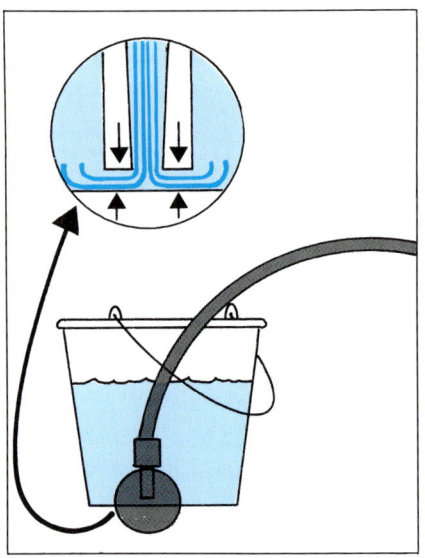

Abb. 5 *Der Ansaugeffekt mit Gartenschlauch und Eimer*

16. Die Flachwassereinflüsse beeinträchtigen auch die **Steuerfähigkeit großer Schiffe.** Sie drehen schwerer an und schwingen weiter über. Das wirkt sich besonders unangenehm aus, wenn im Squat-Bereich sich das Bodenprofil zu beiden Seiten hin unregelmäßig verändert, wenn zum Beispiel eine Uferböschung oder eine Bank passiert wird. Der Ansaugeffekt tritt dann unsymmetrisch auf und zieht das Heck zu der Untiefe hin **(Bank-Effekt).** Großschiffe können im Extremfall aus dem Ruder laufen; sie meiden deshalb die Nähe solcher Untiefen.

17. In Kanälen oder anderen engen Durchfahrten wirkt sich dieser Ansaugeffekt auch auf die unmittelbar umgebende Wasseroberfläche aus. Der Sportbootfahrer, der sich in der Nähe von Großschiffen befindet, muß auf plötzliche, **gewaltige Wasserstandsveränderungen** gefaßt sein. Großschiffe schieben in

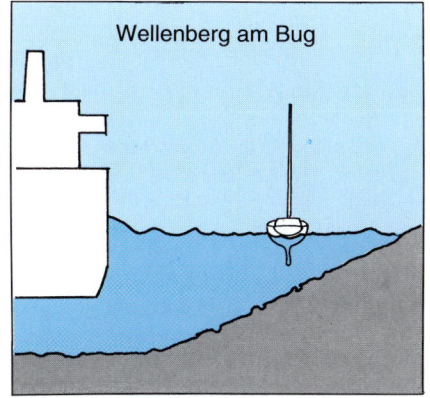

Wellenberg am Bug

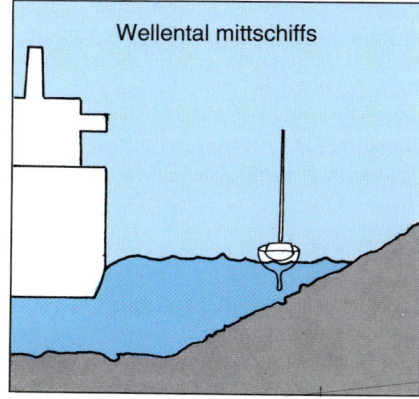

Wellental mittschiffs

Abb. 6 *Wasserstandsabfall beim Überholtwerden*

Kanälen auch bei reduzierter Fahrt zusätzlich zur normalen Bugwelle einen Wasserstau vor sich her. Zum Ufer hin bildet dieser Stau einen Berg von zwei, drei Meter Höhe. Wird man von einem Großschiff überholt und befindet man sich auf diesem Wasserberg (Abb. 6 oben), wähnt man sich in genügend Abstand von der Uferbefestigung. Doch plötzlich folgt etwa mittschiffs des Großen das Wellental, das durch die Düsenwirkung zwischen Rumpf und Ufer stärker als normal ausfällt. Diese drastische Abnahme des Wasserstandes bringt das kleine Boot in gefährliche Nähe der

nun weiter heraustretenden Uferböschung (Abb. 6 unten). Zusätzlich gefährdend wirkt sich der verhältnismäßig steile Wellenhang aus, der sich unter der Yacht von achtern nach vorn hindurchschiebt. Durch die Bergauf-Lage der Yacht wird ihre Fahrt reduziert und damit auch ihre Steuerfähigkeit.

Sichtfeldbeschränkung bei Großschiffen

18. Abb. 7 verdeutlicht die Größe des blinden Raumes unter dem Bug eines modernen Containerschiffes.

Nach IMO-Richtlinien muß man von der Brücke aus die Wasseroberfläche **recht voraus** bis 10° nach beiden Seiten erst nach **zwei Schiffslängen,** höchstens jedoch in **500 m,** sehen können. Bei einer Ladehöhe von 15 m über der Wasserlinie wäre eine 3 m hohe Motoryacht bereits in 400 m Entfernung voll verdeckt.

19. In alle anderen Richtungen muß von der Brücke aus lediglich der Horizont gesehen werden können, und zwar im Bereich des Topplichtsektors direkt vorm Arbeitsplatz sitzend (Abb. 8). Das bedeutet, daß niedrige Sportfahrzeuge seitwärts und achterlich im Umkreis einiger Meilen nicht gesehen werden, es

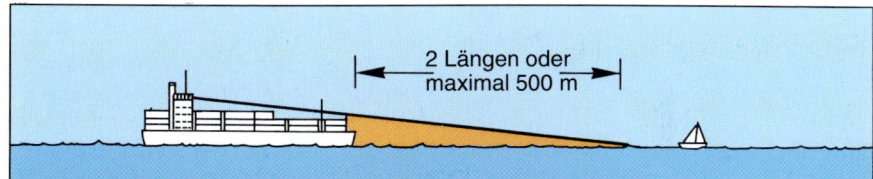

Abb. 7 *Sichtverhältnisse voraus (orange: blinde Zone)*

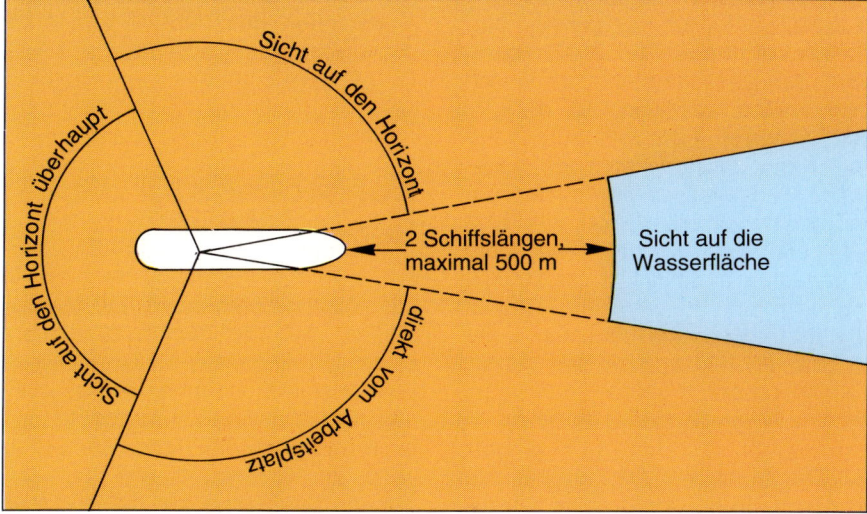

Abb. 8 *Sichtvorschriften nach IMO*

sei denn, jemand steht in der Brückennock und hält eigens Ausguck. Der ist aber für normale Reisefahrt nicht vorgesehen. Der am Fahrstand sitzende Wachoffizier ist zugleich Ausguck. Jenseits dieser Blindzone von einigen Meilen (je nach Brückenhöhe) ist die Erkennbarkeit allein aus Entfernungsgründen nicht gewährleistet. Kleine Yachten heben sich in dieser Entfernung kaum ab, vor allem unterhalb der Kimm. (Von einer 20 m hohen Brücke ist die Kimm 9,3 sm entfernt.)

Sportboote im Radar

20. Auf dem Radarschirm eines Großschiffes erscheinen kleine Sportboote erst **sehr spät** und dann auch noch **nicht zuverlässig.** Das hat verschiedene Gründe:

21. Die gerundeten Rumpfoberflächen aus nichtleitendem Material, ohne doppelt reflektierende Innenwinkel und mit insgesamt kleinen Ausmaßen, bieten nur **geringe Radarrückstrahlfläche.** Im Seegang wird der ganze Rumpf rhythmisch von Wellen verdeckt, so daß im ungünstigsten Falle dies gerade immer dann passiert, wenn der rotierende Radarstrahl vorbeikommt. Die modernen Radaranlagen zeichnen ein Echo erst, wenn **mehrere Male** aufeinanderfolgend Energie zurückgeworfen wurde. Je nach Gestalt dieses Filters kann deshalb unter Umständen ein nur hin und wieder reflektierendes Kleinboot überhaupt nicht auf dem Schirm erscheinen.

22. Der Mast hat eine gewisse Reflexionswirkung durch seine Länge. Allerdings muß er dazu genau senk-

recht stehen, was in der Praxis nur in absoluter Flaute und bei spiegelglatter See der Fall ist.

23. Über die Wirkung von **Radarreflektoren** ist in Kapitel 32 zu lesen. Der Standardreflektor für Yachten zeichnet auf den Radargeräten der Berufsschiffahrt in **6 bis 4 sm Abstand,** wenn er richtig angebracht ist und wenn einer seiner Reflexionstrichter auf das Radargerät weist. Ohne Radarreflektor zeichnen mittelgroße Segel- oder Motoryachten je nach Bauweise erst in einem Abstand von 4 bis 0,5 sm auf dem Radar.

24. Da für eine Ausweichentscheidung mindestens zwei Radarortungen in sechs Minuten Abstand erforderlich sind, ist die Ersterkennung in 3,5 sm Abstand sehr spät. Bei 25 kn Fahrt, im Falle eines Fahrgastschiffes oder eines modernen Containerschiffes, wären in 6 Minuten schon 2,5 sm zurückgelegt, ein **erfolgreiches Ausweichen** wäre dann schon **kritisch.** Hätte die Yacht keinen guten Radarreflektor, wäre ein Ausweichen des Großen sogar so gut wie **ausgeschlossen.**

Konsequenz für die Sportschiffahrt

25. Zusammenfassend ist festzustellen, daß die Großschiffahrt erstens bestimmten Manövrierbeschränkungen unterworfen ist, daß sie zweitens kleine Sportboote optisch und auch per Radar nur unzuverlässig wahrnimmt und daß sie drittens besonders für kleine Boote in unmittelbarer Nähe Manövrier-

und Kollisionsgefahren heraufbeschwören kann.

26. Die Sportschiffahrt ist deshalb gut beraten, diesen Umständen entsprechend ihre Ausweichentscheidungen zu treffen und die Größe der Abstände zu bestimmen.

27. Die hohen Annäherungsgeschwindigkeiten der Großschiffe müssen richtig eingeschätzt und mit der eigenen Fahrt in Relation gebracht werden. **Ausweichmanöver** müssen bei großen Fahrtunterschieden energisch angelegt werden. Der optimale Fluchtweg ist der Kurs **rechtwinklig zur stehenden Peilung.** Steht die Peilung voraus oder achteraus, wird hart Ruder gelegt und mit 90° dazu abgelaufen. Steht sie querab, schwenkt man auf Gegenkurs.

28. Die Verkehrsumstände diktieren, was ein **sicherer Passierabstand** ist. Auf offener See gibt es keine Beschränkung: je größer, desto besser. In engen Gewässern, Förden, Hafenzufahrten würde ein reichlich bemessener Passierabstand zu einem Seeschiff möglicherweise die gefährliche Nähe zu einem anderen Schiff oder zu einem Hindernis bewirken. Hier ist die Manöversituation des Großen sowie dessen Gefahrenbereich (Flachwasserzwänge, Spurerweiterung, Bankeffekt) gewissenhaft zu beurteilen und der **optimale Sicherheitsabstand** zu wählen. Notfalls hilft die Flucht in flache Gewässer, in die die Großschiffahrt nicht folgen kann.

29. Bei den **Ausweichentscheidungen** sollte stets Regel 17 Abs. (a) (ii) der KVR Pate stehen: „Der Kurshalter darf jedoch zur Abwendung eines Zusammenstoßes selbst manövrieren, sobald klar wird, daß der Ausweichpflichtige nicht angemessen nach diesen Regeln handelt."

Sinngemäß sollte man allerdings den Schluß des Satzes in „handeln kann" abändern. Denn viel Reaktionszeit ist zu gewinnen, wenn man nicht erst auf die Reaktion des Großen wartet, sondern frühzeitig erkennt, daß er überhaupt nicht ausweichen kann.

Lernkontrolle

1. Beschreiben Sie den Ablauf eines Kurvenmanövers bei einem Großschiff, insbesondere das Zustandekommen
   – der anfänglichen Andrehverzögerung;
   – des anschließenden Fahrwegbeharrens;
   – der Fahrspurverbreiterung. (Absatz 3, 4, 5)

2. Weshalb nimmt das Umsteuern von Vorausfahrt auf „zurück" bei Großschiffen so viel Zeit in Anspruch? (Absatz 8 und 9)

3. Was ist Kavitation? (Absatz 9)

4. Weshalb bricht ein aufstoppendes Großschiff aus dem Kurs? (Absatz 10)

5. Aus welchem Grunde ist in untiefen Gewässern manchmal mit unerklärlichen Kursänderungen der Großschiffe zu rechnen? (Absatz 11 und 12)

6. Weshalb können Großschiffe in Tidengewässern zu höheren Fahrgeschwindigkeiten gezwungen sein? (Absatz 13)

7. Welche Probleme bringen hohe Geschwindigkeiten in untiefen Gewässern? (Absatz 14)

8. Worauf muß ein Sportboot achten, wenn es in einem Kanal von einem Großschiff überholt wird? (Absatz 17)

9. Wie groß darf der sichttote Raum vor einem Großschiff nach IMO-Richtlinien sein? Wie groß seitlich und nach achtern? (Absatz 18 und 19)

10. Aus welchen Entfernungen ist ein Sportboot auf dem Radar eines Großschiffes auszumachen (Absatz 23):
    – mit Radarreflektor?
    – ohne Radarreflektor?

11. Weshalb ist die Radarauffassung von kleinen Sportbooten so unzuverlässig? Weshalb besonders im Seegang? (Absatz 21 und 22)

12. Wie wahrscheinlich ist das Ausweichen eines Großschiffes gegenüber einem Sportboot auf Grund von Radarortung? (Absatz 24)

13. Welches Ausweichmanöver eines langsam fahrenden Sportbootes ist gegenüber einem schnell fahrenden Großschiff am wirkungsvollsten? (Absatz 27)

14. Nach welchen Gesichtspunkten bestimmt ein Sportbootfahrer, welcher Fahr- oder Passierabstand zu einem Großschiff der geeignete ist? (Absatz 28)

40. Fahren in schwerem Wetter

1. Auf jedem größeren Törn und grundsätzlich, wenn mit schwerem Wetter zu rechnen ist, hält der Schiffsführer eine **Schwerwetter-Einweisung.** Je nach Kenntnis- und Erfahrungsstand seiner Crew holt er dabei mehr oder weniger weit aus. Im Regelfalle umfaßt die Belehrung folgendes:

Schwerwetter-Einweisung

– Die besondere Bordroutine
– Schwerwetterklarmachen
– Reffen
– Abweichen vom Reiseweg
– Steuern in schwerer See
– Lenzen, Beiliegen, Treiben

Die besondere Bordroutine

2. Bei Sturm lassen sich die täglichen Gewohnheiten an Bord nicht beibehalten. Der Schiffsführer muß entsprechend der Größe und Einrichtung der Yacht sowie auch in Abhängigkeit von der Größe und Erfahrung der Crew eigene Regeln aufstellen. Beispiele:

3. Wahrscheinlich muß die **Wacheinteilung** geändert werden. In der Regel sind nur wenige der Mitsegler sturmerfahren, und die müssen optimal eingesetzt werden. So kann es sich ergeben, daß aus einem Drei- ein Zwei-Wachen-System wird. Die sturmerfahrenen Wachführer müssen ihre Wachkameraden gleich zu Beginn ans Ruder stellen und unter Anleitung die besonderen Steuertechniken üben lassen. Im weiteren Verlauf des Sturms wird es nötig sein, den Rudergänger in sehr kurzen Abständen abzulösen, was innerhalb der Wache nach Bedarf geschieht.

4. Da man bei dem heftigen Stampfen im Vorschiff kaum schlafen kann und vielleicht auch andere Kojen nicht benutzbar sein werden, werden **„heiße Kojen"** gefahren. Das bedeutet: Die benutzbaren Kojen werden im Wechsel jeweils von der Freiwache benutzt.

5. Der Arbeitsbereich unter dem Niedergang einschließlich Pantry, Navigationsecke und Toilette wird zur **Ölzeugschleuse** erklärt. Möglicherweise wird auch eines der Salonpolster mit Plastiktuch abgedeckt und zum Sitzen in Ölzeug freigegeben. Der Zweck ist, so lange wie möglich zu vermeiden, daß das ganze Schiff naß wird.

6. Der Pflicht der Freiwache, die Zeit zu nutzen, **Schlaf zu finden,** um für die nächste Wache wieder fit zu sein („Crew-rest"), ist Nachdruck zu verleihen. Gerade zu Beginn eines Sturms neigt jeder zur Aktivität. Das führt dazu, daß bei Ablösung der Seewache auch die Freiwache Ermüdungserscheinungen zeigt. Vorausschauende Disziplin ist verlangt.

7. Die **Verpflegung** muß so geregelt werden, daß man ohne Geschirr und möglichst ohne zu kochen auskommt. Das Kochen muß auf einfaches Warmmachen reduziert werden. Handverpflegung ist vorzubereiten und zu stauen.

8. Die **Navigation** darf trotz der widrigen Umstände nicht vernachlässigt werden. Da elektronische Navigationsgeräte wenn überhaupt, dann als erstes bei schwerem Wetter versagen, ist der Koppelarbeit besondere Aufmerksamkeit zu geben. Es sind realistische Abdriftwinkel (Beschickung für Wind) anzusetzen. Als Faustwert gilt bei zwei Reffs der doppelte, bei Sturmbesegelung der vierfache Betrag der

Normalwerte der Yacht (Tabelle in Abb. 5 im Kapitel 2). Die Standorte der elektronischen Navigationsgeräte sind, wenn durch die Koppelnavigation bestätigt, in kürzeren Abständen als gewohnt in die Karte einzutragen. Sollte das Gerät ausfallen, liegt der letzte Ort dann nicht unnötig weit zurück.

9. Die **Bilgekontrollen** sind in kürzeren Zeitabständen als gewohnt vorzunehmen. Jeweils zur vollen Stunde ist angemessen. Ist Treibgut gesichtet worden, sind noch kürzere Intervalle zu empfehlen.

10. Die **Seenotfrequenz** ist abzuhören, um weitere Sturmwarnungen zu empfangen und um vor allem möglicherweise anderen Hilfe leisten zu können.

Schwerwetter-klarmachen

11. Im Grunde sollte eine seeklare Yacht auch sturmklar sein. In der Praxis ist dies aber nicht so, weil man sich im Laufe eines Törns immer einige Annehmlichkeiten gönnt, die bei schwerem Wetter schleunigst wieder zu beseitigen sind. Zur Sicherheit ist das ganze Schiff auf Sturmklarheit zu überprüfen. Am besten geht man wieder mit einer **Checkliste** vor, die diesmal, ähnlich den Notrollen, gleich die namentliche Aufgabenzuweisung enthält (Abb. 1).

12. Problematisch ist es, den richtigen Zeitpunkt für die Ausführung der Checkliste zu treffen. Zu früh die Pantry zu schließen und von belegten Broten zu leben, hebt nicht gerade die Moral. Deshalb muß sich

Sturmcheckliste	Skip	Heinz	Helga	Anke	Klaus	Karin		
Crew-Führung								
Sonderwachplan	✔							
Zwei-Mann-an-Deck-Plan	✔							
Unter Deck								
Persönlichen Kram wegstauen	✔	✔	✔	✔	✔	✔		
Sturmpäckchen herrichten	✔	✔	✔	✔	✔	✔		
Heiße Kojen herrichten		✔	✔	✔				
Stauräume Stb sichern	✔							
Stauräume Bb sichern		✔						
Stauräume Bilge sichern				✔				
Bilge und Lenzkörbe prüfen					✔			
Werkzeugkasten sichern					✔			
Luken, Bulleyes, Niedergang						✔		
Seeventile				✔				
Vorschifftank umpumpen			✔					
Pantry								
Sturmpantry einrichten	✔							
Herd trimmen	✔							
Geschirr abpolstern	✔							
Fußboden entfetten	✔							
Navigation								
Wetteranalyse						✔		
Fluchtoptionen, Legerwallgefahren						✔		
Aufklaren Nav-Ecke						✔		
An Deck								
Strecktaue, Sorgleine ausbringen			✔					
Sicherheitsausrüstung prüfen				✔				
Anker in die Bilge					✔			
Beiboot, Deckslasten sichern					✔			
Rigg kontrollieren				✔				
Ordnung in den Backskisten			✔					
Segelsäcke ordnen			✔					
Lampenkontrolle				✔				
Taschenlampe					✔			
Reffen vorbereiten		✔	✔	✔				

Abb. 1 *Checkliste „Schwerwetterklarmachen" (Beispiel)*

der Schiffsführer auf seine Erfahrung verlassen und auf Grund seiner **Wetterbeobachtung** den entscheidenden Zeitpunkt wählen. Wetterberichte und Sturmwarnungen beziehen sich auf ein ganzes Vorhersagegebiet. Wann es am eigenen Standort losgeht, kann ihnen nicht entnommen werden. Im Zweifelsfalle läßt der Schiffsführer nur den Teil der Checkliste ausführen, der keine wesentliche Einschränkung der üblichen Bordgewohnheiten bedeutet.

13. Besondere Aufmerksamkeit ist der **Sicherung von Deckslasten,** zum Beispiel der Rettungsinsel, dem Beiboot oder Segelsäcken, zu widmen. Der Seeschlag belastet sie hauptsächlich von vorn oder von der Seite und hebt sie zugleich an. Sie mit senkrechten Laschings beizuzurren, ist unzweckmäßig, wenn sie nicht durch feste Fundamente auch gegen seitliches Verrutschen gesichert sind. Besser ist es, sie diagonal zu verspannen. Am besten verzichtet man jedoch ganz auf Deckslasten, fährt die Rettungsinsel in einem eigens für sie vorgesehenen Behälter und staut das abgeblasene Schlauchboot eingerollt in der Backskiste. Feste Beiboote sind an achterlichen Davits weniger seeschlaggefährdet als an Deck, können aber durch achterliche Einsteiger vollschlagen. Eine stabile Abdeckung ist deshalb unumgänglich.

Reffen

14. Der Grundsatz, „rechtzeitig zu reffen", ist falsch interpretiert, wenn man allein auf die Sturmwarnung hin die Segel kürzt. Stundenlang unter Sturmsegeln zu dümpeln und auf das große Geschehen zu warten, zermürbt die Mannschaft. Vielmehr ist alles zum **sofortigen Reffen vorzubereiten.**

15. Bei **herkömmlichen Vorstagen** ist das vorgesehene Schwerwettersegel (Fock oder Sturmfock) unter dem stehenden Segel (oder, wenn vorhanden, am zweiten Vorstag) anzureihen und am oberen Relingsdurchzug wohlaufgetucht und eingeschlungen festzuzeisen. Die neuen Schoten sind schon auszulegen und anzuschlagen, die Holepunkte nach Markierungen einzustellen.

16. Bei **Rollanlagen** für das Vorsegel ist das Fockstag oder ersatzweise ein Drahtfall anzuschlagen, durchzusetzen und die Fock oder Sturmfock daran aufzureihen, und auch die Schoten sind dafür vorzubereiten. Muß die Rollgenua zum Reffen benutzt werden, sollte man sich die neuen Holepunkte für die Schot einprägen. Sie umzustellen, wird erfahrungsgemäß leicht vergessen.

17. Um das **Großsegel** klar zum Reffen zu haben, wird die Dirk durchgesetzt, die Smeerreepen werden zum Holen vorbereitet, und das Fall wird zum Fieren klargelegt.

18. Um die ersten Böen rechtzeitig zu erkennen, sollte sich ein erfahrener **Wetterbeobachter an Deck** aufhalten. Während das Wolkenbild mit seinen düsteren Konturen und tiefhängenden Fetzen die Gefahr nur allgemein ankündigt, ist die See ein sehr verläßlicher Indikator. Verändert sich die Kimm auf der Wetterseite, je nach Beleuchtung, zu einem **weißen oder schwarzen Strich,** hat man noch fünf bis zehn Minuten bis zum ersten heftigen Windstoß. Was man zunächst als Strich an der Kimm sieht, ist das Kabbelfeld, das den ersten Windstoß begleitet. Man sieht es im weiteren Verlauf näherkommen und kann sich so auf die Bö einstellen. Fünf Minuten reichen, um eine Slup nach Vorbereitung zu reffen.

19. Das **Großsegel refft** man am Wind, während das Vorsegel den Vortrieb besorgt. Im Prinzip wird zunächst das Vorliek herabgelassen, eingehängt und wieder dichtgesetzt, erst dann wird das Achterliek mit Hilfe der Smeerreepen dichtgesetzt.

Großsegel reffen
– Dirk durchgesetzt?
– Fall fieren
– Halskausch einhängen
– Fall durchsetzen
– Großschot los
– Smeerreep durchsetzen
– Dirk fieren
– Großschot dicht

20. Um auf Fahrtenyachten das **Vorsegel zu wechseln,** wird zunächst das stehende geborgen. Man läßt es durch kurzes In-den-Wind-Schießen direkt an Deck fallen. Eine Deckshand kauert dabei vor dem Stag im Bugkorb. Sollte das Segel nicht von selbst fallen, zieht er die Stagreiter herunter und schlägt das Fall ab. Ohne Vorsegel liegt das Schiff ruhiger in der See, und man sollte die Gelegenheit benutzen, das geborgene Segel in den Sack zu stecken und abzuschlagen. Erst dann wird das neue, bereits angereihte Segel gesetzt.

Vorsegelwechsel
– Mann in den Bugkorb
– Im Wind: Fallen Vorsegel
– Fall abschlagen, sichern
– Segel in den Sack
– Segel abschlagen
– Neues Segel angereiht?
– Schoten klar?
– Fall an neues Segel
– Heiß auf

21. Wie weit heruntergerefft wird, muß die Praxis erweisen. Am Wind erkennt man zu viel Segelfläche an der Lage. Moderne Yachten dürfen nicht mehr als 25°, höchstens 30° krängen. Sie werden sonst höllisch luvgierig und neigen dazu, aus dem Ruder zu laufen. Vor dem Wind trägt die Yacht zu viel Fläche, wenn sie über Gebühr nach beiden Seiten giert. Für eine normale moderne Fahrtenyacht gelten als Anhaltspunkt folgende Reffstufen:

Reffstufen (Anhalt)	
Bft 6:	1. Reff, Fock 1
Bft 7:	2. Reff, Fock 1
Bft 8:	3. Reff, Fock 1
Bft 9:	3. Reff, Sturmfock
Bft 10:	Sturmfock

Abweichen vom Reiseweg

22. Der Schiffsführer weiß, daß im Sturm seine **Kursfreiheit eingeschränkt** ist. Je nach Art der Yacht und Schwere des Sturms kann es schwierig oder gar ausgeschlossen sein, Luvraum gutzumachen. Bei sehr schwerer See kann er gezwungen sein, vor der See abzulaufen, beizuliegen oder sich passiv treiben zu lassen. In allen Fällen braucht er eine gewisse Menge Leeraum, der sich aus den Driftwerten seiner Yacht ergibt.

Leedrift der Yacht (Anhalt)	
– beigedreht	2,5 kn
– treibend	1,5 kn
– vor Treibanker	1,0 kn
– ablaufend vor Topp und Takel	4,0–6,0 kn

23. Auf der Grundlage der Wetterinformationen **zeichnet man das Sturmgebilde** mit den wesentlichen Isobaren auf Transparentpapier, das auf den Übersegler mit der beabsichtigten Reiseroute gelegt wird. Je nach vorhergesagter Zugrichtung verschiebt man nun das Transparentpapier auf der Karte und studiert die Veränderung der Windrichtungen und -stärken entlang der Reiseroute für die nächsten 12 und 24 Stunden. Sofern die Windrichtungen und -stärken zu segeln sind und sofern stets ausreichend Leeraum vorhanden ist, kann man bei der Reiseroute bleiben. Andernfalls muß jede Möglichkeit ausgeschöpft werden, so lange Luvraum zu erkämpfen, bis die weitere Strecke ohne Risiko zu machen ist.

24. Erwägt man, die Reise abzubrechen und in einem Hafen oder einer Bucht **Schutz zu suchen,** ist dies gewissenhaft und bis zum Ende zu planen und zu prüfen. Denn allein der Begriff „Schutzhafen" verleitet leicht zu einer voreiligen Entscheidung. Häfen oder Buchten **in Luv scheiden aus,** weil sie nicht zu erreichen sind. In Lee Schutz zu suchen, hieße wertvollen Luvraum aufzugeben. Es gäbe kein Zurück. Außerdem sind **Ansteuerungen von Leeküsten gefährlich.** Grundseen und Brandung wären zu überwinden, Navigationsfehler würden hoffnungslos auf Legerwall führen. So bleiben nur Ziele, die im Bereich der Halbwindkurse zu erreichen sind. Aber auch deren Ansteuerung ist im Detail zu prüfen. **Leebuchten,** die ihrer Lage nach guten Schutz bieten, können, wenn sie unterhalb von Bergzügen liegen, derben Fallwinden oder starker Düsenwirkung ausgesetzt sein. Es wird dort wohl ruhiges Wasser geben, aber ob der Anker dem Winddruck gewachsen sein wird? Schließlich ist das Risiko beim Manövrieren bei Sturm in einem **vollbesetzten Hafen** zu be-

denken. Es gehören ein gut handhabbares Schiff, zuverlässige Crew und viel Erfahrung dazu, heil an einen Liegeplatz zu gelangen.

Steuern in schwerer See

25. Solange es geht, wird der beabsichtigte **Kurs im Mittel beibehalten.** Wenn ausreichend gerefft worden ist, gelingt dies erstaunlich lange. Bei Amwind- oder Halbwindkursen muß durch leichtes Variieren zum Wellenhang hin oder zum Wellental hin **die Fahrt kontrolliert** werden. Wird die Yacht zu schnell, steigt der Ruderdruck unerträglich, wird sie zu langsam, läuft sie aus dem Ruder. Bei hohen Wellen hat das Bergauf- oder Bergabkorrigieren mehr Einfluß auf die Fahrt als der Winkel zum Wind.

26. Bei Vorwindkursen oder bei raumem Wind wird das Achterschiff von den heranrollenden Wellen böse hin und her geschoben, und es kostet kräftige Ruderausschläge, den Kurs zu halten. Nach einiger Übung kann man sich die Arbeit am Ruder erheblich erleichtern, wenn man bereits **in Erwartung des Ausbrechens Gegenruder** legt. Man kommt dann mit viel kleineren Ausschlägen aus (Abb. 2, Seite 286).

27. Brechern wird soweit möglich ausgewichen. Wenn dies nicht gelingt, werden sie mit dem Bug oder dem Heck „vierkant" genommen. Nie sollen sie einen breitseits erwischen. Es ist deshalb stets die Luvseite im Auge zu behalten. Bei raumen Kursen schiebt man das **Heck mit einem Schlenker** dem

Abb. 2 *Wellen abreiten (Foto: YACHT-Archiv)*

streckt so deren Periode. Alle Bewegungen werden ruhiger. Der Preis dafür ist allerdings etwas mehr Arbeit am Ruder.

Lenzen, Beiliegen, Treiben

29. Bei raumem Kurs läßt sich die Geschwindigkeit nicht mehr mit Bergauf- oder Bergabsteuern beeinflussen. Solange der Ruderdruck erträglich bleibt und man freien Seeraum hat, läßt man die Yacht laufen. Wird sie jedoch zu schnell, müssen **Bremsschleppen** ausgebracht werden. Dazu eignen sich

brechenden Kamm entgegen, bei halbem Wind oder höher fährt man den „Durchschießer". Dazu ist gut Fahrt zu halten. Wenn der Brecher ein bis zwei Längen heran ist, wird zügig in ihn hineingeluvt, um noch im Schaum wieder abzufallen (Abb. 3).

28. Wenn in grober See ein Halbwind- oder Amwindkurs der Yacht zu harte Schläge versetzt, sollte man ihr und auch der Crew das Leben erleichtern und vom Reisekurs nach Lee abweichen. Natürlich muß dazu genügend Leeraum vorhanden sein. **Raume Kurse** sind noch am angenehmsten zu fahren. Die Yacht läuft mit den Wellen und

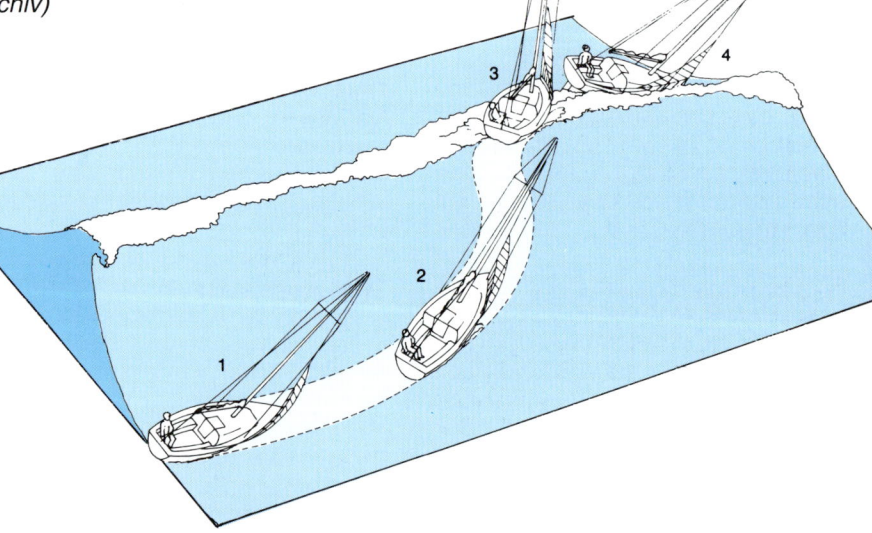

Abb. 3 *Der „Durchschießer": gut Fahrt halten (1), in den Brecher hineinluven, wenn er ein bis zwei Längen heran ist (2), im Schaum wieder abfallen (3) und auf den alten Kurs gehen (4)*

mehrere aneinandergesteckte Festmacher, die man über die Winsch nach achtern hinausfiert. Sie bringen die Fahrt in den handhabbaren Bereich von 5 bis 7 kn zurück. Keinesfalls darf zu diesem Zweck der Treibanker ausgebracht werden. Sein Widerstand ist viel zu groß für diese Fahrt. Er würde sofort abreißen. Es empfiehlt sich, die Sturmfock stehen zu lassen, auch wenn sie die Yacht wieder beschleunigt. Sollte es nötig werden, zum Ausweichen eines Brechers auf Halbwindkurs anzuluven, wäre man ohne Sturmfock ziemlich hilflos.

30. Selbst ohne Sturmfock, einfach vor dem blanken Mast, nach Lee abzulaufen, nennt man **Lenzen vor Topp und Takel.** Diese Methode würde man wählen, wenn der Vortrieb der Sturmfock sich als noch zu groß erweist, um die Fahrt in den gewünschten Grenzen zu halten.

31. Wird der Leeraum kritisch, muß man Abwettermethoden vorziehen, die nur **wenig Leedrift** haben. Am einfachsten ist es, beizudrehen und nach einigem Ausbalancieren der richtigen Segel- und Ruderstellung stabil beizuliegen, was übrigens auch ohne Großsegel, nur mit Sturmfock möglich ist.

32. Das **Beiliegen** verschafft umgehend Ruhe, weil der Bug nun nicht mehr in die Wellen schlägt, das Schiff nicht mehr stampft und auch das Rollen durch die querstehenden Segel etwas gedämpft wird. Der quer zur Driftrichtung befindliche Kiel zieht eine breite Wirbelschleppe, in der sich die anrollenden Brecher verlaufen (Abb. 4). Dieser Effekt ist jedoch nicht immer garantiert. In vielen Fällen verläuft die Driftrichtung der beiliegenden Yach-

ten schräg Lee voraus, und die Wirbelschleppe weist folglich schräg nach Luv achtern (Abb. 5). Das Angriffsfeld der gefährlichen Brecher wird nur noch marginal abgedeckt. So angenehm man das Beiliegen auch empfindet: Bei schräg achterlicher Wirbelschleppe unterliegt man der Gefahr, breitseits überrollt zu werden und schlimmstenfalls von einer stürzenden Riesenwelle herab auf die Seite zu fallen.

33. Unter **Treiben** versteht man im Zusammenhang mit den Abwettermethoden, die Yacht sich selbst zu überlassen. Alle Segel werden weggenommen, das Ruder wird leicht auf Luv festgestellt, alles wird dichtgemacht und auch die Seewache unter Deck geholt. Die Yacht pendelt sich in diesem Zustand quer zu den Wellen ein und unterliegt nur einer sehr geringen Leedrift. Allerdings rollt sie wie der Teufel und ist ein Spielball der Wellen. Brecher treffen sie breitseits, und bei äußerst steilen und sich überschlagenden Wellen ist ein seitlicher Absturz vorprogrammiert. Sich treiben zu lassen, kommt deshalb nur für

stabile Stahlyachten mit hartgesottenen Crews in Frage.

34. Fehlt es an genügend Leeraum, sollte man Sturmsegel setzen und **um Höhe kämpfen.** Den Motor läßt man mitschieben, auch wenn er mangels Schmierung oder wegen Luft im Kraftstoff ausfallen kann. Von der Leeküste freizukommen, ist wichtiger. Unter Sturmbesegelung Höhe zu segeln, ist ungewohnt. Viele Segler beachten nicht, daß der Windeinfallswinkel um 60° liegt, weshalb die Sturmfock nicht zu spitzwinklig stehen darf. Der Holepunkt der Schot muß weit nach außen. Ebenso darf das gereffte Groß oder das Trysegel nicht völlig dicht gefahren werden. Auf alle Fälle ist Fahrt im Schiff zu halten. Bei dem ungeheuren Winddruck wird sonst die Abdrift riesig. Wenn man um Höhe kämpfend vor der Küste hin und her kreuzt, hat man die Gelegenheit, sich seitlich so versetzen zu lassen, wie es die Lage begünstigt. Möglicherweise kann man sogar, auch ohne Höhe zu gewinnen, sich seitwärts aus der Legerwallsituation herausmogeln.

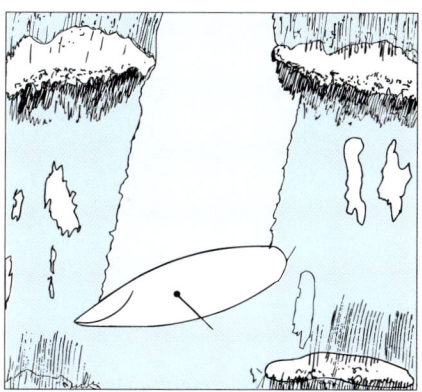

Abb. 4 *Die Wirbelschleppe bei gut beiliegenden Yachten*

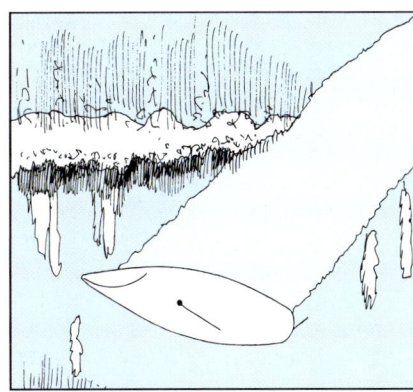

Abb. 5 *Hier liegt die Wirbelschleppe zu weit achterlich*

Lernkontrolle

1. Welche Punkte sollte eine Schwerwetter-Einweisung der Crew umfassen? (Absatz 1)

2. Was wird mit einer besonderen Wacheinteilung für den Schwerwetterfall bezweckt? Wie werden die Sturmunerfahrenen mit einbezogen? (Absatz 3)

3. Was verbirgt sich hinter den Begriffen „heiße Koje", „Ölzeugschleuse" und „Crew-rest"? (Absatz 4, 5, 6)

4. Welche besonderen Aufgaben hat die Navigation? (Absatz 8)

5. Was sind die wesentlichen Punkte einer Checkliste für das Sturmklarmachen einer Yacht? (Abb. 1)

6. Wie realisiert man den Grundsatz, „rechtzeitig zu reffen"? (Absatz 14 und 18)

7. Wie wird das Reffen vorbereitet? (Absatz 15, 16, 17)

8. Welches sind die verläßlichen Indikatoren einer bevorstehenden Bö? (Absatz 18)

9. Beschreiben Sie den Vorgang des Großsegelreffens! (Absatz 19)

10. Wie werden Vorsegel gewechselt? (Absatz 20)

11. Woran erkennt man, ob man ausreichend gerefft hat:
    – am Wind?
    – vorm Wind? (Absatz 21)

12. Aus welchen Gründen muß geprüft werden, ob bei einem bevorstehenden Sturm die Reiseroute beibehalten werden kann? (Absatz 22)

13. Wie ermittelt man die Windrichtungen und -stärken, denen man im Verlaufe der Vorhersageperiode ausgesetzt ist? (Absatz 23)

14. Weshalb sollte man die Alternative, einen Schutzhafen anzulaufen, sehr kritisch prüfen? (Absatz 24)

15. Wie wird im schweren Seegang die Fahrt bei Halbwind- oder Amwindkursen kontrolliert? (Absatz 25)

16. Wie erleichtert man sich das Rudergehen in schwerer See auf Vorwindkursen? (Absatz 26)

17. Wie stellt man sich Brechern, wenn man ihnen nicht ausweichen kann? (Absatz 27)

18. Was ist zu tun, wenn auf Amwind- oder auf Halbwindkursen der Seegang zu hart geworden ist? (Absatz 28)

19. Für welchen Zweck werden Bremsschleppen ausgebracht? (Absatz 29)

20. Was bedeutet im Zusammenhang mit den Abwettermethoden „Lenzen"? (Absatz 30)

21. Welche Vorteile und Gefahren sind mit dem Beiliegen verbunden? (Absatz 32)

22. Was versteht man unter der Abwettermethode Treiben, was sind ihre Nachteile? (Absatz 33)

23. Wie kämpft man sich aus einer Legerwallsituation frei? (Absatz 34)

41. Ankern

1. Ein gekonntes Ankermanöver ist die Voraussetzung für eine ruhige Nacht, nicht aber die Garantie dafür.

.

Der Ankerplatz

2. Es muß sich um eine Bucht mit **ablandigem Wind** handeln. Die Wetterlage muß so stabil sein, daß ein Wechsel der Windrichtung so gut wie ausgeschlossen ist. Außerdem sind örtliche thermische Winde einzukalkulieren.

3. Es soll eine **geschützte Bucht** sein. Das bedeutet: Es darf keine Dünung hineinstehen, und die umliegenden Berge dürfen keine Düsenwirkung oder Fallwinde erzeugen.

4. Es muß ausreichend hindernisfreier **Raum zum Schwojen** vorhanden sein, mit geeigneten Wassertiefen, auf die in Absatz 17 und 18 eingegangen wird.

5. Die Bucht muß einen **guten Ankergrund** haben. In der Seekarte ist die Beschaffenheit des Grundes mit Abkürzungen angegeben, deren Bedeutung man in der Karte 1 (INT1) findet. Für die meisten Ankertypen eignen sich die Grundarten in folgender Reihenfolge:

Haltefähigkeit des Grundes
1. Ton, Lehm
2. fester Sand
3. Sand und Steine
4. fester Schlick
5. Seegras (nur Stockanker oder Draggen ab 25 kg)

6. Schließlich dürfen nicht schon **zu viele Ankerlieger** vorhanden sein, vor allem, wenn die Größe ihrer Schwojkreise nur schwer einzuschätzen ist.

Art des Ankergeschirrs

7. Yachten über 1,5 t Verdrängung sollten mit **zwei Ankern** ausgerüstet sein. Einer davon sollte im Bugbeschlag gefahren und dort mit wenigen Handgriffen zum Fallen klargemacht werden können. Vorzugsweise verwendet man Anker hoher Haltekraft. Dies sind Platten- und Pflugscharanker in verschiedenen Varianten, die sich besonders gut eingraben (Abb. 1).

Abb. 1 *Beispiele moderner Anker hoher Haltekraft: Plattenanker (Danforth), Deltaanker, Bügelanker, Pflugscharanker (CQR) (Fotos: YACHT-Archiv)*

8. Als Zweitanker, der ohnehin erst für den jeweiligen Einsatzzweck, nämlich als Heckanker, als Vermurgeschirr oder zum Verkatten, klargemacht werden muß, ist ein zusammenklappbarer Stockanker geeignet. Er muß mindestens 25 kg Gewicht und scharfe Flunken haben, um auch Seegras zu durchdringen. Leichtere Anker, egal welcher Bauart, rutschen auf dem flachliegenden Kraut ab.

9. Einen großen Sicherheitsfaktor bilden Länge und Gewicht der Kette. Je mehr, desto besser. Und wenn am Gewicht gespart werden muß, ist es besser, eine kürzere, dafür schwerere Kette zu wählen als eine längere leichtere. Denn bei einer kurzen, aber schweren Kette, die bei Bedarf mit Trosse verlängert wird, kommt bei dem in den meisten Fällen begrenzten Schwojraum das Kettengewicht voll zum Einsatz, während bei einer leichteren, aber langen Kette immer ein Teil ungenutzt im Kettenkasten bleibt.

10. Der Germanische Lloyd empfiehlt für Segelyachten Richtgrößen für Anker, Kette und Trosse – siehe Tabelle in Abb. 2.
Die Yachtgröße geht mit einer Leitzahl in die Tabelle ein. Sie berechnet sich aus folgenden Faktoren:

Leitzahl = 0,6 x L x B x H + A

L = gemittelte Länge in der Schwimmwasserlinie und über Deck
B = größte Breite
H = Höhe von Kielwurzel bis Schandeck auf halber Schiffslänge
A = Volumen der Aufbauten über Deck, jedoch nur, wenn sie breiter als $^1/_4$ von B sind

Leitzahl [m³]	Verdrängung [t]	Gewicht des 1. Ankers [kg]	Gewicht des 2. Ankers [kg]	Ankerkette Länge [m]	Ankerkette Nenndicke [mm]	Schlepp-/Ankertrosse Länge [m]	Schlepp-/Ankertrosse Nenndurchmesser [mm]	Mindest-Bruchkraft [daN]
bis 10	bei 2,00	10,5	9,0	22,5	6,0		16	4900
bei 15	bei 3,00	12,0	10,0	24,0	6,0		18	5600
bei 20	bei 4,00	13,0	10,5	25,0	6,0		18	6300
bei 25	bei 5,00	13,5	11,0	26,0	7,0	$5 L_{CWL}$	18	6900
bei 30	bei 6,00	15,0	13,0	27,0	7,0		18	7400
bei 40	bei 8,00	17,0	15,0	29,0	8,0		20	8100
bei 55	bei 12,00	21,0	18,0	32,5	8,0		22	8400
bei 70	bei 17,00	25,0	21,0	36,0	10,0		22	10300
bei 90	bei 23,00	29,0	25,0	40,0	10,0	$4,75 L_{CWL}$	22	11000
bei 110	bei 29,00	34,5	29,0	43,0	10,0		24	11400
bei 130	bei 36,00	40,0	34,0	47,0	13,0		24	11600
bei 155	bei 44,00	46,5	40,0	52,5	13,0	$4,5 L_{CWL}$	24	11700
bei 180	bei 52,00	53,0	45,0	57,0	13,0		24	11800

Abb. 2 *Richtgrößen für Anker, Kette und Trosse (Auszug aus den Klassifikations- und Bauvorschriften „Wassersportfahrzeuge" des Germanischen Lloyd)*

Bei leichten Yachten, deren Verdrängung kleiner ist, als die Tabelle für die ermittelte Leitzahl angibt, sind die Größen zwischen der Zeile für die Leitzahl und der Zeile für die tatsächliche Verdrängung zu mitteln.

11. Die Ankergewichte in Abb. 2 beziehen sich auf Anker hoher Haltekraft. Stockanker müssen 33 % mehr Gewicht haben, um die gleiche Haltekraft aufzubringen. Die Längen- und Stärkenangaben für Ketten und Trossen sind Mindestforderungen. Sie berücksichtigen, daß einem kleinen Fahrzeug nur ein begrenztes Gewicht mitzuführen zuzumuten ist. Die genannten Mindestlängen bedingen allerdings, daß nur bei geringen Wassertiefen geankert werden kann. Deshalb sollte man bei der Bemessung des Ankergeschirrs die tatsächlich zu erwartenden Wassertiefen im Auge haben.

12. Auf Yachten bis zu einer Wasserlinienlänge (CWL) von 15 m kön-

nen anstelle der Ankerketten auch Ankerleinen mit Kettenvorläufen gefahren werden. Bei Fahrzeugen bis Leitzahl 55 (12 t Verdrängung) sollen die Vorläufe 6 m, darüber 12,5 m lang sein. Auf Yachten unter 1,5 t Verdrängung darf die Schlepptrosse mit der fünffachen Länge der Wasserlinie (CWL) zugleich als Ankertrosse benutzt werden. Ein 6-mm-Kettenvorlauf von 3 m Länge ist dann vorzuschäkeln.

13. Zum sicheren Belegen der Ankerkette oder -trosse muß auf dem Vordeck ein besonderer Beschlag vorhanden sein. Die Festigkeit einer gewöhnlichen Festmacheklampe entspricht nicht der hohen Bruchlast von Trosse oder Kette. Besser geeignet ist ein durchgesteckter Poller oder ein besonderer Kettenfänger, der ausreichend fest fundamentiert ist. Die Ankerwinsch selbst ist nur bedingt geeignet, da sie wegen ihrer Bauhöhe die Zugkraft als Kippmoment auf das Fundament überträgt und dort die Belastung verstärkt.

Kettenlänge, Trossenlänge

14. Die Empfehlung, man solle die 3- bis 5fache Wassertiefe an Kettenlänge und die 5- bis 10fache Wassertiefe an Trossenlänge stecken, zielt auf die möglichst **horizontale Zugrichtung** der Kette am Ankerschaft. Nur auf diese Weise gräbt sich der Anker ein.

15. Darüber hinaus sollte jedoch soviel wie möglich an Kette gesteckt werden, um ihre **Haftreibung** auf dem Grund zu nutzen. Im Falle der Trosse mit Kettenvorlauf besteht diese Wirkung natürlich nicht. Sie länger als das empfohlene Maß zu stecken, verbessert, wenn auch nur geringfügig, die Zugrichtung.

16. Um so sicher wie möglich zu liegen, empfiehlt es sich deshalb, soviel Kette beziehungsweise Trosse zu stecken, **wie es der freie Schwojkreis erlaubt.** Nur wenn mit Sicherheit von geringem Winddruck oder Schwell ausgegangen werden kann, zum Beispiel, wenn bei gutem Wetter nur für kurze Zeit geankert werden soll, kann man mit Rücksicht auf die Mühe beim Einholen auf die maximal mögliche Kettenlänge verzichten.

Wassertiefe

17. Den Ankerplatz wählt man nach zwei Gesichtspunkten aus: dem Schwojraum und der Wassertiefe. Bei zu großer Wassertiefe würde unnötig viel Kette hängen, und sie würde keine **Haftwirkung** bringen. Bei zu geringer Tiefe dagegen würde wohl ein Maximum an Haftrei-

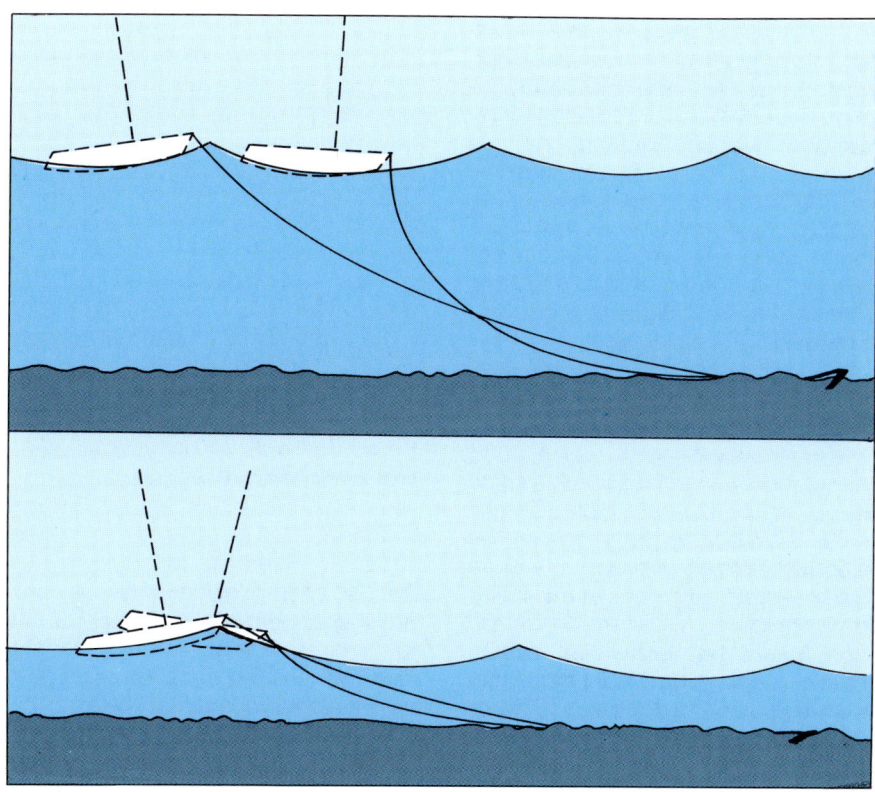

Abb. 3 *Der hängende Kettenteil federt den wellenbedingten Zug ab; bei geringer Wassertiefe entfällt die Federwirkung*

bung erzielt, auf das Abfedern der Wellenbelastung aber verzichtet werden. Abb. 3 verdeutlicht die **Federwirkung der hängenden Kette.** Die Yacht gleitet vor der Welle zurück, läßt sie unter sich durch und rutscht auf ihrem Rückhang schon wieder nach vorn, noch bevor die Kette straff kam. In Abb. 3 unten ist die Wassertiefe zu gering, um solche Federwirkung zu erzielen.

18. Bei **großem Winddruck und wenig Seegang** wählt man eine möglichst geringe Wassertiefe zum Ankern, etwa mit 2 m Wasser un-

term Kiel im flachsten Bereich des Schwojkreises. Muß man zusätzlich **mit Wellen** von mehr als einem halben Meter Höhe rechnen, sollte man dagegen nicht unter 5 m und bei 1 m hohen Wellen nicht unter 10 m Wassertiefe ankern (Faustregel).

Manöver

19. Wie bei Hafenmanövern gilt auch in der Ankerbucht der Grundsatz, daß das Manöver nur dann unter Segeln gefahren wird, wenn man dazu gezwungen ist. **Unter Motor** hat man mehr Handlungsspielraum als unter Segeln, und den gibt man nicht zur Befriedigung sportlichen Ehrgeizes auf.

20. Voraussetzung für sicheres Ankern ist, daß man die vorgesehene Stelle auch tatsächlich findet. Am besten sucht man sich zu diesem Zweck eine **Ansteuerungspeilung** aus der Karte und läuft den Peilstrahl entlang in die Bucht. Mit dem Echolot findet man die gewünschte **Wassertiefe,** sofern man, im Falle eines Tidengewässers, die Lotung vorher beschickt hat (siehe Kapitel 7). An der richtigen Stelle stoppt man auf und studiert genau die Positionen der **anderen Ankerlieger** sowie ihre wahrscheinlichen Schwojkreise. Möglicherweise muß man mit Rücksicht auf sie seinen eigenen Ankerpunkt verlegen. Ein Blick auf die Karte muß davon überzeugen, daß der eigene Kreis auch nach der Verlegung hindernisfrei bleibt.

21. Bei Nacht eine Ankerbucht anzulaufen, ist gefährlich, es sei denn, genügend eindeutige Lichter lassen eine einwandfreie Ortsbestimmung zu. Oder man hat Radar. Damit läßt sich ein Ankerplatz zweifellos auch bei Nacht ansteuern. Voraussetzung sind jedoch ein gutes Gerät und genügend Erfahrung. In jedem Falle ist peinlich genau auf andere Ankerlieger zu achten, deren Ankerlichter, oft hoch im Masttopp, nur schlecht vor den dunklen Schiffsrümpfen auf dem Wasser warnen.

22. Es beginnt **das eigentliche Ankermanöver.** Der Mann am Anker ist eingewiesen, er kennt die Wassertiefe und die zu steckende Kettenlänge. Der Anker ist klar zum

Fallen. Über dem gewünschten Punkt nimmt der Rudergänger kleine Fahrt zurück nach Lee auf und ruft „Fallen Anker!". Der Anker wird daraufhin frei bis zum Grund fallen gelassen, sodann aber die Kette gefühlvoll gebremst. Sie soll sauber in gerader Linie ausgelegt werden. Ist die gewünschte Länge ausgelaufen, wird die Kette abgebremst und gestoppt. Die Yacht ruckt dann leicht in die Kette ein, was als **kleine Halteprobe** zunächst reicht.

23. Die **große Halteprobe** wird erst dann gefahren, wenn die Kette belegt ist und Kraft aufnehmen kann. Man fährt etwa 10 m voraus, um mit mäßigem Schwung zurück in die Kette zu dampfen. Mit einem Fuß auf der steifen Kette fühlt man, ob der Anker schliert und ruckt. Und mit einem Blick seitlich ins Wasser stellt man sicher, daß jede Fahrt zurück abgefangen worden ist.

24. Zum **Ankeraufgehen** steuert man die Yacht mit kleiner Fahrt über den Anker, während die Kette eingeholt wird. Geschickterweise läßt sich der Rudergänger anhand der Richtung der Kette genau über diesen Punkt lotsen und läßt den Anker erst mit senkrechter Kette ausbrechen. Das hat den Vorteil, daß der Anker beim Freikommen nicht schräg über den Grund gezogen wird und fremde Ketten greift. Vor allem in Häfen besteht diese Gefahr fast immer.

25. Unter Segeln wird für das Ankermanöver rechtzeitig das Vorsegel geborgen, damit die Fahrt reduziert wird und auch, damit man auf dem Vorschiff ungehindert arbeiten kann. Mit kleinen Kreuzschlägen tastet man sich an die gewünschte Stelle und schießt genau in den

Wind. Der Anker darf erst fallen, wenn die Yacht Fahrt zurück aufnimmt. Die klassische Seemannschaft empfiehlt, die Rückwärtsfahrt durch Backdrücken des Großsegels zu unterstützen, was bei der Größe heutiger Yachten aber nicht mehr möglich ist. Besser ist es, schon **beim Aufschießen das Großsegel fallen zu lassen.** Die Yacht schießt dann problemlos aus, und sollte der Bug abfallen, nimmt sie keine Fahrt mehr auf. Der Anker kann fallen wie oben beschrieben. Sollte er nicht halten, wird er eingeholt und das **Vorsegel** gesetzt. Es ist besser als das Großsegel geeignet, auf engem Raum Fahrt aufzunehmen und zu manövrieren.

26. Wenn in einem bestimmen Falle, zum Beispiel beim Notankern auf Legerwall oder bei schwerem Wetter, besondere Haltekraft erforderlich ist, setzt man **beide Anker in Tandemform** ein. Man nennt dies **verkatten.** Der Zweitanker wird mit einer etwa 2 bis 3 m langen Trosse an den Kopf des Bugankers angeschlagen, wie in Abb. 4 dargestellt. Bei „Fallen Anker!" wird er über den Bugkorb gehievt, fallen gelassen und dann der Buganker gefiert. Bei genügend Rückwärtsfahrt kommen auf diese Weise beide Anker sauber in Zugrichtung zu liegen. Die Kette wird ausgelegt wie oben beschrieben.

27. Soll der Schwojraum begrenzt oder das unruhige Hin- und Herschwojen unterbunden werden, bringt man **zwei Anker vermurt** aus. Vermuren heißt, vor zwei Ketten oder vor Trosse und Kette zu liegen, die in V-Form ausgebracht sind. In Abb. 5 ist skizziert, wie man sich vor vermurte Anker legt. Man läuft die erste Ankerstelle mit hal-

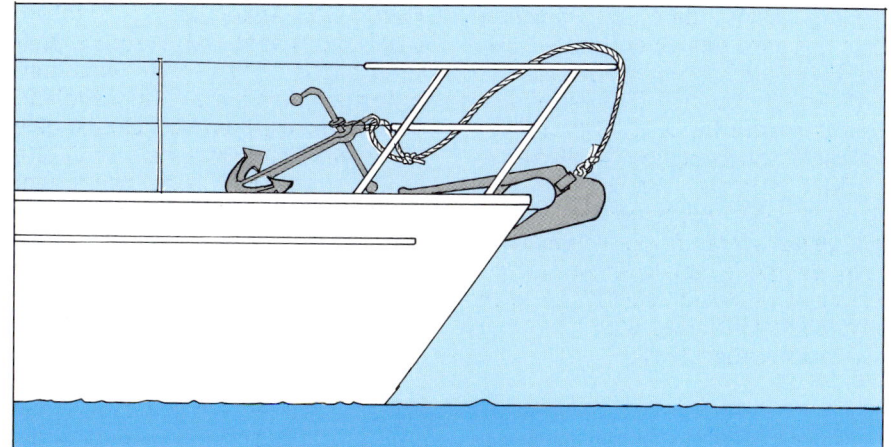

Abb. 4 *So werden verkattete Anker vorbereitet*

bem Wind an und bringt dort den Zweitanker über Heck aus (Pos. 1). Während laufend Trosse gesteckt wird, läuft man mit halbem Wind weiter zum zweiten Ankerpunkt (Pos. 2). Hier wird mit hart Luvruder aufgestoppt und Rückwärtsfahrt nach Lee aufgenommen, während der Buganker fällt. Die Trosse des Zweitankers wird nun nicht mehr über Heck, sondern vom Vorschiff aus gesteckt und auch bald belegt (Pos. 3). Die Hauptkette wird in Rückwärtsfahrt leewärts ausgelegt, so wie bereits beschrieben (Pos. 4).

Ankerwache

28. Nach § 32 (4) SeeSchStrO muß auf Yachten über 12 m Länge Ankerwache gegangen werden, wenn sie in der Nähe des Fahrwassers oder auf einer Reede vor Anker liegen. In allen anderen Fällen ist es gleichwohl zu empfehlen. Denn es geht nicht allein darum, daß der ei-

gene Anker hält, sondern auch darum, daß bei veränderter Windrichtung kein anderer Ankerlieger entgegenschwojt oder gar mit schlierendem Anker von Luv entgegengerutscht kommt.

29. Die Ankerwache wird entsprechend der Wetterlage und der Situation am Ankerplatz mehr oder minder intensiv gehalten. **Bei ruhiger Lage** genügt es, die Ankerposition zunächst häufiger, dann nur noch in bestimmten Abständen zu überprüfen. Zu diesem Zweck muß **jemand an Bord bleiben,** der in der Lage ist, Kette zu stecken, erforderlichenfalls ankerauf zu gehen und erneut zu ankern.

30. Bei bedenklichem oder gar **schwerem Wetter** muß neben der eigentlichen Ankerwache eine **volle Seewache** an Bord sein, die in der Lage ist, auch unter schwierigen Umständen ankerauf zu gehen, mit zwei Ankern erneut zu ankern oder notfalls die Bucht zu verlassen. Das Schiff muß in diesem Fall stets aus-

laufklar sein. Wenn der Schiffsführer nicht selbst an Bord bleibt, muß er seinem Wachführer **klare Anweisungen** für diese Alternativen erteilen.

31. Die Ankerposition überprüft man in herkömmlicher Weise mit der **Ankerpeilung.** Dazu notiert man im Logbuch die Kompaßpeilungen von zwei, besser drei eindeutigen Objekten in möglichst geringer Entfernung. Geht es auf die Nacht zu, müssen neue, bei Dunkelheit erkennbare Objekte gepeilt werden. Manche neueren Echolotanlagen haben eine **Ankerwarnfunktion.** Man stellt dazu zwei Grenzwerte ein; wenn sie über- oder unterschritten werden, wird Alarm ausgelöst. Wie groß man die Toleranzen wählt, hängt vom Anstieg des Grundes ab. Unzweckmäßig ist es jedenfalls, die unterschiedlichen Tiefen des gesamten Schwojkreises einzubeziehen. Die Grenzwerte würden dann so weit auseinanderliegen, daß ein schlierender Anker keinen Alarm

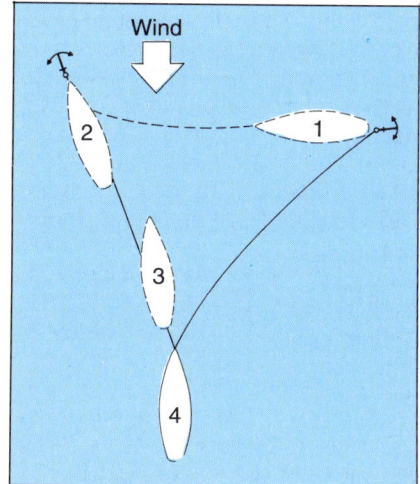

Abb. 5 *Vermurt ankern*

mehr auslösen würde. Ein knapp eingestellter Ankeralarm löst allerdings auch schon bei veränderter Schwojrichtung aus. Die Ankerwache muß reagieren, die Lage überprüfen und die Grenzwerte neu einstellen. Die Ankerwarnfunktion unterstützt die Ankerwache, ein Ersatz ist sie nicht.

Lernkontrolle

1. Welche Voraussetzungen muß ein geeigneter Ankerplatz bieten? (Absatz 2 bis 6)

2. Was versteht man unter einem Anker hoher Haltekraft? (Absatz 7)

3. Für welchen Ankergrund ist der Stockanker besser als alle anderen Ankertypen geeignet, und weshalb sollte er unabhängig von der Yachtgröße mindestens 25 kg wiegen? (Absatz 8)

4. Auf welche Weise werden Leichtbauyachten in der GL-Liste der Ankergrößen berücksichtigt? (Absatz 10)

5. Welche Länge sollte der Kettenvorlauf einer Ankertrosse haben bei kleinen Yachten und ab 12 t Verdrängung? (Absatz 12)

6. Wie sollte die Zugkraft der Kette oder Trosse an Deck aufgefangen werden? (Absatz 13)

7. Welchen Zweck erfüllt die Länge der gesteckten Kette neben der horizontalen Zugrichtung noch? (Absatz 15)

8. Wieviel Kette oder Trosse steckt man, um möglichst sicher vor Anker zu liegen? (Absatz 16)

9. Inwiefern trägt das hängende Kettenteil zur Entlastung des Ankerzuges bei? (Absatz 17)

10. Welche Wassertiefe wähle ich bei viel Wind und wenig Welle? Welche bei relativ hoher Welle? (Absatz 18)

11. Wie steuere ich die zum Ankern vorgesehene Stelle an? (Absatz 20)

12. Unter welchen Voraussetzungen kann man auch nachts eine Ankerbucht anlaufen? (Absatz 21)

13. Beschreiben Sie das normale Ankermanöver unter Motor! (Absatz 22 und 23)

14. Wie verhindere ich beim Ankeraufgehen, daß der ausbrechende Anker fremde Ketten faßt? (Absatz 24)

15. Wie ankert man praktischerweise unter Segeln, falls man dazu gezwungen ist? (Absatz 25)

16. Welches Ankergeschirr benutzt man, wenn größte Haltekraft vonnöten ist? (Absatz 26)

17. Zu welchem Zweck legt man sich vor vermurte Anker, und wie fährt man das Manöver? (Absatz 27)

18. Gibt es eine Pflicht zur Ankerwache? (Absatz 28)

19. Welche Aufgaben kann die Ankerwache haben? Wieviel Leute sind dazu einzuteilen, und was müssen sie können? (Absatz 29 und 30)

20. Wie funktioniert ein Echolot mit Ankerwarnfunktion, und inwieweit ersetzt oder entlastet es die Ankerwache? (Absatz 31)

Anhang

Informationen zum Sportseeschifferschein

Der Sportseeschifferschein

Der Sportseeschifferschein ist ein amtlicher Befähigungsnachweis für das Führen von Segel- oder Motoryachten (je nach Bezeichnung des Scheines) und für Traditionsschiffe in folgenden Seegebieten:
- küstennahe Seegewässer aller Meere bis zu 30 sm Abstand von der Festlandsküste
- Ostsee, Nordsee, Englischer Kanal, Bristolkanal, Irische See, Schottische See, Mittelmeer und Schwarzes Meer

Bei privat genutzten Yachten ist der Sportseeschifferschein freiwillig. Bei gewerblich betriebenen Ausbildungsyachten und bei Traditionsschiffen bestimmter Schiffsgrößen ist er jedoch Pflicht. (Siehe Kapitel 16 Absatz 26 ff.)

Voraussetzungen für den Erwerb

Ein Bewerber kann auf Antrag einen Sportseeschifferschein für Yachten mit Antriebsmaschine oder mit Antriebsmaschine und unter Segel erhalten, wenn er
1. im Besitz des Sportbootführerscheins See ist,
2. a) im Besitz des Sportküstenschifferscheins ist und zusätzlich nachweist, daß er nach dem Erwerb des Sportküstenschifferscheins mindestens 700 sm auf Yachten im Seebereich zurückgelegt hat,
   b) im Besitz eines vor dem 1. Oktober 1999 vom Deutschen Segler-Verband ausgestellten BR-Scheins ist und zusätzlich nachweist, daß er nach dem Erwerb des BR-Scheins mindestens 700 sm auf Yachten im Seebereich zurückgelegt hat, oder
   c) nachweist, daß er nach Erwerb des Sportbootführerscheins See mindestens 1000 sm auf Yachten im Seebereich, davon mindestens 500 sm vor der theoretischen Prüfung als Wachführer oder dessen Vertreter auf Yachten, zurückgelegt hat, und
3. in einer theoretischen und praktischen Prüfung seine Befähigung zum Führen einer Yacht in küstennahen Seegewässern nachgewiesen hat.

Die Prüfung

Der Antrag auf Zulassung zur Prüfung ist zu stellen bei der

Zentralen Verwaltungsstelle für den Sportsee- und Sporthochseeschifferschein im
Deutschen Segler-Verband
Gründgensstraße 18
22309 Hamburg

Die Theorieprüfung mit den Fächern Navigation, Schiffahrtsrecht, Wetterkunde und Seemannschaft dauert $4^1/_2$ Stunden und kann auch in Teilprüfungen innerhalb von 24 Monaten abgelegt werden.
Bei 65 % der erreichbaren Punktzahl ist die Prüfung in dem jeweiligen Fach bestanden. Ab 55 % wird mündlich nachgeprüft, unter 55 % ist sie nicht bestanden. Es muß in allen Fächern bestanden werden. Ein Punktausgleich ist nicht zulässig.
Die Praxisprüfung dauert pro Person bis zu 90 Minuten. Die einzelnen Aufgaben sowie die Bewertungsgrenzen sind in Anhang C aufgeführt.
Die Wiederholung einer nicht bestandenen Teilprüfung ist frühestens nach 2 Monaten möglich. Alle Prüfungsteile müssen innerhalb von 36 Monaten bestanden sein.

Die wichtigsten Gebühren:

Zulassung zur Prüfung	25,56 €
Theorieteil	51,13 €
Eintrag Traditionsschiff	51,13 €
Praxisteil	63,91 €
Ausstellung des Scheins oder Eintrags	25,56 €
Wiederholung theoretische Teilprüfung	46,02 €
Reisekostenanteil Prüfer nach Anfall	

Die Prüfungsarbeiten können nach Korrektur nur bei der Zentralen Verwaltungsstelle eingesehen werden. Falls ein Fehler bei der Korrektur vermutet wird, kann eine Überprüfung der Bewertung unmittelbar beantragt werden.

Widerpruch gegen eine negative Bewertung kann innerhalb eines Monats bei der Zentralen Verwaltungsstelle und weitere Klage beim Verwaltungsgericht Hamburg eingereicht werden.

Organisation

Durch Rechtsverordnung des Bundesministeriums für Verkehr, Bau- und Wohnungswesen (BMVBW) wurden der Sportküstenschifferschein sowie der Sportsee- und der Sporthochseeschifferschein in Kraft gesetzt.
Der Deutsche Segler-Verband (DSV) und der Deutsche Motoryachtverband (DMYV) sind mit der Durchführung beauftragt.

Vertreter von DSV, DMYV und der Nautischen Ausbildungsstätten bilden einen Lenkungsausschuß, der die einheitliche Durchführung der Verordnungen und Vorschriften gewährleistet.

Die Zentrale Verwaltungsstelle in Hamburg ist die ständige Geschäftsstelle. Sie ist zuständig für:

– Organisation der Prüfungen
– Zulassung zu Prüfungen
– Abnahme der Prüfungen
– Erteilung einer Ausnahme
– Ausstellung/Ersatzausfertigung der Führerscheine
– Zentralkartei und Statistik

Die Prüfungskommission besteht bei Theorieprüfungen aus einem Vorsitzenden und mindestens zwei weiteren Prüfern und bei Praxisprüfungen aus einem Vorsitzenden und mindestens einem weiteren Prüfer. Bei den Theorieprüfungen soll der Vorsitzende aus dem Kreise der Fachhochschuldozenten stammen. Der Personenkreis, der als Vorsitzender eingeteilt werden kann, wird vom Bundesministerium für Verkehr, Bau- und Wohnungswesen (BMVBW) auf Vorschlag des Lenkungsausschusses bestellt, die anderen Prüfer werden vom Lenkungsausschuß direkt ernannt.

Für die praktische Prüfung kommen die beiden Prüfer der Kommission an Bord. Die Yacht stellt der Kandidat oder die von ihm beauftragte Organisation. Sie muß den Prüfungsanforderungen entsprechend ausgerüstet sein. Die praktischen Prüfungen können auf der Ostsee, Nordsee, dem Mittelmeer oder dem Atlantik abgenommen werden.

Theorieprüfung – Inhalte und Fundstellen

Die folgenden Prüfungsinhalte sind wörtlich übernommen aus den „Richtlinien zur Durchführung der Aufgaben nach § 2 der Sportseeschifferscheinverordnung durch den Deutschen Motoryachtverband e.V. und den Deutschen Segler-Verband e.V. vom 17. Dezember 1992", die im Verkehrsblatt, dem Amtsblatt des Bundesministeriums für Verkehr, Bau- und Wohnungswesen der Bundesrepublik Deutschland (VkBl. 1993, S. 108), veröffentlicht worden sind. Berücksichtigt sind die Änderungen vom 20. 12. 1993 (VkBl. 1994, S. 46), 23. 9. 1994 (VkBl. S. 703), 15. 3. 1995 (VkBl. S. 232), 10. 10. 1996 (VkBl. S. 531) und vom 19. 12. 1997 (VkBl. 1998 S. 69). Den einzelnen Prüfungsinhalten sind die entsprechenden Kapitel- und Absatznummern dieses Lehrbuchs gegenübergestellt.

Prüfungsinhalte	Kapitel/Absatz in diesem Lehrbuch
1. Teilprüfungsfach Navigation *Bearbeitungszeit: 120 Minuten* *(maximal erreichbare Punktzahl: 40)*	
1.1 Gebrauch und Berichtigung von Seekarten und weiterer nautischer Veröffentlichungen	1/3 ff.
1.2 Kurs- und Peilungsverwandlung	2/1 ff.
1.3 Terrestrische Schiffsortbestimmung (ohne Vertikal- und Horizontalwinkel) einschließlich Wegpunktnavigation	4/1 ff. 10/1 ff.
1.4 Stromnavigation	2/8 ff. 3/6 ff.
1.5 Terrestrische Kompaßkontrolle	5/1 ff.
1.6 Gezeitenkunde	6/1 ff.
1.6.1 Aufbau und Gebrauch von Gezeiten-tafeln und Gezeitenstromatlanten	7/1 ff.
1.6.2 Lotungsbeschickung	7/8 ff.
1.6.3 Passieren einer Barre, Trocken-fallen	7/28 ff.
1.7 Elektronische Navigation	
1.7.1 Loran C: Abgedeckte Seegebiete und Zuverlässigkeit	8/5 ff.
1.7.2 Satellitengestütztes Funknavigationsver-fahren (z. B. GPS): Anwendungsmöglichkeiten	9/1 ff.

Prüfungsinhalte	Kapitel/Absatz in diesem Lehrbuch
1.7.3 Radar: Darstellungsarten, Störungen des Radarbildes, Radarreflektoren, Racon	11/1 ff.
1.7.4 Verbindung elektronischer Navigationsgeräte (NMEA Schnittstelle)	12/11 ff.
1.7.5 Elektronischer Kartenplotter	12/2 ff.
2. Teilprüfungsfach Schiffahrtsrecht *Bearbeitungszeit: 60 Minuten* *(maximal erreichbare Punktzahl: 40)*	
2.1 Allgemeines	
2.1.1 Schiffspapiere	16/1 ff.
2.1.2 Logbuchführung	16/11 ff.
2.1.3 Ausrüstungspflicht (Seekarten, Seebücher und navigatorische und sonstige Sicherheitsausrüstung)	16/10 ff.
2.1.4 Besetzung des Schiffes	16/25 ff.
2.2 Seeverkehrsrecht	
2.2.1 Kollisionsverhütungsregeln (KVR) in der jeweils geltenden Fassung einschließlich Radarplotten	13/8 ff. 14/1 ff.

Praxisprüfung – Inhalte und Fundstellen

Die folgenden Prüfungsinhalte sind wörtlich übernommen aus den „Richtlinien zur Durchführung der Aufgaben nach § 2 der Sportseeschifferscheinverordnung durch den Deutschen Motoryachtverband e.V. und den Deutschen Segler-Verband e.V. vom 17. Dezember 1992", die im Verkehrsblatt, dem Amtsblatt des Bundesministeriums für Verkehr, Bau- und Wohnungswesen der Bundesrepublik Deutschland (VkBl. 1993, S. 108), veröffentlicht worden sind. Berücksichtigt sind die Änderungen vom 20. 12. 1993 (VkBl. 1994, S. 46), 23. 9. 1994 (VkBl. S. 703), 15. 3. 1995 (VkBl. S. 232), 10. 10. 1996 (VkBl. S. 531) und vom 19. 12. 1997 (VkBl. 1998, S. 69).
Den einzelnen Prüfungsinhalten sind die entsprechenden Kapitel- und Absatznummern dieses Lehrbuchs gegenübergestellt.

Prüfungsinhalte	Kapitel/Absatz in diesem Lehrbuch
1. PFLICHTAUFGABEN	
1.1 Rettungsmanöver	
Durchführung eines Boje-über-Bord-Manövers unter Segel	37/10 ff.
Durchführung eines Boje-über-Bord-Manövers mit Maschinenunterstützung	37/7 ff.
Bei Prüfung in der Antriebsart „Antriebsmaschine und unter Segel" **müssen** 2 Manöver (1. Versuch und 2. Versuch) gefahren werden. Sie dürfen nicht zu einem Manöver zusammengefaßt werden. Bei Prüfung in der Antriebsart „Antriebsmaschine" wird nur **ein** Manöver **mit Antriebsmaschine** gefahren. Wird eine mit „nicht ausreichend" bewertete Pflichtaufgabe auch bei der Wiederholung mit „nicht ausreichend" bewertet, so ist die praktische Prüfung nicht bestanden.	
1.2 Radar	
Einschalten und Bedienen des Radargerätes, Interpretation des Radarbildes für die Navigation und Verkehrssituation,	11/14 ff.
Bestimmung eines Schiffsortes	11/31 ff.
Diese Pflichtaufgabe **muß** erfüllt werden. Wird sie mit „nicht ausreichend" bewertet, so ist die praktische Prüfung nicht bestanden.	

Prüfungsinhalte	Kapitel/Absatz in diesem Lehrbuch
2. SONSTIGE AUFGABEN	
2.1 Seemannschaft/Fertigkeiten	
Prüfung der Seetüchtigkeit der Yacht einschließlich der Sicherheitsausrüstung und deren Handhabung (u. a. pyrotechnische Notzeichen)	32/1 ff.
Anwendung von Leinen beim An- und Ablegen (Spring, Vor- und Achterleine, Leine auf Slip)	Praxis
Sicherer Umgang mit Tauwerk (Knoten, Belegen)	Praxis
Von diesen Aufgaben muß **eine** dem Bewerber gestellt werden. Es darf nicht mehr als eine gestellt werden.	
2.2 Wetterkunde	
Beurteilen der Wetterlage und -entwicklung am Ort und zum Zeitpunkt der Prüfung, Ablesen der Wetterinstrumente und Auswerten der Daten	25/1 ff. 28/1 ff. 22/1 ff. 28/1 ff. 29/1 ff.
Diese Aufgabe **muß** gestellt werden.	

Prüfungsinhalte	Kapitel/Absatz in diesem Lehrbuch

2.3 Navigation

Arbeiten mit einem Empfänger für ein satellitengestütztes Funknavigationsverfahren oder mit einem im Fahrtgebiet zur Navigation anwendbaren Loran-C-Empfänger — 8/5 ff. / 10/6 ff. / 9/1 ff.

Arbeiten mit Steuerkompaß, Peilscheibe und/oder Handpeilkompaß — Praxis 4/2 4/3

Diese 2 Aufgaben **müssen** gestellt werden.

2.4 Motor, elektrische Anlage und Gasanlage

Motor
Kontrolle und Starten (z. B. Ölstand, Kühlwasser) — 30/17 ff.

Störungen (z. B. zu niedriger bzw. zu hoher Öldruck, Verhalten bei Ausfall des Kühlwassers, Warnleuchte der Ladekontrolle erlischt nicht) — 30/19 ff. / 33/7 ff. / 30/40 ff.

Elektrische Anlage
Kontrolle, Störungen (z. B. Batteriezustand, -schaltung, -ladung/Eigen- oder Fremdladung) — 30/39 ff.

Gasanlage
Bedienung, Kontrolle, Störungen (z. B. Zündsicherung, Anschlüsse, Vorrat, Absperrung) — 30/43 ff.

Von diesen Aufgaben muß **eine** gestellt werden. Es darf nicht mehr als eine gestellt werden.

Von den Aufgaben 2.1 bis 2.4 werden insgesamt 5 Aufgaben gestellt. Davon müssen mindestens 3 Aufgaben mit „ausreichend" bewertet werden.

Prüfungsinhalte	Kapitel/Absatz in diesem Lehrbuch

2.5 Seemannschaft/Manöver

Manöver mit Antriebsmaschine
An- und/oder Ablegen (einschl. über den Achtersteven) — 30/29

Drehen und/oder Aufstoppen auf engem Raum — 30/26

Vorbereitung der Yacht für das Ein- und Auslaufen — 30/26 ff.

Steuern nach Kompaß und festen Seezeichen/Landmarken, Steuern verschiedener Kurse — Praxis

Durchführen eines Ankermanövers — 41/19 ff.

Manöver unter Segel
Steuern verschiedener Kurse zum Wind — Praxis

Steuern nach Kompaß und festen Seezeichen/Landmarken — Praxis

Segelsetzen/Segelbergen in Fahrt — Praxis

Einreffen und/oder Ausreffen in Fahrt — 40/14 ff.

Beidrehen und/oder Aufschießer fahren — 37/14 ff. / 40/32

Wenden und/oder Halsen — 30/15 / 30/16

Von diesen Manövern müssen **3** mit „ausreichend" bewertet werden und dürfen höchstens 5 geprüft werden, davon bei Prüfung in der Antriebsart „Antriebsmaschine und unter Segel" mindestens **2** aus dem Bereich „Manöver unter Segel", bei Prüfung in der Antriebsart „Antriebsmaschine" alle aus dem Bereich „Manöver mit Antriebsmaschine". Sind **3 und mehr** der Manöver mit „nicht ausreichend" bewertet worden, so ist die praktische Prüfung nicht bestanden.

Stichwortverzeichnis

(Die Fundstellen bedeuten Kapitel-/Absatznummer)